유교제국의 충격과
서구 근대국가의 탄생

황태연黃台淵 교수는 1977년 서울대학교 외교학과를 졸업하고 1983년 동同대학원 외교학과에서 석사학위를 받았다. 이어서 1984년 독일로 건너가 1991년 독일 프랑크푸르트의 괴테대학교에서 정치학 박사학위를 받았다. 그는 1994년 동국대학교 정치외교학과 교수로 초빙되어 2022년 2월까지 30년 동안 동서양 정치철학과 정치사상을 연구하며 가르쳤다. 지금도 동국대학교 명예교수로서 정치철학 연구와 집필 작업을 멈추지 않고 계속하고 있다.

The Emergence of the Western Modern States by the Impact of the Confucian Countries

The Confucian Origin of Modern Cabinet System, Bureaucracy, School System, Free Market System and Welfare State

by Tai-Youn Hwang

유교제국의 충격과 서구 근대국가의 탄생

근대 내각제 · 관료제 · 학교제도 · 시장경제 · 복지제도의 기원

제3권 양민국가의 충격과 서구 복지국가의 탄생

황 태 연 지음
동국대학교 정치외교학과

1927

머리말

    근대국가의 8대 기본요소는 (1)백성의 자유, (2)백성의 평등, (3)관용, (4)내각제, (5)관료제, (6)3단계 학교제도, (7)시장경제, (8)복지제도다. 이 요소들 중 두세 개만 결해도, 우리는 이런 나라를 '전근대국가'나 '비非근대 국가' 또는 기껏해야 '낮은 근대의 초기근대국가'로 간주한다. 자유·평등·관용이 근대국가의 '혼魂'이라면, 내각제·관료제·학교제도는 근대국가의 '뼈대와 힘줄'이고, 자유시장과 복지제도는 근대국가의 '두 날개'인 것이다. 이 두 날개가 없었다면 근대국가는 오늘날까지 날 수 없었을 것이다.

    그런데 필자가 20년 전부터 규명하려고 노력해온 주제는 이 8대 요소들이 모두 공자철학과 유교국가로부터 서천西遷했다는 역사적 사실이다. 그러나 21세기 오늘날도 '근대국가는 서구에서 자생적으로 생겨났다'는 관념이 동서세계를 지배하고 있다. 이런 관념은 서구인들이 공자를 연호하고 중국에 열광하던 18세기까지, 아니 19세기까지도 학계와 언론계에 발붙이지 못했었다. 그러나 19세기 초 이미 칸트는 중국과 공자를 경멸하는 반反유교국가론을 펴며 기독교 세계를 "이성적 지식과 실천이성의 세계"로 날조하며 자화자찬했고, 헤겔은 '만인의 자유'를 지향하는 이성국가(Vernunftsstaat)가 오직 "심오한 내면성(die tiefe Innerlichkeit)"을 갖춘 북구의 개신교적 게르만 민족들에게서만 생겨났다는 개신교-게르만 지배민족론을 개진했다. 또 19세기 중후반 칼 마르크스는 서구의 '공장자본주의(Fabrikkapitalismus)'를 유일무이한 자본주의적 생산방식으로 오판하고 중국인을 "야만인"으로 비하하는 서구중심주의 혁명론을 '고안'했다. 나아가 1900년대 초 막스 베버는 유교문명을 격하하면서 "중국 자본주의는 불가능하다"는 괴설을 호언하는 한편, '근대'는 멀리 고대 그리스로부터 발원하여 오직 서양의 칼뱅주의 개신교국가에서만 발전했다는 서구유일주의 거대괴담을 서슬 퍼런 독설로 강변했다. 이런 제국주의적 서구유일주의(Okzidentsingularismus)가 널리 확산된 20세기부터는 "근대국가는 서양 히브리즘-헬레니즘의 태내에서 산생했다"는 관념이 거침없이 세계를 휩쓸기 시작했다. 그리고 이런 서구유일주의 관념은 서양인들의 유교문화 연구와 중국학이 대단한 수준에 오른 오늘날까지도 수그러들지 않고 있다.

"근대국가가 서구문명의 태내에서 자생했다"는 이 거대괴담이 시들 줄 모르는 이유는 무엇보다도 강단을 지배하는 베버의 '근대이론' 때문일 것이다. 베버는 근대국가의 핵심기제인 '관료제'와 전문과학적 '학교제도', 그리고 그 경제토대인 '자유시장'과 '기업자본주의(Betriepskapitalismus)'가 어떤 다른 문명권에서도 생겨나지 않았고, 오직 서구문명권에서만 발생했다는 괴설을 도처에서 되풀이했다. 그리고 '대귀족의 자유와 권력'만을 최후까지 옹호한 마지막 귀족주의적 반동분자 몽테스키외가 내각제적 권력분립제도를 "게르만 숲속"에서 유래한 영국제도로 오인한 이래, 세상 사람들은 내각제 정부형태를 서구 고유의 제도로 간주해 왔다. 그리고 오늘날 사회과학자들은 전후에야 서구에서 보편화된 '복지국가'를 19세기말 비스마르크의 '사회투쟁'에서 시발한 것으로 단정한다.

　그러나 필자는 이런 서구유일주의적 호언과 강변, 일체의 회의를 초월한 이런 무조건적 확언과 단정이 모두 다 근본적 오류이고 터무니없는 괴담과 괴설에 불과하다는 것을 입증했다. 필자는 귀족의 자유가 아니라 백성의 자유와 평등이 공자철학과 유교국가의 자유·평등제도로부터 서천하여 서양 땅에 이식되었다는 역사적 사실을 『공자의 자유·평등철학과 사상초유의 민주공화국』과 『공자의 충격과 서구 근대 자유·평등사회의 탄생(1-3)』이라는 2부작 전4권(2021)으로 규명하고 입증했다. 그리고 종교적·사상적·정치적 '관용'이 공자철학과 극동제국의 종교적 관용제도로부터 유래하여 서구에서 법제화되는 과정을 『극동의 격몽과 서구 관용국가의 탄생』(2022)으로 규명했다.

　그리고 200자 원고지 1만 2000매에 달하는 이 책 『유교국가의 충격과 서구 근대국가의 탄생(1-3)』은 서구의 사상가와 입법자들이 근대국가의 "뼈대와 힘줄", 그리고 "두 날개"에 해당하는 내각제·관료제·학교제도·시장제도·복지제도 등 서구 근대국가의 나머지 5대 요소도 서구제국이 극동 유교제국의 사상과 제도를 본보기로 리메이크했다는 사실을 낱낱이 규명했다. 세 권으로 이루어진 이 저작의 제1권은 서구의 근대적 내각제·관료제·학교제도가 유교국가의 해당 제도들로부터 이식되는 과정을 규명한다. 제2권은 중국 자유시장의 충격으로 서구에서 시장경제가 법제화되는 과정을 풍부한 사료에 의해 입증한다. 그리고 제3권은 서구의 계몽주의자들과 입법자들이 극동제국의 양민養民·교민敎民국가로부터 충격을 받고 서둘러 근대적 복지제도를 구축해가는 과정을 밝혀 보인다. 이로써 필자는 "근대 서구가 공자와 유교국가의 충격으로부터 탄생했다"는 거대 주제를 다루는 4부작 전8권의 방대한 연작집 '충격과 탄생' 시리즈를 완결했고, 이와 동시에 공자철학과 근대이론에 관한 15부작 전29권의 오랜 연구·집필·출판 작업도 최종 마감했다. 불철주야 쉴 새 없는 탐구와 집필 작업 끝에 공간된 이 29권의 저작은 공자철학과 근대국가의 본질적 관계를 규명함으로써 얻은 새롭고도 또 놀라운 성과들을 총체적으로 정리하고 집대성한 것이다. 이 탐구는 두 축으로 이루어졌는데, 한 축은 심오하지만 얄팍하게 이해되거나 왜곡되어온 공자철학을 전체적 연관 속에서 올바로 파악하여 새로이 정위치正位置시키고 폭넓고 깊이 있게 해석하는 작업이고, 다른 한 축은 근대국가의 기원과 본질을 공자철학과의 근원적 연관 속에서 정확하게 파악하고 제대로 규명해내는 작업이었다.

서양우월주의로 왜곡되고 베버주의 독설로 오염된 '학문의 황무지'에서 필자가 공자철학과 유교국가의 정치·경제·사회제도 자체를 새롭게 이해하고 이 철학과 제도의 서천을 추적하는 가운데 견인불발의 분투奮鬪로 '길 없는 길'을 걸어 첫길을 열고 닦아온 지 어언 20년이다. 이 장구한 여정을 답파하고 마침내 15부작 29권의 방대한 저작을 다 끝마친 필자로서는 감개무량하면서도 다른 한편으로 인생 20년의 결정체인 이 저작들, 특히 이『유교국가의 충격과 서구 근대국가의 탄생(1-3)』이 독자들로부터 얼마나 많은 사랑을 받을지, 성적표를 기다리는 수험생처럼 초조하기만 하다. 현량한 독자와 독실한 학자들에게서 곧 특별한 관심이 일 것이라는 믿음을 안고 이 저작들이 대중적으로 소화되기를 조용히 기다릴 따름이다.

때는 바야흐로 한류와 K-기술, K-제품과 K-무기가 전 세계를 누비며 '세계표준'으로 확립되는 'K-문명'의 여명기다. 이 동트는 K-문명 시대에 필자가 생산한 연구 결과의 역사적 가치와 문명사적 의미를 아는 사람들이 머지않아 주류가 되리라. 그리하여 필자의 현대화된 유학적 도덕철학이나 사회과학이론, 그리고 패치워크문명론처럼 반反서양적이지도, 반反동양적이지도 않은 동서패치워크의 K-학문과 K-이론이 글로벌 K-팝, K-기술, K-제품처럼 전 세계로 수출되는 날이 반드시 오리라.

코로나가 마지막 기승을 부리는 2022년 3월

서울 송파 바람들이 토성에서

죽림竹林 황태연 지識

제3권
유교적 양민국가의 충격과 서구 복지국가의 탄생

목차

제8장

중국 복지제도에 대한 서구인들의 보고

제1절 원대 복지정책에 대한 마르코 폴로의 보고 · 2334

제9장

중국 복지제도의 서천과 서구 복지국가의 탄생

들어가기
- 막스 베버의 괴담·괴설
- 근대국가의 5대 요소와 유학적 기원

제1권
서구 내각제·관료제·학교제도의 유교적 기원

제1장 중국 내각제의 충격과 영국 내각제의 탄생

제1절 공자의 공감적 '무위지치'와 분권적 군신공치론

1.1. 공자의 도: '공감' 하나로 일이관지하는 방법
- 공자의 공감적 '무위이치無爲而治'
- 공감적 덕치와 예치

1.2. 공감적 무위지치의 권력분립과 제한군주정
- 대덕불관大德不官·대덕불기大道不器
- 군신간 권력분립과 제한군주정

제2절 중국의 역대 내각제

2.1. 명조 내각제의 유래와 발전
- 홍무제 내각제의 맹아
- 영락제와 내각제의 확립

2.2. 명조 내각의 조직과 권한: 표의권과 수상체제의 확립
- 표의권의 확립과 황제권의 제한
- 수상체제의 확립과 내각제의 완성

2.3. 공자의 무위이치론과 내각제의 유학적 정당성
- 황제에 대한 견제기구로서의 내각의 자기이해
- 내각제의 유학적 정당화론

제2권
중국 자유시장의 충격과 서구 시장경제의 탄생

제2절 역대 중국유학자들의 시장경제론

  2.1. 사마천의 자유시장경제론

    ■ 노자 비판과 자유상업론: '시장의 자연지험'

    ■ 계연의 자유시장 정책과 부국강병론

    ■ 사마천의 '소봉'으로서의 자본가 개념

    ■ 사마천의 상공업 중시정책과 농·상 양본주의

    ■ 상홍양의 국가독점 정책에 대한 사마천의 비판

  2.2. 왕안석의 시장경제론과 경제개혁

    ■ 왕안석의 개혁정책의 유학적 기반

    ■ 시장경제 관련 신법들

    ■ 신법의 역사적 효과

    ■ 구법당의 비판과 왕안석의 방어

    ■ 신법의 면면한 존속과 세계사적 대결구도

    ■ 육구연과 엽적의 왕안석 평가

    ■ 나이토고난의 왕안석 평가

  2.3. 사공학파 엽적의 자유경제론

    ■ 억말론과 관중의 통제경제론에 대한 비판

    ■ 왕안석 신법에 대한 변호와 '실패원인'의 지적

  2.4. 수정주의 성리학자 구준의 자유상공업론

    ■ 구준의 『대학연의보大學衍義補』(1486)

    ■ 경제통제·간섭에 대한 비판과 자유경제의 옹호

    ■ 전매(국가독점) 반대와 중도적 염업관리 정책

    ■ 구준의 오락가락 음자·가격조절정책

    ■ 구준의 은연한 왕안석 활용

    ■ 구준의 국가독점적 주전정책론과 적극적 상인관

    ■ 중과세와 이중과세에 대한 비판

제5장 서구 근대 시장경제학의 탄생
제1절 중국시장에 대한 관찰보고와 공식기록들

제7장

유교적 양민국가론과
중국 · 조선의 양민제도

중국의 복지국가 이념과 제도는 서양 근대국가 형성의 최후 연간에 '리메이크'되었지만, 동시에 복지국가는 19세기 말부터 오늘날까지 근대국가의 완결적 목표처럼 추구되어 왔다. 서구의 전통적 국가론은 국가의 본질적 역할을 내외의 적구賊寇를 막는 안보·공안으로 간주하는 플라톤·아리스토텔레스의 야경국가(Nachwächterstaat)론으로부터 유래한다. 이런 만큼 서구의 모든 고전적 국가는 백성의 생계를 책임지지 않는 '반反복지국가'였다. 따라서 국가의 본질적 기능 중의 하나가 민생을 돌보는 것이라는 유학적 양민養民·복지국가 개념과 유사한 국가관도 서양에는 애당초 존재하지 않았다. 따라서 서양철학자들은 대개 플라톤과 아리스토텔레스의 앵글로 극동의 유교제국을 바라본 까닭에 극동을 개관할 때도 극동국가들의 양민·복지기능을 보지 못했다. 그들은 극동 유교제국의 물질적 측면과 국가제도들, 즉 물산·지리·식생·군제軍制와 자유·평등·관용제도와 내각제·관료제·학교제도 등에 초점을 맞춰 관찰·보고하기 일쑤였다. 따라서 가령 중국제국에 대한 예리한 관찰자들인 퍼채스·마테오리치·나바레테·세메도·마르티니·니우호프·르콩트조차도 그들의 방대하고 상세한 중국기中國記에서 중국제국의 복지제도를 아예 언급하지 않았다. 복지제도에 관한 한, 일종의 맹시盲視 증세를 보인 것이다. 심지어 케네·흄·스미스 등 계몽철학자들조차도 중국의 복지제도를 완전히 놓치거나 소홀히 했다.

그러나 중국의 복지제도에 관해서는 1300년경 마르코 폴로가 유명한 여행기 『동방견문록』을 통해 처음 보고했었고, 이후 16세기 포르투갈·스페인·이탈리아의 선교사와 여행가들은 명대 중국의 복지국가에 대해 부러움 속에서 빈번하게, 그리고 무던히도 상세하게 보고했었다. 이런 영향으로 라이프니츠가 17세기 말과 18세기 초에 역사상 최초로 국민의 복지와 행복을 국가의 최고목적으로 논했고, 크리스티안 볼프는 이 민복民福국가를 관방학의 일부로 더욱 발전시켰다. 요한 유스티는 볼프를 이어 중국의 양민養民국가를 '양호養護국가(Polizeistaat)'의 이론으로 심화시켰고, 헤겔은 유스티의 이 '양호국가론'을 개념 그대로 계승했다. 라이프니츠·볼프·유스티·헤겔을 잇는 독일 철학계에서는 영·불 철학계가 논의에서 배제한 민복(국민의 행복)이나 중국의 복지제도를 심층적으로 논하고 양호국가론으로 발전시킨 것이다. 독일에서 라이프니츠·볼프·유스티·헤겔이 계승하고 발전시킨 독일 관방학과 양호국가론은 마침내 비스마르크가 19세기 말에 서구에서 사상초유로 도입한 일련의 사회보장제도로 결실을 맺는다. 이로써 민생 부문에서 자유시장과 쌍벽을 이루는 '근대 복지국가'가 탄생한 것이다. 그리하여 20세기부터 '자유시장'과 '복지국가'는 서구 좌우세력의 공통된 국가이념으로 확립되었다. 전후에 제정된 독일 기본법은 국가의 사회적 보완기능이 필요하다는 의미에서 '자유시장'을 '사회시장(Sozialmarkt)'으로, '복지국가'를 '사회국가(Sozialstaat)'로 바꿔 부르고 있다.

본격적 논의로 들어가기 전에 관련 용어들을 정리해 둘 필요가 있다. 18세기에 '복지(welfare)' 개념은 '행복(happiness, wellbeing)' 개념과 미분화되고, '양호(Polizei; police)' 개념과도 마구 뒤섞여 쓰였다. 그러다가 'Polizeistaat'는 독일에서 19세기 말부터 점차 '복지국가(Wohlfahrtstaat)'로 교체되고, 'Polizei'는 '경찰'의 의미로만 쓰이면서 사회복지이론에서 사라졌다. 그리하여 "Polizeistaat"는 19-20세기의 독일 '관헌국가(Obrigkeitsstaat)'를 달리 지칭하는 부정적 의미로만, 즉 '경찰국가'라는 의미로만 쓰이게 되었다.

그리고 이어서 '복지' 개념은 이른바 삶의 의미에서 "조용한 혁명"이 일어난 1970-80년대 이후 점차 물질적·경제적 의미의 '사회적 생계안전'만 가리키게 되면서 정신적·탈脫물질적 의미의 '행복' 개념과 분리되었다. 그리하여 '행복'은 '복지'보다 더 높은 국가목적으로 재정립되었다. 주지하다시피, "조용한 혁명"은, 로널드 잉글하트(Ronald Inglehart)가 *Silent Revolution*(1977)에서3138) 설파한 바에 따르면, 산업과 기술이 고도화되고 생활수준이 높아지면서 주로 경제성장, 이윤추구적 사고, 권위주의 등 물질적 가치(material values)가 지배하던 사회가 점차 주관적 행복, 자아실현, 정치참여 등 탈물질적 가치(immaterial values)를 더 중시하는 사회로 변해가는 광범한 문화변동을 의미한다.

3138) Ronald Inglehart, *The Silent Revolution. Changing Values and Political Styles Among Western Publics* (Princeton: Princeton University Press, 1977).

제1절
공맹의 양민국가론과
복지제도론

관료제나 학교제도 또는 시장제도와 마찬가지로 중국의 역대 복지국가 이념이나 복지제도도 공자와 맹자의 경전과 경전에 기록된 상고시대 복지제도에 근거를 두고 발전했다. 따라서 백성의 복지, 또는 "민복民福"에 관한 유학경전의 논의들을 먼저 살펴보아야 할 것이다.

공자의 경우에 '민복民福'이란 물질적 가치만이 아니라 탈물질적·도덕적(정신적) 가치도 포괄한다. 주지하다시피 『서경』「홍범」은 "오복五福"을 "장수(壽)·부富·건강(康寧)·유호덕攸好德(樂德)·고종명考終命(= 일사逸死 = well-dying)"으로 열거하고, 이 "오복"을 망치는 여섯 가지 장애물인 "육극六極"을 "단절短折(요절)·질병(疾)·우환(憂)·빈곤(貧)·사악(惡)·허약(弱)"으로 열거하고 있다.[3139] '민복'을 국가목적으로 삼는 유학적 '인정仁政국가'(양민·교민국가)는 백성의 오복(장수·민부·건강·호덕好德·웰다잉)을 보장하고 백성들을 "요절·질병·우환·빈곤·사악·허약"의 "육극"으로부터 보호해주는 복지국가를 말한다. 여

3139) 『書經』「周書·洪範」.

기서 덕을 즐기는 '호덕好德'과 '우환·사악으로부터의 보호'는 탈물질적·정신적 가치에 속한다.

공자는 가난을 사람이 싫어하는 육극六極의 하나라고 간주했지만, 가난을 도덕적 사악이나 악행의 소산으로 보지 않았지만, 어떤 사람의 부유함을 그의 선성善性과 선행의 소산으로 보지도 않았다. 공자와 맹자는 빈부를 도덕과 무관한, 도덕에 대해 "중립적인" 요행과 우연의 소산으로 본 것이다.3140) 왜냐하면 공자는 "부가 구할 수 있는 것이라면 나는 채찍을 든 마부의 일이라도 하겠지만, 어차피 구할 수 없는 것이라면 나는 내가 하고 싶은 바를 따르겠노라"(子曰 富而可求也 雖執鞭之士 吾亦爲之, 如不可求 從吾所好)라고3141) 선언했기 때문이다. 공자의 제자 자하子夏(복상卜商)도 "내가 듣기에 생사는 운명에 달렸고 부귀는 하늘에 달렸다고 한다"고 말했다(子夏曰 商聞之矣 死生有命 富貴在天).3142)

그리하여 공자는 빈부를 도덕과 무관한 차원에 위치시켰다. 그는 빈부와 도덕의 관계에 대해 이렇게 갈파한다. "부귀는 사람들이 바라는 바다. 그러나 부귀를 제대로 된 길로 얻지 않았다면 이런 부귀에는 처하지 않는다. 빈천은 사람들이 싫어하는 바다. 그러나 마땅히 빈천해지는 길(나태, 도박, 방탕 등)로 빈천을 얻은 것이 아니라면 이 빈천을 마다하지 않는다."3143)

3140) 梁其姿, 『施善与教化: 明清的慈善组织』(台北: 聯經出版社業有限公社, 1997), 12쪽.

3141) 『論語』「述而」(7-12). 사마천의 『사기』에는 "부(富)"가 "부귀(富貴)"로 되어 있다. 司馬遷, 『史記列傳(上)』「伯夷列傳」, 13쪽: "富貴如可求 雖執鞭之士 吾亦爲之, 如不可求 從吾所好."

3142) 『論語』「顔淵」(12-5).

3143) 『論語』「里仁」(4-5): "子曰 富與貴 是人之所欲也. 不以其道得之 不處也. 貧與賤 是人之所惡也. 不以其道得之 不去也."

따라서 공자와 유자들은 빈곤해질 수밖에 없는 삶을 살다가 빈곤해진 것이 아니라 가령 옳은 일을 하다가 또는 도를 닦다가 빈곤해졌다면 이 빈곤을 기꺼이 받아들였고 빈곤 속에서도 도를 즐기는 안빈낙도安貧樂道의 삶을 살았다. 그렇다고 해서 빈곤이 도덕적 우월성을 뜻한다는 말은 결코 아니다. 하지만 초기 유가儒家 전통 속에서 선비의 형상은 왕왕 가난과 떼어놓을 수 없었다. 그리하여 선비의 안빈安貧은 '청고淸高'를 표시했다. 일반 선비들은 의로운 삶과 가난 사이에 두드러진 연관이 있다고 생각했다. 공자의 제자 안연·증삼·원헌(자사)은 중국 2000년 역사에서 가난한 선비의 모습을 대표한다. 초기 유가의 문헌 속에서 종종 이 3인은 가난 속에서도 학문을 좋아한 대표적 사례로 제시된다.[3144] 자사子思는 빈고貧苦 속에 살았지만 자득自得한 뜻을 가졌다. 천만금의 대부호 자공은 이를 모르고 자사에게 이렇게 물었다. "선생은 어찌 병이 났소?" 이에 자사가 답했다. "나는 재부가 없는 것을 일러 가난이라고 하고 도를 학구學究했으나 행하지 못한 것을 일러 병이라고 한다고 들었소. 나는 가난할지라도 병들지 않았소." 자공은 자사와 나눈 이 대화를 평생토록 부끄러워했다.[3145] 가난한 안연顔淵은 스스로 물질적 기본조건이 있다고 말하면서 살아갔고 여기에 더해 공자의 훈도를 받고 "족히 스스로 즐겼다(足以自樂)". 공자는 못난 사람이 입사入仕하여 더 편안한 생활을 구하는 것을 보고 얼굴에 불쾌한 빛을 감추지 않았다.[3146] 반면, 춘추시대의 은자隱者 영성기榮聲期가 공자에게 "가난이란 선비의 상사常事이고, 죽음이란 사람의 종

3144) 梁其姿, 『施善与教化』, 12쪽.

3145) 『史記列傳』「仲尼弟子列傳」.

3146) 梁其姿, 『施善与教化』, 13쪽.

말이니, 상사에 처하고 종말을 맞는 일이 당연한데 무엇을 걱정하리오?"라고 말했을 때, 공자는 이 말을 듣고 "선합니다! 스스로에게 너그러운 것이야말로 마땅함을 더하는 것입니다"라고 말했다.3147)

평소 검소하게 살며 도道를 학구하는 선비는 가난해도 쪼들리거나 위축되지 않는다. 그러나 "소인은 가난하면 쪼들려하고, 부유하면 교만하다. 쪼들려하면 도둑질하고, 교만하면 난을 일으킨다. 예법은 사람의 감정들을 근거로 취해 이 감정들을 절제의 법문으로 만들고 이것을 백성의 예방책으로 삼은 것이다. 그러므로 성인이 부귀를 절제케 한 것은 백성이 부유해도 충분히 교만하지 않게 하고, 가난해도 쪼들리게 느끼지 않게 하기 위한 것이다."3148) 그래서 "군자가 귀함을 사양해도 천함을 사양치 않고 부유함을 사양해도 가난함을 사양치 않으면, 난은 갈수록 사라지는 법이다."3149)

예의를 지키는 것은 선비와 일반백성에게 가난해도 쫄지 않게 하고, 부유해도 교만하게 굴지 않게 하고 난을 일으키지 않게 한다는 것이다. 왜냐? "예는 배우지 않을 수 없는데, 무릇 예란 자신을 낮추고 남을 높이는 것이기" 때문이다. "비록 물건을 짊어지고 팔고 다니는 자라도 반드시 높여야 할 점이 있는데, 항차 부귀한 자들이야! 부귀하면서도 예를 좋아할 줄 알면 교만하지도 음탕하지도 않고, 빈천하면서도 예를 좋아할 줄 알면 마음먹으면 쫄지 않는다."3150)

3147) 『孔子家語』「卷第四 六本 第十五」(11): "貧者士之常 死者人之終 處常得終當何憂哉? 孔子曰善哉 能自寬者也為待得宜."

3148) 『禮記』「坊記 第三十」: "子云 小人貧斯約 富斯驕. 約斯盜 驕斯亂. 禮者 因人之情而為之節文, 以為民坊者也. 故聖人之制富貴也, 使民富不足以驕, 貧不至於約."

3149) 『禮記』「坊記 第三十」(07): "子云 君子辭貴不辭賤, 辭富不辭貧, 則亂益亡."

3150) 『禮記』「曲禮上 第一」(07): "禮者不可不學也, 夫禮者 自卑而尊人. 雖負販者

그리하여 공자는 부유해도 교만하지 않은 것을 넘어 예를 좋아하고 가난해도 쪼들려 하지 않고 쫄지 않는 것을 넘어 자기의 뜻을 펴는 경지의 삶을 군자의 이상으로 보았다. 자공이 "가난해도 아첨하지 않고 부유해도 교만하지 않다면 이것은 어떻습니까?"라고 묻자, 공자는 "그것도 좋다만, 가난해도 (도를) 즐기고 부유해도 예를 좋아하는 것만 못하다"고 대답했다.3151)

일반인들이 부유해도 교만하지 않은 것은 "좋은 것"이지만, "부유해도 교만하지 않는 것이야 쉬운 일이다".3152) 이것은 아직 군자의 경지에 이르지 못한 것이다. 군자의 경지는 이것을 넘어 부유해도 예를 좋아할 줄 아는 것에 있다. 그리고 위 인용문에서 공자는 가난에 쪼들려도 위축되지 않고 부자에게 아첨하지 않는 경지보다 가난 속에서도 이에 개의치 않고 도를 닦고 즐기는 경지가 더 차원 높은 것이라고 말하고 있다. 왜냐하면 "군자는 도를 도모하지, 먹을 것을 도모하지 않기"3153) 때문이다. 그래서 "군자는 도를 걱정하지, 가난을 걱정하지 않는 것이다".3154)

원래 군자의 삶의 목표는 일반인들의 그것과 다를 뿐만 아니라 일반인들의 그것보다 더 높다. 군자는 빈부·귀천·환란 등의 환경에 처해서도 이에 꺾이는 것이 아니라 이 환경에 맞춰 도道와 예禮를 지키고 행한다. "군자는 제 지위에 처한 대로 행하고 그 외의 것을 원치 않는다. 부귀에 처해서는 부귀한 대로 행하고, 빈천에 처해서는

必有尊也. 而況富貴乎! 富貴而知好禮, 則不驕不淫. 貧賤而知好禮, 則志不懾."
3151) 『論語』「學而」(1-15): "子貢曰 貧而無諂 富而無驕 何如? 子曰 可也, 未若貧而樂富而好禮者也."
3152) 『論語』「憲問」(14-10): "富而無驕易."
3153) 『論語』「衛靈公」(15-32): "子曰 君子謀道不謀食."
3154) 『論語』「衛靈公」(15-32): "君子憂道不憂貧."

빈천한 대로 행하고, (심지어) 이적에 처해서는 이적에 맞춰 행하고, 환란에 처해서는 환란에 맞춰 행한다. 군자는 어디에 들어가든 자득하지 않음이 없다."3155) 환경은 도덕과 무관한 우연적 사태이고, 부귀와 빈천도 덕행여부와 무관한 우연적 지위다. 이 때문에 군자는 이에 개의치 않고 어떤 지위와 상태에서든 이에 맞춰 도를 도모하는 것이다.

맹자는 공자의 삶을 예로 들어 군자의 가난과 벼슬의 관계를 이렇게 부여한다. "벼슬살이는 가난 때문에 하는 것은 아니나 때로는 가난 때문에 해야 하기도 한다. 아내는 부모의 봉양을 위해 얻는 것은 아니지만 때로는 봉양 때문에 얻기도 한다. 그러나 가난 때문에 자는 높은 벼슬을 사양하고 낮은 벼슬에 거하고, 부유한 벼슬을 사양하고 가난한 벼슬에 거하다. 부유한 자리를 사양하고 가난한 자리에 거하려면 어찌해야 마땅한가? 문지기나 야경꾼이다. 공자는 일찍이 창고지기였는데 회계를 맞출 뿐이라고 말했다. 또 일찍이 우마관리도 했는데 소와 양이 살찌게 할 뿐이라고 했다. 지위가 낮은데도 말이 높은 것은 죄이지만, 남의 조정에 섰는데도 도를 행하지 못하는 것은 치욕인 것이다."3156) 군자는 혹시 가난 때문에 출사했다면 부귀를 추구하지 않아야 하지만, 큰 뜻을 품고 출사했다면 당연히 부귀의 달성이 아니라 도道와 도의의 구현을 추구해야 한다.

3155) 『中庸』(十四章): "君子 素其位而行 不願乎其外. 素富貴 行乎富貴 素貧賤 行乎貧賤 素夷狄 行乎夷狄 素患難 行乎患難, 君子無入而不自得焉."

3156) 『孟子』「萬章下」(10-5): "孟子曰 仕非爲貧也 而有時乎爲貧 娶妻非爲養也 而有時乎爲養. 爲貧者 辭尊居卑 辭富居貧. 辭尊居卑 辭富居貧 惡乎宜乎? 抱關擊柝. 孔子嘗爲委吏矣 曰 會計當而已矣. 嘗爲乘田矣 曰 牛羊茁壯長而已矣. 位卑而言高 罪也 立乎人之本朝 而道不行 恥也."

그러나 비록 춘추시대에 가난한 선비의 전형이 뚜렷하게 형성되었어도 기실 그 당시 유자들은 선비가 반드시 가난해야 하는 것도 아니고 꼭 빈궁의 상황을 견지하며 자신의 도덕과 학문을 돋보이게 할 필요가 있는 것도 아니라고 생각했다.3157) 이에 대해 공자는 "천하에 도가 있으면 나타나고 도가 없으면 숨는 것이니, 나라에 도가 있는데도 빈천한 것은 치욕이고, 나라에 도가 없는데도 부귀하면 치욕인 것이다"라고 직설했다.3158) 나라가 무도할 때 부귀한 것은 사악한 위정자에게 아부한 결과일 것이기 때문에 도덕적 치욕이고, 나라에 도가 있을 때도 빈천한 것은 암약暗弱·무능의 결과일 것이기 때문에 치욕인 것이다. 이것은 도가 있는 나라에 출사해서 "조정에 섰어도 도를 행하지 못한 치욕"일 것이기 때문이다. 나라에 도가 있으면 출사하고 출사하면 자연히 가난 정도는 면하는 법이다. 반대로 나라가 무도하면 숨고 검소하게 살아가면서 가난도 편안히 여기며 부유함을 사양하고 도를 즐긴다. 따라서 가난한 선비의 두드러진 형상은 기실 기본적으로 변치 않지만 빈궁은 도덕 측면에 대해 중립적인 것이다.3159)

그러나 공자는 군자의 빈곤을 도덕적 자랑이나 치욕으로 여기지 않았지만 백성의 빈곤을 방치하거나 초래하여 도탄에 빠뜨리는 것은 군자의 암약暗弱과 무능을 뜻하는 '정치적' 대大치욕으로 간주했다. "땅이 넉넉한데도 백성이 풍족하지 않다면 군자는 이를 부끄러워하고, 백성의 수가 많고 적음이 균등한데도 다른 편이 우리보

3157) 梁其姿, 『施善与教化』, 13쪽.

3158) 『論語』「泰伯」(8-13): "子曰 [...] 天下有道則見 無道則隱, 邦有道 貧且賤焉 恥也 邦無道 富且貴焉 恥也"

3159) 梁其姿, 『施善与教化』, 13쪽.

다 갑절을 이룬다면 군자는 이를 부끄러워한다."3160) 그리고 공자는 "재財의 생산에는 대도大道가 있으니 생산하는 자가 많고 이를 먹어치우는 자는 적으며, 생산을 하는 자들이 빠르고 재물을 써 없애는 자들이 느리면, 재물이 항상 풍족하다"고 갈파했다.3161) 소비자에 대한 생산자의 수적 비율의 확대와 생산성의 제고는 모든 국가 경제정책의 핵심적 목표다. 그런데도 군자가 이 "생재生財의 대도"를 어겨 백성을 가난하게 만든다면 이것은 군자의 치욕이다. 왜냐하면 "음식과 남녀의 사랑은 사람들이 가장 바라는 것이지만, 사망과 빈고貧苦는 사람이 가장 싫어하는 것인데(飲食男女 人之大欲存焉, 死亡貧苦 人之大惡存焉)",3162) 군자이면서도 백성들의 이 희구를 유린하기 때문이다. 또한 뒤에 상론하듯이 공자와 맹자는 백성을 부양하고 부자로 만드는 양민養民과 부민富民을 군자와 위정자의 정치적 책무로 설정했다.

　종합하면, 공자는 백성의 부족을 군자의 치욕으로 여기고 '생재의 대도'를 논하고 양민·교민을 정치적 책무로 본 것이다. 이 점에서 공자는 빈곤과 기근을 국가가 물리칠 수 있고 또 물리쳐야 하는 사회적 현상으로 간주한 셈이다. 따라서 공맹에게 빈곤과 기근은 부도덕의 결과가 아니라, 도덕과 무관한 위정자의 정책실패와 정치적 과오의 결과로 여겼다. 그러므로 맹자는 온갖 정성을 다해 제사를 지내도 발생한 한해旱害·수해와 이로 인한 궁핍·아사조차도 치수사업을 제대로 하지 않은 국가의 실패로 보고 사직(국가)을 갈아치

3160) 『禮記(中)』「雜記下」, 302쪽: "地有餘而民不足 君子恥之 衆寡均而倍焉 君子恥之."

3161) 『禮記』「大學」傳10章: "生財有大道 生之者衆 食之者寡 爲之者疾 用之者舒 則財恒足矣."

3162) 『禮記』「禮運 第九」(9-23).

위 응징해야 할 혁명적 사태로 탄핵했던 것이다. 그리고 백성의 풍요와 태평성대는 인정仁政을 펼친 위정자의 공덕으로 칭송했다. 따라서 유교국가에서는 어디에서나 시무時務·경세經世정책과 복지제도가 발달할 수밖에 없었다. 그리하여 복지·황정荒政이 발달했고, 복지·황정이 발달할수록 아사하는 백성의 수는 소수에 그쳤고, 인구는 크게 늘었다.

반면, 15-17세기 서양의 기독교국가와 기독교단은 궁핍과 기근을 개인들의 원죄적 '죄악'에 대한 하늘의 천벌에 기인한 것으로 보다가, 18세기에는 '게으름'에 기인한 것으로 여기고 게으름을 '죄악'으로 단죄했다. 기독교의 빈곤기근 관념은 이와 같이 도덕과 무관한, 아니 차라리 도덕적 선비의 형상에 종종 따라다니는 유학적 빈곤관념과 정반대였던 것이다. 이런 까닭에 기독교제국은 백성의 경제사회적 화복禍福에 상대적으로 무심할 수밖에 없었다. 그리하여 18세기말, 19세기 초까지도 서양제국은 '복지 황무지'로 남아 있었고, 인구도 정체되어 있었다. 반면, 역대 국가에서 복지제도가 가장 높이 발달한 명·청대 중국은 인구가 그야말로 '폭발적으로' 증가했다. 청대 말의 중국 인구는 명대 초기 인구(0.8억 명)보다 6배 이상 많았다. 유교제국은 백성의 양민과 구황救荒에 적극적이었고, 이것은 태고대로부터 내려오는 전통이었기 때문이다. 태고대적 양민·복지제도는 주周나라의 국가제도를 기록한 『주례』를 통해 바로 입증된다.

1.1. 『주례』와 태고대의 복지제도
『주례』에 수집·기록된 주周나라의 복지제도는 '황정荒政'과 '양민

養民·안민安民정책'으로 대별된다. '황정'의 '황荒'은 원래 흉년을 말한다.3163) 그러나 이후 '황荒'자는 곡식이 떨어져 기색飢色이 도는 춘궁기나 하궁기夏窮期에도 쓰이고 각종 천재지변으로 백성의 가산이 망가지고 곡식이 멸실된 때에도 쓰였다. 따라서 '황정'은 한해寒害·냉해冷害·수해水害·풍해風害·황충해蝗蟲害(메뚜기떼 재해)·지진·전염병 등의 각종 재해에 따른 기근, 계절변동에 따른 춘궁기·하절기 기근, 흉작에 따른 기근 등 각종 위기적 기아飢餓상황에서 백성을 구호하는 긴급 구민救民정책을 말하는 것으로 넓게 이해된다. '양민·안민정책'은 황정의 긴급비상 구민정책과 달리 민생경제를 풍족하게 하여 백성을 부유하고 행복하게 만들려는 각종 정상적·일상적 복지정책을 말한다. 『주례』는 황정을 12가지로 열거하고, 양민·안민정책을 12가지로 나열하고 있다.

■ 구민救民을 위한 주나라의 12대 황정荒政

『주례』는 백성을 기아 위기로부터 구하여 만민이 먹을 것을 찾아 흩어져 고향을 떠나는 일이 없도록 하는 12가지 황정을 말한다.

(지관地官[호부] 대사도는) 12가지 황정으로 만민을 모은다. 첫째는 산리散利이고, 둘째는 박정薄征이고, 셋째는 완형緩刑이고, 넷째는 이력弛力이고, 다섯째는 각종 사금舍禁이고, 여섯째는 거기去幾이고, 일곱째는 생례眚禮이고, 여덟째는 쇄애殺哀이고, 아홉째는 번악蕃樂이고, 열째는 다혼多昏이고, 열하나는 색귀신索鬼神이고, 열둘은 제도적除盜賊이다.3164)

3163) 『周禮注疏』, 306쪽: "荒 凶年也."
3164) 『周禮』「地官·大司徒」(10): "以荒政十有二聚萬民一曰散利二曰薄征三曰緩刑四曰弛力五曰舍禁六曰去幾七曰眚禮八曰殺哀九曰蕃樂十曰多昏十有一曰索鬼神十有二曰除盜賊."

산리散利는 이자를 받고 씨앗이나 식량을 꾸어주는 것이고(散利 貸種食也), 박정薄征은 조세를 가볍게 하는 것이다(輕租稅也).3165) 완형緩 刑은 흉년에 형벌을 완화하고 범죄자를 풀어주는 것(凶年犯刑 緩縱之) 이다.3166) 이력弛力은 요역을 쉽게 하는 것이다(息徭役也).3167) 사금舍 禁은 산택에서 금법을 차폐遮蔽하는 것으로서 그 금법을 제거하고 백성으로 하여금 나물을 캐서 먹게 하는 것(山澤所遮禁者 舍去其禁 使民取 蔬食)이다.3168) 거기去幾는 관문과 시장입구에서 검문검색을 하지 않는 것(關市不幾)이다.3169) '기幾'가 "꾸짖고 금하는 것을 일컫는다(幾 謂呵禁)". 그러므로 '거기去幾'는 관문과 시장에서 세금을 물리고 검 색하는 것을 없애는 것(關市去稅而幾之)을 말한다.3170) 생례眚禮는 장객 掌客 관직자가 흉년에 길례吉禮를 감축하는 것을 일컫는 것이다(掌客 職所謂凶荒殺禮者也).3171) 이것은 경사에 따른 길례 중 그 예의 수를 생략하는 것이다.3172) '장객'은 사방의 빈객의 뇌례牢禮와 선물과 음식의 등수等數와 그 정치를 관장하는 추관秋官소속 관리다(掌四方賓 客之牢禮·饔獻·飮食之等數與其政治).3173) '쇄애殺哀'는 흉례의 중 그 예의 수 를 감축하는 것(凶禮之中殺其禮數)이다.3174) '번악蕃樂'은 악기를 감추 어 넣고 연주하지 않는 것(藏樂器而不作)이다. 여기서 '번蕃'은 '폐閉'

3165) 『周禮注疏』, 306쪽(鄭玄注).
3166) 『周禮注疏』, 306쪽(賈公彦疏).
3167) 『周禮注疏』, 306쪽(鄭玄注).
3168) 『周禮注疏』, 306쪽(賈公彦疏).
3169) 『周禮注疏』, 306쪽(鄭玄注).
3170) 『周禮注疏』, 306쪽(賈公彦疏).
3171) 『周禮注疏』, 306쪽(鄭玄注).
3172) 『周禮注疏』, 306쪽(賈公彦疏).
3173) 『周禮』「秋官·司寇」.
3174) 『周禮注疏』, 306쪽(賈公彦疏).

다.3175) 다혼多昏은 예를 갖추지 않고 시집가고 장가가서 혼인하는 사람들이 많아지게 하는 것(不備禮而娶 昏者多)이다.3176) '색귀신索鬼神'은 폐지된 제사를 찾아서 다시 지내도록 도와주는 것(求廢祀而修之)이다.3177) 이것은 흉년에 빌고 귀신을 찾아내 그것에 비는 것을 말한다(凶年禱祈 搜索鬼神而 禱祈之)3178) '제도적除盜賊'은 형벌을 엄하게 하여 도적을 제거하는 것이다. 기근 시에는 도적이 많으므로 불가불 제거해야 한다.3179)

주나라는 재해나 돌림병이 돌 때 전국을 순회하며 이를 구제하는 일을 맡는 '사구司救'라는 관리도 두었다. "사구는 (...) 무릇 연중 때때로 천재와 백성의 역병이 발생하면 정절旌節을 가지고 나라 안과 교야郊野를 순시하여 왕명으로 혜택을 베푼다.(凡歲時有天患民病 則以節巡國中及郊野 而以王命施惠)"3180) 여기서 '절節'은 천자가 파견하는 신하에게 준 신임의 깃발인 '정절旌節'을 말한다. "혜택을 베푼다"는 것은 "두루 진휼한다"는 뜻이다(施惠 周恤之).3181) 사구는 중사中士 2인과 사史 2인, 그리고 도徒 20인 등 도합 24인의 관리를 거느렸다.3182)

박정薄征·완형緩刑·이력弛力·사금舍禁·거기去幾·생례眚禮·번악蕃樂·제도적除盜賊 등 8개 황정·구민책은 재정 투입 없이 국가가 일방적으로 취하는 행정조치로 가능하다. 그러나 씨앗과 식량을 나눠주는

3175) 『周禮注疏』, 306쪽(賈公彦疏).
3176) 『周禮注疏』, 306쪽(鄭玄注).
3177) 『周禮注疏』, 306쪽(鄭玄注).
3178) 『周禮注疏』, 306-307쪽(賈公彦疏).
3179) 『周禮注疏』, 306(注) 및 307쪽(賈公彦疏).
3180) 『周禮』「地官·司救」.
3181) 『周禮注疏』, 421쪽(鄭玄注).
3182) 『周禮』「地官·司徒」.

첫째 황정책과, 재정지원이 필요한 여덟째·열째·열하나의 황정책을 시행하고 역병을 구제하기 위해서는 국가에 곡식이나 재화 등을 분배하는 데는 국가의 비축물자가 필요하다. 그리고 여기의 규정에서는 빠졌지만 노인과 고아를 부양하는 데도 물자가 필요하다.

주나라는 긴급 구호에 소요되는 물자를 예비하기 위해 '위·자委積'라는 크고 작은 곡식창고를 두었다. '위委'는 사방 30리 범위 안의 '숙宿'에 설치된 작은 곡식창고(또는 적은 저축곡식)이고, '자積'는 50리 이상의 도시에 설치된 큰 곡식창고(또는 많은 저축곡식)이다.3183)

지관의 유인遺人은 방국의 위자委積를 관리함으로써 시혜施惠를 대비한다. 향리의 위자委積는 백성의 간액艱厄을 진휼하고, 관문關門의 위·자로써는 노인과 고아를 부양하고, 교리郊里의 위·자로써는 빈객에 대비하고, 야비野鄙의 위·자로써는 나그네에 대비하고, 현도縣都의 위자로써는 흉황凶荒에 대비한다. 국빈을 맞거나 회동할 때나 군사작전을 할 때는 그 도로의 위적을 관장한다. 무릇 국야國野의 길에는 10리마다 여廬가 있고 여에는 음식이 있고, 30리마다 숙塾이 있고 숙에는 노실路室이 있고 노실에는 위委가 있고, 50리마다 시市가 있고 시에는 후관候館(망루)이 있고, 후관에는 자積가 있다. 무릇 위자偉績의 일은 순시하여 비교하고 때맞춰 나눠준다.3184)

<hr />

3183) 『周禮注疏』「地官·遺人」, 406쪽(鄭玄注): "少曰委 多曰積"
3184) 『周禮』「地官·遺人」: "遺人 掌邦之委積 以待施惠. 鄕里之委積 以恤民之囏阨, 門關之委積 以養老孤,郊里之委積 以待賓客, 野鄙之委積 以待羈旅, 縣都之委積 以待凶荒. 凡賓客會同師役掌其道路之委積. 凡國野之道十里有廬, 廬有飮食 三十里有宿 宿有路室 路室有委, 五十里有市 市有候館 候館有積. 凡委積之事巡而比之 以時頒之."

『이아주소爾雅註疏』에 의하면 '읍邑'은 천자가 직할하는 국도國都이고, '읍외邑外'는 '교郊'이고, '교외郊外'는 '목牧'이고, '목외牧外'는 '아野'이고, '야외野外'는 '임林'이다. 따라서 '교리郊里'는 읍외의 촌락이고, '야비野鄙'는 목외(=아野)의 비읍鄙邑들을 가리킨다. 여기서 말하는 '위자'는 시혜施惠를 대비한 것으로서 비상한 구황용("흉황凶荒에 대비한 현도懸都의 위자" 등), 외교용과 군용(교리의 위적과 도로의 위적), 일상적 복지 시혜용("백성의 간액艱厄을 진휼하는 향리의 위자", "노인과 고아를 부양하는 관문關門의 위자", "나그네에 대비하는 야비野鄙의 위자")로 구성된다. "위자"를 때맞춰 적절하게 나눠주기 위해 순행하는 일은 향사鄕師가 맡는다. '향사'는 5주州(12500가구)를 포괄하는 '향鄕'의 장관이다. "연중 때때로 나라와 목외木外(=野)를 순시하며 만민의 간액을 진휼하는데 왕명으로써 시혜한다(以歲時巡國及野而賙萬民之囏阨 以王命施惠)"3185) 여기서 '간액囏阨'은 '곤핍困乏'과 같다.3186)

주나라는 구황·구민복지를 국가의 과업으로 설정하고 이를 집행할 관리들(대사도와 유인)을 배치했을 뿐만 아니라, 백성의 자발적 구황과 구휼을 위해 서약과 맹세를 통한 상부상조와 절약을 민간의 의무로서 규정하고 가르쳤다. 『주례』는 가령 백성에 가르칠 "12가지 교육" 중 세 가지를 구휼교육과 양민·민복교육에 할당했다. 제8·9·10항목이 그것들이다. 제8항목은 "상호맹세로써 진휼을 가르쳐서 백성을 게으르지 않게 하는 것(八曰以誓教恤則民不怠)"이고, 제9항목은 "물자를 헤아림으로써 절약을 가르쳐 백성을 자족하게 하는 것(九曰以度教節則民知足)", 제10항목은 "세사世事로써 능력을 가르쳐서

<hr>

3185) 『周禮』「地官·鄕師」.
3186) 『周禮注疏』「地官·遺人」, 406쪽(鄭玄注).

백성을 실직하지 않게 하는 것(十曰以世事教能則民不失職)"이다.3187) 민간의 구휼·안민安民의무는 처벌규정에서 가장 확실히 드러난다. 『주례』는 대사도가 규찰해야 할 8가지 형벌 중에 제6항목에 "진휼하지 않은 것"에 대한 형벌(六曰不恤之刑)을 거론하고, 제8항목에는 "백성을 어지럽히고 괴롭히는" 난행亂行(왈패 짓)에 대한 형벌(八曰亂民之刑)을 열거하고 있다.3188)

■ 민복을 위한 주나라의 12대 양민·안민정책

주나라는 『주례』에 의하면 복지정책을 ①비상 황정에 의한 구민救民정책, ②하층민의 궁핍과 가난을 완화하는 일상적 양민養民정책, ③백성의 안영과 행복을 증진하는 안민安民정책으로 삼분하여 추진했다. 그런데 위에서 언급한 5개항, 즉 ① "백성의 간액艱厄을 진휼하기" 위해 "향리의 위자"를 푸는 것, ② "노인과 고아를 부양하기" 위해 "관문關門의 위자"를 푸는 것, ③ "야비野鄙의 위자를 풀어 나그네에게 숙식을 제공하는 것, ④ "상호맹세로써 진휼을 가르쳐서 백성을 게을러지지 않게 하는 것(八曰以誓教恤則民不怠)", ⑤ "세사世事로써 능력을 가르쳐서 백성을 실직하지 않게 하는 것" 등은 비상시국의 구민·황정이 아니라, 일상적 양민복지정책이다. 따라서 『주례』는 복지정책으로 이 항목들을 포함하여 12개 양민養民·안민安民정책, 즉 양민을 위한 6대 '보식保息' 정책과 안민을 위한 6대 "본속本俗"정책을 제시한다. 그리고 이 양민·안민정책을 물질적으로 뒷받침하기 위해 백성의 상부상조를 조직하는 비比·여閭·족族·당黨·주州·향鄉의 6단계 행정체계와 농·상·공업 12개 부문의 경제

3187) 『周禮』「地官·大司徒」(4).

3188) 『周禮』「地官·大司徒」(16).

발전정책을 제시한다.

'보식保息'은 백성들에게 부양과 휴식을 보장하는 양민養民활동을 말한다. '본속本俗'은 안민을 위해 전래된 미풍양속(전통문화)을 본보기로 시행하는 것을 말한다. 먼저 『주례』는 6대 보식·양민정책을 제시한다.

> 보식 6개항으로 만민을 양민한다. 첫째는 유아들을 자양慈養하는 것(慈幼)이다. 둘째는 노인을 봉양하는 것(養老)이다. 셋째는 궁한 사람들을 진제振濟하는 것(振窮)이다. 넷째는 가난한 사람들을 진휼하는 것(恤貧)이다. 다섯째는 폐질자를 너그러이 사랑하는 것(寬疾)이다. 여섯째는 백성의 재부를 안전하게 지켜주는 것(安富)이다.(以保息六養萬民. 一曰慈幼. 二曰養老. 三曰振窮. 四曰恤貧. 五曰寬疾. 六曰安富)3189)

국가정책으로서의 "자유慈幼"는 자기의 아이들을 자양하는 것이 아니라, 국가가 남의 버려진 젖먹이 영아嬰兒(=유아乳兒), 즉 기아棄兒와 고아들을 자양하는 것이다. '양로養老'도 자기 집의 노인이 아니라 남의 노인을 봉양하는 것을 말한다. 이 "자유慈幼"와 "양로"는 상술한 항목, 즉 "노인과 고아를 부양하기"위해 "관문關門의 위자"를 푸는 것과 관련된 것이고, 공자가 나중에 "대동大同"사회의 한 측면으로 논하는 대목, 즉 "사람들은 유독 제 양친만을 친애하지 않았고 유독 제 자식만을 자애하지 않았으니 노인에게는 마칠 곳이 있게 했고, (...) 유아들에게 키워줄 곳이 있게 했다(人不獨親其親 不獨子其子, 使老有所終 [...] 幼有所長)"는 구절과 연관된 정책이다. "진궁振窮"은 궁한 사람들에 대한 일상적 진제를 말한다. "궁한 사람들"은

3189) 『周禮』「地官·大司徒」(11).

여기서 환鰥(=矜=늙은 홀아비)·과寡(늙은 홀어미)·고孤(고아)·독獨(독거노인)을 가리킨다.3190)

　보식·안민정책에서 특이한 절목은 '안부安富'다. 이것을 한대漢代의 정현鄭玄은 『주례주소周禮注疏』에서 단지 요역을 균평하게 하고 전취專取하지 않는 것(平其徭役 不專取)으로만 해석했다. 그러나 당대唐代의 가공언賈公彦은 이것을 살짝 전의轉義시켜 "요역이 균평하고 또 독점적으로 거두지 않으면 부자富者가 평안하니, '안부'를 운위한 것이다(徭役均平 又不專取 則富者安 故云安富也)"라고 해설하고 있다.3191) 가공언의 이 해석에 따르면 '안부'는 재부를 안전하게 지켜줌으로써 부자들을 안심하고 살게 하는 것이다. 이후 이 의미에 따라 '안부'는 중국에서 '휼빈恤貧'과 결합하여 '안부휼빈安富恤貧'의 사자성어가 되어 오늘날까지 쓰이고 있다. "휼빈恤貧"은 가난하여 재산이 없는 자에게 그것을 빌려주는 것이다(貧無財業稟貸之).3192) 이것은 국가가 일정한 소득재분배(재부균제)를 통해 빈곤층의 생계를 좀 넉넉하게 해주는 일상적 대여정책을 말한다. '여사旅師'라는 지관地官 관리는 무릇 곡식을 씀에 봄에 분배하고 가을에 거둬들인다고 하고,3193) 또 『주례주소』에서 정현은 "곤궁할 시에 베풀고 풍요할 시에 거둔다(困時施之 饒時收之)"고3194) 주석하고, 가공언은 "이것은 직접 급부하고 이자를 받지 않으니, 관청은 옛 곡식을 새것으로 바꿀 수 있고 백성은 자기의 곤핍困乏을 구제할 수 있는바, 관민이

3190) 『周禮注疏』, 308쪽(鄭玄注).

3191) 『周禮注疏』, 308쪽(賈公彦疏).

3192) 『周禮注疏』, 308쪽(鄭玄注).

3193) 『周禮』「地官·旅師」: "旅師, 掌聚野之耡粟屋粟間粟. 而用之以質劑致民平頒其興積施其惠散其利而均其政令. 凡用粟春頒而秋斂之."

3194) 『周禮注疏』, 478쪽(鄭玄注).

둘 다 이익을 본다"고 해석한다.3195) 그러므로 '휼빈'은 이것과 연결된 정책이다. "관질寬疾"은 만약 지금 병약하고 폐질을 앓아서 일할 수 없고 마음대로 일을 마칠 수 없다면 할 일을 반으로 줄여주는 것(若今癃不可事 不弄卒 可事者半之也)이다.3196) '륭癃'은 '폐廢'와 통하고 곱사등이와 같은 장애를 뜻하기도 한다. 그래서 『주례주소』는 '관질'의 '질疾'을 "지금의 폐질자와 비슷하다(似今廢疾者)"고 풀이한다.3197) 『관자』에는 '양질養疾'의 '질疾'을 귀머거리, 장님, 벙어리, 절름발이, 반신불수, 손이 오그라들어 못 펴는 자 등으로 열거하고 있다.3198) 이것을 보면 고대에는 장애자들도 질병으로 이해한 것으로 보인다. 따라서 '관질'의 대상에는 장애자들도 포함되는 것으로 이해야 할 듯하다. 따라서 '관질'은 국가가 질병자들을 너그럽게 대對하는 것, 즉 질병자들에게 요역을 감해주는 것을 넘어 관대하게 (무상으로) 치료하고 배불리 먹이는 정책(寬饒疾病之法)을 말한다.3199)

그리고 『주례』는 양민정책의 바탕 위에서 민복(백성의 복지와 행복)을 증진하기 위한 6대 "본속本俗·안민安民" 정책을 이렇게 열거한다.

(대사도는) 전통적 양속良俗을 본보기로 제도를 시행함으로써 만민을 편안케 한다. 첫째는 주택을 아름답게 꾸미게 하는 것이다. 둘째는 분묘를 같은 씨족으로 모으게 하는 것이다. 셋째는 형제를 연대케 하는 것(헤어지지 않고 함께 살게 하는 것)이다. 넷째는 스승 선비들을 한 곳에 모셔 연대케

3195) 『周禮注疏』, 478쪽(賈公彦疎).

3196) 『周禮注疏』, 308쪽(鄭玄注).

3197) 『周禮注疏』, 310쪽(賈公彦疎).

3198) 『管子』「入國」: "所谓养疾者 凡国都皆有掌养疾. 聋·盲·喑·哑·跛辟·偏枯·握递 不耐自生者 上收而养之疾官而衣食之. 殊身而后止. 此之谓养疾."

3199) 『周禮注疏』, 310쪽(賈公彦疎).

하는 것이다. 다섯째는 붕우를 연대케 하는 것이다. 여섯째는 의복을 동등하게 하는 것이다.(以本俗六安萬民. 一曰媺宮室. 二曰族墳墓. 三曰聯兄弟. 四曰聯師儒. 五曰聯朋友. 六曰同衣服.)[3200]

여기서 '본本'은 '구舊'이고,[3201] '구舊'는 '전통'이다. "전통적 풍속에 의거해서 제도를 창립하지 않으면 민심이 불안한데, 만약 전통적 풍속에 의거해 하면 민심이 이내 안정된다."[3202] 따라서 '본속'은 전통적 풍속을 본보기로 삼는 것을 말한다. 전통적 미풍양속에 의거해 제도를 창립하는 이 안민安民정책은 의복과 주거를 아름답고 동등하게 미화·개량하여 백성의 삶을 정신적·문화적으로 풍요롭게 하고 인간관계를 우애롭게 하여 민복民福을 보장하는, 즉 백성들에게 즐거운 상호우애와 미학적 문화생활을 보장하는 복지정책이다. 따라서 이것은 시식施食과 식량 위주의 저 황정이나 양민정책을 뛰어넘는 고차적 행복정책이다.

그리고 주나라는 이런 위기대응의 비상 구민정책(황정)과 일상의 양민·안민정책, 즉 복지·행복정책 일반을 뒷받침하기 위해 전국의 주민들을 '5가家'로 묶고 다시 이 5가를 1비比로 삼고 5비를 1여閭로 삼는 것으로부터 시작하는 위계적 '상부상조 체제'로 조직했다.

5가를 비比로 만들고 비 사람들로 하여금 서로 도와 지키게 하고(相保), 5비를 여閭로 만들고 여 사람들로 하여금 서로 도와 이익을 누리게 하고(相受),

3200) 『周禮』「地官·大司徒」(12).
3201) 『周禮注疏』, 310-311쪽(鄭玄注·賈公彦疏).
3202) 『周禮注疏』, 310쪽(賈公彦疏).

4여를 족族으로 만들어 족 사람들로 하여금 서로 도와 장사지내게 하고(相葬), 5족을 당黨으로 만들어 당 사람들로 하여금 서로 도와 구제하게 하고(相救), 5당을 주州로 만들어 주 사람들로 하여금 서로 도와 진휼하게 하고(相賙), 5주를 향鄕으로 만들어 향 사람으로 하여금 서로 도와 손님을 치르게 한다(相賓).(令五家爲比 使之相保, 五比爲閭 使之相受, 四閭爲族 使之相葬, 五族爲黨 使之相救, 五黨爲州 使之相賙, 五州爲鄕 使之相賓.)3203)

따라서 1향은 1만2500호의 가구家口(=5가×5비×4여×5족×5당×5주), 대략 6만2500-8만7500명의 주민을 포괄한다. 따라서 주나라의 향은 명·청대 또는 현재의 중화인민공화국의 현縣에 해당한다.3204) 그리하여 5가家로 이루어진 비比는 상보相保하고, 여閭는 상수相受하고, 족族은 상장相葬하고, 당黨은 상구相救하고, 주州는 상주相賙하고, 향鄕은 상빈相賓하여 각급행정 단위가 상보相保·상수相受·상장相葬·상구相救·상주相賙·상빈相賓을 수직분업으로 나누어 수행한다. 1당은 이미 주민 수가 2500-3000명에 달하므로 '당정黨正'이 배정되고 이 당정이 상구相救를 지휘하고, 주에서도 '주장州長'이 상주相賙를 지휘하고, 향에서는 '향사鄕師'가 상빈相賓을 지도했다.

그리고 『주례』는 구민·양민·안민의 전반적 복지정책을 뒷받침하기 위해 국가가 펴야 할 12대 경제정책을 제시한다.

12가지 생계직업의 일(職事)을 나라의 도읍과 비읍鄙邑에 나눠주어 만민으로 하여금 성취하게 한다. 첫째는 가색稼穡이다. 둘째는 수예樹蓺다. 셋째는 작재作材다. 넷째는 부번阜蕃이다. 다섯째는 칙재飭材다. 여섯째는 통재通財다.

3203) 『周禮』「地官·大司徒」(13).
3204) 오늘날 중국의 1개 현의 주민 수는 대략 8만여 명이다.

일곱째는 화재化材다. 여덟째는 염재斂材다. 아홉째는 생재生材다. 열은 학예
學藝다. 열하나는 세사世事다. 열둘은 복사服事다.(頒職事十有二于邦國都鄙 使以登萬民
一曰稼穡. 二曰樹藝. 三曰作材. 四曰阜蕃. 五曰飭材. 六曰通財. 七曰化材. 八曰斂材. 九曰生材. 十曰學
藝. 十有一曰世事. 十有二曰服事)[3205]

정현에 의하면, '가색稼穡'은 삼농三農에서 아홉 곡식(九穀)을 생산
하는 것을 말하고, '수예樹藝'는 원포園圃(농원)에서 초목을 기르는
것을 말하고, '작재作材'는 우형虞衡이 산택의 목재를 베는 것을
말한다. 그리고 '부번阜蕃'은 초야에서 목양牧養하고 조수를 번성하
게 하는 것을 말하고(阜=盛), '칙재'는 백공이 여덟 가지 재목材木을
다루는 것을 말한다. '통재通財'는 상려商旅와 점상店商(商=行商, 賈=店
商)이 재화財貨를 풍부하게 유통시키는 것을 말하고, '화재化材'는
부녀들이 명주실과 모시풀을 잣는 것을 말한다. '염재斂材'는 빈천
한 남자와 여자들이 소재疏材(=소채蔬菜)를 취렴하는 것을 말한다.
'생재生材'는 실업자(閒民)들이 항상적 직업(常職=恒業)이 없어 전직하
여 남의 집사執事가 되어 일하는 것을 말한다. '생재'는 평지에서
대나무와 나무를 기르는 것(養竹木者)을 뜻하기도 한다. 그리고 여기
서 실업자는 그 인성人性이 자기의 직업을 영위하지 못하고 직업을
잃은 자로서 남에게 고용되어 일하는 것을 좋아하여 하나의 농가를
이루고 사는 것이 아니라 대나무와 나무를 기르는 데 고용된 집사
로 일하는 것을 택해 직업을 얻는 것(其人爲性不營己業 爲閒民而好與人傭賃
非止一家 轉移爲人執事 以此爲業者耳)을 말한다. '학예學藝'는 국자國子들을
도道로 기르고 그들에게 육예(기술)를 가르치는 것을 맡는 것(掌養國子
以道 乃 敎之六藝)을 말한다. '세사世事'는 일을 세습케 하고 능력을

3205) 『周禮』「地官·大司徒」(14).

가르쳐 백성이 실직하지 않게 하는 것을 말하고, '복사服事'는 국가 공복으로 복무하는 것을 말한다.3206)

정현의 이 주석에서 '삼농三農'은 평지·산지·택지擇地에서 짓는 농사, 또는 원지原地(高原)·습지·평지에서 짓는 농사를 말한다. '아홉 곡식'은 기장(黍), 피(稷), 차조(秫), 벼(稻), 삼(麻), 콩과 팥(大小豆), 보리와 밀(大小麥)을 가리킨다. 이것은 대맥(보리)과 차조를 빼고 기장(粱)과 줄(苽: 벼와 비슷한 곡식)을 넣기도 한다. 그리고 "백공이 여덟 가지 재목材木을 다루는 것(飭化八材)"은 구슬을 잘라 다듬고(切), 상아를 갈고(磋), 옥을 쪼고(琢), 돌을 문지르고(磨), 나무는 새기고(刻), 쇠는 박아꾸미고(鏤), 가죽은 벗기고(剝), 깃털은 쪼개는 것(析)을 가리킨다. '우형虞衡'은 산지기 관리인 산우山虞와 숲을 관리하는 임형林衡의 합성어로서 산택과 산택주민을 관리하는 관리다.3207) 그리고 '가색稼穡'의 '가稼'는 파종을 말하고, '색穡'은 추수를 말한다(種之曰稼 斂之曰穡).3208)

이 12대 경제정책은 지관地官 대사도大司徒(호부)의 일일 뿐만 아니라, 백성 전체를 관리하는 일인 한에서 천관天官대재大宰의 일이기도 하다. 그래서 『주례』는 이 12대 정책의 대강(九職)을 '대재大宰장'에서 먼저 다루고 있다.3209)

3206) 『周禮注疏』, 312-313쪽(鄭玄注). 단, "生材 養竹木者"라는 정현의 주석은 앞의 해석을 정현이 차후에 파한 것(此後鄭破司農之義)이다. "掌養國子以道 乃 敎之六藝" 주석은 보씨직(保氏職)에 단 주석에서 인용한 것이다(314쪽, 賈公彦疏). 그리고 "其人爲性不營己業 爲閑民而好與人傭賃 非止一家 轉移爲人執事 以此爲業者耳"도 가공언의 주석이다(39쪽, 賈公彦疏).

3207) 『周禮注疏』, 38쪽(鄭玄注).

3208) 『周禮注疏』, 314쪽(賈公彦疏).

3209) 『周禮』「天官·大宰」(5): "以九職任萬民. 一曰三農生九穀. 二曰園圃毓草木. 三曰虞衡作山澤之材. 四曰藪牧養蕃鳥獸. 五曰百工飭化八材. 六曰商賈阜通貨賄. 七曰嬪婦化治絲枲. 八曰臣妾聚斂疏材. 九曰閑民無常職轉移執事."

『주례』에 따르면 주나라는 그 태고대에 이미 황정荒政·구민救民정책과 기아棄兒·고아孤兒·장애인·병자·민민에 대한 양민복지 및 안민安民(행복)정책으로부터 일자리·실업대책에 이르기까지 상세한 복지프로그램을 시행했다. 따라서 『주례』는 이후 중국과 한국에서 복지정책을 기획하고 실행하는 데 있어 줄곧 '교과서'로 참조되었다.

■ 물가조절기구(사시·천부)의 복지기능

주나라가 설치·운영한 '사시司市'와 '천부泉府'는 기본적으로 물가조절제도이면서도 물가안정을 통해 생산자의 궁핍화와 생산자의 파산을 막는 기능을 수행함으로써 간접적으로 복지기능을 수행하고 또 궁민窮民과 빈민들에게 물자를 대여해줌으로써 직접적으로 복지기능을 시행했다. 따라서 '천부'는 시장제도만이 아니라 복지제도로도 탐구되어야 한다.

『주례』는 공정거래를 위한 균시均市조치를 관장하는 '사시司市'를 설명하면서 사시가 "천부와 동일하게 재화를 거둬들이고 빌려준다(以泉府同貨而斂賒)"고 말한다.3210) 이것은 사시가 천부처럼 백

3210) 『周禮』「地官司徒·司市」. 정현은 이 구절의 "동(同)"자를 '같이할 공(共)'자로 본다(同 共也), 또는 '같은 여(如)'자로 본다(共 如字). 천부와 같이 한다는 것은 백성의 재화가 안 팔리면 그것을 거둬들이기 위해 사들이고, 백성이 재화가 없으면 빌려준다는 말이다.(同者 謂民貨不售 則爲斂而買之. 民無貨 則賒貰而予之). 세(貰)는 '빌려줄 대(貸)'자와 같은 뜻이다. 정현의 이 주석에 대해 가공언은 이렇게 풀이한다. 아래 글에 천부직(泉府職)이 있는데 시장의 벌금의 등급을 관장하여 벌금을 축장한다. 지금 사시의 관리는 천부가 축장한 벌금 물건들로 백성과 동일하게 행하여, 백성이 재화가 없으면 빌려준 뒤에 그 가격에 거둬들이므로 "同貨而斂賒"라고 한 것이다. "同者 謂民貨不售則爲斂而買之"라고 한 것은 백성의 매물(賣物)이 팔리지 않으면 천부의 벌금 물건으로 그것을 사들이는 것을 말한다. 이것은 경전의 "동화(同貨)"의 해석이다. "民無貨 則賒貰而予之"라고 한 것은 사들인 물건을 백성이 급히 필요한데 재화가 없는 경우에 빌려주고 때가 되면 그 가격에 거둬들이는 것을 말한다. 이것은 경전의 염사(斂賒)를 해석한 것이다. 사(賒)·세(貰) 두 자는 통용되었다. 『周禮

성(농민·상공인)의 재화가 안 팔리면 그것을 거둬들이기 위해 사들이고, 백성(소비자)이 재화가 없으면 빌려줌으로써 물가를 안정시키는 기능을 하는 것을 말하고 있다. 그런데 사시의 물가안정 기능은 동시에 농부와 상공인의 손실을 막아주고 소비자를 지원해주는 복지기능을 담고 있다. 특히 소비자 대중이 사시가 이전에 사들여 축장해둔 물건을 급히 필요로 할 경우에 이 물건을 외상으로 빌려주고 때가 되면 그 가격을 받고 거둬들이는 것은 완전한 복지기능이다.

이 물가안정기능과 복지기능은 천부의 역할 규정에서 더욱 두드러진다. 『주례』는 지관地官의 「천부」절의 시장 관련 법제에서 "천부는 민용民用을 고달프게(가물게) 하는 시장의 팔리지 않은 재화를 거두어 점상店商처럼 그 재화를 사들여 목록 푯말에 적어두고 불시에 사는 자를 기다리고, 물건을 사는 경우에는 각기 그 물건의 본래 가격(從其抵)에 따른다"고 말하고, "무릇 물건을 외상으로 사는 경우는 제사를 위한 것이면 열흘을 넘기지 않아야 하고 상사喪事를 위한 것이면 3개월을 넘기지 않아야 하고, 무릇 백성이 대여하는 경우에는 그 유사와 더불어 그것을 변별해 주고 국가에 대한 복역服役을 그 이자로 삼는다(以國服爲之息)"고 덧붙인다.3211)

注疏』, 435쪽(鄭玄注·賈公彦疏). 정현의 주석과 가공언의 풀이는 약간 다른데, 여기서는 정현의 주석을 취했다.

3211) 『周禮』「地官·泉府」: "泉府掌以市之征布. 斂市之不售貨之滯於民用者以其賈買之物楬而書之以待不時而買者. 買者各從其抵. (…) 凡賖者祭祀無過旬日 喪紀無過三月. 凡民之貸者與其有司辨 而授之以國服爲之息." 이에 대해 정현은 이렇게 주석한다. 고서에 '체(滯)'자는 '고달플 단(癉), 가물 단(癉)'자와 같다. 두자춘(杜子春)은 "단(癉)은 당연히 체(滯)"라고 한다. "物楬而書之"은 물건과 물건의 물목이 나눠 기록하기 위해 그 가격을 적어두어 푯말로 그 물건들을 내거는 것이다. 불시에 사는 자는 급구하는 자다. 저(抵)는 옛 가격(故賈)이다. 또는 저(抵)는 뿌리 저(柢)자이고 이것은 '본(本)'자와 같다. 그리고 사(賖)는 세(貰)와 같다. 제사와 상례이기 때문에

1982

천부에 대한 이 설명은 천부의 수매收買와 방매放賣 기능이 물가안정 효과가 없지 않지만 민용을 고달프게 마르게 하는 적체상품들을 사들였다가 그것을 급구急求하는 백성들에게 옛 가격에 파는 것은 백성에 대한 복지기능을 겸행兼行한다. 그리고 제사와 상사 시에 물건을 대여하고 이자를 국가에 부역을 제공하는 것(國服)으로 이자를 내는 기능은 복지 효과가 더욱 두드러진다. 결론적으로, 사시의 수매·대여기능과 천부의 수매·대여기능은 둘 다 생산자와 소비자 대중으로서의 국민에 대한 복지효과를 포함하고 있다.

■ 경제균제정책의 복지기능

주나라는 '균인均人'과 '토균土均'이라는 두 종류의 관리를 설치하고 각종 세금과 부역을 주기적으로 공평하게 균제均齊했다. 이것은 부익부빈익빈의 소득양극화를 완화하려는 거시적 복지정책에 속한다.

먼저 각종 지세와 부역을 공평하게 균제하는 일을 위임받은 균인의 제도부터 보자.

관리가 매물을 빌려주는 것이다. 이에 대해 가공언은 이렇게 풀이한다. 정현이 먼저 "저(抵)는 옛 가격(故賈)이다"고 말한 뒤에 이에 따르지 않는다. 가령 관(官)이 이전에 팔 때에 비쌌는데 나중에 혹 싸졌을 경우에 지금 옛 가격으로 사들이면 백성에게 손실을 끼치는 것이다. 그러므로 옛 가격에 의거할 수 있을 저(抵)자를 놓아버린 것이다. 정현은 나중에 저(抵)자가 저(柢)자를 따른다는 것을 파하고 이 저(抵)를 경유로 그 저(抵)를 경시한 뒤에 저(抵)자가 저(柢)자를 따른다는 것을 파한 것이다. 그리하여 저(柢)는 본(本)의 뜻을 얻을 수 있었다. 먼저 정현의 뜻은 제사와 상사, 이 두 가지 일은 대사(大事)이므로 백성에게 빌려주고 이자를 받지 않는다고 말한다. 정현은 "以國服為之息"이 국가복무의 일에 대한 세금을 이자로 삼는다는 것이라고 말한다. 나랏일에서 원전(園廛)의 밭을 받아 만전(萬錢)을 대출하면 이자 500전을 기대한다. 즉, 20분의 1의 이자율이다. 왕망 때 백성이 대출받아 산업을 운영하는 경우는 다만 이익으로 나올 이득을 계산하여 이자를 받았다. 『周禮注疏』, 449-451쪽 (鄭玄注·賈公彦疏).

균인은 지정地政(땅과 관련된 세금의 징수)을 공평하게 균제하는 일을 관장한다. 지수地守(산림세)를 균제하고 지직地職(농포세)를 균제하고, 인민·우마·수레의 역징力政(力役)을 균제한다. 무릇 역징을 균제하는 것은 해마다 올렸다 내렸다 한다. 풍년이면 공사公事에 균일하게 3일을 쓰고, 중년中年이면 공사에 균일하게 2일을 쓰고, 흉년이면 공사에 1일을 쓰는 것이다. 흉년에는 지수와 지직을 받지 않고 지징을 균제하지 않는다. 산택과 지세地稅를 받지 않고 역시 지세를 공평하게 계산하지 않는다. 흉년과 역병이 도는 해가 아니면 당연히 세금을 받고 균제한다. 3년마다 크게 비교하고 그러면 크게 균제한다.3212)

여기서 "지정地政"의 "정政"은 '징征(=徵)'으로 읽는다. '지징'은 '지수'와 '지직'을 합쳐 말하는 것이다. 지수는 산림세이고, 지직은 농포세다. 역징은 인민이면 성곽과 도랑(塗巷+溝渠)를 다스리는 것이고 우마와 수레면 크고 작은 창고곡식을 옮기는 일에 속한다. 풍년은 한 사람이 네 가마솥을 먹는 해이고, 중년은 세 가마솥을 먹는 해이고, 흉년은 두 가마솥을 먹는 해이고, 남는 저량貯量이 없는 해다. '순旬'은 '균均'이다. 흉년과 역병이 들면 세금과 역징이 없는 것은 그 노고를 진휼하고 그 궁핍을 진제하는 것이다. 그리고 3년을 크게 비교해 크게 균제한다는 것은 풍년과 흉년을 크게 평균하는 것이다. 오랫동안 균제하지 않으면 수치가 틀릴 수 있기 때문이다.3213)

3212) 『周禮』「地官·均人」: "均人 掌均地政 均地守 均地職 均人民·牛馬·車輦之力政. 凡均力政 以歲上下. 豐年則公旬用三日焉, 中年則公旬用二日焉, 無年則公旬用一日焉. 不收地守·地職·不均地政. 不收山澤及地稅 亦不平計地稅也. 非凶札之歲當收稅 乃均之耳. 三年大比 則大均".

3213) 『周禮注疏』, 409-410쪽(鄭玄注).

풍년·중년·흉년·역병을 나눠 세금과 부역을 징수하거나 감면하는 것은 주나라의 복지정책에 속한다. 그러나 오늘날의 근대국가는 불황과 역병이 닥쳤을 때 재난지원금을 지급할지언정 세금을 깎아주거나 받지 않는 경우가 거의 없다. 이것과 대비하면 3000년 전 주나라의 복지정책이 아직도 오늘날 최선의 복지국가를 능가했다고 평가할 수 있다.

지질地質의 등급에 따라 합리적으로 토지세를 공평하게 균제하는 '토균土均'의 경우에도 거시적 복지정책이 두드러진다. 토균은 상사上士 2인, 중사 4인, 하사下士 8인, 부府 2인, 사史 4인, 서胥 4인, 도徒 40 등 도합 64인을 거느린 큰 관청, 큰 관리다.

> 대사도는 토균의 법으로 다섯 가지 땅에서 나는 재물을 9등급의 토질로 변등하고 천하의 지정地征을 제도화하여 백성의 직업을 일으키고, 이로써 지공地貢(공지貢地에서 나는 구곡九穀)을 명하여 재부財賦(천곡泉穀과 구부九賦·군부軍賦)를 거둬들이고 이로써 천하의 세무稅務를 균제한다.(以土均之法辨五物九等 制天下之地征 以作民職 以令地貢 以斂財賦 以均齊天下之政.)[3214]

"다섯 가지 땅에서 나는 재물"은 ①산림에서 나는 털 난 동물과 마른 식물(도토리 등), ②천택에서 나는 비늘 있는 동물과 기름진 식물, ③구릉에서 나는 깃털 있는 동물과 씨앗 있는 식물, ④언덕이나 물가에서 나는 껍질 있는 동물과 꼬투리가 열리는 식물, ⑤고원 습지에서 나는 껍질과 털이 없는 동물과 떨기로 자라는 식물을 가리킨다. 이것은 대사도의 관하 하에 있는 토균관할 업무를 일반적으로 규정한 것이다.

3214) 『周禮』「地官·大司徒」(6).

그리고 『주례』는 지관地官의 「토균」 절에서 '토균' 관청의 본래 업무를 규정한다.

토균은 토지의 세무를 공평하게 하는 일을 관장한다. 지수地守(산림세)를 균제하고, 지사地事(=地職=농포세)를 균제하고, 지공地貢을 균제한다.(土均 掌平土地之政. 以均地守. 以均地事. 以均地貢)3215)

'지공地貢'은 공물貢物을 바쳐야 하는 의무를 짊어진 땅에서 나는 구곡九穀을 말한다. 여기서 "균제"는 세금의 양을 9등급으로 토질로 변별하여 이에 비례하여 세금을 부과하는 것을 말한다.

균인과 토균의 일은 기능적으로 중첩된다. 이 두 규정을 합쳐 읽으면 이 두 관청, 두 관리의 업무가 바로 합리적 세제稅制를 수립·집행함으로써 소득양극화와 빈부양극화를 막고 조절하는 거시적 복지제도임을 알 수 있다.

종합하자면, 『주례』의 복지제도와 정책은 황정荒政을 통한 12대 긴급 구민救民 정책, 민복을 위한 12대 양민·안민정책, 사시와 천부의 복지기능, 균인과 토균의 균제제도로 이루어져 있다. 여기에 『주례』의 여기저기에 흩어져 기술된 교민정책을 합하면, 주나라의 모든 복지제도가 망라된다. 주나라의 이 복지제도들이 제대로 실행되었는지에 대한 논란과 무관하게 『주례』에 기록된 복지제도는 역대 중국과 한국 정부의 복지제도의 지침으로 쓰였다. 그리고 현대 복지국가는 아직도 3000여 년 전 주나라의 이 복지 시정施政 수준에 이르지 못했다. 가령 어떤 현대국가도 기아·고아·노인을 먹이고 재워주고 병자를 치료해주는 주대周代 국가기관과 같은

3215) 『周禮』 「地官·土均」.

관영官營 육영원育嬰院·고아원·양로원·요양원 등을 갖추지 못했기 때문이고, 내수시장에서 활동하는 수익성 낮은 기업과, 글로벌 차원에서 떼돈을 버는 글로벌 수퍼리치 기업을 나눠서 공정하게 누진적으로 차등 과세하는 나라도 없기 때문이다.

1.2. 공자의 대동사회와 복지국가론

공자가 논하는 복지정책은 『주례』의 복지정책을 활용하는 측면도 있고, 이것을 보완하는 측면도 있어서 『주례』의 그것보다 광범하고 선명하다. 공자는 특히 '대동大同사회'를 완전고용과 완벽한 복지제도를 갖춘 항산恒産과 항심恒心의 인정仁政국가로 기술하고 이를 동경했다. 따라서 개별적 복지제도에 대한 공자의 여기저기 흩어진 논의들은 이 대동사회의 유토피아를 지향하는 것으로 종합·정리될 수 있다.

■ 대동사회론과 유토피아적 복지국가 이념

'양민국가' 또는 복지국가는 중국에서 공자보다 훨씬 이른 시대인 태고대부터 전승된 국가개념이다. 하·은·주 삼대三代 이전에 순임금은 일찍이 우禹·익益 등 신하들에게 "의지할 데 없는 사람들을 학대하지 않고 곤궁한 사람들을 버리지 않는 것은 오직 요임금만이 잘하시었다(不虐無告 不廢困窮 惟帝時克)"고 요임금을 칭송하며[3216] 백성을 잘 먹이고 입힌 요임금의 양민養民 정치론을 설파한다. 여기서 "의지할 데 없는 사람들"은 환鰥(늙은 홀아비)·과寡(과부)·고孤(고아)·독獨(무자식의 독거노인)을 말한다. 따라서 순임금은 홀아비·과부·고

3216) 『書經』「虞書·大禹謨(1)」.

아·독거노인과 빈자("곤궁한 사람들") 등 사회적 약자에 대한 복지 시정施政을 요임금의 선정善政으로 내세우고 있다. 이에 우禹는 아예 정치의 본질, 또는 정치(정사)의 본질을 '양민'으로 규정한다.

오직 덕으로만이 정사를 잘하고, 정사는 양민養民에 있으니, 오직 물·불·쇠·나무·땅·곡식을 수선修善할 따름이고, 정덕正德과 이용利用과 후생厚生을 조화롭게 할 따름입니다.(德惟善政 政在養民 水火金木土穀惟修 正德利用厚生惟和)3217)

신하 우는 순임금에게 "정치란 곧 '양민'이다"고 말하고, 양민의 정도正道를 "물·불·쇠·나무·땅·곡식의 수선修善(개선)"과 "정덕·이용·후생의 조화"로 제시하고 있다.

나아가 기원전 604년 주郑나라 임금 문공文公은 "양민"을 군주에게 내려진 정치적 '천명'으로까지 높인다.

주나라 문공은 역繹 땅으로 천도하는 것을 두고 거북점을 쳤다. 사관이 아뢰기를, "백성에게는 이로운데 임금에게는 불리합니다"라고 했다. 이에 주나라 자작(문공)은 "진실로 백성에게 이롭다면 그것은 곧 나의 이로움이다. 하늘이 백성을 낳고 그들에게 임금을 수립해준 것은 백성을 이롭게 하기 위한 것이다. 백성이 이미 이롭다면 나에게 반드시 이것으로부터 이로움이 주어질 것이다." 이에 좌우에서 "수명이 길 수 있는데 임금님이 어찌하여 그것을 하지 않습니까?"라고 말했다. 주나라 자작은 말했다. 천명은 양민養民에 있다. 죽음의 장단은 천시天時니 백성이 이롭다면 천도하는 것이다. 길함이 이것보다 더한 것이 없도다!" 역 땅으로 천도가 이루어

3217) 『書經』「虞書·大禹謨(1)」.

졌고, 그 해 오월에 주나라 문공이 죽었다. 군자들이 말하기를 "그분은 천명을 알았도다"라고 했다.[3218]

주邾문공은 자기의 죽음을 무릅쓰고 '양민'을 택할 만큼 "양민"을 군주에게 내려진 드높은 "천명"으로 받들고 있다.

또 기원전 진晉나라 사광師曠도 이렇게 말한다. "양군良君은 선행을 상주고 음행淫行을 벌주고 백성을 자식처럼 양민하고 하늘처럼 덮어주고 땅처럼 받아준다(良君將賞善而刑淫 養民如子 蓋之如天 容之如地)"고 말한다.[3219] 양민을 자기자식을 양육하듯이 하는 좋은 임금 (양군)의 도리라고 말하고 있다. 그렇지 않은 군주는? 사광은 그런 군주는 "장차 어디다 쓸 것인가요? 제거하지 않고 어찌하오리까?"라고 말한다. 양민의 국가이념을 등진 군주는 제거되고 그런 나라는 전복된다. 그만큼 양민은 공자의 국가에서 본질적인 것이다. 따라서 공자의 국가는 플라톤·아리스토텔레스의 국가와 정반대인 것이다.

따라서 공자가 '양민'을 국가의 본업으로 간주하는 것은 공자가 중국에서 요순 이래 전래되는 중국적 국가관을 대변하는 것이다. 이에 따라 공자는 이의 없이 국가의 본질적 기능을 "양민養民"과 "교민敎民"으로 보았던 것이다. '양민'은 백성의 이용·후생을 위한 정사이고, '교민'은 백성의 정덕正德을 위한 정사다. 그러므로 양민과 교민을 도외시·등한시하고 안보와 강병만을 국가의 제일기능으

3218) 『春秋左氏傳』, 문공13년 춘(春)(1303): "邾文公卜 遷于繹. 史日 利於民而不利於君. 邾子曰 苟利於民 孤之利也. 天生民而樹之君 以利之也. 民旣利矣, 孤必與焉. 左右曰 命可長也, 君何弗爲? 邾子曰 "命在養民. 死之短長 時也 民苟利矣 遷也 吉莫如之! 遂遷于繹 五月 邾文公卒. 君子曰 知命".

3219) 『春秋左氏傳』, 양공14년 하(夏)(1406).

로 치는 유럽 전통의 플라톤적·군사적 야경국가론은 공자의 양민·교민국가론과 '불구대천의 원수'인 것이다.

이제 '양민' 복지에 대해 천착해보자. 교민복지(교육·문화복지)에 대해서는 학교제도를 논하면서 충분히 궁구했으므로 여기서는 '양민'에 대한 공자의 논의만을 궁구한다. 공자는 정나라 재상 자산子産(?-BC 522)을 평하여 이렇게 말한다.

> 그는 군자의 도를 네 가지 가지고 있다. 그의 행동은 공손하고, 그의 윗사람 섬기기는 공경스럽고, 그의 양민은 은혜롭고, 그의 백성 부리기는 의롭다.(子謂子産 有君子之道四焉 其行己也恭 其事上也敬 其養民也惠 其使民也義)3220)

여기서 공자는 자산의 양민정책을 "은혜로운 양민"으로 호평하고 있다. "은혜로운 양민"은 백성에게 "족식足食", 즉 풍족한 의식주를 보장하는 것을 뜻한다.

그리하여 공자는 정치를 족식·고병足兵·민신民信"으로 정의하고, 족병의 정치보다 족식의 정치, 즉 백성들에게 풍족한 의식주를 보장하는 양민정치를 더 중시한다.

> 자공이 정사에 대해 묻자 공자는 "족식, 족병, 그것(정사)에 대한 민신이니라"라고 답했다. 자공이 "부득이 필히 제한다면 이 세 가지 중 무엇을 우선 제하겠습니까"라고 물었다. 이에 공자가 "족병이니라"라고 답했다.3221)

3220) 『論語』「公冶長」(5-16).

3221) 『論語』「顏淵」(12-7): "子貢問政. 子曰 足食 足兵 民信之矣. 子貢曰 必不得已而 去 於斯三者何先? 曰 去兵."

국가에 있어 '족식'(풍족한 의식주)의 양민은 '족병'(강병)보다 선차적이고 본질적인 것이다. 따라서 공자의 국가는 애당초 군사안보국가가 아니라 양민·교민국가, 즉 복지국가인 것이다.

군사력과 경찰력으로 백성을 지키는 안보·공안 활동은 국가의 본질적 기능이 아니다. 그것은 국가만의 기능이 아니라, 가족·원시집단·부족사회 등의 전前국가 공동체로부터 국가와 제국帝國에 이르는 크고 작은 모든 공동체의 공통된 필수기능이다. 또한 국가의 안보·공안 기구는 방어하기에 적절하면 될 것이지, 풍족한 것까지 없는 것이다. '족병', 즉 침략할 정도까지 강병일 필요는 없는 것이다. 이런 이유에서 공자는 국가 특유의 본질적 기능을 족병보다 족식의 양민(부민富民)을 앞세운 것이다. 그러므로 족식의 양민과 정덕의 교민은 국가의 존재이유다. 따라서 무릇 "국가"란 언제나 "양민(부민)국가"인 것이다.

또한 안보와 공안은 도덕과 정의실현 없이 꼭 군사력과 경찰력으로만 이루어지는 것이 아니다. 공자는 나라가 기울어지는 국가의 안보위기는 일차적으로 안으로부터 야기된다고 생각하여 "국가를 가진 자는 백성이 적음을 걱정하는 것이 아니라 불균등함을 걱정하고, 백성이 빈곤함을 걱정하는 것이 아니라 안전하지 않음을 걱정하는 것이니, 무릇 백성이 균등하면 빈민이 없고, (빈민이 없으면 백성이 화목하고) 백성이 화목하면 백성이 적을 일이 없고, (백성이 많으면 나라가 안전하고) 안전하면 나라가 기울어질 일이 없다(有國有家者 不患寡而患不均 不患貧而患不安 蓋均無貧 和無寡 安無傾)"고 설파한다.3222) 말하자면 빈민이 많아서 백성이 불평등하고 배우지 못해 부도덕한 나라는 내란으로 무너지거나, 외침을 불러들여 안보위기

3222) 『論語』「季氏」(16-1). 괄호의 우리말은 인용자.

를 초래하게 된다. 따라서 나라의 안보가 구조적으로 튼튼하려면 백성이 평등하고 부유하고 덕스러워야 하는 것이다. 따라서 뒤집어 생각하면, 군사력과 경찰력이 쓸데없이 강하지 않더라도 나라 백성이 평등하고 덕스럽고 나라가 인의적仁義的이다면, 안보와 치안은 구조적으로 충분히 확보되는 것이다. 이런 이유에서도 공자는 백성의 '족식'을 '족병'보다 중시한 것이다.

"은혜로운 양민"으로서의 "족식"이 보장되면 인구가 증가하고 마을과 길거리에 사람들이 많아져 북적댄다. 그러므로 길거리에 사람들이 북적대는 나라는 양민이 잘 되는 나라다. 공자는 백성이 길거리에 북적댈 정도로 많아지면 그 다음 단계의 정치를 수적으로 증가한 이 백성을 부자로 만들어 잘살게 하는 것이라고 생각했고, 그 다음 단계의 정치는 잘사는 이 백성을 가르쳐 도덕적·문화적으로 높이 교화하는 것이라고 생각했다. 따라서 공자는 정치의 본질은 양민이고, 양민의 일차적 목적은 "부민富民"이고, 양민의 궁극적 목적은 "교민敎民"이라는 양민·부민·교민국가론을 설파함으로써, 백성의 양민을 등한시한 플라톤적 군사안보 위주의 야경국가론을 배격했던 것이다.

공자가 위衛나라에 갔을 때 염유冉有가 마부를 했다. 공자가 "사람이 많구나!"라고 감탄했다. 이에 염유가 "사람들이 이미 많으면 여기에 또 무엇을 더해야 합니까?"라고 물었다. 이에 공자는 "그들을 부유하게 만들 것이니라"라고 답했다. 다시 염유가 "백성들이 이미 부유하면 또 무엇을 더하겠습니까"라고 물었다. 이에 공자는 "그들을 가르칠 것이다"라고 답했다.(子適衛 冉有僕. 子曰 庶矣哉! 冉有曰 既庶矣 又何加焉? 曰 富之. 曰 既富矣 又何加焉? 曰 敎之.)3223)

감탄할 정도로 사람들이 북적댄다는 것은 위나라가 양민을 은혜롭게 해왔다는 것, 즉 족식을 보장해왔다는 것을 뜻한다. 그러나 위나라는 인구가 많았지 이 백성이 넉넉하게 살지는 못했다. 이에 공자가 위나라의 다음 단계의 정치 목적을 '부민富民'으로 제시하고, 궁극목적을 교민으로 제시한 것이다.

맹자도 공자의 양민·부민·교민국가론에 백성의 의식주를 물과 불처럼 흔하게 함으로서 백성을 인자仁者로 만드는 인정仁政국가론으로 화답한다.

경지를 정리하고 세금을 가볍게 하면 백성을 부유하게 할 수 있다. 때맞춰 먹게 하고 예의에 맞게 쓰게 하면, 재물을 이루 다 쓸 수 없을 것이다. 백성은 물과 불이 없으면 생활할 수 없다. 해 질 녘에 남의 집 문을 두드리고 물과 불을 구하면 주지 않는 자가 없는 것은 지극히 풍족하기 때문이다. 성인이 천하를 다스리면 오곡이 물과 불처럼 흔하도록 만들 것이다. 오곡이 물·불과 같이 흔하면 백성 안에 어찌 불인자不仁者가 있겠는가?3224)

맹자도 공자처럼 군자에게는 안빈낙도의 청빈한 삶을 강조하면서도 백성에 대해서는 인심人心이 인애로워질 만큼 윤택한 생활을 국가목표로 삼았다. 맹자는 공자의 양민·부민·교민국가 이념에 인

3223) 『論語』「子路」(13-9).

3224) 『孟子』「盡心上」(13-23): "孟子曰 易其田疇 薄其稅斂 民可使富也. 食之以時 用之以禮 財不可勝也. 民非水火不生活 昏暮叩人之門戶求水火 無弗與者 至足矣. 聖人治天下 使有菽粟如水火. 菽粟如水火 而民焉有不仁者乎?" [菽粟: 곡식의 총 칭].

정仁政국가론으로 화답한 것이다. 맹자는 국가(군주)가 부민·교민의 인정仁政을 베푼다면 사방 백리 땅으로도 제국을 건설할 수 있다고 말한다.

> 땅이 사방 백리면 왕이 될 수 있다. 왕이 백성들에게 인정仁政을 베푼다면, 즉 왕이 형벌을 덜고 세금을 적게 거두고 밭갈이를 깊게 하고 김매기를 쉽사리 하게 하고 청장년들이 쉬는 날에 효제충신을 닦고, 집에 들어가면 제 부모를 섬기고 밖에 나오면 어른과 윗사람을 섬기게 한다면, 백성들이 몽둥이를 들고 진·초나라의 견갑堅甲과 예리한 병장기도 쳐부수게 할 수 있을 것이다.(地方百里而可以王. 王如施仁政於民 省刑罰 薄稅斂 深耕易耨 壯者以暇日修其孝悌忠信 入以事其父兄 出以事其長上 可使制梃以撻秦楚之堅甲利兵矣)3225)

맹자는 "요순의 도라도 인정을 쓰지 않으면 천하를 다스릴 수 없다(堯舜之道 不以仁政 不能平治天下)"고 갈파하고,3226) "무릇 인정仁政이란" 백성의 덕을 바로 세우는 정덕正德의 교민정책으로부터 시작하는 것이 아니라, "반드시 경지 경계의 정리로부터 시작하는 것이다(夫仁政 必自經界始)"라고 천명한다.3227) 따라서 맹자의 "인정仁政"은 바로 공자의 양민·부민과 교민정치인 것이고, 그의 '인정국가'는 공자의 '양민·부민·교민국가'와 개념적으로 합치되는 것이다.

공자와 맹자는 양민의 방도를 대체로 자유시장의 "무위이치無爲而治"(자유방임정책+시장진흥·물가조절 정책)와 적극적 '유위이치有爲而治'의 복지정책으로 양분했다. '유위이치'의 복지정책은 자유시

3225) 『孟子』「梁惠王上」(1-5).
3226) 『孟子』「離婁上」(7-1).
3227) 『孟子』「滕文公上」(5-3).

장 메커니즘의 양극화·불균등화 추세를 완화하고 자유시장이 해결할 수 없는 각종 사회적 시장약자들을 보호하고 백성을 흉년·재해의 마수로부터 구제하는 민복民福증진 정책을 말한다. 복지정책을 통한 적극적 양민은 무위의 자유시장 정책을 통한 자연적 양민과 쌍대가 되는 것이다. 나아가 양민정책은 나라가 가난할 때에만 추진하는 것이 아니라, 부유할 때도 추진해야 한다. 왜냐하면 상론했듯이 백성이 균등하지 않으면 국가가 분열·내란·외침·멸망의 위기에 빠지기 때문이다.

그리하여 공자는 백성의 불균등을 심화시키고 사회적 약자를 배려하지 않는 무위시장의 치명적 결함을 보완하는 '유위이치'의 일환으로 국가가 시행해야 할 특별한 균제(균등화)정책, 즉 사회적 약자들에 대해 세금을 감면減免하고 물질적 혜택을 베풀고 흉년과 재해에 대비해 3년 이상의 곡식을 비축하는 구황救荒·복지국가론을 곳곳에서 상론한다. 공자는 유명한 '대동大同' 사회를 완전고용과 사회적 약자에 대한 복지가 보장된 인정국가로 서술한다.

대도가 행해짐에 천하는 공기公器였으니, 현인과 능력자를 뽑아 쓰고, 신의를 강론하고 화목을 닦았다. 그러므로 사람들은 유독 제 양친만을 친애하지 않았고 유독 제 자식만을 자애하지 않았다. 노인에게는 (생을) 마칠 곳이 있게 했고, 장년들에게 쓰일 곳이 있게 했고, 아기들에게 키워줄 곳이 있게 했고, 홀아비·홀어미·고아·독거인과 폐질환자들에게는 먹여줄 곳이 있게 했다. 남자는 직분이 있고, 여자는 시집갈 곳이 있었다. 재화는 땅에 버려지는 것을 싫어해도 꼭 자기에게만 감춰져 있지 않고 힘은 몸에서 나오는 것을 싫어하지만 꼭 자기만을 위하지 않는다. 그러므로 모반이 막혀 일어나지 못하고 도적과 난적이 난을 일으키지 못하니, 바깥문은

닫지 않는다. 이것을 대동이라고 한다.(大道之行也 天下爲公 選賢與能 講信修
睦. 故人不獨親其親 不獨子其子. 使老有所終 壯有所用 幼有所長 鰥寡孤獨廢疾者皆有
所養 男有分 女有歸. 貨惡其弃[棄]於地也不必藏於己 力惡其不出於身也 不必爲己. 是
故謀閉而不興 盜竊亂賊而不作 故外戶而不閉 是謂大同.)3228)

　　"사람들은 유독 제 양친만을 친애하지 않았고 유독 제 자식만을
자애하지 않았다. 노인에게는 마칠 곳이 있게 했고, (...) 아기들에게
키워줄 곳이 있게 했다"는 구절은 자기의 부모와 아이가 아니더라
도 돌봐야할 대동시대 사람들의 인애심과 이에 입각한 도덕적·법적
의무를 말하는 것이다. 이에 입각해 기원전부터 역대 중국정부는
자기의 조부모가 아닌 노인들이 생을 "마칠 곳"인 양로원과, 자기
의 아이들이 아닌 버려진 아기들을 "키워줄 곳"인 육영원育嬰院과
고아원을 세웠고, 남의 버려진 노인과 아이(유기된 영아)를 거둬 부양
하는 사람들에 대해 부세賦稅를 그들이 부양하는 노인과 아동의
머릿수에 비례해서 면제해주었다. 요·순·우임금의 대동 법제에 따
라 진秦나라(기원 221-206)와 한漢나라(기원전 206-서기 8년)는 영아유
기遺棄·살해를 법률로 엄금하고 이 법을 어기는 자를 가혹한 형벌로
다스렸다.3229)
　　또 "장년들에게 쓰일 곳"이 보장되고 또 남자들에게 "직분"이,
그리고 여자들에게 "시집갈 곳"이 보장된 상태는 완전고용 상태다.
여자는 시집을 감으로써 여공女功(길쌈)의 일자리를 얻는다. 남녀
간의 성별분업이 확고한 고대사회에서 시집가는 것은 여자에게

3228) 『禮記』「禮運 第九」.

3229) John Makeham, *China: The World's Oldest Living Civilization Revealed* (London & New
York: Thames & Hudson, 2008), 134-135쪽.

곧 취업이었다. 공자는 대동사회를 완전고용이 보장된 "항산恒産" 사회로 기술하고 있는 것이다. 주지하다시피 맹자는 '항업恒業'(생업의 항구적 보유 상태)를 뜻하는 "항산"만이 백성들의 "항심恒心"을 보장한다고 논했다. "백성이 도道를 위함에 항산이 있는 자들은 항심이 있고, 항산이 없는 자들은 항심이 없다. 항심이 없다면, 방탕·편벽·사악·사치라면 안하는 것이 없다.(民之爲道也 有恒産者有恒心 無恒産者無恒. 苟無恒心 放辟邪侈 無不爲已.)"3230) 또 맹자는 "항산이 없으면서도 항심을 지키는 것은 오직 선비만이 할 수 있다. 만약 백성이라면 항산이 없음으로 말미암아 항심이 없다. 실로 항심이 없다면 방탕·편벽·사악·사치라면 안하는 것이 없다. (無恒産而有恒心者 惟士爲能. 若民 則無恒産 因無恒心. 苟無恒心 放辟邪侈 無不爲已)"3231) 맹자의 이 말을 대동사회에 적용하면, 이 말은 대동사회가 항산의 사회이고 그러므로 백성의 방탕·편벽·사악·사치행위가 말끔히 사라지고 백성이 항심으로 도道를 위하는 신의와 화목의 '항심 사회'였다는 것을 함의한다.

또한 공자는 대동사회를 자기의 힘과 재화를 자기 자신에게만 감춰두지 않고, 사랑을 자기 부모, 자기 자식에만 국한해 베풀지 않는 박애博愛와 범애汎愛의 사회로, '인정仁政사회'로 묘사하고 있다. 따라서 대동의 인정국가는 신의를 강론하고 화목을 닦는 교민敎民복지에 더해 사람들이 서로 자기의 힘과 재화와 사랑을 베풀어 노인을 고종명考終命하게 하는 노후복지, 고아가 되거나 버려진 남의 아이들까지도 키워주는 아동복지, "홀아비·홀어미·고아·독거인"도 살 수 있게 구제하는 사회적 양자를 위한 민생복지와 "폐질

3230) 『孟子』「滕文公上」(5-3).
3231) 『孟子』「梁惠王上」(1-7).

환자들"을 치료해주는 보건복지, 그리고 완전고용을 구현한 항산·항심의 완벽한 복지국가다. 다른 곳에서 공자는 중환자와 불치병자 (廢疾者)와 장애자에 대한 부양扶養 외에 기타 복지에 대해서도 덧붙인다. "폐질에 걸렸는데 사람이 없어 부양하지 못하면 한 사람의 부역을 면해준다(廢疾非人不養者 一人不從政)."3232)

공자는 이런 복지의 시행을 위해, 필요한 제사를 지내기 위해, 그리고 흉년과 각종 자연재해로 인한 일시적 궁핍과 기아에 대비한 구황救荒정책의 시행을 위해, 기타 국용을 위해 식량을 비축하는 문제를 논했다.

> 국가는 9년 먹을 비축이 없으면 부족하다고 한다. 6년의 비축이 없으면 급하다고 한다. 3년의 비축이 없으면 국가가 국가답지 않다고 한다. 3년 경작하면 반드시 1년 식량을 보유해야 한다. 9년 경작하면 반드시 3년 식량을 보유해야 한다. 이렇게 30년을 통산하면 비록 흉년이나 한해·수해가 있더라도 백성들의 얼굴빛에 궁기가 없을 것이다. 그런 후에 천자는 날마다 먹고 마시며 분위기를 띄워 즐겨야 한다.(國無九年之蓄曰不足. 無六年之蓄曰急. 無三年之蓄曰國非其國也. 三年耕必有一年之食. 九年耕必有三年之食. 以三十年之通 雖有凶旱水溢 民無菜色. 然後天子食日擧以樂.)3233)

국가는 적어도 평소에 3년 흉년이나 재해에도 백성을 먹일 만큼의 식량을 비축하고 있어야만 나라다운 나라일 수 있다. 공자는 흉년·한해·수해 등의 재해에 대비하는 황정荒政(구황정책)을 펼치기 위한 곡물비축을 '국가다운 국가' 또는 양민·교민국가(맹자의 인정仁

3232) 『禮記』「王制」(5050).
3233) 『禮記』「第五 王制」(29).

政국가의 개념에 집어넣고 있다. 3년 이상의 곡물비축론은 당연히 국가 곡물창고의 전국적 설치를 전제하는 것이다. 맹자는 『주례』의 「사시」와 「천부」절을 응용해 이 비축창고를 황정용荒政用으로만이 아니라 물가조절용으로도 논변하고 제시했다.

종합하면, 공자는 대동국가를 사회적 약자에 대한 완벽한 복지제도와 만인의 완전고용이 이루어진 완벽한 복지국가로, 즉 맹자가 말한 '항업과 항심의 인정국가'로 기술하고 있다. 이 복지국가가 공자와 모든 극동 유자들의 유토피아였던 것이다. 동시에 이 유토피아적 대동국가는 '가장 오래된 미래국가'로서 바로 지난 세기부터 동서인류가 추구해온 '근대적 복지국가'였던 것이다.

■ 사회적 약자들을 위한 정교한 복지제도들

상론한 바와 같이 공자의 '대동사회'는 노후복지, 유아복지, 배우자 없는 노인들과 독거노인, 고아 등 사회적 약자들을 위한 민생복지 및 폐질환자를 위한 의료·보건복지, 신의를 강론하고 화목을 닦는 교민복지, 고용안정 등이 완비된 복지국가다. 공자는 이 완전한 복지국가를 유토피아적 이상국가로 동경했다.

공자는 특히 노인복지와 보건복지에 대해 상세한 설명을 가하고 있다. 이 노인·폐질자·장애인 복지정책 중에는 오늘날의 최선진 복지국가도 꿈꾸지 못하는 것도 있고, 노인복지와 장애인복지 문제가 초미의 관심사가 된 오늘날의 '고령화사회' 또는 '고령사회'에서 배울 점이 있어 면밀히 논할 필요가 있다.

공자는 저 대동사회론에서도 언급한 환鰥·과寡·고孤·독獨, 즉 늙은 홀아비·홀어미·무자식 독거노인, 그리고 부모 없는 어린아이(기아棄兒와 고아孤兒)를 설명하고 그들에 대해 국가가 정상적 생계를 보장하는 복지제도를 논한다.

어려서 아비가 없는 자는 '고孤'이고, 늙어서 자식이 없는 자는 '독獨'이고, 늙어서 처가 없는 자는 '환鰥'이고, 늙어서 지아비가 없는 자는 '과寡'다. 이 넷은 백성 중에서 궁하고 의지할 데 없는 자들이라서, 다 정상正常의 생계를 보장받는다.(少而無父者謂之孤 老而無子者謂之獨 老而無妻者謂之矜 [=鰥] 老而無夫者謂之寡. 此四者天民之窮而無告者也. 皆有常餼.)3234)

'환과鰥寡'에 대해서는 고래로 위정자들의 동정과 배려가 있었다. 『서경』「주서·무일」에서 주공은 성왕에게 '환과鰥寡'에 대한 은殷나라 고종(武丁)의 아들 조갑祖甲 임금의 시혜施惠정책을 얘기해준다. "조갑이 즉위하여 소인들이 의지依支하는 것을 알고 서민들을 잘 보호하고 그들에게 잘 시혜했고, 감히 늙은 홀아비와 홀어미를 업신여기지 않았다(作其卽位 爰知小人之依 能保惠于庶民 不敢侮鰥寡)."3235) 또 주공은 조카 성왕에게 '환과'에 대한 자기 아버지 문왕의 시혜조치에 대해 말해준다. "문왕은 허름한 복장으로 강공康功(백성을 강녕케 다스리는 일)과 전공田功(농사일)을 했고, 아름답게 부드러우며 아름답게 공손했고, 소민小民들을 품고 보호하고, 늙은 홀아비와 홀어미를 은혜롭게 돌봐주었다.(文王卑服卽康功田功 徽柔懿恭 懷保小民 惠鮮鰥寡)."3236)

『서경』「주서·강고」에 의하면, 성왕成王(주나라 2대 황제)도 다시 위후衛侯에 봉해진 자기의 동생 강숙康叔을 위衛 땅으로 떠나보내면서 "문왕(할아버지)이 감히 홀아비와 홀어미를 업신여기지 않았다

3234) 『禮記』「王制」(5051).
3235) 『書經』「周書·無逸」.
3236) 『書經』「周書·無逸」.

(不敢侮鰥寡)"는 이야기로 그를 신칙申飭한다.3237) 또는 『서경』「주서·
여형」은 '환·과'를 돌보지 않은 자들을 처벌한 사건을 기록하고
있다. "여러 제후들의 하민下民을 관리하는 자들이 상도常道를 명명
백백히 어기고 홀아비와 홀어미를 덮어주지 않았다. 그리하여 황제
가 하민에게 청문하니 홀아비와 홀어미들이 묘苗나라에 대해 불평
을 쏟아놓았다. 이에 황제가 덕의 권위로 그들을 두려움에 떨도록
위협했고, 덕으로 밝히니 세상이 밝아졌다.(羣后之逮在下 明明棐常 鰥寡無
蓋. 皇帝清問下民 鰥寡有辭于苗 德威惟畏 德明惟明.)"3238) 따라서 환·과·고·독을
부양하는 공자의 복지론은 태고대 중국의 전통적 법제 또는 관습법
을 반영한 것이다. 공자는 『효경』에서도 "나라를 다스리는 자들은
감히 홀아비와 홀어미를 업신여기지 않아야 하는데 하물며 사민士
民을 업신여겨야 되겠는가!(治國者不敢侮於鰥寡而況於士民乎)"라고 환·과
에 대한 경로敬老를 말한다.3239)

특히 공자의 노인복지 정책은 아주 세밀하고 아름답다. 먼저
공자는 노인 신체의 보건 상태에 대해 다음과 같이 말한다.

50세가 되면 노쇠하기 시작하고, 60세에는 고기가 아니면 배부르지 않고,
70세에는 비단이 아니면 따뜻하지 않고, 80세에는 사람이 아니면 따뜻하
지 않고, 90세에는 사람을 얻더라도 따뜻하지 않다.(五十始衰 六十非肉不
飽 七十非帛不煖 八十非人不煖 九十雖得人不煖矣).3240)

3237) 『書經』「周書·康誥」(2).

3238) 『書經』「周書·呂刑」.

3239) 『孝經』「孝治章 第八」.

3240) 『禮記』「王制」(5049).

따라서 "50세는 양식糧食을 달리하고, 60세는 하루걸러 고기를 먹고, 70세는 맛좋은 음식을 두 가지로 늘리고, 80세는 진미를 상식하고, 90세는 먹고 마시는 것을 잘 때도 떼어놓지 않고, 맛좋은 음식과 마실 것이 노는 곳마다 따라다녀야 한다(五十異糧 六十宿肉 七十貳膳 八十常珍 九十飲食不離寢 膳飲從於遊可也)".[3241] 노인 급양과 양호의 필요 수준이 이런 한에서 임금과 관리들도 직접 노인봉양의 예를 실천함으로써 노인을 보살펴야 한다. "무릇 노인을 봉양하는 데 순임금은 연례燕禮를 따랐고, 우임금은 향례饗禮를 따랐고, 은나라 사람들은 식례食禮를 따랐고, 주나라는 이것들을 겸용했다. 50세는 향교에서 봉양하고, 60세는 국학에서 봉양하고, 70세는 대학에서 봉양하는데, 이것은 천자에서 제후에 이르기까지 통용되었다.(凡養老 有虞氏以燕禮, 夏后氏以饗禮, 殷人以食禮, 周人修而兼用之. 五十養於鄉, 六十養於國, 七十養於學, 達於諸侯.)"[3242] '연례'는 밥 없이 개고기를 주며 술을 대접하는 봉양이고, '향례'는 일정한 의식에 따라 노인들에게 술을 바치는 봉양이다. '식례'는 술을 차리되 마시지 않고 안주와 밥만 대접하는 봉양이다.

공자는 80세 이상 고령 노인들에게는 노인을 부양하는 아들에게서 부역을 면해주는 특별한 복지혜택을 언급한다.

80세 노인은 아들 1명의 부역을 면제받고, 90세 노인은 그 가족의 부역을 면제받는다(八十者一子不從政 九十者其家不從政).[3243]

공자는 이처럼 세밀하게 노인봉양 제도를 논하고 있다. 이 유교

3241) 『禮記』「王制」(5049).
3242) 『禮記』「王制」(5048).
3243) 『禮記』「王制」(5050).

적 양로제도는 65세 이상의 고령인구가 국민의 20%를 넘는 '초고령사회'에 도달한 오늘날의 우리 사회도 본받을 만한 것이 있다.

나아가 공자는 장애인 복지도 잊지 않는다. 공자는 국가가 모든 범주의 장애인들에게도 합당한 일자리를 마련해주어 정상 생계를 보장해야 한다고 말한다.

> 병어리, 귀머거리, 절름발이, 앉은뱅이, 외발이, 난쟁이는 그 기량에 따라 각각에게 백공의 일을 맡겨 먹고 살게 한다.(瘖聾跛躃斷者 侏儒 百工各以其 器食之)3244)

대동사회를 논할 때 공자는 장애인복지를 명시하지 않았다. 그러나 상론했듯이 『주례』의 저 "관질寬疾" 항목과 이 대동사회론의 "폐질환자" 양호養護 개념에 장애인도 포함되는 것으로 이해할 수 있다. 공자는 『예기』 「왕제」 편에서 장애인의 범주들을 구체적으로 나열하고 이들에 대한 복지를 명시적으로 따로 논하고 있다.

또한 공자는 춘궁기(음력 3월)와 중추(仲秋)의 달(음력 8월)에 나라에서 창고를 열어 양로養老하고 빈자들과 아사할 처지에 있는 자들을 진휼해야 한다고 말한다. 공자는 『예기』 「월령」에서 이렇게 쓰고 있다.

> 이 달(季春之月, 음력3월)에는 생기가 바야흐로 왕성하고 양기가 피어 새어나오고, 움추린 것들이 반드시 나오고, 곧게 싹트는 것들도 진달하여 안에 있지 못한다. 천자는 덕을 펴고 혜택을 베푼다. 유사(관리)에게 명하여 창름을 열어 빈·궁자들에게 하사하고 핍절한 자들을 진휼한다.(是月也 生氣方盛 陽氣發泄 句者畢出 萌者盡達 不可以內. 天子布德行惠 命有司發倉廩 賜貧窮 振乏絶.)3245)

3244) 『禮記』 「王制(」5052).

옛 주석자들은 빈자貧者를 재산이 없는 자이고, 궁자窮者는 사고 무친한 자라고 해설하고 '결핍'을 잠시 없는 것으로, 먹을 것이 이어지지 않은 것은 절節한 것이라고 설명한 반면, 다른 주석자들은 오래 없는 것은 '빈궁'이고, 잠시 없는 것은 '핍절乏絶'이라고 주석한다. 아무튼 음력 3월 춘궁기에 천자는 창름을 열고 빈궁자와 핍절자를 구휼한다.

또한 수확기인 음력 8월에는 노인들을 봉양하고 미음 죽과 먹고 마실 것을 주고 노인들에게 안석과 지팡이를 하사한다.

이 달(仲秋之月, 음력 8월)에는 쇠약한 노인들을 봉양하고, 궤장(안석과 지팡이)을 주고, 미음 죽과 마실 것, 먹을 것을 족히 베푼다.(是月也 養衰老 授几杖 行糜粥飲食)3246)

이렇게 월령月令에 따라 천자가 양로하고 구빈하는 것은 고대적 관습법이자 복지제도적 전통이었다.

사회적 균등을 추구하는 공자의 중용적 양민국가는 이렇게 대동의 이념에 따라 다각적으로 완전한 사회복지를 추구하는 '완벽한 복지국가'다. 공자의 이런 복지 이념은 이후 많건 적건 모든 극동제국의 국정을 구속했다. 공자의 복지정책은 인간과 백성에 대한 정책으로 그치지 않고, 동물복지·식물복지까지도 확장된다. 이와 관련해서는 맹자가 논의를 확장했다.

3245) 『禮記』「月令 第六」(6027).
3246) 『禮記』「月令 第六」(6067).

1.3. 맹자의 사회복지론과 자연복지론

맹자도 공자의 복지철학을 이어서 양민정책의 일환으로 노인과 어린이들에 대한 구휼, 즉 사회복지정책을 입론했다. 그는 복지정책 중에서 노인복지정책을 가장 중요한 복지정책으로 강조했다. 그리고 그는 공자처럼 동식물을 보호하는 "애물愛物"을 논하기도 했다.

■ 맹자의 사회복지론

양민복지 일반과 관련하여 맹자는 '양민'을 중시하면서 양민 중에서도 '선善의 실천을 통한 양민'을 천하를 심복心服시켜 제왕이 될 수 있는 놀라운 정치적 기능으로 갈파한다.

> 선善으로 사람들을 복종시키는 사람들 중에 아직 사람들 잘 복종시키는 사람이 없었다. 그러나 선으로 사람을 먹여 기른 연후에는 능히 천하를 복종시킬 수 있으니, 천하를 심복시키고 왕이 되지 못한 사람은 아직 없었다.(孟子曰 以善服人者 未有能服人者也 以善養人 然後能服天下. 天下不心服而王者 未之有也)3247)

선을 실천하여 사람을 기르는 '선양善養'은 선으로 사람을 복종시키는 '선복善服'보다 위력적이다. '천선양민'은 평천하를 할 수 있기 때문이다. 그러므로 선을 실천하여 사람을 부양하는 양민복지의 시정施政은 바로 백성을 다스리는 정치의 중핵인 것이다. '선善의 양인養人'이 곧 '치인治人'인 것이다.

맹자는 공자가 대동사회의 이념과 관련해 언급하는 사회복지

3247) 『孟子』「離婁下」(8-16).

정책들을 충실하게 계승해서 발전시켰다. 그는 이 복지정책 중 노인·아동복지정책을 유학적 국가론의 도통으로 해석했다. 맹자는 말한다.

늙어서 아내가 없는 것을 환鰥이라 하고, 늙어서 남편이 없는 것을 과寡라 하고, 늙어서 자식이 없는 것을 독獨이라 하고, 어려서 아비가 없는 것을 고孤라고 합니다. 이 넷은 천하의 궁핍한 백성으로 발붙일 데 없는 사람들입니다. 문왕은 정사를 펴 인仁을 베풀면서 반드시 이 넷을 먼저 챙겼습니다. 『시경』(「大雅·綿」)에 이르기를 "부자는 좋겠지만 이 외로운 독거노인은 애처롭구나(哿矣富人 哀此煢獨)"라고 했습니다.3248)

천하에 노인을 잘 봉양하는 나라가 있으면 인자仁者는 이 나라를 자기 나라로 여긴다. 문왕(서백)의 기주에는 헐벗고 굶주리는 노인이 없었다. 그래서 폭군 주왕紂王을 피해 북해 근처에 숨어 살던 백이와 숙제 같은 인자도 '기주의 문왕이 늙은이를 잘 봉양한다'는 소문을 듣고 기주로 찾아왔던 것이다. 맹자는 말한다.

천하에 노인을 잘 봉양하는 곳이 있으면 인자는 그곳을 자기가 귀의할 곳으로 여긴다. 5무가량 되는 택지의 담장 아래에 뽕나무를 심고 필부가 누에를 치면 늙은이들이 족히 비단옷을 입을 수 있다. 암탉 다섯 마리와 돼지 두 마리를 때를 놓치지 않고 기르면 늙은이들이 족히 고기를 거르지 않고 먹을 수 있다. 100무의 밭을 필부가 갈면 8가구가 굶주리지 않을

3248) 『孟子』「梁惠王下」(2-5): "老而無妻曰鰥 老而無夫曰寡 老而無子曰獨 幼而無 父曰孤. 此四者 天下之窮民而無告者. 文王發政施仁 必先斯四者. 詩云 哿矣富人 哀此煢獨."

수 있다. 이른바 서백이 늙은이를 잘 봉양했다는 것은 경작지와 주거지를 정리하여 곡식과 나무를 심고 가축 키우는 법과 처자식 이끄는 법을 가르쳐주고 노인을 봉양하게 했던 것이다. 나이 50에는 비단이 아니면 따뜻하지 않고 70에는 고기가 아니면 배부르지 않으니 따뜻하지 않고 배부르지 않은 것을 일러 '춥고 배고프다'고 말한다. 문왕의 백성 가운데 춥고 배고픈 늙은이가 없었다는 것은 이런 뜻으로 하는 말이다.[3249]

나아가 맹자는 양로를 '나라다운 나라'를 재는 국격國格으로 보고 있다. 만약 위정자가 80-90세 노인을 함부로 취급한다면 이 노인들만이 아니라 60-70대 노인들도 동요할 것이다. 이들도 곧 80-90세가 되기 때문이다. 또 80-90대와 60-70대 노인들, 아니라 노인들을 모두 다 막 대하면 40-50대 장년들이 동요할 것이다. 이들이 동요하면 20-30대 청년마저 동요할 것이다. 결국 국가가 노인들을 함부로 대하고 병들거나 얼어 죽도록 방치한다면 온 백성은 이런 국가를 원망하여 전복시켜 버릴 것이다. 따라서 노인복지의 수준은 국가를 공고히 해준다. 그리하여 맹자는 말한다.

백이는 폭군 주紂를 피해 북해의 물가에 살면서 문왕이 움직인다는 소리를 듣고 일어나 말하기를 "어찌 돌아가지 않으리오! 나는 서백이 노인을 잘 봉양하는 사람이라고 들었소"라고 했다. 태공도 주를 피해 동해의 물

3249) 『孟子』「盡心上」(13-22): "天下有善養老 則仁人以爲己歸矣. 五畝之宅 樹墻下以桑 匹婦蠶之 則老者足以衣帛矣. 五母鷄二母彘 無失其時 老者足以無失肉矣. 白畝之田 匹夫耕之 八口之家可以無饑矣. 所謂西伯善養老者 制其田里 敎之樹畜 導其妻子 使養其老. 五十非帛不煖 七十非肉不飽 不煖不飽謂之凍餒. 文王之民 無凍餒之老者 此之謂也." 이 구절은 왕도정치가 넓고 크게 미쳐 항업(恒業)을 가르치고 각기 노인을 부양하게 하며 겨울에도 굶주리지 않게 한다는 것을 말하고 있다. 『孟子注疏』, 428쪽 참조.

가에 살다가 문왕이 움직인다는 소리를 듣고 일어나 "어찌 돌아가지 않으리오! 나는 서백이 노인을 잘 봉양하는 사람이라는 말을 들었소"라고 했다. 이 두 노인은 천하의 큰 노인 분들이다. 이들이 문왕에게로 돌아가면 이것은 천하의 아비들이 문왕에게로 돌아가는 것이다. 천하의 아비가 그에게 돌아가면 그 자식들은 어디로 가나? 제후 중에 문왕의 정치를 행하는 자가 있다면, 7년 내에 반드시 천하에 정치를 펼 것이다.(孟子曰 伯夷辟紂 居北海之濱 聞文王作 興日 盍歸乎來! 吾聞西伯善養老者. 太公辟紂 居東海之濱 聞文王作 興日 盍歸乎來! 吾聞西伯善養老者. 二老者 天下之大老也 而歸之 是天下之父歸之也. 天下之父歸之 其子焉往? 諸侯有行文王之政者 七年之內 必爲政於天下矣.)3250)

여기서 맹자는 세심한 노인복지 정책을 정성껏 시행하는 정치를 치국을 넘어 천하를 통일할 평천하의 정치로 보고 있다. 맹자는 백이와 태공이 문왕의 정성스런 노인봉양 정책을 기주에 귀의할 명분으로 삼았다고 갈파함으로써 노인복지를 '복지정책 중의 복지정책', 제일의 양민정책으로 격상시키고 있다.

오늘날도 한 나라의 국격國格을 알려면 그 나라의 아이들과 노인, 여성들이 어떻게 대접받는지를 보라는 말이 있지만, 동아시아는 이미 3,000년 전에 노인정책을 기준으로 나라를 평가했고 동시에 국가의 정책을 추진했다. 고령사회 또는 초고령사회로 접어든 현대 국가들은 맹자의 이 '오래된' 유토피아적 국격론을 실로 '가장 새로운' 국격론으로 채택해야 할 것이다. 모든 복지정책 중에서 노인복지정책을 '가장 중요한' 복지정책이라고 이렇게 잘 설파한 이론이 과연 있었던가? 단연코 없었다. 그러나 앞으로는 있어야 할 것이다.

3250) 『孟子』「離婁上」(7-13).

■ 공맹의 자연복지론: 동·식물복지 정책

공자와 맹자는 인정仁政의 일환으로서의 복지정책의 대상을 인간과 백성에만 한정하지 않고 동물로, 나아가 식물로까지 확장했다. 공자와 맹자는 동물의 고통에 공감하고 또 고통받는 동물을 동정했고 동물들을 이런 고통과 살생으로부터 해방하고 동물들에게 편안함과 복지를 보장하려고 국가정책적으로, 그리고 개인적으로 애썼다. 공자와 맹자는 이 동물복지론에서 나아가 메마른 땅을 뚫고 싹을 틔우는 풀과 나무의 '생명욕'과, 하늘을 향해 곧게 뻗어 올라가는 식물들의 '성장욕'을 생명사랑(biophilia)의 감정에서 공감하고 식물들의 생명과 성장을 지키고 도우려는 식물복지론도 전개했다.

예수교는 인간의 사랑을 인간에게만 한정한 '인간파시즘'을 대변한 반면, 힌두교과 불교는 인간의 사랑을 동물에까지 확장했다. 그러나 힌두교와 불교도 식물사랑에 대해서는 무관심하다. 힌두교와 불교의 사랑은 일종의 '동물파시즘'인 셈이다. 반면, 공자와 맹자는 인간의 사랑을 동식물에까지 공감적으로 확장한 것이다. 이런 의미에서 공맹철학, 또는 유학은 '인간파시즘'과 '동물파시즘'을 넘어 식물의 복지까지 추구하고 논하는 유일한 철학이다. 이런 까닭에 유교문화권에서는 보통사람들이 씨앗을 귀히 여기고 나무를 함부로 베지 않는 것은 물론이고 자라는 새싹도 밟지 않았고, 동물의 고통과 불편을 측은히 여기는 임금을 성군聖君의 자질이 있는 것으로 간주했고, 복을 구하려고 제비의 다리를 끊는 '동물학대'를 놀부의 대표적 악행으로 단죄해왔던 것이다. 인간·동물·식물에 대한 인간의 사랑의 한정과 확장 여부에 따라 기독교·이슬람문명권, 불교·힌두문명권, 유교문명권이 구분되는 것이다.

공맹의 자연사랑의 동식물복지론은 인정론仁政論의 궁극적 정점이다. 공자에게 있어 '양민'과 '교민'은 '위인爲仁'(인의 실천)의 일단이다. 그러나 공자의 '인仁'은 자기의 가족·집단·계급·신분·인간종족에 한정된 '소인小仁'이거나 현세대에 한정된 '단인短仁'이 아니라, 참달憯怛(측은)한 마음속에서 우러나오는, 따라서 만백성·만천하와 대자연에까지 미치는 '대인大仁'이고, 먼 후손에까지 길이 미치는 '장인長仁'이다. 이런 의미에서 공자는 인을 구별한다.

> 인에는 (대소·장단의) 여러 등급이 있고, 의義에도 대소·장단이 있는바, 심
> 중이 참달한 것은 뭇사람을 사랑하는 인이고, 법에 따라서 인을 억지로
> 행하는 것은 인을 받아들여 행하는 것이다.(子言之 仁有數 義有長短小大.
> 中心憯怛 愛人之仁也. 率法而强之 資仁者也.)"3251)

자기가족·자기집단·자기계급·자민족·인간종족·자기세대에 한정될 수밖에 없는 사랑은 '소인'과 '단인'이다. 반면, '대인大仁'과 '장인長仁'은 만인에게 널리 베풀고, 멀리 자손만대와 자연까지 사랑하는 '성인자聖仁·범애자汎愛·박애博愛'이다.3252)

특히 '대인'은 자연사랑도 포함하고, 후세에 대한 영구적 사랑으로서 자손만대에 자연을 훼손 없이 물려주려는 '장인'도 자연사랑까지 포함한다. 맹자는 공자의 이 대인과 장인의 자연사랑을 계승

3251) 『禮記』「表記 第三十」.
3252) '殺身成仁'은 참조 『論語』「위령공」(15-9): "子曰 志士仁人 無求生以害仁 有殺身以成仁." '聖仁'은 참조 『論語』「雍也」(6-30): "子貢曰 如有博施於民而能濟衆何如 可謂仁乎? 子曰 何事於仁 必也聖乎." '汎愛'는 참조 『論語』「學而」(1-6): "出則 (…) 汎愛衆而親仁." '博愛'는 참조 『孝經』「三才 第七章」: "先王見教之可以化民也 是故先之以博愛而民莫遺其親."

하여 구체화한다. 그리하여 그는 공자의 '인' 개념을 '친친親親'(가족사랑), '인민仁民'(백성사랑), '애물愛物'(자연생물 사랑)의 세 측면으로 구분하고, '애물'을 별도로 강조한다.

군자가 자연생물(동식물)에 대해서는 그것을 아끼는 것이지, 인애하지 않는다. 백성들에 대해서는 그들을 인애하는 것이지, 친애하지 않는다. 양친을 친애하고 백성을 인애하고, 백성을 인애하고 자연생물을 아낀다.(孟子曰 君子之於物也 愛之而弗仁 於民也 仁之而弗親. 親親而仁民 仁民而愛物).[3253]

맹자는 '애물愛物'을 친친親親·인민仁民과 구분했지만 이 '애물'을 인仁의 확장으로 이해했다.

맹자가 '애물'을 인의 연장으로 간주했다는 사실은 도살될 소의 울음소리에 대한 제선왕의 연민에 대한 맹자의 평가에서 잘 드러난다. 맹자는 제사용으로 도살당할 소의 구슬픈 울음소리와 두려움을 동정해 이 소의 도살을 중지시킨 이 군주의 측은지심을 왕자王者의 자질로 칭송한다. 일찍이 흄은 동물의 감정에 대한 인간의 공감 능력을 인정했지만 맹자는 더 일찍이 고대에 인간의 이 능력을 공자와 더불어 아주 잘 알았었다.

맹자는 동물의 고통에 공감할 능력이 있는 인간만이 왕 노릇할 자격이 있다고 생각했다. 맹자가 제선왕에게 묻기를, "왕께서 당상堂上에 앉아 계실 때 소를 끌고 당하堂下를 지나는 자가 있어 그것을 보고 '소가 어디로 가느냐'고 물으셨는데, 그 자가 대답하기를, '장차 혼종釁鐘의식(새 종에 제사지낼 때 종에다 소피를 바르는 의식)을 하려고 합니다'라고 하니, 왕께서 '그만두어라! 그 소가 벌벌 떠는

3253) 『孟子』「盡心上」(13-45).

것이 죄 없이 죽으러 가는 것과 같으니 견디지 못하겠다'고 하셨는데, 그 자가 대꾸하기를, '흔종을 폐하리이까?'라고 하니, 왕께서 '어찌 폐할 수 있겠느냐? 양으로 바꿔라!'라고 하셨다는데, 모르겠습니다만 이런 일이 있었습니까"라고 물었다.(曰 [...] 王坐於堂上 有牽牛而過堂下者 王見之 曰 牛何之? 對曰 將以釁鐘. 王曰 舍之! 吾不忍其觳觫 若無罪而就死地. 對曰 然則廢釁鐘與? 曰 何可廢也? 以羊易之! 不識有諸?) 이에 왕이 "그런 일이 있었습니다"라고 답했다.(曰 有之.)3254) 그러자 맹자는 이 일을 이렇게 평가했다.

이 마음으로는 족히 왕 노릇을 할 만합니다. 백성은 다 이를 왕께서 (재물을) 아끼는 것으로 여기는데 신은 왕께서 차마 그것을 견디지 못했음을 압니다.(曰 是心足以王矣. 百姓皆以王爲愛也 臣固知王之不忍也.)3255)

이에 제선왕은 "제나라가 비록 작아도 내가 어찌 소 한 마리를 아끼겠습니까? 그 소가 벌벌 떠는 것이 죄 없이 죽으러 가는 것 같아서 소를 양으로 바꾸라고 했습니다"라고 말했다.(曰 是心足以王矣. 百姓皆以王爲愛也 臣固知王之不忍也. 王曰 [...] 齊國雖褊小 吾何愛一牛? 卽不忍其觳觫 若無罪而就死地 故以羊易之也)3256) 이에 대해 맹자는 이렇게 화답했다.

군자는 금수에게서 그것이 살아있는 것을 보았다면 차마 그것이 죽어가는 것을 보지 못하고, 그것이 죽는 소리를 들었다면 차마 그 고기를 먹지 못합니다. 이것이 군자가 푸줏간을 멀리하는 까닭입니다.(君子之於禽獸也 見其

3254) 『孟子』「梁惠王上」(1-7).

3255) 『孟子』「梁惠王上」(1-7).

3256) 『孟子』「梁惠王上」(1-7).

生 不忍見其死 聞其聲 不忍食其肉. 是以君子遠庖廚也.)[3257]

  동물에 대한 인간의 이런 공감은 인간에 대한 동물(가령 강아지)의 공감에 상호 조응하는 것이다. 인간과 동물에 대한 동물의 공감은 비록 동물이 사유능력이나 상상력이 없거나 미미하더라도 이렇듯 가능한 것이다.

  또 흄은 공감주체가 공감대상과 사회적·공간적으로 근접할수록 공감이 크고 강렬하다는 것도 논했다. 이것도 맹자는 흄보다 2000여 년 전에 잘 알고 있었다. 따라서 맹자와 흄의 공감 개념 간에는 여러 면에서 본질적 유사성이 있는 것이다. 특히 사람들 사이가 친족적으로, 사회적으로, 그리고 공간적으로 가까울수록, 또는 직접적일수록, 공감이 강하다는 견해는 맹자와 흄에게 공통된다. 이것은 현대의 모든 공감이론가들도 다 동의하는 바다.[3258]

  맹자는 주지하다시피 공감이 이 사회적 원근遠近에 의해 제약되기 때문에 '인덕'을 가까운 집안과 가까운 이웃에 먼저 베풀고 차츰 원방으로 확대해가는 선근후원先近後遠 방식의 '추은推恩'을 주장했다.[3259] 공감의 선근후원 원리에 비추어볼 때 이것은『대학』이 '수신제가치국평천하修身齊家治國平天下'를 논하고,『중용』이 '제가'의 경우에도 부모와 친척을 친애함이 촌수대로 차차 줄어들어야 한다는 "친친지쇄親親之殺"를 말하는 것과 통하는 것이다.[3260] 또 이 '친친지쇄'는 흄에 의하면 우리의 본능적 감정이기도 하다. "모

3257)『孟子』「梁惠王上」(1-7).
3258) 참조: 황태연,『감정과 공감의 해석학(1)』(파주: 청계, 2014), 132-136쪽.
3259)『孟子』「梁惠王上」(1-7).
3260)『大學』(首章);『中庸』(20章).

든 것이 동일한 경우에, 사람은 본성적으로 그의 조카보다 자기
자식을 더 좋아하고, 그의 사촌보다 그의 조카를, 낯선 사람보다
그의 사촌을 더 좋아한다."[3261]

또한 위에서 소개한 '흔종' 제물로 죽을 뻔한 '소' 이야기와 관련
하여 맹자는 제선왕에게 왕이 직접 목도한 '소'와 목도하지 못한
'양' 간의 차이를 이렇게 비교해서 설명해준다. 제선왕이 "그 소가
벌벌 떠는 것이 죄 없이 죽으러 가는 것 같아서 소를 양으로 바꾸라
고 했습니다"라고 말하자, 맹자는 "왕께서는 백성들이 왕을 인색하
다고 여기는 것을 이상하다고 생각지 마십시오. 큰 것을 작은 것으
로 바꿨으니, 저들이 어찌 이를 알겠습니까? 왕께서 만약 그 소가
죄 없이 죽으러 가는 것을 측은하게 여기셨다면, 이 일에서 왜
소와 양을 가렸습니까?"라고 말해주었다. 이에 왕이 웃으며 "이게
실로 무슨 마음일까요? 내가 그 재물을 아낀 것은 아닌데 그 재물을
양으로 바꿨습니다. 마땅히 백성들은 이를 두고 내가 인색하다고
말할 것입니다"라고 말했다.[3262] 이에 맹자가 우는 소에 대한 왕의
공감의 '직접성'을 지적해준다.

상심하지 마십시오. 이것이 바로 인술仁術입니다. 왕께서는 소는 보았지
만, 양은 보지 못했습니다. (日 無傷也. 是乃仁術也. 見牛未見羊也. 君子之於禽獸也. 見其
生.)

3261) Hume, *A Treatise of Human Nature*, Book 3. Of Morals, 311쪽. 스미스의 경우도
선근후원의 친친지쇄를 본능적 도덕감정으로 규정한다. 참조: Smith, *The Theory of
Moral Sentiments*, VI. ii. i. §§1-22.

3262) 『孟子』「梁惠王上」(1-7). "卽不忍其觳觫 若無罪而就死地 故以羊易之也. 曰 王
無異於百姓之以王爲愛也. 以小易大 彼惡知之? 王若隱其無罪而就死地 則牛羊何
擇焉? 王笑曰 是誠何心哉? 我非愛其財而易之以羊也. 宜乎百姓之謂我愛也."

맹자의 이 설명을 듣고 제선왕은 기뻐하며 이렇게 자기의 속마음을 후련하게 털어놓았다.

『시경』에 '남이 지닌 마음을 내가 헤아려 아네(他人有心 予忖度之)'라고 노래했는데, 선생을 일컫는 것 같습니다. 내가 행하고 나서 돌이켜 알려고 했으나 내 마음을 알 수 없었는데, 선생이 이를 말해주니 내 마음이 후련합니다.(王說曰 詩云 他人有心 予忖度之. 夫子之謂也. 夫我乃行之 反而求之 不得吾心. 夫子言之 於我心有戚戚焉.)[3263]

유명한 동물사회학자 프란시스 드발(Francis de Waal)은 서양학자로서 보기 드물게 이에 대해 탁월한 주석을 가한다.

맹자는 소에 대한 왕의 동정심을 대단하게 보기보다 왕이 동물의 운명에 관심이 있는 만큼이나 그 자신의 동정하는 마음에 관심이 있는 것으로 보인다고 왕에게 말해주고 있다. (...) 우리는 보이지 않는 것보다 우리가 직접 보는 것에 대해 더 많이 신경 쓴다. 우리는 확실히 타인들을 듣고, 읽고, 또는 타인들에 대해 생각하는 것 등에 기초하여 타인들을 동정할 수 있지만, 순수하게 상상에 기초한 관심은 강렬성과 절실성을 결한다. 친한 친구가 아파 누워 병원에서 고생한다는 소식을 들으며 우리는 동정한다. 그러나 우리의 걱정은 우리가 그의 침대 옆에 실제로 서서 그가 얼마나 파리해 보이는지, 또는 숨 쉬는 데 얼마나 힘들어하는지를 목도할 때 열 배 배가된다. 맹자는 우리로 하여금 공감의 기원에 관해, 그리고 공감이 신체적 연결에 얼마나 많이 의존하는가에 대해 성찰하게 만들었다. 이 신체적 연결은 또한 국외자들과 공감하는 데 따르는 어려움을 설명해

3263) 『孟子』「梁惠王上」(1-7).

준다. 공감은 근접성, 유사성, 친숙성에 기초하고, 이것은 공감이 내ᄉ집단 협업을 촉진시키기 위해 진화했다는 것이 전제된다면 완전히 논리적인 것이다.3264)

제선왕은 소가 벌벌 떠는 것을 직접 보았지만, 양은 보지 못했다. 소는 비싸고 양은 싸서 소를 양으로 아끼려고 바꾼 것이 아니다. 보지 않은 양을 죽이는 것보다 본 소를 죽이는 것이 왕의 공감적 측은지심을 더 크게 자극했던 것이다. 그래서 벌벌 떠는 모습을 보이지 않는 양을 택한 것이다. 보이지 않는 생명에 앞서 코앞에 보이는 생명을 먼저 살피는 것은 인간의 본마음이다. 제선왕은 자신의 따뜻한 본심을 설명하는 데 능하지 못하지만, 뇌수의 거울 뉴런의 본능에 따라 제대로 행동한 것이다. 맹자는 이렇게 선근후원의 순서로 인덕의 마음을 베푸는 것을 '추은' 방법의 '인술'이고 동시에 '군자의 도'라고 설명해주고 왕의 이 본능적 성품에서 '왕자 王者'의 가능성을 보고 있는 것이다.

공자는 동식물에게도 미치는 '대인大仁' 개념에 입각해서 공자는 '인도仁道'를 '애물愛物', 즉 동물복지로까지 확장하고 스스로 실천했다.

공자는 낚시질을 하면 주낙으로 마구 잡지 않았고, 주살질을 하면 잠자는 놈은 쏘지 않았다(子釣而不網 弋不射宿).3265)

3264) Frans de Waal, *The Age of Empathy: Nature's Lesson for Kinder Society* (New York: Three Rivers, 2009), 220~221쪽.

3265) 『論語』「述而」(7-27). '주낙'은 많은 낚시를 늘어뜨려 단 낚싯대고, '주살'은 가는 줄을 맨 화살이다. 주살은 빗맞은 경우 줄을 당겨 화살을 다시 찾을 수 있다.

인간이 때로 먹기 위해 물고기를 잡지만 마구 잡는 살생을 피해야 하고, 주살(끈 달린 화살)로 새를 쏘아 잡지만 피곤해서 자고 있는 측은한 새를 쏘지 않는다. 공자는 물고기와 새 같은 미물에까지도 애물의 동물복지를 실천한 것이다.

이런 까닭에 공자는 인간이 부모의 생계를 마련하고 제사를 지내기 위해 나무를 베고 짐승을 죽이는 경우에도 그 때를 가려야 한다고 말한다. "금수는 때맞춰 잡아야 한다. (...) 공자는 '(...) 짐승 한 마리를 죽여도 그 때를 어기면 (이것으로 부모를 봉양하더라도) 효가 아니다'라고 말했다.(樹木以時伐焉 [...]. 夫子曰 [...] 殺一獸 不以其時 非孝也)"라고 말했다.3266) 짐승을 때맞춰 잡는다는 것은 물고기라면 산란기를 피해 잡고, 산짐승과 가축이라면 새끼 밴 놈을 잡지 않는 것을 말한다. 그리하여 공자는 "죽이는 때에 맞지 않는 금수, 물고기, 자라는 시장에 내다 팔아서는 아니 된다(禽獸魚鼈不中殺 不粥於市)"는 금법을 언명했고,3267) "천자는 새끼 밴 소를 먹지 않으니 새끼 밴 소는 상제에 대한 제사에도 쓰지 않는다(天子 牲孕弗食也, 祭帝弗用也)"고 말한 것이다.3268) 그러므로 공자는 "겨울잠에서 깨어나는 동물들을 죽이지 않은" 제자 고시高柴의 행동을 "하늘의 도다(高柴 [...] 開蟄不殺 則天道)"라고 하며 칭찬했다.3269)

공자의 동물복지는 마소에게 무거운 짐을 지우지 않고 멍에를 불편하지 않게 매는 것에까지 이른다. 공자는 우리가 부리는 가축들의 복지를 군왕의 국사國事로 보고 엄정하게 입론한다.

3266) 『禮記』「祭義」(24027).

3267) 『禮記』「王制」(5045).

3268) 『禮記』「郊特牲 第十一」(001).

3269) 『大戴禮』「第十九 衛將軍文子」.

거룩한 임금의 바름은, 소 3마리를 나란히 멍에 매지 않게 하고, 말은 항상 수레를 끌지 않게 하고, 타는 것을 우려하지 않게 하고, 암말은 □□□ □□□□□□□□□하고 곡식을 때맞춰 주고, 꼴과 건초의 짐은 무겁지 않게 하는 데 있다.3270)

두세 마리 소에게 나란히 멍에를 매면 소들이 괴로워한다. 힘센 마소도 항상 수레를 끌게 하고 너무 무거운 짐을 지우면 지친다. 그래서 한국 농민들은 소달구지에 짐을 다 싣지 않고 일부 짐을 지게로 나눠진 채 소달구지를 끌었던 것이다. 그리고 새끼를 밴 암말은 특별히 먹이를 더 많이 주고, 더 잘 보살펴주었다.

공자는 '대인大仁', 즉 사람의 '큰 사랑'을 동물복지를 넘어 식물복지로까지 확장했다. 증자는 공자의 뜻을 받들어 이렇게 말한다.

수목은 때맞춰 벌목한다. (...) 공자는 가로되, '나무 한 그루를 베도 (...) 그 때를 어기면 (이 나무로 양친의 방을 덥히더라도) 효가 아니다'라고 하셨다.(樹木以時伐焉 [...]. 夫子曰 '斷一樹 殺一獸 不以其時 非孝也'.)3271)

부모에게 효도를 한답시고 한창 자라는 나무를 베어 부모의 방을 데우는 것은 '불효'라는 말이다.

또 공자는 자연식물까지 아끼는 제자 고시의 식물사랑의 행동을 이렇게 극찬했다.

3270) 廖名春 釋文, 「馬王堆帛書 '二三子'」, 16-17쪽. "聖王之正 牛參弗服 馬恒弗駕 不憂乘 牝馬□□□□□□□□□□□□粟時至 芻槀不重." '□'는 판독불가 부분.
3271) 『禮記』「祭義」.

고시는 공자를 뵙고 나서부터 문호를 들어가면 남의 신발을 넘지 않았고, 왕래하면서 남을 지나치면 그의 그림자를 밟지 않았고, (...) 한창 자라는 것을 꺾지 않았다. (...) 이것이 고시의 행동이다. 공자는 말하기를, "고시가 (…) 한창 자라고 있는 식물을 꺾지 않은 것은 공감이고, 공감은 인애이니, 탕임금은 공감으로 공경했고 이런 까닭에 나날이 발전했다"라고 했다.(自 見孔子 入戶未嘗越屨 往來過人不履影 [...] 方長不折 [...]. 是高柴之行也. 孔子曰 [...] 方長不折 則恕也 恕則仁也. 湯恭以恕 是以日躋也).3272)

그래서 공자는 이와 부합되게 "벌목하는 때에 맞지 않는 나무는 내다 팔아서는 아니 된다(木不中伐 不粥於市)"는 금법도3273) 언명한 것이다. 시장이 "벌목하는 때에 맞지 않는 나무"를 가려낼 능력이 없기 때문에 이 가려내는 일을 시장에 맡기지 않고, 때를 어겨 벌목한 나무를 시장에 내는 것을 금지하는 '유위有爲의 금법'을 세운 것이다.

공맹의 인정론은 동식물을 아끼고 기르며 생명 없는 사물들과 자연자원을 아끼고 소중히 하는 '애물'까지 포함해야만 완성된다. 앞 세대가 자연사물을 '애육'해 온전한 자연을 후대에 물려주는 경우에야 자손만대의 양민을 가능하게 하는 '장인長仁'을 실천할 수 있기 때문이다.

결론적으로 극동은 태고대로부터 동식물의 사랑과 복지를 국가 이념으로 삼는 문명권이다. 자연사랑 또는 보편적 생명애의 도덕은 오늘날 사회생물학자 에드워드 윌슨(Edward O. Wilson, 1929-)의 '바이오필리아 가설(Biophilia Hypothesis)'에3274) 의하더라도 당연한 것이다.

3272) 『大戴禮』「第十九 衛將軍文子」.
3273) 『禮記』「第五 王制」.

동식물을 신으로 섬기는 아프리카, 아시아, 아메리카 원주민들까지 고려할 때, 동식물을 경시하고 하찮게 여기고 고문하는 서양의 기독교적·유대교적 사이코패스 전통이 오히려 별나고 특이한 세계사적 예외에 속할 뿐이다.

인간은 생존을 위해 자연을 먹고 이용하고 자연에 의존해야 한다. 그러나 이 자연이용을 인간적 생존의 필요에 한정해야 하고 이러한 자연이용 속에서도 이로 인해 생기는 자연의 손상과 피해를 최소화하며, 자연을 아끼고 애육해야 하는 것이다. 이것만이 천도天道를 우러르고 지도地道를 본받는 진정한 인도人道다. 이처럼 인도가 명하는 인간사랑도 천도와 지도가 명하는 자연사랑, 즉 자연복지와 자연애육에 근본을 두고 실천해야 한다. 그러므로 본질적으로 인간의 예법은 자연에 근본을 두고 자연을 본받아 만들어야 하는 것이다. 따라서 이러한 예의 실천주체인 공맹의 '인간'은 '자연의 정복자'가 아니라, '자연의 사랑방 손님'에 지나지 않는 것이다. '자연의 손님'은 언제나 자연생명을 존중하는 정신에서 자연에 폐를 끼치는 것을 최소화해 자연을 보전하고 나아가 자연을 애육하면서 자연 속에서 겸허하게 즐기고 공손하게 머물다가 물러나야 하는 것이다.

불교에 반대하던 명·청대 유자들은 불교의 방생放生활동과 무관하게 공맹의 애물사상에 근거해 동물해방과 방생을 이론화하고[3275) 수많은 방생회를 설립해서 자연보호활동을 벌였다.[3276) 그

3274) Edward O. Wilson, *Biophilia: The Human Bond with Other Species* (Cambridge: Harvard University Press, 1984·1986).

3275) Joanna Handlin Smith, *The Art of Doing Good: Charity in Late Ming China* (Berkeley·Los Angeles·London: University of California Press, 2009), 23-25쪽.

3276) Smith, *The Art of Doing Good*, 15-42쪽.

리고 명대 말엽 양동명梁東明·안무유顔茂猷 등 몇몇 유자들은 주굉袾宏(1535-1615) 스님과 함께 공자의 애물에 근거해서 1583년 중국에 도착한 예수회 가톨릭선교사들과 싸우며 '동물은 영혼이 없다', '동물은 하늘이 인간에게 잡아먹으라고 낸 것이다', '윤회설은 불합리하다'는 기독교 교리를 비판했다.3277) 양동명과 주굉은 "호랑이가 사람을 먹는다면 사람들은 사람들이 호랑이를 위해 길러진다고 말할 것이다"라고 비꼬았다. 예수회 선교사들에게 포섭된 가톨릭 개종자들은 이에 많은 유자들과 충돌했다. 그러나 방생과 동물해방운동은 마테오리치가 윤회설에 대한 공격을 개시한 해인 1603년경에 오히려 절정으로 치달았다. 명말 필객들은 어쩌다 윤회설을 터치하기는 했을지라도 주로 사치와 검소, 잔학성과 측은지심, 생과 사, 억압과 해방의 주제들을 고찰했다. 간단히, 이 주제들은 그들이 자선활동을 논할 때 사용한 바로 그 유학적 술어들이었다.3278) 중국에서 동물해방운동은 명대 말엽에 거세게 일어났고 청대에도 20세기 초까지 중국 전역에서 번성했다. 서양인들은 공맹의 복지철학과 중국의 복지제도를 수용하면서 기독교교리에 걸려 이 유학적 자연복지의 이념과 법제를 완전히 빼먹고 만다.

3277) 梁東明, 『山居功課』(1624), 8.29b; 顔茂猷, 『迪吉錄』(1631), '平集'(10b); 袾宏, 「戒殺放生文」, 9b, 『雲棲法彙』(南京: 金陵刻經處, 1897). Smith, *The Art of Doing Good*, 26쪽에서 재인용.

3278) Smith, *The Art of Doing Good*, 26쪽.

제2절
중국과 한국의
유교적 복지제도

역대 중국과 조선왕조 한국은 『주례』와 공맹경전의 구민·양민·안민救民·養民·安民철학에 따라 복합적 복지제도를 갖춘 인정仁政국가를 발전시켰다. 구민·양민·안민·교민의 인정은 유학적 정치철학에서 국가의 '존재이유(raison d'être)', 또는 '국가이성(raison d'État)'이었다. 중국에서 주나라 복지제도가 복원되기 시작한 것은 춘추전국시대와 진秦나라의 멸망을 거쳐 한漢나라가 건국되고서부터였다. 이후 중국의 복지제도는 수隋·당唐代·원宋·원元대를 거치면서 높이 발전해서 명·청대의 근대 복지국가에 이르게 된다.

2.1. 중국의 공공 복지제도의 기원

명·청대에 절정에 이른 중국의 유교적 복지제도는 고대 복지국가 주나라가 멸망한 뒤 일어난 한漢나라 수당나라, 그리고 송·원나라의 원형 복지제도로부터 새로이 기원했다. 먼저 고대 한나라에서 등장한 유교적 원형 복지국가부터 알아본다.

■ 한대漢代 유교적 원형 복지국가의 출현

전한前漢과 후한後漢을 합해서 기원전 206년부터 중국에 왕망王莽의 찬탈기간(신新나라 15년)을 빼고 410년간 존속한 한나라는 유학을 국학으로 표방한 최초의 유교국가다. 물론 한나라는 진秦나라에서 내려온 초기에 귀족들 사이에서 황로학이 유행했는가 하면 불교의 전래 이후에는 불교도 신봉하고 통치에서는 법가사상을 근간으로 삼고 유학을 외장용으로 도열시켰다. 이 때문에 한나라는 소위 "이유식법以儒飾法"의 나라라고 불린 만큼 허울뿐인 유교국가로 출발했다. 그러나 한나라는 시간이 흐르면서 통치에서 점차 도가(황로학)·법가사상·불교가 퇴조하고 유교화가 심화되었다. 그리하여 개국 100년 즈음부터 한나라는 거듭거듭 유교국가로 순화되고 '유교적' 복지제도를 갖춰나가면서 유교적 '원형 복지국가'의 모습을 갖추기 시작했다.

일단 한나라가 갖추기 시작한 복지제도는 물가조절을 통해 민생을 안정시키기 위한 '상평창常平倉'이었다. 영어로 "Ever-normal granary"로 번역되어온 상평창은 곡가를 조절하기 위해 창안되었다. 한나라는 흉작 때 지방시장의 곡가를 낮게 유지하기 위해 상평창의 저장 곡식을 시장에 내다 팔았고(糶), 풍작 때에는 지방시장에서 곡식을 사들여(糴) 미래를 위해 저장하는 이른바 '평적평조平糴平糶' 조치를 취했다.

한나라의 이 상평창과 물가조절 체제는 『주례』의 사시司市와 천부泉府, 위자委積제도로까지 거슬러 올라가지만, 직접적으로는 춘추전국시대로부터 유래했다. 구체적으로 그것은 관중管仲(기원전 723-645 추정)이 다스리던 춘추시대 제齊나라와 전국시대 위魏나라(기원전 5세기부터 기원전 221)로부터 기원한 것이다.

후대 사람들이 관중과 제나라 현자들의 주장을 집대성한 책인 『관자管子』는 '국축國蓄'과 '경중법輕重法'(물가조절법)을 기술하고 있다.[3279] 그러나 이것은 국가가 곡식이 아주 쌀 때 사들여 아주 비쌀 때 비싼 값에 팔아 독점이윤을 챙기는 국가상업 제도로서 백성을 위한 복지정책이 아니었다.[3280] 한편, 상론했듯이 맹자는 풍흉豊凶에 따른 저곡貯穀·방곡放穀과 수매收買제도를 논하고 있다. 그리고 전국시대 위魏나라의 재상 이회李悝는 물가조절을 통한 민생안정을 위해 이른바 '평적법平糴法'을 창안했다. 이에 대해 『한서漢書』 「식화지食貨志」 는 이렇게 기록하고 있다. "주실周室이 이미 쇠망하고 폭군과 탐관오리들이 그 경계를 모멸하며 요역을 멋대로 징발하니 정령을 불신하고 상하가 서로 사기치고 공전公田을 경작하지 않았다. 그러므로 공자는 『춘추』에서 (공전과 사전 구분 없이 세금을 부과하는) 노魯나라 선공宣公의 '초세무初稅畝' 세법을 힐난했다. 이에 윗사람들이 탐학하고 백성은 원망하는데, 재해가 발생하고 화란禍亂이 일어났다. 천하가 점차 쇠퇴하여 전국시대에 이르니 귀족은 거짓으로 힘을 가장假裝하고 인의仁誼를 천시하며 부유함을 앞세우고 예양을 뒤로했다. 이때 이회李悝가 위魏나라 문후文侯를 위해 지력地力의 가르침을 다하고 사방 100리의 땅을 봉토 9만경으로 만들고 산택·읍을 삼분해서 하나를 제거하여 밭 600만경을 만들고 경전耕田에 부지런히 힘쓰면 이랑 당 세 되를 더했고, 부지런하지

3279) 『管子』「國蓄·輕重甲-庚」. 김필수·고대혁·장승구·온현정 역, 『관자』 (고양: 소나무, 2016), 701-711, 778-863쪽.

3280) 관중의 국축·경중법은 "낮은 가격에 거둬들여 쌓아두었다가 높은 가격에 분산·유통시키므로 군주는 반드시 10배의 이윤을 챙기며 재화의 가격을 평준화할 수 있다(斂積之以輕 散行之以重 故君必有什倍之利 而財之櫎可得而平也)"고 논변한다. 『管子』「國蓄」(국역본. 705쪽). 따라서 이것은 복지정책이 아니라, 군주가 백성과 이(利)를 다퉈 이문을 취하는 독점적 상업이윤 정책이다.

못하면 손실이 그와 같았다. 사방 100리 땅의 증감 폭이 곡식 810만 석에 달했다. 또 이회는 이렇게 말했다. 비싼 곡식을 사들이면 백성을 상하게 하고 곡식이 심하게 싸면 농부들을 상하게 한다. 백성이 상하면 이산하고 농부들이 상하면 나라가 가난해진다. 그러므로 심하게 비싸고 심하게 싼 것은 상하게 하는 것이 동일하다(故甚貴與 甚賤 其傷一也). 정치를 잘하는 사람은 백성들로 하여금 상하게 하지 않게 하고 농부를 더욱 권려한다. 지금 한 명의 사내가 다섯 식구를 끼고 100이랑의 밭을 갈면, 한 이랑의 연수익이 1석 반이므로, 100이랑은 곡식 150석을 낸다. 10분의 1세稅 15석을 제하고 남는 것 135석이다. 한 사람이 한 달에 1석 반을 먹으므로 5인은 연간 90석의 곡식을 먹고 여분이 45석이다. 30석은 1350전이다. 신곡新穀을 맛보는 봄·가을의 제사에 300전을 쓰고 이것을 빼면 1050전이 남는다. 의복은 사람마다 300전을 쓰면 5인은 연간 1500전을 쓴다. 그러면 450전이 부족하다. 불행·질병·상례의 비용 및 위에서 거두는 부세는 아직 여기에 넣지도 않았다. 이것이 농부들이 늘 곤궁한 이유이니, 농사일을 권장하지 않는 마음에서 곡식을 사들여 곡가를 심하게 비싸게 하는 경우가 있는 것이다. 그리하여 평적平糴(곡식을 사들여 곡가를 평평하게 하는 일)을 잘하는 자는 반드시 해마다 상·중·하의 곡식 성숙등급이 있다는 것을 삼가 살펴야 한다. 상숙기上熟期에는 4석부터 거둬 400석을 남기고, 중숙기에는 3석부터 거둬 300석을 남기고, 하숙기에는 2석부터 거둬 100석을 남긴다. 소기小飢때면 100석을 거두고, 중기中飢 때면 70석을 거두고, 대기大飢 때면 30석을 거둔다. 그러므로 대숙기(=상숙기)면 위에서 3을 사들이고 1을 버리고, 중숙기면 2를 사들이고 하숙기면 1을 사들여 백성들이 적당히 족하게 하고 곡가가 평탄하고 오르내림을 그치게 한다.

소기小飢 때면 소숙기의 거두기를 발령하고, 중기 때면 중숙기의 거두기를 발령하고 대기 때면 대숙기의 거두기를 발령하여 곡식을 내다 판다. 그러므로 기근과 수해와 한해旱害를 만나더라도 곡식을 내다팔아서 비싸지 않으면 백성이 이산하지 않고, 여유분을 취하여 부족분을 보충한다. 위魏나라에서 이 정책을 시행하니 나라가 부강富彊해졌다."3281) (기원전 306년까지 존속한) 월越나라의 재상 범여范蠡도 이회의 이 평적법平糴法을 응용해 유사한 제도를 운용했다고 전한다.

한나라에서 상평창常平倉은 선제宣帝 오봉五鳳연간(기원전 57-54)에 대사농중승大司農中丞 경수창耿壽昌이 설치했다.3282) 한무제漢武帝 치세(기원전 141-87)에 대사농 상홍양桑弘羊(기원전 152-80)은 '평준균수법平準均輸法'을 제정하여 시행했다. 이것은 『주례』의 사시·천부제도를 따르는 제도가 아니라, 『관자』의 국축경중법을 따라 정부가 화폐나 직물을 포함한 일정한 상품들을 사고팔고 함으로써 시장에 간섭하고 장사하여 이윤을 챙기는 제도였다. 상홍양은 관중처럼 싸게 사서 비싸게 파는 식으로 운영하여 백성과 이利를 다투며 장사하여 독점이윤을 챙겼다. 이에 무제가 죽고 나서 즉위한 소제少帝는 상홍양을 처형했다. 그러나 대사농중승 경수창은 한무제 때 평준법을 곡가에 확대적용해서 제대로 운영했다. 그는 이 경험을 바탕으로 상평창 제도를 창안했다. 『한서』「식화지」는 상평창제도의 도입과정을 이렇게 기록하고 있다.

소제 때가 되자 유민流民들이 조금 돌아오고 전야가 개간되고 축적이 상

3281) 『漢書』「食貨志上」(9). 中國哲學錢算化計劃(검색일: 2021. 11. 2.).
3282) 梁更堯 (編著), 『中國社會史』(臺北: 壹大出版中心, 2014), 319쪽.

당히 있게 되었다. 선제가 즉위하자 현량을 많이 뽑아 관리로 쓰니 백성들이 땅에 안착했고 여러 해 동안 풍작이 이어지니 곡식이 1석 5전으로 떨어져 농부들의 이익이 적어졌다. 때마침 대사농중승 경수창耿壽昌은 계산을 잘하여 능히 공리를 헤아릴 수 있어 오봉연간에 진언했다. "예로부터 연간 관동 세곡 400만 휘(1휘= 10말)를 실어 올려 경사(서울)에 공급하는 조졸漕卒 6만 명을 씁니다. 마땅히 삼보三輔·홍농弘農·하동河東·상당上黨·태원군太原郡의 곡식을 사들이고 족히 경사로 공급하면 관동 성의 조졸을 과반으로 줄일 수 있습니다." 또 해조海漕를 세 배로 증가시키자고 아뢰었다. 천자는 그의 계획을 그대로 다 따랐다. 이에 어사대부 소망蕭望이 이렇게 진언했다. "(...) 무릇 음양이 감응함에 물류物類가 서로 감응하고 만사가 다 그런 것입니다. 지금 경수창이 요새 조관漕關 내의 곡식을 사들이고자 창고를 짓고 선박들을 다스리고 있습니다. 비용이 2만여 전이고 무리의 일을 움직임이 있으니 가뭄의 기운이 생겨나 백성이 그 재앙을 입을까 두렵습니다. 수창은 업무를 조금씩 나누어 헤아리는 일에 익숙합니다. 그는 깊이 계산하고 멀리 생각하는 것이 진실로 부족하고 또 당연히 구태의 연할 수밖에 없습니다." 천자는 듣지 않았다. 조운漕運의 일은 정말로 편해졌다. 수창은 마침내 변군邊郡에 명하여 다 창고를 짓게 하고, 곡식이 쌀 때 그 값을 올려 사들여 농부를 이룹게 하고, 곡식이 비쌀 때 가격을 내려서 내다팔게 했다(穀賤時增其買而糴 以利農, 穀貴時減買而糶). 이름이 상평창이었다. 백성들이 이를 편히 여겼다.[3283]

경수창의 상평창제도에 대해 이러게 상론한 반고班固의 미완 『한서』는 여동생 반소班昭가 그의 사후에 완성한 사서史書다. 반소는 찬자贊者(도움이)로서 옛 경전들과 실시된 국가제도를 종합하며

[3283] 『漢書』「食貨志上」(27).

이렇게 총평한다.

찬자贊者는 말하노라. 『주역』은 "많은 것을 쇠하게 하고 적은 것을 더하는 것이니 만물은 균평하게 베푼다"로 칭술한다. 『서경』은 "유有와 무無를 이동시키려고 힘쓴다"고 말한다. 주나라는 천부의 관리를 두었고, 맹자도 역시 "돼지가 사람의 밥을 먹어도 거둬들여 저장할 줄 모르고, 들에 굶주리는 역참이 있는데도 창고를 열어 곡식을 나눠줄 줄 모른다"고 비판했다. 그러므로 관중의 경중법輕重法, 이회의 평적법, 상홍양의 균수법, 경수창의 상평창이 역시 종래에 있었던 것이다. 옛날을 돌아보면 그것을 위한 여러 방법이 있고 관리가 선량하고 법령이 행해졌다. 그러므로 백성은 그 이로움을 신뢰하고 만국은 다스려졌다. 효제와 무제의 때에 이르러 국용이 풍요롭고 백성이 부역를 더하지 않은 것은 그 다음이었다. 왕망에 이르러 제도는 중도를 잃고 간악한 법궤로 권세를 농하니 관민官民이 둘 다 기진하여 거처를 잃어버렸다.3284)

여기서 반소가 군주에게 독점이윤을 챙겨주는 관중의 국축경중법과 상홍양의 평준균수법 등의 국가독점사업제도를 이회의 평적법, 경수창의 상평창 등의 양민제도와 동일시한 것은 적잖이 문제이지만 평적법과 상평창을 주나라의 천부제도와 맹자의 저곡貯穀·방곡放穀제도로까지 거슬러 올라가 그 기원을 논한 것은 그 의의가 매우 크다고 할 것이다. 왜냐하면 반소의 이 논의는 그 시대 사람들

3284) 『漢書』「食貨志下」(70): "贊曰 『易』稱 '衰多益寡 物平施', 『書』云 '懋遷有無', 周有泉府之官, 而孟子亦非 '狗彘食人之食不知斂, 野有餓莩而弗知發'. 故管氏之 輕重, 李悝之平糴, 弘羊均輸, 壽昌常平, 亦有從徠. 顧古為之有數 吏良而令行, 故 民賴其利, 萬國作乂. 及孝武時 國用饒給 而民不益賦 其次也. 至于王莽 制度失中 姦軌弄權 官民俱竭 亡次矣."

이 『주례』와 공맹경전이 평적법과 상평창에까지도 낳았다는 것을 명확하게 인식하고 있었음을 알 수 있게 해주기 때문이다.

경수창의 상평창은 송·원·명대에 다른 이름으로 부활한다. 그리고 청대에는 그 이름과 함께 부활하여 세계사적 수준으로 발전한다. 청대의 상평창은 오스만제국, 베니스, 20세기 미국 등지로 전파되었다.

상평창의 곡식은 다른 세곡과 더불어 각종 재난 시에 비상 구민救民을 위한 황정荒政에도 쓰였다. 한대漢代 황정 일반을 좀 더 체계적으로 파악하려면 황정 시행의 행정방법에 따라 시기를 구분하는 것이 좋다. 최근의 한 철저한 연구는3285) 황정단계를 한고조·경제景帝까지 '현縣 차원의 황정기荒政期', 무제武帝로부터 소제昭帝까지 '특사 중심 황정기', 선제宣帝와 원제元帝 치세의 '군국郡國 중심 황정기', 성제成帝에서 후한까지의 '특사와 군국의 통합적 황정기'로 구분해 고찰하고 있다.

한고조에서 제6대 황제 경제景帝(재위 기원전 188-141)까지 65년간 이어진 '현縣 차원의 황정'은 아직 군현체제가 미발달하여 지방 황정의 시행주체가 불가피하게 현縣정부일 수밖에 없었다. 가용한 역사기록에 의하면, 이 65년 동안 대략 39건의 재해가 발생했다. 재해기록을 보면, 고조 때 대기근 재해 1건, 혜제惠帝 때 지진·한발 등 재해 4건, 고후高后 때 산사태·수해· 등 재해 4건, 문제文帝 때 지진·태풍·한발·폭풍우·수해·역병·황충 등 재해 14건, 경제 때 흉년·기근·우박·한발·수해·한해寒害·지진·역병 등 재해 16건이다.3286) 이

3285) 金錫佑, 「漢代 荒政 체계의 형성과 郡縣制」, 『中國學報(국제중국학연구)』 第四十九輯 (2004), 361-413쪽.

3286) 참조. 金錫佑, 「漢代 荒政 체계의 형성과 郡縣制」, 366-367쪽 〈표1〉 전한 고조·경제기 자연재해 기사 일람표.

중 구체적 피해 내역이 기록된 경우는 다음과 같다.

(1)혜제 2년 정월 농서隴西에서 지진이 나서 100여 채의 집을 압살했다.

(2)고후 2년 정월 무도武都에서 산사태가 나서 760인을 죽였다.

(3)고후 3년 여름 한중漢中과 남군南郡에서 큰물이 져서 물이 넘쳐 나와 4000여 채의 집을 쓸어갔다.

(4)고후 4년 가을 하남에서 큰물이 져서 이락伊雒의 물이 1600여 채의 집을 쓸어가고 여수汝水가 800여 채의 집을 휩쓸어갔다.

(5)고후 8년 여름 한중과 남군에서 물이 다시 넘쳐 나와 6000여 채의 집을 휩쓸어버리고 남양 면수沔水가 1만여 채의 집을 쓸어갔다.

(6)문제 후3년 가을 35일 동안 큰비가 내려서 염전산鹽田山의 물이 넘쳐 나와 900여 채의 집을 쓸어갔고 한수漢水가 넘쳐 민가를 파괴하고 80여 개소에서 300여 명을 죽였다.[3287]

이 기록은 재해지역의 피해조사와 보고가 이루어진 것을 보여준다. 한나라에서 계승했을 것으로 보이는, 진대秦代의 '운몽진대죽간(雲夢秦簡)'에 쓰인 「전율18종田律十八種」은 "한발과 폭풍우·장마(水潦)·메뚜기떼(螽蟲蟲群)가 사물을 어지럽히고 농사를 상하게 한 경우에 역시 즉각 그 면적을 말하고 가까운 현령에게 발빠른 사람이 문서로 보고하고 먼 현령에게는 우역郵驛으로 그렇게 행한다"고 규정하고 있다.[3288] 따라서 위 보고내용들은 현縣 차원에서 조사수집하여 중앙정부로 직접 보고한 것으로 볼 수 있다. 그런데 위

3287) 金錫佑, 「漢代 荒政 체계의 형성과 郡縣制」, 367쪽.

3288) 睡虎地秦墓竹簡整理小組, 「睡虎地秦墓竹簡」 (北京: 文物出版社, 1977), 24-25 쪽. 金錫佑, 「漢代 荒政 체계의 형성과 郡縣制」, 368쪽에서 재인용.

법령에 군郡이 보이지 않는다. 이것은 황정이 군을 건너뛰어 시행된 것을 뜻한다.3289) 중앙의 보고와 승인에 따라 현령이 시정施政주체가 되어 재해에 대응하는 황정을 펼친 것이다.

그러나 경제 치세의 말엽에 이르면 현령들의 부정부패로 인해 황정의 주체가 이천석二千石 지위의 군수로 이동하기 시작한다. 이 변화는 경제가 기원전 142년(중원中元 2년) 4월에 내린 조령서 확인할 수 있다. "짐은 (...) 헌납을 받지 않고 태관太官(환관)을 줄이고 요부傜賦를 생략하고 천하가 농잠農蠶에 힘써 평소에 축적하여 재해에 대비할 수 있기를 바랐노라. (...) 그런데 올해는 아마 성취하지 못해 백성들이 자못 부족할 것 같은데 그 탓이 어디에 있는가? 간혹 아전들이 사기를 치고 아전들이 뇌물로 장사를 하고 백성을 고기 잡듯이 약탈하고 만민을 침탈한다. 현승縣丞은 장리長吏다. 그런데 범법으로 도둑과 함께 도둑질하니 심히 이를 말이 없도다. 이천석이 그 직책을 다스리도록 명한다. 관직에 전념하지 않고 어지럽히는 자는 승상이 듣고 그 죄를 주청하라. 천하에 포고하니 짐의 뜻을 명지明知하게 하라."3290) 이것은 현 차원의 황정이 문제가 있음을 알리고 주무관서를 군국郡國으로 삼는다는 취지를 담고 있다. 그러나 무제와 소제 때는 황정의 주무가 군으로 바로 넘어간 것이 아니라 일단 과도기적으로 황제가 친히 재해지역으로 직파直派하는 특사들에게 넘어간다.

3289) 金錫佑, 「漢代 荒政 체계의 형성과 郡縣制」, 368쪽.

3290) 『漢書』「景帝紀」(72): "朕 (...) 不受獻 減太官 省繇賦 欲天下務農蠶 素有畜積 以備災害. 彊毋攘弱 眾毋暴寡 老者以壽終 幼孤得遂長. 今歲或不登 民食頗寡 其咎安在 ? 或詐偽為吏 吏以貨賂為市 漁奪百姓 侵牟萬民. 縣丞長吏也. 奸法與盜盜 甚無謂也. 其令二千石修其職. 不事官職耗亂者 丞相以聞 請其罪. 布告天下 使明知朕意."

무제로부터 소제까지 '특사 중심 황정기'에는 지방 황정을 위한 특사 파견이 모두 9회에 걸쳐 이루어졌다.

1. 무제 건원建元 4년(기원전 138년): 하내河內에서 실화失火로 1000여 채의 집이 불탔다. 무제는 급암汲黯을 특파하여 실정을 살피도록 했다. 급암은 돌아와 "하내지역을 지날 때 하나의 가난한 사람들이 수재와 한발로 고통받고 있는데, 그 빈민들이 1만여 가구에 달했다"고 보고했다. 그리고 "어떤 경우에는 부자가 서로를 잡아먹었다"도 했다. 이에 그는 "임시방편으로 부절符節하고 갖고서 하내의 창고를 열어 그 창고곡식으로 빈민을 진휼했다"고 보고했다.[3291]

2. 무제 원광元光 3년(기원전 130년): 호자瓠子에서 황하의 제방이 무너져 내려 물이 동남으로 흘러 거야택鉅野澤으로 향했다. 급암과 정당시鄭當時를 특파하여 인부를 동원해 물줄기를 막도록 했다. 그러나 번번이 다시 무너졌다.[3292] (이때 나라에서 곡식창고를 열어 황정을 위해 동원된 이 인부들을 먹였다.)

3. 무제 원수元狩 3년(기원전 120년): 산동지역에서 수재가 나서 백성들이 많이 굶주렸다. 이에 천자는 사신을 파견하여 군국郡國의 창름을 비워 빈민을 진휼토록 했는데 오히려 부족하여 부호들을 모아 사람들끼리 서로 빌려 주게 했다. 그래도 서로 구제할 수 없어 이내 빈민을 함곡관 서쪽으로 이주시켜 삭방朔方 이남 신진新秦 한가운데를 가득 채워 70여만 가구에 달했다. 의복과 식량은 다 현관顯官의 공급에 의존했다. 여러 해 산업을 대여하고 사자가 부서를 나눠 보호했다. 사신이 타는 사두마차들이 서로 닿을 정도로 사신의 왕래가 그치지 않아서 비용이 억만금을 헤아려서 현

3291) 『漢書』「汲黯傳」.
3292) 『漢書』「溝洫志」.

관이 크게 비고 말았다. 부유한 상인들은 간혹 재물을 쌓아두고 빈민에게 투자하고 바퀴를 100여 번 굴려 거처와 사는 읍邑을 폐했고, 봉군封君들은 다 머리를 낮추고 이들의 공급을 바랐다. 금속제련과 제염製鹽은 재물을 때로 누만금을 누적시켰으나 국가의 급무를 돕지 않아 일반백성들은 아주 곤궁해졌다.3293)

4. 무제 원정元鼎 2년(기원전 115년) 9월: 무제는 이런 조령을 내렸다. "인仁은 먼 것을 이상하게 여기지 않고 정의는 어려움을 불사한다. 지금 수도가 비록 아직 풍년이 아닐지라도 산림과 택지澤池의 풍요로움을 백성과 공유하라. 지금 장마가 강남으로 이동하여 동지까지 엄청 닥칠 것 같다. 짐은 굶주림과 추위가 생기지 않을까 걱정하노라. 강남의 땅에서는 불로 경지를 태워 잡초를 없애고 물을 대고 파종해 농사짓는데(火耕水耨) 바야흐로 사천의 곡식을 내려보내 강릉에 닿게 하라. 박사 중中 등을 파견하여 구역을 나눠 순행하고 저항을 보고하고 그 때문에 백성이 거듭 곤궁케 하지 않도록 하라. 아전과 백성 가운데 직접 굶주리는 백성을 진구振救하여 곤액을 면케 해준 사람 있거든 그 이름을 모두 보고하라."3294)

5. 무제 원봉元封 2년(기원전 109년): 황하의 제방이 무너진 지 20년이 흘렀다. 급인汲仁과 곽창郭昌 등을 시켜 사졸 수만 명을 동원하여 호자의 무너진 곳을 막았다.3295) (이때에도 상평창이나 기타 창름을 열어 이 사졸들을 먹여

3293) 『漢書』「食貨志」(18): "其明年 山東被水災 民多飢乏. 於是天子遣使虛郡國倉廩以振貧. 猶不足 又募豪富人相假貸. 尚不能相救 乃徙貧民於關以西 及充朔方以南新秦中 七十餘萬口 衣食皆仰給於縣官. 數歲 貸與産業 使者分部護 冠蓋相望 費以億計 縣官大空. 而富商賈或墆財役貧 轉轂百數 廢居居邑 封君皆氐首仰給焉. 冶鑄煮鹽 財或累萬金 而不佐公家之急 黎民重困."

3294) 『漢書』「武帝紀」(117): "秋九月 詔曰 仁不異遠 義不辭難. 今京師雖未為豐年 山林池澤之饒與民共之. 今水潦移於江南 迫隆多至. 朕懼其飢寒不活. 江南之地 火耕水耨 方下巴蜀之粟致之江陵 遣博士中等分循行 諭告所抵 無令重困. 吏民有振救飢民免其厄者 具擧以聞."

3295) 『漢書』「溝洫志」.

야 했다.)

6. 소제昭帝 시원始元 2년(기원전 85년) 3월: 사자를 파견하여 빈민들 중 종
자와 식량이 없는 자들을 진대했다. 그리고 가을 8월 "지난해 재해가 많아
금년에 누에와 보리가 상해서 씨앗과 식량을 진대해주는 바이니 부채를
거두지 말고, 백성들에게 금년 전세田稅를 내라고 명령하지 말라"는 조서
를 내렸다.3296)

7. 소제 시원 4년(기원전 83년) 7월: 조서를 내렸다. "이해는 성하지 않아
백성들이 먹을 것이 바닥나서 일자리를 구하러 유랑을 떠나 아직 다 돌아
오지 못했도다. 지난 시기에 백성들에게 말을 (먹일 수 없어) 내보라고 명했
는데 이제 그 명을 그치니 내보내지 말라. 여러 급사중과 중앙관리인 자들
도 또한 감축하노라."3297)

8. 소제 원봉元鳳 3년(기원전 78년) 정월: 빈민에 대한 중모中牟현 농원의
부세를 파했다. 조령이 있었다. "전번에 백성들이 수재를 입어 식량이 아
주 바닥났도다. 짐은 창름을 비워 사자를 시켜 곤핍자들을 진휼하노라.
이에 원봉 4년의 세곡 조운을 없애노라. 3년 전에 진대한 것과 관한 한,
승상과 어사가 청하는 바가 아니면 변군邊郡에서 소를 (키워 돌려주기 위해)
받은 사람들에게서는 상환을 받지 말라."3298)

9. 소제 원봉 6년(기원전 75) 정월: 조령이 있었다. "무릇 곡식이 싸면 농민
을 상하게 한다. 지금 삼보三輔와 태상太常의 곡식이 헐값이다. 이에 햇곡
식으로 금년 부세를 걷어야 한다고 명령하노라."3299)

3296) 『漢書』「昭帝紀」(20): 三月 遣使者振貸貧民毋種·食者. 秋八月 詔曰 "往年災害
　　 多 今年蠶麥傷 所振貸種·食 勿收責 毋令民出今年田租."

3297) 『漢書』「昭帝紀」(28): "秋七月 詔曰 比歲不登 民匱於食 流庸未盡還 往時令民
　　 共出馬 其止勿出. 諸給中都官者 且減之."

3298) 『漢書』「昭帝紀」(56): "罷中牟苑賦貧民. 詔曰 乃者民被水災 頗匱於食 朕虛倉
　　 廩 使使者振困乏. 其止四年毋漕. 三年以前所振貸 非丞相御史所請 邊郡受牛者勿
　　 收責."

재해지역에 대한 이 특사파견이 군郡 차원의 재해보고에 기초한 것이 아니라 특사들이 직접 수집한 정보에 기초한 것으로 보인다. 가령 무제 때 급암의 경우를 보면 그는 무제의 사신으로 하내의 실사사건을 시찰하도록 명령을 받고 하내 지역으로 내려가다가 하남의 수해와 한해旱害와 기근飢饉상황을 목도하고 이에 대해 보고하고 있다. 중앙정부는 이에 대한 정보가 없었던 것이다. 그러나 부자가 서로를 잡아먹는 기근상황은 한해旱害나 화재보다 훨씬 더 심각한 것이었다. 이러한 해석은 소제 시원 2년 3월의 기사로 뒷받침된다. 파견된 특사는 빈민을 진대했는데, 동년 8월 조령을 통해 진대를 받은 백성에게 원금상환과 조세를 면제해주었다. 이 조령은 특사의 보다 상세한 상황보고 후에 이루어진 것이다. 이렇다면 무제와 소제 때 군현의 재해 정보와 실정 파악은 기본적으로 특사에 의지했다고 말할 수 있다.[3300]

위 기사들을 통해 알 수 있는 또 다른 사실은 특사들이 진휼을 직접 시행했다는 점이다. 위 기사에서 급암은 특사로서 부절을 차고 그 권위로 하내의 창고를 열어 이 창곡倉穀으로 하내河內군의 빈민을 진휼했다. 상술했듯이 현縣관리들의 비리가 심하여 특사가 직적 진휼행정을 집행한 것이다.[3301] 특사를 통한 황정집행은 현관리들이 부패하고 군국의 행정체계는 아직 완비되지 않은 단계에서 취해진 임기응변적 방책이었던 셈이다.[3302]

그러나 선제로부터 원제까지의 군국 중심의 황정기에는 이와

3299)『漢書』「昭帝紀」(56): "六年春正月 (...) 詔曰 夫穀賤傷農 今三輔·太常穀減賤. 其令以叔粟當今年賦."

3300) 참조: 金錫佑, 「漢代 荒政 체계의 형성과 郡縣制」, 372-373쪽.

3301) 참조: 金錫佑, 「漢代 荒政 체계의 형성과 郡縣制」, 373-374쪽.

3302) 참조: 金錫佑, 「漢代 荒政 체계의 형성과 郡縣制」, 377쪽.

달랐다. 이때는 군국 차원의 지방정부의 역할이 현저하게 증가한다. 선제 초기에도 특사를 통한 진휼이 이루어졌지만 이런 경우는 드물어지고 군국의 이천석二千石 서열의 장관들이 진휼을 집행하는 식으로 바뀌어갔다. 일단 여전히 특사가 진휼을 집행하는 경우를 먼저 보자.

1. 선제 본시本始 4년(기원전 107년) 정월: 소제는 조서詔書를 내렸다. "무릇 농사는 흥덕興德의 근본이다. 그런데도 금년은 성하지 못해서 이미 사자를 파견해 빈곤궁핍자들을 진대했다. 이에 태관을 시켜 성재省宰에게서 음식을 덜고 악부樂府는 악인樂人을 감축해 농업으로 돌아가게 했다. 승상 이하 중앙관리들에 이르기까지 글을 올리는 것을 도와 곡식을 들어오게 하고 장안의 창고의 곡식을 수송해 빈민을 진대하도록 돕도록 명하라. 백성은 백성이 수레와 선박으로 곡식을 싣고 관문으로 들어온 경우에는 알릴 필요가 없다."3303)

2. 선제 본시 원년 여름 4월: 49개 군국에서 지진이나 간혹 산이 붕괴하고 물이 넘쳤다. 조령이 내렸다. "무릇 재이災異란 천지의 경계다. 짐은 홍업洪業(나라를 이루는 큰 사업)을 이어 종묘를 받들고 사민士民의 위에 앉아 아직 군생群生을 화합시키지 못했다. 전에 지진이 북해·낭아琅邪에 지진이 나서 조종의 종묘를 무너뜨렸으니 짐은 이를 심히 두려워하노라. 승상·어사는 열후列侯들·중中이천석들과 더불어 경학지사經學之士를 널리 묻고 변고에 응할 선비가 있으면 짐의 모자람을 돕게 하라. 거리낌을 갖지 말라. (...) 지진으로 파괴를 심히 당한 사람들에게서 조세를 거두지 말라." 그리

3303) 『漢書』「宣帝紀」(22): "四年春正月 詔曰 蓋聞農者興德之本也. 今歲不登 已遣使者振貸困乏. 其令太官損膳省宰 樂府減樂人 使歸就農業. 丞相以下至都官令丞 上書入穀 輸長安倉 助貸貧民. 民以車船載穀入關者 得毋用傳."

고 천하를 크게 사면했다.3304) 「하후승전夏侯勝傳」: 관동의 49개 군국에서 지진이 나 산이 무너지고 성곽과 집이 붕괴하여 6000여 명이 사망했다. 사자를 파견하여 아전과 백성들을 조문하고 죽은 사람들에게 관을 마련할 금전을 하사했다.3305)

이 두 경우는 선제가 여전히 옛 관례에 따라 특사를 파견하여 진휼을 한 경우다.

그러나 이외에는 특사를 통한 진휼 사례가 발견되지 않는다. 특사의 업무는 순시의 일에 국한되고 황정은 군국에서 시행했다. 다음을 보자.

3. 선제 본시本始 원년(기원전 73년) 정월: (수재를 피해) 군국에서 모집해 아전과 백성들을 헤아려 100만 명 이상 평릉平陵으로 이사케 했다. 사자를 파견하여 부절을 차고 군국의 이천석들에게 백성을 먹이고 덕화를 가르치라고 조서를 내리게 했다.3306)

이 경우는 특사를 파견했지만 이사·양민·교민을 집행하는 주체는 군국의 이천석 장관으로 언급하고 있다. 다음도 마찬가지다.

3304) 『漢書』「宣帝紀」 (24): "本始 夏四月壬寅 郡國四十九地震 或山崩水出. 詔曰 蓋災異者 天地之戒也. 朕承洪業 奉宗廟 託于士民之上 未能和群生. 乃者地震北海·琅邪 壞祖宗廟 朕甚懼焉. 丞相·御史其與列侯·中二千石 博問經學之士 有以應變 輔朕之不逮 毋有所諱. 令三輔·太常·內郡國舉賢良方正各一人. (...) 被地震壞敗甚者 勿收租賦. 大赦天下."

3305) 『漢書』「夏侯勝傳」.

3306) 『漢書』「宣帝紀」 (9): "本始元年春正月 募郡國吏民訾百萬以上徙平陵. 遣使者持節 詔郡國二千石謹牧養民而風德化."

4. 선제 지절地節 원년(기원전 69) 겨울 10월: 조서는 말한다. "전에 9월 임신壬申일 지진이 있어서 짐은 이를 심히 두려워 하노라. (...)"또 조서는 말한다. "연못이 따듯하게 데워졌는 황상이 행차하지 못한 경우에 빈민들에게 (식량을) 빌려주라. 군국의 궁관宮館은 수리하지 말라. 유랑민이 귀환하는 경우 공전을 빌려주고 종자와 식량을 대여해주고 또 이자를 계산하지 말라."3307)

이 경우는 특사 파견이 없으므로 군국에 대고 "궁관을 수리하지 말라"고 한 구절에 따라 군국이 "빈민들에게 (식량을) 빌려주고", 유랑민이 귀환하는 경우 "공전을 빌려주고 종자와 식량을 대여해주는" 주체라고 봐야 할 것이다. 다음의 경우는 군국이 직접 진대한 것을 명시한다.

5. 선제 지절地節 4년(기원전 63년) 9월: 조서는 말한다. "짐은 백성이 실직했는데도 돕지 않는 것을 생각하여 사자를 파견하여 군국을 순행케 하고 민성의 질고를 문병케 하노라. 아전들이 늘 사리를 영리營利하여 성가시게 어지럽히고 그 잘못을 돌아보지 않아서 짐이 이를 심히 걱정하도다. 금년 군국이 수재水災를 상당히 입었으나 이미 진대했노라. 소금은 백성이 먹는 것이니 가격이 다 비싸서 서민들이 심히 곤핍하다. 이에 천하의 염가鹽價를 감하노라."3308)

3307) 『漢書』「宣帝紀」(40): "冬十月 詔曰 乃者九月壬申地震 朕甚懼焉. (...) 又詔曰 烒未御幸者 假與貧民. 郡國宮館 勿復修治. 流民還歸者 假公田 貸種·食 且勿算事."

3308) 『漢書』「宣帝紀」(49): "九月 詔曰「朕惟百姓失職不贍 遣使者循行郡國問民所疾苦. 吏或營私煩擾 不顧厥咎 朕甚閔之. 今年郡國頗被水災 已振貸. 鹽民之食 而賈咸貴 眾庶重困. 其減天下鹽賈."

원제 때 특사를 파견한 다음 사례들에서는 특사가 파견되었으나 그들이 직접 진휼하는 황정을 집행했다는 말은 없다.

6. 원제元帝 영광永光 2년(기원전 42년): 평당平當은 유주幽州의 유랑민의 실상을 파악하기 위해 사자로 파견되었다. 평당은 자사刺史와 이천석 장관 가운데 근면하고 시혜하여 유랑민을 불러들인 사람을 상주했다.3309)

7. 원제 건소建昭 4년(기원전 35년) 4월: 조서는 말한다. "근자에 음양이 부조화하고 오행이 질서를 잃어 백성이 기근에 처했다. 서민들이 실업失業을 생각하며 간대부諫大夫·박사 상賞 등 21인을 파견하여 천하를 순행하며 기로와 환과고독과 곤핍하고 실직한 사람들을 문안케 하고 뛰어난 재목과 특출난 선비를 천거케 하기에 이르렀노라."3310)

이 건소 4년의 특사는 한번에 21명에 달했으나 황정집행의 말이 없는 것으로 보아 천하순행과 문안問安·인재천거에 그치고 기근에 대한 황정은 이미 군국이 처리한 것으로 보인다.

이제 진휼황정은 군국의 일이 되고 특사의 일은 진급賑給에서 지방 군국의 재해에 대한 파악이나 군국의 황정에 대한 감독시찰의 역할로 변한 것이다. 황정이 군국에 맡겨지면서 특사 파견은 관행적 행사로 변했다. 선제와 원제 때 재해 관련 특사는 연초 연례행사의 의미를 띠었다. 이 시기에 파견된 9건의 사자 파견 중 재해 관련 특사는 4건이고, 나머지는 관행적이었다. 황정의 주도권이 군국으로 이동한 것이다.3311)

3309) 『漢書』「平當傳」.
3310) 『漢書』「元帝紀」(61): "夏四月 詔曰 朕承先帝之休烈 夙夜栗栗 懼不克任. 間者 陰陽不調 五行失序 百姓饑饉. 惟烝庶之失業 臨遣諫大夫博士賞等二十一人循行 天下 存問者老鰥寡孤獨乏困失職之人 擧茂材特立之士."

성제成帝(기원전 52-7) 이후 후한까지 특사와 군국의 통합적 황정기에는 특사 순시감독과 군국의 황정집행이 결합되었다. 성제 이래 황정 체계는 짜임새를 갖추기 시작한다. 이러한 발전은 중앙의 재해 관련 특사 파견이 계속되고 군국의 황정 기능이 강화되어가면서 양자가 점차 역할 분담을 하는 가운데 자연스럽게 상호 연계와 협조가 이루지는 과정의 소산이었다. 그리하여 특사의 황정과 군국의 황정이 번갈아 이루어지거나 연계되어 시행되었다.

그리하여 성제 이후에는 특사도 다시 황정의 전면에 나서는 경우들이 자주 나타난다.

1. 성제 하평河平 4년(기원전 25년) 3월: 광록대부·박사 가嘉 등 11인을 파견해 황하의 물가를 따른 군들에게 물이 훼상毁傷한 곳들을 천거하여 곤핍하여 자존自存할 수 없는 자들에게 재물을 진대하게 했다. 이에 물이 넘쳐 흘러 압사당해 스스로 매장할 수 없는 곳을 위해 군국이 널짝을 진급賑給해 매장하도록 명했다. 이미 매장된 자들에는 1인당 2000전을 수여했다. 물을 피해 다른 군국으로 간 사람들에 대해서는 피해를 차등적으로 진대했다.3312)

2. 성제 홍가鴻嘉 4년(기원전 17년) 봄 정월: 조서를 내렸다. "(...) 이미 사자를 파견하여 군국을 순행케 했다. 재해를 입은 곳이 14개 이상의 군이고 백성의 재산은 3만을 채우지 못하니 조세를 징출徵出하지 말라. 미납 대여 물자가 아직 안 들어왔으면 다 거두지 말라. 유랑민이 관문으로 들어오려고 하면 번번이 안에 포용하라. (...)"3313)

3311) 참조: 金錫佑, 「漢代 荒政 체계의 형성과 郡縣制」, 380-383쪽.
3312) 『漢書』「成帝紀」(49): "遣光祿大夫博士嘉等十一人 行舉瀕河之郡水所毁傷 困乏不能自存者 財振貸. 其為水所流壓死 不能自葬 令郡國給槥櫝葬埋. 已葬者與錢人二千."

3. 성제 홍가 4년 가을: 황제는 여러 차례 사자를 파견하여 백성을 안정시키고 생업에 종사할 수 있도록 그들을 진휼했다.3314)

4. 광무제 건무建武 22년(서기 46년) 9월: 일자에 지진이 났는데 남양이 더욱 심했다. 알자謁者(보고자) 안案을 파견하여 순행토록 했다. (...) 압사당한 사람들에게 관棺을 마련할 수 있도록 1인당 3000천을 하사하고, 미납 부세를 거두지 말라고 했다.3315)

5. 화제和帝 영원永元 6년(서기 92년) 2월: 알자를 파견하여 삼하三河·연주兗州·익주·청주의 빈민들을 나눠 시작하도록 했다.3316)

6. 안제安帝 원초元初(서기 115년) 2년 2월: 알자를 파견하여 수도에서 객사했는데 가속家屬이 없거나 관곽棺槨이 썩어 못쓰게 된 사람들의 경우에는 거둬 매장하고 모두 제사를 치러주었다. 가속이 있어도 아주 가난하여 장례를 치를 형편이 못되는 사람들이 있으면 그들에게는 1인당 5000천을 하사했다.3317)

7. 환제桓帝 연희延熹 9년(서기166년) 3월: 사례司隸와 예주豫州에서 아사자餓死者가 열너댓이나 되었고, 심지어 집이 없어져 버린 자들도 있었다. 삼부三府의 연속掾屬(아전)을 파견하여 진품陳稟했다.3318)

3313)『漢書』「成帝紀」(85): "四年春正月 詔曰 (...) 已遣使者循行郡國. 被災害什四以上 民貲不滿三萬 勿出租賦. 通貸未入 皆勿收. 流民欲入關 輒籍內. (...)"

3314)『漢書』「溝洫志」.

3315)『後漢書』「光武帝紀」(178): 九月戊辰 地震裂. 制詔曰 日者地震 南陽尤甚. (...) 遣謁者案行 (...) 壓死者棺錢 人三千. 其口賦逋稅而廬宅尤破壞者 勿收責."

3316)『後漢書』「和帝紀」(71): "(永元)二月乙未 遣謁者分行稟貸三河·兗·冀·青州貧民."

3317)『後漢書』「安帝紀」(144): "二月戊戌 遣中謁者收葬京師客死無家屬 及棺槨朽敗者 皆為設祭. 其有家屬尤貧無以葬者 賜錢人五千"

3318)『後漢書』「桓安帝紀」(228): "司隸·豫州飢死者什四五 至有滅戶者 遣三府掾賑稟之."

이 기록들은 알자·광록대부·삼부아전 등이 사자로 파견되어 직접 진휼한 것을 말해주고 있다.

그러나 동시에 군국의 황정책임도 크게 강조되었다. 이것은 군국 장관들이 황정을 부실하게 시행한 죄목으로 그 책임을 물은 사건들이 계속 증가했다는 기록에서 확인할 수 있다. 성제 영시永始 2년에는 양국군梁國郡과 평원군에서 매년 수재로 기근에 처해 사람들이 서로를 잡아먹는 사태가 발생하여 자사刺史·군수·군상郡相이 좌면左面되었고, 성제 홍가와 영시 연간에는 청하清河태수가 출임出任한 지 수년 뒤 군중群中의 재해로 면관되었고, 명제明帝 영평 5년에는 사례司隸 교위校尉가 황재를 다스리지 못해 면관되었고, 화제 영원 3년에는 진류陳留 태수가 빈민에 대한 진휼이 부실했다는 죄목으로 징역형에 처해졌고, 영원 7년 하내河內태수가 가뭄 피해에 대한 보고가 부실하다는 죄목으로 면관되었다.3319) 그리고 상제殤帝 연평延平 1년 7월에는 군국이 풍작을 허위 보고했다는 죄목으로 처벌을 예고하고 있다.3320) 이런 기록들은 군국 지방관의 황정책임도 아주 크다는 것을 알게 해준다.

종합하면, 성제 이후 후한에 이르기까지 시기에는 '특사에 의한 황정'과 '군국지방관들에 의한 황정'이 둘 다 강조된 것이다. 이 시기에 완성된 황정체계는 특사와 군국 간의 유기적 협조관계에 기초했다. 이 협조관계의 형성은 성제 이후의 사료에서 입증된다. 가령 (성제 하평 3년 4월의 경우에) 11인의 특사들이 황하와 인접 군국에서 재해상황을 보고함과 동시에 피해민들을 진대하고 또 군국이 관곽을 지급하고 장사지내도록 조치하고 장사를 치른 사람들에게

3319) 참조: 金錫佑, 「漢代 荒政 체계의 형성과 郡縣制」, 403쪽.
3320) 『後漢書』「殤帝紀」.

는 금전을 하사하도록 명했다. 또는 특사가 군국을 순시하여 군국의 진휼 과정을 감독하기도 했다.3321) 특사와 군국 간의 협조방식은 이런 식이었다. 한대漢代 황정은 특사와 군국 간의 이 협력체계의 완성에서 최고조의 발전을 보였다.

한나라는 늙은 홀아비·홀어미·독거노인·고아·기아·폐질환자들에 대한 양민·복지정책에도 상당한 열성을 보였다. 이들에 대한 양민정책은 『주례』와 공맹경전에서도 강조하던 바다. 그러나 이 사회적 약자에 대한 한대의 양민정책에 직접 영향을 끼친 것은 춘추시대 제齊나라의 양민정책이었다. 특히 한나라의 기아·고아정책은 제나라로부터 기원했다.

주대周代 말엽 춘추시대에 관중을 재상으로 발탁한 제나라는 쇠잔하던 주나라 복지법제를 되살려 ①노인을 노인답게 모시는 '노로老老', ②간난아이를 자양하는 '자유慈幼', ③고아를 구휼하는 '휼고恤孤', ④병자·고령자·불구자들을 양호養護하는 '양질養疾', ⑤독거노인들을 혼인시켜 주는 '합독合獨', ⑥고령자와 병자를 문안을 하는 '문병問病', ⑦궁한 가족이나 빈객을 발견하면 보고하게 하는 '통궁通窮', ⑧곤궁한 자를 진휼하는 '진곤振困', ⑨전사자와 의사자義死者를 공금으로 제사지내는 '접절接絶' 등 아홉 가지 혜민惠民의 정교(惠之敎)를 시행했다.3322) 이를 위해 제나라는 (1)'장로掌老', (2)'장유掌幼', (3)'장고掌孤', (4)'장양질掌養疾', (5)'장매掌媒', (6)'장병掌病', (7)'장궁掌窮', (8)장절掌絕 등 8종의 전담관직을 설치했다.3323)

3321) 참조: 金錫佑, 「漢代 荒政 체계의 형성과 郡縣制」, 406-407쪽.

3322) 『管子』「入國」(국역본: 558쪽): "行九惠之敎. 一曰老老, 二曰慈幼, 三曰恤孤, 四曰養疾, 五曰合獨, 六曰問病, 七曰通窮, 八曰振困, 九曰接絕."

이른바 '노로老老'는 무릇 국도와 성도成都가 다 '장로掌老'라는 관리를 두고 70세 이상 노인은 아들에게 한 명의 부역을 없애주고, 3개월마다 고기 선물을 준다. 80세 이상 고령노인은 두 아들에게 부역을 없애주고 매월 고기 선물을 준다. 90세 이상 고령노인은 전 가족에게 부역을 면해주고 매일 술과 고기를 준다. 죽으면 관곽棺槨을 공급한다. 평소 자제들에게 음식을 정성껏 마련해 드리고 원하는 것을 묻고 좋아하는 것을 구해 드리게 권장한다. 이를 '노로'라고 한다.3324)

이른바 '자유慈幼'의 경우는 일단 국도와 성도가 다 장유掌幼'라는 관리를 둔다. 자식이 있는데 자식이 유약幼弱하고 힘이 부쳐 먹여 기르는 것이 누累(부담)가 되는 백성의 경우에, 세 아이를 둔 사람은 부인에게 부역을 없애주고, 네 아이를 둔 사람은 전 가족에게 부역을 없애주고, 다섯 아이이면 또 그들에게 보모保姆를 붙여주고 2인분의 식량을 공여한다. 아이들이 자라서 일을 할 수 있게 된 뒤에 그친다. 이것을 '자유慈幼'라고 한다.3325) 이 '자유'는 『주례』의 '자유'를 설명한 것으로 보이지만, 『주례』는 자유업무를 관장하는 관리官吏에 대한 언급이 없다.

그리고 이른바 '휼고恤孤'의 경우 무릇 국도와 성도가 다 '장고掌孤'라는 관리를 둔다. 백성이 죽고 남은 자식이 어려서 고아가 되었는데 길러줄 부모가 없어 자활할 수 없는 경우에는 이 고아를 마을

3323) 『管子』「入國」(558-560쪽).

3324) 『管子』「入國」: "所謂老老者 凡國都皆有掌老. 年七十已上 一子無征, 三月有饋肉. 八十已上 二子無征 月有饋肉. 九十已上 盡家無征 日有酒肉. 死上共棺槨 勸子弟精膳食 問所欲 求所嗜. 此之謂老老." (558-559쪽.)

3325) 『管子』「入國」: "所謂慈幼者 凡國都皆有掌幼 士民有子 子有幼弱不勝養為累者. 有三幼者 婦無征 四幼者盡家無征 五幼又予之葆 受二人之食 能事而後止. 此之謂慈幼." (559쪽.)

사람들·지인들·연고자들에게 맡긴다. 고아 한 명을 기르는 자는 한 자식에게서 부역을 없애주고, 두 명의 고아를 기르는 자는 두 자식에게서 부역을 없애주고, 세 명의 고아를 기르는 자는 전 가족에게서 부역을 없애준다. 장고는 자주 다니면서 그들을 문안하고 반드시 그들의 음식, 기한飢寒, 몸이 여위었는지 튼튼한지를 알아보고 가엾게 여겨 보살핀다. 이것을 '휼고'라고 한다.3326)

이른바 '양질養疾'의 경우는 국도와 성도가 '장양질掌養疾'이라는 관리를 둔다. 귀머거리, 장님, 벙어리, 절름발이, 반신불수, 손이 오그라들어 못 펴는 자 등 견디며 스스로 살지 못하는 자는 임금(국가)이 거두어 질관疾官(=疾館=療養館)에서 부양하여 옷을 입히고 먹인다. 그들이 죽은 뒤에 그친다. 이것을 '양질養疾'이라고 한다.3327) '양질'은 『주례』의 '관질寬疾'에 상응한다.

이른바 '문병問病'의 경우는 무릇 국도와 성도가 다 '장병掌病'이라는 관리를 둔다. 백성 중에 병이 있는 경우에 장병은 임금의 명으로 병자들을 위문한다. 90세 이상은 하루에 한 번 문병하고, 80세 이상은 이틀에 한 번 위문하고, 70세 이상은 사흘에 한 번 문병하고, 일반백성은 닷새에 한 번 위문한다. 질환이 심한 자는 위에 보고하고 임금이 몸소 위문한다. 장병은 나라 안을 순행하며 문병을 일로 삼는다. 이것을 '문병問病'이라고 한다.3328) '문병'이

3326) 『管子』「入國」: "所謂恤孤者 凡國都皆有掌孤. 士人死 子孤幼 無父母所養 不能 自生者 屬之其鄕黨知識故人. 養一孤者 一子無征. 養二孤者 二子無征. 養三孤者 盡家無征. 掌孤數行問之 必知其食飮飢寒 身之臂胜而哀憐之 此之謂恤孤."(559쪽.)

3327) 『管子』「入國」: "所謂養疾者 凡國都皆有掌疾. 聾盲·喑啞·跛躄·偏枯·握遞 不耐 自生者 上收而養之疾官. 而衣食之 殊身而後止. 此之謂養疾."(559-560쪽.)

3328) 『管子』「入國」: "所謂問病者凡國都皆有掌病. 士人有病者 掌病以上令問之. 九十以上 一日一問, 八十以上 二日一問, 七十以上三日一問, 眾庶五日一問. 病甚者

'문질'로 된 텍스트도 있는데 이런 텍스트에서도 마지막 말은 "이 것을 문병이라 한다"라고 쓰고 있다. 따라서 '문질'과 '문병'은 동의 어로 봐야 할 것이다.

이른바 '합독合独'의 경우는 무릇 국도와 성도가 다 '장매掌媒'라 는 관리를 둔다. 사내가 처가 없으면 환鰥(홀아비)이라 하고, 부인婦人 이 지아비가 없으면 과寡(홀어미)라 한다. 홀아비와 홀어미를 취해 화합하게 하고 전택田宅을 주고 거기에서 가정을 이루게 한다. 3년 뒤에 그들에게 일을 시킨다(국가가 제공하는 직역職役을 급부한다). 이것 을 '합독'이라고 한다.3329)

이른바 '통궁通穷'의 경우는 무릇 국도와 성도가 다 '장궁掌窮'이 라는 관리를 둔다. 만약 궁한 부부가 있어 거처가 없고 궁한 빈객이 양식이 떨어졌다면, 그들이 거하는 향리에서 이를 보고하는 자에게 는 상을 내리고 보고하지 않는 자에게는 벌을 내린다. 이것을 '통궁' 이라 한다.3330)

이른바 '진곤振困'의 경우는 무릇 국도와 성도가 '장곤掌困'이라 는 관리를 둔다. 흉년에는 고용인들이 병에 걸려 많이 죽는다. 형벌 을 이완하고 죄를 사면하고 창고의 곡식을 분배하여 그들을 먹인다. 이것을 '진곤'이라고 한다.3331) '진곤'에 특별한 전담관리를 두지 않은 것은 진곤, 즉 '진휼'은 특사 와 군현의 주무이기 때문이다.

以告 上身問之. 掌病行於國中, 以問病為事, 此之謂問病."(560쪽.)

3329) 『管子』「入國」: "所謂合獨者 凡國都皆有掌媒. 丈夫無妻曰鰥, 婦人無夫曰寡. 取鰥寡而合和之 予田宅而家室之. 三年然後事之. 此之謂合獨."(560쪽.)

3330) 『管子』「入國」: "所謂通窮者 凡國都皆有掌窮. 若有窮夫婦無居處 窮賓客絶糧 食 居其鄉黨以聞者有賞, 不以聞者有罰. 此之謂通窮."(560쪽.)

3331) 『管子』「入國」: "所謂振困者 凡國都皆有掌困. 歲凶庸人訾厲 多死喪. 弛刑罰 赦有罪 散倉粟以食之. 此之謂振困."(561쪽.)

이른바 '접절接絶'의 경우는 무릇 국도와 성도가 다 '장절掌絶'을 둔다. 장절은 백성 중에 임금을 위해 죽거나 전사하는 경우에 지인과 연고자들로 하여금 나라로부터 돈을 수령해 그들을 위해 제사지내게 한다. 이것을 '접절'이라 한다.[3332] '접절接絶'이란 절명자絶命者를 대접待接한다는 의미다.

제나라의 이 복지제도를 보면 기원전 700-600년경에 이미 귀머거리·장님·벙어리·절름발이·반신불수 등 장애인들을 수용하여 먹여주고 입혀주고 치료해주는 '질관疾官'(=疾館)이라는 국가 요양원이 등장한 것을 알 수 있다. 한나라는 주나라와 제나라의 이런 복지제도를 계승하여 환과고독鰥寡孤獨과 폐질자·장애인·빈민을 돌보고 노인을 봉양하는 양민·안민 정책과 재해 시에 백성을 구민하는 비상 복지정책(荒政)을 펼쳤다. 사료와 기록이 미흡하지만 『한서』와 『후한서』에서 눈에 띄는 대로 공적 양민복지정책과 제도를 살펴보자.

기원전 206년 한나라가 성립하고 나라의 기틀이 잡히고 태평성대에 들어선 시점에 황위에 오른 제5대 황제 문제文帝(재위 기원전 180-157)는 즉위한 지 1년 만인 기원전 179년 3월 환과고독과 궁민·빈민을 진휼하라는 조령詔令을 내린다. "바야흐로 춘화春和 시에 초목과 군생의 동식물이 다 자락自樂 속에 있는데 나의 백성 중 환과고독과 궁핍하고 빈곤한 사람들은 간혹 사망하게 되어도 아무도 그들을 살피지도, 걱정하지도 않도다. 백성의 부모가 되어 장차이를 어찌하랴! 그들을 진대할 방도를 의논하라." 또 조령을 내렸

3332) 『管子』 「入國」: "所謂接絶者 凡國都皆有掌絶. 士民死上事 死戰事 使其知識故人 受資於上 而祠之. 此之謂接絶也." (561쪽.)

다. "늙은 사람은 비단이 아니면 따뜻하지 않고, 고기가 아니면 배부르지 않다. 지금 연초年初에 때맞춰 사람을 시켜 마을 장로들의 안부를 묻게 하지 않는다면, 또 포백布帛과 술과 고기를 하사하지 않는다면 장차 천하의 자손들이 그 양친을 효양孝養하는 것을 어찌 도울 것인가? 지금 관리들이 미음 죽을 받아야 마땅한 사람들에게 죽을 쑤어 줄 때 간혹 묵은 곡식을 썼다는 소리를 들었다. 이것이 어찌 양로의 뜻이라고 칭할 수 있겠는가! 법령을 갖춰 행하라."3333)

이에 관리들은 문제에게 다음과 같은 내용의 법령을 주청하여 제정했다. "80세 이상 노인에게는 매월 1인당 쌀 1석, 고기 20근, 술 5두를 하사하고, 90 이상 노인에게는 이에 더해 비단 2필과 솜 3근을 하사한다. 물건을 하사하거나 미음 죽과 쌀을 내려주어야 할 사람들은 장리長吏가 열시閱視하고 만 90세가 아닌 사람들을 돕고 위로하는 일은 색부嗇夫와 영사令史(마을의 하급관리)가 맡는다. 이천석의 고관은 도리都吏(우두머리 아전)를 보내 순행하여 부합되지 않은 자들을 단속하게 하고, 전과자와 죄가 있어 구레나룻을 깎이는 형벌 이상의 처벌을 받은 자들에게는 이 법령을 쓰지 않는다."3334) 문제 때 제정된 이 법령은 전한이 멸망할 때까지 존속하며 환과고독의 양민과 양로복지제도로 줄곧 기능했다.

심지어 전쟁만 일삼은 것으로 알려진 7대 황제 무제武帝(재위

3333) 『漢書』「文帝紀」(9): "詔曰 方春和時 草木群生之物皆有以自樂 而吾百姓鰥寡 孤獨窮困之人 或阽於死亡 而莫之省憂. 為民父母將何如? 其議所以振貸之. 又曰 老者非帛不煖 非肉不飽. 今歲首 不時使人存問長老 又無布帛酒肉之賜 將何以佐 天下子孫孝養其親? 今聞吏稟當受鬻者 或以陳粟. 豈稱養老之意哉! 具為令."

3334) 『漢書』「文帝紀」(9): "有司請令縣道 年八十已上 賜米人月一石 肉二十斤 酒五 斗, 其九十已上 又賜帛人二疋 絮三斤. 賜物及當稟鬻米者 長吏閱視 丞若尉致 不滿九十 嗇夫·令史致. 二千石遣都吏循行 不稱者督之. 刑者及有罪耐以上 不用 此令."

기원전 156-87)도 즉위 6년(기원전 150년) 황태자를 세운 것을 기념하여 환과고독과 고령노인들에게 복지혜택을 베푸는 조령을 내렸는데, 그 내용은 이랬다.

짐은 구요咎繇(고요皐陶의 오기)가 우禹에게 사람을 아는 지인知人에 달렸고(在知人), 지인하면 명철해지는데(知人則哲) 황제도 이를 어렵게 여겼다(惟帝難之)고 말해주는 것을 들었도다. 무릇 임금은 마음이고 백성은 지체와 같으니, 지체가 상하면 마음이 참달憯怛하도다. 일자에 회남淮南과 형산衡山에서 문학을 수학할 때 뇌물을 흘리니 양국이 접하는 땅에서 사설邪說을 두려워하여 찬탈과 시해를 저질렀다. 이것은 짐의 부덕이었으리라. 『시경』은 "걱정하는 마음이 비참하고 비참하여 나라가 학정을 행하는 것을 염려하네(憂心慘慘 念國之為虐)"라고 노래했도다.(『詩經』「小雅·節南山之什·正月」 - 인용자) 천하를 사면해 제척하고 이것과 더불어 다시 시작한다. 짐은 효제(효자와 우애하는 형제)와 역전力田(농사에 열심인 자)을 가상히 여기고, 사내가 늙어 눈이 흐려지고 환과고독이 혹시 의복과 식량이 떨어지는 것을 슬퍼하고, 이들을 심히 연민하도다. 알자謁者(보고자)를 보내 천하를 순행하고 그들에게 문안을 하고 뭔가를 하사하노라. 황제는 알자를 시켜 현縣의 삼로三老(100세, 80세, 60세 노인)와 효자에게 1인당 비단 5필을 하사하게 하고, 향鄉의 삼로와 우애형제와 역전力田들에게 1인당 비단 세 필을 하고, 90세 이상 노인과 환과고독에게 1인당 비단 두 필, 솜 세 근을 하사하게 하고, 80 이상 노인들에게는 쌀 세 석을 하사하게 한다고 말하고, 직무상의 과실에 대한 원망이 있으면 사자使者가 보고하고, 현청과 향청은 즉시 하사하고 쌓아두지 말라고 했다.[3335]

3335) 『漢書』「武帝紀」(82): "朕聞咎繇對禹 曰 在知人 知人則哲 惟帝難之. 蓋君者心也, 民猶支體 支體傷則心憯怛. 日者淮南·衡山修文學 流貨賂 兩國接壤 怵於邪說而造篡弑. 此朕之不德. 『詩』云 '憂心慘慘 念國之為虐.' 已赦天下滌除 與之更始. 朕嘉孝弟力田 哀夫老眊孤寡鰥獨或匱於衣食 甚憐愍焉. 其遣謁者巡行天下 存問

또 무제는 즉위 6년 6월에도 환과고독과 폐질자의 안부를 묻고 스스로 생업을 진작할 수 없는 자들에게 대여를 해주게 하고, 임금이 거둥한 현縣들에 대해 그 해의 조세를 면제해주고 환과고독에게 비단을 내려주고 빈궁자들에게 곡식을 하사했다.3336) 그리고 원봉 2년(기원전 109년) 호자瓠子에까지 거둥하여 과오를 저지른 무리를 사면하고 고아와 독거노인들 및 고령자들에게 쌀을 1인당 4석씩 하사했다.3337) 유사한 복지급부 조치는 이후에도 두 번 더 있었다.3338)

제10대 황제 선제宣帝(재위 기원전 91-48)는 전한前漢의 황제들 가운데 가장 많은 복지혜택을 베푼 황제다. 선제는 원평元平 원년(기원전 91년) 11월 황후 허씨를 세우고 제후와 그 이하 관리와 환과고독 백성들에게 차등을 두어 금전을 하사했다.3339) 본시本始 원년(기원전 73년)에는 천하의 국인國人들에게 훈작을 각기 1급씩, 효자에는 2급을 하사하고, 여자 100호에는 소와 술을 하사하고 조세를 징수하지 않게 했다.3340) 이 조령의 특이점은 특별히 여자들에게 복지혜택을 베푼 것이다. 이 여성복지 정책은 이후에도 가끔 시행된다. 지절地節 3년(기원전 67년) 3월에는 "환과고독과 고령자 및 빈곤한

致賜. 曰 '皇帝使調者賜縣三老·孝者帛 人五匹, 鄉三老·弟者·力田帛 人三匹, 年九十以上及鰥寡孤獨帛 人二匹 絮三斤, 八十以上米 人三石. 有冤失職 使者以聞. 縣鄉即賜 毋贅聚.'" 무제는 여기서『서경』「우서·고요모」를 인용하고 있는데, 오류가 있다. '在知人'은 고요의 말이나, '知人則哲'과 '惟帝[其]難之'은 고요의 말이 아니고 우禹의 말이다.

3336)『漢書』「武帝紀」(109).

3337)『漢書』「武帝紀」(146).

3338)『漢書』「武帝紀」(159·214).

3339)『漢書』「宣帝紀」(8).

3340)『漢書』「宣帝紀」(12): (本始) 五月: "賜天下人爵各一級 孝者二級 女子百戶牛酒. 租稅勿收."

백성을 짐은 가엾게 여겨 전에 공전과 재화와 종자, 그리고 식량을 빌려주라고 조령을 내렸는데 이에 더해 환과고독과 고령자에게 비단을 하사하라"고 명했다.[3341] 그리고 원강元康 원년(기원전 65년)에는 봉황이 나타난 사건을 길조로 기념해서 "여자 100호에 소와 술을 하사하고(女子百戶牛酒), 환과고독과 삼로, 그리고 효자와 우애형제 및 역전(근면농부)에게는 비단을 추가로 내리고, 진대振貸한 것을 회수하지 말라"는 조령을 내렸다.[3342] 원강 3년(기원전 62년) 3월과 봄에도 여자들에게 소와 술을 내리고 환과고독과 고령자에게 비단을 내렸다.[3343] 환과고독과 삼로의 고령자들 및 효제·역전과 함께 100호의 여자들에게 소와 술을 내리는 이러한 배려는 이후에도 계속 반복된다.[3344] 본시 원년의 복지시혜처럼 환과고독과 고령자들을 빼놓고 여자들에게만 시혜한 경우도 있었지만, 역으로 여자들을 빼놓고 환과고독과 고령자들에게만 시혜하는 경우도 있었다.[3345] 기원전 62년 여름처럼 황제가 밖으로 순행하며 환과鰥寡를 문안하기만 한 경우도 있었다.[3346]

제11대 황제 원제元帝(재위 기원전 49-33)는 초년初年 원년(기원전 48년) 4월 기로耆老와 환과고독 및 빈곤·궁핍자와 실직한 백성을 문안하고 삼로와 효자에게 비단 5필, 우애형제와 역전에게 3필, 환과고독에게 2필, 아전과 백성 50호에 소와 술을 하사했다.[3347]

3341) 『漢書』「宣帝紀」(37): "鰥寡孤獨高年貧困之民 朕所憐也. 前下詔假公田·貨·種·食, 其加賜鰥寡孤獨高年帛."

3342) 『漢書』「宣帝紀」(53).

3343) 『漢書』「宣帝紀」(60·64).

3344) 『漢書』「宣帝紀」(71·75·88·106·119).

3345) 『漢書』「宣帝紀」(126).

3346) 『漢書』「宣帝紀」(69).

3347) 『漢書』「元帝紀」(5).

초년 4년(기원전 44년) 정월에는 순행 길에 여자 100호에 소와 술을 하사하고, 환과고독에게 비단을 하사하고 순행 길에 지나온 마을들에 대해 조세를 면제해주었다.3348) 같은 해 4월에도 삼로와 효자에게 1인당 5필의 비단을 내리고, 우애형제와 역전에게 3필, 환과고독에게 2필, 아전과 백성 50에 소와 술을 하사했다.3349) 영광永光 원년(기원전 43년) 3월에는 여자 100호에 소와 술을 하사하고 환과고독과 고령자에게 비단을 내려주었고, 영광 2년 2월에도 여자 100호에 소와 술을 하사하고, 환과고독과 고령자, 그리고 삼로와 효제·역전에게 비단을 내려 보냈다.3350) 영광 4년(기원전 39년)에는 기로와 환과고독 및 궁핍자·빈곤층·실직자들을 문안했다.3351)

제12대 황제 성제成帝(기원전 33-7년)는 건시建始 원년(기원전 11년) 삼로·요제·역전·환과고독에게 각기 차등을 두어 금전과 비단을 내려주고 아전과 백성 50호에 소와 술을 하사했다.3352) 홍가鴻嘉 원년(기원전 20년) 2월에는 여자 100호에 소와 술을 하사하고 환과고독과 고령자에게 비단을 추가로 내렸고, 홍가 4년 정월에도 그렇게 했다.3353)

기원전 7년에서 서기 1년까지 재위한 제13대 황제 애제哀帝는 재위기간에 딱 한 번(수화綏和 2년, 기원전 7년) 아전과 백성에게 훈작을 주고 100호에 소와 술을 하사하고 삼로·효제·역전·환과고독에게 비단을 내렸다.3354) 기원전 1년에서 서기 5년까지 재위한 전한의

3348) 『漢書』「元帝紀」(22).
3349) 『漢書』「元帝紀」(25).
3350) 『漢書』「元帝紀」(30·31).
3351) 『漢書』「元帝紀」(61).
3352) 『漢書』「成帝紀」(10).
3353) 『漢書』「成帝紀」(71·101).

마지막(14대) 황제 평제平帝도 재임 중에 딱 한 번 환과고독과 고령자에게 비단을 내렸다.3355)

서기 25년부터 220년까지 195년 동안 존속한 후한後漢에서는 환과고독과 고령자·여자들에 대한 복지시혜가 아주 드물었다. 후한 광무제의 초기 치세에서는 재정긴축으로 인해 복지시혜가 없었다. 그러나 광무제 치세(25-57)의 후반에는 세 번의 홍수와 한 번의 일식 때 환과고독에게 곡식과 비단을 분배하는 4번의 복지조치가 시행되었다. 서기 30년 3월 16일에는 보유한 곡식을 법규에 따라 홍수·가뭄·메뚜기재해를 입은 지역들의 노인과 환과고독에게 분배하라고 명했다.3356) 이후 후한의 복지정책은 보다 현실주의적이었다. 의복과 식량 분배는 흉년·가뭄·장마의 경우에 시행되든가, 아니면 젊은 황제의 친정 개시나 황후와 황태자의 책봉, 연호변경, 행운조짐의 현상 등과 같은 길상한 경향들을 강화하거나 자극하는 경우에 실시되었다. 마지막 기록은 서기 168년 영제靈帝가 즉위했을 때 짧은 윤음과 함께 지위와 비단이 주어졌다. 이후 후한이 멸망하는 220년까지 52년 동안 나라의 쇠락으로 복지정책을 시행하기에 좋지 않았다.3357)

다만 서기 75년부터 88년까지 14년간 재위한 후한의 3대 황제 장제章帝만은 여러 차례 복지혜택을 베푼다. 장제는 즉위한 해인

3354) 『漢書』「哀帝紀」(3).

3355) 『漢書』「平帝紀」(34).

3356) Anthony F. P. Hulsewé, "Han China - A Proto 'Welfare State'? Fragments of Han Law Discovered in North-West China", T'oung Pao (通報), 1987, 2. Series, Vol.73, Livr. 4/5 (1987), 278쪽.

3357) Hulsewé, "Han China - A Proto 'Welfare State'? Fragments of Han Law Discovered in North-West China", 278-279쪽.

75년 10월 환과고독과 독선篤繕(장애인), 그리고 빈자 등 자활이 불능한 사람들에게 곡식을 1인당 30말을 하사했다.[3358] 그리고 건초 3년(79년) 3월과 4월에도 그들에게 1인당 50말의 곡식을 두 번 하사했고,[3359] 원화元和(84년) 8월에도 그들에게 50말을 하사했다.[3360] 원화 2년에는 특이하게 회임한 부인들에게 '태양곡胎養穀'으로 1인당 30말을 하사하고 남편에 대해서는 1년간 조세를 면제하고 마을을 촌장으로 삼게 했다.[3361] 그해 2월에는 장제가 동쪽 땅을 순수巡狩하고 정도定陶에서 밭을 갈고 조령을 내렸다. "삼로는 존경스런 연배이고, 효제孝弟는 숙행淑行(착한 행실)이고, 역전力田은 근로勤勞다. 국가는 이를 심히 아름답게 여기노라, 그들에게 비단을 1인당 한 필씩을 하사하여 농사일에 힘쓰게 하노라."[3362] 그해 5월에는 고령자·환과고독에게 비단을 1인당 한 필씩을 하사하고, 하남 여자 100호에 소와 술을 추가로 하사하며 천하에 명하여 5일 동안 크게 술잔치를 하도록 했다.[3363]

사서史書에는 이 정도의 기록만이 남아있어 한대漢代의 복지제도를 알기 어렵다. 그러나 제도와 복지정책은 최근에 발굴된 한대漢代 목간木簡에 나타난 노인·장애인·고아·독거노인 복지법규들을 통해 좀 더 잘 드러난다. 전한前漢(서한)은 기원전 202년부터 기원후 8년까지 210년간 존속했고, 후한後漢(동한)은 기원후 25년부터 220년까지 195년간 존속했다. 따라서 도합 405년간 존속한 한漢나라는

3358) 『後漢書』「肅宗孝章帝紀」(4).

3359) 『後漢書』「肅宗孝章帝紀」(29·37).

3360) 『後漢書』「肅宗孝章帝紀」(82).

3361) 『後漢書』「肅宗孝章帝紀」(78).

3362) 『後漢書』「肅宗孝章帝紀」(85).

3363) 『後漢書』「肅宗孝章帝紀」(86).

중국국가들 중 예외적으로 아주 장수한 국가다. 공자가 서거한 지 277년 만에 건국된 한나라는 상술했듯이 유학을 국학으로 내건 최초의 유교국가였지만, 실은 유학이 법가의 지배를 꾸며주는 '이유법식以儒法飾'의 국가였다. 따라서 한나라는 훗날의 송나라 같은 '완전한' 유교국가라고 하기 어렵다. 그럼에도 불구하고 한나라의 복지제도는 매우 유학적인 성격을 띠고 있었다. 한대漢代에 공자철학의 정치적 영향력은 시간이 흐를수록 강해졌기 때문이다.

최근 툰황과 취옌(Tun-huang and Chü-yen) 변경수비 지역에서 최근에 발굴된 한대漢代 목간에는 황제들의 조령에서처럼 공맹이 말한 내용과 표현들이 많이 눈에 띄는 구체적 법령들을 볼 수 있다. 이 법령들은 이 양민복지가 황실의 경사와 국가의 흉사에 따라 단발적 조치로 취해진 것이 아니라, 이 법령들을 통해 항구적 법제로 정착한 것을 말해준다.

이 한대 목간을 전문적으로 취급한『한간연구문집漢簡硏究文集』은 노인과 빈자들에 대한 한나라 정부의 양로·양민정책의 단면들을 보여줌과 동시에 잘 알려진 국가복지제도에 새로운 조명을 해주는 여러 가지 기록들을 담고 있다.3364) 목간의 텍스트들은 방대한 한漢제국 전역에 유효하게 시행된 법률("律")과 시행령("令")으로 구성되어 있다. 그러므로 이 텍스트들이 저런 변경의 수비초소에서도 발견되는 것은 전혀 놀라운 일이 아니다.3365)

3364) Anthony F. P. Hulsewé, "Han China – A Proto 'Welfare State'? Fragments of Han Law Discovered in North-West China", T'oung Pao (通報), 1987, 2. Series, Vol.73, Livr. 4/5 (1987), 265쪽.

3365) 甘肅省文物工作隊 甘肅省博物館 編,『漢簡硏究文集』(蘭州: 甘肅人民出版社, 1984), 513쪽 이하. Anthony F. P. Hulsewé, "Han China – A Proto 'Welfare State'? Fragments of Han Law Discovered in North-West China", T'oung Pao (通報), 1987, 2. Series, Vol.73, Livr. 4/5 (1987), 265쪽에서 재인용.

노인·빈자에 대한 복지 법규는 1981년 9월 농업작업대의 한 일원이 "최근 년"에 모취추(Mo-chü-tzu)의 어느 한묘漢墓 안에서 발견하여 '무위武威문화재위원회'에 제출한 27개 조각의 목간 중 첫 여섯 개 목간에 쓰여 있다.

1. 어사御使에 대한 제조制詔(=황칙皇勅). 70세 이상의 노인들은 사람들이 존경해야 한다. 이 노인들이 사람을 살상해도 수뇌가 아니라면 고핵告劾(사법처리)하지 말라. 그들은 다른 죄로도 소추하지 말라. 연세 80이상 살아온 날이 오래도다!(制詔御史. 年七十以上人所尊敬也. 非首殺傷人毋告劾[也]. 它毋所坐. 年八十以上生日久乎.)

2. 연세 60이상의 사람이 사내자식이 없으면 홀아비이고, 60이상의 여자가 사내자식이 없으면 과부다. 이들이 시장에서 장사할 때는 과세하지 말라. 산동지방에서처럼 부세賦稅를 면제하고 또 면제하라.(年六十以上毋子男爲鰥 女子六十以上毋子男爲寡. 賈市毋租. 比山東復復)

3. 사람들 중에 양로에 근무하는 자를 지원해 주는 것은 법령에 훤하게 쓰여 있다. 난대령(어사대령) 42.(人有養謹[勤]者扶持明著令 蘭臺令第卅二.)

4. 고아, 독거인, 맹인, 난쟁이, 가족이 없는 사람은 체인리逮人吏(사람을 관리하는 관리)가 함부로 (부역에) 징소徵召(징집)할 수 없고, 형사소송 시에도 구류할 수 없다. 천하에 이를 포고하여 짐의 뜻을 밝히 알게 하라. (孫[孤]獨盲珠孺(侏儒)不屬 逮人吏毋得擅徵召. 獄訟毋得□. 布告天下使明知朕意.)

5. 지아비와 지어미가 둘 다 사내자식이 없으면 홀아비와 과부이니, 이들의 밭에는 과세하지 말고, 시장에서 장사를 하면 부세賦稅를 물리지 말라. 이들은 귀의자(중국으로 귀의한 야만인)와 똑같이 주막거리에서 술을 팔아도 된다. 상서령.(夫妻俱毋子男爲鰥寡毋子田毋租 市毋賦 與歸義同沽酒醪列肆. 尙書令.)

6. 신臣 함咸은 재배再拜하고 제조(황칙)를 받잡습니다. 건시建始 원년 9월

2056

갑진하일.(臣咸再拜受詔 達[建]始元年九月甲辰下.)3366)

이 법령은 어사御使 '함'씨가 건시建始 원년 9월 갑진하甲辰下일에 받은 12대 황제 성제成帝로부터 받은 황칙이다. 왜냐하면 '건시'는 기원전 33년부터 28년까지 5년간 쓰인 성제의 연호이기 때문이다. 이 "건시建始 원년 9월 갑진하甲辰下"를 양력으로 환산하면 기원전 33년 11월 7일이다. 이 법령 필사본은 건시 원년에 최초로 제정된 법규가 아니라, 오래된 기존의 경로·양로법률(율령)을 반복적으로 강조하거나 이 법률들에 대한 주의를 환기하는 내용을 담고 있다. 이것은 "70세 이상의 노인들은 사람들이 존경해야 한다", "연세 80이상 살아온 날이 오래도다!"라는 일반적 확인이나 "난대령", "상서령" 등 기존 법령의 인용 등을 보면 드러난다. 이 점에서 환과고독과 고령자 및 장애인들에 대한 복지정책은 황제의 단발적 시혜조치를 넘어 엄격한 법률로 제도화되어 있었다는 것을 알 수 있다.

위 법규의 특이점은 '환과鰥寡'의 의미를 재再정의하고 있는 것이다. 공맹은 늙어서 지어미가 없는 사람을 '환鰥'이라고 하고 늙어서 지아비가 없는 사람을 '과寡'라고 정의했다. 그러나 이 법령은 "연세 60이상의 사람이 사내자식이 없으면 홀아비이고, 60이상의 여자가 사내자식이 없으면 과부다"라고 정의하여 "사내자식이 없다"는 조건을 추가하고 있다.

그리고 이 목간의 텍스트는 몇 가지 놀라운 문장을 담고 있다.

3366) 甘肅省文物工作隊 甘肅省博物館 編, 『漢簡硏究文集』, 513쪽 이하. Hulsewé, "Han China – A Proto 'Welfare State'? Fragments of Han Law Discovered in North-West China", 265-166쪽에서 재인용.

"사람들 중에 양로에 근무하는 자를 지원해 주는 것"에 관한 3항의 규정은 1959년에 발굴된 목간에서도 발견된다.3367) 네덜란드의 세계적 한대漢代전문 중국학교수 앤터니 윌세웨(Anthony F. P. Hulsewé)는 필자가 국역한 저 목간의 한문 텍스트에 담긴 경로·우대 복지정책과 양로근무자를 위한 지원정책에서 이 '놀라운 점들'을 지적한다.

a. 70 이상의 사람들은 그들이 살생 사건에서 주범일 때, 즉 그들이 이 범죄를 사주했을 때만 소추될 수 있다. 하지만 그들이 직접(개인적으로) 저지른 범죄로 그들이 처벌받지 않는다는 것은 놀라운 일로 남아 있다.

b. 아들이 없는 60세 이상의 사람들은 하나의 법률(목간 2)에 따라 판매세를 납세할 필요가 없고, 다른 법률(목간 5)에 따라 토지세도, 판매세도 낼 필요가 없다.

c. 나이든 사람들과 완전히 별개로 한 법률은 관리들에게 "함부로" 고아 등을 소환하는 것을 금지 했다(목간 4). 명백히 그들은 그래도 정례적인 법규적 납세의무를 이행해야 했다. 나아가 이 법률은 그들이 감옥에 구류 되어 있어서는 아니 된다고 말한다. 이것은 이런 모든 사람들은 "관대한 구류"에 처해져야 한다고 규정한 기원전 141년의 법령을 부정하는 것이다.3368)

27개의 목간 시리즈에 들어 있는 제2 세트의 문서들은 마지막 목간에 "오른쪽은 왕장王杖(왕이 주는 지팡이) 조서령이다(右王杖詔書

3367) Hulsewé, "Han China – A Proto 'Welfare State'? Fragments of Han Law Discovered in North-West China", 267쪽.

3368) Hulsewé, "Han China – A Proto 'Welfare State'? Fragments of Han Law Discovered in North-West China", 267-268쪽.

슈)"는 제목을 단 텍스트의 필사본이다. 이 27개의 목간은 두 개 황칙(制詔)을 담고 있는데, 이 중 첫 번째 황칙은 실제로 1959년 다른 곳에서 발견된 목간과 동일하다. 이것은 이렇게 읽힌다.

목간 9. 고황제高皇帝 이래 건시建始 2년까지 우리는 늙은 노인에 대한 심한 슬픔으로 넘쳤다. 연세가 조금 높은 사람들은 왕장王杖을 받았다.

목간 10. 왕장은 꼭대기에 사람들이 멀리서도 볼 수 있도록 비둘기가 새겨져 있어서 권위의 상징인 절부節付에 비견될 수 있다. (왕장을 가진 사람이 그 범주의 범죄에 죄가 있어도) 감히 그를 망령되어 매도하거나 욕하거나 구타하는 것(敢妄罵詈毆之者)은 대역무도大逆無道와 같다(比[大]逆不道).

목간 11. (왕장을 가진 사람은) 관부官府에 출입할 수 있다. 그는 왕족이 다니는 치도馳道와 옆길(旁道)을 다닐 수 있다. 그가 시장에서 장사하면 세금이 면제된다. 산동지방에서와 같이 면세된다.3369)

필자는 산동지방이 다시 등장한 것에 주목한다. (월세웨는 이 점을 완전히 놓치고 있다.) 산동은 공자의 고국인 노나라의 땅이었고, 진나라가 무너지고 한나라 통일제국이 들어선 뒤 한나라 조정에 출사한 유학자들은 다 산동출신이었다. 한대漢代에 산동지방은 유학의 번성으로 유명했다. 당연히 산동지방은 유학의 영향으로 경로·양로제도가 굳게 확립되었고, 이 사실은 이 법령이 산동을 경로·양로 제도의 모범으로 인용하는 데서 더욱 분명하게 드러난다.

한편, 목간 12-20은 지방 감찰관으로부터 괴롭힘을 당한 왕장

3369) 한문원문 텍스트를 보려면 이 논문을 보라: Michael Loewe, "The Wooden and bamboo strips found at Mo-chü-tzu", *Journal of the Royal Asiatic Society* (April 1965) [13-26쪽], 19쪽.

소지자가 황제에게 올리는 상소문과, 황칙의 형식을 띤 답변도 담고 있다. 내용은 감찰관을 참수하는 반면, 상소인에게 또 하나의 지팡이를 내린다는 것이다. 이 황칙은 기원전 10년 2월 16일 발령되었다.

목간 21. 어사에 대한 황칙(제조). 70세 이상의 노인들이 왕장을 받을 때, (그들의 지위는) 600석石의 (관직서열) 지위와 비견된다. 관정官庭에 들어갈 때 그들은 빨리 걷지 않는다(不趨). 죄를 범하는 것을 인내하는 것 이상으로 2척의 곤장의 처벌을 받을 고핵告劾에 처하지 말라. 감히 징소하고 침노·욕설하는 것은 대역무도와 같다.(犯罪耐以上毋二尺告劾 有敢徵召侵辱者比大逆不道)3370)

600석은 지방 감독관, 지현知縣, 군사령부의 부관 등과 같은 중간 서열 관리의 봉급으로 표현된 관직 서열이다.

목간 22. 그들은 참수한다. 법령은 난대령(어사대령) 43이다.3371)

1959년의 다른 목간에 의하면, 이 "난대령 43"은 기원전 31년(전시 3년) 11월 5일 발령되었다.3372) 목간 23-26은 다양한 방식으로 왕장 소지자들을 괴롭히다가 가차 없이 참수당한 자들의 여러 케이

3370) 한문 원문은 참조: Loewe, "The Wooden and bamboo strips found at Mo-chü-tzu", 19쪽.

3371) Hulsewé, "Han China – A Proto 'Welfare State'? Fragments of Han Law Discovered in North-West China", 270쪽.

3372) 모취추 목간은 이 법령 번호를 '33'이라고 적고 있는데 이것은 오자(誤字)일 것이다. 참조: Hulsewé, "Han China – A Proto 'Welfare State'? Fragments of Han Law Discovered in North-West China", 270쪽, 각주 39.

스를 더 열거하고 있다. 27번째 마지막 목간은 상술했듯이 "우왕장
조서령右王杖詔書令"(오른쪽은 왕장조서령이다)이라는 글을 담고 있다.
이것에서 엄한 노인복지제도가 잘 드러난다.

그리고 이어서 앤터니 윌세웨는 "목간 7-8-9"의 법령 내용을
다음과 같이 소개한다.

목간 7. 주안 사령부의 대大행정관은 (다음의 어려운 사건을) 사법관에게 조
회한다. 한 관리가 왕장의 수령자를 때리고 모욕했다. 범죄의 범주는 명백
하다.

목간 8. 횡칙(제조)은 이렇다. "이 사건이 왜 (사법관에게) 조회되지 않았는
가? (범행자를) 공개 처형할 것을 명해야 한다." 운양雲陽 현의 패슈이 역참
장 창 아오는 왕장을 수령한 사람을 때리고 끌고 다니고 그에게 도로를
수리하도록 시킨 죄를 선고받았다.

목간 9. 그는 왕탕이라는 사람에 의해 고발당했고 즉시 처형되었다.[3373]

나이든 사람들은 상술된 특권을 누리는 혜택을 받는 것으로 그치
지 않는다. 특히 노인 홀아비와 홀어미(鰥·寡), 그리고 사고무친한
노인(獨)과 고아(孤)는 모두 공자가 언명한 대로 가난해서 생계수단
이 없으면 정부의 부양 대상이었다. 이 환·과·고·독을 공적 부조로
부양하는 것은 늦어도 은나라 이래 태고대적 관습법이었다. 이것은
앞서 상론한 바다. 놀라운 것은 한나라 황제들과 관리들이 어김없
이 이것을 법제화해서 시행했다는 것이다.

물론 이상과 현실 사이에는 상당한 차이가 있었을 것이다.[3374]

3373) Hulsewé, "Han China – A Proto 'Welfare State'? Fragments of Han Law Discovered
in North-West China", 270쪽.

그래서 이에 관한 두 종류의 정보를 접하게 된다. 하나는 법령에 대한 소수의 조회와 인용이고, 다른 하나는 노인들에게 음식과 비단을 분배하라고 명하는 긴 시리즈의 황칙들이다.3375)

재물의 분배에 대한 법령을 기안하라고 장관들에게 명하는 공식 법률의 제정은 앞서 상술詳述했듯이 기원전 179년 4-5월 제5대 황제 문제文帝(재위 기원전 180-157)에 의해 발령되었다. 문제는 "관리들이 미음 죽을 받아야 마땅한 사람들에게 죽을 쑤어 줄 때 간혹 묵은 곡식을 썼다는 소리를 들었기(聞吏稟當受鬻者 或以陳粟)"때문이다. 이미 기원전 179년 이전에 관련 법률은 제정 법률이 아니더라도 환과고독에게 이런 곡물을 분배하는 관습법이 존재했다는 것을 보여준다. 식료의 분배는 매달 이루어졌다. 문제에게 관리들이 주청해서 제정된 기원전 179년 법령을 이렇게 규정하고 있다. 윌세웨는 앞서 필자가 국역해서 소개한 법령을 이렇게 영역하고 있다.

현縣과 도道에서 80세 이상의 사람들에게는 매월 1인당 1석(약 20리터)의 탈곡된 곡식과 20캐티(약 5kg)의 육류고기, 5토우(tou; 약 10리터)의 술을 하사한다. 90세 이상의 사람들에게는 두 필匹의 비단과 (옷 솜으로 쓰이는) 3캐티(약 0.75kg)의 명주솜을 하사한다. 장리長吏는 재물을 그들에게 나눠주는 사람들과 미음 죽을 지급받도록 보장된 사람들을 감독하는 반면,

---

3374) 이 상당한 격차에 대한 추정은 참조: Derk Bodde, *Festivals in classical China: New Year and other observances during the Han dynasty 206 BC - AD 220* (Princeton: Princeton University Press, 1975), 342-344쪽. Hulsewé, "Han China - A Proto 'Welfare State'? Fragments of Han Law Discovered in North-West China", 271쪽에서 재인용.

3375) Hulsewé, "Han China - A Proto 'Welfare State'? Fragments of Han Law Discovered in North-West China", 271쪽. 윌세웨는 이것을 간접적으로 공식 법률들이 법대로 집행되지 않고 소홀히 되기도 했다는 것을 보여준다고 풀이했는데(271쪽), 이것은 그렇지 않다. 그 이유는 후술한다.

보좌관이나 경찰서장은 그것을 넘겨준다. 만 90세가 아닌 사람들을 위해서는 촌장과 현의 서기들이 그것을 배급한다. 이천석 관리들(해당구역의 대관들)은 조건을 충족시키지 못하는 자들을 처벌하기 위해 조사관들을 파견하여 순회시킨다. 사지절단의 형벌을 받은 사람들과 구레나룻 수염을 깎이는 형벌을 받은 사람들에게는 이 법령을 적용하지 아니한다.3376)

이것은 월세웨가 영역한 문제의 법령을 필자가 다시 국역한 것이다. 이 번역은 그래도 문제 법령의 핵심취지를 전하는 실패하지 않고 있다. 이 양로복지법령은 일시적 법규가 아니라 이후 대대로 지켜져야 할 일반법규다. 따라서 그 이후에도 이를 폐지하는 별도의 법령이 발견되지 않기 때문에 계속 유효하게 일반적으로 집행되었을 것으로 봐야 한다. 그렇기 때문에 변경수비지역인 돈황에서 1981년 발굴된 목간에 나타난 제12대 황제 성제成帝의 기원전 33년 법령이 "난대령"과 "상서령" 등의 기존 법규를 전거로 상기시키며 유사한 내용을 반복하고 있는 것이다. 따라서 이 성제 황칙은 경사나 특별한 사건과 연계해 발령된 일회적 법규가 아니라, 5대 황제 문제의 기원전 179년 법령을 대잇는 "난대령", "상서령" 등에 규정된 노인복지 관련 일반법규의 확인에 지나지 않는 것이다. 따라서 문제의 경로·양로복지법은 한나라가 멸망할 때까지 지켜졌을 것으로 봐야 한다.3377)

3376) Hulsewé, "Han China – A Proto 'Welfare State'? Fragments of Han Law Discovered in North-West China", 271-272쪽.

3377) 그러나 월세웨는 문제의 "종이 위의 이 방침"이 아주 철저한 것으로 보이지만, 현(縣)이 영국의 카운티에 비할 정도로 아주 광범했기 때문에 이것을 집행하는 것은 아마 불가능했을 것이라고 추정한다. 그리고 그는 계속 이 법령의 집행을 가로막았을 여러 이유를 더 든다. 그 시대의 느린 수송수단으로 노인들에게 줄 곡식을 실어 나르는 것은 어려웠을 것이라는 둥, 매달 현의 소수의 관리들이 그들 모두에게

땅이 넓어서 매달 식료와 물건들을 나눠주는 것은 불가능했을 것이라는 추정은 향촌 차원에까지 설치된 곡식창고인 『주례』의 '위자委積'를 통해 드러난 역대 중국의 세곡稅穀저장체계의 관점에서 본다면 실로 가당치 않다. 역대 중국정부는 지방으로부터 중앙정부가 출납을 집행할 세곡을 중앙으로 다 실어 가지 않고 각급 군·현·향촌 또는 주州·부府·향촌 차원의 창고에 저장해두고 필요할 때 해당 지역단위의 창고를 열어 구민·양민·안민사업을 벌였다. 한대의 군郡 또는 나중의 행성行省은 주현·향촌의 세곡을 중앙으로 보내지 않고 주·현·향촌에 소재하는 행성 관리 하의 공공창고에 쌓아두었다가 양민사업이나 토목공사 시에 사용했다. 따라서 양로사업을 할 때 위에서 아래로 물건들을 수송할 필요가 없이 주·현·향촌의 창고를 열어 매달 분배하면 되었다. 또한 분배도 소수의 관리가 수행할 만큼 아주 쉬웠다. 관리들이 노인들이 있는 향촌으로 음식과 식량을 싣고 가서 분배하는 것이 아니라, 해당 향촌의 장정들이 노인들을 대신해서 관청에 와서 배급을 타갔을 것이기 때문이다. 또 조사감찰관의 감찰임무도 간단했다. 어느 향촌에 대한 배분에 문제가 생기면 그 향촌에서 들고 일어나 조사관들에게 득달같이

찾아가는 것은 실천적으로 불가능했을 것이라는 둥, 그리고 한두 현이나 두세 현에서 통제를 행사해야 하는 조사관들이 어떻게 1개월 안에 그토록 먼 순행을 맡아 이행했을 것인지를 상상하는 것은 특히 어렵다는 둥, 또 그들은 관리들 간의 충돌과 빈농들을 희생시키는 강력한 지방가문을 저지하기 위해 현청을, 특히 관리들의 정직성을 감찰해야 했다는 둥, 이것이 훨세웨가 들고 있는 여러 이유다. Hulsewé, "Han China - A Proto 'Welfare State'? Fragments of Han Law Discovered in North-West China", 272쪽. 그러나 이런 이유들은 다 근거 없다. 『서경』「주서」의 「무일·강고·여형」을 통해 상론했듯이 노인에 대한 경로와 양로는 늦어도 은나라 중흥기(고종 치세)부터 전래되어온 불가침의 태고대적 관습이었고, 황제는 주대(周代)에도 이 관습을 어기는 제후와 그 관리들을 "덕의 권위"로 "두려움에 떨도록" 다스렸다. 경로·양로법규들은, 훨세웨 자신도 확인하고 있듯이, 이 법을 위반한 자들을 "참수"해버릴 만큼 매우 엄했다. 따라서 이 법을 어기는 것은 거의 불가능했을 것이다.

고발했을 것이기 때문이다. 또한 노인들이 광범한 지역 흩어져 사는 것도 고대에 노인들의 수가 적었기 때문에 이 복지급부 사업을 가로막지 못했다.3378)

거의 동시대인 기원전 179년 전후에 생몰한 가산賈山은 그가 쓴 『지언至言』에서 "90세 노인은 한 아들의 부역을 면제받고, 80세 노인은 두 아들의 인두세(부역)를 면제받는다"고 쓰고 있다.3379) 이 정책은 무제武帝에 의해 기원전 140년 3월에 선포된 사면령에서도 확인된다. 복지법규도 포함한 이 사면령은 앞서 살펴보았듯이 80세 노인들은 (그들의 가구의 가족들에 대해) 두 명의 부역이 면제되고, 90대 노인들을 위해서는 부역이 면제된다고 규정하고 있다." 2-3개월 뒤 기원전 140년 5월 8일의 칙령에서 또 무제는 90세 이상 노인들의 아들이나 손자는 부역에서 면제해서 이 노인들을 보살피는 임무를 완수하기 위해 자기의 처첩들을 이끌 수 있게 해야 한다고 선포한다.3380) 이 모든 것은 다시 『주례』의 "노자질자개사老者疾者皆舍(노인과 병자·장애인은 [노동력 계산에서] 둘 다 버린다)"에 대한 정현鄭玄(기원후 127-200)의 주석이 확증해준다. "노인은 지금 80세, 90세를 말하고, 부역을 면제하여 장정을 남긴다(老者謂若今八十九十復羨

3378) 또 월세웨는 의료체계가 갖추어지기 전 평균 수명 40세 미만이었던 고대사회에서 나이든 노인의 비율은 아주 낮았고 그들이 생존했을 때 그들은 광범한 지역에 흩어져 살았을 것이기 때문에 복지사업을 펴는 것이 불가능했을 것이라고 말하고 있다. Hulsewé, "Han China - A Proto 'Welfare State'? Fragments of Han Law Discovered in North-West China", 272쪽. 이것은 오히려 그에게 불리한 말이다. 왜냐하면 노인의 비율이 아주 낮았다는 말은 양로대상 노인의 수가 아주 적었다는 말이고 이것은 양로업무의 규모가 그만큼 아주 적었다는 것을 뜻하기 때문이다.

3379) Hulsewé, "Han China - A Proto 'Welfare State'? Fragments of Han Law Discovered in North-West China", 273쪽.

3380) Hulsewé, "Han China - A Proto 'Welfare State'? Fragments of Han Law Discovered in North-West China", 273쪽.

卒). 병자는 지금 폐질이어서 일할 수 없는 자를 말하고, 그에게는 부역을 면제한다(疾者謂若廢不可事者復之)."3381) 따라서 무제의 복지법령은 문제文帝의 법령이 사문화되거나 폐지되었다는 것을 입증하는 것이 아니고, 이 복지법령이 양로에서 구빈과 병자구제로 확대된 것을 보여주는 것일 뿐이다.

그리고 윌세웨의 말대로 식량 등의 배급과 반대로 세금과 부역의 면제는 시행하기 쉽다. 이 경우에 이 업무를 맡은 관리들은 멀리 순행을 할 필요가 전혀 없고, 가만히 있으면 된다. 그들은 행정구역마다 인구등록부를 가지고 있고 부역노동의 이행에 필요한 남자들에 대한 기록도 가지고 있다. 이 등록부와 기록으로부터 몇몇 이름을 제하기만 하면 된다.3382)

이런 법령 외에도 복지조치는 두 가지가 더 있었다. 하나는 춘궁기와 수확기의 계절별 복지조치이고, 다른 하나는 경축할 일이나 이런 이유로 발령되는 사면조치, 나아가 징조가 좋은 자연현상 또는 국가재난에 따른 특별한 복지조치다. 상론했듯이 먼저 공자는 『예기』「월령」에서 춘궁기에 나라의 창고를 열어 빈궁자와 결식자를 구휼하고 중추가절에는 노인을 봉양하는 전통적 관습법을 논하고 있다.3383) 이 관습을 문제는 앞서 소개한 기원전 179년 5월의 조령으로 다시 확인한다. 문제는 이 조령에서 "노인들은 비단을 입지 않으면 몸이 따뜻하지 않고, 고기를 먹지 않으면 배부르지 않다(老者非帛不煖 , 非肉不飽)"는 공자의 (『예기』「왕제」에서의) 말

3381) 鄭玄 注, 賈公彦 疏, 『周禮註疏』(北京: 北京大學校出版社, 2000), 卷第十二, 348쪽.

3382) Hulsewé, "Han China – A Proto 'Welfare State'? Fragments of Han Law Discovered in North-West China", 273쪽.

3383) 『禮記』「月令 第六」(6027 및 6967).

을3384) 그대로 인용하고 있기 때문이다.3385)

이것은 "양로"가 고대의 관습이라는 것을 보여주지만, 한대漢代에 언제 무엇을 실제로 시행했는지를 말하는 것은 불가능하다. 이 때문에 그것이 관청 영역에서 순수하게 상징적이었을 것이라고 추정되기도 한다. 관리들은 미음 죽과 지팡이를 근린近隣지역에 사는 소수의 노인들에게 지급했을 것이라는 말이다.3386) 그러나 이런 추정은 아주 그릇된 것이다. 양로잔치와 양로복지 시행은 국적으로 부학府學·주학州學·현학縣學과 향촌 차원에서도 반복적으로 개최되었기 때문이다.

한나라 관리들이 매달 분배될 재물들을 꼼꼼하게 규정한 무왕의 위 칙령은 집행하기 불가능하다는 것을 깨닫고 이 칙령을 사문화되도록 놓아두었을 것이라는 추정도 있다. 이렇게 추정하는 이유는 이런 유형의 분배의 흔적이 목간 텍스트로 더 이상 추적되지 않는다는 것이다. 그 대신 황후나 황태자의 책봉이나 경사, 경사스런 현상, 자연재해 등의 동기로 이루어지는 분배가 끊임없이 증가했다

3384) 『禮記』「王制」(5049).

3385) 윌세웨는 이 조령을 이렇게 번역하고 있다. "노인들은 비단을 입지 않으면 몸이 따뜻하지 않고, 고기를 먹지 않으면 배부르지 않다. 이제 새해 벽두에 사람들을 보내 연장자들과 고령자들의 안부를 묻지 않는다면, 그리고 그들에게 옷과 비단, 술과 고기를 하사하지 않는다면, 우리가 어떻게 천하의 아들과 손자들이 친척들을 효성스럽게 돌보는 것을 도울 수 있을 것인가? 이제 우리는 관리들이 미음 죽을 받을 권리가 있는 사람들에게 곡식을 줄 때 가끔 상한 곡식을 쓴다는 소리를 들었다. 이것이 어떻게 양로(養老)의 개념과 합치되겠는가?" Hulsewé, "Han China – A Proto 'Welfare State'? Fragments of Han Law Discovered in North-West China", 275쪽.

3386) Hulsewé, "Han China – A Proto 'Welfare State'? Fragments of Han Law Discovered in North-West China", 275쪽. 그러나 이 말은 윌세웨 자신의 연구와 모순되는 것으로 느껴진다. 그는 변경수비 지대에서 발굴된 목간에 쓰인 노인복지와 빈민복지를 다루고 있고 변경에까지 이 복지정책이 시행된 사실로부터 앞서 보았듯이 그 자신이 전국적 복지시정 사실을 도출하고 있기 때문이다.

는 것이다. 대부분 이 분배는 제국 전체에 걸쳐 시행되기도 하고, 어떤 때는 황제가 순행 중에 지나가는 지역들에서만 한정되기도 했다.3387) 그러나 이것도 무리한 추정이다. 경사나 재난 시에 베풀어지는 특별한 양로조치와 양민·안민 복지조치는 결코 일반법규에 따른 복지행정과 월령상의 복지시행제도를 대체한 것이 아니라, 여기에 추가된 것이기 때문이다.

그러므로 다른 복지조령들도 추가조치로 해석해야 하는 것이다. 곡식과 피륙의 지급을 명하는 관행의 전개는 느린 과정이었다. 오랫동안 이 목적의 황제 칙령은 거의 없거나 극히 드문 일이었는데, 이것은 이런 복지조치들의 우연적 성격을 명백히 보여준다. 환과고독에 대한 옷·비단·비단솜털을 배급하라는 첫 칙령은 기원전 179년에 문제에 의해 발령되었다. 그리고 반세기가 흐른 뒤 기원전 122년 5월 무제가 유사한 칙령을 발령했다. 그런데 이번에는 수령자의 완전한 시리즈와 수령할 정확한 양이 열거되었다. 전국적 스케일의 보다 상당한 급부는 기원전 117년에 있었다. 무제 시대에 세 번의 칙령이 더 있었다. 이번에는 그가 순행 중에 지나가는 지역들에 한정되었다. 동시에 이 지역들에 대해 면세와 사면 조치가 시행되었다. 기원전 106년의 일반사면 시에는 몇 필의 비단이 빈자들에게 하사되었다. 소제 때에는 기원전 86년 딱 한 번 일반사면 시에 의복과 식량이 지급되었다. 복지급부 제도의 완전한 전개는 오직 경건한 황제 선제宣帝 치세(기원전 91-49년) 때였다. 윌세웨는 거의 모든 의복·식량 분배는 길상한 징조들이 출현할 때 이루어졌고, 또 대부분 일반사면과 동시에 벌어졌다는 사실에 유의한다.

3387) Hulsewé, "Han China - A Proto 'Welfare State'? Fragments of Han Law Discovered in North-West China", 276-277쪽.

모든 배급에 공통된 측면은 분배되는 물자들이 비단인 반면, 음식은 100가구당 한 마리 소와 술로 한정되었다.3388) 앞서 소개한 원평 3년(기원전 88년)의 칙령이 예시적이다.3389) 이 칙령을 기점으로 하여 다음에 이어진 2년 동안은 격년으로 동일한 칙령이 초자연적 현상에 따른 일반사면과 연계되어 반복되었다. 원제元帝의 첫 치세 연간(기원전 48-42년)에도 동일한 패턴이 반복되었다. 다만 차이는 이제 더 이상 상서로운 길조吉兆를 기회로 삼지 않았다는 것이다. 그 다음 단절적 변화가 끼어들었다. 원제의 마지막 10년간은 복지시혜가 없었다. 성제成帝 치세(기원전 33-7년)에는 세 번, 그리고 애제哀帝(기원 27-1년)와 평제平帝 치세(기원전 1-기원후 5년)에는 환과고독과 노인·빈자들에 대한 복지시혜는 각각 한 번 시행되었다.3390) 왕망의 14년 찬탈기와 후한後漢 광무제의 초기 치세에서는 재정긴축으로 인해 복지시혜가 없었다. 그러나 광무제 치세(25-57)의 후반에는 환과고독에게 곡식과 비단을 분배하는 4번의 복지조치가 시행되었다. 보유한 곡식을 법규에 따라 수해·한해旱害·황충蝗蟲 피해를 입은 지역들의 노인과 환과고독에게 분배하라고 명한 기원후 30년 3월 16일의 칙령은 아주 교훈적이었다.3391)

3388) Hulsewé, "Han China – A Proto 'Welfare State'? Fragments of Han Law Discovered in North-West China", 277쪽.

3389) 윌세웨는 필자가 앞서 소개한 이 소제의 조령을 기원전 67년에 발령된 것으로 잘못 기술하면서 이렇게 옮긴다. "환과고독과, 빈곤과 고충 속에서 사는 노인들은 우리가 동정하는 사람들이다. 일찍이 그들에게 공유지와 씨앗과 음식을 빌려주는 칙령이 발령되었다. 이에 더해 환과고독에게는 비단을 하사토록 할 것이다. 이천석 관리들을 시켜 그들의 부하들에게 이 환과고독을 이들이 실망하지 않도록 정성으로 대접하라고 훈령하게 했다." Hulsewé, "Han China – A Proto 'Welfare State'? Fragments of Han Law Discovered in North-West China", 277쪽.

3390) Hulsewé, "Han China – A Proto 'Welfare State'? Fragments of Han Law Discovered in North-West China", 277-278쪽.

이후 후한 시대 의식衣食 분배는 흉년·가뭄·장마의 경우에 시행되든가, 아니면 황제의 친정 개시나 황후와 황태자 책봉, 연호변경, 길운징조 등과 같은 경사스럽거나 길상한 경향들을 촉진하는 경우에 실시되었다. 마지막 기록은 168년 영제靈帝가 즉위했을 때 짧은 윤음과 함께 지위와 비단이 주어졌다. 이후 후한의 멸망 시점인 220년까지 반세기 동안 국가의 재정 기반이 쇠락하면서 특별한 추가적 복지정책은 시행될 수 없었다.3392)

이전에 실시된 모든 특별한 추가적 복지조치들은 일반법령상의 복지 시정施政을 대체한 것이 아니다. 그렇게 때문에 한대 복지정책을 한나라의 멸망 전에 사라진 것으로 풀이하면 아니되는 것이다.3393) 저 특별한 복지조치들은 일반법규상의 복지행정과 별개로 시행된 추가적 복지조치들이었다. 따라서 기존의 일반복지 시정은 저런 특별한 추가적 복지정책들이 드물었던 시기에도 계속되었고, 나아가 이런 특별복지 조치가 한 번도 없었던 한말漢末 반세기 동안에 나라가 쇠락하는 과정에서도 배급량이 줄어들어갔지만 끝까지 이어졌을 것이다. 구민·양민·안민은 유교국가의 존재이유 또는 유교국가의 국가이성이기 때문이다. 전한과 후한은 비상시 구민정책 시행과 상시의 양민·안민정책 시행, 구비된 법제 등 모든 면에서 주나라를 잇는 원형 복지국가였다. 이 때문에 한대 중국의 복지

3391) Hulsewé, "Han China - A Proto 'Welfare State'? Fragments of Han Law Discovered in North-West China", 278쪽.

3392) Hulsewé, "Han China - A Proto 'Welfare State'? Fragments of Han Law Discovered in North-West China", 278-279쪽.

3393) 그러나 한나라 멸망 전에 복지정책이 사라진 것으로 풀이하는 월세웨는 자신이 던진 질문 "한대 중국은 원형 복지국가였나?(Han China - A Proto 'Welfare State'?)"에 대해 사실상 '아니다'라고 답한 셈이다.

제도가 수당을 거쳐 송·원·명·청대로 이어질 수 있었던 것이다.

■ 수·당대 중국의 혼합적 복지제도

수당대隋唐代의 양민복지정책은 유교정신과 불교정신이 혼합된 수당 제국 고유의 제도들도 있지만, 주周·제齊·한漢나라와 위진남북조魏晉南北朝의 복지제도로부터 유래하는 것들이 많았다. 위진남북조시대(300-600년) 곡창穀倉제도는 부정기적으로 적용되었다. 곡창은 가령 남제南齊(479-502년)에서 268년 미곡·기장·면포의 가격을 조절할 목적으로 도입되었거나, 488년 곡식의 전국적 매입이 시행되었을 때 도입되었다. 같은 해에 북위北魏(386-534년)는 지방정부에 곡가가 높은 해에 시장에 2할의 곡식을 출하하도록 명하는 법령을 반포했다. 또 북제北齊(550-577)도 564년 이 방법을 응용했다.

중국을 통일한 수隋나라(581-618)는 남북조시대의 이런 선례에 따라 수도에 '상평감常平監'을 창립했다. 그리고 섬주陝州에 곡식창고를 지었다. 583년에는 탁지상서度支尚書 장손평長孫平이 주민들에게 독자적으로 이른바 '의창義倉'을 지어 흉년에 대비할 것을 명하는 법령을 제정했다.

당唐나라(618-907)는 수나라의 '상평감'을 '상평서常平署'로 개칭하고, 628년 의창의 용도를 전국적으로 확대했다. 농가마다 농지 1무畝당 2승의 곡식을 내 의창에 비축해야 했다. 639년에는 한대漢代의 상평창제도가 여러 주와 두 수도(장안과 낙양)에서 복원되었다. 상평창제도는 평서관平署官들이 감독·운영했다. 719년 상평창은 더 많은 지방에 지어졌고, 여기에 곡식비축을 명하는 법령이 발령되었다. 인구가 많은 주의 곡식창고는 동전 3000관貫의 가치를 가진 곡물을 비축하고, 중간 규모의 주는 2000관의 가치를 가진 곡물을,

더 작은 주는 1000관의 가치를 가진 곡물을 비축해야 했다. 관청이 미곡을 구입하도록 명받은 가격은 승升당 3관으로 고정되었다. 749년 당唐제국 10개 행성行省의 상평창은 도합 460만 승의 곡식을 비축했다.[3394]

안록산安祿山의 난(703-757)이 이 상평창과 의창제도를 망가뜨렸지만, 이 제도는 780년 그대로 되살아났다. 탁지시랑 조찬趙贊은 상여商旅가 내는 관세와 대나무·통나무·차·칠기·기타물품에 부과되는 세금으로 먹고사는 모든 주요 도시와 장소에서 상평창예산을 설치할 것을 제안했다. 하지만 이 새로운 세수는 군사용으로 소모되고 말았다. 806년의 칙령은 연중 수확량의 2할을 상평창이나 의창에 비축하도록 명했다. 이 두 유형의 곡식창고는 그때부터 죽 통합된 상평의창常平義倉이 되었다. 이 806년 칙령은 30년 뒤에 전세田稅(=田賦)와 별도로 농지 1무畝당 1승의 창고비축용 조세를 부과하라는 명령에 의해 갱신되었다.

오늘날의 고아원·복지원처럼 고아들을 집중적으로 수용하는 자선기구는 남북조시대에 처음 등장했다. 남조 양나라 무제 소연蕭衍은 서기 521년 당시 수도였던 남경의 성안에 고대중국 최초의 관립官立 고아원인 '고독원孤獨園'을 창설했다. 또한 양무제는 "무릇 백성들 중 홀로 늙거나 고아라서 자존할 수 없는 자가 있으면 군현이 주체가 되어 이들을 입양하여 의복을 공급하고 매번 두루 족하게 하라"는 조서를 내렸다. 이것으로 미루어 당시 남경뿐만 아니라 각지에 이와 유사한 수용기관이 설치되어 지방정부가 경영관리를 담당하고, 고아들에게 의식주를 보장해 주었을 것으로 추정

3394) 寧可·陳得芝·梁太濟, "常平倉·中國歷史", 78쪽. 『中國大百科全書』 제1권 『中國歷史』(北京·上海: 中國大百科全書 出版社, 1992).

된다.

그러나 이 수용기관은 단순 고아원이 아니라, 고아원과 양로원을 통합한 관립 양민복지기관이었다. 이는 '고독원孤獨園'이라는 명칭에서도 알 수 있듯이, '고孤'의 본의는 부모가 없는 아이이고, '독獨'의 본의는 아들이 없는 노인을 말하기 때문이다. 당대唐代에 이르러서는 이러한 고아원·양로원 통합의 '고독원'이 상당히 보편화됨과 동시에 구조 범위도 더욱 확대되었다. 또한 노인·고아에 더해 빈곤에 처해 병을 간호할 돈이 없는 병자가 증가하여 이들도 수용하여 부양하고 치료하게 되었는데, 이 요양소를 "병방病坊", 혹은 "비전양병방悲田養病坊"이라고 칭했다. '고아원'이 '고독원'에서 분리되어 독립기구로 나타난 것은 송대에 이르러서였다.

당나라의 양민복지제도는 불교사원들의 (갈수록 정교해진) 복지프로그램을 중심으로 발달했다. 이 구민救民·양민활동은 종종 식량비축과 순례자들과 여행자들의 숙박, 빈곤한 병자의 치료, 빈민에 대한 무상 배급 등을 포괄했다. 이 구민·양민활동의 자금은 사원공동체의 독실한 불교신자들이 기부한 토지에서 나오는 이익금으로 마련되었다. 그리하여 이 기구들의 명칭은 글자 그대로 직역하면 "자비로운 들녘 가정"을 뜻하는 '비전원悲田院' 또는 '비전방悲田坊'이라고 불렸다. 불교에서 '비전悲田'은 세 가지 '복전福田' 중의 하나를 가리킨다. '복전'은 삼보三寶(佛寶·法寶·僧寶)의 덕을 존경하는 '경전敬田', 군부君父의 은혜에 보답하는 '은전恩田', 가난한 사람을 불쌍히 여기는 '비전悲田'을 통칭하는 말이고, 비전원의 '비전'은 복전중의 이 마지막 항목을 가리킨다. '비전'은 가난한 사람에게 자비와 연민으로 시혜하면 무량지복無量之福을 받는다고 해서 생겨난 말이다. 이 비전원과 비전방의 자선활동에 대한 초기 당唐정부의 정책은 협력의 정책이었다. 국가는 불교승려들이 운영하는 이 기관들을 금전적으로 보조하고 그 운영을 지원했다.3395)

그런데 717년 측천무후 이래 신뢰받는 명상名相인 송경宋璟 (663-737년)은 기존의 복지 프로그램들을 부패해서 백성에게 해롭고 이론적으로 비非유학적인 것으로 논박하는 상소문을 올렸다. 그는 공자를 인용하면서 국가가 백성의 복지를 보장하는 본래적 방도는 작은 자선활동이 아니라 선정善政에 의거하는 길이라고 주장했다. 하지만 누구보다도 공맹경전에 밝았던 제6대 황제 현종玄宗(재위 712-762)은 경전을 잘못 이해한 송경의 이 빗나간 논박을 무시하고 비전원과 비전방의 복지프로그램을 계속할 것을 허가하고 734년 에는 국가가 지원하는 기금으로 수도의 걸인들을 보살필 것을 승려 들에게 명했다.3396)

그런데 846년 비전원과 비전방의 행정을 위요한 상황이 격변했 다. 정부는 구리(銅)를 필요로 하고 또 국가 속의 잠재적 국가의 권력이 자라나는 것을 염려하여 중국역사에서 가장 야심적인 불교 탄압을 개시했다. 토지와 재부를 가진 사원들을 몰수하고 수천 명의 승려와 비구니들로부터 성직을 박탈했다. 불교탄압을 지지한 당시 재상 이덕유李德裕는 황제에게 올린 상소문에서 비전원과 비 전방이 이제 이 기관들을 운영할 사람이 없다고 지적했다. 이 상황 을 치유하기 위해서 그는 정부가 이 비전원·비전방의 관리를 떠맡 을 것을 제안했다. 그는 이런 기관들의 유용성을 강조하고 자선이 오랜 유교전통이라고 주장함으로써 이 기관들을 중시하려고 있

3395) Hugh Scogin, "Poor Relief in Northern Sung China", *Oriens Extremus*, Vol. 25, No.1 (1978), 30쪽.

3396) 참조: Scogin, "Poor Relief in Northern Sung China", 30-31쪽.

다.3397)

이 새로운 관영 구빈·양민기구들은 기본적으로 옛 제도를 간직하고 있었다. 수도에서 이전 사원토지의 10경頃을 이 기구들의 운영자금을 대기 위해 따로 떼어냈다. 큰 군현들에서는 7경을 떼어냈고, 작은 군현에서는 발기자들이 빈곤의 정도를 판정해서 적절한 양의 토지를 따로 떼어냈다. 각각의 경우에 존경받는 장로長老들이 그 운영을 책임지게 되었다. 당대唐代의 기록들은 이 구빈·요양제도가 소홀히 되면 다치게 될 집단들을 빈자와 병자로 지정하고, 이에 더해 쌀과 쌀죽의 충분한 비축을 유지할 필요성을 언급하고 있다. 그러므로 우리는 당대의 비전원과 비전방이 빈자와 가난한 병자들에 대핸(대해) 식량제공을 포함한 다양한 활동에 관여했다고 가정할 수 있다. 다만 이 시기에 지방 정무政務에 대한 중앙의 통제가 종종 비효율적이었기 때문에 이 제도가 실제로 전국적으로 확립된 정도에 대해서는 의문이 남는다.3398)

■ 송·금·원대 중국의 유교적 복지제도

송宋나라(960-1279)는 한·수·당의 상평의창제도를 채택해서 수도 개봉開封에 최초의 태창太昌을 짓고, 1006년에는 제국 전역에 상평창과 의창을 지었다. 상평창과 의창의 비축량은 각 주州와 현縣의 인구규모에 의해 결정되었다. 곡식을 사들이는 적본糴本예산은 2000관에서 1만2000관에 달했다. 시장에 넘치는 곡식이 가격을 덤핑하는 매년 가을에 정부는 가격을 1승당 3-5문文(=錢)으로 끌어올릴 만큼 많은 양의 곡식을 수매收買하고, 곡가가 높을 때는 곡식창고를 열어

3397) Scogin, "Poor Relief in Northern Sung China", 31쪽.
3398) 참조: Scogin, "Poor Relief in Northern Sung China", 31쪽.

곡가를 인하시켰지만 본전보다 낮게 깎아내리지는 않았다.

여러 해 동안 곡식을 시장에 방매할 필요가 없을 때는 묵은 비축곡식은 햇곡식으로 교체했다. 이 제도 사실 아주 효과적이어서 수많은 해 동안 곡창穀倉으로 들어갈 딱지를 단 곡식들은 국가공무원의 봉급이나 군량軍糧으로 쓰일 수 있었다. 1069년 왕안석의 개혁기간에 곡창제도는 수확 전에 농민들이 연 2회 대여를 받는 청묘법으로 교체되었다. 1500만 관에 달하는,3399) 전에 곡물 수매에 쓰인 돈은 청묘전본전青苗錢本錢을 공여하는 데 쓰였다. 5년 뒤 이 방법은 옛 상평창제도와 혼합되었다. 이전 비축창고용으로 소요된 금액의 절반은 이런 방식으로 옛 상평창 방식으로 곡가가 낮은 때 수매하는 데에 쓰였다. 1076년 창고에 비축된 곡식의 가치는 3739만 관에 달했다.3400) 남송南宋(1127-1279)은 이 제도를 갱신했다. 1167년 제국의 모든 상평창에 비축된 곡식 총량은 3579만 석石에 달했는데, 그 가치로 치면 동전 287만 관이었다. 그러나 이 수치는 지방 곡식 창고의 기록이 중앙정부에 보고된 수치보다 50% 더 많고 실재적 비축량보다 900% 더 많은 만큼 조심스럽게 받아들여져야 한다.3401)

금金나라(1115-1234)는 풍년 수확에서 20%에 달하는 곡식을 비축하는 곡창제도를 채택했다. 1190년 그 수치는 높여졌고, 금나라 황제 김장종金章宗(대략 1189-1208)은 주州 인구를 3개월 동안 먹이기에 충분할 만큼의 곡식을 제공해야 한다는 칙령을 발령했다. 이

3399) 寧可·陳得芝·梁太濟, "常平倉·中國歷史", 78쪽.『中國大百科全書』제1권『中國歷史』(北京·上海: 中國大百科全書 出版社, 1992).
3400) 寧可·陳得芝·梁太濟, "常平倉·中國歷史", 78쪽.
3401) 寧可·陳得芝·梁太濟, "常平倉·中國歷史", 78쪽.

관리수칙의 준수는 엄격히 준수되어야 했다. 황실은 이 운영수칙의 준수 여부를 살피기 위해 감독관들을 파견했다. 2만 가호 이상의 인구를 가진 군현은 곡식 3만 석을 비축한 것으로 기대되었고, 5000가호 미만의 인구를 가진 작은 군현은 단 5000석을 비축한 것으로 기대되었다.3402) 1195년 금제국의 529개소 곡창의 비축양곡은 3786만 석에 달했다.3403)

원元나라(1279-1368)는 곡창제도를 1257년 도입했다가 바로 폐지했다. 그러나 원나라 정부는 1271년 곡창제도를 다시 되살렸다. 지방정부들은 곡식을 시가의 20%에 곡식을 방매放賣하라는 명령을 받았다. 이때 국가 곡창은 80만 석의 곡식을 비축했다. 곡창 감독관들은 지방주민들로부터 선발되었고, 곡창감독 업무에 봉직할 동안에 부세賦稅로부터 면제되었다. 1309년 전국적 곡창 건설의 칙령이 발령되었다. 이때부터 세 명의 국가채용 관리자들이 각 곡창을 관리했다. 원대元代 전 기간을 관통해서 곡창제도는 실제로 작동하지 않았다. 착복과 횡령이 광범하게 퍼졌다.

환과고독·병자·고령자·극빈자 등에 대한 송대의 양민복지는 시장경제의 확장으로 인해 시장리스크에 더 많이 대처해야 했기 때문에 좀 더 발전했다. 앞서 시사했듯이 기원전 진·한 이래 영아유기遺棄·살해는 법률로 엄금되었지만,3404) 송대 호북·복건성에서는 아직도 아들 셋, 딸 둘(빈농사정에서는 아들 둘, 딸 하나)을 선호하고, 그 이상 태어나는 자식들을 태어나자마자 유기하거나 살해하는

3402) 陳德維 主編,『市場大辭典』(北京: 中國科學技術出版社, 1992), 卷1, 533쪽.

3403) 寧可·陳得芝·梁太濟, "常平倉·中國歷史", 78쪽.

3404) John Makeham, *China: The World's Oldest Living Civilization Revealed* (London & New York: Thames & Hudson, 2008), 134-135쪽.

관행이 잔존했다. 이 범죄는 신생아가 여아일 경우 더 빈번히 자행되었다.[3405] 송나라 정부는 이 범죄에 강력 대처하면서도 또한 기아棄兒(버려진 영아)를 구하는 수양收養정책을 폈다. 상술했듯이 남송시대에 고아원은 고아와 독거노인을 같이 부양하는 '고독원'으로부터 독립했다. 송대에 인구가 급성장해서 인구가 많아진 뒤에는 아이들의 양육이 난제가 되었다. 그리하여 아이를 기를 수 없는 가정들이 아예 양육을 포기하는 경우가 아주 많아졌다. 이른바 기아棄兒들이 많이 발생하기 시작한 것이다.

"도로에서 울며 굶주리지 않게 해야 할 아동들"이라는 이 사회적 난제를 해결하기 위해 남송의 제4대 황제 이종理宗(1205-1264)은 순우淳佑 9년(1249년) 항주에 기아棄兒들을 자양慈養하는 사상초유의 '자유국慈幼局'을 건립하고, 유기된 신생아들을 전문적으로 수용·양육했다.[3406] 자유국은 남송의 관영 고아원들과 연계하여 관청에서 자금을 조달하여 경영하며, 병든 영유아들을 형편대로 치료하도록 했다. 그래서 일반적으로 다 공익의료기관인 '시약국施藥局' 주변에 설치되었다. 자유국은 관청에서 고용한 유모인 '내양奶孃'을 두었고, 이와 별도로 다시 매달 금전·미곡·견직포를 공여하고, 고아가 밥을 먹는 것과 입을 옷을 보장한다. 자녀가 없는 가정은 자유국에 와서 고아들을 입양해 갈 수 있고, 입양할 사람이 없는 아이는 유아국 안에 성년이 될 때까지 머물고 그런 뒤에 자기결정으로 떠나거나 남을 수 있다. 관청은 이에 간섭하지 아니한다.[3407]

3405) David E. Mungello, *Drowning Girls in China: Female Infanticide since 1650* (Rowman & Littlefield, 2008), 5-8쪽.

3406) 吳業國, 「宋代官办慈善事业述论」, 『南阳师范学院人文社会科学学报』 25권 1호 (2005).

3407) Angela Ki Che Leung, "Medical Instruction and Popularization in Ming-Qing China",

자유국 외에 관영 고아원은 남송에서 다시 출현했다. 그리고 민간이 자발적으로 설립한 기타 아동복지기구들, 가령 "산수양유기소아전미소散收養遺棄小兒錢米所"(유기아동을 분산·이양하는 전미소), "영아국嬰兒局", "자유장慈幼庄", "유국幼局" 등도 아주 많이 있었다. 자유慈幼·육영育嬰 기구들은 송대에 왕성하게 발전했다. 그러나 원대 이후에는 한 단계 쇠락했다. 하지만 명말청초에 이르러서는 다시 생기를 되찾았다.

송대 구빈제도의 기원은 모호하지만, 적어도 11세기 초반까지 거슬러 올라갈 수 있다. 역대 중국정부 중 빈로貧老·병자 구제에 가장 적극적이었던 북송은 일관된 구상 속에서 걸인들에게 미곡과 대두 및 금전을 급여하는 정책들 외에도 정부 차원에서 빈자와 병자를 수용하는 기구와 시설을 건립하는 방면에서 세계최초의 구민救民사업을 개창開創했다. 북송은 개국 후 오래지 않아 당나라 때의 비전원·복전원福田院 구제舊制를 근본으로 빈자와 가난한 병자들을 구제했는데, 이때는 이것만이 유일하게 복전원이 정부조직이었다. 먼저 수도 개봉開封에 복지원을 건립하고 나서 기타 주현州縣에 같은 종류의 기구들이 설치되었다.3408)

영종英宗 치세(1064-1068) 동안 개혁을 논하는 가운데 공식사서 『송사宋史』는 "구제舊制"가 무엇인지를 기술하고 있다. 이 초기 기구는 또 다시 불교적 명칭의 "복전원"으로 전해진 당대唐代 '비전원'의 변형된 버전이었다. 초기에 나타난 2개소의 복전원 중 하나는 수도의 동편에, 그리고 다른 하나는 서편에 설립되었다. 처음에

Late Imperial China, Vol.24, No.1 (June 2003): [130-152쪽].

3408) 梁其姿, 『施善与教化: 明淸的慈善组织』(台北: 聯經出版社業有限公社, 1997), 25쪽.

고령자·병자·걸인, 그리고 고아들에게 구조를 제공하기 위해 설치되었을지라도 그들의 경영규모는 아주 작았다. 이 두 복전원은 단지 24명을 수용했다. 영종 치세에 이 제도는 크게 확장되었다. 동·서편의 복전원은 확대되었고, 1063년 동일한 구빈기구들이 수도의 남쪽과 북쪽에도 설치되었다. 이 4개 복지원은 하루 300명의 노인·병자·무의탁자·걸인을 보살폈다. 이 300명이라는 수치는 구빈원들이 한꺼번에 1200명까지 감당할 수 있다는 것을 의미했다. 1069년 이 4개소의 복전원은 겨울날 노인·유아·빈자·병자·무의탁자를 수용하고 따뜻한 봄에는 스스로 생계를 찾아 밖으로 나가도록 권했다. 운영자금은 전통적 방식으로 따로 떼어놓은 금고와 이윤에서 나온 돈들이었다. 총비용은 500만 량에 이르렀고, 나중에는 800만 량에 달했다.3409)

    이후 주현 정부는 나중에 수도의 본보기를 모방해서 복전원을 세웠다. 숭녕崇寧연간(1102-1106) 초 휘종徽宗 치세에 집권한 채경蔡京(1046-1126)은 일련의 구제제도 개혁을 추동해서 1102년 복전원을 '거양원居養院'과 '안제방安濟坊'의 두 다른 기구들로 분리시켜 개편했다. 거양원은 주로 빈로貧老들과 유기아들을 수용하고, 안제방은 가난한 병자들을 치료했다. 이 양兩기구의 비용은 상평창에서 댔다. 개봉에 이 두 기구가 설립되고 나서 외현外縣들에서도 이 기구들을 추진해 설립했다. 북송말기에 남방의 현들도 다 복전원을 거양원과 안제방으로 분리시켰다. 이것들은 엄연하게 도회지의 관립 자선조직이었다.3410)

3409) 참조: Scogin, "Poor Relief in Northern Sung China", 31쪽; 梁其姿, 『施善与教化』, 25쪽.
3410) 梁其姿, 『施善与教化』, 25-26쪽.

그러나 북송의 복지정책은 남방으로 건너올 정도로 발전하자 낭비의 폐단이 나타났다. 오늘날 복지국가에 대한 비판과 유사한, 거양원과 안제방에 대한 비판이 쏟아지면서 구제용 금전과 양곡이 상대적으로 감소했다. 물론 당시의 비판들은 합리적이지 않았고, 이런 비판적 논변들은 북송시대에 관官주도로 추진하는 사회복지정책이 상당한 규모이고 국가재정수지의 균형에 심원한 영향을 미치는 것을 반영한 것이었다. 동시에 그것은 "부자들이 낸 세금으로 사회복지를 전개하는 것이 그렇게 이치에 부합하는가?(以富人所繳之稅來辦社會福利應到那個才合理?)", "사회빈곤문제 해결과 국방문제 중 어느 것이 중하고 어느 것이 가벼운 것인가?"라는 통치원리상의 중요한 쟁론을 건드는 것이었다. 그러나 당시 구빈기구가 받아들여질 것 같지 않은 정도를 중시하는 것은 기실 채경의 정치적 성쇠와 밀접한 관계가 있는 것이었다. 종합적으로 말하면, 빈자들은 송대에 이미 반드시 바로 보아야 하는 사회유형이 되었다. 빈곤문제, 특히 도시빈곤문제는 반드시 처리해야 할 사회문제로 나타났다. 그리고 송대 복지정책 비판은 오늘날 복지국가비판과 맥을 같이 하는 것에 불과했다.3411)

이 기간에 송대 정부는 이 구빈원 외에 임시적 차원에서 다른 복지활동에도 관여했다. 가령 1020년대 초에 정부는 불교사원들로부터 약간의 토지를 구입해서 공동묘지 용도로 떼어놓았다. 빈민들은 매장비용 지출을 도울 돈을 지급받도록 되어 있었지만, 이 제도는 쇠락해 있었다. 그러나 1060년 대 초에는 금전지불이 이루어졌다. 이 시기에는 빈민들에게 약제도 분배되었다. 임시복지조치들에 보조받는 구빈원에 대한 의존은 다음 30년 동안

3411) 梁其姿, 『施善与教化』, 26쪽.

중앙정부의 구빈활동을 위한 패턴으로 이어졌다. 그리고 그간에 상당한 발전이 있었다. 정부는 원조기간과 구빈 규모를 확대했고, 관리인원을 늘리고, 정기적 식량배분을 조직화했다. 하지만 이 조치들은 의미심장한 제도변화를 요하지 않았다.[3412]

그러나 이 시기에 지방 차원에서는 사회복지 프로그램의 지속적 혁신이 이루어졌다. 송대 지방 관리들은 종종 구빈제도에서 창의적 활동 영역을 찾았다. 주도적 활동을 보인 11세기 지방관리들은 소식蘇軾·문억박文彦博·범중엄范仲淹·조보趙普 등이었다. 이들의 활동프로그램은 공적 곡물창고와 농경자금 대여로부터 대중 식량분배와 빈민병자들의 치료 및 문중 복지시혜에 이르기까지 광범하게 미쳤다. 북송 복지제도 발전을 위한 이 지방 주도 중 가장 중요한 것은 항주에 부임했던 소식이 설립한 자선병원이었다.[3413]

범중엄(989-1052)은 씨족(문중)상호구제 조직의 전범을 만들었다. 그는 불교복지조직을 모범으로 삼아 "범씨의장范氏義莊"을 창립했다. 이것은 후세의 가족들간 상호구제의 한 전범이 되었다. 명청교체기에는 이런 유형의 가족의장家族義莊이 대폭 증가했다.[3414]

3412) 참조: Scogin, "Poor Relief in Northern Sung China", 31-32쪽.

3413) Scogin, "Poor Relief in Northern Sung China", 32쪽: 소식은 1089년 항주에 부임했을 때 군현의 기근 문제와 부딪혔고, 그는 이 문제를 완화하려고 정력적으로 노력했다. 그는 구빈 프로그램의 일환으로 다음해 봄 관리들을 도시의 다양한 구역으로 파견해서 약제를 분배했다. 그는 곧 이러한 단발적 조치들로는 충분치 않다는 결론을 내렸다. 그는 호수에 인접한 도시의 위치 때문에 평균 이상의 유병율이 지속적 대처를 요구하는 전염병 현상이라고 느꼈다. 그러므로 그는 중국 최초의 전문화된 자선병원을 설립하는 데 착수했다. 이 목적을 위해 그는 잉여기금으로부터 2000관의 돈과 민간으로부터 50온스의 금을 모았다. 그는 새로운 병원의 직원을 불교승려들로 채웠다. 병원운영 3년 뒤 보건활동의 혜택을 입은 빈민병자들이 1000여 명에 달했다.

3414) 梁其姿, 『施善与教化』, 20쪽.

11세기가 마감될 즈음에는 중국의 정치적 분위기가 극적으로 변했다. 1069년에서 1085년까지 16년은 왕안석의 광범한 국가개혁과 구빈제도의 확장과 같은 발전이 이루어졌고, 그 사이에 반동의 시기가 끼어들었다. 황태후를 따르는 보수적 구법당들은 왕안석과 채경蔡京이 도입한 개혁제도들을 해체하는 데 착수했다. 그러나 다시 새 황제 철종이 등극한 지 17년 만인 1093년 전권을 장악하자 상황은 다시 반전되었다. 정부는 개혁을 재추진했다. 이 개혁의 폭은 이전보다 훨씬 더 컸다. 채경은 1103년 집권하여 북송이 거의 끝날 때까지 황궁정치를 지배하면서 개혁 속도를 가속화했다. 새 개혁조치들은 상술했듯이 관료행정, 정부재정, 구빈제도 등도 포함했다.3415)

거양법居養法과 같은 문서에 언급된 복지제도의 새로운 체계 또는 구빈원 체계는 정부기금조달의 새로운 방법에 의해 특징지어진다. 옛 소득원 토지는 보다 다양화된 재정기반으로 대체되었다. 구빈원 체계와 관련해서 언급된 하나의 재정원천은 상속자 없이 죽은 고인故人들의 유산이었다. 몇몇 경우에는 이 유산이 사유품私遺品 및 현금과 함께 복지목적의 꼬리표가 달고 수익금과 같이 몰수되었고, 다른 경우에는 집 없는 빈자들이 이 유산을 그대로 넘겨받았다. 이 기금들은 정부가 상평창제도의 운영으로부터 끌어온 이익과 합쳐졌다. 구빈원은 대략 자급자족적으로 설계되었고, 기금들을 다른 영역들로부터 끌어오지 않았다. 물론 1120년의 한 상소문이 그 소득원들을 넘어섰다고 구빈원 제도의 운영에 대해 불평하고 있는 것을 보면 자급자족의 이 이상이 언제나 달성된 것은 아닌 것 같다.3416)

3415) Scogin, "Poor Relief in Northern Sung China", 32쪽.

이 새로운 재정기반 덕택에 구빈원 제도는 이전보다 더 큰 스케일로 사업할 수 있게 되었다. 여러 정부문서는 새로운 제도가 옛 복전원보다 더 많은 빈민들을 보살필 수 있게 되었다고 분명하게 기록하고 있다. 나아가 새로운 제도는 '연중' 가동되었고, 그 활동을 이전의 많은 복지 노력들처럼 삼동三冬에 국한하지 않았다. 1098년 구빈원 제도는 전국적으로 확대되었다. 중앙정부는 지방 관리들에게 다양한 향촌과 구역에서 이 제도를 관리하라는 법령을 발령했고, 지방 상황에 맞춰 자금조달의 수위를 조정할 권한을 가진 감독관들을 파견하여 지방 관리들의 관리활동을 감독했다. 처음에 정부지출로 시작했으나 자급자족할 수 있게 된 관리들에게는 지원을 끊었다. 그런데 첫 몇 년 동안 이 새 구빈원 제도의 실제적 운영은 그리 분명치 않다. 1098년 이 제도는 전문된 기능도, 그 이후의 발전에서 볼 수 있는 정교한 시설도 갖추지 않았다. 구빈원 제도는 여전히 음식과 쉼터를 제공할 일차적 책무에 더해 빈자들에게 약제를 배급할 책임을 떠맡았다. 이 음식과 쉼터 제공은 아직 국립 빈민원의 실제적 건축을 포함하지 않았다. 빈자들에게는 공공건물에서 마지막 대피소처럼 쉼터를 제공했다.3417)

그런데 구빈원이 지방에 확립된 지 9년이 지나서도 수도 개봉에는 새 구빈원이 들어서지 않았다. 이곳에서는 아직 옛 복전원이 운영되고 있었기 때문이다. 왕안석과 채경의 국가개혁을 철종에 이어 계속 추구하던 제8대 황제 휘종(1100-1125)은 1105년 이 상황을 고치기 위해 이런 칙령을 내렸다.

3416) Scogin, "Poor Relief in Northern Sung China", 32쪽:
3417) Scogin, "Poor Relief in Northern Sung China", 33쪽:

수도는 기본적으로 중요한 지역이도다. 그것은 치자의 우월성의 하나라. 환과고독과 빈자들은 모두 크게 고통을 겪고 있고, 그들이 의탁할 수 있는 사람이 아무도 없다. 구빈원 제도가 전국적으로 확립되었지만, 아직 수도에 미치지 않았다. 나의 원대한 목표는 좌절될 위험에 처했도다. 오늘날, 수도가 복전원이 있어도 보살핌을 받는 사람들의 수가 충분치 않노라. 날씨가 아주 춥거나 아주 덥게 바뀌면 빈자들과 사고무친자들, 병자들은 생존수단을 잃고 말도다. 짐은 이 때문에 아주 심란하노라. 짐은 개봉의 관청들에 대해 여러 지방에서 효과를 본 방법에 따라 환과鰥寡와 고아를 집에 숙박시키고 병자를 구완하여 나의 목적을 이행하도록 명하노라.3418)

새 구빈원 제도는 가동능력을 입증했고 이에 따라 확대·채택된 것이다. 1106년 회동淮東에서 파견된 감독관의 촉구로 이 구빈원에는 '거양원居養院'이라는 명칭이 부여되었다.3419) 1106년 이전 구빈원 제도라는 술어는 보통 일반적 술어로 통용되었으나, 기능이 명확하게 구비되어 드러나지 않으면 이 시기에 도입된 제도에 대한 모든 언급이 건축물적 구빈원 시설의 존재를 뜻한다고 봐서는 아니 될 것이다.3420)

송대 거양원은 이전의 구빈원처럼 환과고독·유기아遺棄兒·고령 빈자와 자활능력이 없는 장애인 등 모든 사람으로 정의되는 궁벽窮僻한 백성들에게 의식주를 제공하는 것으로 설계되었다. 구체적 원조 형태는 지방적 필요에 따라 다양했다. 노인과 연세에 대한

3418) 『宋會要』, 68/128. Scogin, "Poor Relief in Northern Sung China", 33쪽에서 재인용:

3419) 이근명, 「宋代 社會救濟制度의 運用과 國家權力: 居養院制의 變遷을 中心으로」, 『東洋史學研究』, 第57輯(1997), 143-77쪽.

3420) Scogin, "Poor Relief in Northern Sung China", 33쪽:

중국의 고전적 존경과 발맞춰 노인들에게는 특별한 대접이 주어졌다. 1107년 칙령은 50세 이상의 사람들에 대한 보살핌을 강조했다. 1108년 경남京南으로부터 올라온 거양원의 한 보고는 80세 이상의 고령노인들에게 새로운 유형의 흰쌀, 땔감, 그리고 돈을 제공했고, 90세 이상의 최고령 노인들에게는 추가로 절인 야채와 20전의 현금을 제공했다고 말하고 있다. 여름에는 노인들에게 면직 옷을, 겨울에는 누빈 옷을 제공했다. 그리고 100세 이상 노인들에게는 채소 및 30전의 현금과 함께 매일 고기를 대접했다. 겨울에 이 노인들에게 비단옷과 비단이불을 제공하고, 여름에는 얇은 비단 저고리와 바지를 제공했다. 이 경남 보고에 따라 결국 수도의 모든 구역과 현들도 이 전범을 따르도록 명받았다.3421) 송대의 노인봉양은 모든 노인에게 매일 비단과 고기를 대접한 고대국가의 노인봉양에 비하면 좀 후퇴한 느낌이 든다.

한편, 국가가 거양원의 다른 수용자들에게까지 이렇게 아낌없이 준 것은 아니다. 성인은 일당 미곡 1승과 10전을 배급받았다. 석 달 동안은 수용자들이 땔감을 살 돈으로 매일 5전이 추가로 지급되었다. 이 배급은 어린이들의 경에 절반으로 깎였다. 연중 원조의 범위는 의복·이불·가재도구의 제공을 포함하는 식으로 확대되었다. 많은 문서들이 수용자들에게 모기장까지도 제공되었다고 보고하고 있다. 구빈사업의 범위는 동계에 수도의 길거리에서 감기를 앓는 집 없는 걸인들에게 원조를 주는 방향으로 확대되었다. 아동의 존재가 거양원에 특별한 문제들을 제기하기 때문에 이들을 위해 특별조치가 취해졌다. 여러 사료들은 유기된 영아嬰兒(젖먹이 유아乳兒)들을 젖먹이고 돌보기 위해 1102년부터 유모를 고용했다고 기록

3421) Scogin, "Poor Relief in Northern Sung China", 33-34쪽.

하고 있다. 이 제도를 10년 이상 운영한 뒤인 1117년 성도成都의 한 지방 관리는 지방 거양원의 교육받을 만한 아동들을 위한 학당의 설립을 제안했다. 그리하여 공립 학당이 세워지고 다른 거양원들도 이것을 본보기로 삼아 학당을 부속시키는 것이 장려되었다.[3422)

지방 구빈원들은 처음에 지방 관리들이 책임을 졌다. 그러나 1106년 추가 인력이 필요해지면서 각 현과 수도의 구역으로 문서 작업을 위한 1명의 양호養護 관리를 파견하라는 칙령이 나왔다. 이 양호 관리들의 봉급과 지출은 상평창에서 댔다. 그리고 지방에서 발탁한 기능인 1명도 1년 기간의 프로그램 관리를 지원할 인력으로 추가되었다. 이 정규직 관리들에 더해 임시 인력들이 동계 작업량의 증가로 필요했다. 이 문제는 수도 개봉에서 절박했다. 이 문제를 해결하기 위해 아전들이 거리로 나가서 난장에서 자는 집 없는 걸인들을 데려왔다. 이런 일을 하는 아전들의 수가 많았다. 이들에게 줄 봉급이 없었기 때문에 그들이 복지활동에 투입한 시간계산에 따라 승진 특혜를 주었다.[3423)

구빈원 제도기 발달하는 중에 있던 같은 시기에 다른 구빈제도들도 창설되었다. 이 새로운 제도들의 가장 눈에 띄는 특징은 진보된 기능적 전문화였다. 옛 복전원은 빈자들에게 의식주와 함께 요양의 기회를 제공했다. 이 노력은 다양한 임시 요양치료조치에 의해 보충되었다. 이제는 두 기능이 공식으로 분리되어 임시 조치들이 하나로 모아져 1102년 마침내 "안제방"이라는 명칭의 새로운 제도를 낳았던 것이다. 이 기구는 1140년경부터 '양제원養濟院'으

3422) Scogin, "Poor Relief in Northern Sung China", 34쪽.

3423) Scogin, "Poor Relief in Northern Sung China", 34쪽.

로 대체되면서 서서히 자취를 감추었다.[3424] 1102년에 최초 세워진 이 공공 자혜병원 '안제방'은 소식이 항주에 세운 사설 자선병원을 모델로 만들어졌다. 이 제도는 실제로 정교한 대형 요양원들의 전국적 확산을 가져왔다. 10개의 병동을 가진 요양원에 대한 기록도 보인다. 환자들은 전염을 막기 위해 그 병의 종류에 따라 격리되어 수용되었다. 병원들은 환자와 약藥조제 직원들을 위한 음식을 준비하는 부엌들도 있었다. 환자들에 대해 정확하게 기록할 의사들도 필요했다. 한 해가 끝나갈 즈음에 이 기록들이 정밀 검토되고, 각 의사의 신분이 그의 완치 성공율에 따라 재조정되었다. 각 병원은 계절마다 교대하는 4명의 직원들에 의해 경영되었다.[3425]

이 시기에 도입된 구빈제도의 다른 중요범주는 휘종 숭녕崇寧 3년에 설치된 '누택원漏澤園'이었다. 이 '누택원'은 빈자들의 장례를 지원하고 이들에게 공설公設묘지를 제공하고 관리하는 장례지원 기구였다.[3426] 효경에 대한 유교의 전통적 강조와 함께 빈자들의 시신의 처리와 결부된 위생문제는 이 문제를 공적 근심거리로 만들었다. 정부는 이미 1020년대부터 땅 뙈기를 싸게 팔아 빈자들에게 매장장소를 제공해왔었다. 정부의 약제분배처럼 빈자들을 위해 공동묘지를 제공하려는 이 초창기 노력은 12세기의 첫 년 동안 공고하게 제도화되었다. 빈민의 공묘公墓는 1104년 공식 설치되었다. 이것은 전례를 개량하고 도시빈민의 버려진 시체의 "가슴을 찢는" 광경으로 인해 뭔가를 할 명백한 목적으로 시행되었다.

3424) 김대기, 「宋代 慈善機構와 醫療救濟: 安濟坊과 養濟院을 중심으로」, 『역사와 경계』, 101권 101호(2016).

3425) Scogin, "Poor Relief in Northern Sung China", 34-35쪽.

3426) 오원경, 「漏澤園을 통해 본 北宋代 국가 葬禮支援制度」, 『역사문화연구』 57권 제57호(2016), 65-90쪽.

각 현과 주에 대해서는 비옥하지 않은 공유지를 공동묘지와 같은 용도로 따로 떼어놓고 기록을 하는 관리를 임명하고 매장장소를 떼어 주라는 명령이 떨어졌다. 이 공묘에 매장된 사람들은 각기 8척의 땅뙈기와 관곽이 배급되었다. 각 묘지에는 사자의 성명·연령·생몰일 등을 새긴 비석이 세워졌다. 조상신 제사를 위한 장소를 제공하기 위해 각 공동묘지마다 중앙에는 사당을 세웠다. 기록들에 의하면, 이 제도는 빈자들이 묘지장소에 적용할 수 있을 정도로 아주 정교하게 발전되었다. 중앙정부의 명령들이 글자 그대로 집행된 것을 증명하는 한 지역의 고고학적 증거물도 나왔다. 1960년 산서山西성에서 두 개의 비석이 한 빈자의 묘지에서 발굴된 것이다. 1107년도가 새겨진 이 비석들은 매장장소의 면적을 "8척"으로 언급하고 있다.3427)

남송의 복지정책을 따로 떼어보자. 송나라가 남천南遷한 뒤에도 정부가 구빈정책을 중시하는 입장에 변화가 없었다. 기본적으로 남송정부는 북송의 전통을 따랐고, 큰 현성縣城에서는 제각기 거양원과 안제방(=안제원)을 건립해서 빈자와 병자들을 안치했다. 그리고 동시에 각 방면에서 강력한 의료복지정책을 추진했다. 나아가 남송정부는 빈곤이 일으키는 주요문제 중에서 영아유기嬰兒遺棄현상에 특별히 주목하고, 상술했듯이 "자유국慈幼局" 등 육영育嬰기구들을 창립했다. 이 기구의 경비와 관리 측면에서는 새로운 변혁이 있었다. 국가의 복지정책이 이전보다 더 주동적으로 변했다. 환언하면, 남송정부는 사회복지 측면에서 북송정부보다 진일보하여 다대한 발전과 창신創新을 이루었다.3428)

3427) Scogin, "Poor Relief in Northern Sung China", 35쪽.
3428) 梁其姿, 『施善与教化』, 26쪽.

우선 북송의 전통적 거양원 제도는 남천 이후에 날로 보편적 추이가 되었고, 심지어 지방관들은 주현의 성중城中에만 설립할 것이 아니라, 향간鄕間에도 보편적으로 설립할 것을 건의하기도 했다. 그러나 향간의 거양원은 남송이 끝나갈 즈음에 대략 우연히 설립되었을 뿐이고, 보편적 이상에 도달할 수 없었다. 의료구제 측면에서는 남송에서 더 풍요로운 발전이 있었다. 북송시대에 창립된 안제방은 난민이 밀물처럼 몰려오던 남송 초기에 사회 안정의 책임을 일부 맡았다. 광무제 고종은 장차 주현의 성시城市와 가까운 사원들은 안제방을 세우고 난민을 수용해 부양하고 가난한 병자들을 치료하라는 조서를 내렸다. 안제방 외에도 남송정부는 기능이 서로 부합하는 기구인 '양제원'을 추가했다. '양제원'은 1131-1132년에 소흥부紹興府와 임안부臨安府 양편에 최우선으로 세워졌다. 그리고 나서 1201년까지 전국적으로 확산되었다. 회남서로淮南西路의 화주和州와 같은 중간 규모의 주는 100명의 빈민병자를 수용할 수 있는 양제원을 건립했다. 이 새 기구들은 점점 안제방의 기능과 유사해졌다. 의료복지 측면에서 병자의 수용·부양 외에도 약제를 나눠주는 시약施藥조치를 강화했고, 빈민병자들에게 무상으로 시약하는 '혜민약국惠民藥局'과 동일성격의 '시약국施藥局'이 남송시대에 창설되었다. 이런 혜민약국들은 남송후기에 대도시 역병과 재앙 중에 중요한 시약 역할을 담당했다. 원元·명대明代에 와서 두 정부가 둘 다 남송정부의 시약전통을 따라서 주요 주현州縣에서 혜민약국의 운영을 유지했다.[3429]

남송의 복지제도적 발전을 좀 더 자세히 뜯어보자. 남송에서 사회복지 제도의 가장 창조적 정책은 주로 영아유기와 영아살해를

3429) 梁其姿, 『施善与教化』, 26-27쪽.

방지하는 측면에 있었다. 남송정부와 지방관들은 남천하면서 얼마 지나지 않아 가난한 가정이 영아들을 익사시키고 유기하는 사회현 상에 주의를 기울였다. 이런 현상들은 복건·절동浙東(절강성 동부지 방)·강남서부 등의 길에서 마치 매우 보편적인 것 같았다. 이로 인해 이 현상은 지방관의 깊은 관심을 끌었고, 1138년 마침내 갓난 아이가 있는 가정에게 부역을 감해주고 돈 4000전을 지급해주도록 하는 법령이 채택되었고, 1145년에는 금전지급을 미곡 10말 지급 으로 고쳤고, 이로써 비교적 실질적 혜택이 더 커졌다. 금전과 미곡으로 빈농의 육아를 돕는 이 원칙은 12세기 후기와 13세기에 이르자 허다한 주현에서 실시되게 되었다. 다만 상세한 측면에서 각 지방관들이 방법을 달리 했을 뿐이다. 이런 구제방식은 당연히 저명한 '거자창舉子倉'(과거응시생을 지원하는 곡식창고)과 밀접한 관 계가 있었다. 주희朱熹 등은 지방의 기황饑荒을 구제하기 위해 사창 社倉을 창건했다. 그런데 1135년 수립한 거자창 원칙은 사창과 유사했다. 관전官田이 없는 조세를 거두어 이것을 적본糴本으로 삼아서 이것을 창고에 두었다. 그리고 주州·현승縣丞은 창고업무를 관리했다. 거자창은 먼저 복건성 도로의 4개 주에서 실행했고, 그러고 나서 기타 주현으로 파급되었다. 다음에 창립된 '자유장慈 幼庄'은 거자창으로부터 발전되어 나왔고, '자유장'은 진덕수眞德秀 (1178-1235)가 강동에 전운사轉運使로 부임하여 1217년 창립한 것이 다. 이 자유장의 경영원칙은 거자창과 동일했으나, 주요 구제목표 는 유기된 영아嬰兒들이었고, 장전庄田이 거두는 금전과 미곡은 유기된 영아를 입양하는 가정을 물질적으로 돕거나 관청에서 유모 를 모집하는 비용을 만드는 데 썼다. 환언하면 남천 후 오래지 않은 남송정부는 가난한 가정의 생육을 고무하고 인구성장을 촉진

하는 데 특별히 현저한 노력을 쏟았다.3430)

'거자창'과 '자유장'은 가장 창조적인 것으로 치지 않는다. 남송의 "가장 특색 있는" 자선기구는 수시로 유기영아들을 집중수용하는 기구다. 남송정부는 1247년 유명한 '자유국慈幼局'과 그 전신인 '영아국嬰兒局'을 건립했다. 이것은 세계 최초의 관용 전업專業 고아원 중의 하나로 칠 수 있다. 영아국은 1219년 호주湖州에서 창립되었다. 창립자 통판通判(=감독관) 원보袁甫가 기록한 바에 의하면, 영아국의 조직은 최고의 완벽성을 갖춘 것으로 평가된다. 유기영아는 "유모를 시켜 젖을 먹이게 하고 유모에게 매월 곡식을 지급하고, 할미 5인을 택해 중모衆母의 장으로 삼고 중모의 젖을 각기 그 영아들에게 먹이고, 또 1인은 아기가 불시에 들어오는 것에 대비한다. 오는 아기들이 많으면 그럴수록 적을 모집하여 그들을 거둔다. (...) 아기의 나이가 7세가 되면 유모들에게 월급 곡식을 지급하지 않는다. (...) 질병이 있는 경우는 의원 1인이 삼가 살폈다. 지금은 2인을 늘렸다." 약 10년 뒤인 1230년 통판 조선료趙善繚는 구강九江에 역시 동일한 기구를 설립했다. 그리하여 13세기 초 영아국은 주요한 지방 관영조직이 되었고, 13세기 중엽 영아국은 모범적 자유국으로 여겨지고, 처음으로 전국적 자선기구로 완성되었다. 자유국의 시초는 일반적으로 1247년 임안부였던 것으로 인정되는데, 상술했듯이 이것은 제4대 황제 이종의 명령으로 설립된 것이다. 그리고 10년 뒤인 1257년 이종은 "천하 제주諸州는 자유국을 건립하라"고 명령했다. 이때부터 남송 말엽까지 30년간 비교적 큰 주현은 모두 다 자유국을 설립했다.3431)

3430) 梁其姿,『施善与教化』, 27-28쪽.
3431) 梁其姿,『施善与教化』, 28쪽.

같은 시기의 유럽에서 기독교의 각 교파의 사원들이 자선기구를 주관하는 경우에 전문적으로 병자들을 수용하여 부양하는 의원醫院을 보유하고 있었을지라도 송대 정부처럼 그렇게 서로 다른 빈곤문제를 부문별로 따로 가진 수준에 결코 이르지 못했다. 이것은 중국 고대사회가 독보적으로 보유한 것이었고, 더욱이 영아들을 죽이고 버리는 것을 방지하고 유기된 영아들을 수용하여 부양하는 이 한 가지 사항만 보더라도 당시사회가 인구증가에 따라 직면하게 된 문제를 가장 선명하게 반영하는 것이었다. 유기영아를 구제하는 기구가 나타나고 나서 17-18세기에 인구가 재차 급증한 시기에 육영育嬰기구의 보편화와 중국인구 증가의 두 차례 급증은 서로 연관된 것이다. 이것도 역시 의미심장한 역사현상으로서 깊이 생각해볼 만한 가치가 있다.3432)

그런데 사회복지제도는 늘 효율성 문제를 야기한다. 북송시대에 이미 부자들의 조세저항이 있었고, 복지정책의 큰 낭비 측면에 대한 비판, 군비부족에 대한 지적 등이 터져 나왔다. 남송시대에 구제기구들도 역시 동일한 비판에 직면했다. 그러나 비판의 초점은 행정상의 폐단과 누수에 있었다. 가령 상평창 제도는 본래 겨울철에 지방 빈민들을 구제하는 것이었지만, 역시 안으로부터 탐오貪汚에 직면하여 정작 빈자들이 구제받을 수 없게 만들었다. 그리하여 지방의 유력자들이 사창社倉을 창도했어도 미곡의 연납과 대여과정을 지연시키는 것으로 인해 탐오 등의 상황이 발생해서 허다하게 빈민들이 혜택을 받을 수 없게 만들었다. 거양원 제도는 비록 탐관오리와 차명입주자들을 엄히 징벌했을지라도 이런 폐단의 발생을 완전히 막을 수 없었다. 그리하여 "교활한 자들은 온 가족

3432) 梁其姿, 『施善与教化』, 28-29쪽.

이 미리 다 신청했지만, 빈자들은 오히려 버림받았다." 안제방의
의료에서도 유사한 상황이 발생했다. 유기영아를 구제하는 정책도
적잖이 누수가 있었다. 거자창도 어떤 때는 진정으로 신생아가
있는 가난한 가정을 도울 수 없었고, 오히려 지방호족이 이득을
취하고 창관倉官 중에는 개인 주머니를 채우는 자가 있었다.3433)

남송 말엽에 이르자 자유국慈幼局은 많은 폐단을 노정했다. 당시
임안의 자유국은 이미 역사적 명성을 떨쳤지만, 남송정부의 여러
가지 '선행善行'도 역시 단지 그 시대 사람들의 기억과 전언에만
의존할 수 있었을 뿐이다. 수도를 포함한 자유국이 남송 멸망 전후
에 유지할 수 없었다면 기타 복지기구들의 운명은 상상만으로도
가히 알 수 있을 것이다.3434)

송대로부터 자선복지기구는 주로 정부운영이었다. 따라서 자선
기구의 퇴락은 남송정부의 쇠락과 긴밀히 관련된 것이다. 그러나
이와 같을지라도 남송시대의 사회구제는 나날이 지방적 색채를
더해 갔고, 주희의 사창社倉제도 및 연대적 거자창 제도는 거의
전적으로 지방자원에 의거해 유지되었다. 이것은 지방 부로父老들
의 협의와 조치에 의해 운영되었다. 심지어 자유국·안제원 등의
복지기구의 재원財源도 지방 부자들의 농지·은전 연조捐助를 빼놓
을 수 없었다. 비교적 적극적인 여러 명의 지방관들은 여러 가지
지방특색의 복지제도를 창출하고 중앙정부가 만든 표준기구와
완전히 같지 않았다. 심지어 소식이 1089년에 항주 시절에 창설한
'안약방安藥坊', 오거후吳居厚(1035-1113)가 개봉부 시절 1102년에 설
치한 '장리원將理院'은 나중에 안제방의 전범이 되었고, 남송의

3433) 梁其姿, 『施善与教化』, 29쪽.
3434) 梁其姿, 『施善与教化』, 29-30쪽.

소주蘇州는 상이한 지방관들의 의료복지 성과를 맛보았다. 가령 진노경陳老卿(1180-1236)은 1226년 좌우의 의원을 '안양원安養院'으로 고쳐서 병든 죄수들을 요양시키는 안제방과 별개로 노인 병자들을 요양케 했다. 오연吳淵(1109-1257)은 1231년에 '광혜방廣惠坊'을 건립하여 남녀 병자들을 부양하고 겸하여 관곽을 시여했다. 이런 복지기구들은 왕왕 지방부호들의 의연금에 의지해서 유지될 수 있었다. 그리고 지방의 명망가들은 기황饑荒 때 죽을 시여하기도 했는데, 이것은 통상적인 일이었다. 그러나 지방의 자원이 지방복지에 직접 쓰일지라도 사회구제의 의식형태 측면에서 송대는 여전히 당대 중기 이후 중앙을 중심으로 삼는 전통을 따랐다. 정부는 유일하게 장기적 복지기구를 조직할 자격을 가진 것으로 여겨졌고, 민간의 역량은 단지 정당한 정도의 배합을 이룰 수 있었을 뿐이다. 이로 인해 왕조의 쇠락은 필연적으로 구빈제도의 쇠락을 가져왔다. 상당히 장대한 사회역량이 여전히 장기적·조직적으로 아직 동원되지 않고 있었던 것이다.3435)

돌아보면, 왕안석의 개혁 이래 고도로 상업화된 송나라에서 공고한 구빈양민제도는 특별히 의미심장한 기능을 수행했다. 송대에 생산이 증가하면서 새로운 패턴의 상업이 발전하기 시작했다. 또 관료엘리트들을 성적으로 선발하는 학교제·과거제·관료제는 귀족층을 분쇄하고 사회적 상하이동을 강화했다. 점점 유동적이 되어가는 새로운 사회는 자기들의 신분을 개선할 수 있는 기회를 하층계급의 많은 사람들에게 창출해주었다. 그러나 사회적 이동성과 유동성의 이런 고도화 과정에서 아주 많은 백성들이 잦은 천재天災·인재人災와 시장의 경제적 동학으로 인해 헐벗게 되었다. 방대한

3435) 梁其姿, 『施善与教化』, 30-31쪽.

백성이 생계를 의존하는 농지에서는 여러 요인들이 작용해서 독립 농가들의 생계 여유를 삭감했다. 북송의 인구는 1014년 900만 명에서 1063년 1200만 명으로, 1110년에는 2000만 명으로 급증했다. 그러나 토지의 경작면적은 더 느린 속도로 증가했다. 신新개간지 "간전墾田"은 1021년 5억2475만8432 무畝에서 황우皇祐 연간 (1049-1053)에 2억2800만 무로 줄어들었고, 치평治平 연간(1064-1067)에는 4억4천만 무로 올랐다. 20년 뒤에 이 수치는 2000만 무만큼 증가했다. 장거리 이주나 처녀지의 개간은 빈민들이 손에 넣을 수 없는 조직과 기술 수준을 필요로 했다. 조상을 모신 사당의 유지를 강조하는 유교적 효도 전통에 의해 영향받은 송대 정부는 정부 지원 이주를 조직하기 위해 골머리를 앓았다. 토지에 대한 인구압박이 증가하면서 상속재산의 분배는 독립농가의 재산의 평균 규모가 축소되는 것을 의미했다. 농가의 어려움은 전비의 증가로 인한 조세인상에 의해 가중되었다.[3436]

그리하여 이 독립 소농들은 많이 요호부민饒戶富民의 전호佃戶(소작농)로 전락했다. 송대 지주-소작 관계의 정확한 성격은 토지구속성과 지주의 징벌권으로 입증된다. 농민들이 자발적으로 전호가 되고자 한 것은 그들의 절망적 상황의 심각성을 보여준다. 그리하여 송대 농민은 자연재해와 물리적 환경변동으로부터 그들을 막아줄 차단장치가 거의 없었다. 송대에는 193번의 수해, 183번의 한발, 101번의 우박폭풍, 93번의 태풍, 90번의 황충해(메뚜기 떼 피해), 87번의 기근, 77번의 지진, 32번의 역병과 18번의 눈보라 폭풍이 있었다. 이것들 외에도 전반적 기후 추이도 농부들에게 불리하게 작용했다. 중국의 이전 북부 본토는 상당한 동안 생산성이 하락했고, 이 과정

3436) 참조: Scogin, "Poor Relief in Northern Sung China", 35-36쪽:

은 송대 내내 지속되었다. 강우의 감소, 강하江河 염분의 증가, 관개灌漑시설의 침식과 그 효율성의 하락은 모두 다 북부 농업에 큰 손실을 초래했다. 게다가 중국의 평균 기온도 송대 내내 추락했다. 12세기는 지난 천년 중 가장 추운 세기였다.3437)

가난한 농민층에 대한 이런 재난과 환경변동의 충격으로 송대 구빈·복지관련 저서들 속에서 뚜렷이 등장하는 이농離農·난민들을 낳았다. 많은 저서와 기록문서들은 농부들 가운데서 식인현상도 언급하고 있다. 집 없는 굶주린 난민들의 절망은 송대 정부가 직면한 지속적 문제였다. 식량과 위생시설의 부족으로 인해 난민들은 기아와 질병의 악순환 속에 빠뜨렸다. 많은 사람이 죽고 또 많은 사람들이 새로운 농촌지역으로 이주했다. 또 다른 사람들은 영화로운 도시들로 도망쳐서 그곳에서 조세와 부역의 부담을 피했다. 이런 도시들의 성장은 송대 구제제도의 설립에 또 다른 동력이 되었다. 상업의 발달 속도가 빨라져 감에 따라 새로운 도시 중심들은 전국적으로 성장했다. 이 중 일부 도시들은 상대한 크기를 자랑했다. 가령 1075년 개봉의 가구 수는 23만5599 호였고, 항주는 20만2806 호, 복주福州는 21만1552 호, 천주泉州는 20만1406호였다. 이런 대도시들은 송나라의 중요한 측면이었다. 『동경몽화록東京夢華錄』과 같은 당시 기록들은 송나라 수도 개봉의 경이로운 규모와 풍요를 증언해준다. 유럽의 가장 부유한 도시의 시민이었던 마르코 폴로는 송나라가 멸망하고 나서 몇 년 뒤 그가 항주에서 본 부富와 상업에 경악했다.3438)

이런 영화榮華의 뒤안길에 빈곤의 항구적 악령이 숨어 있었다.

3437) Scogin, "Poor Relief in Northern Sung China", 36쪽:
3438) Scogin, "Poor Relief in Northern Sung China", 36-37쪽:

농촌으로부터 유입되는 유민流民은 새로운 도시 기업들에 대해 잠재적 노동력을 제공했지만, 문제도 제공했다. 여러 문서에 도시 빈민의 상황은 끔찍했던 것으로 나타난다. 1107년의 개봉에 관한 전형적 보고문서는 "여기저기 방황하다가 거리에서 죽는 발가벗고 한데 노출된 걸인들"을 말하고 있다. 상당히 작은 지리적 지역에 빈민이 집중함으로써 그들의 필요를 충족시키려는 정부의 시도는 오히려 효과적으로 시행가능하게 되었다. 동시에 그들의 도시 집중은 중앙과 지방의 도시 중심들에서 공공질서에 대한 위협을 제기했고, 이 도시정부들은 사회적 현실에 대한 정확한 지각으로 이 빈민들을 이끌어 국가의 정규적 구빈을 향한 움직임을 뒷받침하도록 했다. 농민층의 궁경窮境으로 12세기의 첫 20년 동안 폭력사태가 폭발적으로 확산되었고, 이 농촌에서의 이 혼란과 무질서는 그것대로 문제였지만, 도시들에서의 이런 폭력사태의 발발은 더 심각한 문제였을 것이다. 송대 도시들은 행정단위로 조직되지 않은 거주지들을 포함하고 있었다. 도시를 순사들이 순찰을 도는 성곽화된 이웃들로 나눈 옛 '방坊' 체계가 붕괴하면서 대규모 폭력사태가 발생할 경우에 이 사태는 과거보다 진압하기가 더 어려웠을 것이다. 여러 도시에서 크고 작은 도시폭동이 보고되었다. 하지만 정부는 유교적 이념에 따라 각종 구빈사업을 떠맡아 전국적·지속적으로 집행함으로써 잠재적 위험분자들이 극단적 절망지경으로까지 영락하는 것을 미연에 방지하고 크고 작은 도시폭동을 쉽사리 고립시킬 수 있었던 것이다.3439)

상론했듯이 유학에서 공적 복지는 '자선'이 아니라 '선정善政'의 핵심내용이었다. 구민·양민·안민과 교민으로 구체화되는 공적 복

3439) 참조: Scogin, "Poor Relief in Northern Sung China", 37쪽.

지는 국가의 존재이유였기 때문에도 송나라는 국가기구 전반을 정교한 공적 복지제도로 간주했고, 또 이런 복지제도로 발전시켰던 것이다. 역대 중국정부 중 송대 정부, 특히 남송정부는 "빈로貧老와 병자를 구제하는 활동에서 가장 적극적이었다".[3440] 하지만 송대 복지제도는 이 구민·양민정책으로 그치지 않고, 그 전모도 이것만으로 다 드러나지 않는다. 앞선 학교론에서 상론한 왕안석의 교육개혁에 의해 확립된 교민복지(교육·문화복지)를 이 구민·양민복지 논의에 합쳐야만 송대 복지제도의 전모가 드러난다.

송대의 사례에서 중요한 역사적 변화가 감지된다. 빈민은 하나의 구체적 사회범주로 탄생했고, 사회적 빈곤은 중앙정부가 해결을 요하는 문제 중의 하나가 되기에 이르렀다. 자선복지기구가 빈민을 구제하는 표준은 이 한 가지 점에서 12세기부터 허다한 기구들이 수용할 대상을 현시해주고 이미 전통적 환과고독의 유형을 "빈핍貧乏하여 자존할 수 없는 사람들(貧乏不能自存之人)" 또는 "늙고 병들고 가난하여 자존할 수 없는 사람들(老疾貧不能自存之人)"로 개칭했다. 숭년 4년(1105) 거양원과 관련된 조령은 가장 확실하게 말하고 있다. "수도로부터 지방의 도로에까지 다 거양법을 시행하고 안제방을 설치하고, 환과고독이 아니더라도 몸이 쇠약한 폐인·노인·병자·장애자들(癃老疾癈)은 빈핍貧乏하여 자존할 수 없으니 당직관들은 심찰審察하여 실체를 파악하고 요양을 허여許與하라." 이 "빈핍貧乏"이 여전히 확실한 표준적 정의가 없을지라도 사람들을 수용하여 구제하는 선결조건은 "자존할 수 없음(不能自存)"이고, 무친無親 이 한 점이 아니라는 것이 특별히 분명하다. 수용하여 구제할 사람의 빈핍 여부를 어떻게든 확정하면 "군읍의 경우는 마을의 갑수甲首와

3440) 梁其姿, 『施善与教化: 明清的慈善组织』, 25쪽.

갑부甲副가 책임지고, 촌락의 경우는 보정保正과 부장副長이 책임진다.” 지방은 명망가들이 구제를 기다리는 사람들의 경제조건을 주체적으로 판단했다.3441)

송대 정부가 “빈핍자貧乏者”(빈민), 특히 “도시빈민”을 사회문제로 인정한 것은 “일대 사상적 돌파”였고, “맡아서 기르는 방식(收養方式)”으로 이 사회문제를 처리한 것은 일종의 “창조적 공공정책”이었다. 이 측면에서 북송·남송정부는 정치이념적으로 동시대의 서구제국보다 더 선진적이었다. 그러나 이것은 이전시대에 불교 자선제도가 없었더라면 저런 복지제도 창조는 불가능했을 것이다. 북송초기의 ‘복전원’은 본래 불교식 명칭이다. 그리고 나중의 안약방·거양원·안제원 등의 제도에서는 비교적 외진 지방에서라면 늘 승려가관리하는 사례가 있었고, 때때로 이런 복지기구들을 사원에 설치했다. 바꿔 말하면, 조직형태에서 송대 자선복지기구들의 발전은 의심할 바 없이 남북조에서 수당隋唐에 이르는 불교전통을 따랐다. 그러나 각종 구빈정책을 창안하는 정치이념에서는 현격하게 “혁명적 창조”가 있었다.3442)

단명한 원대는 사회복지 측면에서 송대 제도를 이어서 발양시킨 성과가 전혀 없었다. 대부분의 복지기구들은 송나라가 망한 후에 모두 다 소실되었고, 단지 의료복지 측면만이 송대보다 진일보한 발전을 보여주었을 뿐이다. 송나라가 창설한 혜민약국 제도는 원대에 더 보편화되었고 정부는 ‘광제제거사廣濟提擧司’를 병설하고 전국 혜민약국의 경영을 감독·관리했고, 또 지방의 행정계통 속에 “의학醫學”이라는 항목을 하나 더해 지방의 의학생들을 훈련시켜

3441) 梁其姿, 『施善与教化: 明清的慈善组织』, 31쪽.
3442) 梁其姿, 『施善与教化: 明清的慈善组织』, 32쪽.

혜민약국과 공동으로 시약施藥사업을 전개했다. 그러나 이 의약복지를 제외하고는 원대에 기타 사회복지 측면에서 거론할 만한 좋은 점이 없었다. 원대는 단지 여러 문인들이 송대의 각종 "덕정德政"을 회고했을 뿐이다. 환언하면, 자못 앞을 내다보는 성격을 가졌던 송대의 복지정책들은 송나라가 망한 뒤에 유지될 수 없었다. 차후의 중앙정부는 송대의 적극성을 따를 수 없었던 반면, 송대의 민간 역량은 장기적 복지단체가 될 정도로 성숙하지 못했다.3443)

총괄하면, 당시 송나라는 전혀 과소평가할 필요 없이, 그리고 부인할 수 없이 세계에서 가장 거대하고 유일무이한 복지국가였다. 송나라는 이런 복지국가였기 때문에 자연재해와 환경변동을 극복하고 번영하고 또 놀라운 인구증가를 이룩할 수 있었던 것이다. 이후 원·명·청대 중국의 역사는 오로지 국가만이 수행할 수 있는 구민·양민·안민·교민 복지정책의 성패에 따라 해당 왕조의 존망이 결정되었다. 유학적 관점에서, 아니 일반적 관점에서 국가이성 또는 국가의 존재이유는 군사안보가 아니라, '민복'이기 때문이다. 군사적 안보기능은 국가만의 고유 행위가 아니고, 100명 안팎의 원시집단·부족집단 등 모든 전前국가적 사회집단에서도 생존을 위해 행하던 기능이다. 또한 사회집단이 국가 단계로 올라선 뒤에도 안보는 그 자체로서 독립적 가치를 가지는 것이 아니다. 그것은 오로지 '백성의 복지와 행복'으로서의 '민복'을 지키는 것에서 가치를 얻는 것이다.

3443) 梁其姿, 『施善与教化: 明清的慈善组织』, 32쪽.

2.2. 명대 중국 복지제도

명대 중국정부의 구민·양민·안민·교민의 민복정책은 한대·당대·송대의 복지정책을 이어받아 더욱 고도로 발전되었다. 그러나 명대에는 중앙정부의 복지정책 못지않게 유교적 이념에서 발로한 민간의 복지활동 또는 시선施善활동도 다방면에서 번창했다. 16세기 이후에는 복지정책의 주도권이 아예 중앙정부로부터 지방의 신사사회로 이동한 형세가 되었다. 이것은 송대보다 더 심층적으로 진행된, 명대중국 사회와 경제의 상업화와 화폐화의 여파였다.

■ 정부의 황정과 양민복지정책

대명국大明國, 또는 명明나라(1368-1644)는 창건과 거의 동시에 다양한 황정荒政의 수행을 위해 다용도의 곡식창고를 갖췄다. 명태조 주원장朱元璋이 홍무 3년(1370년)에 각 행성의 지방관부에 비황備荒을 명분으로 설치한 이 양곡창고는 "예비창預備倉"이라 불렸다. 이것은 옛 상평창제도를 진제賑濟황정 위주의 새로운 형태로 바꾼 것이었다.

명대 중국정부는 노년 향민을 뽑아 파견하고 돈을 운용해 양곡을 사들여 향촌에 저장하게 했다. 주현州縣마다 동서남북에 양곡창고를 4개소를 설치하고, 하나의 '예비창'이 4개의 향鄕을 커버하게 했다. 주현의 지방정부는 곡물을 사 모을 때 증명서를 발급했다. 기근이 든 해에 예비창은 농부들에게 곡식을 대여해 주고 다음해 수확기에 상환을 요청했다. 이 제도절차는 성조成祖 때 완비되었다. 영락연간(1403-1424)에 성조는 예비창을 향간鄕間을 따라 성내에 설치하라는 조령詔令을 내렸다. 그리고 저장식량을 대부분 춘궁기에 농가에 대여하고 가을 추수 후에 회수케 했다. 그리하여 예비창 운영제도는 춘궁기에 곡식을 꾸어주는 왕안석의 청묘법과 유사했다. 예비창은 설립취지나 설치된 지역의 지명에 따라 '풍제창豐濟倉', '정해창定海倉' 등으로 불렸다.

- 정부의 황정

유여위兪汝爲의 『황정요람荒政要覽』(1589)을 집중 분석한 제니퍼 다운스(Jennifer E. Downs)의 연구에 의하면, 초기 명국정부는 효과적인 황정을 전개했으나, 15세기 중반부터는 농촌사회의 조절 측면에서 능력과 관심도 잃어갔다. 『대명회전大明會典』에 담긴 공식적 법규들은 왕조 초기의 보다 엄격한 규제와 더 높은 황정 수준으로부터 후기의 보다 낮은 감독과 보다 낮은 황정 수준으로 변화하는 국면들을 잘 보여준다. 이와 동시에 권력과 책임이 중앙정부에서 지방 차원으로 점진적으로 분권화되는 변화가 일어났다. 기근과 자연재해에 대한 황제와 관리들의 해석과 반응은 사회 안에서 일어나는 여러 변화를 반영하는 강세이동을 보여준다. 명대사회가 점점 주원장의 의도대로 명국의 제도들이 정식화된 안정적 농업사회질서와 결별해 감에 따라, 이로 인해 이런 변화는 사상적 흐름에서도 분명해졌다. 15세기 중후반부터 명국왕조는 관심을 내부로 돌렸고, 자연재해와 기근에 대처하여 발령된 칙령들은 점차 자기성찰과 천벌에 초점을 맞췄다. 동시에 관리들의 글도 장기계획과 실사구시적 지식, 그리고 유구한 정책의 재조정을 강조하는 경세론에 대한 관심을 보여준다.3444)

명국의 15세기 후반은 국가와 사회의 관계가 일대 변동을 겪는

3444) Jennifer E. Downs, *Famine Policy and Discourses on Famine in Ming China, 1368-1644*, A Thesis Submitted to the Faculty of the Graduation School of the University of Minnesota, July 1995, iii-iv쪽.

이행기였다. 국가제도는 지방 사회의 관리에 대한 간섭을 줄여갔고, 지방 엘리트들은 점점 더 고향 지역의 사회문제에 간여해 들어갔다. 황정에 초점을 맞춘 후기의 저서들에서 홍무제 치세(1368-1398)는 때로 명조의 황금기로 평가된다. 주원장은 중국역사에서 왕조를 세운 두 번째 농부였다. 그의 건국은 몽골지배 약 1세기 뒤 중국의 토착적 지배를 회수하는 것을 의미했다. 주원장의 목표는 안정된 농업적 질서를 확립하는 것이었다. 그는 이럼으로써 향촌공동체와 농민의 복지에 많은 관심을 가졌다. 그가 농업적 질서에 초점을 맞춘 이유는 아마 시대의 실제적 요구만이 아니라 그의 농부적 배경과 개인적 믿음의 결합으로부터도 생겨났을 것이다. 원대 후기의 자연재해와 내전으로 황폐화된 북중국의 농업경제를 회생시킬 필요는 명백했다. 주원장의 이 농업회생 노력의 일환은 1억 그루의 나무를 식목한 재再산림화 프로젝트도 포함했다. 그것의 의도가 무엇이든 이것은 나중의 필객들이 황정의 일환으로 해석했다. 명태조는 독재자 이미지 외에도 효성과 덕성으로 특징지어지는 인자한 유교적 치자로 여겨지고, 이 이미지는 황정에 관심을 가진 많은 저자들에 의해 공인된다. 태조와 그의 후계자들은 이 황정을 통해 농부들을 진정으로 보살피고 기근을 방비하고 완화하는 효과적 정책들을 제도화했다는 신뢰를 얻었다.3445)

여러 측면에서 초기 명국 사회는 사실상 명태조가 비전으로 그린 "안정된 농업적 사회질서"를 닮았다. 하지만 16세기에는 많은 것이 변하고 삶은 정치적·경제적·사회적·사상적 불안정성으로 특징지어졌다. 1400년에 약6500만 명이었던 중국의 인구는 1600년 1억5000

3445) Downs, *Famine Policy and Discourses on Famine in Ming China*, 1-2쪽.

만 명으로 성장했다. 건국 후 2세기 동안 많은 것이 정치적·사회적으로 변했다.3446) 14세기와 16세기 사이에 일어난 가장 의미심장한 변화는 경제의 상업화와 화폐화였다. 이 변동은 장거리 교역과 행성 간 교역의 성장, 현금작물 경작, 도시와 농촌 양쪽에서의 수공업 생산의 성장을 포괄했다. 은銀은 이 경제변동에서 열쇠의 역할을 하기에 이르렀다. 화폐경제화의 한 표시는 지방관리들에 의해 개시되어 점차 16세기가 경과하면서 일어난 '일조편법—條鞭法' 개혁이었다. 일조편법 개혁으로 조세납부는 은으로 단순화되고 대체되었다.3447)

확대되는 경제적 기회들은 변화하는 사회체계에 반영되었다. 옛 구조가 붕괴되어 감에 따라 사회적 이동성이 증가했다. 전국적으로, 특히 양자강 하류 유역에서 지주-소작 관계의 탈脫인격화와 악화를 수반하는 부재지주 현상도 늘어났다. 또 다른 변화는 상인 재부가 성장하는 것과 함께 이른바 '신상紳商'계층의 형성으로 상인들의 지위가 상승한 것이었다. 동시에 상업기회의 확장은 토지투자에 대한 의존도를 떨어뜨렸고, 많은 신사들이 상업활동에 투자하기 시작했다. 이 번영은 과거응시생들 사이의 경쟁을 더 치열하게 만든 교육기회의 확대를 가져왔다. 과거에 과거급제로 얻어지는 정치권력에 자원을 집중시키던 많은 가문들은 이런 접근법의 점증적 허사성虛事性을 깨닫고 여러 대체적 활동에로 관심을 돌렸다.3448)

명대의 이 초기와 후기, 두 시기는 황정을 고찰하는 데 아주

3446) Downs, *Famine Policy and Discourses on Famine in Ming China*, 2쪽.
3447) Downs, *Famine Policy and Discourses on Famine in Ming China*, 3쪽.
3448) Downs, *Famine Policy and Discourses on Famine in Ming China*, 3-4쪽.

중요한 시기들이다. 초기 시기는 황정에 대한 국가의 관심과 역사 기록에서의 그 역사적 위치 때문에 중요하다. 후기 시기는 그때 벌어진 황정의 변화와 『황정요람』의 출간 맥락 때문에 중요하다. 16세기 중국은 14세기 중국과 아주 달랐다. 14세기의 국가지배 농업사회와 16세기의 유동적 도시 상업사회 사이의 이행기인 15세기에 도대체 무슨 일이 벌어졌나? 그것은 국가중심 사회에서 국가로부터 이완된 지방중심 사회로 변화였다.3449) 국가와 사회의 관계가 국가우위에서 사회우위로 변화·발전한 것이다.

명대의 황정은 유교적 "양민"이념의 특징을 지녔다. 황정에 대한 정부의 관심과 권능의 축소는 15세기 후반에 시작된 국가와 사회의 관계변동을 조명해준다. 이 기간 동안 국가제도는 지방행정과 지역 사회에 덜 간섭했고, 지방 엘리트들이 점차 지방의 사회적 업무에 더 큰 역할을 하기 시작했다. 이 시기에 관리들은 통상적으로 일상적 직무를 좇고 황정에 관심을 집중하지 않았다. 어느 날 위기가 발생하면 그들은 허겁지겁 상황을 통제하려 들었다. 이런 짓이 나라와 백성의 고난을 덜어줄 수 있다고 생각하는 것은 우스운 일이었다. 국가의 황정보다 민간의 황정이 훨씬 더 우월했다. 정부는 재난에 사후적으로 대응했다. 정부는 명백하게 정의되고 선포된 황정이 없는 것이 아니었다. 『대명회전』은 백성에 대한 걱정과 관심을 단언하고 공식적 정책을 요약하고 있다. "왕조는 백성의 곤경이 숨겨져 있다고 아주 심각하게 받아들인다. 수해나 한해旱害가 닥칠 때는 언제나 우리는 조세를 변제하거나 관리들을 파견하여 곤경을 구제한다. 메뚜기 떼가 나오면 우리는 관리들에게 그것들을 잡도록 명한다. 모든 경우에 그것을 처리하는 방법이 있기 마련이

3449) 참조: Downs, *Famine Policy and Discourses on Famine in Ming China*, 4쪽.

다. 보고가 있을 때마다 재난피해를 조사한다."(『大明會典』, 17/54b-17/55a)[3450] 그러나 중앙정부는 대부분 재해가 이미 상당한 곡식손실과 인명손실을 초래한 뒤에야 황정책을 폈고, 그것도 황정책의 결정과 집행은 훗날 청조에 비해 너무 느렸다. 정부는 구황곡식이 재난을 당한 지 5-6개월 뒤에 분배하거나 심지어 다음해에 시여할 정도였다. 그러므로 이런 느린 황정의 구황효과는 클 수 없었다.[3451] 그리고 정부가 추구한 황정은 대개 조세면제와, 곡물자원을 재난지역으로 수송하는 인도적 지원이었다.

상술했듯이 준비된 공식창고로 '예비창'은 이미 있었지만 기근지역과 황충피해 지역은 둘 다 갈수록 심각하게 소홀히 방치되었다. 1404년 영락제는 황충통제를 위한 법규를 확정했었다. 이부吏部는 이 법규에 따라 각지역으로 관리들을 파견했다. 이 파견은 지방관들에게 초봄에서 지역을 순행하러 백성들을 보내는 것을 상기시켰다. 메뚜기가 출현하고 있으면 관리들은 이것들을 잡는 방법을 고안하여 이것을 깡그리 박멸하는 것을 확실히 보장해야 했다. 포정사와 순무는 황정책이 시행되는 것을 보장하고 메뚜기 문제를 소홀히 하는 관리들을 아무나 처벌했다. 이것은 『대명회전』에 규정된 가장 특별한 예방조치였다. 하지만 이것이 "항구적 법규"라는 칙령에도 불구하고 1434년의 경우는 이 법규가 적용된 유일한 사례다. 대부분의 경우에 구제는 메뚜기 떼가 휩쓸고 지나간 뒤에야 식량 부족으로 이미 기근에 빠져든 지역에 보내졌다.[3452]

3450) 참조: Downs, *Famine Policy and Discourses on Famine in Ming China*, 78-79쪽.

3451) 참조: 김문기, 「明末淸初의 荒政과 王朝交替」, 『中國史研究』 第89輯 (2014. 4.).

3452) Downs, *Famine Policy and Discourses on Famine in Ming China*, 79쪽.

왕조 초의 열성적 황정이 세월이 가면서 점차 느슨해지는 것은 황정 관련 관리들을 통제하는 법규들에서 볼 수 있다. 관리들에 대한 홍무제의 불신과 평민들에 대한 그의 걱정은 황정에 관한 그의 조치들이 말해준다. 1385년 홍무제는 재해지역에서 관리들이 상황을 보고하지 않는다면 그 지역의 장로들이 상소문을 써서 황제에게 직보直報하는 것을 허용한다는 조령을 내렸다. 그리고 재해를 적시에 보고하는 데 태만한 죄를 범한 관리들은 사형에 처했다. 황제는 이 경우에 무관용 원칙을 적용한다고 강조했다.3453)

태만한 관리들의 엄벌은 영락제 때도 계속되었다. 1407년 6월 23일 영락제는 감찰어사에게 내린 칙령에서 이렇게 말한다. "하남성의 주현은 한발과 홍수에 의해 반복적으로 재해를 입어 왔노라. 그러나 관리들은 그것을 감추고 보고하지 않았다. 그들은 날씨가 정상적이고 작물은 잘 자라고 있다고 보고했다. 그러나 내가 사람을 보내 조사했을 때, 어떤 곳의 수확은 정상의 40%나 50%도 안 되었고, 다른 곳에서는 10%도 안 되었다는 것이 드러났다. 상황은 주민들이 풀과 나무뿌리를 먹으려고 채집할 지경이었다. 이런 것을 듣는 것은 나를 괴롭게 한다. 곡식을 방출하여 그들을 구제하는 것이 절박하다. 이미 아사하는 사람들이 나오고 있다. 이것은 나쁜 인간들을 (관리로) 채용한 실책에 기인한다. 나는 이미 그들을 벌했다. 관리들이 재해가 났는데도 그것을 보고하지 않을 때는 아무 때나 그들을 벌하라. 관용을 베풀지 말라."3454) 영락제는 1418년에도 다시 재해를 감추거나 구제를 지체한 관리들을 무관용으로 처형

3453) 『大明會典』, 17/45a. Downs, *Famine Policy and Discourses on Famine in Ming China*, 80쪽에서 재인용.

3454) 『明會要』, 54/1022. Downs, *Famine Policy and Discourses on Famine in Ming China*, 80쪽에서 재인용.

하라고 명령했다.3455)

그러나 1498년 이후부터는 재해보고에 소홀한 관리들의 처리가 덜 엄해졌다. 이 해에 홍치제弘治帝(1487-1505)는 관리들이 정확한 보고나 타이밍이 맞는 보고를 하지 않는 경우에 호부戶部가 그들을 조사하고 탄핵할 것을 명령했다. 이후 이런 경우들은 중범죄라기보다 행정태만으로 간주되었다. 1581년까지 호부는 태만을 조사하고 처벌을 권고하는 책임을 맡았다. 그리고 1581년 이후부터는 도찰원 각도감찰어사들이 그것에 대한 책임을 맡았다. 정책에서의 이런 변화는 "중앙통제의 점진적 청산"을 증명하는 것이다.3456)

재난피해의 조사와 기록은 복잡한 과정이었다. 초기 명국에서 중앙정부는 후기보다 더 밀착해서 황정에 관여했다. 홍무제 때 지방관들과 중앙정부 관리는 둘 다 피해규모를 정하기 위해 재해지역을 친히 조사했다. 작물들이 홍수나 한발로 손상된 경우에는 그 지역의 관리들이 직접 조사하라는 훈령을 받았다. 그들은 상부(총독이나 순무)에 보낼 보고서를 작성해야 했고, 이 상부는 다시 이 보고서를 중앙의 호부에 전달했다. 호부는 그것을 기록하고 상소문을 기안했다. 이때 중앙정부는 특별한 관리를 재해지역으로 파견하여 그 보고서의 진위를 검증했다. 이 임무를 위임받은 관리는 토지의 상황에 더해 기근으로 다친 백성들의 성명과 가구 수를 확정해야 했다. 마지막으로, 이 관리는 조사면제와 필요한 구제곡식의 양을 결정하고 보고서를 호부에 제출하고, 호부는 최종보고서를 기안했다.3457)

3455) Downs, *Famine Policy and Discourses on Famine in Ming China*, 80쪽.

3456) Downs, *Famine Policy and Discourses on Famine in Ming China*, 80-81쪽.

3457) Downs, *Famine Policy and Discourses on Famine in Ming China*, 81쪽.

1424년부터 이 번거로운 시스템은 중앙정부가 아니라 각도감찰 어사들이 지방관들과 함께 조사를 수행하는 방향으로 바뀌었다. 1424년 영락제는 각 재해지역에 각도도찰원이 설치되어 있다면 도찰원각도감찰어사가 지방관들과 함께 조사업무를 맡았다. 직예 지역들(남경과 북경)에서는 순안巡按이 감찰어사들에게 지방관과 함께 조사하라는 임무를 맡겼다. 순안과 순무, 이 두 관리들은, 특히 순무는 황정 시행에서 점차 중요한 역할을 했다. '순무'는 보통 육부의 시랑 칭호를 가진 황궁 고위관리가 의무적으로 맡는 지정 관직이었다. 1453년부터 이 관리들에게는 통상적으로 이들의 지위 를 높이기 위해 부도어사副都御史'(정삼품)라는 명목적 겸직 칭호와 탄핵권한을 주고, 황제에게 직보할 지위를 주었다. 이 관리들은 행성 차원의 행정기관들을 조정하고 감독하도록 파견되었다. 행성 마다 한 명씩 파견되는 '순안'은 감찰어사에게 주어지는 1년 임기 의 의무적 지정관직이었다. 순안은 관할 지방들을 순행하고 모든 정부활동을 관찰하고 관리들을 조사하고 백성들의 하소연을 접수 하는 일을 맡았다. 그러나 1581년에는 직접 조사가 지방관리들에게 남겨졌다. 더 높은 고위관리가 추적 조사를 하는 것은 이제 더 이상 필요치 않았다. 1581년 만력제는 한 곳에서 극심한 재해가 발생하면 주현 관리들이 직접 조사하라고 명령했다. 그들은 순무 와 순안에게 보고해야 한다. 순무와 순안은 이제 직접 조사를 통해 보고서를 검증할 책무가 없고, 상황을 상세히 설명하고 구제를 요청하는 상소문을 즉각 상신하기만 하면 되었다.3458)

명국정부가 활용한 주요 구제조치는 조사면제였다. 토지세는 각현과 각주에 확립된 비율에 근거해서 징수되었다. 조세는 1년에

3458) Downs, *Famine Policy and Discourses on Famine in Ming China*, 81-82쪽.

여름의 세금과 가을의 곡식으로 여름과 가을 두 번 거두었다. 토지세는 두 범주로 나뉘었는데, 하나는 수도나 변경으로 수송되는 '기운起運'이고, 다른 하나는 현지에 잔류시키는 '존류存留'였다. '기운'은 징수된 지역에서 보내지는 세수분으로서 군용으로 북변北邊으로 보내는 군량과 남경과 북경으로 보내는 세곡으로 구성되었다. '존류'는 징수된 지역에 잔류하는 세곡이었다. '존류'는 지방관의 봉급지급, 학생들과 황족에 대한 장학금 지급, 황제가 인가하는 지방 구제식량 배급 등으로 쓰였다. 1년 토지세 세수는 명대 내내 약 2700만 석이었다. 1578년 2660만 석 세곡 중 1170만 석은 지방용도로 잔류했고, 330만 석은 납세자들에 의해 변경으로 운송되었고, 150만 석은 남경으로, 953만4000 석은 북경으로 운송되었다.3459)

역대 왕조들에서 활용된 재해보고 규칙을 보면, 평민들의 부담을 실제로 덜어주는 조세면제의 효과는 의심스러웠다. 전례에 따르면, 여름 재해는 5월에 보고해야 하고, 가을재해는 7월에 보고해야 했다. 변경지방에서는 이 보고시한이 7월과 10월로 늦춰졌다. 따라서 관리들은 시한을 놓칠까 봐서 보고를 안하거나 나중에 부정확한 것으로 입증되는 보고를 하는 선택에 직면했다. 관리들은 보고의 지각이나 부정확성 때문에 처벌받았다. 명태조는 시간제한을 제거함으로써 조세면제를 보다 생산적인 구제조치로 만들었다. 1368년 태조는 홍수와 한발이 덮친 지역들에 대해 시간제한을 지킬 필요가 없다고 명령했다. 그리하여 재난은 아무 때나 발생한 시점에 바로 보고할 수 있게 되고, 조세는 보고 즉시 면제받을 수 있게 되었다. 하지만 그를 뒤이은 황제들은 다시 효과적 구제보다 정확한 형식에 더 관심을 가졌다. 1498년 홍치제는 관리들에게 여름 재난을 6월말

3459) Downs, *Famine Policy and Discourses on Famine in Ming China*, 82-83쪽.

까지, 가을 재난을 9월말까지 보고하라고 명령했다.3460)

　홍무제 때 세금면제는 일반적으로 100%였다. 홍무제는 재난지역의 인간 고난에 관한 보고를 받자마자 관리들을 파견해 구제를 시행하고 세금을 면제했다.3461) 영락제와 홍희제洪熙帝(1424-1425)도 조세면제에 너그러웠고 그것이 백성들에게 도움이 될 수 있도록 적시에 도달하는 것에 신경을 썼다. 1425년 4월 20일 홍희제는 산동성과 남직예성南直隸省의 회안淮安·서주徐州가 식량이 부족하다는 보고를 받았다. 이에 황제는 내각대학사 양사기楊士奇에게 그해의 여름 세금과 가을 세곡의 절반을 면제하라는 칙령을 기안하라고 명했다. 양사기는 황제에게 간언했다. "황제께서는 지극히 인애로우시지만 호부와 공부에 먼저 알리는 것이 필요합니다." 그러자 황제는 관리들이 정부가 충분한 세수를 걷지 못할 것을 걱정하여 시간을 낭비하며 세금면제를 지연시키든가 반대한다고 대답했다. 황제는 "백성의 고통을 구제하는 것은 백성을 불과 익사로부터 구하는 것과 같아서 그것은 지연시킬 수 없다"고 지적하며 양사기에게 칙령을 기안하라고 다시 명령했다. 그 황칙문서에 옥쇄를 찍고 하달한 뒤에야 황제는 양사기에게 호부와 공부에 알릴 것을 허가했다.3462)

　그러나 세금면제는 왕조의 후반으로 갈수록 덜 관대해졌다. 1490년(개국 122년) 홍치제는 조세면제를 위한 선례를 확립했다. 총체적 재난 지역은 70% 면제, 90% 재난을 당한 지역은 60% 면제, 80%

3460) Downs, *Famine Policy and Discourses on Famine in Ming China*, 83-84쪽.

3461) 『明會要』, 54/1021. Downs, *Famine Policy and Discourses on Famine in Ming China*, 84쪽에서 재인용.

3462) Downs, *Famine Policy and Discourses on Famine in Ming China*, 84쪽.

재난 지역은 50% 면제, 70% 재난 지역은 40% 면제, 60% 재난 지역은 30% 면제, 50% 재난 지역은 20% 면제, 40% 재난 지역은 10% 면제한다. 어떤 경우에는 이 비율이 "존류"와만 관계되었다. 황제는 "기운 부분을 줄이는 것은 허용되지 않는다"고 강조했다. 기운은 여전히 전량全量 납세가 요구되었다.3463)

세금면제는 관련된 번거로운 관료체제 때문에 구제조치로서 쓸모가 의심스러웠다. 관리들은 일반적으로 조세면제를 요청하는 절차를 시작하기 전에 백성들이 극심한 고통에 빠질 때까지 기다렸다. 관리들은 그다음 세금을 면제하기 전에 황궁의 답변을 기다렸다. 이 상황은 1470년 한발이 덮친 산동과 하남에 대한 구제를 요청한 도찰원 도어사 구굉邱宏에 의해 지적되었다. 그는 "사방에서 재난이 보고되고 있다"고 말하고, "육부의 관리들이 전례에 갇혀, 보통 황제로부터 답변을 기다리고 오직 답변이 내려올 때만 세금을 면제하기 시작한다"고 지적했다. 구굉은 순무와 순안에게 세금 면제를 결정하는 권한을 부여하라고 제안했다. 황제는 이를 재가했다.3464) 황정에서의 이런 변화는 황정의 지방분권화 방향으로의 권한 이동을 보여준다.3465)

구황救荒정책에서 앞서 상론한 예비창과 기타 세곡창고들이 수행한 역할에 대해 알아보자. 명대 내내 운송된 곡물의 대부분은 운하를 통했다. 대운하를 따라 남직예의 회안과 서주, 그리고 산동의 임청臨淸과 덕주德州에 위치한 대규모의 중간 곡물창고들은 환

3463) Downs, *Famine Policy and Discourses on Famine in Ming China*, 84-85쪽.

3464) 『明會要』, 54/1025. Downs, *Famine Policy and Discourses on Famine in Ming China*, 85쪽에서 재인용.

3465) Downs, *Famine Policy and Discourses on Famine in Ming China*, 85쪽.

적 및 저장 장소로 쓰였다. 1415년부터 1474년까지 세곡의 일부 또는 전부를 위해 쓰인 운송체계는 지운법支運法이었다. 이 체계에서 평민들은 도중에 곡물을 수송해 곡물창고의 하나에 저장했다. 남은 길의 수송은 군인들이 담당했다. 이 기간 동안 네 곡물창고는 100만 또는 150만 석의 세곡을 저장했다. 정부는 네 개의 중간 창고의 이 저곡貯穀을 구황에 사용했다. 흉황기凶荒期에 백성들은 이 네 개의 중간 창고로부터 인하된 가격에 곡물을 구입하도록 허용되었다. 국가는 곡물창고의 저곡을 재난지역의 백성들에게 대여해주었다. 대여곡물은 다음 추수 후에 상환되어야 했다. 극단적 곤경의 경우에는 국가가 곡물을 보통 쌀죽의 형태로 거저 주었다. 이 곡물창고들은 기근 기간에 세수부족을 매우는 역할도 했다. 자연재해가 어떤 지역에서 전량을 납세하는 것을 가로막으면 그때마다 이 창고들 안에 저장된 저곡은 이 세수부족분을 매우는 데 쓰여서 정부의 공급에서 어떤 축소도 없도록 했다. 그 지역은 다음해에 풍작이면 이전에 받은 만큼 되갚았다.3466)

그러나 1474년부터 세곡의 군사적 수송이 민간의 참여를 대체해감에 따라 곡물창고는 새로운 기능을 했다. 이것은 언제나 저곡이 구황에 쓰기에 충분치 않게 되었다는 말이다. 1493년부터 곡물창고들은 수송군인들을 위한 월별 배급량과 여행 중에 먹는 배급량을 공급했다. 1542년부터는 정규군의 배급 군량도 공급했다. 결과적으로, 명국 후기에, 가령 1615년에 호부는 때때로 저곡이 군용이라는 이유에서 구황을 위해 곡물창고를 여는 것을 거부했다.3467)

명국은 역대 왕조들처럼 양민을 지원하고 기근에 대비하기 위해

3466) Downs, *Famine Policy and Discourses on Famine in Ming China*, 85-86쪽.

3467) Downs, *Famine Policy and Discourses on Famine in Ming China*, 86쪽.

저 네 개의 대규모 정부창고들과 분리된 또 다른 곡물창고 시스템을 수립하려고 시도했다. 1370년 홍무제는 상술했듯이 현마다 구황을 위해 네 개의 '예비창'을 설치하라고 명령했다. 그리고 다시 지방관리들이 60세 이상의 평민 장로들을 선발해 정부 돈을 써서 쌀을 비축하게 했다. 예비창의 관리는 같은 장로들의 몫이었다. 그러나 이 정책이 얼마나 광범하게 시행되었는지는 불명확하다. 1403년 많은 곡물창고들이 존재하지 않거나 저곡이 없이 비어있었다는 증거가 있다. 이 해에 북北직예, 산동과 하남도 기근을 겪었다. 한림원 편수編修 양부楊溥(1372-1446)는 곡물창고 시스템의 상태에 대해 격정을 표하는 상소문을 올렸다.3468) 유사한 청원은 1430년대와 1440년대에도 있었다. 관리들은 예비창 시스템이 완전히 방기되었다고 보고하고 황제에게 그것을 되살릴 것을 주청했다. 상소한 관리들은 예비창 제도를 덮친 공통된 문제들을 지적했다. 곡물이 바닥났고, "힘 있고 교묘한" 사람들이 종종 곡물을 훔쳤고, 감찰어사들은 상황보고를 하지 않았고, 창고수비병들도 더 이상 신경 쓰지 않았다. 특별한 지역의 이갑里甲의 장들은 예비창으로부터 빌린 양곡을 상환할 능력이 없을 것이라고 걱정하여 곡물에 대한 필요를 보고하는 것을 회피했다. 이런 상황에서 빈민들은 부자들로부터 곡식을 꿀 수밖에 없었고, 예비창이 부과하던 것보다 훨씬 높은 이자를 지불했다.3469)

예비창이 문제가 있다는 것이 명백한 한편, 그것을 작동시키려는 시도가 반복되었다는 것도 분명하다. 1478년 성화제成化帝는 각

3468) 『明會要』, 54/1022. Downs, *Famine Policy and Discourses on Famine in Ming China*, 87쪽에서 재인용.

3469) Downs, *Famine Policy and Discourses on Famine in Ming China*, 86-88쪽.

행성에 예비창을 되살리라고 명령했다. 1490년에는 주·현에 특별한 할당량에 따라 곡물을 비축하라고 명령했다. 1527년 가정제는 할당량 제도를 갱신하고 각 각府에 1만 석, 각 주에게 4000-5000석, 각 현에 2000-3000석의 양곡을 비축하라고 명령했다. 그러나 예비창 제도가 전 제국에 걸쳐 시행되었는지, 그리고 예비창이 설치된 곳에서도 그것이 효율적으로 기능했는지는 미심쩍다. 공통된 구황전략은 예비창이 불충분한 역할을 수행했다는 주장을 뒷받침해준다. 각 현이 네 개의 저 세곡창고에 접근할 권리를 가졌다면 이 세곡창고들이 다양한 원천으로부터 획득한 곡물량에 대한 계산에서 빈번하게 등장할 것이라고 가장하는 것은 논리적으로 당연하다. 구황 관련 정부문서는 단지 드물게 예비창을 언급할 뿐이다. 1527년 가정제는 호광湖廣의 구황에 쓰기 위해 82만 석의 예비창 저곡을 태화산사太和山寺에 기부된 돈과 합칠 것을 주청하는 상소를 재가했다.3470)

명국 정부는 기부와 관리를 평민들에게 맡기는 '사창社倉'도 설치했다. 주희가 제안한 사창은 국가의 시장개입에 반대한, 따라서 상평창 제도에 반대한 구준이 1487년(성화 23년) 조정에 올린『대학연의보大學衍義補』에서 강력 추천한 제도였다.3471) 1529년 가정제는 병부시랑 왕정상王廷相에 올린 제언에 따라 각 현에 사창을 설치하라고 명령했다. 20-30호의 가구는 하나의 향촌을 이루었다. 향촌은 품행이 바른 부자 가정에서 한 사람을 뽑아 '사수社首'로 삼고,

---

3470) Downs, *Famine Policy and Discourses on Famine in Ming China*, 88쪽.

3471) 丘濬,『大學衍義補』(成化 23, 1487), 16.30-34. 다음도 참조: R. Bin Wong, "Chinese Traditions of Grain Storage", 12쪽. Pierre-Étienne Will & R. Bin Wong, *Nourish the People: The State Civilian Granary System in China 1650-1850* (Ann Arbo, MI: Center for Chinese Studies, The University of Michigan, 1991).

공정하고 신임 있는 사람을 '사장社長'으로 선임하고, 또 글을 쓸 줄 알고 계산을 잘하는 사람을 '사부社簿'로 임명했다. 향촌은 매월 1월과 15일에 회합을 갖고 각 가호는 이 회합에서 상·중하 가구의 활당량에 따라 1-4말의 곡식을 기부했다. 흉년에 충분한 곡식이 없는 상층 가구는 사창으로부터 대여를 받고 추수 뒤에 상환할 수 있었다. 중간층과 하층 가구는 필요에 따라 곡식을 상환의무 없이 거저 받았다. 지방 관리들은 사창의 상태에 관해 보고하고, 순무와 순안은 1년에 한 번 회계결산을 했다. 사창이 비었으면 사수는 1년 곡식 가치의 벌금을 물었다. 예비창처럼 이 사창 제도도 세월이 흐르면서 철저성을 상실해갔다. 관리들은 사창이 난장판이 라고 불평했다.3472)

물가안정을 위한 곡물창고 제도의 확장과 운영 부문에서의 명국 정부의 소극적 노력은 구준이 "재부를 백성에게 보관한다(藏富于民)" 는 원칙에 따라 대변한 보다 더 넓은 정치적 관점에 따른 것이다. 그것은 백성복지가 사회문제 대한 정부의 간섭을 최소화함으로써 가장 잘 성취되는 것으로 보는 관점이었다. 하지만 지방 관리들과 지도자들이 수많은 지역에 곡물창고를 '사창' 형태로 설치했기 때문에 분명히 중앙정부의 최소 개인 원칙이 반드시 곡물창고의 완전한 부재를 의미하는 것은 아니었다. 백성을 위한 국가의 책임 은 관청과 민간의 모든 지도자들에 의해 공유되는 유학적 의무였다. 명대 국가는 국가만이 홀로 민복 책임을 짊어져야 할 강제적 인센 티브가 없었다. 국가는 기꺼이 민간 지도자들에게 이러한 책임을 떠맡도록 허용했다.3473)

3472) Downs, *Famine Policy and Discourses on Famine in Ming China*, 89쪽.
3473) Wong, "Chinese Traditions of Grain Storage", 14쪽 및 각주23.

상술한 대로 명초에는 구황정책이 명말보다 더 관대했었다. 1394
년 홍무제는 기근 희생자들에게 곡식을 나눠주는 규칙을 확립했다.
성인(大口)은 곡식 6말을 받았고, 어린이(小口)는 3말을 받았다. 성인
은 15세 이상으로 정의되고 어린이는 6-14세로 정의되었다. 5세
이하의 아이들에게는 별도로 배급을 주지 않았다.3474) 1405년 구황
곡식의 양은 삭감되었다. 정부는 관리들에게 성인에게 쌀 1말, 어린
이에게 6되를 분배하라고 명령했다. 한 가구의 식구 수가 성인
10명이 넘으면 1석만 받았다. 식량이 부족하지만 재해가 덜한 지역
에서는 각 가정에 쌀을 대여해주었다. 1인에게 쌀 1말, 2-5명의
가족에게는 2말, 6-8명의 가족에게는 3말, 9-10명 이상의 가족에게
는 4말을 대여했다가 가을 추수 후에 상환했다.3475) 홍무제 이후
얼마나 많은 구황이 실시되었는지 불확실하다. 1405년의 규칙이
계속 변했다는 증거가 없다. 게다가 구황을 위한 곡식분배에 관한
어떤 법규도 구황의 지속기간에 관해 말해주는 것이 없다. 법규가
제공하는 제한된 정부에도 불구하고 추세가 더 많은 양에서 더
적은 양으로 변해갔다는 증거는 존재한다.3476)

명초에는 황제들이 관리들이 요청한 것보다 더 많은 구황곡식
을 시여함으로써 자기들의 관심과 인애를 보여준 경우들이 있
다. 1405년 4월 9일 남직예의 회안 등지에 식량부족 사태가
났을 때 영락제는 그렇게 했다. 1421년에도 다시 그런 일이
있었다.3477)

3474) 『大明會典』, 17/49a. Downs, *Famine Policy and Discourses on Famine in Ming China*,
90쪽.

3475) 『大明會典』, 17/49a. Downs, *Famine Policy and Discourses on Famine in Ming China*,
90쪽.

3476) Downs, *Famine Policy and Discourses on Famine in Ming China*, 90쪽.

구황곡식은 적시에 백성들에게 도달해야만 혜택을 베푸는 실질적 효과가 있다. 홍무제는 이것을 잘 알고 관리들이 신속하게 움직이게 했다. 1385과 1393년 홍무제는 백성들이 굶주릴 때 주청하고 비답批答을 기다릴 시간이 없다고 강조했다. 그러면서 책임 있는 관리들에게 먼저 구제를 시작하고 구체적 상황에 관해 사후에 보고하는 상소문을 올리도록 했다. 그러나 그 후에도 황정문서에서 관리들이 신속하게 움직이지 않는다고 황제가 한탄하는 것이 반복되는 것으로 보아 관리들이 황제의 뜻을 알아차리지 못한 것이 분명하다. 1403년 한 상서가 북직예성의 진정현眞定縣의 기근을 보고하며 황제에게 그것을 조사하고 검증하고 구제하러 사람을 파견할 것을 주청했다. 황제는 황제들에 의해 흉황凶荒에 관해 반복적으로 사용된 문구 중 하나를 써서 응답했다. "백성들이 이런 유형의 어려움에 처할 때는 이 어려움을 구제하는 것은 불과 익사로부터 사람을 구하는 것 같다. 그대들이 잠깐 동안 기다린다면 그것은 너무 늦을 것이다." 황제는 다시 주청하고 비답을 기다리는 것은 실용적이지 않다고 강조했다. 1422년에도 다시 문제가 불거졌다. 호부가 직예성과 사천의 개주開州현에서 사람들이 굶주린다는 상소문을 올렸을 때 황제는 "백성들이 굶주림에 울 때까지 관리들이 기다렸다가 그것을 황궁에 보고한 다음 내려올 허가를 기다리고 그때야 구제를 시작한다. 그것은 아사한 사람들에게는 이미 너무 늦다"고 슬프게 비답했다. 또 다시 황제는 재난이 닥치면 관리들이 먼저 구제하고 사후 보고하라는 칙령을 반복했다.3478)

3477) Downs, *Famine Policy and Discourses on Famine in Ming China*, 90-91쪽.

3478) 『明會要』, 54/1021a, 54/1023. Downs, *Famine Policy and Discourses on Famine in Ming China*, 91-92쪽.

명대의 황정은 대부분 자원을 이리저리 이동시키는 문제였다. 가장 빈번하게 쓰인 정책은 곡식을 주변 지역으로부터 가져오는 것이었다. 가령 1470년 관리들은 북직예성 안에 소재한 순천부, 하간河間부, 영평永平현으로, 그리고 진정현과 보정保定현으로 가라는 명령을 받았다. 관리들이 재난지역의 곡물창고에 저곡이 없다는 것을 발견하면 통주通州와 천진, 또는 대운하의 북단에 있는 다른 주변지역들로부터 곡식을 운송해 오는 것을 허락받았다. 극심한 식량부족 사태 때는 대운하를 따라 소재하는 정부 세곡창고들의 저곡을 쓰기도 하고, 태창은고太倉銀庫에 보낸 은을 쓰기도 했다. 1501년 서주徐州와 회안의 세곡창고는 각각 쌀 3만 석을 분배하라는 명령을 받았고, 임청臨淸 세곡창고는 부근의 재난지역의 구황을 위해 4만석을 분배하라는 명령을 받았다. 1522년 태창은고는 메뚜기 떼가 휩쓸고 간 섬서성의 여러 곳에 20만량을 보내라는 명령을 받았다. 원래 다른 용도를 위해 저축된 돈을 구황에 사용하는 것이 자주 필요했다. 어떤 경우에는 군량軍糧이 구황에 쓰이기도 했다. 1528년 황제는 군대로 들어가도록 되어 있는 곡물 10만 석을 회안의 구황을 위해 쓰라고 허가했다. 서주와 회안에 대홍수가 났던 1553년에도 황제는 서주와 회안의 세곡창고가 구황에 충분치 않으면 주변 주부현의 기운起運 세곡을 구황을 위해 돌려쓰라고 명령했다.3479)

정부는 단순히 백성들을 먹이는 것에 그치지 않고 인도적 원조를 제공하기도 했다. 때때로 백성들의 손실분을 메워주려는 노력도 있었다. 1489년 정부는 담당 관리들에게 홍수 때 사람이 죽은 가정

3479) 『大明會典』, 17/51b-17/53b. Downs, *Famine Policy and Discourses on Famine in Ming China*, 92쪽.

에 쌀 2되씩을 주고 집과 가축을 잃은 사람들에게 1석씩을 주라고 명령했다. 1444년과 1445년 관리들은 수해를 입은 남직예성 양주부의 주민들에게 시체를 거둬 매장할 돈을 나눠주었다. 1410년에는 백성들이 아들딸을 전당잡힌 재해지역에서 관리들이 아들딸을 되찾아올 돈을 나눠주었다. 1529년에는 재해지역에서 어린이를 입양한 군인들과 평민들에게 어린이 1인당 매일 1되의 곡식을 주는 것이 윤허되었다.3480)

명국 관리들은 곡식의 시장가격을 제어하려고 여러 차례 시도했다. 식량부족 시에 빈번한 문제는 인플레이션 현상이었다. 이 현상과 싸우기 위해 정부는 정부 곡식을 방매放賣했다. 가령 1470년 수도와 통주의 세곡창고는 각각 50만 석의 미곡을 팔아서 수도의 급등하는 미가米價를 잡았다. 인플레이션을 잡으려는 추가적 조치로서 문관들과 군관들에게 3개월치 봉급을 미리 지불하기도 했다.3481) 시장을 통제하려는 또 다른 조치로서 각 지역의 수송담당 관리에게 다른 목적에 당장 필요치 않는 공식적 은을 은고銀庫로부터 꺼내서 가장 적당한 때에 곡식을 매입해 세곡창고에 저장했다가 나중에 곡가가 급등할 때 방매했다.3482)

역대 왕조들은 가격할인 곡물판매를 구황정책으로 활용했었다. 명국도 이 구황정책을 빈번하게 시행했다. 재해가 극심하지 않은 경우에는 지방 곡물창고니 주변 세곡창고에서 이송된 곡물을 할인

3480) 『大明會典』, 17/50a. Downs, *Famine Policy and Discourses on Famine in Ming China*, 93쪽에서 재인용.

3481) 『大明會典』, 17/50a-50b. Downs, *Famine Policy and Discourses on Famine in Ming China*, 93쪽에서 재인용.

3482) 『大明會典』, 17/52b. Downs, *Famine Policy and Discourses on Famine in Ming China*, 93쪽에서 재인용.

가격에 방매했다. 가령 1455년 순무 우경于謙은 20만 명의 기민飢民을 양산한 산서·섬서성의 기근을 보고하면서 이 기민들이 먹을 것을 찾아 하남으로 가고 있다고 덧붙였다. 하남의 두 곡물창고에서 60만 석의 저곡을 발견한 뒤 우겸은 곡가를 끌어내리기 위해 이 곡물을 방매할 것을 허가해달라고 주청했다. 이에 황제는 "이것은 훌륭한 고대 관리들이 활용한 탁월한 구황전략이다"고 비답하고 우겸에게 그 정책을 시행할 것을 재촉했다.3483)

세곡을 재조정하거나 저곡과 보관 은銀을 지급하는 표준 정책이 불충분한 것으로 입증될 때 명국 정부는 다른 출처의 기금을 설치했다. 어떤 해에는 범죄자들도 직간접적으로 구황救荒에 기여했다. 1442년 정부는 각주 주·부·현의 관리들에게 도둑들로부터 몰수한 모든 재물을 모아 연말에 그것을 경매하라는 명령을 내렸다. 추수 후에 그 관리들은 흉황에 대비해서 곡물을 비축하기 위해 그 돈을 사용했다. 1453년에는 범죄자들이 더 직접적인 기부를 했다. 산동·하남·강북·직예·서주 및 기타 지방의 재난지역에서 관리들은 요호부민 출신 범죄자들을 색출했다. 이 범죄자들에게 범죄판결을 구황 곡식과 맞바꾸는 것을 허용했다.3484) 사형선고를 받은 범죄자들은 60석을 지불했다. 유배 선고를 받은 자들은 유배 연수에 비례해 지불했다. 3년 유배는 40석, 2년반 유배는 35석, 2년 유배는 30석, 1년 반 유배는 25석, 1년 유배는 20석을 지불했다. 무거운 태형을 받은 자들은 10대에 1석을 지불했고, 가벼운 태형을 받은 자들은 10대에 5말을 지불했다.3485) 1527년 귀주에서는 기근이 계속되는

3483) 『明會要』, 54/1023. Downs, *Famine Policy and Discourses on Famine in Ming China*, 94쪽에서 재인용.

3484) Downs, *Famine Policy and Discourses on Famine in Ming China*, 94쪽.

기간에 군법을 어긴 군관들이 점수를 따기 위해 매년 구황 곡식으로 10석을 기부하는 정책이 윤허되었다.3486)

명국 정부는 범죄자로부터 얻은 수익금을 구황에 쓰는 것에 더해 때로 사찰방문자들이 바치는 돈을 통제했다. 1524년 후광성의 사찰 정락궁淨樂宮에는 후광성의 한해旱害를 구제하기 위해 축제와 신년 경축식 때 거둔 은전 2000량의 '향전香錢'을 국가에 납부하라는 명령이 떨어졌다. 1535년에는 후광성의 태화산사에 재난을 구제하기 위해 1531년 이전에 방문객들이 기부한 돈을 후광성 관청으로 넘기라는 명령이 떨어졌다. 게다가 황제는 사찰에 미래에 정규적 지출을 위해 필요한 것 외에 방문객들이 기부한 금전을 전액 저축했다가 구황을 대비하기 위해 사용하라고 명령했다. 이 정책유형은 구황이 사찰의 정상 활동이 된 이래 국가 쪽에서의 권한 공유로 볼 수 있다.3487) 정부가 돈이 부족한 해에 구황을 담당한 관리들은 기금마련의 수많은 대안적 방책들을 제시했다. 1487년 예부는 불자들과 도교 신자들이 서품 증명서 취득과 관련하여 지불한 쌀을 구황에 쓰는 것을 허락해 달라고 주청했다. 예부상서 만안萬安은 생원에게 그 이상의 칭호를 쌀과 바꾸고, 평민들에게 군대 계급칭호를 쌀로 바꾸는 것을 허용해 줄 것을 제안했다.3488)

중앙정부는 기근이 들었을 때 엘리트들의 지원이 필요하다는

3485) 『大明會典』, 17/49b-17/50a. Downs, *Famine Policy and Discourses on Famine in Ming China*, 94쪽에서 재인용.

3486) 『大明會典』, 17/51a-17/51b. Downs, *Famine Policy and Discourses on Famine in Ming China*, 94-95쪽에서 재인용.

3487) Downs, *Famine Policy and Discourses on Famine in Ming China*, 95쪽.

3488) 『明會要』, 54/1026. Downs, *Famine Policy and Discourses on Famine in Ming China*, 95쪽에서 재인용.

것을 인정했다. 정부는 요호부민에게 자기들의 향토에서 구제에 이바지하도록 자주 권고했다. 이것은 중앙정부의 재정자원이 축소되고 있었던 명국 후반기에 보다 자주 발생했다. 가령 1529년 황제는 순무와 순안에게 저곡이 있는 가문들이 나서서 구황에 기여할 것을 선언하라고 명령했다. 관리들은 요호부민들에게 "정중하게 권고하고" 그들의 "관대함과 의로움"에 의지했다. 하지만 요호부민들은 보상 없이 기여하리라고 기대하지 않았다. 곡식 20석과 은전 20량을 기부한 부자는 (선비의) 관대冠帶를 받았다. 30석과 30량을 기부한 부자는 정9품 '산관散官'을 얻었다. 40석과 40량을 기부한 부자는 정8품 산관을 얻었다. 50석과 50량을 기부한 부자는 정7품 산관을 얻었다. 이 칭호에 더해 이 그룹의 부자들은 다양한 부세賦稅를 면제받았다. 500석과 500량을 기부하고자 하는 부자들을 위해서는 그들의 의로움을 알리는 영예 아치를 근처에 세워주었다. 유사하게 1531년 섬서성에서 부와 현 관리들이 요호부민들에게 저곡 중에서 가족이 먹을 것을 빼놓고 나머지곡식을 굶주리는 백성들에게 할인 가격에 팔 것을 요청했다. 관리들은 500석 이상을 팔면서 1석당 1관을 깎아준 부자들에게 관대를 주었다. 이런 식으로 100석 이상을 판 부자들은 "의로움으로 유명한 가문"이라는 영광이 부여되었다. 또 20명 이상의 어린이를 입양한 요호부민은 관대를 받다.3489)

기근이 닥쳤을 때 가장 심각한 문제는 먹을 것을 찾아 집을 버리고 유랑하는 백성들이었다. 이 유랑민들은 여러 가지 문제를 야기했다. 백성들의 이 유랑생활은 그들이 쉽사리 강도가 되기 때문에

3489) 『大明會典』, 17/52a-17/53a. Downs, *Famine Policy and Discourses on Famine in Ming China*, 96쪽에서 재인용.

사회질서에 위험했다. 또 그들은 종종 기근을 따라 다니는 질병을 확산시켰다. 아마 가장 심각한 문제는 위기가 지나간 뒤 다음 작물을 심을 노동력이 현장에 부재할 위험이다. 따라서 관리들은 그들이 강도가 되지 않을 것이라고 기대하며 난민들에게 구제를 제공함으로써, 그리고 그들을 고향으로 돌려보냄으로써 이 문제를 처리하고자 애썼다. 1529년 재난지역의 관리들은 이 난민문제를 조사했다. 먼저 그들은 성인 1인당 두세 말, 어린이 1인당 1-2말의 구제곡식을 주었다. 그다음 난민들에게 고향으로 돌아가라고 말했다. 또 재해지역의 관리들은 그 지역을 떠나 돌아가는 난민들을 고무하려고 노력했다. 1531년 관리들은 섬서성에서 재난을 피해 도망쳤던 백성들을 모아 각자 자기의 원래 생업으로 돌아가라고 재촉했다. 관리들은 그들에게 정상 지불액보다 두 배 많은 돈과 파종한 종자와 가축을 주었다.3490)

황정은 담당관리들에게 언제나 투쟁이었다. 적시에 구황하려고 노력하는 것과 관료행정의 절차를 따르는 것 사이에는 늘 긴장과 갈등이 벌어졌다. 이것은 양자강 북부지역의 순무 왕횡王竑의 경우에 의해 예증된다. 왕횡은 1453년 봉양鳳陽·회안·서주의 수해에 대처하기 위해 상소문을 올린 다음, 비답을 기다리지 않고 곡물창고를 열어 구황을 시작했다. 백성들이 식량을 받기 위해 떼로 몰려왔다. 왕횡은 서주의 세곡창고에 잉여가 있다는 것을 알고 그것을 다 방출하기로 결정했다. 세곡창고를 관리하는 환관들은 그렇게 하는 것을 거절했다. 왕횡은 환관들에게 오래 지 않아 기민飢民들은 강도가 될 것이라고 경고하고, 또 환관들이 그의 정책을 따르지

3490) 『大明會典』, 17/52a-17/53a. Downs, *Famine Policy and Discourses on Famine in Ming China*, 96-97쪽에서 재인용.

않아서 폭동이 일어난다면 "나는 먼저 너를 처형한 다음 나를 죽여달라고 황제에게 사후 보고할 것이다"라고 경고했다. 그러자 환관들은 왕횡의 정책을 따르기로 결정했다. 동시에 왕횡은 황제에게 인가 없이 행동한 자신의 죄를 추궁해달라는 상소문을 올렸다. 황제는 왕횡의 헌신에 감명을 받고 즉시 그를 도울 관리 한 명을 파견했다. 왕횡은 직접 순행하며 재해지역을 돌아보고 구제곡식을 지출했다. 그것이 불충분하자, 그는 상인들에게 곡식을 가득 실은 선박을 몰고 회하淮河를 오르내리며 이 곡식을 기부하라고 명령했다. 이 정책들은 185만 명 이상의 인명을 구한 것으로 평가된다. 이에 더해 왕횡은 요호부민들에게 곡식을 기부하라고 재촉했다. 부민들은 55만7000명의 굶주린 가구를 먹일 수 있는 25만 석 이상을 기부했다. 왕횡은 5500명을 생업으로 복귀시키고 타지에서 유랑해 들어온 1만600호의 가족들을 정착시킨 것으로도 유명하다.3491) 왕횡의 경우는 명대 중국에서 관리 노릇을 하는 것의 어려움을 실증해준다. 이 사례에서 그는 기술적으로 '불복종적' 행동인 것 '덕택에' 보상받았다. 왕횡은 독자적 행동을 하는 가운데 탄핵 또는 사형까지도 무릅썼다. 위기 시에 효과적 조치를 취하는 것에 따른 이런 위험부담 때문에 지방주재 정부관리들은 종종 이러지도 저러지도 못하게 무력화되었던 것이다.3492)

구황정책에서 오늘날과 공통된 문제는 구제가 난민難民들에게 제대로 도달하는 것을 보장하는 방도다. 명대 관리들은 1457년 벌어진 논쟁으로 미루어보면 동일한 문제를 안고 있었다. 천순제天

3491) 『明會要』, 54/1024. Downs, *Famine Policy and Discourses on Famine in Ming China*, 97-98쪽에서 재인용.

3492) Downs, *Famine Policy and Discourses on Famine in Ming China*, 98쪽.

順帝는 시랑 주선周瑄을 북경주변 지역을 구제하라고 파견하고, 부副도어사 임총林聰을 산동을 구제하기 위해 파견했다. 황제는 이 두 관리들이 모든 곳으로 갈 수 없을 것을 염려하여 추가로 시랑 황십준黃什儁을 파견했다. 임총은 반복적으로 공적 기금들을 방출할 허가를 요청했다. 이제 황제는 서유정徐有貞과 이현李賢에게 이 문제를 논의할 것을 요청했다. 서유정은 구황을 위해 공금을 방출하는 것은 이 공금을 지방 아전들이 먹어치워 버리기만 할 뿐이기 때문에 무용한 정책이라고 주장한 반면, 이현은 구제공금을 아전들이 먹어치울 것이고 그리하여 구제 융자를 주는 데 실패할 것을 걱정하여 백성들을 고난 속에 들어있게 놓아주는 것은 "한번 밥한 사발을 먹고 체했다고 해서 먹는 것을 영원히 중단한 것"과 유사하다고 논변했다.3493)

명국 중앙정부는 기근飢饉과 황정에 관한 언술들을 통해 백성들에 대한 유학의 전통적 관심을 입증했다. 왕조 초기에 중앙정부는 구황 담당 관리들에 대해 더 엄격한 통제를 유지하고 명대 후기의 황제들보다 더 큰 규모의 구제를 인가했다. 이것은 통계적으로도 입증된다. 1368-1377년간의 10년 동안 0.56번의 재난이 날 때마다 1회의 구제 조치가 있었다. 1428-1437년간에는 1.36번의 재난에 1회의 구제 조치가 있었다. 그리고 1498-1507년간에는 5.18번의 재난에 1회, 1578-1587년간에는 7.23번의 재난에 1회의 구제조치가 있었다. 구제조치는 1638-1644년간 18.57번의 재난에 1회의 구제조치를 하는 지경에까지 계속 하락했다.3494)

3493)『明會要』, 54/1024. Downs, *Famine Policy and Discourses on Famine in Ming China*, 99쪽에서 재인용.

3494) James W. Tong, Disorder Under Heaven: Collective Violence in the Ming Dynasty (Stanford: Stanford University Press, 1991), 126쪽. Downs, *Famine Policy and Discourses*

명대 국가의 황정은 전적으로 유교적 애민정신의 발로였다. 하지만 황정이 명백히 이 선의를 표현하는 한편, 황정의 효율과 효과는 판단하기 쉽지 않다. 진황이 공식문서에서 보고된 지역들은 가장 빈번하게 산서·협서·산동·하남·직예 등으로 반복되고 또 반복되었다. 궁금한 것은 제국의 나머지 지역들, 가령 세속이 도달할 수 없는 외곽지역에서 황정이 어떤 효과와 영향을 미쳤는지 하는 것이다. 영국 학자들은 초기 근대 영국의 국가 황정의 효과를 평가하면서 "기근이 진정되었을 뿐만 아니라 관청 측의 조처에 의해 진정되었다는 것이 사회질서 유지에 결정적으로 중요했다"는 결론을 도출하고 있다.3495) 동일한 결론은 명대 중국에도 내려질 수 있다. 유교적 질서는 관청이 애민정신을 보일 것을 요구했다. 명국정부의 황정은 보다 엄격한 규제와 보다 높은 진황 수준에서 후기의 보다 낮은 감독수준과 진황 수준으로 변화를 보였다. 이 추이는 진황을 맡은 관리들을 통제하는 법규, 진황 제공의 수준, 정책 유형들에 의해 입증된다. 명대 초기 이후에 진황 책임의 점진적 분권화가 진행된 것은 명백하다. 이러한 추이를 보여주는 수많은 변화는 15세기 말엽과 16세기 초엽에 일어났다. 이런 변화들이 15세기 말에서 16세기 초에 걸쳐 일어났다는 사실에 주목하면, 이 변화들이 단순히 왕조 쇠락의 결과가 아니라, 국가-사회 관계의 구조변동의 결과라는 점이 명백해진다.3496)

on *Famine in Ming China*, 99쪽에서 재인용.

3495) John Walter and Keith Wrightson, "Dearth and the Social Order in Early Modern England." *Past and Present* 71 (May 1976) [22-42쪽]. Downs, *Famine Policy and Discourses on Famine in Ming China*, 109쪽에서 재인용.

3496) 참조: Downs, *Famine Policy and Discourses on Famine in Ming China*, 109-110쪽.

- 사회적 약자들에 대한 정부의 양민복지정책

구민황정에 대한 논의를 이쯤으로 그치고 양민복지기구를 살펴보자. 명대의 공공 구제救濟복지정책은 송대의 제도와 명칭을 계승한 '양제원養濟院'을 중심으로 전개되었다. 대명국大明國 정부는 장기복지정책 측면에서 원대처럼 대대적인 창조가 없었다. 명초에 주원장은 혜민약국과 양제원을 보존했는데, 혜민약국은 주로 군대의 가난한 가정에 약을 시여施與했고, 양제원은 송대의 수용시설처럼 가난한 병자들을 양호하지 않고 주로 노인들을 맡아 부양했다. 이 때문에 명국이 개국할 당시에 '고로원孤老院'이라고 칭했다. 말하자면 태조 주원장의 심중에 이런 복지기구들은 사회일반의 빈민이 아니라, 주로 군대를 안무按撫하고, 경로敬老사상을 거듭 천명하는 것이었다. 이런 복지기관들은 결코 명대정부의 아주 오랜 관심을 끌지 못했고, 혜민약국의 수칙과 관련하여 최후의 일차 전국적 반포는 선덕宣德 3년(1428)에 있었는데, 주지主旨는 당시 약국들이 보편적으로 황폐해져서 빈민이 유가有價약제를 구할 수 없기 때문에 제5대 황제 선종宣宗이 의학과 약국을 거듭 진흥하라고 명한 것이다. 그러나 이것은 사실상 15세기 이후 명대에 혜민약국 제도가 기능을 잃었다는 것이고, 중앙법령도 이를 살릴 수 없었다. 16세기 후반에 이르면 가장 부유한 강남지구의 혜민약국도 대부분 헛되이 허명만 갖추고 있었고 이미 아무런 실제적 기능을 맡은 바가 없었다. 가령 1566년 강남 55개 현縣 중 28개 현의 성내 혜민약국이 황폐해 있었고, 19개 현의 약국 실정은 뚜렷하지 않았고 다만 8개 현의 약국이 표면상 약제를 시여하는 기능을 하고 있었다. 이것은 약국제도가 이 시기에 실제적 기능을 하지 못하고 있었다는 것을 뜻한다. 이것으로써 명국정부가 혜민약국 등과 같은 자선복지기관

을 소홀히 했다는 것을 알 수 있다.[3497)

　명대 양제원을 보면, 명국 정부는 송대 거양원居養院이 내건 "덕
정德政"의 외피를 깨끗이 벗어던지고 사회통제의 기능을 선명하게
펼쳐보였다. 일찍이 인종仁宗과 선종 치세(1415-1435)에 수도의 양제
원은 이미 새로운 조례를 가지고 있어 입주한 가난한 노인 병자는
반드시 장부에 등록하고 아울러 향장鄕長의 정식허가를 얻어야
했다. 외래의 유랑민은 들어갈 수 없었고, 단지 납촉시蠟燭寺와 번간
시旛竿寺 두 관청의 식량 구제를 받을 수 있었을 뿐이다. 이 방법은
유민과 지방빈민을 분리시키고 장차 유민이 원적지로 돌아가는
것을 돕는 것이다. 그리고 성화成化 연간(1465-1487)에는 수도의 양제
원은 시의 용모를 개선하기 위해 원래의 정책을 바꿨다. 헌종憲宗은
"경성 시가에 피융잔질자疲癃殘疾者들과 노인·아동이 많아서 신음
하고 슬피 부르짖으며 맨발로 천지의 화녕和寧을 침범하니 사이四夷
조정의 사신들이 이를 보면 혹여 장차 논의거리가 될지도 모른다"
는 말을 근거로 이렇게 명령했다. "(도로에서 구걸하는 잔질자殘疾者들
중에서) 집이 있는 자들은 친척이나 이웃이 책임지고 맡아 관리하고,
집이 없는 자들은 양제원이 맡아 부양하고 전례에 비추어 땔감과
미곡을 지급하고, 아울러 외래자는 잠시 수용하고 따뜻해질 때를
살펴 여행양식을 달아 주어 원적지로 돌려보낸다." 양제원은 이로
인해 겨울 추위 속에서 유랑걸식하는 자들을 수용하는 임무가 많아
졌고, 홍치연간(1493)에 이르러서는 유랑걸식자를 받아도 받을 수
없었으므로 봄이 따뜻해진 뒤 그들을 원적지로 돌려보내는 방법이
점차 관례로 굳어졌고 또한 이것은 순천부順天府(북경)에 한정되지

3497) 梁其姿, 『施善与教化: 明清的慈善组织』, 32-33쪽. 혜민약국에 관한 더 자세한
　　것은 참조: Smith, *The Art of Doing Good*, 220-225쪽.

않았다. 명대 양제원은 이런 식으로 지방의 사회질서를 유지시키는 기능을 했다. 16세기에 중국으로 무역을 하던 포르투갈사람들은 이것을 페레이라(Perreira)와 다 크루즈(da Cruz)는 중국도시 안의 가로에 걸인이 없다고 인식했는데, 이것은 양제원이 지융궁질자疲癃窮疾者들을 전반적으로 수용했기 때문이었다. 페레이라와 다 크루즈는 아울러 양제원에 들어오는 수속에 대해서도 들은 바 있었고, 양제원 입원 신청은 반드시 지방관이 신분증명서를 발급해주어야 한다는 것도 알았다. 이와 별도로 포르투갈사람 핀토(F. M. Pinto)는 영파寧波로부터 남경에 도착하여 몇몇 작은 성시城市의 양제원 안에 거주하며 상처를 치료하는 것에 대해 이렇게 썼다. "[양제원 책임자는] 다시 의사를 한 명 물색해 와서 우리들을 번갈아 진찰해주었다. (...) [우리들이 떠나기 전에] 그는 한 권의 두꺼운 공책에 우리들의 이름자를 필사했고 우리는 뒤따라서 서명했다. (...) 이렇게 하여 우리를 위해 쓴 비용은 비로소 결산보고를 할 수 있었다." 이 기록을 통해 양제원 제도가 각지에서 여전히 효과적으로 운영되고 있었다는 것을 알 수 있다. 이것은 주로 양제원이 외래인 통제 업무를 담당하고 있었기 때문이다.[3498]

명대 양제원은 관료제가 발전함에 따라 최소한의 효율이 있었다. 그러나 이것과 동시에 무소부재無所不在의 탐오貪汚작폐 문제가 있었다. 이런 문제는 상술한 송대의 구빈·복지기구에서 이미 나타났었는데, 명대에 이르러서는 더욱 위험하게 변했다. 바로 명말에 이르러서는 허다한 양제원이 부패해서 진정한 빈자들이 혜택을 받지 못하게 했다. 양제원의 가장 엄중한 폐단 중 하나는 가난한 노인을 사칭하는 문제였다. 서리의 탐오나 무능으로 인해 양제원

3498) 梁其姿, 『施善与教化: 明清的慈善组织』, 33-34쪽.

안에는 본래 구제를 받을 자격이 없는 사람들이 입주해 살고 있거나, 이미 죽은 가난한 노인의 명의를 도용해서 계속 그들의 금전과 양곡을 수령했다. 이런 금전과 양곡은 서리들이 횡령했다. 각종 폐단은 엄청난 낭비를 초래했고, 진정 수요가 있는 빈자들이 문밖으로 내쳐졌다. 일찍이 1590-1593년 순천부 완평현宛平縣에 현령으로 부임한 심방沈榜(1550-1596)은 그의 『완서잡기宛署雜記』에서 그곳 양제원의 각종 탐오貪汚 상황을 상술詳述했다. 장구한 세월 동안 지방관들은 양제원 내에서 노인을 부양하는 실황을 조사하는 것을 소홀히 했고, 가난한 노인들 중 '회두會頭'가 나오게 만들었다. "죽은 자는 10명 중 1명을 기록하지 않고 산 자는 10명 중 1명에게 식량을 지급하지 않았고, 마침내 이익은 한 사람에게 귀일했다." 심방은 장부책을 조사하여 "어지러운 장부에서 그것을 발견했다"고 썼다. 장부책에 기록된 90세 이상의 노인이 뜻밖에도 90명이나 되어서 허위보고의 정황은 극히 엄중했다. 심방은 반년 동안의 조사 끝에 100여 명을 제하고 수백 석의 미곡과 창고 면포 100필을 절약할 수 있었다.[3499]

이런 유형의 부정부패 상황은 비단 수도지구에서만 발생한 것이 아니라, 지방 행성들에서도 널려 있었다. 지방관료들이 왕왕 양제원 관리를 감독할 힘이 없어 각종 불가사의한 폐단이 조성된다는 것을 알 수 있다. 그리고 유사한 상황은 명말의 지방지 기록에 늘 나타났으니, 이것이 보편적 현상이라는 것을 알 수 있다.[3500]

양제원은 명대의 각종 작폐作弊에서 태만이 지방관의 소홀한 행정에서 일어났고, 아래에서 원무院務를 직접 관리하는 서리가

3499) 梁其姿, 『施善与教化: 明清的慈善组织』, 34쪽.
3500) 梁其姿, 『施善与教化: 明清的慈善组织』, 34-35쪽.

틈탈 기회가 있었다. 심방은완평현의 전임 현령들이 걸인 떼거리들의 소요를 얼마나 두려워했는지, 그리하여 감히 원무를 깨끗이 조사하지 않았다는 것을 책임 있게 실토했다. 명대 중기 이래 도시 빈민의 생활에 대한 정부 복지정책은 이미 태반이 실제적 보장이 없었다. 명대 중후기 중국사회는 이와 별개로 경제가 대폭 발전하는 제1차 시기였고, 강남 도시상공업이 초래하는 인구성장은 괄목할 만했다. 이로 인한 인구압력과 계급분화 등의 현상은 빈곤문제를 아주 골치 아픈 도덕문제로 탈바꿈시켰고, 이것은 멀리 송대에 비해 더 심각했다. 그러나 관립 구빈기구들은 현격하게 보편적으로 부패했고, 정치이념 측면에서도 명국정부는 송대의 창의성을 결했던 것이다. 명국정부는 장기적·전국적 성격의 사회복지정책을 더 제정하지 않았다. 명국정부는 새로운 부와 빈곤이 사회불안을 초래한다는 것을 똑바로 주시하지 않았다. 그리하여 지방 엘리트들은 자연스럽게 이런 문제의 처리에 손을 대기 시작했던 것이다. 지방 신사와 부자들의 관심은 주로 새로운 상공업적 재부가 형성된 이후 빈곤이 낳는 사회적·도덕적 엄청난 동요에 있었다. 그들이 구상해 낸 해결방식은 필연적으로 도덕성이 아주 농후했다.[3501]

■ 민간 자선복지활동: 구빈원·육영원·요양원

명국 정부의 복지정책이 명말로 갈수록 퇴조하고 약화되자, 명대 사회의 신사·요호부민을 중심으로 한 엘리트 계층들은 양민정책에서의 미흡한 정부역할을 민간 자선복지활동으로 보충해나갔다. 명국 정부는 이 민간 자선운동을 공인하고 때로 지원했다. 명말에 흥기한 이 민간 자선복지운동은 청초로 이어져 더욱 강화

3501) 梁其姿, 『施善与教化: 明清的慈善组织』, 35-36쪽.

되었을 뿐만 아니라, 청대 중반과 후반에는 민관합동의 자선복지 활동으로 확립되어 더욱 번창했다.

16-17세기 명대 중후반 중국의 경제 발전은 다시 또 하나의 정점에 달했다. 이번 역사적 경험이 가져온 사회적·문화적 변화는 송대에 비해 훨씬 격렬했다. 명말 급속한 경제발전은 인구의 급증과 이로 인한 도시화 문제를 가져왔을 뿐만 아니라, 더욱 주목되는 것은 빈부양극화, 계급분화, 그리고 일부 지식인들이 "풍속이 날로 사치스러워지고, 날로 질펀하게 흘러간다(風俗日奢日濤)"고 생각하는 각종 현상을 초래했다. 이러한 현상은 부유한 지역에서 특히 사람들의 지탄을 받았다. 상대적으로 정부의 행정 효율성이 날로 떨어지는데다 탐오와 부정부패 상황이 괴이한 것을 보고도 괴이하게 여기지 않았다. 위에서 지적된 양제원의 쇠락은 빙산의 일각에 불과한 것이었다.3502)

명청대 인애·자선 활동의 범위는 상당히 광범했다. 환과고독과 폐질자(+장애자)와 같은 특정 집단을 보살피는 시설들이 존재했고, 특히 기근 시에 보다 일반적으로 빈민을 포괄하는 자선활동도 있었다. 복지담당 관리들의 목표와 동기는 세월이 흐르면서 상당히 큰 변화를 보였다. 아마 순수한 인도주의적 감정에서 행동하는 관리들은 거의 없었을 것이다. 어떤 관리들은 사회안정과 질서의 유지를 위한 도구적 이점을 추구. 수상사고로부터 사람들을 구하는 구조선박(救助船)의 제공과 같은 경우는 정부가 나서는 경우가 드물었다. 이 인애자선활동의 경제적·인구론적 효과는 네 가지로 요약될 수 있다. 민간 자선활동은 1. 돕지 않으면 아사할 빈민의 소비를 유지시켜 사망률을 낮춰주었다. 2. 유아의 생명이 보호되고 유아살

3502) 梁其姿, 『施善与教化: 明清的慈善组织』, 37쪽.

해 및 유아사망률이 저감되었다. 3.미망인들을 경제적 이유에서 재혼하게 강요당하기보다 독신상태로 남는 것을 가능케 했다. 1-2의 효과는 사망률을 낮추고, 3은 출산율을 낮춰주었다. 사회적 효과는 사회적 소요의 방지를 들 수 있다. 이와 별도로, 민간의 이런 구호노력들은 도덕적 인격체의 정의에 대한 자선과 인애의 상징적 가치를 확증해주었다.3503)

원·명·청대 자선·복지활동을 위한 사회적 기초와 정치적 논리는 부분적으로 공자와 맹자를 잇는 주희와 다른 송대 사상가들에 의해 수립되었다. 그들은 농업생산성의 증가, 수송수단의 발달, 새로운 패턴의 이민으로 인한 상업화와 도시화가 사회안정에 위협이 될 수 있을 새로운 유형의 빈민의 창출을 초래할 때 사회질서의 향촌제도의 형성과 유지를 주로 논했다. 사회질서의 향촌제도의 형성과 유지에 관해 주희가 논한 사회적 논리는 향촌유지들의 역할을, 특히 사창社倉, 학교, 자선용 재산, 향약과 같은 제도들을 창출할 수 있는, 유학적 활동의제에 헌신하는 저 잘 교육받은 개인들의 역할을 강조했다. 하지만 실천적으로 관리들도 종종 중요한 역할을 했다. 관리들과 유지들의 상대적 중요성은 시간적으로, 공간적으로 변화를 보였다. 유학적 이상은 때로 자비행慈悲行에 대한 불교 이념에 의해서도 보충되었다. 관리들과 향촌유지들 간에 의견불일치나 갈등이 없지 않았을지라도, 그리고 향신들이 더 큰 자율성을 추구했을지라도 관리와 유지는 보다 일반적으로 자선제도를 포함한 사회질서 유지를 위한 향촌제도들을 창출하는 과업을 공동의제로

3503) Roy Bin Wong(王國斌), "Benevolent and Charitable Activities in the Ming and Qing Dynasties: Perspectives on State and Society in Late Imperial and Modern Times". *Revue Bibliographique de Sinologie*, Nouvelle série, vol. 18 (2000), [249-258쪽], 249-250쪽.

공유했다.3504)

향촌유지들에 의한 자선제도의 설립 붐은 고아원과 기근구호사
업의 수가 치솟았던 명대 후기에 도달했다. 자선단체를 조직한
사람들은 동림당운동을 한 사람들과도 긴밀히 연계되어 있었다.
그리고 유력한 향신들은 명대 후기에 많은 자선단체를 창설했다.
중요한 것은 명대 후반이든 19세기든 자선단체들은 관리들과 관리
가 아닌 향신들의 후원을 받았다는 것이고, 더 중요한 사실은 이
단체들의 창설은 아주 향촌적인 성격의 것이었다는 것이다. 18세기
에 변한 것은 분명히 자선·복지활동의 확산을 촉진하고 조정하는
데 있어서 관리들의 점증하는 역할이었다. 이 자선·복지목적을 위
해 관리와 향촌유지 간에 형성된 관계는 보통 초기 근대 유럽의
공론장과 연계된 엘리트들의 정치적 활동과 아주 유사해 보이지
않았다. 18세기 사창社倉과 사학社學의 형성과정에서 관리와 유지
들이 수행한 명확한 역할을 보면, 관리들이 덜 번영하고 보다 더
주변적인 향촌들의 행정관서에서 더 주도적인 역할을 한 것으로
보인다. 반면, 보다 부유한 지역에서는 향촌유지들이 더 주도적인
역할을 했다. 양민·교민 정치방침의 두 측면에 대한 사회적·정치적
헌신책무 의식이 관리들과 유지들 사이에 광범히 확산되어 있었다.
자선단체들은 사창이나 사학만큼 광범한 지역에 설치되어 있지
않았다. 자선단체는 대부분 부유한 지역, 특 강남에 소재했다. 다른
향촌자선단체들의 공간적 패턴은 돌출적 현저성을 보이지는 않았
다. 그럼에도 상당한 공간적 변화가 보이는데, 부府 차원에서 고아
원을 세우는 일에서는 신사와 상인들이 중요했던 반면, 현 차원에

3504) Wong, "Benevolent and Charitable Activities in the Ming and Qing Dynasties",
250쪽.

서는 관리들이 더 중요했다. 자료에 의하면, 한 현 안에서 여러 자선단체가 있을 때는 향촌유지들의 후원 역할이 더 컸고, 그렇지 않으면 관리들이 일반적으로 자선단체 창설에서 지도력을 발휘했다. 관리들은 특히 강절江浙지역 바깥에서 상당한 역할을 했다.3505)

관리들이 복지·인애단체를 포함한 향촌차원의 조직들을 창설하는 데서 더 큰 역할을 수행한 경우에 그들의 복지·인애활동은 수직적 관료체제에 의해 상당한 정도로 감독받거나 적어도 모니터된 더 큰 세트의 공식기능의 일부가 될 수 있을 것이다. 관리들이 아닌 민간인들의 후원이 더 큰 역할을 했을 경우에 이 자선단체들은 향촌단체들의 수평적 네트워크 속으로도 쉽사리 통합되어 들어갈 수 있었음. 환언하면, 인애활동은 관료행정 구조 속으로 통합되거나 작은 향촌지역의 다른 활동들과 결합될 수 있었다. 이 두 가지 가능성의 상대적 중요성은 청조의 시대가 흐르면서 변화를 보였다.3506)

관리들의 역할의 중요성은 곡물창고의 발달과 정비례했다. 복지·자선단체들의 시기적 패턴을 더 면밀히 살펴보면, 고아원과 같은 시설들의 확대에 대한 관리들의 중요성은 예비창·상평창과 각종 세곡창고 및 사창·의창의 형성과정과 평행했다. 18세기 발전에 대한 분석은 1655년과 1724년 사이에 설립되고 창설되고 운영된 수많은 건수의 고아원들을 확인해준다. 청대 옹정제에 의해 취해진 주도적 조치를 시작으로, 향촌유지들의 노력이 결정적으로 중요한 것으로 남아있던 복지활동들이 이제 더 큰 정부노력의 일환이 되어

3505) Wong, "Benevolent and Charitable Activities in the Ming and Qing Dynasties", 250-251쪽.

3506) Wong, "Benevolent and Charitable Activities in the Ming and Qing Dynasties", 252쪽.

서 관료행정 속으로 포섭되게 되었다. 명대 후기와 18세기 상황 사이에는 향촌유지들의 사회참여에서 중요한 사회변동이 일어난다. 명대 후기에는 '유력한' 향신들이 때로 보다 작은 규모의 인애단체를 창설했다. (반면, 청대의 인애단체 창설·경영자들은 종종 더 낮은 지위의 유자들과 학생들이었다.) 자선활동다운 활동에 간여한 개인들의 지위는 정부가 감독 측면에서 더 현저한 역할을 수행하는 만큼 아마 더 '평민화'되었을 것이다. 신사의 상층은 낮은 지위에서 일할 용의가 다른 유지들보다 더 적었을 것이기 때문이다. 18세기 상황은 그야말로 "관독민판官督民辦(관의 감독, 민의 운영)"이었다. 이것은 19세기 관리-상인 관계에 더 친숙한 표현과 유사했다.3507)

18세기 복지·자선사업은 지역적으로 결합의 정도에서 변화를 보이는 관官과 지방 유지有志들의 결합에 의거했다. 인애활동의 확산을 특징짓은 차별성은 이 활동들이 빈번하게 수직적 구조 안에 자리 잡은 것이다. 이것은 아마 분산된 많은 작은 사창들의 회계보고서들이 관료행정적 보고체계 아래 취합되는 상평창체제에도 거의 그대로 타당할 것이지만, 고아원과 같은 자선사업의 경우에도 이 시설의 수적 확산에서 정부는 주도적 역할을 했다. (반면, 19세기의 경우에 수적으로 증가된 인애단체들이 이전보다 더 긴밀하게 보다 작은 지역과 연계되어 설립되었다. 그리하여 개별지역들의 경우에 경계를 긋는 식의 "외부"와 "내부"의 구분은 보다 빈번해졌다. 상평창의 경우에 수직적 관료행정과 조정이 19세기 초를 기점으로 줄어든 것은 명백하다.) 사창 곡물보유고를 유지하는 데 성공한 지역들은 종종 향촌 유지들의 주도적 기여에 의거했다. 자선운동의 점증하는 향촌적 성격은 작은 지역

3507) Wong, "Benevolent and Charitable Activities in the Ming and Qing Dynasties", 252쪽.

안에서의 더 큰 수평적 조절을 가능하게 했다. 상해 같은 대도시들에서는 다기능적 인애·복지 자선단체들이 새롭게 발전하여 환과고독의 부양 및 관棺 제공을 포함한 자선활동의 스펙트럼을 더 크게 확대했다.3508) (18세기와 19세기 사이에는 자선노동의 실질적 초점이 바뀌었다. 과부 정결에 대한 18세기 관심은 이상적 가족형태의 투영에 대한 더 폭넓은 도덕적 관심을 반영한 반면, 도움을 받지 않으면 죽을 수도 있는 신생아를 가진 가정에 가용한 지원의 종류를 늘리려는 19세기 후반의 노력들은 유아사망률에 대한 우려를 반영했다.)3509)

신생아들에 대해 지원을 제공하는 복지단체들의 형성은 향촌까지 더 깊숙이 뻗쳤고, 이 때문에 보다 도시적인 배경에 소재한 보다 적은 수의 고아원들은 처음 5개월의 복지 지원 뒤에도 아기를 키울 능력이 없는 부모들의 유아들도 받아들였다. 청대에는 자선단체들의 재정조달에서도 변화가 일어났다. 항주·상해·송강과 같은 대도시에서 특히 그랬다. 1860년 이후 사료들에 의하면, 성공적 자선단체들은 18세기 내내 자선단체들을 괴롭혔던 불안정한 기금 문제를 해결했다. 옹정제는 普濟堂의 설립을 장려했을 때 백성들의 "기여"를 기대했지만, 건륭제는 그런 직후에 관리들이 백성들에게 "기여"를 강요한다는 것을 발견했다. 이런 문제를 회피하기 위해서는 요호부민들로부터 기금이 나와야 했다. 때로 향촌 유지들과 관리들은 인애활동을 지원할 지대소득을 내는 토지를 대고 싶어했지만, 간단히 돈을 낸 경우가 더 흔했다. 가용한 총자원은 해마다 기여를 하는 사람들의 수와 기부액의 크기에 따라 변동을 보였다.

3508) Wong, "Benevolent and Charitable Activities in the Ming and Qing Dynasties", 252-253쪽.

3509) Wong, "Benevolent and Charitable Activities in the Ming and Qing Dynasties", 253쪽.

그 결과, 많은 자선단체들은 수년 이상 활동을 계속하는 것이 어렵다는 것이 드러났다. 18세기와 19세기 초반에 성공한 단체들은 새로운 자원들의 정기적 주입을 받는 단체들이었다. 항주와 상해의 몇몇 도시 인애단체들의 기금조성은 개별 길드('공소公所', '회관會館')들이 특정 자선단체들을 지원하기 시작한 19세기 후반에 훨씬 더 정규적이 되었다. 夫馬進은 보다 융통성 있게 조선된 기금의 경우와 더불어 인애활동을 지원하기 위해 회원들에게 상당한 세금을 징수하는 길드들의 경우를 제시한다. 자선활동의 성공을 진흥하는 데 종종 활발하게 간여한 향촌관리들의 관점에서 보면 관리들과 향촌 유지의 합작을 확증해주는, 도시지역 인애활동들의 일종의 일상화(routinization)가 벌어진 것으로 보였지만, 고위 관리들의 관점에서 보면 인애활동은 도시 및 농촌지역을 망라하는 더 큰 공간에 걸쳐 진흥하고 조정하려고 한 활동들이 아니었다. 결과적으로, 인애단체들은 향촌 사회·정치제도들의 점차 촘촘해지는 세트 안에 얽혀 들어감에 따라 점차 더 큰 정치구조와 정치비전과 분리되었다. 중국 인애·자선단체들이 북중국의 농민단체들과 같은 중국 자치기구들의 더 오랜 전통 안에 일반적으로 알맞았다. 이 인애·자선단체들은 "시민사회" 맥락에 부합되는 것이고, 도시 자치의 발전을 위한 기초였던 것이다.3510)

인애단체들이 국가와 독립될 수 있는 가능성은 중요하다. 하지만 이 가능성은 농촌과 도시 간에 달랐다. 농촌지역에서 자선단체들은 다양한 자발적 단체들을 조직한다. 국가가 마을 차원으로까지 침투해 들어갈 수 없기 때문이다. 행정중심지인 도시에서는 사회질서의

3510) Wong, "Benevolent and Charitable Activities in the Ming and Qing Dynasties", 253-254쪽.

조직화가 상인과 다른 도시유지들에 의존했다. 마을 차원을 떠나 향촌 인애단체와 기타 단체들의 형성에서 관리들과 유지들의 참여 비율은 지역이 정치·경제적으로 중요할수록 조직들의 수가 증가함과 동시에 이 조직들의 형성과 유지에서 관리들에 비해 민간 유지들의 역할이 증가한다. 이것은 18세기 사창과 학교에서 관민 비례 관계와 유사하다. 관리들은 경제적으로 덜 발전된 지역에서 유력한 역할을 보존하기 더 쉽고, 관료행정적 위계를 통해 지역들을 수직적으로 연결시킬 수 있는 가능성은 관리들이 덜 발전된 지역에서 더 중요한 역할을 하기 때문에 낙후한 지역에서 더 크다. 자치독립에 대한 가장 강한 요구를 제기할 가능성이 가장 큰 장소는 보다 발전된 유지들이 사는 보다 도심적인 지역들이다. 지역조직들이 더 많고 더 다양한 보다 도시적인 지역에서는 19세기 후반과 20세기 초에 특히 극적 변화가 일어났다. 인애단체와 자치기구들의 회원에 대한 분석에 의하면, 인애단체에서 유력한 많은 개인적 인물들은 자치 주도권에서도 지도자들이었다. 이 연계는 여러 가지 가능성을 제기한다. 인애단체들과 자치단체들의 조직상의 상당한 유사성과 지도자들이 지방자치단체의 제도들을 조직하는 동기는 공통된 성격을 가졌다.3511)

사회경제의 객관적 변화는 종종 주관적 가치의 동요를 초래한다. 명말에는 여러 가지 사상이 공존했는데, 보수와 극단조차도 둘 다 적잖은 추종자들이 있었다. 동시에 전통가치는 전례 없이 혼탁해졌고, 빈부·귀천의 관념이 그중에서 가장 눈에 띄는 것이었다. 당시 우국지사들은 사회를 개선하려는 의지가 컸는데, 소위 '개선'

3511) Wong, "Benevolent and Charitable Activities in the Ming and Qing Dynasties", 254-255쪽.

이라는 것은 주로 그들의 이상적 사회질서를 중흥시키는 것이었다. 이 목적을 달성하기 위해서 그들은 여러 가지 사회전략을 수립하여, 한편으로 새로운 사회 변화에 대응하고, 다른 한편으로는 전통적 가치를 유지하려고 했다. 명말에 강남 지역에 출현한 "동선회同善 會", 또는 "선회善會", 즉 민간 자선단체들은 이런 유형의 사회전략의 전형이었다.3512)

'선회' 또는 민간자선단체들은 '동선회'라는 명칭을 달기도 했지만, '선善'이 아니라 '인仁'을 자선단체 명칭에 사용하기도 했다. 가령 '인회仁會', '동인회同仁會', '광인회廣仁會' 등이 그것이다. 또한 기타 자선활동기구에는 '의義'자도 많이 사용했다. 자선을 세워진 학교는 종종 '의숙義塾'이라고 칭했고, 무상으로 강을 도강渡江하게 하는 지원활동은 '의도義渡'라고 불렸다. 그리고 자선활동 경비로 의연義捐한 땅은 '의장義庄'이라고 칭했고, 자선으로 제공된 묘지는 '의몽義蒙'이라고 칭했다.3513)

명말 민간 자선단체 중에서는 '동선회'가 단연 돋보였다. 동선회의 창설은 명말 선비들이 결사를 좋아한 분위기와 무관치 않다. 동시에 동선회 또는 '선회善會'는 분명히 북위北魏 이후에, 특히 수당대에 성행했던 재가在家 불교조직, 예를 들면 의읍義邑·법사法社 등을 배경으로 출현한 것이다. 명말 동선회는 당시에 유행했던 '방생회放生會'를 의식적으로 본떴다. '방생회'는 재가 불교조직의 전통으로부터 직접 유래한 것이다.3514) 명말 가선嘉善현의 유학자 진용정陳龍正은 1631년 고향에서 동선회를 설립할 당시 "또 요즘

3512) 梁其姿, 『施善与教化: 明淸的慈善組織』, 37쪽.

3513) Smith, *The Art of Doing Good*, 23-25, 46쪽.

3514) 梁其姿, 『施善与教化: 明淸的慈善組織』, 7쪽.

승가(僧家)에서 방생회를 할 때마다 무릇 선한 마음이 있으면 기꺼이 이를 따르고 (...) 현재의 음덕을 보고 보답하며 그 애물의 마음까지 이어져 (...) 자연히 와 닿기도 하고, (...) 진실로 좋은 사람이 자의적으로 살생하는 것을 본 적이 없었는데, 그 동선회는 실은 방생회(放生會)에 근원이 있다"고 지적했다.[3515] 사상적·조직적으로 동선회는 속세의 불가조직과 매우 유사함을 알 수 있다.

조직 측면에서 동선회와 인회·동인회·광인회·의숙 등 기타 선회의 모델이 된 동물해방·살생방지 자선단체로서의 '방생회'는 명대 후기에 일어난 불교중흥운동과 관계가 깊다. 방생회의 확산을 가져온 이 불교중흥 운동은 이 운동의 중심사찰로 유명한 운서(雲棲)사원의 16세기 승려 주굉(祩宏)(1535-1615)에 의해 주도되었다. 그러나 방생회는 곧 공맹철학의 세례를 더 많이 받게 된다. 주굉은 12세에 불교에 입교하고 1583년(48세) 회시(會試)에 급제해 진사 학위를 획득한 다음, 그의 종교적 신앙을 관직으로까지 가져갔다. 그는 매일 금강경을 암송하고 불교사원을 복원하고 사람들에게 제사용으로 동물을 살생하는 것을 금했다. 그는 자기의 입장을 방어하기 위해 공자의 "경귀신원지(敬鬼神而遠之)" 명제를 출발점으로 삼았다. "내가 귀신이 존재하지 않는다고 생각하는 것이 아니라 귀신과 인간은 다른 것들을 향유한다고 생각한다. 인간은 술과 고기를 좋아하고 그래서 귀신에게 술과 고기를 바친다. 그러나 이것은 구더기가 똥거름을 먹고 살기 때문에 사람들에게 똥거름을 주는 구더기와 비견된다. 이런 구더기들이 어찌 사람을 기분 상하게 않겠는가? (...) 당신네들은 이전처럼 계속 동물을 죽여 귀신을 모독한다면

3515) 陳龍正, 『幾亨外書』「自序」 (1631), 四下. 梁其姿, 『施善与教化: 明淸的慈善組織』, 38쪽에서 재인용.

어떤 이익도 얻지 못할 뿐만 아니라, 비난을 초래할 것이다. 이 말은 참으로 정확한 것이고, 가볍게 얘기되는 것이 아니다."3516) 유명한 명대 정치가 기표가祁彪佳(1602-1645)의 고향친구 도망령陶望齡(1562-1609)도 이 방생운동에 심취했다. 회시 장원급제자인 도망령은 자시의 동생 도석령陶奭齡과 함께 동물구조·동물사랑 클럽을 조직하는 데 친구들을 끌어 모아 구조운동을 벌였다. 그는 주굉의 방생론을 옹호했다.3517)

명말청초 불교에 반대하는 유자들도 유학적 애물愛物명제에 따라 동물사랑을 설파했다. 이런 유자들은 주굉의 방생론의 여파 속에서 방생불살생론放生不殺生論에다 불교와 다른 유학적 논리를 제공하려고 애썼다. 왕형王衡(1562-1609)은 "정직하자면 나는 선禪 불교를 말하지 않지만 천성적으로 살생을 싫어한다"고 말했다. 다른 유자들은 동물이 구조되어야 한다는 견해의 앞선 명제로 유학경전을 들춰냈다. 그들은 불교가 중국에 도래하기 전에 공자가 "낚시질을 하였으나 그물로 잡지 않았고, 주살을 쏘았으나 잠자는 새는 쏘지 않았다(子釣而不網 弋不射宿)"는 구절에서처럼 절제를 보여주었고, 맹자가 군자는 동물들이 요리되는 견딜 수 없는 장면을 피하기 위해 도살장과 부엌을 멀리한다고 가르친 것을 상기시켰다.3518)

몇몇 충실한 유자들은 방생放生과 계살戒殺을 불교의 도착적 관념으로 배척하기보다 이 관념을 포용할 수 있는 정당화 논거를 세웠다. 전겸익錢謙益은 제사·향락·상례喪禮를 위한 살생이 주도면

3516) 袾宏, 「戒殺放生文」, 7a. Smith, *The Art of Doing Good*, 22쪽에서 재인용.
3517) Smith, *The Art of Doing Good*, 22-23쪽.
3518) Smith, *The Art of Doing Good*, 23-24쪽.

밀하게 규제되고 생명보존 원리에 따라 이루어졌기 때문에 '계살'과 '방생'이라는 술어가 모든 생명을 높이 평가하던 까마득한 황금기에는 글에서 발견되지 않는다고 논변했다. 그러므로 '방생' 개념이 불필요했었다. 전겸익은 고대 임금들이 "하늘과 땅, 사과 산림, 강과 습지를 다 한 가족으로 간주했고, 금수와 미물들을 한 몸으로 간주했고, 모든 장소가 방생의 장소였고, 모든 생명은 본질적으로 구조받아야 할 생명의 주인이었다"고 적었다. "당나라가 천하에서 살인하기 위해 환관들을 쓰고 송나라가 신법을 쓴" 마지막 겁劫에 외서야 방생을 위한 연못이 나타났다. 그러나 유명한 논자 귀유광歸有光의 손자 귀장歸莊은 '방생'이라는 말이 원래 불교에서 유래했지만 부처는 고대 중국 왕들의 지침과 부합하기 위해 이 사상을 설파했다고 양보했다. 동물사랑을 불교경전으로부터 떼어내기 위한 유교적 노력은 방생과 계살에 초점을 맞춘 한 맹초연孟超然의『광애록廣愛錄』이라는 18세기 문헌에서 정점에 달했다. 불교를 싫어한 맹초연은 동물사랑이 더렵혀지지 않은 유교적 기원을 가졌다는 것을 입증하기 위해 존경할만한 유자들의 기록들을 수집했다. 그는 가령 진제陳第가 아주 불교를 싫어했을지라도 육식을 불효와 비인간성에 빗댔다고 설명하고 불교를 멀리한 정이·정호 형제는 새와 물고기를 사랑했다고 말했다. 그는 군자의 불살생은 "인심仁心"을 도야하는 도道라고 요약했다. 선비들은 불살생과 방생을 인정하는 만큼 이 명제를 변형시켰다. 그들은 공자의 "낚시질을 했으나 그물로 잡지 않았다釣而不網"는 명제를 이용해 특별한 경우에 채식주의 식단을 따랐다. 그들은 동물음식을 피했으나 다 피하지는 않았다. 그들은 먹기 위해 동물을 살해하는 것과 죽은 고기를 먹는 것을 면밀하게 구분했다. 동선회의 최초 창립자인 양동명楊東明

(1548-1624)처럼 그들은 공자의 "조이불망釣而不網" 명제의 절제를 따르면서 제사용 고기 사용을 옹호했다. 심지어 주굉도 때때로 '불상생' 테제를 완화했다. 그는 고기를 도살하는 것보다 고기를 사는 것이 낫다고 주장했다. 그러나 그는 원칙적으로 엄격한 불살생론자였다. 그는 "조이불망釣而不網" 명제에 대해서 "공자가 생명의 느낌에 그토록 무감각했을 수 있다"는 의구심을 표하고 문구에서 부주의로 "뭔가 빠졌다"고 암시했다. 그는 비단옷을 입는 것도 누에에 대한 사랑에서 포기해야 한다고 논변했다. 많은 선비들은 주굉의 이 엄격한 불살생 테제로부터 멀리 이탈하거나 불교 자체를 멀리했다. 그럼에도 유자들은, 견결한 유자들도 방생 사상을 군자의 도덕적 의무로 느끼고 이것을 그들의 저작의 주제로 삼고 자기들의 사회단체의 주의주장으로 만들었다.3519)

동물사랑의 이 유교적·불교적 방생사상은 기독교와의 조우에서 빛났다. 1583년 중국에 입국한 예수회 선교사들은 신사들의 모임에 자주 드나들며 방생을 위한 논변을 구체화한 유자들에게 도전하여 1600년경 개종자들을 얻었다. 주굉과 몇몇 동물보호운동가들은 "동물은 불멸의 영혼을 결한다"고, 그리고 "하늘은 동물을 인간이 소비하도록 냈고 윤회설은 부조리하다"고 비판하는 예수회의 입장을 잘 알았고, 또 특히 이들의 입장을 반대했다. 주굉과 양동명은 두 번째 명제("하늘은 동물을 인간이 소비하도록 냈다")에 대한 반박으로 "호랑이가 사람을 먹는다면 사람들은 인간이 호랑이를 위해 키워진다고 말할 것인가?"라고 수사적修辭的 물음을 던졌다.3520) 예수

3519) Smith, *The Art of Doing Good*, 24-25쪽.

3520) 袾宏,「戒殺放生文」, 9b; 梁東明,『山居功課』(1624), 8.29b. 둘 다 Smith, *The Art of Doing Good*, 26쪽에서 재인용.

회는 개종시키는 과정에서 많은 선비들을 반박했다. 그래도 방생운동은 마테오리치가 화신론化身論에 대한 공격을 개시한 1603년경에 완전히 정점에 도달했다. 그리고 명대 논객들이 불살생과 방생의 개념에다 갖다 붙인 특별한 연상聯想들은 예수회의 의제를 훨씬 뛰어넘어 확장되었다. 명대 후기의 논객들은 윤회설을 입에 담긴했어도 사치와 검소, 잔학과 연민, 생과 사, 억압과 해방의 주제들, 간단히 그들이 자선활동을 논할 때 사용하는 바로 그 어휘들을 훨씬 더 자주 숙고했다.3521)

최초의 동선회는 양동명이 대략 만력萬曆 18년(1590) 그의 고향 하남 우성宇城에 설립한 것이다. 20여 년 뒤인 숭정崇禎연간에는 강남지역 선비들이 서로 이어 동선회를 조직한 일종의 붐을 이뤄, 명국 멸망 이전에 강소江蘇·절강浙江지역에는 무진武進·무석無錫·곤산崑山·가선嘉善·태창太倉 등지에 동선회가 있었고, 또 복건·산동·하남·강서 등의 각성各省으로도 확산되었다.3522) 1644년경 "유명한" 동선회는 10개가 넘었다.3523) 강남에서는 동선회에 참여하여 활동하는 사람들이 전일본錢一本·고반룡高攀龍·진용정 등을 비롯한 동림당 인사들과 동조자들을 포괄했다. 명칭은 다르지만 성격이 같은 '선회善會'까지 따지면, 아마 수는 더 많을 것이다. 가령 양동명은 동선회 설립 1년 뒤에 '광인회廣仁會'를 설립해서 빈자와 병자를 구제했고, 명국을 위해 순절殉節한 황순요黃淳耀는 그의 고향 가정嘉定현에서 동선회와 유사한 '혜향사慧香社'에 참가했고, 이 조직도 숭정 연간인 1640년에 설립되었다. 또 양주揚州에서 설립된 육영사

3521) Smith, *The Art of Doing Good*, 26쪽.
3522) 梁其姿, 『施善与教化: 明清的慈善组织』, 38쪽.
3523) Smith, *The Art of Doing Good*, 43쪽.

育嬰社도 있었는데, 이것은 조직방식이 동선회와 대동소이했고 다만 유기된 영아嬰兒들을 양육하는 것을 위주로 했을 뿐이다. 또한 가령 명국을 위해 순절한 또 다른 선비였던 기표가祁彪佳는 숭정연간에 여러 차례 그의 고향 소흥昭興에서 누차 '약국藥局'과 육영사育嬰社 등을 세우고 빈자와 병자를 구제했다.3524).

명말의 명사들은 대부분 관직을 그만두었거나 관직에서 은퇴한 기간에 고향에서 지방 자선활동을 추진했다. 선회善會는 보통 명망 있는 선비들이 이끌고 지방 백성들을 모아 선회를 창설하고 정기적으로 회의를 열었다. 구제 목표가 비교적 구체적인 선회, 예를 들면 약국·육영사 등은 왕왕 한두 사람이 그 일을 주관하여 선량한 마음을 지닌 인사들에게 호소했다. 기부금은 약품·유모 등과 관련된 지출비용으로 사용되었다. 구호대상이 넓은 선회는 형태가 비교적 복잡했다. 이러한 선회는 계절마다 한 차례 모였다. 매번 모임을 주관하는 사람들이 회원으로부터 선출했다. 모임을 여는 목적은 세 가지였다. 첫째는 회비를 걷었다. (회비는 회원 1인당 9분에서 9전까지였다.) 둘째는 구제방안과 기부액의 분배였다. 셋째는 모임을 주관한 사람이 속강俗講방식으로3525) 악을 경계하고 선을 선양하는 것이다. 강의를 듣는 대중에게 분수를 편안히 여겨 자기를 지키도록 권유勸諭하며 아울러 빈자를 구제하려는 선심을 발양하는 것이다. 속강의 효과를 강화하기 위하여 강의의 말은 벽 위에 붙인다. 이 두 유형의 기본적 선회가 공유하는 특징이 있다. 그것은 조직이 창립 당시에 반드시 자세한 규칙조례를 갖추고 책임회원은 이것을

3524) 梁其姿, 『施善与教化: 明淸의 慈善组织』, 38쪽. 양동명의 '광인회'에 관해 자세한 것은 다음을 참조: Smith, *The Art of Doing Good*, 50-51쪽.
3525) '속강'은 당대(唐代)의 사찰에서 불경의 뜻을 해설할 때 쓰던 설창(說唱)형식을 말한다.

준수하는 것이다. 목적은 오래도록 유지되어 내려가도록 하는 것이다. 이에 따라 명말 자선단체는 대부분 장기적 조직이고, 지방 명망가들이 추진하며, 이런 관직에 있지 않은 지방 지도자들이 일반 서민들을 이끌고 선회를 조직하여 현지의 빈민들을 구제하지만 어느 종교단체에도 속하지 않는 것이 주요특색이라는 것을 간파할 수 있다. 빈민을 거둬 구제하는 가족·주소지·종교나 특별한 집단소속 등의 자격 제한이 전혀 없다. 바꿔 말하면, 명말의 선회들은 참신한 사회성격을 가지고 있었다. 남북조·당대唐代의 불교적 자선조직은 포교를 위주로 한 반면, 명말 선회의 이념은 종교문제가 아니라 속세의 사회문제를 처리하는 데 주안점을 두었다. 또 명말의 선회는 송대의 구제조직처럼 곳곳에서 중앙정부나 지방관이 이끈 것이 아니라, 지방에 사는 무無관직의 명망가들을 지도자로 삼았고, 동시에 구제받은 사람들의 자격은 관공서가 정하는 거주지 등록의 제한을 받지 않았다. 또한 이 선회들은 가족과 친족을 구제하는 것을 위주로 하는 '의장義莊'과도 다르다. 따라서 명말 선회는 형식과 구빈 대상 측면에서 남북조시대와 수당대 이래의 불교조직과 송대 정부기관으로부터 현저한 영향을 받았을지라도 이 민간조직의 목표·지도자·구제대상을 동시에 고려하면 중국사회의 전례 없는 새로운 현상으로 말할 수 있다.3526)

동신회·육영사 등 명말의 자선단체들은 17세기에 보편적 발전을 보였을 뿐 아니라 개별 자선단체들 자체가 만만찮게 확장을 이루었다. 이후 이 자선단체들은 이미 회원 수가 수백 명으로 늘어났고, 동시에 구제대상자들의 부단한 증가에 대처하기 위해 부동산과 농지를 사들여 세를 놓아 그 임대료와 지대로 비용을 충당했다.

3526) 梁其姿, 『施善与教化: 明清的慈善组织』, 39쪽.

회원 수가 나날이 증가하고 구빈활동이 더욱 번성하자, 진룡정은 1641년 현縣정부에 회관건립을 신청하여 허가를 받았고, 같은 해에 '동선회관同善會館' 낙성식을 가졌다. 그리고 무석無錫의 동선회도 창립 3년여 만에 인원이 100명이 넘었다. 고반룡은 이 모임의 제2차 강연에서 "이 동선회의 오늘날 모임은 제14차이고, 회원도 100여 명이나 되고, 모든 사람들이 모두 스스로의 마음으로 자원自願하고 있습니다"라고 말했다.3527) 무석 동선회는 제86차 모임을 가졌고, 청대 초까지도 줄곧 활동을 유지했다. 마찬가지로 곤산현·오현吳縣의 동선회도 줄곧 활동했다. 곤산현 동선회는 명국 멸망 직전(1643)에 현령까지 초청해서 하계모임을 주최했는데, 이것은 가장 성대한 최초의 모임이었다. 이것을 보면 지방선회는 점차 힘을 얻어 지방관들도 중시하게 되었음을 알 수 있다. 청대에 이르러서는 곤산의 선회가 비록 명말과 달리 부정기적으로 열렸어도 여전히 '유격대' 식으로 유지했고, 강희 9년(1670)에는 현지의 수재 기민饑民을 구제하는 활동을 벌였다. 동선회의 역사는 순치 초년에도 새롭게 발전하여 비교적 외진 보응현寶應縣에서 순치6-7년(1649-1650) 선비 주이원朱爾遠과 왕유용王有容이 따로따로 우인들과 함께 진용정을 모방해서 동선회를 조직해서 운영했다. 명대 말엽 강남지역의 선회가 상당히 보편적이고 동질성이 지극히 높은 사회문화현상이 되었고 또 줄곧 확대되었다는 것을 알 수 있다.3528) 청국 정부는 순치 9년(1652) 이후 문인들의 반청反淸조직을 철저히 제거하기 위해 문인결사를 누차 금지하는 조치를 내렸다. 순치 9년 청국 정부는 지방학교의 명륜당을 건립하는 것에 즈음해서 '학교조규學校條規'

3527) 梁其姿, 『施善与教化: 明清的慈善组织』, 39-40쪽.
3528) 梁其姿, 『施善与教化: 明清的慈善组织』, 39-40쪽.

를 생원들에게 제시했는데, 그 중에는 "생원들이 무리를 다수 끌어 모아 결사를 수립·체결하는 것을 불허한다(生員不許糾黨多人立盟結社)"는 조규가 포함되어 있었다.3529) 이 조규는 완전한 저지효과를 발휘하지 못한 것 같다. 8년 후인 순치 17년(1660) 정월 예부 우右급사중 양단楊瘅이 상소를 올려 강남선비들의 결사를 일컬어 "이름 내는 것을 좋아하여 그 후에도 이로 인해 당黨을 심는 것이 상습相習이 되어 바람을 일으키고 있습니다"라고 고하고, "선비들을 묶어내 망령되이 사명社名을 세우고 다중을 끌어 모아 모임을 맹약할 수 없다"고 하명해 줄 것을 앙망했다. 그 결과, "결사 맺기는 (...) 심히 가증스럽도다, 분명히 엄금한다"는 명령이 떨어졌다.3530) 이러고 나서야 이 같은 자연적 발전추세를 강제로 중지시킬 수 있었다. 건륭제 시대에 동선회는 다시 흥했지만 조직형태 등이 많이 변한 자선단체로 부활했다.

명말 자선조직 동선회와 기타 선회를 만들고 이끈 자선활동가들은 출사하지 못했거나 벼슬을 그만두었거나 벼슬살이를 마치고 은퇴한 무관無官의 향신鄕紳들이었다. 구민·양민·교민·안민의 유가철학으로 무장한 이 향신들은 재해의 원인이 상업발달이 초래한 과도한 빈부양극화든, 1550년부터 1850년까지 뻗친 이른바 '소빙기(Little Ice Age)'의 특별한 이상기후든, 주기적 자연재해든 상관없이 이런 재해로 인해 빈곤과 역병만이 아니라, 고래古來의 개인적 불행들(환과鰥寡, 무친無親 고령화, 자활능력 없는 독거, 고아, 기아棄兒, 폐질과 장애 등)과 싸워 사회의 도덕질서를 회복코자 했다.

3529) 『欽定學政全書』(1812), 4:2上, 順治九年 '學校條規'. 梁其姿, 『施善与教化: 明清的慈善組織』, 40쪽 각주9에서 재인용.

3530) 『清實錄』(1969), 『順治實錄』131:17上-18上. 梁其姿, 『施善与教化: 明清的慈善組織』, 40쪽 각주9에서 재인용.

서구 근대역사 발전의 주요 특색이 국민국가의 대두라면 중국의 근대역사 발전은 지방 엘리트의 성장이라고 해야 할 것이다. 하지만 이것이 반드시 중앙정권에 대한 도전을 의미하는 것은 아니라, 대부분 지방 엘리트와 중앙정권은 상호 의존하고 상부상조하며 협력하는 민관협력 관계를 의미했다. 명말 지방 엘리트들의 성장에 따른 주요영향 중 하나는 일부 지방행정이 지방에 정착한 것이고, 사회구제는 그중 주요항목 중 하나였다. 지방 엘리트들의 영향력은 커지긴 했지만 그렇다고 중앙정권의 역량을 감퇴시키지는 않았다. 18세기 말까지의 명청시대의 정치발전 특징 중 하나는 민관이 둘 다 함께 발달했다는 점이다.[3531]

독지가들이 자기 돈을 풀어 선행을 하는 것은 동서고금에 다 있었기에 경이로운 일이 아니다. 중국 외에 다른 사회에서 이런 선행은 '당연한 것'이 아니라 '특별한 것'으로 여겨졌다. 그러나 유교국가 명국에서는 부자들이 돈을 의연해 대민對民복지를 베푸는 것은 "재화는 땅에 버려지는 것을 싫어해도 꼭 자기에게만 감춰져 있지 않고 힘은 몸에서 나오는 것을 싫어하지만 꼭 자기만을 위하지 않는다"는 대동이념에 따라 '당연한 것'으로 여겨졌다. 그리하여 민부民富가 어느 정도로 축적된 16세기 말엽부터 나라가 약간 흔들리는 기색이 느껴지자 선행이 전례 없이 보편화되고 사회적으로도 인정받기에 이른 것은 전에 없던 일인 것 같다. 이것은 강서·절강성의 방지方志에 뚜렷하게 나타나있어 바로 들여다 볼 수 있다. 명말 이래의 '방지'는 지방 독지가들의 활동을 고정란固定欄에 체계적으로 기록하기 시작했는데, '선인善人'이라는 오래된 명사는 이때 새로운 사회적 의미를 얻게 되었다. '선인'이라는 단어

3531) 梁其姿, 『施善与教化: 明清的慈善组织』, 62쪽.

가 쓰이기 시작한 것은 송대의 유명한『태상감응편太上感應篇』보다 이르지 않을 것이다. 이것은 명대에 아주 유행한 선서善書의 비조들이 저런 식으로 각종 선행을 펼친 '선인'을 뜻했다. "이른바 선인은 모두 그를 존경하고, 천도가 그를 돕고, 복록이 그를 따르고, 모든 사악이 그로부터 멀어지며, 신령이 그를 보위해서 반드시 이루어지는데, 신선을 바랄 수 있다.(所謂善人 人皆敬之 天道佑之 福祿隨之 衆邪遠之 神靈衛之 所作必成, 神仙可冀.)"3532) 이 말 안에서 주도하는 것은 유교화된 도교道敎사상이고 선인이 되는 동기가 주로 장생長生을 구하는 것이라는 점이 뚜렷이 드러난다.3533)

명말 이래로 사람이 선을 행하는 동기는 여전히 큰 차이가 없을 수 있지만, '선인'이라는 단어는 이미 또 하나의 '사회적' 의미를 더하게 되었다. 1601년의『양주부지揚州府志』(권18)에는 '선인'의 정의가 있다. "찬자가 가로되, 선인은 포의布衣(관복이 아닌 흰옷)를 위엄 있게 걸친 선비(布衣威帶之士)라고 한다. 그의 사업은 당년에 나타나지 않고 부지런히, 부지런히 그 덕을 행하는 자는 향촌에서 '선인善人'이라 일컫는 바다." 이 문집 속에서 우리는 '선인'이 이미 일종의 특수한 사회인이 되어 있음을 알 수 있다. 그들은 대부분「포의」이며, 상당한 가산이 있으나 학문이나 관리의 명분으로 남아 있지는 않다. 동일하게 관찰할 수 있다. 그들은 다수가 '포의'의 신분(벼슬이 없는 신분)이었고, 또 왕왕 상당한 재산을 보유했으나, 학문으로 이름나지 않거나 벼슬아치로 분명히 드러난 사람이 아니었으나 비분강개하여 향리에 재산을 풀어 선덕을 행해서 후세에 이름을 남겼다.

3532) 惠棟,『太上感應篇注』(1789), 卷上:14下-16上. 梁其姿,『施善与教化: 明清的慈善组织』, 63쪽에서 재인용.

3533) 梁其姿,『施善与教化: 明清的慈善组织』, 63쪽.

명말청초 연간에 도시의 선인들과 친밀하게 왕래했던 위희魏禧
(1624-1681)도 이와 유사한 해석을 내놓았다. "세상에서 선인이라고
함은 두 가지다. 좋은 반찬을 삼가고 민간에서 법도의 준수를 행하
는 것은 마을사람들이 스스로 좋아하는 것이다. 그리고 재산을
가벼이 여기고 사람들에게 모종의 공덕을 베푸는 것을 즐기는 것은
이른바 부유하여 자기의 덕을 행하는 것을 좋아하는 자라고 한다.
이 두 가지는 행위가 같지 않지만 선으로 같이 돌아온다."3534)
위희가 말하는 두 번째 선인은 분명 『양주부지』가 가리키는 선인이
고, 또 여기서 말하는 선인이다. 명말 이래의 방지와 문집에 곳곳의
무수한 묘지명墓誌銘과 행장 등은 "모모 선인"을 위하여 쓰여졌는
데, 이런 정황은 줄곧 청말과 민국 초기까지 이어졌다. 이것을 보면
명·청대에 지방에서 일정한 재산을 가진 사람은 자기의 사회적
지위를 유지하거나 높이기 위해 전통적 전략(즉, 한편으로 후세대의
교육에 투자하여 그들이 관직에 오르는 날을 기다리고, 다른 한편으로 토지나
상업을 경영하여 가계를 유지하는 것)을 제외하고 재산을 뿌려 선을
행하는 방식으로 지방사회의 인정을 받는 것은 날로 더욱 유행하는
새로운 전략이 되었다. 명대에 선행기록이 가장 유행했는데, 그중
허다한 것은 경전을 보지 않은 독지가들의 활동이다. 가령 장이상張
履祥(1611-1674)의 『언행견문록言行見聞錄』은 저런 유형의 선행자善
行者의 활동을 신고 있다. "동정洞庭의 부자집 석席씨는 덕행을 아주
좋아하여 향리의 가까운 산의 빈자들에게 여름이면 모기장을 공급
하고 겨울이면 솜옷을 공급하고, 불을 때서 밥을 짓지 못하면 쌀죽
을 나눠주고 죽어서 염殮을 하지 못하면 관棺을 시여하는 등 (...)

3534) 魏禧, 「新城楊善人善行實蹟跋」. 梁其姿, 『施善与教化: 明清的慈善组织』, 63쪽
에서 재인용.

2154

이로써 뭇사람이 다 그를 덕스럽게 여겼다." 또 "조십오趙十五라는 사람이 있는데 복주인福州人이고 화가다. 민閩땅의 풍속은 여자를 천히 여겨서 아들을 취하고 여아를 걸핏하면 유기했다. 십오는 단청 그리는 일을 곡식이 나는 밭으로 여기고 버려진 여아들을 받아들여 기르면서 1인당 매일 쌀 한 되를 주고, 아기는 3년간 다른 사람에게 붙여 젖을 먹이고 원하는 대로 아이를 데려가도록 했다. 십오는 이것을 덕행으로 여기지 않고 여아를 살리는 것도 역시 지덕知德을 다하는 것으로 여기지 않았다."3535) 방지에는 성인의 활동을 기록한 것이 더 많다. 가령 『중소보응현지重修寶應縣志』는 일명 진언陳言이라는 사람을 싣고 있다. "(가정嘉靖) 17년(1538) 큰 역병이 발생해서 관을 1000여 개를 시여했다. 28년(1549)에는 기근이 닥쳐서 곡식 1000석을 풀었다. (...) 읍邑에서 학교를 수리했는데 진언이 600량을 원조했다." 또 이름이 교몽두喬夢斗라는 사람이 있었다. "숭정말 양자강과 회수淮水 지역에 대기근이 닥쳐서 (...) 북문 밖 태산전泰山殿에서 쌀죽을 진제振濟하고, 천금을 다 쓰지 못해 (...) 종신토록 게으름을 피우지 않았다." 교몽두는 이름이 엄儼인 아들이 있었다. "아비의 뜻을 이어 순치 10년(1654) 한 해 대기근이 닥치자 교엄은 곡식을 내서 죽을 끓여 하루에 굶주린 사람 1000여 명을 먹이고 겨울과 봄을 보내면서도 싫증내지 않았으니 (...) 그가 살린 사람이 부지기수였다."3536) 『양주부지』 중에도 저런 유형의 선신의 평생 행적을 기록하고 있다. 가령 명말 일명 진언陳鳶이라는 사람이다. "그는 소년 시절에 무역으로 집안을 일으켰다.

3535) 張履祥, 『言行見聞錄』(1644·1871), 34:18下-19上 ; 31:6上. 梁其姿, 『施善与教化: 明清的慈善组织』, 63쪽 각주 83에서 재인용.

3536) 『寶應縣志』(1846), 18:13上, 18下. 梁其姿, 『施善与教化: 明清的慈善组织』, 64쪽 각주 84에서 재인용.

그는 흉년이 닥쳤을 때 쌀죽으로 굶주린 백성을 진제하고 죽은 자를 위해 관을 주어 묻게 했다."3537) 이런 것들은 무수한 사례들 중 랜덤으로 뽑아 본 것이다. 이런 기록들로부터 저런 선인들이 공명功名이나 문명文名이 없더라도 모두 상당한 재부를 가지고 있었다는 것을 알 수 있지만, 그들의 이력에 대해서까지 유관한 사료는 많지 않다. 그러나 개별적 문집들에서 단서들을 찾아낼 수 있다.3538)

명청지제明淸之際에 강남문인권江南文人圈에서 활동한 위희는 적지 않은 선인들을 기록하고 있다. 위희는 양주揚州에서 두어 차례 노닐면서 당지의 명사들과 많이 교우했고 그중에서 선인들을 특별히 존중했다. 이것은 그의 부친으로부터 선행을 현저히 칭송하는 까닭이었을 것이다. 그는 명말청초에 활동한 선인들을 생일축하서 예·묘지명·기문록紀聞錄 등에 기술해 놓았고, 따라서 여기서 진일보하여 저 선인들의 자세한 배경을 알 수 있다. 위희가 가장 좋아한 양주의 자선활동가는 오자량吳自亮(1611-1676)과 민상남閔象南(세장世璋, 1607-?)으로 친다. 이 두 사람은 명말에서 청대 중기에 이르기까지 선인의 전형이라고 말할 수 있다. 양인은 둘 다 원적이 안휘安徽이고 젊을 때 가세가 기울어 유업儒業을 포기하고 상업에 종사하며 양주에 와서 향리의 선배를 따라 소금장사를 하여 점차 부자가 되었고, 마침내 재산을 뿌려 선을 행하게 되었고 이로 인해 당지에서 유명했다. 또 원래 숭정말에 생원이 되었던 민상남도 적수공권으로 집을 일으켜 세웠다. "마침내 양주로 가서 전수로 고향사람들을

3537) 『揚州府志』(1810), 32:6下. 梁其姿, 『施善与教化: 明淸的慈善组织』, 63쪽 각주 84에서 재인용.

3538) 梁其姿, 『施善与教化: 明淸的慈善组织』, 64쪽.

위해 계산장부를 맡아 충실과 믿음으로 보아 사람들이 그에게 오래도록 그 일을 맡겼다. 거기다가 자기가 천금을 벌어 소금과 명협蓂莢(약초)을 유통시켜 재산 거만금鉅萬金을 누적했다. 이때부터 마침내 상인을 그만두고 세입 중에 자기 집이 먹는 것을 제외하고 나머지를 가지로 선한 일을 했다. 그러므로 그의 나이가 72세가 되고 재리財利를 업신여긴 지 수십 년 만에 다시 넉넉하지 않게 되었다." 오자량은 상업에 종사한 원인이 그 아비 오종주吳從周가 경영을 잘하지 못한 것이다. "사방에서 상업을 행하면서 자본이 넉넉지 않았어도 선덕을 행하는 것을 좋아했다." 이런 까닭에 오자량은 청년시절에 깨달았다. "부모가 좋은 음식을 먹지 못하는데 책을 많이 읽어서 뭐하랴? 마침내 유업을 포기하고 장사를 업으로 삼았다." 그는 상업적 성취를 달성하여 그의 아버지를 월등히 뛰어넘어 가업을 크게 일으켰다. 그런데 이것은 두 부자만이 나란히 강개慷慨한 감정에서 선을 행했을 뿐이다. 집의 재산은 불지 않았고, 오종주가 오자량보다 1년 늦은 87세 고령에 세상을 떠났을 때 "주머니에 남은 것이 없었다".3539) 이것은 과장의 말일 수 있지만 오씨 집이 민씨 집과 아주 비슷한 것을 반영하는 것이다.

이 '민씨 선인들'과 '오씨 선인들'의 배경은 양주와 기타 명청대 상업도시의 자선활동가 이력의 특색을 상당히 대표한다. 그들의 주요신분이 부유한 상인일지라도 그들을 단순히 상인으로만 볼 수는 없는데, 그들의 선조 중에는 일찍이 향시를 급제한 사람들이 적지 않았고, 심지어 벼슬을 지낸 사람들도 있었다. 그들의 본래 신분은 젊은 시절 유업을 많이 익혔고, 어떤 사람은 민상남처럼

3539) 魏禧, 「善德紀聞錄 : 為閔象南作」 (1973), 10: 29上-40下. 梁其姿, 『施善与教化 : 明清的慈善组织』, 64쪽에서 재인용.

생원신분이었다. 그들은 성공한 상인이 된 뒤에 종종 자기의 자제가 유업을 익혀 과거공부의 길로 올라가기를 원했다. 그들의 교우 땅網 중에 문인은 지극히 중요한 지위를 점했다. 문인은 바로 위회가 많은 선인들도 문인들이었다. 그의 교우는 민상남·오자량·양원경楊元卿·정휴여程休如·정문·전정文傳·신대유申大猷 등을 포괄했고 대부분 저런 특색을 띠었다.3540) 하병체何炳棣(Ping-ti. Ho)가 1950년대에 쓴 18세기 양주의 염상에 관한 논문에서도 상인과 문인이 양주에서의 얽히고설킨 관계, 즉 선비와 상인이 빈번하고 긴밀하게 왕래한 정황은 유독 양주에서만 그런 것이 아니라, 명·청대의 많은 대도시가 공유하는 현상이라는 점을 강조했다.3541) 당시는 과거 경쟁이 치열하여 강남처럼 비교적 인구가 밀집하고 부유한 지역에서도 가문이 자제의 장기교육을 뒷받침할 만한 두터운 경제력이 없다면 그 자제의 과거공부의 길이 장차 심히 어려워지고 이 때문에 가족이 유업과 상업을 겸하는 것은 이미 괴이한 일이 아니었다.3542)

저런 배경은 결코 단순한 상인이 아니고 청대사회에서 중요한 특색을 연출했다. 그들은 모종의 문화적 지위를 취득해서 종종 도서관 설치, 문사文社·시사詩社에 대한 자금지원 등과 같이 문화활동에 자금을 투하했다. 자선활동을 전개하는 것은 그들의 교제활동의 일환이었다. 방지가 기재記載한 선회·선당善堂찬조인과 관리인들은 때때로 전부 다 진짜로 과거를 통해 공명을 얻은 신사들이

3540) 梁其姿, 『施善与教化: 明清的慈善组织』, 65쪽.

3541) Ping-ti. Ho, "The salt merchant of Yangchou: A Study of Commercial capitalism in Eighteenth Century China", *Harvard Journal of Asiatic Studies* 17: 1-2 (1954), 130-168쪽. 梁其姿, 『施善与教化: 明清的慈善组织』, 65쪽에서 재인용.

3542) 梁其姿, 『施善与教化: 明清的慈善组织』, 65쪽.

아니라, 연납捐納을 통해 공명을 얻을 수 있었던 사람들이 적지 않았다. 이런 '신사'는 당연히 고급관리가 될 기회가 비교적 적었다. 그리고 지방에서 명성은 주로 그들이 마주하는 지방에 대한 공헌하는 것 위에 세워졌다. 선회와 선당을 일으켜 운영하는 것은 자연히 주요항목 중 하나였다. 상인들이 재부를 통해 자신의 사회적 지위를 높일 수 있었고, 이것은 자선활동조직이 청대에 특히 상업이 비교적 발달한 도시에서 보편화되게 만들었다.3543)

나중에 상론하듯이 청국 일대一代가 끝나기까지 여러 선인들, 즉 자선활동가들은 강개慷慨한 마음에서 선을 행하는 중에 지방인사들로부터 칭찬과 인정을 받기에 이르렀다. 그들은 청대도시의 자선기구의 주요지주였고, 그들의 중요성은 청대 전기와 중기에 특히 현저했다. 그들이 선을 행하는 동기는 격변 중의 빈부관념이 영향을 미친 점을 제외할 때 그들의 유학적 배경과 다시 관계가 있다. 선인들의 선조는 어느 땐가 일찍이 유자儒者 관리였고, 그들 자신도 적잖이 생원자격이 있었다. 그러나 그들은 그래도 주로 상업에 힘쓰는 것을 삶으로 삼고, 그들이 선을 행하는 것은 '유업을 포기한 것'을 보상하기 위하여 저런 고통스런 경력을 살아간 것 같다.

적어도 이것은 그들에 대한 위희의 이해였다. 위희는 여러 선인의 전기의 글자 속과 행간을 서술해 가면서 왕왕 그들이 '유업을 포기한' 운명에 대한 동정심을 노출하고, 상론한 민상남·오자량 등의 전기 중에 위희가 그런 마음상태를 삽입하는 것이 목도된다. 선인 정문전程文傳의 묘에서 묘비명을 표表한 뒤에 별도로 장천추張天樞라는 한 문인이 한 단원을 올려 저런 유형의 선행으로 유업을

3543) 梁其姿,『施善与教化: 明清的慈善组织』, 65쪽.

포기한 심리를 보상하는 것을 더 분명하게 표명하고 있다. "가문의 대를 잇는 아들이 유업을 포기하고 장사를 배우는 것은 가장 어려운 난관이고 심처心處를 가장 많이 상하게 하는 것이다. 그러나 집이 가난해서 장사를 배우고, 청렴한 관리라서 집이 가난한 것이다." 장천추는 저런 사고방식을 인식하고, 선명하게 위희는 정문전을 위해 묘표墓表에 쓰기를 "대두뇌(하늘의 상제 - 인용자)의 붓은 이것에 유의할 것이다"라고 했다.3544)

집의 가난을 초래한 '청렴한 관리'와 재물을 뿌려 선을 행한 '선인'은 실제 행동 측면에서도 실로 비교를 해볼 만한 점이 많다. 만약 선조가 관리로서 청렴하게 삶으로써 가세가 기울어 자제가 유업을 버리고 상업을 하게 되었다면, 이렇게 출세한 상인들은 재산을 풀어 선행을 하여 가산이 다시 많이 쌓이지 않게 하는 것이 바로 청렴한 관리(廉吏)를 본뜨는 것이며, 또한 그들이 진정으로 유교적 관리가 될 수 없는 것에 대한 일종의 심리적 보상이었다. 염리廉吏와 선인善人, 이 양자는 둘 다 재부에 대한 모종의 경시를 현저히 나타냈고, 지방 공공사업에 대한 관심 측면에서 양자의 가치관은 서로 동일했다. 이런 가치관은 신구新舊가치를 조합하는 절충방식과 재부財富무시 태도를 반영한다. 이 가치관이 만들어내는 동력은 경시할 수 없었으니, 명·청국의 몇 백 년 동안 부단히 발전한 민간 자선활동은 부분적으로 이 동력으로부터 나왔고, 이런 종류의 가치관을 가진 지방 엘리트들이 명대 중기 이래 꾸준히 성장하고 강장强壯해져 정부가 무시할 수 없는 사회역량이 됐다고 설명할 수 있다.3545)

3544) 魏禧, 「歙縣程君墓表」(1973). 梁其姿, 『施善与教化: 明清的慈善组织』, 66쪽에서 재인용.

청대 초기의 도시 선인들의 활동은 명말 자선단체 지도자들의
시선활동施善活動을 일맥一脈으로 이어받은 것이다. 명말의 자선활
동 지도자들은 자못 유명한 문인들, 심지어 동림당東林黨과 긴밀한
관계를 맺은 문인들, 그리고 개인적으로 구제활동에 투신한 선비들
이 많았다. 특별한 선행을 고취한 유종주劉宗周·진용정 등은 그들의
문집에서 명말 아름다운 가선현의 선인 정빈丁賓(1571년 진사)을 언
급했다. 일찍이 구용句容 현령이었던 자선가는 1587년부터 1588년
까지 2년간 고향에서 진재賑災 활동을 폈고, 진용정이 하는 말에
따르면, 정빈은 3만금을 자출自出해 재난을 구제한 것을 제외하고
도 부족하면 오히려 "계속 대여한다고 하고", 또 "모든 시설과
방략은 정미하고 멀리 내다보는 계책을 곡진曲盡하게 하지 않은
것이 없었다,"3546) 그는 관직에서 은퇴한 1625년의 재황災荒기간에
곡식을 내어 구빈하고 출자하여 빈민의 부세付稅를 대체해주었다.
『명사明史』의 열전은 정빈의 선행을 관리로서의 사적事蹟과 마찬가
지로 찬양하고 있다.3547) 독력으로 행한 또 다른 선행은 상술한
소흥 선비 기표가祁彪佳다. 그는 역병이 도는 재난 때 고향에 약국을
설립하고 기근 때는 죽창粥廠·병방病坊·육영사育嬰社 등을 설치하는
것 외에도 소흥산 지역에 직접 가서 진재賑災했다. 그의 조력자는
기표가의 활동을 이렇게 상술한다. "기근을 구제하는 날 인寅시(새
벽 3-5시)에 떠나고 유酉시(오후 5-7시)에 들어왔다. 죽을 짊어지고,
의사를 스스로 따르게 군郡 가운데 진제振濟를 베풀고 궁향심곡窮鄕

3545) 梁其姿, 『施善与教化: 明清的慈善组织』, 66쪽.
3546) 陳龍正, 『幾亨文錄』(1635) 卷又一, 56下-57上. 梁其姿, 『施善与教化: 明清的慈
善组织』, 66-67쪽에서 재인용.
3547) 『明史』(1965), 221: 5829-30. 梁其姿, 『施善与教化: 明清的慈善组织』, 67쪽에서
재인용.

深谷까지 이르지 않은 곳이 없었다. 굶주린 자를 만나면 그에게 먼저 죽을 주고 병자를 만나면 그에게 약을 주고, 그들에게 미곡과 보리, 은전을 차이지어 시여하고 죽은 자를 위해서는 관을 주었다. 그는 하루에 수십리를 다녀도 싫증을 낼 줄 몰랐으니 (...) 하루에 힘이 다 소진되었다. 매일 가진 돈과 쌀이 이미 바닥났는데, 대여방법이 기쁘다고 한다. 조금 남은 것이 있으면 기분이 만족스럽지 않아서 즐거워하지 않았다. 사람을 구제하는 그 일념이 정말 이와 같았다."3548)

정빈·기표가 등의 예에서 명말 선인의 시선施善 범위는 상당히 컸다는 것을 알 수 있다. 그들은 단지 거주하는 현성懸城에만 비교적 규모를 갖춘 선회를 세울 뿐만 아니라, 심지어는 현성 바깥 지역에 까지도 나가 구제를 베풀었다. 환언하면, 이들 선인들의 명망 범위는 통상 현성과 외곽지역을 포함했고, 동선회의 예를 보면 그들의 영향활동범위는 강남지역에 퍼져 있다고 말할 수 있다. 이런 유형의 상당한 영향력은 자연히 지역에 대한 그들의 책임감을 가중시켰다. 명말 이 명사들은 대부분 이미 관직에서 퇴직하여 집에서 쉬고 있었는데, 무無관직이 그들로 하여금 실지로 통치이념을 실천하게 만들었다. 그러나 선회조직은 종종 이 측면의 결핍감을 보충해주었다. 다시 말해 선회를 통해 이 유명한 지방 문인들은 하나같이 유학적 관직의 임무를 다할 수 있었다.3549)

우선 그들은 선회를 통해 지방 기풍을 개선하려 했다. 그러나 그들은 명말의 정치적 풍향에 대해서 당연히 매우 불만스러워했고,

---

3548) 張履祥, 『言行見聞錄』(1644·1871), 31: 5上·下. 梁其姿, 『施善与教化: 明清的慈善组织』, 67쪽에서 재인용.

3549) 梁其姿, 『施善与教化: 明清的慈善组织』, 67쪽.

선회를 통해 사회교화의 이상을 실현하려고 시도할 수 있었다. 그들의 이념은 종종 전통에 얽매여 있었고, 현대에 빗대어 말하면 그들은 보수적 재야정파였다. 그들의 선회활동에서 그 같은 점을 분명히 알 수 있다. 그들이 주장하는 동선회의 강화에서 대중을 향해 선전하는 주요 골자는 두세 가지다. 하나는 지방사회의 안온을 뚜렷하게 정돈하는 것과 관련하여 개인적 행위를 점검하는 일인데, 이것은 고반룡이 동선회 제1차 모임의 강화에서 강조한 것이다. "한 사람이 악행을 저지르면 열 사람이 보는 양상이니 매우 나쁜 풍속이 생겨났다. 이 일단의 나쁜 기운에 감정이 휘말려 천지가 하나로 이 나쁜 기운을 불러일으킨다. 옛날에 복건성 홍화부興化府에서 사람들이 이상하게 악행을 저질렀는데 식자들이 모두 말하기를 이 홍화부는 꼭 도륙되어야 한다고 했다. 수년도 안 되어 왜구가 와서 홍화부만을 공격하여 사민士民이 다 도륙당했다. 인심·풍속이 그렇지 않았다면 어찌 식견 있는 사람들이 먼저 왜구가 아직 오기도 전에 먼저 그런 말을 했겠는가? (…) 좋은 사람은 비록 손해를 보더라도 결국 총결산하면 큰 편의를 얻는다. 악인은 비록 약간의 편의를 차지하더라도 결국 큰 손해를 보는 법이다. 머리를 급하게 돌려 길을 잘못 들어서는 아니 된다. 그러면 자기 집도 해롭고, 자손도 해롭고, 세상도 해롭다."3550)

동선회 강화의 다른 곳에서도 중복 출현하는 주제는 각종 재난이 수시로 발생할 수 있으므로 늙은 백성들은 응당 선을 행하고 법도를 지켜 흉을 피하고 길함을 얻어야 한다는 것이었다. 진용정은 고반룡의 동선회 연설을 읽어보고 이렇게 쓰고 있다. "이 동선회는

3550) 高攀龍, 「同善會講語, 第一講」 (1632), 12 : 33下-34上. 梁其姿, 『施善与教化: 明清的慈善组织』, 67-68쪽에서 재인용.

십분 묘한 점이 있다. (...) 측은지심을 일깨워 현縣의 상하를 합하고
선을 배우는 것 비록 병화兵火가 있고 큰 환란이 도래하더라도
이 지방의 사람들은 어떤 사람들이라도 추락과 위협의 재난을 면할
수 있다. 나는 여러 해 우둔해서 경오庚午년 3월 삭망의 야반 천리
귀곡鬼哭의 변이 기괴하고 참담했어도 무슨 일이 닥칠지 몰랐다.
그러나 이 동선회는 대중을 권면·교화했다. 길이 선한 것(長善)은
재얼災孼을 없애주고 (...) 화합의 기운을 발효시켜 빚어내고 겁재劫
災운을 뛰어넘는 것이다."3551) 이것으로써 지역사회의 안전은 명대
엘리트층의 극히 중대한 고려사항일 뿐만 아니라 일반백성이 근심
하는 것이기도 했다는 것을 알 수 있다. 동선회 지도자들은 강연을
통해 늙은 백성들을 고취하여 집단적으로 선을 행하고 이로써 액운
을 피하도록 했다.3552)

　동선회의 지도자들은 위기감을 이용해 사람들에게 분수에 맞게
선을 행하도록 권하는 것 외에도 통상 선회의 계절 모임을 향약
보조 교화 도구로 만들었다. 진용정은 「동선회 제1강」에서 이렇게
말한다. "관부官府가 향약을 강講하는데 그 속에는 권려도 있고 경계
도 있다 (...) 이 이會는 당연히 향약의 조력자를 강해야 한다."3553)
향약제도는 왕양명王陽明(1472-1529)이 16세기 초에 중흥시킨 것인데
지방관의 정기적 공개속강俗講이자, 선을 기리고 악을 물리쳐 백성을
교화하는 도구가 되었고, 가정연간에는 향약을 거개가 행하여 지방
관의 정상임무 중 하나가 되었다. 이후 황좌黃佐·엽춘급葉春及 등의

3551) 陳龍正, 「書高忠憲同善會講語後」(1631), 4: 109下. 梁其姿, 『施善与教化: 明清
　　的慈善組织』, 68쪽에서 재인용.

3552) 梁其姿, 『施善与教化: 明清的慈善组织』, 68쪽.

3553) 陳龍正, 「同善會 第一講」(1631), 4下:93. 梁其姿, 『施善与教化: 明清的慈善组织
　　』, 68쪽에서 재인용.

지방관들은 모두 다 비교적 상세하게 향약제도와 관련된 책을 썼다. 향약은 당연히 관청이 추동하는 제도였고, 동선회의 지도자들은 이런 민간조직을 통해 지방관의 인민교화 공작을 '보조'했다. 또 동선회의 주도자들이 관청의 입장에서 어떻게 백성을 훈교訓教했는지를 보면, 고반룡은 백성들에게 늘 황제의 지고신성至高神聖을 일깨웠다. "태조 황제는 우리 조정의 기반을 여셨고, 성주聖主들은 오늘날에 이르기까지 250년 태평천하를 이루셨다. 그래서 우리들은 편안하게 차 한 그릇을 마시고, 의복을 입고, 안온하게 단잠을 자고 깨는 것은 모두 다 고황제高皇帝의 홍은洪恩이었다. 고황제가 곧 하늘이고, 이 언어가 곧 하늘의 언어이고, 하늘의 언어에 순응하니 천심이 자연히 환희하는 것이다."[3554) 이 "하늘의 언어"라고 일컫는 것은 "부모에게 효순孝順하고, 윗사람을 존경하고, 향리를 화목케 하고, 자손을 훈교하고, 각자 살고 묻는 것을 편안히 하고 비위를 저지르지 말라(孝順父母 尊敬長上 和睦鄉里 教訓子孫 各安生理 毋作非爲)"는 태조의 '성유6조聖諭六條'를 가리킨다. 이 점은 무석無錫 동선회의 개종명의開宗明義 제1강에서 천명한 것이다. 명청대 관청이 주장·견지하는 향약의 주요 내용도 성유 6조가 담고 있는 의식형태를 선양하는 것이었다. 몇몇 동림당 지도자들이 당시 엄당閹黨이 장악한 정치환경에 대해 불만이 있었고 고반룡은 심지어 이 때문에 목숨을 희생하기도 했을지라도 정치이념 측면에서 그들은 기실 새로운 사상이 없었고, 여전히 보수적으로 사회의 기존 규범과 질서 및 가치관을 수호해야 했다. 동선회 지도자들의 주요목표의 하나는 중앙의 지방사회 통치를 적확하게 보조하는 것이다.[3555)

3554) 高攀龍,『高子遺书』(1632), U: 35上-下. 梁其姿,『施善与教化: 明清的慈善组织』, 68-69쪽에서 재인용.

이와 마찬가지로 동선회 지도자들과 지방관료들이 주목한 것은 지방에서 정부정책을 구체적으로 실시하는 것이었다. 새로운 세법 추진부터 영신굿판(迎神賽會) 금지에 이르는 업무들은 일반 지방관이 반드시 실행해야 하는 지방사무였다. 동선회 지도자들은 모두 다 업무들을 협력적으로 추진했다. 여러 사례들은 선회활동을 적극 추진한 명말 지방 엘리트들이 정권과 협력하려는 의지가 실로 상당히 강했다는 것을 밝혀주는 것들이다. 이 같은 동력은 둘 다 서로 동일한 의식형태와 정치이념에서 나온 것이다. 그들이 반대하는 것은 그들의 마음속에서 "부도덕하다"고 여기는 정치세력뿐이다.3556)

동선회의 강연과 조규條規의 내용으로 보면, 동선회의 사상을 알 수 있다. 그 내용 중에는 불교를 세속화한 영향도 들어있고, 도교로 기원한 공과功過가 공덕을 누적시킨다는 사상도 들어 있다. 그러나 가장 주요한 사상요소는 여전히 정통유가正統儒家의 정치이념이었다.3557) 앞서 살펴보았듯이 자선활동에 떨쳐나선 유자들과 유가儒家논객들은 심지어 "방생과 불살생"의 사상조차도 유교화했다.3558)

따라서 명대 자선단체들도 명대 유교국가의 양민·교민원칙과 마찬가지로 지극히 '유교적'인 애민愛民원칙에서 활동했다. 이 점에서 정부의 복지정책과 자선단체의 자발적 시혜활동은 둘 다 국가와 사회엘리트들, 국가와 유자, 이 양자의 도덕적·법적 '의무'였다.

3555) 梁其姿, 『施善与教化: 明清的慈善组织』, 69쪽.
3556) 梁其姿, 『施善与教化: 明清的慈善组织』, 69쪽.
3557) 梁其姿, 『施善与教化: 明清的慈善组织』, 69쪽.
3558) 참조: Smith, *The Art of Doing Good*, 22-26, 30쪽.

구민救民·양민·교민·안민은 국가의 존재이유, 또는 국가이성이었기 때문이다. 유교천하에서 '군주와 백성 간의 쌍무적 인민仁民·충성 관계에서 백성은 정치이념적으로 구민救民·양민·교민·안민 복지를 군주에게 법적 '권리'로서 요구할 수 있었다. 따라서 명국과 같은 거의 순수한 유교국가에서의 정부와 사회의 열성적 복지정책과 자선활동을 백성에 대한 "온정주의적(paternalistic)" 관심 또는 책임 쯤으로 여기는 것은3559) 근본적으로 그릇된 이해일 것이다. 양민· 교민 복지를 베풀고 받는 것은 '위정자와 민간 지도자들의 의무'이 자, '백성들의 권리'였기 때문이다.

이것은 환과고독에 대한 명대의 복지법제를 보면 바로 드러난다. 환과고독과 폐질자(병자+장애자)의 사회적 구제는 최하위 수준의 사회복지정책이지만, 이 복지정책은 고대 이래 역대 중국정부의 최대 관심사였고, 명대정부에서도 그러했다. 환과고독과 병자·장애자의 구제는 명·청대 정부가 추진한 "사회입법(social legislation)"의 중요한 구현물이었다. 명대 위정자들은 독거노인과 장애자들의 구제에 대한 더 많은 관심을 기울이며 "인정仁政" 개념을 집행하고 법률로(in law) 구제대상을 표준화하기 위해 비교적 완벽한 감독체계 와 사회복지기구를 수립하기 위해 전력투구했다. 환과고독과 병자 장애자의 부양이 이에 상당하는 기금과 구제救濟법제에 의해 뒷받 침되어야 한다는 것은 유교적 구민·양민론의 사상적 핵심에 속했 다. 그러나 효과적·실질적 부양을 위해서는 구제법제의 실제적 작 동과정에서 정책과 법규를 개선하고 사회적 자원들을 통합하고 사회구성원들의 열정을 제대로 동원할 필요가 있었다. 이전의 정치

3559) Wong, "Chinese Traditions of Grain Storage", 14쪽; Downs, *Famine Policy and Discourses on Famine in Ming China*, 103쪽.

체제를 적대하는 군주들은 전통적 구제법제의 개선을 위한 노력을 소홀히 했다. 그러므로 구제법제의 시행은 관념적 사상의 문제로 그칠 수 없었다. 명대, 나아가 청대의 구제법제의 경험과 교훈을 종합하면, 구제법제의 개선을 위한 계속적 입법조치들이 아주 중요했다는 것이 드러난다.3560) 명대 동안, 그리고 청대에도 환과고독과 폐질자들의 부양을 위한 비교적 완벽한 법規들이 마련되었다. 재활시설들은 명·청대의 모든 지방에 소재해서 환과고독과 가난한 병자·장애자들에게 일정한 생계를 보장했다.3561) 명대에도 이전 역대국가에서와 마찬가지로 구민·양민·교민·안민이 이렇게 법제화되어 있는 한에서 그것은 유교국가와 사회의 단순한 '도덕적' 의무일 뿐만 아니라 무엇보다도 '법적' 의무이기도 했고, 따라서 그것은 동시에 백성의 '법적 권리'였다. 따라서 명대 중국의 복지제도나 구민정책과 관련하여 '온정주의'를 운위하는 것은 가당치 않은 것이다.

여러 선회의 최종목적은 사회의식과 가치관의 변화가 상당히 빠를 때 도덕적 호소로 기존의 사회규범을 유지하는 것이었다. 그리고 소위 도덕적 호소란 재부와 빈곤의 개념을 위요하여 전통적 '안분수기安分守己'(분수에 맞게 행동하여 자기를 지킨다) 원칙을 거듭 천명하는 것이었다. 여러 자선활동을 발기·획책·추진·유지한 것은 지방 현달賢達이었는데, 이들은 지방의 선비·상인 및 기타 요호부민

3560) 참조: Ye Ling, "Research on Relief legal System for Lonely or Old Disabled in Ming and Qing Dynasties", *Advances in Social Science, Education and Humanities Research*, vol. 185 (2017). The 6th International Conference on Social Science, Educations and Humanities Research (SSEHR 2017).

3561) Ye Ling, "Research on Relief legal System for Lonely or Old Disabled in Ming and Qing Dynasties", 138쪽.

을 포괄했다. 이런 측면에서 선회조직은 이 지방 사회계층을 공고
히 해준 세력이었고, 이 신흥사회세력은 명말 도시 사회·문화적
환경의 전형적 생산물이었다. 선회의 기본적인 보수적 의식형태와
새로운 조직형태는 청대에 이르기까지 변함없었고 많은 측면에서
더욱 강화되었다. 선인들과 정부의 협력관계는 청대에 더욱 긴밀해
졌는데, 이것은 다음에 상론한다.[3562]

명조의 멸망은 군주와 정부의 복지재정과 양민정책의 쇠락으로
야기되었다. 양민·교민을 '존재이유'로 내세우고 '국가이성'으로
삼는 유교국가가 실정과 재정결핍으로 다 시행하지 못하는 복지정
책은 지방의 민간 자선활동으로 다 보완할 수 없었던 것이다. 중앙
차원에서 명대 후기의 정부는 점점 무능한 황제들에 의해 다스려지
고 당파갈등으로 분열되었고, 이로 인한 국가의 재정악화와 복지정
책의 쇠퇴는 만력제 치세(1573-1620)에 최고조에 달했다. 만력제는
명말 중앙정부의 쇠락과 악화를 상징했다. 만력제는 특히 그의
치세 말기에 관료들을 피해 구중궁궐 속에 은둔해서 종종 경향
각지에서 관직이 비어도 그 빈자리를 채우지 않고 방치했다. 그는
종종 공식직무를 내동댕이치고 환관들과 주연·서예·승마를 즐기고
궁술대회를 여는 등 직무 외의 활동에 몰두했다.[3563] 만력제의 이런
태정怠政과 재정파탄으로 인해 구황救荒 목적의 견면蠲免(면세) 횟수
가 급감하는 추이를 보면, 명말 복지정책의 쇠퇴가 잘 드러난다.
다음은 만력연간의 견면 횟수다.

張兆裕, 「明代萬曆時期灾荒的蠲免」, 105쪽.[3564]

3562) 梁其姿, 『施善与教化: 明清的慈善组织』, 69쪽.
3563) Downs, *Famine Policy and Discourses on Famine in Ming China*, 2-3쪽.

만력연간 견면鐲免 횟수

만력	1-10년	11-20	21-30	31-40	41-48	합계
존류存留	20	33	30	10	7	100회
기운起運	5	7	3	2	3	20회
계	25	40	33	12	10	120회

구황을 위한 견면횟수가 25-40회까지 솟았다가 만력 31-40년 12회를 거쳐 만력 41-48년(1613-1620)에 10회로 급감한 것은 그만큼 중앙정부가 재정적 여력이 없어졌다는 것을 보여준다. 이것은 그만큼 면세 황정이 줄어들고 각종 구민·양민시정이 쇠퇴했음을 함의한다. 명조의 멸망은 이전의 덜 순수했던 유교국가 한조漢朝·수조隋朝·당조唐朝처럼 국가의 유교적 의무인 구민·양민·교민·안민 복지를 다하지 못한 것에 기인했다.

국가가 한창 번영하던 상태에서 금나라와 몽고의 외침外侵으로 멸망한 북송과 남송을 예외로 칠 때 중국의 역대 유교국가는 유교국가의 '존재이유'인 양민·교민 복지를 다하지 못한 까닭에, 즉 백성을 도탄에 빠뜨린 까닭에 몰락한 것이다. 아주 열성적인 유교국가였던 명국의 멸망도 마찬가지였던 것이다. 존재이유를 잃은 유교국가는 존재할 수 없고, 선정과 복지시정에 대한 법적 권리를 가진 백성들의 혁명적 궐기에 의해 예외 없이 외침外侵 이전에 타도되었다. 명국도 만주족이 침입하기 전에 '유사類似노비' 상태에 처해있던 중국 전호佃戶(소작농민)들의 혁명적 해방전쟁에 의해 청산되었던 것이다.

3564) 金文基, 「明末淸初의 荒政과 王朝交替」, 『中國史硏究』 제89집 (2014. 4.), 120쪽 각주37에서 재인용.

2.3. 청대 중국 복지제도의 발달과 고도화

청대 중국에서 중국의 전통적 복지제도는 아주 고도화되었을 뿐만 아니라, 그 복지시정의 열정과 효율도 비약적으로 제고되었다. 또한 민간 자선활동은 명대에 비해 경이로울 정도로 급증했고, 또 자선활동의 민관民官협력관계 더욱 긴밀해지고 민관협조체제로 제도화되었다. 그리고 자선활동과 자선단체의 '조직'은 강력하게 법제적으로 뒷받침되었다.

■ 비황備荒제도의 확립과 적극적 · 파격적 황정

복지제도의 발달은 우선 흉년과 기근에 대비하는 비황備荒제도의 발달과, 황정荒政집행을 향한 국가의 열성 측면에서 뚜렷하게 드러난다. 청국이 활용한 구황정책은 명국이 사용한 정책과 근본적으로 다르지 않았다. 그러나 청국의 관료행정적 규제와 조절은 더 포괄적이고 더 주도면밀하게 제도화되었고, 황정은 적극적·파격적이었다. 일각에서는 18세기 중반의 강력한 상태에 초점을 맞춘 채 중국 황정사荒政史에서 공적 간섭에 구황정책에서 주요한 역할을 수행한 "유일무이한 시기"라고 속단했다. 그러나 이렇게 중기에만 한정하는 것은 문제가 없지 않다.

청국의 적극적·파격적 황정은 19세기 중·후반까지 계속되었기 때문이다. 18세기 중반에 흉황凶荒의 조사와 구제가 명대 초기보다 훨씬 더 번거로운 임무였다. 1740년 건륭제의 통일법전이 중앙정부의 주도로 편찬되었다. 이 건륭회전은 1740년에서 1850년까지 법적 효력을 발휘했다. 이 법전에 입각한 황정의 첫 걸음은 두 단계로 이루어지는 정확한 조사였다. 이 조사의 목적은 조세면제의 필요성을 결정하기 위한 것이었다. 전통적 보갑제를 개선한 '촌갑제'에 따른 하위 행정구역 단위에서 보갑保甲과 촌장(이장)은 정상적 수확량과 비교하여 곡물 손실 비율을 밭떼기마다 측정하여 각 촌락의 평균피해율을 확정해야 했다. 이 예비조사는 재난피해의 '임시기록'으로 취급되었다. 최종조사는 중앙정부에서 파견된 관리들이 직접 수행했다. 이 피해 조사에 이어, 어느 가구가 국가의 지원이 없다면 자존할 수 없는지를 확인하기 위해 구황 조사가 실시되었다. 이 경우에는 재해 촌락에서 '가가호호 조사'를 실시했다. 이 조사는 보관식량, 연장, 식구 수, 부수입을 비롯한 각 가호의 재산도 평가했다. 예비조사는 다시 촌장과 보갑에게 위임되었다. 중앙정부 관리들은 최종조사를 실시했고 각 가구로 직접 방문하도록 되어 있었다. 마지막으로, 가난한 가정은 가정을 "아주 가난함", "조금 가난함" 등으로 분류하는, 어떤 때는 여섯 등급으로까지 분류하는 '원조확인서'를 받았다. 조세감면은 이 두 조사에 근거해서 시행되었고, 이에 더해 원조가 필요한 것으로 확인된 사람들에게는 매달 식량이 무상으로 배급되었다. 매일 배급과 구조기간은 장정章程에 의해 고정되었다. 성인은 매일 1인당 0.5숭(반 되)을, 어린이는 0.25숭을 받았다. 진제振濟는 종종 절반이 현물로, 나머지 절반은 은전으로 분배되었다.[3565]

청국의 구황 법제와 조치들은 명대의 그것들과 유사하다. 차이가 있다면 그것은 법규의 증가된 관료적 세부사항이 아니라 18세기 중반 적어도 20-30년 동안 성공적으로 수행된 점이다.[3566] 청국정부는 원조를 화폐와 식량으로 제공하고 물가를 안정시키고 장기적 투자를 함으로써 높은 사망률·이농離農·유랑을 비롯

3565) Downs, *Famine Policy and Discourses on Famine in Ming China*, 100-101쪽.

3566) Downs, *Famine Policy and Discourses on Famine in Ming China*, 100-101쪽.

한 식량부족과 연관된 광범위한 수난을 방지할 수 있었다. 방관승方觀承이 편찬한 『진기賑紀』(1-8권, 1768)은 1743-44년간의 진황賑荒을 기록했는데, 이 기록은 "청조가 충분한 선례들과 (이런 유형의 상황에서 관료체제에 최선의 수행을 명령할) 경제적·도덕적 권력을 축적한 정확한 그 순간"부터 시작하고 있다.3567)

청 태조 누르하치는 현도縣都에 '상평창'을 두고, 주요 읍내에는 '의창義倉', 향촌에는 '사창社倉'을 두는 것을 국가비전으로 구상했었다. 그리하여 청조는 중국을 정복한 뒤 바로 곡물창고 제도를 국가창고와 민간창고로 이루어진 상평창·의창·사창의 세 유형으로 확립했다. 이 세 곡물창고는 소재지에서만이 아니라 관리 면에서 서로 달랐다. 상평창은 모든 주州·현縣의 주요도시에 있었다. 이 상평창은 국가에 의해 저곡貯穀이 채워지고 재정적으로 지원되고 관리되었다. 지방에 소재하는 세 유형의 청대 곡식창고 중에서 상평창은 수적으로 가장 많았고, 가장 중요한 역할을 했다. 물가안정을 위한 평조平糶, 농민들에 대한 단기대여, 진황의 목적으로 쓰인 이 상평창은 주현 정부에 의해 운영되었다. 지현知縣을 보좌하는 관리들은 봄에 곡식을 싸게 팔고 곡식을 환곡으로 대여하거나 무상으로 분배하고, 가을에는 곡물을 구입하고 환곡을 환수하고 기부를 장려했다. 상평창은 곡가안정, 단기대여, 진황에 쓰인 것이다. 상평창에 쉽게 닿을 수 없는 사람들을 위해 현도 바깥에 둔 '사창社倉'은 규모 면에서 작고, 현을 가로질러 여러 곳에 분산설치되었다. 그리고 사창의 저곡은 원칙적으로 향촌의 요호부민들의 기부(권분勸分)와 부가세로 채워지고, 향촌 사람들에 의해 곡식대여(환곡) 업무가 관리되었다. 대여(환곡)의 이자 지불은 사창 운영비와

3567) Downs, *Famine Policy and Discourses on Famine in Ming China*, 101쪽.

저곡 제고에 쓰였다. 이론적으로, 다른 운영원칙 위에 설치된 상평창과 사창은 상이한 요구에 이바지했다. 반면, 상평창과 사창의 면모를 겸비한 '의창義倉'은 사창처럼 기분을 동원했고 상평창처럼 봄가을에 곡물을 봄에 매입하고 저가에 방매하기도 했고, 낮은 이자율에 대여하기도 했다. 정부는 세 유형의 곡물창고의 설립을 명령하고 장려했다.3568) 사창의 일차적 기능은 원칙적으로 현금융자와 곡물대여인 반면, 의창은 원칙적으로 상평창처럼 곡가조절을 위해 곡물을 사고 팔았다. 그러나 모든 곡물창고는 정부의 후원을 받았고, 실제에서 이 세 유형의 창고는 명확하게 구분되지 않았다. 하지만 18세기 지방 곡물창고에 비축된 곡물 총량의 65-80%를 차지한 상평창의 저곡貯穀은 비상상황에서 다른 지역으로 이송될 수 있었던 반면, 다른 곡물창고의 저곡은 해당 지역 안에서 쓰였다.3569)

그러나 각 현에 하나의 상평창을 두는 원칙은 종종 지켜지지 않았다. 가령 섬서성의 경우 몇몇 현은 상평창을 여러 개 설치했다. 이것은 명말로부터 내려온 '예비창'과 관련된 것으로 보인다. 진황賑荒을 위한 다른 정부조치들이 그렇듯이 청국의 창고 시스템은 18세기 중반의 수십 년 동안 가장 효율적으로 기능했고, 그러고 나서 가경-도광 불황이 개시되는 1780년대부터는 쇠락하기 시작했다.3570)

3568) 참조: R. Bin Wong, "Part I: Development and Decline", 19-20쪽. Pierre-Étienne Will & R. Bin Wong, *Nourish the People: The State Civilian Granary System in China 1650-1850* (Ann Arbo, MI: Center for Chinese Studies, The University of Michigan, 1991); Downs, *Famine Policy and Discourses on Famine in Ming China*, 101-102쪽; Lillian M. Li, "Introduction: Food, Famine, and the Chinese State", *The Journal of Asian Studies*, Vol. 41, No. 4 (Aug., 1982), 696-697쪽.

3569) Li, "Introduction: Food, Famine, and the Chinese State", 697쪽.

청대 초 강희제와 옹정제는 황정에 특히 심혈을 기울였다. 이민족의 왕조로서의 청조의 대對중국인적 정통성 내지 정당성은 두 가지에 달려 있었다. 첫째는 혁명적 민란을 통해 명조를 타도한 (유사)노비들(전호와 가정사용인들)의 신분해방 요구를 수용하는 것이고, 둘째는 혁명적 노비반란을 야기한 명대 황정체계의 문란과 쇠락을 극복하고 새로운 효율적 황정체계를 수립하는 것이었다. 전자는 상론했듯이 강희·옹정·건륭제가 노비의 완전해방을 관철시킴으로써 완전히 충족시켰다. 후자는 강희제와 옹정제가 17세기 중반부터 18세기 초까지 황정체계를 완벽화함으로써 달성했다.3571)

이자성이 북경을 함락시킨 것은 1644년 3월 21일이었다. 이로써 명국은 완전히 멸망했다. 그러나 1644년 5월 2일 청국의 예친왕睿親王 도르곤(多爾袞)이 오삼계吳三桂의 안내를 받으며 북경으로 쳐들어왔다. 이자성은 북경을 버리고 도망쳤다. 그가 북경에 머무른 기간은 도합 42일에 불과했다.3572) 도르곤과 청군도 산해관山海關 밖에 머물러 있을 때 명국의 멸망을 결정지은 숭정 13-15년(1640-1642) 대기근의 참상을 직접 목격했다.3573) 명국은 이로부터 불과 8개월

3570) Downs, *Famine Policy and Discourses on Famine in Ming China*, 101-102쪽.

3571) 金文基,「明末淸初의 荒政과 王朝交替」, 131-149쪽.

3572) 청군은 북경에 입경한 다음 날 숭정제의 승하를 애도하고 중국 백성들에게 조상(弔喪)하게 했다. 이로써 중국의 지배자가 바뀌었다. 이자성(李自成)은 청군에 쫓기는 가운데 곳곳에서 약탈을 저지르며 도망 다녔다. 이자성은 기민들의 구제를 옹호했던 참모 이암(李岩)을 죽이고 나서 다시 '유구(流寇)'의 본모습으로 되돌아갔던 것이다. 그리하여 당시에 쇄록산인(鎖綠山人)이라는 필자는 이미 "이자성은 본래 사람 죽이기를 좋아했는데 이암의 말을 듣고서 거짓으로 인의(仁義)를 내세웠는데, 이암이 죽으니 이자성의 잔포함이 이전과 같아졌다"고 평했다. 鎖綠山人,『明亡述略』卷1. 金文基,「明末淸初의 荒政과 王朝交替」, 132쪽에서 재인용.

3573) 숭정 16년(1643) 청 세조 순치제(順治帝)는 조선의 인조에게 보낸 칙유에서 대기

뒤 멸망했다. 이런 대기근 상태의 명조는 농민반란군과 청군을 방어할 힘을 완전히 상실한 상태였다. 숭정연간은 기근과 역병, 그리고 전란이 겹치면서 파멸적 사망률을 기록했다. 숭정 원년 (1628) 이후 인구가 급감하여 순치 11년(1655)까지 27년 동안 2억에서 1억 2천만으로 감소했다.3574) 8천만 명이 줄어든 것이다. 1600년 전후에 1억 8천만 이었던 인구가 1676년에는 1억 2천만으로 80년 동안 30%가 감소되었다.3575) 명청교체기에 7천만 명이 줄어든 것이다. 숭정 3년(1630) 1억 9천만이었던 인구가 숭정말년에는 1억 5천만으로 감소하여, 4천만 명이 줄어들었다.3576) 1620년 중국 인구는 최고봉에 달해 1억 6천만이었는데, 1650년에는 8천만 혹은 1억으로, 숭정연간을 거치면서 6천만에서 8천만이 줄어들어3577) 40%, 혹은 50% 정도 감소한 것이다. 어떤 통계치든, 대기근과 전란으로 전체인구의 30-50%정도가 사망하는 참변이었다. 청조는 이런 폐허 속에서 이민족 지배를 안정시키지 않으면 안 되었다. 청초

근으로 황폐화된 화북의 모습을 다음 같이 묘사했다. "명조는 3년 동안 기근이 들어 곡식이 익지 않아 사람들이 모두 서로 잡아먹고 어떤 이는 풀뿌리와 나무껍질을 먹었는데 굶주려 죽은 사람이 열에 아홉이었다. 더하여 유적들이 종횡하여 토구(土寇)들이 겁략하니 백성들이 모두 전토를 버리고 가버리니 들판 가득 잡초가 우거져 그 성보(城堡)와 향촌에 살고 있는 사람들이 적었다."『淸太宗文皇帝實錄』, 崇德 8年(1643) 7月 丁巳(9월 8일). 金文基, 「明末淸初의 荒政과 王朝交替」, 132쪽에서 재인용.

3574) 葛劍雄, 『中國人口發展史』(福建人民出版社, 1991), 250쪽. 曹樹基, 『中國移民 史』, 第6卷(淸.民國時期, 福建人民出版社, 1997), 16-17쪽. 金文基, 「明末淸初의 荒政과 王朝交替」, 132쪽에서 재인용.

3575) 曹樹基, 『中國移民史』, 第6卷(淸.民國時期, 福建人民出版社, 1997), 16-17쪽. 金文基, 「明末淸初의 荒政과 王朝交替」, 132쪽에서 재인용.

3576) 曹樹基, 『中國人口史』, 第4卷(明時期, 復旦大學出版社, 2000), 452쪽. 金文基, 「明末淸初의 荒政과 王朝交替」, 132쪽에서 재인용.

3577) 江濤, 『中國近代人口史』(浙江人民出版社, 1993), 25쪽. 金文基, 「明末淸初의 荒政과 王朝交替」, 132-133쪽에서 재인용.

의 정국은 여전히 불안정했다. 명말 이후 극심한 재해와 전란으로 화북은 파괴되었으며, 이자성과 장헌충 등 농민반란의 잔당들이 남아 있었다. 남부지역에는 南明정권이 저항을 계속했으며, 강희 12년(1673)에 발생한 삼번三藩의 난은 청국 자체를 위협했다. 이에 더하여 명조를 멸망으로 내몰았던 소빙기의 기후변동도 여전히 위협이었다. 소빙기의 관점에서 17세기 전반보다 후반의 기후조건 이 더욱 나빴다. 동계의 한랭화와 하계의 이상저온현상은 17세기 후반이 훨씬 극심했다.106) 청국은 중국 지배를 공고히 하기 위해서 정치적 안정과 더불어 명국을 몰락시킨 소빙기의 '생태위기'를 극복해야 했다.3578)

그런데 청조는 명조의 멸망으로부터 긴요한 교훈을 얻었다. 통치 의 안정을 위해서는 효율적 황정이 필수적이라는 것이다. 이를 위해서는 백성들의 부담을 경감해야 했다. 명말 삼향三餉(요향遼餉·소 향剿餉·연향練餉의 군량미)의 추가파송(加派)은 견면蠲免(면세)조치를 유 명무실하게 만들고, 기근에 시달리던 백성들을 핍박하여 반란으로 내몰았다. 따라서 청조 위정자들은 "견면을 행하고 부세의 징수를 가볍게 한다면, 농업에 힘쓰는 자가 전량錢糧의 고통이 줄어들어 마침내 역심逆心은 저절로 없어질 것"이라고 생각했다.3579) 청조는 산해관으로 入關한 지 얼마지 않아, "순치 원년을 시작으로 모든 정액正額 외의 모든 요향遼餉·소향剿餉·연향練餉 및 두미豆米를 소매 召買하는 등의 일체 가파加派를 모두 견면했다." 이와 더불어 황무지 개간을 장려하고 농민의 경제적 부담을 경감했으며, 사회보장을

3578) 金文基,「明末淸初의 荒政과 王朝交替」, 133쪽.

3579)『淸世祖章皇帝實錄』卷19, 順治 2年 7月 丙辰. 金文基,「明末淸初의 荒政과 王朝交替」, 133쪽에서 재인용.

강화하는 등 농업생산을 안정시키는 조치를 취했다. 이런 조치들은 청조가 경제력을 회복하는 데 기여했다.3580)

순치제는 빈번한 재해와 병란의 폐해에서 벗어나지 못하여 재정의 어려움이 컸음에도 황정의 중요성을 잘 인지하고 있었다. 명말 청초 황정의 가장 큰 특징은 진제보다는 견면이 중심이었다는 점이다. 재정적 한계 때문이었다. 최근의 연구에 따르면, 순치연간에 주현州縣 차원에서 견면한 빈도는 숭정연간에 비해 3배에 달했다. 숭정제의 견면이 '포부逋賦'(연체된 부세)에 대해서 또는 농민반란군이 점령한 지역에 대해 실시된 것에 반해 순치제의 견면은 그 혜택이 실제로 기민들에게 미쳤다. 순치제는 견면을 재해를 당했던 그 해, 혹은 그 한 해 전의 부세를 견면했기 때문이다. 그리고 견면을 받아야 함에도 받지 못한 경우에는 이듬해 그 액수만큼 견면하게 했다. '포부'를 견면할 때도 3-5년 전에 그쳤던 숭정제의 견면과는 달리, 누적된 '포부'를 대부분 견면하여 백성들의 부담을 확연하게 줄여주었다.3581) 나아가 재해의 정도에 따른 견면의 비율을 제도적으로 정비했다. 순치10년(1653)에는 재해의 비율이 80, 90, 100%인 경우에는 정액의 10분의 3을 면제하고 50, 60, 70%는 10분의 2를 면제하고 40%는 10분의 1을 면제한다고 규정했다.3582) 견면에 대한 이런 규정은 재해의 정도에 따라 국가 황정을 일관적이고 효율적으로 처리하게 했다. 숭정제와 비교하여 순치제는 황정을 훨씬 중시했으며 재해가 들면 견면을 하고, 극한 기근이면 신속히 진제

3580) 金文基, 「明末淸初의 荒政과 王朝交替」, 133-134쪽.

3581) 劉志剛, 『天人之際: 災害,生態與明淸易代』, 167-169쪽. 金文基, 「明末淸初의 荒政과 王朝交替」, 134쪽에서 재인용.

3582) 康熙 『大淸會典』 卷21, 田土 2, 荒政. 金文基, 「明末淸初의 荒政과 王朝交替」, 134쪽에서 재인용.

한다는 원칙을 지켰다. 순치제는 보재報災의 '속도'를 중시했다. 순치 10년 지방관에게 재해의 실상을 파악하여 신속하게 보고하게 했다. "여름 재해는 6월 종순에 한정하고, 가을 재해는 9월 종순에 한정하며, 주현州縣 지방관의 보고가 늦은 것이 한 달 안이면 6개월을 감봉하고, 1월을 넘긴 자는 1급을 낮추어 조용調用하며, 두 달을 넘긴 자는 2급을 낮추어 조용調用하고, 석 달을 넘긴 자는 혁직革職했다.3583) 하세夏稅가 8월을 넘기지 않고 추량秋糧이 이듬해 2월을 넘기지 않기 때문에, 이런 신속한 재해보고는 실질적 부세감면의 효과를 내어 재해를 입은 백성들이 실제적인 혜택을 받을 수 있게 했다. 진제에서도 순치제의 적극성을 확인할 수 있다. 순치제는 "극심하게 기근이 든 지방에서 견면만으로 구제를 할 수 없으면, 해당 지방의 독무督撫(총독+순무)는 신속하게 조사·상주하여 따로 은혈恩恤을 입을 수 있도록 하라"고 했다.3584) 순치 10년(1653)과 그 이듬해 직예성에 극심한 재해가 들었을 때, 순치제는 은 24만량을 내어 진제하게 했다. 재해보고가 올라온 것이 순치 10년 7월이었고, 관리를 파견하여 황정을 감독한 것이 이듬해 3월이었다. 보고에서 진제까지 8개월이 걸렸다. 비록 8개월이 걸렸지만 숭정 원년 섬서의 대기근 때 4년이 걸렸던 것을 비교하면 순치제의 진제가 훨씬 신속하고 효율적이었으며, 이것이 숭정연간과 순치연간 황정의 차이였다.3585)

3583) 江太新,「對順康雍乾時期扶農政策的考察」,『中國社會經濟史研究』(2007-3); 黃啓臣,「淸代前期農業生産的發展」,『中國經濟史研究』(1986-4); 商鴻逵,「略論淸楚經濟恢復和鞏固的過程及其成就」,『北京大學學報』(人文科學, 1957-2). 金文基,「明末淸初의 荒政과 王朝交替」, 134쪽에서 재인용.

3584) 康熙『大淸會典』卷21, 田土 2, 荒政. 金文基,「明末淸初의 荒政과 王朝交替」, 135쪽에서 재인용.

3585) 劉志剛,『天人之際: 災害,生態與明淸易代』, 167-169쪽. 金文基,「明末淸初의

재해에 대처하는 순치제의 태도는 이렇게 명말의 황제들과는 확연하게 달랐다. 순치제는 재해에 대해 스스로의 책임으로 여기고 통절하게 수성修省했다. "수한재가 겹쳐서 발생하고, 지진 소식이 자주 들리는 것은 모두 짐이 부덕한 소치"라고 하여, 황제에게 올리던 '성聖'이라는 글자를 장주문章奏文에서 사용하지 못하게 할 정도였다.3586) "황정은 아직 정비되지 않고 창름倉廩은 갖춰지지 않았으니, 내탕內帑을 베풀어주지 않으면 어떻게 구하겠는가"라고 하여, 고저은庫貯銀 16만량에 자신과 황태후가 절약해서 모은 8만량 을 보태어 진제하게 했다.3587) 24만량 중에 8만량 이 황실의 내탕이 었다. 재난이 닥치면 내탕금을 내놓는 것을 아끼지 않았던 것이다. 기근에 허덕이는 백성들은 거들떠보지 않고 자신의 재물을 채우는 데 혈안이 되어 있었던 만력제, 그리고 시간이 급박한 기근에도 몇 년 동안 진제를 미루었던 숭정제와는 뚜렷한 대조를 이룬다. 황정에 대한 군주들의 태도차이는 명조와 청조의 운명을 가른 한 요소였다.3588)

한편, 황정체제를 정비한 청조 황제는 강희제였다. '강건성세康乾 盛世'로 표현되는 청조 중국의 안정과 번영의 기반은 17세기 후반부 터 18세기 전반까지 61년(1662-1722) 동안 재위했던 강희제에 의해 확립되었다. 그런데 17세기 후반은 역사적으로 가장 한랭했던 한 시기였다. 세계적으로 이상저온과 재해가 끊이지 않았다. 동아시아

荒政과 王朝交替」, 135쪽에서 재인용.

3586) 『淸史稿校註』 卷5, 世祖本紀2, 順治 11年 11月 丁未. 金文基, 「明末淸初의 荒政과 王朝交替」, 135쪽에서 재인용.

3587) 『淸世祖章皇帝聖訓』 卷4, 賑濟 , 順治 11年 2月 丙戌. 金文基, 「明末淸初의 荒政과 王朝交替」, 135쪽에서 재인용.

3588) 金文基, 「明末淸初의 荒政과 王朝交替」, 135-136쪽.

의 사례만 보면, 조선은 현종대의 경신 대기근(1670-1671), 숙종대의 을병 대기근(1695-1699), 일본은 연보延寶 대기근(1674-1677), 원록元祿 대기근(1695-1696)이라는 참혹한 대기근이 모두 17세기 후반에 있었다. 강희시대의 재해에 대한 국가의 대응은 '강건성세'를 이해하기 위한 중요한 전제다. 강희 22년(1683)까지 중국의 정치상황은 완전히 안정적이지 못했다. 삼번의 난(1673-1681)과 대만 문제(1661-1683)가 해결되지 않은 상황에서 황정 재정이 부담스러웠다. 그럼에도 강희제는 황정에 대해 순치제 이상으로 적극적이었다. 청조가 초기의 정치사회적 불안정을 극복했던 것은 재해에 대한 국가의 대응, 즉 황정도 중요한 작용을 했다.3589) 청조는 이전의 어느 시기보다 황정체계를 완비했던 왕조로 평가받는다.3590) 이런 황정제제의 완비는 소빙기의 재해를 극복하면서 형성되었다. 청대 황정제도의 확립과정은 국가의 전장제도典章制度를 집대성한『대청회전大淸會典』을 통해서 대략적으로 확인할 수 있다.

『대명회전』과 『대청회전』의 황정범주의 차이3591)

법전		편찬시기	황정범주
萬曆	大明會典	1576-1587	①報勘災傷 ②蠲免折徵 ③賑濟 ④捕蝗
康熙	大淸會典	1684-1690	①報勘 ②蠲免 ③賑濟 ④勸輸

3589) 金文基,「明末淸初의 荒政과 王朝交替」, 136쪽.

3590) P. E. 빌(정철웅 옮김),『18세기 중국의 관료제도와 자연재해』, 361-365쪽; 李向軍,『淸代荒政硏究』, 101-105쪽. 葉依能,「淸代荒政述論」,『中國農史』(1998-4). 葉依能은 청대 황정의 특징을 ①통치계급이 황정을 매우 중시함, ②구재(救災) 조치가 제도화 됨, ③구재의 지출이 매우 많았음, ④구황업무의 처리조직이 세밀함, ⑤입법이 엄격하고, 심사가 분명했다는 사실을 든다. 金文基,「明末淸初의 荒政과 王朝交替」, 136쪽에서 재인용.

雍正	大淸會典	1724-1732	①報勘 ②豁免 ③賑濟 ④借給 ⑤緩徵 ⑥積貯 ⑦平糶
乾隆	大淸會典	1747-1764	①救災 ②拯饑 ③平糶 ④賞粟 ⑤蠲賦 ⑥緩徵 ⑦通商 ⑧勸輸 ⑨嚴奏報之期 ⑩辦災傷之等 ⑪興土功 ⑫反流亡
嘉慶	大淸會典	1801-1818	①備祲 ②除孽 ③救荒 ④發賑 ⑤減糶 ⑥出貸 ⑦蠲賦 ⑧緩徵 ⑨通商 ⑩勸輸 ⑪興工築 ⑫集流亡
光緖	大淸會典	1886-1899	①救災 ②賑飢 ③平糶 ④賞粟 ⑤蠲賦 ⑥緩徵 ⑦販運 ⑧勸輸 ⑨興土功 ⑩撫流亡 ⑪奏報之限 ⑫災傷之等

　강희『대청회전』은 삼번의 난을 평정하고, 대만을 복속하면서
청조가 정치적 안정을 찾았던 강희 23년(1684)에 편찬을 시작해서
강희 29년(1690)에 완성되었다. 『대청회전』은 이전까지의 문물제도
를 정리할 필요에서 편찬되었다. 강희『대청회전』의 황정범주는
포황捕蝗을 대신하여 권수勸輸가 새로 추가된 것을 제외하면, 만력
『대명회전』의 범주를 벗어나지 않는다. 실제적인 범주는 견면과
진제가 중심이었다. 옹정『대청회전』은 권수가 제외된 대신에 '차
급借給', '완징緩徵', '평조平糶'가 포함되었다. 가경『대청회전』은
건륭『대청회전』에 있던 '엄주보지한嚴奏報之限', '판재상지등辦災
傷之等'을 대신하여 '비침備祲'(요기준비), '제얼除孽'이 새롭게 편입
된 것이 특징이다. 나머지는 동일하다. 청대 황정체계의 완비를
가늠하게 하는 것이 건륭『대청회전』이다. 건륭『대청회전』은 총
12개의 범주로 체계화 되었고, 특히 '평조平糶'와 더불어 '통상通商'
이 새로 편입된 것이 특징적이다. 건륭『대청회전』의 범주는 가경
『대청회전』에서 약간의 변화가 있었지만, 광서『대청회전』에서
그대로 사용되고 있다. 이것은 곧 건륭『대청회전』단계에서 황정

3591) 金文基, 「明末淸初의 荒政과 王朝交替」, 137쪽.

의 범주가 확정되었음을 의미한다. 따라서 17세기 말에서 18세기 중반 사이에 청조의 황정체계가 완비되었다고 할 수 있다. 이런 사실을 보여주는 또 다른 징표는 『강제록康濟錄』의 편찬이다. 청초 전당현錢塘縣 육증우陸曾禹가 편찬한 『구기보救飢譜』를 동향인 이과 급사중吏科給事中 예국련倪國璉이 4권으로 재편집하여 황제에게 올린 것을, 건륭제가 열람하고 남서방南書房의 한림翰林들에게 명해 1년의 교열을 거쳐 건륭 5년(1739)에 정식으로 반행한 것이다. 『강제록』은 선사先事, 임사臨事, 사후事後라는 재해의 진행순서에 따라 구체적인 실무조치들을 정리했다. 국가의 주도로 종합농서인 『수시통고授時通考』와 종합구황서인 『강제록』이 같은 해에 완성되었다는 것은 의미가 깊다. 청초의 민간 구황론이 18세기 중반 국가 황정체제를 완비하는 데에 바탕이 되었기 때문이다.[3592]

황정에서 중요한 것은 재해에 대한 정보의 정확성과 신속성이다. 강희제의 황정에 대한 적극성은 재해에 대한 보고체제, 곧 '보감報勘'의 정비에서도 보인다. 순치 17년(1660) 하재夏災는 6월 하순, 추재秋災는 9월 하순으로 제정되었던 것을, 강희 7년(1668)에는 하재는 5월, 추재는 8월을 넘기지 않도록 강화되었다. 그러나 보고하기에 시간이 너무 급박하다고 어려움을 호소하자 강희 9년(1670) 순치 17년의 규정으로 되돌렸다. 강희제는 순무에게 직접 재해를 조사하게 하고 관리들의 보고 정확성을 감독하게 했다. 나아가 재해에 대한 정보를 다양화했다. 강희 31년(1692) 지방에서 북경으로 올라오는 관리들에게 지나는 지방의 수확의 풍흉, 충분한 강우량의 유무, 백성들의 형편을 낱낱이 탐문하게 하여 보고하게 했다. 이런 정보를 바탕으로 현재의 재해 상황뿐만 아니라 장래의 재해를 예측

3592) 金文基, 「明末淸初의 荒政과 王朝交替」, 137-138쪽.

하고 대비했다. 강희 32년(1693) 9월에는 "강소와 절강 2省은 금년 여름에 가물었다. 비록 재해가 들지는 않았지만, 짐작건대 추수는 반드시 한계가 있을 것이다. 만약 조량漕糧을 평상시대로 징수하면 아마 백성의 양식은 장차 부족하게 될 것이다"라고 하여 견면을 실시했다. 재해가 아직 발생하지 않았는데도, 따라서 당연히 재해 보고가 없음에도, 강우량에 대한 정보를 통해 장래에 발생할 양식 부족을 대비하고 있는 것이다. 이런 사례들은 곳곳에서 확인된다. 각 성에서 올라오는 관원 외에도 자신의 명령을 받들고 오가는 인원들로부터도 지나는 고장의 강우량의 다소, 수확의 풍흉, 백성들의 살림살이 정도를 보고하게 했다. 이런 정보를 통해 기근이 들기도 전에 장래의 곤궁함을 예상하고 견면 조치를 내렸던 것이다.3593)

강우량과 풍흉에 대한 정확한 정보를 얻기 위해 그가 얼마나 심혈을 기울였는지는 주접奏摺제도에서 확인된다. 강희 32년(1693)에서 61년(1722)까지 소주직조蘇州織造를 지낸 이후李煦가 올린 주접에서 가장 중요히 다루어진 것은 강우량과 물가였다. 강희제는 이후의 주접에서 강남의 강우량과 물가에 대한 상세한 정보를 얻었고, 이것을 지방관의 보고내용과 비교·검토하여 보다 정확한 정보를 확보했다. 한 예로, 강희 55년(1716) 7월 이후는 강우량과 기후가 적절하여 "풍년의 조짐"이라고 보고한 데 대해, 강희제는 진강장군 鎭江將軍이 6월과 7월 가물었다는 보고를 바탕으로 이후가 올린 보고의 신빙성을 추궁했다.131) 강희 36년(1697)에는 재해에 대한 대처 시간을 단축하기 위해, 재해보고를 할 때 재해율을 함께 조사해 올려 일괄적으로 처리하도록 했다. 기존에는 지방 순무가 재해

3593) 金文基, 「明末淸初의 荒政과 王朝交替」, 138-139쪽.

보고를 먼저 올리고, 호부의 인준을 받은 후에 다시 재해율을 조사해 올렸는데, 북경에서 거리가 먼 지방에서는 이 과정에 시간이 많이 허비된다고 보았던 것이다. 강희제는 강우량, 풍흉, 물가에 대한 정확한 정보를 확보하여 재해가 발생하기 이전에 미리 예상하고 신속하게 대처했던 것이다. 이런 사실들은 강희제의 황정에 대한 장악력을 선명하게 보여준다.[3594]

다음으로 창저倉儲제도의 정비다. 명말 이후 강희 초반까지 재정의 압박으로 창저제도를 정비할 겨를이 없었다. 순치 11대에는 상평창·의창·사창의 3창 설립 명령을 내렸지만 제대로 진행되지 않았다. 강희 21년(1682) 각 성의 운영 실태를 조사하면서 '유명무실有名無實'을 우려했던 것이 당시의 현실이었다. 강희제는 창저제도의 중요성을 강조하고 정비에 힘썼다. 강희 29년(1690)에는 적저積貯가 없을 경우 해당 관원 및 총독순무를 모두 중형으로 치죄한다고 경고했다. 강희 34년(1695)에는 강남의 저곡貯穀에 대해서 매년 70%는 창고에 남겨 기근에 대비하고 30%는 물가안정을 위해 내어 놓게 했다. 그리고 묵은 곡식을 새 곡식으로 바꾸는 것은 '존칠조삼存七糶三' 원칙으로 확립되었다. 이러한 적극적인 조치를 통해서 강희 30년대 이후에는 창저제도가 안정되어 기근이 들었을 때 진제와 평조의 주요한 재원이 되었다. 또 하나 주목되는 것은 평조平糶정책이다. 강희 30년 이후부터 평조 기록은 빈번했고, 그 비중도 높아졌다. 강희 33년(1694) 패주覇州 등 재해지역의 저곡을 풀어 진제하게 하고, 그 나머지는 가격을 낮추어 평조하게 했다.) 강희 34년(1695)에는 성경盛京지역에 재해가 들어 미가가 등귀하자 해운海運으로 이송한 2만 석 중에 1만 석은 나누어 지급하고, 나머지 1만

3594) 金文基, 「明末淸初의 荒政과 王朝交替」, 139-140쪽.

석은 평조했다. 강희 38년(1699)에도 회양淮揚지방에 수재가 발생하자 조량 10만 석을 재류截留하여 '감가평조減價平糴'했다. 이처럼 청대의 평조정책은 강희 30년 이후부터 본격적으로 시작되었다. 강희『대청회전』에는 '평조' 항목이 없지만, 옹정『대청회전』에는 평조가 독립되어 있다. 평조는 명말 강남의 구황론에서 핵심적인 사항이었다. 이것이 강희제에 의해 적극적으로 수용되어, 강희 30년대 이후부터 황정의 주요부분으로 자리 잡았던 것이다. 이들 조치들도 주목되지만, 강희시대를 가장 특징짓는 황정은 뭐라해도 '견면蠲免'이었다. 재정적인 한계 때문에 명말청초의 황정은 진제보다는 '견면'이 중심이었다. 그렇지만 강희제의 견면은 이것만으로는 설명이 충분하지 않다. 강희제는 견면 자체를 대단히 중시했다. 그는 "제왕이 통치를 달성하는 길은 백성을 풍족하게 하는 것이니 부세를 견면하는 것은 진실로 요무要務다"라고 했다. "백성들에게 실제적 혜택을 주려면 전량을 견면해 주는 것 만한 것이 없다"고 생각했다. 강희제의 견면은 한마디로 '파격적'이었다. 견면이 다른 황정조치들과 대별되는 것은 '황제의 은혜'를 가장 효과적으로 보여줄 수 있다는 점이다. 강희제는 견면이 가지는 이런 특징에 주목했고 통치에 효과적으로 활용했다. 그렇기에 강희시기의 견면은 이전의 그것과 확연한 차이를 보인다. 첫째, 견면의 대상이 '적포積逋', 올해의 '현징現徵'뿐만 아니라, 미래에 징수해야할 세액이 대상이 되었다. 재해가 극심할 때 명년의 세액을 견면해 주는 예가 이전에 전혀 없었던 것은 아니나 강희22년(1683) 이후부터는 이것이 보편적으로 행해졌다. 삼번의 난과 대만을 평정하고 난 이후에 재정적 여유가 생겼기 때문이었다.3595)

3595) 金文基,「明末淸初의 荒政과 王朝交替」, 140-142쪽. 강희제의 구황정책과 창저

강희24년(1684) 3월에는 "오늘날 국탕國帑은 충족하니, 짐은 직예直隸 각성의 명년 전량을 견면하여 백성들의 곤궁함을 풀어주어," "천하가 모두 그 실제적 은혜를 입게 하라"고 했다. 만력시기의 '견진표鐲振表'에 의하면 만력 10년(1582) "견면명년전량십지삼鐲免明年錢糧十之三"이라는 기록이 보인다. 이후로 명이 멸망할 때까지 명년에 대한 견면기록은 보이지 않는다. 청대에는 강희 12년(1673)에 처음 보이고, 강희 22년을 기점으로 이후에는 명년에 대한 견면이 자주 실시되었다는 사실이 확인된다.3596) 그리고 강희24년 11월 회·양准揚지역의 수재로 전량의 면제를 요청했을 때 강희제는 이렇게 말했다. "오늘날 國用 또한 충족한다고 하니, 미리 각 省의 錢糧을 상세히 조사하여 명년을 견면하라. 무릇 백성에게 실제적인 혜택을 입게 하려면 전량을 견면만한 것이 없다. (…) 회·양 등의 기민은 이미 재해를 당해 전량을 납부할 수가 없다. 지금 겨우 본년의 전량만 면제한다면 백성들의 은혜입음은 한정될 것이다. 모름지기 명년 전량을 일제히 견면하면 백성들을 이롭게 할 수 있을 것이다."3597) 이 말에서 강희제가 명년 전량을 견면하려는 의도를 짐작할 수 있다. 본년의 견면만으로는 백성들의 농업재생산 유지에 실제적 혜택을 주지 못한다고 보았기 때문이다. 과거와 현재가 아닌 미래의 견면을 중시하는 인식은 강희 33년(1694) 편찬된 황육홍黃六鴻의 관리지침서이자 자신의 회고록인『복혜전서福惠全書』에서 확인할 수 있다.3598) 황육홍은 적

제도의 완비 및 18세기 중후반과 19세기 초의 황정에 관해서는 다음도 참조: Carol H. Shiue, "The Political Economy of Famine Relief in China, 1740-1820", *Journal of Interdisciplinary History*, XXXVI: I(Summer, 2005) [33-55쪽].

3596) 宣統『太倉州鎭洋縣志』卷7, 賦役, 鐲振表 및『聖祖仁皇帝聖訓』卷38, 鐲賑 1, 康熙 24년 3월 辛巳. 金文基, 「明末淸初의 荒政과 王朝交替」, 142쪽에서 재인용.

3597)『聖祖仁皇帝聖訓』卷38, 鐲賑 1, 康熙 24년 11월 乙未. 金文基, 「明末淸初의 荒政과 王朝交替」, 142쪽에서 재인용.

포와 현징으로는 재해로 농업재생산 능력을 상실한 백성들에게 실질적인 혜택을 주지 못하기 때문에, 미래의 조세부담을 없앰으로써 유민문제를 근본적으로 해결하고, 농민들의 재생산을 보장할 수 있다는 것이다. 만력 9년(1581) 급사중 오지붕吳之鵬은 견면의 요체가 "적포積逋에 있는 것이 아니라 신포新逋에 있는 것"이라고 했다. 명말의 견면이 적포를 대상으로 행해진 것을 비판한 것이다. 육증우陸曾禹는 오지붕의 이 지적을 매우 중시했다. 그는 "견면에는 그 마땅함을 얻지 않으면 안 되니," "내년에 징수하지 않는 것, 이것 외에는 다른 좋은 방법이 없다"고 했다.3599) 육증우가 말하는 견면의 '마땅함'은 바로 '명년의 견면'인 것이다. 오지붕이 강조했던 "명년의 견면"은 명말에는 시행되지 못하다가, 강희제에 의해 효과적으로 활용되었다. 명말과 청초의 황정은 모두 견면이 중심이었지만, 그 내용에서는 질적인 차이가 났던 것이다. 둘째, 재해 상황이 아님에도 견면이 빈번하게 실시되었다. 명대와 마찬가지로 청대에도 견면은 크게 은견恩蠲과 재견災蠲으로 나눌 수 있다. 재해상황이 아님에도 행해지는 것은 은견에 속하지만, 강희시기에는 국가의 경축일, 순재巡幸, 용병用兵 외에도 황제의 지시에 의해 특별하게 행해졌다. 건륭『吳江縣

3598) 黃六鴻,『福惠全書』卷27, 荒政部: "무릇 견면은 적포(積逋)·현징(現徵)뿐만 아니라, 내년의 정공(正供)도 마땅히 같이 견면해야 한다. 왜 그런가? 적포는 대부분 간완(奸頑)한 자들에게 해당하니 그것을 견면하면 요행을 만난 이로움으로 여긴다. 이에 반해 공적인 일을 서두르는 양선(良善)한 이들은 도리어 은혜를 입지 못한다. 어떻게 권함을 보이겠는가? 현징의 곡물은 토지에서 나온다. 지금 이미 재해를 당해 그것을 견면하면 겨우 추궁하는 구타는 면하겠지만, 재해를 당한 백성은 그 실제적인 은혜를 입지 못한다. 또한 어떻게 곤궁함을 구제하겠는가? 다만 내년의 정공(正供)을 견면하면, 백성들이 진휼(軫恤)의 인(仁)을 넓게 입어 유민들이 가벼이 그고향을 떠났던 자라도 앞 다투어 복업(復業)한다." 金文基, 「明末淸初의 荒政과 王朝交替」, 143쪽에서 재인용.

3599) 陸曾禹,『康濟錄』卷3下, 臨事之政, 乞蠲賑以紓羣黎. 金文基, 「明末淸初의 荒政과 王朝交替」, 143쪽에서 재인용.

志』는 재견은 재편災變 편에 부기附記하고, 나머지 은견은 '견면蠲免' 편에서 기록하고 있다. 청대에는 견면을 분류할 때 재견 외에 '은견恩蠲', '특견特蠲', '예견豫蠲'이라는 표현을 쓰고 있다. 강희연간에 실시된 재견을 제외한 견면을 은견만으로 묶기에는 그 성격이 다양했기 때문이다. 재해가 발생하지 않았음에도 실시하는 '명년의 견면'은 '예견豫蠲'에 해당한다. 강희 30년대 이후에는 여러 경로를 통해 정확하고 신속하게 전국적 강우량과 물가 동향을 파악하여 앞으로 전개될 식량부족 상황을 대비하고 있다는 점은 주목된다. 강희 46년(1707)에는 강우량이 풍족하고, 작물의 성장도 좋았지만 재해에 대한 대비가 부족하여 식량부족을 초래할 가능성이 있다고 예상하여, 조량을 재류截留하여 대비하게 하고 미납된 은銀은 활면豁免했다. 강수량과 작물의 성장에 문제가 없음에도 그 지방의 재해에 대한 대비 정도를 가늠하여 견면조치를 취한 것이다. 강희 52년(1713) 복건에 흉작이 들었음에도 관리들이 제대로 보고하지 않았다. 강희제는 "짐은 깊은 궁궐에 처하고 있어도 이미 만리萬里의 정황을 샅샅이 알고 있다"고 질타하고, 해운으로 운미運米하고, 미납액에 대해서는 停徵을 지시했다. 강희제는 자신만의 정보망을 통해 전국적 재해 상황을 파악하고, 미래의 재해에 대해서 적절한 대응을 지시했던 것이다. 강희제의 황정에 대한 장악력을 잘 보여준다.3600)

셋째, 지주뿐만 아니라 전호에게도 견면의 혜택이 돌아가도록 했다. 견면은 국가에 부세를 납입하는 지주를 대상으로 하기 때문에 전호는 직접적 혜택을 입을 수 없었다. 명말 이후 지주전호간의 계급적 모순이 표출되고 있던 상황에서, 지주에게만 한정된 견면의 혜택은 계급간의 모순을 격화시켰다. 때문에 전주에게 견면을 실시

3600) 金文基,「明末淸初의 荒政과 王朝交替」, 143-144쪽.

할 때, 전호에게도 일정한 혜택이 돌아가도록 하자는 논의는 명말부터 있었다. 만력 12년(1584) 유전有田, 무전無田에 상관없이 궁휼의 혜택이 돌아가게 해서, "유전자有田者는 그 세량稅糧을 면제하고, 면제할 세량이 없는 자는 정구丁口·염초鹽鈔를 면제하여, 貧富가 일체 鋤血을 입도록"한 조치도 그 하나다. 강희제는 전호의 납조納租를 대상으로 했다. 강희 9년(1670) 강남에 수재가 들었을 때, 견면을 행할 때 전호의 납조納租도 면제하게 했다. 그 결과 강희 42년(1703) 견면 된 전량 중 70%는 업호業戶(지주), 30%는 전호가 면제받는 법률이 완비되었다. 전호들은 지주들이 받는 견면의 30%를 사조私租에서 감면할 수 있는 법률적 근거를 얻은 것이다. 이로써 견면의 혜택을 전호에게도 돌아가게 함으로써 '황제의 은혜'를 보다 폭넓게 확대하게 되었다. 다만 이런 조처는 전호들이 전주에게 더욱 격렬하게 항조抗租하는 결과를 낳았다. 옹정 13년(1735), 건륭제가 등극하면서 "지주들은 관대함을 헤아려 전호의 지조地租를 감하라 (業戶酌量寬 減佃戶之租)"라는 칙유를 내린 것도 이런 문제의식 때문이었다.[3601]

넷째, 견면율의 규정이 완비되고 확장되어 갔다. 재해의 정도에 따른 견면율 규정은 명대부터 정비되어 왔다. 명대 이 규정이 완비되었던 것은 홍치 3년이었다. 홍치 3년의 규정은 재해율은 100-40%, 견면율 70-10%까지 7단계로 나누고 있다. 청대에는 순치 10년, 강희 17년에 견면율이 정비되었다. 순치 10년의 규정은 재해율을 80-90-100%, 50-60-70%, 40%의 3단계로 나누고, 견면율을 각각 30, 20, 10%로 규정했다. 강희 17년에는 재해율 50% 이하는 아예 대상에서 제외하고, 90-100, 70-80, 60%의 3단계로 재조정되

3601) 金文基, 「明末淸初의 荒政과 王朝交替」, 143-144쪽.

었다. 얼핏 보면 순치 10년과 강희 10년의 규정은 홍치 3년의 규정에 비해 견면의 폭이 훨씬 줄어든 것으로 보이지만, 명국 정부는 견면 대상을 존류存留에 한정한 반면, 청국 정부는 초기부터 존류와 더불어 '기운起運'도 감면 대상이 되었다.161) 또한 본래 견면의 대상은 지정전량地丁錢糧에 한정되었지만, 실제로는 조량漕糧 혹은 조항은미漕項銀米도 여러 차례 견면했다. 강희 22년 이후에는 견면율의 규정에 구애받지 않고 파격적 견면을 여러 차례 시행했다. 홍치 3년보다는 순치 10년, 강희 17년의 규정이 실혜實惠의 폭이 더 넓었다. 강희 연간에는 재해율의 대상을 60% 이상으로 제한했지만, 실제 견면은 훨씬 더 광범위했던 것이다. 옹정제와 건륭제는 강희제의 파격 견면의 전통을 그대로 이었을 뿐만 아니라, 견면 규정도 확대·완비했다. 옹정 6년 견면율의 3단계에서 5단계로 세분화하고, 견면율도 70%까지 대폭 인상했다. 건륭 원년에는 강희제가 제외했던 재해율 50%를 다시 편입하여 대상의 폭을 확대했다. 18세기 전반에 이르면 경제적 안정과 재정적 자신감으로 더욱 폭넓은 견면을 펼칠 수 있었던 것이다.3602) 비록 선황先皇에 대한 언급이지만, 강희제의 견면에 대한 옹정제의 다음 같은 평가는 공정해 보인다. "수십 년 동안 비록 30% 견면의 例를 정했지만, 성조인황제 聖祖仁皇帝께서는 심인후택深仁厚澤하시어 그 백성을 사랑하여 길렀다. 혹 수한재를 당하게 되면 본지本地의 조租를 전면全免하고, 또한 황겸荒歉이 없다고 해도 천하의 부세를 돌려가며 견면 하셨으니, 호탕浩蕩한 은혜는 이루 헤아릴 수가 없다."3603) 옹정제와 건륭제

3602) 金文基,「明末淸初의 荒政과 王朝交替」, 146-147쪽.

3603) 光緒『淸會典事例』卷288, 戶部 , 賑恤 , 災傷之. 金文基,「明末淸初의 荒政과 王朝交替」, 147쪽에서 재인용.

시기에는 안정적 재정을 바탕으로 더욱 폭넓은 견면을 펼쳤다. 강희제의 황정 기조는 그의 후계자들에 계승되어 '강건성세'의 기반을 다졌던 것이다.3604)

다섯째, 무엇보다 특징적인 것은 견면의 파격적 양이었다. 강희제는 삼번과 대만 문제가 해결되지 않은 상태에서 재정적 압박으로 부득이하게 가파加派를 실시해야하는 등 견면과 진제에는 한계가 있었으나, 이런 어려움 속에서도 황정을 중시하여 재해가 심할 경우 적극적으로 견면을 펼쳤다. 삼번과 대만문제가 해결된 이후에는 '파격적'이라고 할 정도로 견면을 실시했다. 강희 25년(1686) 9월에는 직예의 순천順天·영평永平·보정保定·하문河間 4부府 및 사천· 귀주의 이듬해의 지정전량地丁錢糧을 모두 견면했다. 호남·복건은 이듬해의 추秋·동冬 그 이듬해의 춘春·하夏의 지정전량을 모두 활면 豁免했다. 재해가 들지 않았음에도 미래의 세량稅量을 미리 견면하고 있는 것이다. 강희 26년(1687) 9월에는 강녕江寧 등 7부 및 섬서陝 西의 전량 6백여 만을 견면하려 했다. 신하들이 "예로부터 이렇게 많은 경우는 없다"고 만류했지만, 강희제는 오히려 "6백여 만도 많다고 하기에는 부족하다"고 했다. 강희제의 태도를 단적으로 보여준다. 그 결과 강소지역에서 조량전량漕糧錢糧을 제외하고 이 듬해의 지정전량은 견면 되었고, 26년의 미납 전량은 활면豁免했다. 강희 30년(1691) 12월에는 더욱 파격적인 조치를 내렸다. 강희제는 30여 년 동안 지정전량은 차례대로 견활蠲豁한 반면 조량전량은 아직 충분한 의론이 없었다고 하여, 장차 기운起運해야 할 조량을 견면했다. 이미 견면 명령이 내려져 있던 하남성 외에 호광·강서·절 강·강소·안휘·산동의 조미漕米를 다음 해인 강희 31년을 시작으로

3604)) 金文基, 「明末淸初의 荒政과 王朝交替」, 147쪽.

차례대로 1년씩을 견면했다. 강희제는 재해 상황이 아님에도 조량을 납부하는 각성이 골고루 돌아가면서 견면의 혜택을 누리도록 했던 것이다. 강희 40년대 이후에도 강희제의 파격적인 견면은 계속되었다. 강희 47년(1708)에는 연이은 재해로 강희 48년의 漕米를 제외하고 강남 지정은地丁銀 475만 냥, 절강 지정은 257만 7천 냥을 전부 견면 했다. 강희 50-52년의 3년 동안에 천하의 전량을 견면 했는데, 자그마치 3,206만 4,697냥을 넘었다. 강희 51년(1712)에는 전국의 전량을 견면 했다.3605)

『청사고清史稿』에 의하면, "재위 60년 중에, 은혜로운 조詔를 여러 차례 반포하여, 1년에 견면이 여러 성省에 미치는 경우도 있었고, 한 성에서 몇 해 동안 연이어 견면을 받은 경우도 있었다. 전후로 견제蠲除한 수는 거의 억을 넘는다"고 했다. 강희제도 자신의 이런 조치를 "파격적으로 은혜를 베푸는 것"이라고 인식하고 있었다.3606)(1713) 강희 54년(1715) 강희제는 "무릇 지방에 수한재해의 정황은 반드시 때맞춰 거듭 자순諮詢했고, 그 해에 곡식이 익지 않으면 담당관에서 즉시 견진蠲賑할 것을 명하기를 50년 동안 아직 조금도 게을러본 적이 없다"고 스스로를 평가했다.3607) 강희제는 그의 말대로 백성을 구제하는데 "억만의 금전.미곡도 아까워하지 않았고," "파격적 은혜를 베풀었다".3608) 17세기 후반 청조의 황정

3605) 金文基,「明末清初의 荒政과 王朝交替」, 147-148쪽.

3606)『江南通志』卷首2-1, 聖祖仁皇帝詔諭, 강희 38년 4월 16일: "玆聞鳳陽府屬 去歲潦災甚重. 是用破格加恩 以示優卹.";『清會典則例』 卷53, 户部. 金文基, 「明末清初의 荒政과 王朝交替」, 148쪽에서 재인용.

3607)『聖祖仁皇帝聖訓』卷41, 蠲賑 4, 康熙 54년 12월 乙酉. 金文基,「明末清初의 荒政과 王朝交替」, 148쪽에서 재인용.

3608)『聖祖仁皇帝聖訓』卷41, 蠲賑 4, 康熙 56년 11월 丙子. 金文基,「明末清初의 荒政과 王朝交替」, 148쪽에서 재인용.

기조는 명말 명조의 그것과 극명한 대비를 이루고, 이 기조는 건륭제까지 계속 이어진다. 소빙기로 인한 '생태위기' 속에서 강희·옹정·건륭제는 파격적 견면과 황정체제의 정비를 통해서 이 위기를 극복하여 '강건성세'를 이룩했던 것이다.[3609]

그럼에도 불구하고 서구숭배적 부외자멸附外自蔑의식에서 청대 곡물창고의 효율이나 황제들의 황정 기조를 몰지각한 중국인 학자 소공권蕭公權은 1960년 청대의 창고제도가 효과적으로 기능한 적이 있었는지 의문시하면서 그것은 "관리들의 무능, 무관심, 부패"로부터 벗어난 적이 없었다고 논평했고, 그 어떤 효율성이든 그것은 왕조의 쇠락과 더불어 소멸했다고 주장했다.[3610] 반면, 1991년 대규모의 새로운 연구를 통해 왕국빈王國斌(Roy Bin Wong)은 곡물창고가 청국이 "세련된 방식으로 이용하고 교체하는 방대한 곡물비축기제(a massive set of grain reserves)를 창출한 18세기 중반에 아주 효율적이었다"고 입증했다. "반복된 관료제적 노력과 상당한 재정자원은 이 주요시설을 정교화하고 유지하기 위해 확대되었다. 곡물창고 체계의 스케일은 행성行省 차원에 기록된 창고 비축량의 규모를 얼핏 훑어보기만 해도 확연하게 드러난다."[3611]

한때 서양 학자들은 진황에서의 국가의 관심과 노력만을 유일무이한 것으로 과장하고, 민간의 자선구빈활동을 보지 못했다. 그러나 명국정부의 황정도 상론했듯이 보다 강한 집념으로 효율적으로 움직이던 왕조 초기 단계로부터 열성을 덜 쏟는 나중 단계로 이행

3609) 참조: 金文基, 「明末淸初의 荒政과 王朝交替」, 148쪽.

3610) Hsiao Kung-chuan(蕭公權), *Rural China: Imperial Control in the Nineteenth Century* (Seattle: University of Washington Press, 1960).

3611) Wong, "Introduction" to 'Part I: Development and Decline', 21쪽.

하는 추이를 보였다. 명국의 황정은 특히 15세기 중반 이후부터 미적지근해졌다.3612) 그리고 청대의 민간 진제振濟·구빈활동은 명 대보다 더 활발하고 광범했다.

최근 청대 중국의 비황備荒제도를 탐색한 서양 학자들의 다른 연구들도 왕국빈처럼 18세기 중반 청국의 진황賑荒 기능의 효율성 을 증명함으로써 소공권의 주장을 무력화시켰다. 가령 릴리언 리 (Lillian M. Li)는 다른 시각을 가진 사람들이 지난 300년 근대 중국의 경험을 다른 각도에서 읽어 왔음을 상기시켰다.

18세기는 일반적으로 청조가 이룩한 굉장한 평화와 번영의 시대 로 이해되어 왔으나, 외침, 내란, 자연재해의 19세기와 20세기 초는 보다 어렵게 해석되어 왔다. 중국역사에는 기근이 종종 기록되어 있었지만, 19세기 후반과 20세기 초에 중국은 기근을 빈번하고 강렬하게 경험했다. 그리하여 20세기 초 중국은 서양에 "기근의 나라(Land of Famine)"로 알려지게 되었다.3613) 기근의 주요 원인인 홍수와 한발이 제어할 수 없이 급증했다. 1850년대 황하의 물길이 산동성 남부로부터 현재의 코스로 북상한 것이 19세기 재난의 주인 主因이었다. 세계역사에서 보기 드문 대규모 인명손실 위기를 야기 한 북부중국의 1876-1879년간 기근은 5개 행성에 걸쳐 1억 명 이상 의 인구를 덮친 한발에 의해 야기되었는데, 이 기근은 950만 명에서 1300만 명의 인명을 앗아간다. 한해旱害는 세기 전환기 북부 중국에 서 반복되었고, 1920-21년에도 다시 발생했다. 1876년부터 1879년

3612) Downs, *Famine Policy and Discourses on Famine in Ming China*, 102쪽.

3613) 이것은 1926년 월터 맬로리라는 미국인이 그린 중국 이미지다. Walter H. Mallory, *China: Land of Famine* (New York: American Geographical Society, 1926). Lillian M. Li, "Introduction: Food, Famine, and the Chinese State", *The Journal of Asian Studies*, Vol. 41, No. 4 (Aug., 1982) [687-707쪽], 687쪽에서 재인용

까지 4년간 한발이 덮친 지역과 동일했던 이 1920-21년의 한발지역에서는 철도교통과 국제구호물자 덕택에 조금 덜 죽었다. 그래도 50만 명이 아사했다.3614) 이것이 발생한 직후 중부 중국의 홍수는 약400만 명의 이재민을 냈다. 황하와 해하海河 수계水系는 둘 다 1910년대와 1920년대 대홍수의 주요원천이었고, 양자강과 황하 수계는 3000만 명의 인구를 덮친 대규모 홍수를 낳았다.3615)

인구 규모, 식량 공급, 자연적 변동이 식량의 가용성과 소비를 결정하는 유일한 변수들이라면 온갖 복잡성에도 불구하고 문제는 비교적 간단할 것이다. 하지만 사실 식량부족과 관련된 가장 어려운 문제들은 예나 지금이나 분배와 배분의 문제였다. 전체 인구수로 나눈 전체 식량공급량의 단순 계산에 근거한 식량의 충분성·불충분성의 예견으로는 누가 실제로 얼마만큼을 먹는지를 알 수 없다. 실제가 그렇게 간단하다면 어떤 세계 식량문제도 없었을 것이다. 세계은행은 식량이 평등한 기반 위에서 만인에게 가용하다면, "현재 세계 식량 산출고만으로 모든 남녀와 아이들에게 매일 필요량의 최고추정치보다 훨씬 많은 3000칼로리와 65그램 이상의 단백질을 공급할 수 있을 것"이라고 추산한다.3616) 하지만 식량은 만인에게 평등하게 가용하지 않다. 아마 40억 세계인구의 4분의 1은 영양실조를 겪고 많은 개발도상국들에서 영양실조와 굶주림은 전지구적 농업산출고가 팽창하는 때에도 계속될 것이다. 누가 얼마나 많은

3614) Andrew James Nathan, *A History of the China International Famine Relief Commission* (Cambridge: Harvard East Asian Research Center, 1965), 5-6쪽. Li, "Introduction: Food, Famine, and the Chinese State", 687-688쪽에서 재인용.

3615) Lillian M. Li, "Introduction: Food, Famine, and the Chinese State", 687쪽.

3616) *World Development Report 1980* (New York: Published for the World Bank by Oxford University Press, 1981), 61쪽.

식량을 소비하느냐를 결정하는 요인들은 지역적, 도시적·농촌적, 사회적·경제적이고, 심지어 가내 위계질서에 의해서까지 좌우되었다. 청대 중국에서 개인에 대한 식량의 가용성은 첫째 그가 살고 있는 지역, 즉 그 지역의 농업생산성에 달려 있고 지역간 곡물교역이 확장함에 따라 곡물시장에 대한 접근가능성에 달려 있었다. 도농격차도 식량 가용성에 영향을 미쳤다. 도시 소비자들은 농촌 생산자·소비자들보다 시장곡가의 동요에 더 취약했다. 그러나 적어도 청대에는 도시적 중심지 주민들이 쉽사리 진황과 기타 자선활동의 혜택을 받을 수 있었다.3617) 경제적 지위는 식량에 대한 접근가능성을 결정하는 요소다. 경제가 상업화되면 될수록, 식량 공급이라기보다 식량을 구입할 능력으로서의 소득이 영양적 측면에서의 웰빙을 결정하는 가장 중요한 요소가 된다. 소득이 증가함에 따라 한 가족의 칼로리와 단백질 소비도 일정한 수준에까지 증가한다. 일국의 소득분배가 양극화되면 될수록 그 나라 국민들의 실체적 계층은 영양공급이 부실해진다. 게다가 한 개인의 사회적 지위, 정치적 특권, 또는 경제적 자산은 나머지 사회에 의해 승인된 식량에 대한 일정한 권리를 보장할 수 있다. 아마챠 센이 식량제공에 대한 "권리자격(entitlement)"이라고 부르고,3618) 왕국빈이 "요구권(claims)"이라고 부른3619) 이 일정한 식량요구권의 견지에서 볼 때, 전통적 중국에서 식량공급에 대한 최고의 우선권은 황궁·관료집단·군대의 요구권이었다. 미곡을 남부에서 북경으로 운송하는 대운하

3617) Li, "Introduction: Food, Famine, and the Chinese State", 694-695쪽.

3618) Amartya Sen, "Famines", *World Development* 8 (1980), 613-621쪽.

3619) R. Bin Wong, "Food Distribution Crises: Markets, Granaries, and Food Riots in the Qing Period". *Workshop paper* (1980).

의 건설은 이 요구권의 가장 가시적인 표현이다.3620) 이 요구권은 가정 안에서도 일정한 역할을 했다. 식량부족 상황에서 사회적 관습과 가치는 누구 제일먼저, 가장 많이 또는 가장 잘 먹여져야 하는지를 정한다. 중국사회에서 노인과 남자가 젊은이와 여자에 대해 우선한 반면, 인도사회에서는 몸이 튼튼한 젊은 남녀가 기근 기간에 우선권을 가졌다.3621)

청국의 상평창제도는 앞서 시사한 대로 효율의 정점에 도달했었다. 청국 정부는 식량분배 부분에서 가장 중요한 역할을 수행했을 것이다. 여러 가지 연구에 의해 국가가 적어도 후광성·양자강남부 북부평야와 같은 핵심지역에서 식량자원을 지역간에 이동시키는 대단한 권한을 가지고 있었던 사실이 명백하게 입증되었다. 관료들은 제국 전역에 걸친 기후조건과 곡가에 대해 잘 보고받았고, 식량소비에 대한 시장기제의 영향에 특히 민감하게 반응했다. 식량창고를 통해 국가는 가격의 극단적 등락을 평준화하고 식량위기 시에 진제振濟를 제공하려고 노력했다. 각종 곡식창고는 비상상황에 대비하기 위해 고대로부터 국가에 의해 유지되어 왔었지만, 청대에 곡식창고 시스템은 "효율의 정점(peak of efficiency)"에 도달했다.3622)

곡물창고제도는 곡가안정과 진황의 일차적 기능을 얼마나 효율적으로 수행했을까? 18세기를 관통해서 19세기에까지 이르는 시기에 곡물창고는 미도정未搗精 곡물 3000-4500만 석을 보관했다. 1790년대에 정점에 도달했다가 19세기 초부터 점차 감소한 저곡량貯穀

3620) Li, "Introduction: Food, Famine, and the Chinese State", 694-695쪽.

3621) Paul R. Greenough, *Prosperity and Misery in Modern Bengal: The Famine of 1943-1944* (New York: Oxford University Press, 1982). Li, "Introduction: Food, Famine, and the Chinese State", 695쪽에서 재인용.

3622) Li, "Introduction: Food, Famine, and the Chinese State", 696쪽.

量은 18세기 동안 중국에서 소비된 곡물 총량의 3-5%를 차지한 것으로 추계되었다. 이러한 양이 곡가안정에 효과적인지는 논쟁의 여지가 있다. 소량으로 광범하게 산재한 1000-1400만 석만이 중앙정부의 재량에 맡겨졌다고 추산하면서 이 곡가안정 기능에서 곡물창고의 효율성을 의심하는 이들도[3623] 있기 때문이다. 하지만 새로 수집된 사료들은 상평창에서 연간 지급된 비율이 높아서 보통 20-30%였고 특정지역에서는 50%에까지 치솟은 사실을 입증해준다. 저곡을 시가보다 싸게 내다 팔아 곡가를 안정시키려는 '평조平 糶'의 효과는 해당지역 농업경제의 상업화 정도에 좌우되었다. 인구의 70-80%가 곡물시장에 의존해 사는 양자강하류 계곡과 같은 지역에서 평조의 영향은 불가하게 제한적이었지만, 대개 역내 소비를 위해 생산하는 보다 고립된 지역에서는 그 영향이 실로 대단했다. 곡물수요가 비탄력적이기 때문에 공급 측면에서의 작은 변화도 곡가에 큰 영향을 미칠 수 있었다. 여러 증거들은 곡물시장이 제한적으로 발달한 행성들(중국의 북동부, 북서부, 남부, 남서부 지역)에서 1인당 곡물 비축고備蓄高가 더 높았던 반면, 강소·절강·직예·강서·호북·호남·복건성 및 기타 한두 다른 행성과 같이 곡물시장이 역동적인 지역들에서는 낮았다는 것을 보여준다. 국가의 곡물 회전은 곡물의 상업적 유통을 보완하고 또 이 유통에 좌우되었다.[3624]

청국은 다중적 장애물과 난관에도 불구하고 18세기 절정기에 세련방식으로 활용되고 교체되는 방대한 양의 저곡량을 만들어냈다. 반복된 관료행정 노력과 상당한 재정자원은 주요 기관들을

3623) 참조: Han-sheng Chiuan and Richard A. Kraus, *Mid-Ch'ing Rice Markets and Trade: An Essay in Price History* (Cambridge: Harvard East Asian Research Center, 1975). Li, "Introduction: Food, Famine, and the Chinese State", 697쪽에서 재인용.

3624) Li, "Introduction: Food, Famine, and the Chinese State", 697쪽.

정교화하고 유지시키는 선까지 확대되었다. 창저倉儲 제도의 규모는 행성 차원에 기록된 저곡량을 얼핏 보기만 해도 알 수 있다. 1720년과 1735년 사이에 곡물의 큰 수량이 수많은 행성에 집적되어 있었다. 적어도 산동·하남·직예·산서·광서·강서·섬서·광동·호남·사천·강소·감숙 성 등 12개 행성은 제각기 18세기 초에 곡물 100만 석의 최소한(35만 헥토리터)을 비축했다. 6개 행성에서는 18세기 중반까지 저곡량의 증가를 추적할 수 있다. 남서부 밖의 4개 행성에서는 저곡 총량이 100만에서 300만 석 사이에 달했다. 보다 완전한 그림은 18세기 중반 이후 그려질 수 있다. 행성 차원의 비축고備蓄高는 전국 총량 약 3000만 석이 그 이후 20-30년 동안 증가해서 최종적으로 1790년대에 4500만 석의 최고기록에 도달했다. 이 총량에 도달한 수치들은 의심할 바 없이 달성되었다. 18세기 후반과 19세기 초반의 저곡량 하락은 2세기 동안의 저곡에서의 변화를 완결짓는다. 저곡에 대한 문서 기록은 창저 시스템의 방대한 스케일을 증명해준다.3625)

기간을 1650-1735년, 1736-1780년, 1781-1850년으로 삼분해볼 때, 각 기간은 비축량의 규모, 창고사용의 빈도와 목적, 그리고 국가 통제와 관리의 효율성 면에서 다른 두 기간과 달랐다. 1730년대 초에 국가는 이미 20-30년을 곡물을 상평창의 큰 비축량으로부터 동원하고 때로 분배하는 데 썼다. 제국의 많은 지역에서 비축량은 더 빈번하게 1730년대 후기에 분배되었고, 1780년대까지 이 비축량의 사용은 행성들을 가로질러 일상적으로 조율되었다. 이 기간 동안 사창이 주관하는 대여에서 얻는 이자는 여러 지역에서 상평창의 비축량에 일정한 증분을 가져다주었다. 세련되고 복합적

3625) Wong, "Part I: Development and Decline", 23쪽.

인 절차의 발달을 통해 도시와 농촌의 창저倉儲에 대한 국가의 통제와 관리는 1740년대와 1770년대 사이에 그 정점에 도달했다. 반면, 18세기 후기부터 19세기 중반을 관통해서 개개 행성 안에서의 주민들에 대한 비축곡물의 분배는 빈도수가 떨어지고, 행성들을 가로지르는 곡물창고들의 조율은 줄어들었다. 곡물창고 운용의 감소된 규모는 비록 줄어들었어도 절대적 관점에서 여전히 식량공급 조건을 안정화시킬 상당한 관료적 행정 역량과 공약을 표현했다.[3626)

지방의 곡물비축량은 곡가에 적어도 제한된 영향을 미칠 만큼 상당한 양이었다면 심각한 식량위기에도 대응할 만큼 충분했던가? 지방 곡물창고의 비율은 청대 전시기에 걸쳐 오직 중국 내의 국가 곡물창고의 절반에 불과했다. 수도로 보내거나 군용으로 쓸 세곡을 보관하기 위해 존재한 곡물창고들이 나머지 절반을 차지했다. 그리고 국가가 통제하는 이 모든 곡물창고들의 곡물 총량은 청대 번영기의 중국에서 소비된 곡물 총량의 4-5%였다. 간단히, 중앙정부가 직접 통제하는 곡물 총량은 아주 상당했고, 현물로 거두는 토지세로부터 나오는 곡물량보다 훨씬 더 많았다. 현물 토지세의 세곡은 18세기 중반에 900만여 석에 불과했다.[3627) 중앙정부의 총세입은 7400만량이었고, 그 중 54%가 토지세와 토지와 관련해 부과된 잡세였다. 이 토지세·잡세 중 현물로 징수된 약 31%는 900만 석을 조금 상회했다.[3628)

3626) Wong, "Part I: Development and Decline", 23-24쪽.

3627) Li, "Introduction: Food, Famine, and the Chinese State", 697-698쪽.

3628) Yeh-chien Wang, *Land Taxation in Imperial China, 1750-1911* (Cambridge: Harvard University Press, 1973), 70-72쪽. Li, "Introduction: Food, Famine, and the Chinese State", 698쪽에서 재인용.

곡물창고의 비축량 중 얼마만큼이 실제로 식량위기를 완화하기 위해 사용되었는가? 세곡은 진황용 곡식의 주요원천이었다. 이 세곡은 대운하를 통해 정규적으로 양자강 하류로부터 운송되어 수도의 군·민軍民 인구를 먹이기 위해 북경과 통주通州 및 운하 연변의 여러 장소에 저장되었다. 대부분의 추산에 따르면, 18세기 중반 저장된 세곡의 평균 비축량은 320-340만 석이었다. 이 중 240만 석을 가지면 수도의 군민 인구를 먹일 수 있었다. 따라서 나머지 60-100만 석은 중앙정부의 재량권으로 진황에 쓰일 수 있었다. 가령 1753년과 1762년 사이에 590만 석이 조정의 명령에 따라 진황에 쓰인 것으로 보인다. 그리고 중앙정부는 상당한 곡물자원을 이 지역에서 저 지역으로 이송할 수 있었다. 적어도 18세기에는 그럴 수 있었다.3629) 왕국빈에 의하면, 가령 1738년과 1748년 사이에 강서의 상평창은 100만 석을 다른 행성들로 반출했다.3630) 그리고 1753-54년에도 중앙정부는 6개 행성에서 갹출된 60-70만 석을 강소성 북부지역의 식량기근의 진제를 원조하기 위해 사용했다.3631) 1801년에는 최소 200만 량과 80만 석의 곡식을 해하海河의 범람에 의해 야기된 위기를 구제하기 위해 사용했다.3632)

이러한 모범적 황정의 성공이 좋은 위치와 기타 특별한 요인들에 기인할지라도 이런 황정은 식량위기에 대한 국가행동의 18세기

3629) Li, "Introduction: Food, Famine, and the Chinese State", 698쪽.

3630) Wong, "Food Distribution Crises: Markets, Granaries, and Food Riots in the Qing Period". Li, "Introduction: Food, Famine, and the Chinese State", 698쪽에서 재인용.

3631) Pierre-Etienne Will, *Bureaucratie et famine en Chine au 18e siècle* (Paris: Mouton, 1980), 5쪽. Li, "Introduction: Food, Famine, and the Chinese State", 698쪽에서 재인용.

3632) Lillian M. Li, "Flood Control and Famine Relief in the Hai Ho Basin, 1801 and 1917." *Workshop paper*(1980). Li, "Introduction: Food, Famine, and the Chinese State", 698쪽에서 재인용.

패턴에서 완전히 예외적인 것이 아니었다. 하지만 이 18세기 패턴
은 아마 중국의 통례가 아니었을 것이다. 17세기와 19세기에는,
특히 태평천국의 난 이후에는 민간인들의 진황활동이 국가의 황정
보다 더 중요한 역할을 했다.3633) 국가는 민간의 기부를 장려함으로
써 결과적으로 부자로부터 빈자에게로의 소득의 제한적 재분배를
진흥했다. 민간의 진황활동은 필요성(특히 많은 지역으로의 운송의
어려움 때문에 중앙정부의 수단은 제한적이었음)과 중국의 장구한
유교적 구민·양민사상을 둘 다 반영했다. 이 유교사상에 따라 진황
은 지방관리들의 일반적 감독 아래서의 향신층이 짊어져야 할 책무
라고 믿어졌다. 지방 엘리트들은 지방상황을 이해하기에 가장 좋은
위치에 있었고 또 유용한 통제기능을 발휘할 수 있었다. 지역사회
가 정상적 상황으로 회복되고 나아가 진황에 대한 그들의 적극적
관여가 불가피한 관료제적 부패현상에 대한 대항추로 기능하는
것을 보는 것은 그들의 관심사항이었다.3634)

그러나 향신의 정치적 위치는 애매했다. 지방적 리더십에 대한
유교이념적 선호와 곡물의 "관습적 회전"에 대한 국가의 장려에도
불구하고 청대의 진황 서적에는 향신의 본질적으로 애매한 위치에
대한 솔직한 인정이 나타났다. 향신들은 지방 부자들이기도 했기
때문에 곡물을 매점買占해서 곡가를 끌어올리는 데 책임이 있는
자들이었다. 더구나 기근 시에 조정에 의해 빈번하게 취해진 면세
는 변함없이 소작인들에게 이익을 주기보다 지주들에게 더 많은
이익을 주었다. 결과적으로, 많은 진황책자들은 요호부민들 사이에

3633) Will, *Bureaucratie et famine en Chine au 18e siècle*, 97-100쪽. Li, "Introduction: Food,
Famine, and the Chinese State", 698쪽에서 재인용.
3634) Li, "Introduction: Food, Famine, and the Chinese State", 698-699쪽.

서 홍보의 중요성을 강조했다. 부자는 빈자의 "부모"이고 빈자에 대한 의무가 있다는 것이다. 그리고 진황책자들은 이 의무를 다하지 않을 때 부자들은 곡식 비축분을 매매함으로써 작은 노블리스 오블리제를 실천하지 않을 경우에 성난 군중에 의해 그렇게 하도록 강요당하고 말 것이라는 사실도 강조했다. 그러므로 박애의 실천, 즉 '시선施善'은 위해를 막는 효과적 보험수단으로 간주되었다. 간단히, 수리水理에서처럼 진황에서도 향신과 정부관리 간의 상호의존과 갈등이 둘 다 병존했다. 유교철학에 따라 향신은 지방관에 대해, 지방관은 향신에 대해 빈민을 보호해주어야 할 도덕적 의무가 있기 때문이었다.3635) 따라서 향신의 퇴장은 곧 가난한 백성들의 방치로 통했다. 그리하여 가령 동정호 지역에서는 18세기 중반 이후 향촌으로부터 향신들이 인퇴하자 국가가 메울 수 없는 공백이 생겨났다.3636)

진휼에서 지방의 주도권에 대한 선호는 지방적 자급자족의 이상을 반영했다. 국가가 비전으로 추구하는 규범은 농부들이 터잡고 사는 자립적·자급자족적 향촌이었다. 진황론자들이 옹호하는 많은 정책들은 이 이상을 반영했다. 국가가 추진하는 황정에서조차도 농촌 인구만을 언급했다. 이들의 이론 안에서 진제振濟는 농업생산들을 도움으로써 농업생산성을 회복할 목적으로 제공하는 것이었다.3637) 더구나 백성들이 유랑을 떠나지 않고 고향에 남아 있게

3635) Li, "Introduction: Food, Famine, and the Chinese State", 699쪽.

3636) 참조: Peter C. Perdue, "Official Goals and Local Interests: Water Control in the Tung-t'ing Lake Region in the Ch'ing Period". Workshop paper (1980). Li, "Introduction: Food, Famine, and the Chinese State", 699쪽에서 재인용.

3637) Will, *Bureaucratie et famine en Chine au 18e siècle*, 123-124쪽. Li, "Introduction: Food, Famine, and the Chinese State", 699쪽에서 재인용.

하려는 온갖 노력을 경주했다. 이것은 특히 관리들이 주민들의 이동에 의해 야기되는 무질서와 방랑을 두려워하기 때문이고, 부분적으로는 난민 떼거리가 도시로 유입되어 도시 안에서 폭력과 질병의 원천으로 변하는 것을 방지하고 싶었기 때문이다. 재물로 타인을 돕는 다양한 '자송資送' 정책들을 '유민들'이 귀향할 수 있도록 이들을 지원하기 위해 시행했지만, 18세기 후반 관리들은 심각한 기근 속에서 주민의 이동이 저지될 수 없다는 것을 깨달았던 것으로 보였다.3638) 기근에 발생할 때 중국 백성의 두드러진 특징은 주저 없이 유랑을 떠나는 것이었다.3639) 간단히, 향촌의 자급자족의 이상은 국가권력이 확대되고 곡물시장에 대한 의존성이 증가함에 따라 실현하기 불가능했다.3640)

식량폭동은 지금까지 논의되어온 몇 가지 상반된 경향을 예시해준다. 식량폭동 가담자들은 난민으로 유랑을 떠나는 기근 희생자들과 달리 보통 손에 닿는 곳에서 식량을 확보하는 데 관심이 있었다. 인구와 상업적 곡물 유통이 증가해 감에 따라 향촌 거주자들은 종종 그들이 곡가 폭등의 원인이라고 여기는 곡물이송을 저지하려고 애썼다. 또한 폭동은 향촌의 곡물매점자들을 겨냥했다. 그리하여 폭동은 식량공급을 둘러싼 상인과 향촌 소비자, 향촌 소비자와 먼 고객 간의 갈등을 표현했다. 폭동은 흉년에 가장 빈번하게 국가가 개입하여 식량의 균등한 분배를 보장해줄 것이라는 폭동자들의

3638) 참조: Peter C. Perdue, "Liu-min and Famine Relief in Eighteenth-Century China" (1974). Unpublished. Li, "Introduction: Food, Famine, and the Chinese State", 699쪽에서 재인용.

3639) Will, *Bureaucratie et famine en Chine au 18e siècle*, 47-55쪽. Li, "Introduction: Food, Famine, and the Chinese State", 699쪽에서 재인용.

3640) Li, "Introduction: Food, Famine, and the Chinese State", 699쪽.

기대가 좌절되는 것을 반영했다. 청대에 식량폭동의 확산은 곡물의 장거리 마케팅이 증가하고 또 국가개입의 역할이 확대됨으로써 야기되었다.3641)

식량폭동은 끊이지 않았다. 하지만 식량폭동은 정치적 성격을 띠지 않았다. 부족한 곡물공급을 둘러싼 이 싸움은 수도 없이 많이 일어났을지라도 소규모였고, 정치변동에 대한 열망에서 터져 나온 것이 아니었다. 그리고 청대에 식량폭동이 이전 시대에 비해 특별히 빈번한 것도 아니었다. 다만 청대를 관통해서 기본적으로 식량폭동이 지속적으로 일어났을 뿐이다. 중국 농부들은 배고프기 때문에 폭동을 일으킨다는 관념과, 중국 농부들이 배고파서 공산주의운동을 지지했다는 추론은 중국에 관한 대중적 에세이들 안에서 거의 보편적으로 발견된다. 그러나 식량폭동이 사회적 항의의 한 형태와 연결되었을지라도 이런 식량폭동으로부터 공산주의적 정치변동을 도출하는 것은 지나치게 소박한 생각일 것이다.3642)

결론적으로, 청국의 곡물창고 제도, 즉 창저제도의 발달과 쇠락은 제국의 많은 지역을 횡단하는 다양한 동원·이송·분배기술의 조율된 사용을 정점으로 하는 활동 주기를 보여준다. 청국의 창저제도는 민복을 증진하기 위해 의식적으로 경주된 엄청난 노력에 의해 창출되었다. 창저의 효율성은 경쟁적 대안적 정책들 사이에서의 정책선택에 의해, 그리고 정책들이 집행되는 조건에 의해 결정되었다. 곡물창고의 발달과 쇠락은 정치적 정책결정과 더 넓은 사회적·경제적 맥락에 의해 규정되었다. 청국의 창저제도는 결코 근세 제국정부의 필연적 국면이 아니었다. 그것은 이전 왕조들의 관행의

3641) Li, "Introduction: Food, Famine, and the Chinese State", 699-700쪽.
3642) Li, "Introduction: Food, Famine, and the Chinese State", 700쪽.

복사판도 아니고, 1850년 이후의 관행들이 주조된 주형鑄型도 아니었다.3643)

17세기 말과 18세기 초 사이의 시기 동안 상평창을 위한 곡물 동원은 수도에서 가까운 북부 행성들에서 가장 빈번하게 시도된 반면, 빈번한 곡물방출의 가장 명백한 증거는 남부의 광동과 복건성에서 드러난다. 18세기에 행성 간 곡물이송과 분배의 조율이 늘어남에 따라 곡물비축량은 전국적으로 모두 증가했다. 일반적으로 말해서 저곡을 방출하고 교체하는 관행은 조곡량의 증가와 감소의 교대적 국면을 만들어냈다. 청국 지배의 첫 2세기 동안 창저제도를 먼저 만든 다음 유지하는 국가의 역량과 공약에 대한 증거들이 발견된다. 곡물창고 활동의 전체적 주기 안에서 다양한 지방적 리듬과 특수성이 존재했다. 전국적으로 저곡량을 증가시키려는 18세기 중반의 노력은 곡식의 부식과 결손의 난관에 대한 행성들의 상이한 대응이 뒤따랐다. 행성들 간에는 상이한 동원·이송·분배기술 측면에서 극적 차이도 있었다. 향촌과 행성 차원에서의 지방관들의 능동성은 광범한 주기 안에서의 다양한 변화를 많이 설명해준다. 관리들이 관심과 능력을 발휘하는 곳에서 곡물창고의 운용은 더 성공적이었다. 주·현 차원에서 지방관들의 태도와 자원도 곡물창고 운영의 성패에서 결정적 요소가 되었다. 최종적으로, 곡물창고는 특수한 경제적 조건에 의해 창출되는 기회와 수요에 좌우되었다.3644)

하지만 변화의 일반적 속도는 지방관들의 능동성을 불러일으키는 중앙정부의 능력이 결정지었다. 옹정제는 지방관리들의 노력을

3643) Wong, "Part I: Development and Decline", 93쪽.

3644) Wong, "Part I: Development and Decline", 93-94쪽.

친히 고무하고 조사한 반면, 건륭제 치세에 가장 완전하게 정교화된 통제·검열절차는 18세기의 많은 시기에 걸쳐 관리들의 행태에 영향을 미쳤다. 18세기 말엽 관리들의 행동에 대한 인센티브와 제어는 더 이상 능동적 행태를 동일한 정도로 산출하지 않았다. 그러므로 공물창고의 능동성 주기는 크게 경제사회적 변화가 종속적 역할을 하는 정치적 주기였다. 200년 동안 관리 문제는 공통된 문제였다. 상평창을 운영하는 관리들의 부패 및 사창의 사장들 간의 불합치성에 대한 하소연과 불평불만은 앞서 소공권의 경우를 살펴보았듯이 쉽사리 곡물창고들이 실제로 전혀 작동하지 않았다고 속단하도록 유도할 수 있다.3645) 그러나 이것은 사실이 아니다. 하소연과 불평불만은 더 광범한 관점에서 이해되어야 한다. 이 불평불만은 분명 창저제도의 약점을 겨냥하는 것이긴 하다. 그러나 불평불만은 저곡의 대안적 동원·이송·분배 전략들 사이에서의 선택을 둘러싼 생산한 정책 논쟁의 주제이기도 하다. 곡물분배의 혜택을 극대화하고 재再비축과 부패의 문제를 극소화하는 방법을 둘러싼 관리들 간의 의견불일치는 정책비판으로 표현되었다. 아이러니컬하게도 아마 보통 직면하는 불평불만의 유형들은 성공의 표시로

3645) 창저제도와 관련된 도덕적 해이를 강조한 캐롤 슈(Carol H. Shiue)는 명백히 그렇게 유도된 것으로 보인다. 그녀는 18-19세기 동안 청국이 기근구호정책, 즉 황정을 부분적으로 사창의 전국적 제도를 통해 시행하려고 시도했지만 이 제도의 실행에서 지역적 차이가 있었고, 결국 궁극적으로 망가지고 말았다고 파악하고, 사창의 곡물비축고는 중앙으로부터 보다 빈번하게 재난구호를 받은 지방에서 오히려 체계적으로 더 낮았다고 말한다. 그리고 재난구호는 의도치 않게 지방적 자활보장을 변화시키는 결과를 낳고 완전히 해결될 수 없는 "도덕적 해이" 문제를 야기했다는 것이다. 최종적으로 중앙의 지원을 많이 받은 지역들의 창저제도는 "도덕적 해이" 속에서 망가져버렸다는 것이다. 참조: Carol H. Shiue, "Local Granaries and Central Government Disaster Relief: Moral Hazard and Intergovernmental Finance in Eighteenth- and Nineteenth-Century China", *The Journal of Economic History*, Vol.64, No.1 (Mar. 2004) [100-124쪽].

받아들여질 수도 있는 것이다. 18세기 중반 수십 년 동안의 통합체계 부문들을 조정하는 세련된 도전과 내재적 문제들은 이 체계에 실패의 운명을 부과할 눈에 띄는 문제들에 대한 지표들임과 동시에 성공의 증거이기도 하다. 최종적으로 부패와 불량운영의 책임과 관련하여 의미심장한 것은 기록문서 안에서의 단순한 수치가 아니라 국가가 책임을 야기하는 관료제적 문제들에 대응하는 방법이다. 이 관점에서 상황을 보면, 국가가 취한 창저제도 운영에 대한 여러 가지 접근법이 구분될 수 있다.3646)

옹정제는 창저 조사를 시작했을 때 반쯤 빈 건물들을 많이 발견했고, 때로는 어떤 빌딩도 전혀 발견할 수 없는 경우도 만났다. 그는 이전 수십 년 동안 달성된 것들을 훨씬 능가하는 수준을 저곡을 재비축하고 확대하려는 노력을 거듭 경주했다. 그의 노력은 건륭제에 의해 계승되었다. 그러나 건륭제는 곧 정부 능동성의 본래 영역에 관해 불확실해 했고, 1748년에는 전국에 걸친 곡가의 등귀에 관해 불안을 표명했다. 이 상황에 대한 설명을 요구하는 황제의 질문에 응한 많은 관리들은 국가에 의한 곡물의 과도한 구입, 특히 상평창의 과도한 곡물구입이 곡가를 인상시킨다고 주장했다. 하지만 실제적 저곡량은 일정한 감소에도 불구하고 사실 줄지 않았다. 특히 국가의 구입은 단기적으로 얼마간 줄었으나, 저곡량 일반은 계속 늘어났다. 국가는 사창과 의창의 증축과 이에 대한 의존도의 제고만이 아니라 대안들 방법들, 그리고 게 중에서 다양한 잡세와 기부들을 후원했다. 그리하여 특별한 국가 활동(가령 곡물구입)에 대한 관심은 활동의 축소가 아니라 방법의 대체로 귀결되었던 것이다.3647)

3646) Wong, "Part I: Development and Decline", 94-95쪽.

18세기 말엽에는 국가의 능동성에 대한 회의가 일반적으로 증가했다. 관리들은 북서부 지역의 곡물창고 관리에서의 스캔들을 방지하는 데 실패한 규칙과 법규를 불신했다. 법규들은 선정善政을 보장하지 못했다. 사실, 너무 많은 규칙과 법규는 정책결정을 유별나게 번거롭게 만들기 때문에 선정을 더 어렵게 만들 수 있었다. 창저제도의 문제점들에 대한 18세기 말엽의 해법들은 상평창에 의한 곡물방출의 빈도·복잡성·규모를 줄이는 것이고, 관리들에 의한 사창과 의창의 정기적이고 긴밀한 감독을 태만하게 만드는 것이었다. 일상화된 곡물창고 운영은 비상조치적 재再비축과 방출에 의해 교체되었다. 가경제의 개혁노력은 기본적으로 상평창과 사창의 확대집행을 뜻했던 조부의 창고개혁과 달리 지방 식량공급 조건에 덜 연루된 관리들의 역할을 줄이는 것을 의미했다. 이 변화는 도주陶澍 (1779-1839)에 의해 추진된 사창에 의해 명증된다. 어떤 사창들, 특히 도시 사창들은 관리들의 참여를 조금 누렸으나, 국가지원은 사창 형성에서 특이하게 중요한 역할을 거의 하지 않았다. 도주의 의창에서의 관리들의 비교적 제한된 역할은 경세經世 차원에서 어려운 행정적 문제들에 대한 해법들을 가진 관리들이 이끈 19세기 초의 개혁 노력에 대한 통상적 기대에 아주 적합하지 않았다. 도주의 소금 독점 개혁이나 세곡제도에 대한 위원渭源의 작업을 생각할 때 가시 많은 조직문제를 공격하여 해결하는 임무에 대한 정열적 헌신이 두드러진다. 그러나 적어도 사창에 대한 그의 강조에 반영된, 국가에 의한 식량공급 관리에 대한 도주의 생각은 18세기 사창 발달에서 보인 관리의 능동성의 유형들과 비교할 때 정확하게 국가의 철수를 보여준다. 19세기 관리들의 "경세적" 능동성은 18세기

3647) Wong, "Part I: Development and Decline", 95-96쪽.

관리들이 뛰어났던 것과 동일한 영역에서 성공은커녕 이런 영역들을 언제나 건드린 것도 아니었다.3648)

곡물창고 제도의 쇠락을 야기한 18세기 말엽과 19세기 초반의 결정에는 두 가지 차원이 존재했다. 첫째, 관리들이 곡물 대신에 현금을 비축할 이유를 더 많이 발견했다. 둘째, 관리들은 지방 곡물창고 문제를 다루는 데서 지방유지와 향신들에게 보다 자유로운 손을 허용할 이유를 발견했다. 식량공급 간섭의 전반적 정도가 감소해 가는 만큼 청국의 번영기의 정부 곡물창고 강조 경향으로부터 민간 곡물창고에 대한 증가된 의지와 곡물보다 화폐사용으로의 이동이 일어났다. 농촌 곡물창고의 쇠락은 청국이 정부의 주현 차원 아래로 삼투한 항구적 공공기관들을 형성하는 데서 직면한 엄청난 어려움을 예증해준다. 사창의 성공은 확실히 곡물비축량의 유지에 대한 지방관들과 지방유지들의 공통관심과 연결되어 있지만, 그것은 보다 큰 영역들을 가로지르는 보다 더 지속가능한 연결고리를 만들어낸 행성의 압력의 열화였다. 이 압력이 제거되었을 때, 연결고리는 물러지고 때로 부서지게 되었다. 곡물창고 운영의 조직화와 통합에서 일어난 이 변화들은 급변하는 상황 한복판에서 이루어진 의식적 선택의 결과였다. 곡물창고 운영의 19세기 쇠락으로 인해 축소된 자원에서나마 대민對民 식량공급의 운영에 간여하려는 관리들의 지속적 의지와 역량이 사라져 버린 것은 아니다. 관리들은 점증하는 난관에 시달리면서도 곡물창고를 작동하게 만들 수 있었다. 청대 초기와 중기에 창출된 구조는 동요했으나, 1850년 이후에까지 붕괴하지 않았기 때문이다.3649)

3648) Wong, "Part I: Development and Decline", 96-97쪽.
3649) Wong, "Part I: Development and Decline", 97-98쪽.

한편, 19세기 서양선교사들은 창저제도의 동요로 인해 야기된
농민들의 식량부족 현상에서 자기의 활동 기회를 찾으려고 했다.
하지만 19세기 말에 국가가 식량위기를 예방하거나 이 위기에 성공
적으로 개입하지 못하는 경우는 현저한 현상이 되었다. 기근이
규모와 빈도수에서 증가하고 광역에 걸친 조정된 대응에 대한 필요
성이 커져감에 따라 중앙정부의 역량은 극적으로 축소되었다.
1876-1879 기근에서 청국의 관료기구는 여전히 손상 없이 작동했
지만, 50년 또는 100년 전에 보유했던 것과 같은 재정자원을 동원할
수 없었다. 정부는 다양하고 자잘한 원천들, 공적이거나 민간적인
재정원천들로부터 진휼기금을 조금씩 모아야 했다.3650) 그리고 무
수히 생겨난 민간 자선단체들은 청국 정부의 공적 황정을 측면
지원했고, 정부는 이것을 정상적 구휼과정으로 받아들여 이를 지원
했다. 그리하여 18세기 말부터 구빈·양로·육영·고아원과 요양원 등
의 민간 자선기구들은 대개 '민관협력' 형태로 ·발전했다.3651)

3650) He Hanwei, *Guangxu chunian* (1876-1879) *Huabei de tahancai* [The great North China
drought famine of the early Guangxu reign]. Hong Kong: The Chinese University Press,
1980), 67-82쪽. Li, "Introduction: Food, Famine, and the Chinese State", 700쪽에서
재인용.

3651) 19세기 말에는 중국의 여러 지방 관리와 신사층만 아니라, 서양인들도 기부를
했다. 외국 선교사들과 개혁가들은 진황에서 큰 역할을 맡기 시작했다. 일부 선교사
들은 1876-1879년에 진황을 복음을 전파할 하늘이 준 기회로 여겼지만, 진황에
대한 공화국 시대의 외국인들의 관심은 복음전도의 협소한 목적이라기보다 광범한
사회적 관심을 반영했다. 외국인들은 여러 구제위원회로부터 도왔는데, 이 중 가장
중요한 것은 1920년대 주요역할을 수행한 '중국구제기근구제위원회(China
International Famine Relief Commission)'였다. 중국인들의 민간 자선단체들도 주요도
시에 생겨나서 1920년대 말엽에 중국의 민간 기부 수준이 외국 수준을 능가했다.
Francois Godement, "Famine in the Warlord Age: The 1928-1930 Crisis in North China".
Workshop paper (1980). Li, "Introduction: Food, Famine, and the Chinese State", 700쪽에
서 재인용. 1930년 이후에는 민족주의 운동이 홍수통제와 진황에 대한 주요책임을
떠맡았다. 물론 외국 원조단체와 기타 자선단체도 여전히 지원역할을 측면에서 보조

■ 자선단체 육영당 · 보제당 · 서류소 · 청절당 등의 확산

여기서 청대의 그 무수한 자선단체를 모두 다 다룰 수 없다. 어느 자선단체지도자나 독지가, 즉 '선사善士'가 공동으로 조직한 청대의 선회善會나 선당善堂과 같은 조직은 종교단체에도 속하지 않고, 어느 가문에도 속하지도 않는다. 그것들은 거의 다 향신·상인 등이 자금을 모으고 관리하는 장기 자선기구였다. 이런 자선조직들은 통상 중요한 경제적 기능이 없고, 각종 활동도 기아棄兒의 구제, 가난한 병자의 입양치료와 과부 부양, 관棺·약藥·쌀 등의 시여, 석자지惜字紙(글자에 대한 숭배의식에서 글씨가 쓰인 종이들이 버려져 있는 것을 아까워하여 글씨 있는 이런 종이를 주워 모아 태우는 활동) 등 시급時急하지 않은 활동들이었다. 이 기구들은 이재민을 진재賑災를 위주로 하는 사창·의창·죽창粥廠 등을 포함하지 않는다. 자선조직들은 경제와 관련되어 있지 않고, 정치질서 문제와도 직접 관련되어 있지 않다. 비교적 오래된 역사적 연원을 가지고 있으며, 또한 비교적 많은 정부 참여도 있다. 대개 자선조직들은 비교적 장구한 역사적 연원을 가졌고, 정부의 참여가 비교적 많았다. 여기서는 개인적 선사善士들의 교량보수·도로보수 등의 선행善行을 논하지 않고, 의전義田·의장義莊과 같은 가족구제조직도 다루지 않는다. 정부와 종교단체의 진제振濟활동도 제외한다. 상술했듯이, 종교단체와 가문들의 자선활동은 청대에만 국한된 것이 아니다. 여기서 다루는 자선단체는 명대에서 유래하여 청대에 번창한 새로운 사회운동으로서의 자선활동기구다.

시기적으로 명대 말엽에 나타난 이 사회운동 현상은 이후 17세기 중엽 명청교체기에 수년간 발전한 것을 제외하고도 일직선적으로

했다. Li, "Introduction: Food, Famine, and the Chinese State", 700쪽.

계속 발전했다. 심지어 중화민국 초기에 이르기까지도 적지 않은 전통적 선당들이 계속 활약했다. 그러나 여기서 다루는 선당의 역사는 주로 19세기 중엽(1850년대) 이전의 역사에 국한한다. 16세기 말에서 19세기까지의 이 역사는 비교적 합치성이 있는데, 그것은 이 기간 동안에 출현한 자선조직들은 모두 중국의 전통적 사회·문화의 소산이라는 것이다.

몇 백 년 동안 유지되어 온 이 자선운동 현상은 과연 얼마나 보편적이었는가? 2615종의 지방지地方志를 뒤져[3652] 청대 전체의 자선단체를 집계한 양기자梁其姿의 통계를 참조하면, 선후로 설립된 '육영당育嬰堂'은 도합 최소 973개, '보제당普濟堂'은 399개소, '청절당淸節堂' 및 유사단체는 216개소, 시관국施棺局 589개소, 종합적 성격의 선당 338개소, 단일 범주로 분류하기 어려운 기타 자선단체 743개소로 나타났고,[3653] 유랑자流浪者를 수용·구빈하는 '서류소棲流所'는 331개소로 집계되었다.[3654] 그러나 실제로 모든 지방지를 다 뒤져볼 수 없기 때문에 이 통계수치는 필연적으로 과소평가된 것이다. 지방지는 자료 자체가 누락되는 경우가 많다. 하지만 이 수치만으로도 자선단체의 보편적 확산 정도를 대략 짐작할 수 있다. 이와 같은 자선단체는 전국적으로 두루 분포되어 있었다. 여기에는 행성으로 치면 강소·절강·안휘·강서·호북·호남·사천·복건·광동·광서·운남·귀주·하북·산동·하남·산서·섬서·감숙성 등이 포함되어 있었다. 자선단체는 청대에 비상하게 보편화된 현상이라고 말할 만했다. 그런 만큼 자선단체의 중요성과 사회적 의미를 간과

3652) 참조: 梁其姿, 『施善與敎化』, 316-348쪽 부록.

3653) 梁其姿, 『施善與敎化』, 2쪽.

3654) 梁其姿, 『施善與敎化』, 258쪽 부록 통계표.

할 수 없는 것이다.[3655]

청대 자선단체는 단순히 일개 새로운 사회현상이 아니라 이 현상 속에 구체적이고 복잡한 문화요소가 삼투되어 있다고 생각합니다. 따라서 반드시 전면적으로 이 현상을 이해해야 하며, 사회경제적 관점에서 선당의 객관적 형성 원인만이 아니라, 자선행위자의 주관적 관점에서 선당의 기능과 성격을 분석해야 한다. 기본적으로 사회문화사적 관점에서 논해야 할 것이다. 그래야만 청대의 사회복지 문화를 깊이 이해할 수 있을 것이다.[3656]

상술된 육영당·보제당·청절당·시관국·종합선당·서류소·기타단체를 다 합친 청대 사회복지 자선단체의 총수는 대충 추산해 봐도 무려 3589개소에 달했다. 자선단체가 많은 지역은 강소성과 절강성이고, 특히 강소성이다. 양성兩省은 전국 육영당의 32.2%, 보제당의 9%, 시관국의 58.1%, 청절당의 61.1%, 서류소의 10.3%, 종합선당의 42.9%, 기타선당의 45%를 차지했다. 이 수치를 보면서 강절江浙 양성은 중요한 점유율을 차지하고 있다. 특히 양성의 시관국과 청절당 점유율은 전국의 절반을 넘을 정도로 특출나다. 심지어 양성의 청절당은 전제의 61.1%까지 차지할 정도로 강세를 보이고 있다. 반면, 서류소는 하북성이 157개소(47.4%), 사천성이 68개소(20.5%), 보제당은 산동성이 112개소(28.1%), 복건성이 63개소(15.8%)로 가장 많았다. 이와 같이 선당의 종류는 지역에 따라 각각 다르다. 이것은 지역별로 다른 심각한 사회경제적 문제, 상이한 지역문화로 인해 그럴 수밖에 없었다. 수가 가장 많은 육영당은 비교적 균등하게 분포되어 있었다. 이것은 육영당이 청대에 가장 전형적인 선당

3655) 梁其姿, 『施善與教化』, 2쪽.
3656) 梁其姿, 『施善與教化』, 2쪽.

이 되었음을 나타내준다. 유독 강소성에 집중된 청절당은 유교적 정절을 높이 치는 이 지역 특유의 문화적 의의를 보여주는 것이다. 또 시관국이 강절 양성에 집중된 것도 주의를 요한다. 이것은 장례를 중시하는 강절지역의 유교적 지향성을 보여주는 것이기 때문이다.3657)

-전국 973개소의 육영당

영아살해와 유기는 고대에 금지되었지만 기근 속의 생활고로 영아유기를 명·청대까지도 암암리에 계속되었다. 그래서 여전히 육영당育嬰堂이 필요했다. 유기된 영아들은 대개 여아女兒들이었다. 명대에 이미 남아 살해·유기는 점차 드물어졌다. 여아 살해·유기는 훨씬 나중에까지도 창궐했다. 그 규모에 대해서는 논란이 있지만, 보통 인용되는 추계로는 청대 말엽에도 신생여아의 5/1-4/1에 달했다.3658) 그러나 버나이스 리(Bernice J. Lee)는 존 더전(John Dudgeon)의 다른 증언으로 이런 추계를 부인한다. 20세기 초에 북경에서 의사로서 일한 스코틀랜드사람 더전은 "유아살해는 우리들끼리 믿어지듯이 그렇게 일반적으로 지배적이지 않고, 중국 북부에는 전혀 존재하지 않는다"고 확언했었다."3659) 그리고 리는 더전의 말을 빌어 육영당의 내부상황을 이렇게 전했다.

(육영당의) 중국 어린이들은 유쾌한 환자들이다. 그들은 친절에 기꺼이 응

3657) 참조: 梁其姿, 『施善與教化』, 258쪽.

3658) Bernice J. Lee, "Female Infanticide in China." *Historical Reflections / Réflexions Historiques* 8#3 (1981), 163-177쪽, online. 검색: 2021. 12. 30.

3659) William Hamilton Jefferys, *The Diseases of China, including Formosa and Korea* (Philadelphia: P. Blakiston's son & Co., 1910), 258쪽 [구글 검색일: 2021. 12. 18].

했고 직업적 견지에서 볼 때 모든 측면에서 만족스럽다. 드물지 않게 단순히 좋은 급식과 풍부한 산소가 아주 경이로운 치유력을 발휘했다. 성인은 모두가 건강하고 어린이가 행복한 며칠 뒤에 충분히 즐겁게 육영당으로부터 물러나고자 하기 때문에 육영당 안에서 어린이와 함께 지내도록 허용해 달라는 요구를 거의 언제나 신청하고, 또 요청을 인가하는 것이 훨씬 더 좋다. 그러는 사이에 많은 이익이 있었다. 반면, 아이를 한번 떼어 놓도록 부모를 설복하는 노력과 놀란 아이를 달래는 어려움은 엄청나다. 중국 유아는 통상 생을 아주 좋게 시작한다.3660)

리는 육영당의 내부상황을 실로 유쾌하고 화기애애했던 것으로 묘사하고 있다. 청대 육영당은 20세기 초까지도 명실상부하게 제대로 운영되고 있었던 것이다.

기아棄兒들을 수용해 양육하는 청대의 자선조직들은 명대의 '육영원育嬰院'과 달리 대개 '육영당育嬰堂'이라는 명칭을 달았다. 하지만 간혹 '육영소育嬰所'(育嬰公所), (육영과 과부구휼을 결합한) '육영휼리국育嬰恤釐局', '유영당留嬰堂', '유영소留嬰所', '접영당接嬰堂', '접영국接嬰局', '접영공소接嬰公所', '보영소保嬰所', '보영국保嬰局', '보영회保嬰會', '증영국拯嬰局', '증영공소拯嬰公所', '구영회救嬰會', '활영당活嬰堂', '유유당幼幼堂', '자유당慈幼堂', '보생사保生社', '생생국生生局', '휼고국恤孤局' '자항국慈航局', '정심국正心局', '제영국濟嬰局', '제영동인당濟嬰同仁堂', '회춘원回春院' 등 여러 명칭도 사용했다.3661)

적게 잡아도 전국적으로 도합 973개소에 달했던 육영당은 1850

3660) Jefferys, *The Diseases of China, including Formosa and Korea*, 258쪽.
3661) 참조: 梁其姿, 『施善與教化』, 259-284쪽 '附表一 育嬰堂'.

년 이전에 설립된 것이 579개소, 1850년 이후에 설립된 것이 394개
소였다. 최초에 설립된 육영당은 1646년 설립된 강서성 감현贛縣의
관립 육영당이었다.3662)

육영당은 유모(젖어미)를 고용하여 유기된 영아들을 젖을 먹여
길렀다. 육영당은 이런 젖어미도 필요했지만, 평소 영아를 보살필
보모도 필요했다. 이런 목적을 위해 육영당은 무의탁 과부들도
수용·구휼하면서 이들을 유모로 활용하기도 했다. 이 때문에 명칭
을 '육영휼리국育嬰恤嫠局'으로 삼은 육영당도 있었다.

육영당 설립자의 신분을 보면, 1850년 이전에 설립된 육영당
중 283개소(48.9%)는 관립官立이었다. 민간이 설립한 육영당은 114
개소였고, 설립자가 불명不明한 육영당도 182개소에 달했다. 민간
불명자 양자를 합쳐서 296개였고, 전체의 51.1%를 점했다. 1850년
이후 관립 육영당은 109개소(27.7%)였고, 민간이 설립하거나 설립
자가 불명확한 육영당은 84개소(21+163)로서 72.3%를 점했다.3663)

양주揚州의 '육영사育嬰社'와 항주의 '육영당'의 사례를 통해 육
영당의 운영 실태를 살펴보자. 명말의 선회善會와 청초의 선당 간의
연관성을 간파하는 것은 어렵지 않다. 양자는 주요 구조항목에서
모두 상당히 일치하고, 또 역시 마찬가지로 강남지역의 도시에
집중되어 있지만, 양자 간의 일맥상통 관계를 한 단계 더 거슬러
올라가려면 좀 더 정밀한 검토 작업이 필요하다. 청대 최초의 가장
주요한 자선조직 중 하나인 육영당을 보기로 삼아 분석해 보면
육영당 발전의 관건이 명청 간에 있다는 것이 드러난다. 버려진
아기들을 업어다 기르는 육영育嬰 또는 보영保嬰은 본래 명청 간에

3662) 참조: 梁其姿, 『施善與敎化』, 256쪽.
3663) 참조: 梁其姿, 『施善與敎化』, 257쪽.

허다한 구황책 중 중요부분이었다. 기황饑荒 때 난민들이 자식들을 버리거나 자식을 팔아서 연명하는 경우가 많았고, 이 때문에 각종 구황책 중 왕왕 유력인사에게 육영을 고취하는 한 조목이 들어 있었다. 관청도 직접 기아들을 수용·부양했다. 청대 노동勞潼의 유명한 저서『구황비람救荒備覽』(1794)는 수록한 명대의 구황救荒사례 중에 유이劉彝가 처주령處州令으로 있을 때 방榜을 붙여 사람을 불러 모아 굶주린 백성이 버린 자식들을 수용하여 기른 사례를 들고, 양주 채건蔡楗(連)의 육영사 사례도 들고 있다. 이 두 번째 사례를 자세히 살펴보자.『구황비람』은 위에서 위희魏禧의「구황책救荒策」을 수록하고 있는데, 그중 한 조목인「당사지책當事之策」은 바로 버려진 아이들을 입양하여 기르는 것을 다루고 있다. 이 조목은 유력인사들에게 버려진 아이를 입양하여 기를 것을 건의하고, 관청에서는 '생부·생모가 나중에 아이를 되사갈 수 없다'는 서약서를 갖춰주게 하고 있다.3664) 명국을 위해 순절한 기표가祁彪佳는『황정전서荒政全書』를 썼는데, 그 안에서 '보영保嬰' 항목을 두어 명말 지방 사람들이 기근 때 기아들을 입양해 기른 일을 기록하고 있다. 기표가는 친히 고향 소흥에서 구황 시에 보영국保嬰局을 누차 조직했다.3665) 나중에 남명南明의 복왕福王을 위해 힘을 보탰던 황희헌黃希憲도 숭정 14-15년(1641-1642) 오현吳縣의 기근 때 소군蘇郡의 육문六門 안팎에서 빈집을 택하여 병들고 굶주린 아이들을 양육하고 노구를 이끌고 아이들을 돌보았다.3666)

3664) 勞潼,『救荒備覽』[1794] (1850), 2: 16上, 4: 12下. 梁其姿,『施善與教化』, 72쪽에서 재인용.

3665) 祁彪佳,『小捄錄』[1641年日記](1982), 62下-63上. 梁其姿,『施善與教化』, 72쪽에서 재인용.

3666) 黃希憲,『撫吳檄略』. 崇禎5:92上-93上，崇禎十五年四月於吳長兩縣. 梁其姿,

상술한 허다한 문자기록의 사례들은 적어도 비교적 부유한 강남 지역에서 지방 유력한 요호부민들과 유력인사들이 모두 재난 시에 아기와 어린이들의 생명을 상당히 중시했다는 것을 말해준다. 그러나 대부분 기아를 보호할 것을 건의하는 것과 관련되어 있고, 여전히 황정의 일부분에 속할 뿐이고 결코 장기적 구제계획이 아니었다. 따라서 이것은 송대 자유국慈幼局 모델과 거리가 멀었다. 하지만 그중 채건이 만든 양주의 육영사만이 가장 예외적이다. 이 육영사 조직은 기근 때에만 한정하지 않고 평소에 기아들을 입양하고 송대의 전례를 따라 운영했다. 그러나 양주의 육영사가 지구성에서 송대의 자유국을 뛰어넘었다. 이 점에서 양주의 이 육영당은 청대의 300년 선당전통을 직접 열었다고 할 수 있다.[3667]

채건, 또는 일명 채련蔡連은 명말청초에 양주 지방의 일개 보통상인에 지나지 않았으나, 그가 창립한 양주 육영사는 당시 비상하게 유명해졌고 허다한 문집에서 모두 이것을 기록하고 있다. 나중에는 지방지地方志들도 이 일을 기록하고 있다. 문중 중에는 이 일에 대해 가장 상세하게 설명한 사람은 유종주劉宗周다. 그가 기록한 것에 의하면 채련은 양주에서 육영회를 창립하고 관리했다. 그 방법은 동지들을 모아 4인이 한 명의 기아를 같이 양육하고 한 사람이 매월 은 1전5푼을 출연하여 노변 기아들을 육영사로 수용하여 회원들의 출연은전으로 유모를 고용했다. 유모에게는 매월 6전을 주고 3년을 기한으로 기아들을 양육하게 하고, 때가 되면 사람을 불러 입양해 기르게 했다. 유종원은 1634년 이전에 이 일을 기록하고 있다.[3668] 따라서 육영사의 창립도 아마 숭정 초기일 것이

『施善與教化』, 72쪽에서 재인용.

3667) 梁其姿, 『施善與教化』, 72쪽.

다.3669) 유종주의 세대가 늙은 뒤 회하淮河의 이남·이북 지방의 염운사鹽運使를 역임한 주량공周亮工(1612-1672)도 이 일을 기록했다. 그는 별도로 방생사放生社를 들면서도 광릉廣陵 육영사 설치에 감명받았다고 기술했는데, 그는 이 선행을 「방생사放生社 서序」에서 이렇게 쓰고 있다. "채련과 광릉의 군자들은 이미 육영을 일으키고 이것을 넓혀 방생사를 세웠는데, 그들이 추진한 것을 이루었다고 이를 만하다."3670) 그러나 지방지들의 양주 육영사 기록은 명말이 시작되는 시점의 이 한 가지 사실로 그치고 있고, 명대 이후의 발전에 대해서는 상세한 설명이 전무하다.3671) 육영사의 명말 역사에 관해서는 그래도 위희가 비교적 상세한 기록을 제공했다. 1677년 겨울, 위희는 친구들과 함께 양주 육영사를 지나던 중 100여 명의 유모들과 검매檢梅(대변검사) 중의 아기들을 보았는데, 당일이 때마침 유모의 품삯과 아기 솜옷이 나오는 날이라서 담당자가 이름을 부르며 배포했다. 육영사의 우측에서는 의사가 아기들을 위해 부스럼 등 아기질환을 보았다. 위희는 이 상황을 보고 크게 감동하여 호기심에서 육영사의 기원을 청취했는데, 다른 사람이 23년 전(1655) 봄날 채련이 민상남閔象南과 같이 창설한 조직이라고 알려주었다. 민상남은 양주가 기아가 많은 땅으로 여겼다. 그는 양주에 부유한 상인들이 많고 이곳의 부유한 상인들이 첩을 많이 사들이고 이를 예사로 여기며 아기를 많이 낳기 때문에 유모가 되려는 가난

3668) 劉宗周, 『人譜三篇附類記 六卷』 [1634] (1903 淸官書局刊本), 5: 61下. 梁其姿, 『施善與敎化』, 73쪽에서 재인용.

3669) 梁其姿, 『施善與敎化』, 73쪽.

3670) 周亮工, 『賴古堂集』(上海: 上海古籍出版, 康熙刻本影印, 1979), 15: 9下上 (「放生社序」). 梁其姿, 『施善與敎化』, 73쪽에서 재인용.

3671) 梁其姿, 『施善與敎化』, 73쪽.

한 부녀들이 이곳에서 아기를 많이 버리는 것으로 파악했다. 이곳은 처첩이 많아서 출산이 특히 활발했고, 유모의 수요도 따라서 증가하여, 가난한 집 부녀자들은 부잣집의 유모가 되어 후한 품삯을 벌기 위해 친자식을 버리는 것도 마다하지 않았기 때문이다. 민상남의 이 설명이 옳은지 그른지는 따지지 말자. 양주의 기아 문제에 대해 알게 된 민상남은 채련과 함께 단기적 구황의 형식으로 기아 문제를 처리하지 않고 장기적 구제활동을 벌였다. 그들은 송대의 자유국慈幼局을 모방했다. 민상남과 채련은 육영사의 사관社館을 세우고 사원社員으로 유모를 초빙했다. 이 일은 채련이 맡았다. 4년 후인 1659년 여름, 정성공鄭成功이 강소 연안에 진공하여 대 경란驚亂을 일으켰고, 육영사 사람들은 이리저리 도망쳤고, 자금도 따라서 크게 부족해졌는데, 채련이 혼자 힘으로 수개월을 버텨냈다. 청군이 정성공 군대를 평정한 후 민상남은 독자적으로 선당을 유지하는 것이 쉽지 않다는 점을 고려하여 제도를 바꿔 사원들이 개인적으로 1개월씩 돌아가면서 당번으로 근무하게 했다. 만약 회원들의 기부금이 비용을 감당하지 못하면 잔액은 담당자가 보충하고 민상남 자신은 매년 돌아가며 2개월 치를 자원했다. 이런 식으로 양주 육영사는 위희가 관찰한 1677년까지 오래 유지했다. 23년 동안 3-4천 명의 기아를 살렸다.3672)

양주 육영사에 관한 이 세부적 물음들은 아마 현존사료로는 답하기 어려울 것이다. 하지만 제한된 사료들을 통해 양주의 상인 채련이 숭정초 양주에서 육영사를 설립하여 여러 방면에서 주목을 받았으며, 명청교체기에 병화兵禍로 잠시 폐쇄되었고, 순치 연간 1655년

3672) 魏禧, 『魏叔子文集』(台北: 商務印書館影印清初易堂藏板, 1973), 10: 32上-下 (「善德紀文敍爲閔象南作」). 梁其姿, 『施善與敎化』, 73-74쪽에서 재인용.

경에 채련이 재력가 '선인' 민상남의 후원을 받아 육영사를 다시 조직하고, 회원 1인 1개월 급여 제도를 도입했다는 것을 알 수 있다. 이 육영조직은 강희에 이르렀고 심지어 옹정시대에 이르러서 개명하여 '육영당育嬰兒堂'이 되었을 가능성이 크지만, 나중에 지방지들이 기록의 편의를 위해 양주 육영당이 1655년에 창설되었다고 칭술했을 것이다. 더 중요한 저런 사례가 분명하게 설명해주는 것은 명청교체기의 자선조직이 몇 년째 쇠퇴하지 않고 유지되었다는 것이고, 아울러 왕조교체 기간의 사회혼란에 따른 어려움을 극복한 주요 관건은 지방 상인들의 고심에 찬 경영이었다는 것을 보여준다.3673)

양주 육영당은 당시만 해도 결코 유일무이한 사례가 아니었다. 항주 육영당의 발전사는 청초 지방 선인들이 독력으로 그 국면을 견뎌냈던 경험을 말해준다. 이 육영당은 강희 5년(1666)에 지방생원 육원장陸元章에 의해 설립되어 각 지방관들의 의연금을 받았으며, 이후 강희 13년(1674) 한 해 동안 복건성의 경정충耿精忠의 난 때 "병마가 왕래하고 의연금의 지원이 이어지지 않아 중단되었다". 그러나 항주 육영당은 1681년 "신사 장사욱章士旭 등이 각기 자기의 자금을 의연하고 서로 지원을 권려하여 운영을 회복하고 기아를 널리 양육하여 이전보다 두 배가 되게 했다". 장사욱은 금전을 기부했을 뿐만 아니라, 양주의 민상남·채련처럼 직접 선행을 감독하였다. "그는 오산 아래 육아당을 짓고 사람을 시켜 길가의 기아들을 수용하여 유모를 고용하고 젖을 먹이게 했다. 매월 삭망일에 반드시 몸소 그곳을 방문하여 유모를 부른 다음 아기를 안는 것을 보고 의복을 두루 지급했다. 한난조습寒暖燥濕한 때에는 질병이 있

3673) 梁其姿, 『施善與教化』, 74쪽.

어 의약비용이 적지 않게 들었다. 그리고 나이가 들어 들어오기를
원하는 자에는 수용증명서를 갖춰주었다. 40년을 하루같이 그렇게
행했다." 이렇게 하여 청대가 끝날 때까지 항주 육영당의 기초를
다질 수 있었다.3674)

양주 육영사와 항주 육영당의 청대초기 역정歷程은 서로 대동소
이했다. 이 선당들은 병황마란兵荒馬亂 중에 주로 지방 유력인사들
의 지원에 의지했다. 지방의 복지 측면에서 17세기 중기와 후기의
관청 역량은 중앙정부든 지방정부이든 가릴 것 없이 실제로 변변치
못했다. 그리하여 명·청대의 선당·선회는 대부분 민간을 중심으로
조직되었다. 이것은 청대 선당·선회가 송대의 민간자선기구들과
크게 다른 점이다. 청국정부는 사실상 옹정 초기에 들어서야, 정확
히 옹정 2년(1724)에 이르러서야 지방 자선단체들의 발전을 중시하
고 고무하기 시작했다.3675)

-전국 399개소의 보제당(노인당)

보제당普濟堂은 60세 이상의 무의탁 노인들을 수용하여 구휼하
는 민간 자선기구로서, 속칭 '노인당'으로 불리었다. 이 노인당은
보통 '보제당'의 명칭을 썼다. 사례로 '무림武林보제당'은 수용한도
가 1000명이었다. 정원 외의 지원자들은 서명서에 등록하고 대나무
통 안에 넣어 사망으로 빈자리가 생길 때까지 기다렸다가 추첨하여
빈자리를 채웠다. 홀 안에 다섯 명씩 집을 짓고, 각 방에는 조사
준비를 위해 상호를 매겨 놓았다. 당내堂內에 5명이 방 한 칸에

3674) 『康熙仁和志』『康熙錢塘志』, 『武林坊巷志』(1987), 第一冊, 477, 481쪽에서
인용. 梁其姿, 『施善與教化』, 74-75쪽에서 재인용.
3675) 梁其姿, 『施善與教化』, 75쪽.

입주했다. 방마다 사이에 자호字号를 써 달아서 점호에 대비케 했다. 하루 세 끼를 제공하고 식당에서는 사원의 재당齋堂처럼 매월 생선 요리와 육류 요리를 몇 차례 먹고, 평일에는 대개 채소 요리는 한 가지였는데, 스스로 음식을 만들어 먹는 것이 허용되었다. 매월 3일간 보제당을 떠날 수 있고, 3일을 넘기면 제명처리했다.

399개소의 보제당 중 1850년 이전에 설립된 것은 362개소였고, 1850년 이후 설립된 것은 37개소에 불과했다. 최초 건립된 육영당은 1666년 설립된 강서성 원주袁州의 보제당이다. 보제당 설립자를 분류해 보면, 1850년 이전에 설립된 보제당 중 178개소(49.2%)는 관립이고, 184개소(50.6%)는 민간이 설립한 육영당(21개소)이거나 설립자가 불확실한 육영당들(163개소)이다. 1850년 이후 설립된 육영당 중 관립은 4개소이고, 민간과 불명자不明者가 설립한 것(5+28)은 33개소(89.2%)였다.

-전국 216개소의 청절당

'청절당清節堂'은 지아비를 잃은 미망인들이 정절을 팔아 생계를 구하는 것을 방지하기 위해 주로 과부를 후원하는 유교적 성격의 자선단체다.3676) 과부를 지원하는 이 자선단체들은 대개 '청절당'이라는 명칭을 썼지만, 때로 '휼리회恤嫠會'(恤嫠局), '휼리집恤(卹)嫠集', '숭절당崇節堂', '경절당敬節堂', '집선당集善堂', '영제당永濟堂', '박애당博愛堂', '중선당衆善堂', '전절당全節堂', '여절勵節·보절保節·상절당尙節堂', '문정당文貞堂', '입정당立貞堂', '전정당全貞堂', '부인회婦仁會' 등 다양한 명칭을 사용했다.3677)

3676) '청절당'에 대한 자세한 것은 참조: 梁其姿, 『施善與敎化』, 155-182쪽
3677) 참조: 梁其姿, 『施善與敎化』, 285-290쪽 '附表二 淸節類善堂'.

청절당은 전국적으로 도합 216개소에 달했다. 1850년 이전에 건립된 청절당은 56개소였으나, 1850년 이후 160개소가 더 설립되었다. 최초에 설립된 청절당은 1774년에 창립된 하북 강소성 오현吳縣의 청절당이었다.[3678] 설립자의 유형을 보면, 1850년 이전 설립된 13개소(23.2%)의 청절당은 관립이었고, 민간(33)과 불명자(10)가 설립한 청절당은 43개소(76.8%)였다. 그리고 1850년 이후 관립 청절당은 53개소(33.1%)이었던 반면, 민간(69)과 불명자(38)가 설립한 청절당은 107개소(66.9%)에 달했다.[3679] 말하자면, 민간과 불명자가 설립한 청절당(총216개소, 70%)이 관립(총66개소, 30%)보다 압도적으로 많았다.

-전국 331개소의 서류소

순치제 10년에 설치된 '서류소棲流所'는 유랑하는 노숙자와 유리걸식자들을 수용·부양扶養하는 관립 구호기관 및 민간 자선단체다. 서류소에 관한 『청회전사례淸會典事例』의 기록을 보면, "순치 10년 법도를 뒤집어 성시城市마다 서류소를 설치하고 다섯 성시마다 번갈아 관리하여 궁민窮民들이 숙소를 얻을 수 있게 만들고 (...) 무의탁 유민流民이나 길거리에 병들어 누워있는 자들을 보면 총갑總甲에게 명하여 서류소로 부축해 들이게 하고 해당 관청에 보고토록 했다"라고 쓰고 있다.[3680] 또 『청사고淸史稿』에는 "외부에서 들어온 유리걸식자들은 보정保正이 감독하여 걸식자 우두머리를

3678) 참조: 梁其姿, 『施善與敎化』, 256쪽.

3679) 참조: 梁其姿, 『施善與敎化』, 257쪽.

3680) 『欽定大淸會典事例』(中國哲學書電子化計劃), 「都察院·棲流所」: "順治 十年 覆準 每城建造棲流所 交五城管理 俾窮民得所 (…) 如遇無依流民及街衢病臥者 令總甲扶入所內 報明該司."

인솔하여 조사하고 소장자少壯者는 원적지로 돌려보내 편안히 정착하게 하고, 나머지는 서류소로 귀의·입소시켜 관속管束하게 했다"고 기록하고 있다.3681)

청대 서류소는 총 331개소에 달했다. 이 중 1850년 이전에 설립된 것은 239개소였고, 이후 설립된 것은 92개소였다. 최초에 창립된 서류소는 1702년 하북 광평자현廣平磁縣의 서류소였다.3682) 1850년 이전에 설립된 서류소 중 190개소(79.5%)는 관립이었던 반면, 민간 (19)과 불명자(30)가 설립한 것은 49개소(20.5%)였다. 그러나 1850년 이후에는 민간(23)과 불명자들(24)이 설립한 서류소가 47개소(51.1%)였고, 관립 서류소는 45개소(48.9%%)였다.3683) 종합하면, 331개의 서류소 중 235개(약 71%)는 관립이고, 나머지 96개소(29%)는 비非관립이었다. 서류소는 청절당과 반대로 관립이 압도적으로 많았다.

-전국 589개소의 시관국

시관국施棺局은 사망한 빈자들에게 관棺을 시여하고 때로 공동묘지의 땅뙈기를 분여해주는 자선단체다. 이 자선단체는 보통 '시관국施棺局'의 명칭을 사용했으나, 실로 아주 다양한 명칭을 사용했다. '시재회施材會', '동인당', '동선당', '엄격회掩骼會', '광인회(광인당)', '사관회捨棺會', '돈인관敦仁館', '동선회', '장생당', '택시사澤屍社', '적덕당積德堂', '돈의당敦義堂', '견의당見義堂', '영인당永仁堂', '숭선당崇善堂', '낙선당樂善堂', '부시회浮屍會', '예격회瘞骼會', '적선

3681) 『淸史稿』(中國哲學書電子化計劃), 「食貨志一」: "外來流丐 保正督率丐頭稽査 少壯者遞回原籍安揷 其餘歸入棲流等所管束."
3682) 참조: 梁其姿, 『施善與敎化』, 256쪽.
3683) 참조: 梁其姿, 『施善與敎化』, 257쪽.

국', '광인장회廣仁葬會', '예매국瘞埋局', '육선당毓善堂' 등 무수한 이름들이 그것이다.3684)

도합 589개소의 시관국 중 1850년 이전에 설립된 시관국 355개 소이고, 1850년 이후 도합 234개소가 설립되었다. 최초의 시관국은 1564년 명대에 세워진 강소성 장련章練의 것이었다.3685)

1850년 이전에 설립된 시관국 중 31개소(8.7%)는 관립이었고, 민간(251)과 불명자(73)가 설립한 것은 324개소(91.3%)였다. 1850년 이후에 설립된 것 중 관립은 28개소(12%)였고, 민간(133)과 불명자 (73)가 설립한 시관국은 206개소(88%)였다.3686) 결국, 시관국의 90% 는 민립民立이었던 것이다. 민간의 참여가 압도적으로 높은 것은 사후의 삶을 부정하고 일회적 현생을 중시하는 유교의 현세주의 세계관에서 백성들이 죽음을 애석해 하는 장례葬禮 문화를 그만큼 중시했음을 보여준다.

-전국 338개소의 종합선당

'종합선당'은 양로·구빈·병자치료·육영育嬰·청절보호·시관施棺·장 학獎學 등 여러 가지 활동을 기회 닿는 대로 전개하는 자선기구를 말한다. 종합선당은 그야말로 다양한 명칭을 달고 있었다. 명칭은 '비지사悲智社', '창선국昌善局', '동선당同善堂', '광선당廣善堂'(광선회· 광선국), '동인당同仁堂', '박애당博愛堂', '여선당與善堂', '혜안당惠安堂', '축선국祝善局', '중선국衆善局', '휼빈국恤貧局', '휼빈회공국恤貧會公 局', '숭선당崇善堂', '충선당充善堂', '낙선당樂善堂', '체인국體仁局', '자

3684) 참조: 梁其姿, 『施善與敎化』, 291-306쪽 '附表三 施棺類善堂'.
3685) 참조: 梁其姿, 『施善與敎化』, 256쪽.
3686) 참조: 梁其姿, 『施善與敎化』, 257쪽.

신당自新堂', '육정六政', '주급국周急局', '배심선당培心善堂', '운향국輪香局', '애육당愛育堂', '생생국', '지인당志仁堂', '돈선당敦善堂' 등 거의 한이 없다.3687)

종합선당 338개소 중 1850년 이전에 설립된 것은 355개소이고, 1850년 이후에 설립된 것은 222개소다. 최초에 창설된 종합선당은 1661년에 항주에서 설립된 것이다.3688)

338개 종합선당의 40개소(11.8%)는 관립이고, 298개소(88.2%)는 민립 또는 설립자 불명이다.3689) 이것을 보면, 종합선당이 청절당·시관국과 더불어 민간 자선운동의 본령이었다.

-전국 743개소의 기타선당

'기타선당'은 하나의 목적의 자선활동을 추구하되, 빈자들에 대한 장학·과거수험생 지원 및 구빈·구생救生(강하의 구생선)·석자지惜字紙·병원·요양원·약국藥局 등의 자선활동을 전개하는 (육영당·시관국·청절당·보제당·서류소 외의) 자선단체들이다. 특이한 자선단체는 문창文昌신앙을 가진 문인들이 (글자를 숭배하여 아끼는) 석자惜字의식에서 글자가 쓰이거나 인쇄된 종이(字紙)를 주워모아 태우는 것으로부터 출발하여 청대 중기 이후 시관施棺·시약施藥·시죽施粥 및 궁빈窮貧과부 구제와 객사客死시신 매장 등 잡다한 자선활동으로 활동영역을 확대한 '석자회惜字會'다.3690) 743개소의 기타선당 중 1850년 이전에 설립된 선당은 298개이고, 이후에 설립된 선당은 445개소다.

3687) 참조: 梁其姿, 『施善與教化』, 307-315쪽 '附表四 綜合性善堂'.

3688) 참조: 梁其姿, 『施善與教化』, 256쪽.

3689) 참조: 梁其姿, 『施善與教化』, 257쪽.

3690) 이에 대해 상세한 것은 참조: 梁其姿, 『施善與教化』, 132-155쪽.

최초의 기타선당은 1398년 설립된 명대 복건성 진강晉江현의 '존휼원存恤院'이다.3691) 육영당·보제당·서류소·시관국은 1850년 이전에 설립된 것이 많은 반면, 기타선당은 청절당·종합선당처럼 1850년 이후에 설립된 것이 더 많다.3692)

743개소의 기타선당 중 1850년 이전에 설립된 57개소(19.1%)의 선당은 관립이다. 민립(140)과 불명자 설립(101)은 241개소(80.9%)다. 그리고 1850년 이후에 설립된 선당 중 118개소(26.5%)는 관립이고, 327개소(73.5%)는 민립(185) 또는 불명자 설립(142)이다.3693)

육영당·보제당(노인당)·청절당·서류소·시관국·종합선당·기타선당 등 청대의 관립·민립 자선단체는 전국적으로 3589개소에 달했다. 지금까지 분석한 수치에 의하면, 관립이 일반적이라는 것으로 나타나는데, 주로 육영당·보제당·서류소 등의 선당이 이에 해당한다. 그러나 청절당·시관국·종합선당·기타선당은 민립이 관립보다 압도적으로 많았다. 이러한 추세는 1850년 이후 더 통상적이 되었다. 관립이 상대적으로 증가한 반면, 종합·기타선당과 시관국·청절당은 민립이 더 폭증한 것이다.3694)

청대 초기에 자선기구들이 발전되어 나오자 청국정부는 이 기구들의 제도화를 지원하기 시작한다. 일반 사료들은 모두 1655년 중수重修된 양주 육영사를 청대제일의 장기적 자선기구로 평가한다. 1655년부터 옹정제가 조령詔令으로 전국에 육영당·보제당 건립을 추동하게 되는 옹정 24년까지 근 70년의 시간이 흘렀다. 이

3691) 참조: 梁其姿, 『施善與敎化』, 256-257쪽.
3692) 참조: 梁其姿, 『施善與敎化』, 257쪽.
3693) 참조: 梁其姿, 『施善與敎化』, 257-258쪽.
3694) 참조: 梁其姿, 『施善與敎化』, 258쪽.

70년 동안 전국 각지의 육영당과 보제당 및 기타 명목의 지방구제 조직은 안정적으로 성장했다. 양기자梁其姿가 전국 2600여 종의 지방지를 통해 집계한 바에 의하면, 1724년 이전에 건립된 육영당은 최소 98개소, 보제당은 5개소, 시관국은 8개소, 시약施藥·양로 및 하도河道 구생선救生船·마풍원麻瘋院(Mafoong-yuen: 나환자요양원)과 같은 기타선당 20개소가 강소·절강·산동·복건·호북·호남·운남·강서·광서·하남·광동·하북 등에 산재해 있었는데, 대부분 강소·절강성 두 지역에 집중되어 있었다. 육영당은 두 행성에 도합 50개소가 있었고, 육영당 총수의 52%를 차지했고, 5개소 보제당 중 3개소, 8개소 시관국 중 4개소가 이 두 지역에 있었다. 20개소의 기타선당 중 4개소만 두 지역에 있었을 뿐이다. 청대초기 자선기구들의 발전은 의심할 바 없이 명말 강절지역의 전통을 직접 계승했다. 양주는 최초의 육영당이 출현한 뒤 그 지역 내에서 기타 주현 차원에서 뒤따라 활발한 진전을 보였다. 고우高郵(1656), 감천甘泉(1662), 의징儀徵(1662), 흥화興化(1699) 등지는 강북의 통주通州와 여고如皋(1664,1668)에 이어 송대에 이미 자유국慈幼局이 있던 항주는 1666년 육영당을 설립했고, 강남에서 비교적 멀지만 1662년 같은 시기에 육영당을 세운 곳은 호남의 보경부寶慶府와 무강주武岡州뿐이었다. 이런 간단한 통계로써 청대 초기 자선조직이 주로 육영당이었다는 것을 알 수 있다. 육영당이 양주 지역부터 발전하기 시작한 것은 양저우가 이미 명말에 육영사를 설립했기 때문으로 보인다. 청대 육영당은 양주 육영사의 연속체였다.3695)

3695) Angela Ki Che Leung, "Medical Instruction and Popularization in Ming-Qing China", *Late Imperial China*, Vol.24, No.1 (June 2003): 130-152쪽; 梁其姿, 『施善與敎化』, 76쪽.

양주 육영사는 명말의 여러 선회 중 하나였다. 예를 들면, 지방 향신과 상인들로부터 발기되어 회원제도를 갖춘 동선회同善會 등의 조직과 유사했다. 그러나 육영사의 특이점은 동선회에 비해 더 구체적인 목표를 가지고 있다는 데 있었다. 기아구제와 빈가貧家 유모의 고용은 간접적으로 빈가의 산모를 구제하는 것이기도 했다. 동시에 육영사의 조직은 동선회의 정치색깔이 없었다. 육영사는 처음부터 끝까지 조직상의 주요주동자들이 양주 상인들이었고 명말의 동림당 문인들과 관계는 결코 깊지 않았다. 이 한 가지 점이 순치제가 문인들의 결사를 금지한 이후 어찌하여 동선회가 한동안 조용해졌다가 건륭연간에 다시 다른 면모로 복원되고 육영사가 청조가 산해관에 입관入關한 뒤 오래지 않아 조직을 복구할 수 있었지를 설명해준다. 순치제가 약 1657년 이후 경건한 불교 신자가 된 데 이어 옹정제도 마찬가지로 숭불한 것이 청초 육아당이 생명애석愛惜生命·계살상戒殺生의 자선조직의 급성장과 관련이 있는지는 증거가 불충분한 상황에서 판정하기 어렵다. 그러나 주량정周亮丁이 양주 육영사가 계발啓發하여 방생회放生會를 조직한 일을 언급하면서, 생명을 아끼는 면에서 "유儒와 석釋은 동의다"라고 강조한 것을 보면, 청초 육영당 조직은 확실히 불교사상적 요소가 농후하다는 것을 간파할 수 있다. 그런데 어떻게 단순한 지방회원제 조직에서 자못 규모를 갖춘 영구성 기구로 발전할 수 있었는지는 관건 중 하나다. 그런데 그 관건은 선당 수입의 정규화에 있었다.3696) 그리고 관리제도의 수립에도 있었다. 재무의 정규화와 관리제도의 수립은 청대 자선단체의 항구적 유지의 기초였다.

'재무의 정규화'는 관청의 인허가와 관민합자官民合資를 통해 추

3696) 梁其姿, 『施善與敎化』, 76-77쪽.

동되었다. 수입의 정규화란 불규칙한 개인적 의연금을 주요 수입원으로 하지 않고, 거액수입을 안정적으로 발전시키는 것을 말한다. 양주 지역의 선당에 대해 말하자면, 지리적 편익에 의한 가장 크게 기댈 만한 재원은 양회兩淮(회하 양지역) 염세 보조이다. 따라서 염세 할당 항목을 취득하는 것은 관청과 긴밀한 우호적 관계를 유지하는 것을 의미했다. 이러한 노력은 염상에게 기본적 생계 전략으로, 특별히 어렵지 않다. 따라서 염상이 주관하는 육아당은 비교적 대량의 안정적 염세 보조를 얻기 쉬었다. 양주 육영당은 강희 50년(1711)에 이미 수입의 정규화 측면에서 "돌파적 발전"이 있었다.[3697]

1711년 "세수歲需에 부응하지 않아 당우堂宇가 기울어 퇴패頹敗했다"는 사실을 반성하고 신상紳商들은 민지民地를 의연금으로 구입하여 새로 마련한 땅으로 육영당을 옮겼다. 더 중요한 것은 동시에 염운사가 상인들을 집합시켜 공의公議를 모은 것이었다. 이 해부터 매년 염세에서 은 1200냥을 기부하여 육영당에 주기로 결정했다. 매년 약2000냥을 쓰는 육영당에 이 비용은 가장 중요한 수입이었다. 1724년 옹정제는 염정鹽政의 폐단이 엄중해지자 대폭적 개혁을 진행했다. 그 개혁 중 한 항목은 거액의 부비浮費(허위비용) 적폐를 혁파하는 것이었다. 그러나 옹정제는 육영당에 대한 매년 보조액을 삭제하지 않고 오히려 영속적으로 육영용으로 지정해주었다. 이것은 의당 옹정제가 국가차원에서 추진하는 육영당 정책과 관련된 것이었다. 하지만 양주 육영당을 주로 지탱해주는 양주의 주요 염상들(이 중에는 유명한 선인 민상남의 아들 민관일民寬—도 일원임)이 관청과 좋은 관계를 가진 것도 빼놓은 수 없는 이유였다. 사실상 청초에 먼저 설립된 여러 개의 육영당은 양회兩淮 땅에

3697) 梁其姿, 『施善與敎化』, 77쪽.

집중되었고 이 육영당들은 모두 이 땅에 집중된 염상들과 극대 관계가 있었다. 또 건륭 초기부터 개신된 염정鹽政에 대해 말하자면 당지의 육영당 등 자선단체들은 염정 아래 속하는 기구들 중 하나 였다. "육영당은 염법아문鹽法衙門에 의해 신설되었고, 응당 이 아 문의 감찰을 청종聽從하고 일반 관리들과 관계하지 않았다."3698) 이렇게 법을 제정한 것은 1742년(건륭 8)부터 개시되었다. 염정을 관리하는 관료는 육영당의 재무를 관장할 뿐 아니라, 때로는 육영 당을 위한 조규를 정정訂定하기도 했다.3699)

양주지역의 선당이 염세의 찬조를 얻은 것 외에도 적잖이 조기 에 설립된 기타 보육당들은 부동산을 설치해 임대료를 받아 수입 을 안정시켰다. 이때 지방 선사善士의 의연義捐기부금도 점차 금전 에서 부동산으로 바뀌었다. 1669년(강희 8)에 지어진 흥화현興化縣 육영당은 40년간 운영되었다. 그러다가 1710년(강희 49) 적선회積善 會라는 조직이 만들어져 약 100년 전의 동선회同善會 같은 조직을 상기시켰다. 하지만 읍내 선사가 낸 의연금도 다시 순수 회비가 아니라 경지·전지田地의 세를 받아 육영당 경비로 쓸 수 있는 토지 였다. 또한 통주 부근의 석항장石港場 육영당은 1699년(강희38)에 설립되었는데, 육영당의 경비가 한번 개시되자마자 지방 신사들이 기부한 농경지의 임대료를 공급받았다. 육영당에 이미 기부된 전 지田地도 모두 돌에 글자를 새겨 기록했는데, 이것은 향후 각종 토지분할·상속문제로 인한 분쟁을 피하기 위한 것이었다. 마찬가 지로 인근의 굴항장掘港場 육영당(1694년 창립)은 당지의 상인들이 의연하는 주택과 전지田地에 의지에 유지되었다. 강북의 특출난

3698) 『兩淮鹽法志』(1806), 56: 5上. 梁其姿, 『施善與敎化』, 78쪽에서 재인용.
3699) 梁其姿, 『施善與敎化』, 78쪽.

기타 사례는 1669년(강의 8)에 지어진 여고현如皋縣의 육영당이다. 이 육영당의 개시 당시의 경비도 단지 지방신사들이 다방면으로 기부하여 조달했고 6년 후 지현知縣 고호高瑚가 이 육영당을 위해 의전義田을 설치해주었다. 이로써 육영당은 처음으로 고정 수입을 확보했다. 이 단계에서 의전 설치의 경위도 자못 흥미롭다.[3700)

이러한 사례들은 모두 옹정제가 정식으로 보육당의 설립을 장려하기 전에 초기 보육당이 장기적 계획에 따라 이미 계속해서 가장 안정적인 방식을 찾고 수입을 고정적으로 만들고 증가시켰다는 것을 보여준다. 다시 말해 청대 초기 육영당은 기실 기근 중에 버려진 영아를 단기적으로 구제하는 것을 목표로 한 것이 아니라, 장기적 정책을 목표로 삼았다는 것이다. 이 점은 송대 자유국慈幼局과 동일하다. 차이점은 이 육영당들이 정부가 설립하지 않았고 중앙정부가 이 육영기구들의 비용을 지불하는 예산규정도 없는 까닭에 자연히 대부분 지방의 자원에 의존한다는 점이다. 지방관들의 고무와 권려로 설립된 몇 개의 육영당 및 강북 염운鹽運지구의 특수한 사례를 제외하면, 초기의 기타 육영당의 건물은 초기에 대부분 주로 지방 신사나 상인들의 의연금에 의지했다.[3701)

육영당과 기타 자선단체들의 영속성은 관리제도의 수립에도 기인했다. 관리제도는 양주 육영사의 제도를 계승한 '윤치제輪值制'(윤번제)와 1인이 수년간 책임지는 '동사제董事制'였다. '윤치제'는 중세시대 속세적 불교조직(방생회)의 영향이다. '동사제'는 송대 이래의 사창 등과 같은 관독민판적官督民辦的 진휼조직 원칙에서 기원했다. 두 종류의 모델은 둘 다 아주 유구한 역사적 연원을

3700) 梁其姿, 『施善與敎化』, 78쪽.
3701) 梁其姿, 『施善與敎化』, 79쪽.

가진 것이다.3702)

양주 육영당은 청초에 중수된 이후 재무가 일단 곤란한 시기를 거쳤고, 창설자 채련이 육영사를 수개월 동안 혼자 힘으로 경영할 수 있었다. 일을 주관한 민상남은 후에 윤번제를 수립하여 사원들이 1개월씩 돌아가며 당번으로 일을 담당하게 했다. 만약 당월의 의연금이 비용을 지불하기에 부족하면 당번이 이를 보충하게 했다. 이 제도의 수립은 불안정한 재원에 명확하게 대응하기 위한 것이었다. 그러나 윤번구상은 아마 더 깊은 역사적 기원이 있을 것이다. 과거 남북조 시대에서 수당대에 이른 시기의 불교는 세속적 조직에서 의읍義邑과 법사法社와 같은 조직은 마치 유사한 윤번제도가 있었다. 최초의 종교단체들은 주로 돌아가며 당번을 맡아 경정을 강송講誦하고 재회齋會 등을 주재했다. 그러나 당번도 반드시 기타의 세속적 임무가 있어서 조직이 흩어지지 않고 유지될 수 있게 해야 했다.3703)

자선조직은 윤번제(윤치제) 외에 다른 조직방식으로 '동사제董事制'가 있었다. 동사제는 한 사람 또는 두세 사람이 당무堂務를 수년 동안 관리하는 제도로서, 이 모델은 송대 사창 제도에서 유래했을 가능성이 아주 많다. 주희는 1181년에 제시한 사창제도는 500가구에게 사창 하나씩을 가지게 하고 관리하는 사수社首를 500가구가 스스로 택선擇選한 "공평하고 일에 밝은 자(公平曉事者)"로 삼게 했다. 이 제도는 명대에 이르러 더욱 주도면밀한 구상으로 발전했다. 가정嘉靖 8년(1529) 병부시랑 왕정상王廷相은 사창 설치를 건의하면서 "백성 20-30명을 한 사社로 만들고, 부유하고 성실하고 의행義行

3702) 梁其姿, 『施善與敎化』, 80쪽.
3703) 梁其姿, 『施善與敎化』, 80쪽.

이 있는 자 1인을 택해 '사수社首'로 삼고, 처신이 공평한 자를 택해 '사정社正'으로 삼고, 기록과 산수에 능한 자를 택해 '사부社副'로 삼고 삭망(초하루와 보름날)에 모이게 했다." 설계가 완벽한 이 사창법은 후에 "역행자力行者가 없었다."3704) 왕정의 이 구상을 조사해보면 영감이 북방 민속民俗 회사의 예禮로부터 왔는데 그의 말에 의하면 예속禮俗은 이렇다. "10-20가구마다 삭망에 한 번 모이고 금전 10문을 갹출하여 걷어 저축하고 한 사람이 이것을 관장하여 사계절에 신에게 제사 지내게 하고 제수와 술을 준비·관리하고 상사喪事가 있는 집을 만나면 부조賻助로 쓰고 저축이 많으면 혹시 번갈아 해가 불순할 경우에 각 가구가 나눠 구제에 쓴다. (...) 홍치 이전에 왕왕 이와 같았다. 근래 이래로는 오직 성시城市에 사는 사람들만이 이 예속이 있고 향촌의 백성이 이것을 행하는 경우는 아주 적다."3705) 이것을 보면 민간사회에 깊이 심어진 일종의 자조 조직의 형태가 농촌에서 도시로 유입되어, 명대 중반 이후 주로 도시사회 안에서 성행하고 있음을 알 수 있다. 청초에 이르러서는 사창제도가 다시 중앙의 주목을 받게 되었다. 호부는 강희 18년(1679)에 향촌이 사창을 세우고 시진市鎭이 의창을 세워 형식상 본래 "돈실敦實한" 사람이 정·부사장正副社長을 맡는 송명의 구제舊制를 따르는 것을 비준했다. 그러나 당시 강희제는 사정社正이 관리官吏가 아니었기 때문에 남을 돕도록 재촉할 권한이 없고, 사회제도적으로 행동을 꾸짖을 성질도 낮고, 힘써 시행한 힘도 없다는 것을

3704) 王廷相, 第四冊『浚川奏議集』3 (1989), 「乞行義倉疏」, 1241쪽.『明會要』(1960), 56 「食貨四」, 1077쪽,『明史』(1965), 79 「食貨三」, 1926쪽; 梁其姿,『施善與敎化』, 80쪽에서 재인용.

3705) 王廷相, 第四冊『浚川奏議集』3 (1989), 「乞行義倉疏」, 1240쪽. 梁其姿,『施善與敎化』, 80쪽에서 재인용.

인식했다. 이 제도를 시행하는 지방관도 장차 관창의 사창제도 안에서의 역할이 가중되었다. 정·부사장이 관청의 인허가를 얻어야 했고, 또 매년 받아 올린 장부의 요목들에 대해 보고관의 검열을 받아야 했다. 그리하여 옹정 초에 이르러서는 정·부사장이 10년 동안 과오 없이 관리하면 중앙에서 8품 관대冠帶를 내려주었다. 건륭제 초기에는 호부가 사창 사례들을 정하고 2년마다 사장을 교체했다. 바꿔 말하면, 청나라 초기 사창에 대한 정부의 감독이 명대에 비해 훨씬 긴밀해졌는데, 출발점은 제도의 공신력과 운행가능성을 제고하는 것이었다. 그러나 청국 정부가 명국 정부보다 이렇게 더 적극적이었을지라도 관리가 시종일관 사창에 직접 참여하는 행정은 없었다. 중앙은 줄곧 사창제도가 변해 관제가 되는 것을 원치 않았다. 그리하여 민간 자선조직의 동사관리제도董事管理制度도 저 민판관독民辦官督 형태를 그대로 계승했다.3706)

육영당에서 동사제를 채택한 시간은 통상 윤치제보다 약간 늦었다. 동사제는 일반적으로 모두 건륭연간에 제정되었는데, 육영당도 역시 관청의 영향이 비교적 많아졌다. 그 중 한 사례로서 통주의 육영당은 개시 시점부터 일반적으로 윤치제를 도입하고 신사들에게 1년 윤번제 관리를 맡기고 건륭 7년(1744)에 다시 바꿔 동사제를 실시하여 첫 번째 맡은 신사들은 다시 관리의 자격을 갖췄다.3707) 고우주高郵州는 1656년 설립한 육영당에서 본래 윤치제를 채택했고, 1783년경에 이르러서는 지주知州가 정돈한 뒤 동사제로 고쳤다. "회동한 신사들이 단정하고 겸허하고 부유하고 성실한(端廉殷實) 사람을 공거公舉(공개적으로 선거)했을"지라도 이전에 비해 더 엄밀

3706) 梁其姿, 『施善與教化』, 81-82쪽.
3707) 『直隸通州志』(1755), 4: 27上. 梁其姿, 『施善與教化』, 82쪽에서 재인용.

한 관청의 감독을 받았고 3년 임기로 바뀌어 사창의 사례와 하나가 되었다.3708) 건륭시대의 저명한 지방관 진굉모陳宏謀(1696-1771)의 육영당 구상은 강희시대의 황육홍黃六鴻과 달리 육영당이 '당장堂長'과 '사사司事'를 설치하고 당장은 "부·현에게 신중하게 품행방정하고 노련하고 선행을 좋아하고 가도家道가 부유·성실한 선비를 고르게 하고 공생·감생·생원을 막론하고 신사들이 공거公擧케 허용하고 육영당의 입당入堂을 밝게 보고하고 지방관이 예의를 갖춰 우대하게 하고 (...) 해당 당장이 2년 임기로 관리하고 (...) 본사本司 관리가 편액을 주어 장려하게 한다." 그리고 사사는 "당장과 협동하여 일체의 사무를 고감照勘·관장하고 매월 은 6전을 급여하고 (...) 3년 임기로 관리하고 (...) 화홍花紅 편액을 주어 장려를 표시한다."3709) 진굉모가 아주 명료하게 확대 추진할 것을 요구하는 이 동사제의 목적은 육영당의 관리에 대한 관청의 감독을 더욱 강화하는 것이다. 말하자면 동사제의 육영당 운영은 청대 중후반 관청세력이 민간자선단체에 점차 개입한 결과였다. 하지만 비록 그럴지라도 동사제도가 건륭시대의 발명품이 아니고, 옛날로부터 유래한 오래된 제도라는 것도 잊지 말아야 한다.3710)

윤치제와 동사제는 왕왕 일을 주관하는 사람이 상황에 따라 고려해야 할 재량에 의해 운용되었다. 예를 들면 단도丹徒가 1733년에 설립한 육영사는 원래 주관자 '동사'로부터 유래했고 1739년부터는 더 많은 지방 신사의 지지를 얻어 '월月윤치제'로 바뀌었

3708) 『高郵州志』(1845), I: 54下, 58上-下, 66下. 梁其姿, 『施善與教化』, 82쪽에서 재인용.

3709) 戴肇辰(輯), 『學仕錄』(1867), 5: 38上-39上. 陳宏謀, 「育嬰堂條規事宜冊」. 梁其姿, 『施善與教化』, 82-83쪽에서 재인용.

3710) 참조: 梁其姿, 『施善與教化』, 83쪽.

다.3711) 물론 단도의 이 사례는 당연히 예외가 아니었다.3712) 전반적으로 결론을 지으면, 청대 민간 자선단체와 관청 간의 관계는 관청이 민간단체를 돕기도 하고 감독하기도 하는 '민판관독民辦官督' 관계, 즉 민간의 자주적 관리운영과 관청의 조사감독으로 얽힌 관계로 요약된다.

청대 자선조직은 특정한 이상理想을 품고 있었다. 청대는 1724년 조령 이전 80년 동안 많은 선당이 이미 각지의 대도시에서 설립되었고 특히 강남지역에 가장 집중됐다. 흥미롭게도 초기 선당은 육영당을 주축으로 삼아 '시약국施藥局'이 생겨나기 시작했는데, 장강長江을 따라 '구생국救生局'(구조단체)이 있었고, 구조선박이 수시로 강에서 난파당한 선박의 여객들을 구조했으며, 관영 양제원養濟院과 유사한 '보제당普濟堂'이 있어 가난한 무의탁 노인들을 전문으로 양로養老했다. 명말 자선조직의 개략적 실황을 보면 어렵지 않게 명말 조직이 청초 조직의 발전과 지극히 밀접한 관계가 있음을 알 수 있다. 명말 육영사는 현저하게 청대 육아당의 성립에 계발적啓發的이었다. 청나라 시약국 조직에 이르면 양동명楊東明의 광인회(1591)는 기표계祁彪佳자가 고향 소흥에서 누차 운영한 시약국(숭정 말기)까지 전혀 의심할 바 없이 "선구자"였다. 말하자면, 청초 자선단체의 종류와 목표는 명말 선회를 아주 큰 정도로 계승한 셈이다. 그 조직적 목표의 특색은 무엇이었던가? 기아입양구생救生(생명구조) 및 가난한 병자에게 지급하는 시약施藥 등, 이런 활동의 공통특색은 위험에 빠진 생명을 구조하는 것이었다. 이것을

3711) 戴肇辰(輯), 『學仕錄』(1867), 5: 38上-39上. 陳宏謀, 「育嬰堂條規事宜冊」. 梁其姿, 『施善與敎化』, 83쪽에서 재인용.

3712) 梁其姿, 『施善與敎化』, 83쪽.

2240

보면, 명말 선회와 함께 유행했던 방생회의 배경이 된 사상을 불현듯이 생각나게 한다. 저 생명구조 활동에서도 통속불교의 영향이 아주 분명하다는 말이다. 그리고 많은 사람들이 자선활동을 하는 데도 수적으로 거대한 육영당에 의해 이런 중생보제普濟 사상을 가장 충분하게 반영하고 있다.3713)

■ 청대 복지제도의 총괄적 평가

청대의 사회운동으로서의 자선단체의 활동을 총괄해보자면, 명·청대의 선회·선당의 기능은 주로 사회적 불안을 완화하는 것이었는데, 자선조직은 16세기 말부터 19세기 중반까지 세 가지 주요 단계를 거쳤다. 제1단계는 17세기 전반 명말의 도시 엘리트들이 왕조의 쇠락과 경제 번영에 따른 혼란을 바로잡고, 양천良賤·빈부의 정의를 새로 정립하기 위해 선회를 세웠다. 그러나 이런 필요는 청대 이후 사회가 점차 안정되면서 감소하였다. 청국정부의 건립과 공고화는 제2단계로 진입했다. 당시 자선단체의 규모가 점점 커지면서 자선단체들은 정부의 인가를 받아 종종 대동·보제大同普濟 이상의 구현을 구호로 삼아 조정이 진일보하여 정권을 안정시키는 것을 도왔다. 건륭·가경 이후 제3단계에 이르러 중앙권력의 이완과 함께 새로운 사회불안이 나타났다. 이러한 불안은 이단사상(백련교, 태평천국)의 발흥과 밀접한 관련이 있었다. 이때의 선회들은 주로 정통을 강화하여 사회질서를 바로잡기 위한 것이었다.3714)

선회는 의식형태의 미묘한 변화에서 이 세 시기를 포괄하는 가치관의 변화도 반영하고 있다. 명말 선회는 구제를 받는 사람들

3713) 참조: 梁其姿, 『施善與教化』, 84-85쪽.

3714) 梁其姿, 『施善與教化』, 244쪽.

이 부문별로 분류되었고, 사용되는 표준이 불가사상과 유가의 사회질서관을 포함하고 있었다. 청초의 선당은 통치자의 입장에 서서 대동이상을 선양했지만, 그 속에 불교의 보제사상도 비교적 뚜렷하게 드러났다. 건륭·가경 이래로는 통속 신앙을 혼합한 유가의 가치관이 점차 선회가 주로 전파한 내용이 되었다. 선회의 이 몇 단계의 의식형태 변화는 의의가 크지만, 특히 제2단계에서 제3단계로, 즉 청대 초기의 불교 색채가 비교적 농후했던 단계에서 유교 색채가 짙게 변하는 단계로의 이 변화는 청대 건륭·가경 이래의 사상 변화의 맥락에 비추어 볼 수 있다.3715)

청대에 "예禮"를 중시했다는 해석은 흥미롭다. 명대 말기의 신사들은 양명학의 영향을 많이 받았고, 비교적 직접적인 방식으로 민중과 접촉하였다고 생각되었다. 예를 들면 향약제도의 공개강어公開講語를 통해 인민을 교화했다는 것이다. 확실히 명말 신사들이 동선회를 조직하게 된 동기 중 하나는 향약제도가 '백성을 교화하는 것'에 협조할 것에 대한 요구였다는 말이다. 또 이 관점은 청나라에 들어 신사들이 양명학을 배척하고 이른바 "한학漢學"으로 회귀했다고 파악하고, 특히 적극적으로 유가의 예교禮教로 복귀하는 측면의 연구를 중시했다고 해석한다. 신사들은 직접적 향약 교화방식을 포기하고 가정·가족·관료체제·학술연구 중의 해석자 역할에서 "예"를 분연扮演함으로써 더욱 긴밀하게 청조정부와 협력하고 피차의 권력을 공고히 했다는 것이다. 상술한 청대 중·후반 청절당·시관회施棺會·보영회保嬰會 등의 선회는 확실히 주로 유가 예교를 고취하기 위한 것이었고 이 점은 저런 해석을 증명하는 것 같다. 그러나 이런 해석은 주로 사상사의 각도에서 문제를 보는

3715) 梁其姿, 『施善與敎化』, 244쪽.

것이다. 따라서 초점을 사상학술의 공헌이 있는 유자와 그들이 생각하는 신사들에게 맞추고 있다. 이런 까닭에 이런 해석은 비교적 하층의 구체적 사회현상을 고려하지 않고 있다. 이런 이유에서 예교복귀 추세의 일치성을 너무 중시하고, 이런 추세가 실제로 사회에 도달했을 때의 실제적 효과를 소홀히 했다.3716)

가령 유가적 예교 선양을 자기소임으로 삼지만 관료제도도 가족제도도 아닌 선당 수수授受관계를 통해 일반 민중과 상당히 밀접하고 직접적인 접촉을 유지하면서도 교화의 방식과 성격이 명말 선회 및 향약과 차이가 없었다. 즉, 선당의 의식형태의 변화는 비록 '예교 복귀'라는 해석과 일부 일치하더라도 교화 방식에서는 명대 중엽 이래의 전통을 이탈하지 않고 장기적으로 사회와 직접 접촉해 상하 사회계층 간 교류관계도 강화했다. 선회는 정통적 유가예교를 고취하는 것 외에 사실 다시 이단 변방의 통속신앙을 많이 흡수하고 선양하고 이 신앙과 적잖이 섞였다. 이것은 '유교화' 라기보다 "유생화儒生化" 현상이다. 말하자면, 예교 복귀를 중시하는 청대의 추세는 현실사회에 닿았을 때 결코 단순하지 않았다. 청대 자선조직에 대한 가장 좋은 설명은 단지 사상사적 관점에서만 탐구할 수 없고 사회사적 관점에서도 탐구하는 것이다.3717)

우선 선당의 의식형태의 변화는 직접 자선단체의 지도자들의 신분 변화, 즉 직접 사회교화를 담당한 사람들의 신분변화를 반영한다. 명말 선회의 지도자들은 대부분 전국적으로 유명한 대유大儒들이었다. 국가 차원의 정치에 대한 그들의 영향력은 지방 사회에서 그들의 명망과 세력을 증가시켰다. 그 대大신사들의 위세는

3716) 梁其姿, 『施善與教化』, 245쪽.

3717) 梁其姿, 『施善與教化』, 245쪽.

당시 주류였던 삼교三敎를 합친 가치사상으로 민중을 교화시키고 사회질서를 바로잡으려고 기도했는데, 그들 쪽의 노력은 자발적이어서 정부정책과 완전히 무관했다. 청나라에 들어와서 초기 정부의 지방결사에 대한 금압禁壓은 지방사회에서의 대유大儒들의 영향을 중단시켰는데, 당시 선당조직에 종사하던 지방 상인들과 지방 신사들은 명말의 선회 지도자로서의 전국적인 명성이 거의 없었다. 당시 선당의 조직사업에 종사하던 지방상인들과 지방신사들은 대부분 명말 동선회 지도자들의 전국적 명망과 같은 명망이 없는 인물들이었다. 그러나 그들의 선당은 정부의 인가와 지원을 받아 국가의 입장에 서서 대동大同이상을 선양하는 등 여전히 다 상당한 지방적 명성이 있었다. 청대 중후반 이래로 유생화 방향으로의 선당의 진전발전은 갈수록 뚜렷해졌다. 중하층 유생(과 그 권속)은 선당 활동에 참여하는 사람들이 갈수록 많아졌고, 선당의 수혜자들도 점차 청빈 선비들이 되었다. 그들의 영향범위와 명망은 명말청초 도시 신사보다 못했고, 선당 운영의 동기도 점차 그들 자신의 급속히 위태로워지는 사회문화적 지위를 유지하는 것으로 변해 갔다. 이 유생들의 사회 성격은 명말 대유나 청초 도시 신사들과 확실히 달랐다. 그들은 결코 신사의 지위를 갖추지 못했고, 이 계층적 특권을 누리지 못하고, 오히려 사회적 지위가 하락할 위험이 있었다. 그들이 적극적으로 선회에 참여한 것도 바로 그 안에서 약간의 실질적 이익을 얻기 위해서인데, 가령 잡부금과 부역을 면제받고 선회의 역량을 이용하여 유가적 가치를 수호하고 이로써 더 많은 상징적 자본을 장악하고 자신의 사회문화적 지위를 보존했다. 사상 측면에서 그들은 위로 정통유학의 훈육을 받았을 뿐만 아니라, 아래로 통속신앙의 영향도 받았다. 석자회惜字會

등과 같은 선회는 사상적으로 정통유학과 통속신앙을 혼합했고, 지방 상인들과 지방 신사들에게도 정히 정성적 의지기반을 제공하기도 했다.3718)

둘째, 선회의 소재지와 조직형태의 변화도 의식형태의 변화와 밀접하게 관련되어 있다. 명말 선회는 주로 현도縣都에 설치되었다. 당시 현도에 사는 신사들이 주축이 되어 추진하였는데, 이러한 신사의 정치 문화적 지위와 명망이 비교적 높았다. 그리고 선행을 행하는 영향력도 현도 안팎에 두루 미쳤다. 동선회의 영향력도 지도자의 매력과 교우 네트워크를 통해 각지에, 특히 강남지역에 보편적으로 미쳤다. 청초기 선회는 도시 조직의 기본적 성향을 지속적으로 유지했고 정부로부터 더 많은 물질적 협조를 받았다. 그러나 청국 정부의 문사文社금압 정책 때문에 대유大儒들이 선회를 지도하는 전통이 사라졌고, 청대에 들어선 이래 선당의 지도자는 점차 지방 상인으로 바뀌었다. 그리하여 명성과 영향력은 현지의 신사들로 한정되었다. 이때 선당의 '세력 범위'도 현도 내에 한정되었고, 다른 현도 내의 선당들도 어떤 네트워크 관계도 형성되지 못했다. 청대 중후반에 이르러서는 현도 중심의 선당의 중요성이 떨어지고, 소형 선회·선당이 향진鄕鎭과 현도 내의 작은 촌사村社(동리)에 많이 설치되게 되었고, 이러한 선당의 운영은 한편으로 촌사의 비교적 강한 동질감에 의존할 수 있었고, 동시에 반대로 촌사의 동질감을 더욱 강화시켰다. 이때 신설된 선당의 설립자와 관리인은 대부분 당지의 중하위층 유생들이었다.3719)

한편, 정부와 사회가 서로 호흡을 맞추거나 견제하는 관계 변화

3718) 梁其姿, 『施善與敎化』, 245-246쪽.

3719) 梁其姿, 『施善與敎化』, 246쪽.

는 선당의 조직 형태를 좌우했다. 명·청대 선회·선당 발전의 3단계에서는 청초부터 중기까지 중앙의 권위가 가장 높고 사회경제도 안정적으로 성장했다. 이때의 현도 선당은 관청과 민간의 자원과 결합하여 규모와 중요성이 가장 컸다. 명말에는 중앙의 권위가 약했으나 도시거주 대유大儒들과 신사들이 이끄는 사회적 세력이 상대적으로 컸고, 동선회 등 민간 선회는 순수하게 지방 자원으로부터 지원했고 비록 규모는 작았을지언정 그 수는 상당했고, 사상적 영향력도 대단했다. 중후반에는 중앙의 권위가 청초에 비해 떨어졌지만 여전히 명말보다는 나았고, 지방사회의 역량도 명말보다 장대했다. 이 형세는 현도의 주요 선당을 여전히 유지시켰으나, 주요 발전 및 혁신 동력은 이미 도시 내의 비교적 작은 촌사로 이동했다. 이런 촌사에서 중하위층 유생들의 사회적 영향력은 날이 갈수록 중요해졌다. 이때 지방사회의 역량이 장대해져 다시 단지 도시거주 대大신사들에게만 의지하지 않았고, 갈수록 많아지는 현도와 현진의 중하위층 유생들의 역할도 무시할 수 없게 되었다.[3720]

바꿔 말하면, 선당이 건륭가경 이래 통속신앙과 결합된 유가적 가치를 선양하는 것을 지향하고 그 관리인과 수혜자가 점차 중하층 유생들로 변하는 것을 뜻하는 소위 "유생화"는 유생의 하향식 사회변화, 건륭가경 이래의 사상 경향, 도시와 현진 촌사의 발전 등의 역사적 변화에 관련되어 있었다는 것이다. 또 후기에 청국 정부는 사회에 대한 직접 통제를 약화시키고 "유생화"를 촉진시켰고 나날이 중하위층 유생들을 지방사회의 사무에 활발하게 참여하게 만들었다. 그리하여 정통유가의 사상과 통속신앙을 혼합한 유

3720) 梁其姿, 『施善與敎化』, 246-247쪽.

생들의 가치관은 사회 안에서 더욱 강화되고 널리 보급되었다. 그런데 새로 제기되는 의문은 "청대 중후기 이래 지방사무에 적극 참여한 중하위층 유생들을 엘리트 반열에 올려놓을 수 있는가?" 하는 물음이다. 군중으로부터 점점 이탈하는 대유 및 도시거주 대신사들과 중하층 유생들은 궁극적으로 어떤 관계를 맺고 있었는가? 사상과 행위에 있어서 중하층 유생과 상층 유사儒士의 차이는 어디에 있는가? 이 물음들에 대한 답변은 상당한 지역적 차이가 있을 수 있지만, 한 가지 점은 서로 동일하다. 그것은 지방사회 지도층의 구성분자들이 날로 복잡해졌다는 것이다. 당시 문헌상의 "신사" 또는 "사신士紳"들이 사실 상이한 사회적 성격의 계층들일 가능성이 높기 때문에 오해를 불러일으킬 위험이 아주 크다. 따라서 우리가 청대 중후반의 "신사"나 "지방엘리트"를 언급할 때, 반드시 먼저 그들의 확실한 사회신분과 사상적 배경을 분명히 밝혀서 "유생화"라는 단순한 표현으로 인해 야기되는 오류는 피해야 할 것이다.[3721]

결론적으로, 청국 정부의 양민복지제도는 명국 정부를 훨씬 능가했다. 그리고 전성기 청국의 복지제도는, 민관합작의 자선활동까지 고려하고 무상숙식·무상교육 외에 학비와 장학금까지 지원했던 정부의 교민정책(교육·문화복지 정책)과 자선단체·문중들의 무수한 의숙義塾·장학지원 활동까지 감안하면, 현대 복지국가 수준에 도달해 있었다. 나아가 청대 전성기에 육영育嬰·양로·보건·교육복지 등의 분야에서 시행된 유교적 양민·복지제도는 현대 복지국가들의 복지정책을 완전히 뛰어넘는 것이었다고 결론지을 수 있다. 서구 선진국, 아니 스칸디나비아의 어느 선진복지국가도 가령 대

3721) 梁其姿, 『施善與敎化』, 247쪽.

학·대학원까지 완전 무상교육과 무상숙식, 그리고 이에 더해 학비·용돈·생활비를 제공하는 단계에 아직도 이르지 못했기 때문이고, 나아가 이런 단계에까지 복지수준을 제고하는 것에 대해서는 아예 꿈도 꾸지 못하고 있기 때문이다.

한편, 청대 복지국가의 논의를 통해 우리는 청대 중국인구가 폭발적으로 성장한 한 비밀스런 원인도 이해할 수 있게 된다. 이른바 '근대적 경제성장'이란 인구증가와 소득증가가 동시에 벌어질 정도로 기하급수적인 성장이라는 로스토우의 성장론적 정의도 제고해봐야 할 것이다. 명·청대 중국은 생산력 증가가 인구증가를 위해 쓰이고 소득증가에 기여하지 않은 것으로 보인다. 따라서 이것은 로스토우의 근대적 경제성장 개념에 따르면 근대적 경제성장이 아닌 것으로 보일 수 있다. 그러나 필자가 다른 곳에서 지적했듯이 청대 중국의 인구가 폭발한 원인은 생산력 증가 외에 명말청초에 이루어진 중국의 노비해방이었다. 전호들은 유사노비 상태에서 해방된 까닭에 여아 출산의 경우에 지주에게 일정량의 금전을 바쳐야 되는 질곡으로부터 해방되었고 이와 함께 여아를 유아상태에서 살해하는 끔찍한 관습으로부터도 해방되어 가임可妊여성들의 인구수가 증가했다. 노비해방으로 인한 가임여성의 증가가 청대 인구폭발의 한 이유였던 것이다. 그러나 이것만으로는 청대 인구폭발의 이유도, 원인도 다 설명할 수 없다. 여기에 부가되어야 하는 또 다른 원인은 청대에 더 완벽해진 유교적 복지국가였다. 이 보다 완전한 청대 국가와 사회의 복지제도 덕택에 인간들의 인명이 태어난 뒤 손실되지 않고 최대로, 또한 유럽의 어느 나라보다도 더 완전하게 보호·양육된 것이다. 이 때문에도 19-18세기 중국 인구는 해마다 폭증해서 세계에서 가장 인구 많은 나라가

된 것이다. 반면, 복지 황무지였던 17-8세기 유럽의 인구는 정체상
태를 면치 못했던 것이다.

2.4. 조선의 공적 부조·복지제도의 기원과 발전

조선은 미국 사가 오드 웨스타드(Odd Arne Westard)가 지적한 대로
명·청대 중국보다 더 유교적인 국가였다.3722) 따라서 국가재정이
허락하는 한에서 유교적 양민정책도 중국보다 더 각별했다. 그럼에
도 조선은 명대 중국의 복지제도를 많이 참조했다. 물론 청대 복지
제도도 많이 참조했다.

청국 복지제도에 관한 조선 사신의 가장 늦은 보고를 보면 이렇
다. 1840년 중국에서 막 돌아온 사신 이정리李正履는 이런 내용의
문견별단聞見別單을 올린다. "신이 요동으로부터 산해관 밖에 이르
러 늙은 농부와 민호民戶에게 물었더니 '(...) 강희 때에 상평창을
설치하여 곡식이 귀할 때에는 값을 줄여서 조곡糶穀을 내는 방도로
삼았는데, 이제까지 준행하고 있다. 광제원廣濟院이 있어서 중병을
앓는 사람을 구완하고, 서류소棲流所가 있어서 흩어져 유랑하는
백성을 살게 하고, 휼리원恤釐院이 있어서 집 없는 늙은 홀아비와
과부를 살게 하고, 육영당育嬰堂이 있어서 버려진 어린아이를 기르
며, 또 경도京都의 부유한 백성이 곳곳에 의죽창義粥廠을 설치하여
가난한 백성을 먹인다'고 했습니다. 그래서 신이 스스로 육영당과
의죽창에 가서 여러 번 살펴보았더니, 죽을 장만해 주는 곳에서는
남녀가 줄을 나누어 정돈하여 법도가 있었고, 육영당에서는 유모乳
母를 모집하여 먹여 기르는 것이 적당했다."3723) 사신들의 이런

3722) Westard, *Empire and Righteous Nation*, 22-26, 31-32, 37, 84쪽.

보고는 명대부터 줄곧 이어졌을 것이다. 따라서 조선 조정은 명·청대의 양민복지정책과 황정·구민제도를 잘 알고 있었다. 이것은 조선 조정이 황정과 구민·양민제도를 실시하고 관련 제도를 만드는 데 선례로서 큰 도움이 되었을 것이다. 500년 조선의 황정荒政과 구빈·제생제도를 구체적으로 살펴보자.

■ 황정제도: 구황청 · 상평청 · 진휼청 · 선혜청 · 의창 · 사창

조선은 개폐를 거듭하며 상평창·사창·의창 등 여러 가지 곡물창고를 운영하고 이를 전담·관리하는 관청들을 여러 번 설치했다가 개폐·통합했는데, 구황청·상평청(선혜청)·진휼청 등이 그것이다.

-구황청·상평청·진휼청

조선의 황정기구로 제일 먼저 나타난 것은 세종이 만든 '구황청救荒廳'이다. 태종이 1405년(태종 5) 상평창常平倉과 지방관청에 설치한 의창義倉의 보유미保有米를 호조에서 관할케 하여 기민飢民을 구제한 일이 있었다. 세종은 1440년(세종 22) 이 기능을 상설화하여 전담기관으로 만들고 '구황청'이라고 칭했다.3724) 이와 나란히 곡가 조절을 위해 상평청도 설치했다.

조선시대에 당초 기민飢民을 구제하고 곡가穀價를 조절하는 업무는 원래 호조가 전담했었다. 고려 말에 의창을 관장하는 삼사三司가 1405년(태종 5)에 호조로 흡수됨에 따라 호조의 판적사版籍司에서 그 업무를 승계했기 때문이다.

3723) 『憲宗實錄』, 헌종 6년(1840, 淸 道光 20년) 3월 25일 을묘 2번째 기사.
3724) 『世宗實錄』, 세종 22년(1440) 3월 을축조 다음도 참조. 崔昌茂, 「朝鮮王朝 初期의 救貧制度에 관한 考察」, 『社會科學』제3집 (1984), 172쪽; 崔昌茂, 「朝鮮王朝前期의 救貧制度에 關한 考察」, 『福祉行政論叢』第1輯 (1991), 12-13쪽.

그런데 의창의 업무가 날로 번거로워지자 판적사에서 관장하기 어렵게 되었다. 이에 세종 말엽에 구황청과 상평청을 설치해 기민구제는 구황청에, 곡가 조절은 상평청에서 나눠 전담하게 했다. 하지만 구황청은 상평창(뒷날의 상평청)과는 달리 상설 운영되지 않고 흉년에만 일시적으로 개설, 운영되었다. 이 때문에 재해를 입은 백성들을 구제하는 전반적 업무는 제도상 여전히 호조의 소관이었다. 그래서 성종 때 반포된 『경국대전』 경관직조京官職條에 구황청이 보이지 않고, 진대賑貸의 염산斂散업무가 호조 판적사의 업무로 나타나고 있는 것이다.

세조 때 의창이 경영난으로 폐쇄되었고 이에 대신해 환자還上의 업무를 계승했던 사창社倉들마저 성종 말엽부터 하나씩 문을 닫게 되자, 위정 당국에서는 진휼을 위한 새로운 방책을 강구하지 않을 수 없게 되었다. 이에 중종은 1511년(중종 6년) 10월 4일 구황청을 '진휼청賑恤廳'으로 바꾸고 김응기金應箕를 체찰사體察使로 임명했다. 중종은 1511년에 심한 흉년이 닥치자 호조판서를 진휼사賑恤使로 삼고, 그 이듬해에 광흥창廣興倉·풍저창豊儲倉의 곡물과 여타 관고(官庫)의 잉여곡물을 모아 진휼청을 발족시키고, 뒤이어 상평청과 합해 평상시에는 곡가 조절 업무를 수행하고, 흉황 시에는 구휼진대의 업무를 삼공三公의 지휘·감독 아래 수행하게 했다. 인조는 1626년(인조 4) 상평청常平廳과 진휼청을 통합해 '선혜청宣惠廳'을 세웠다. 그런데 인조는 11년 뒤인 1637년(인조 15) 진휼청을 떼어내어 다시 별청別廳(임시관청)으로 만들면서 '상진청常賑廳'이라 개칭했다. 상진청常賑廳은 이렇게 하여 성립한 것이다. 그러나 관청의 명칭은 그 뒤에도 상진청과 진휼청, 그리고 상평청과 선혜청 사이에 계속 오락가락한다.3725) 상진청은 그 뒤 임진왜란이 일어나기까

지 존속하다가, 전란이 종식된 뒤 다시 상평청과 진휼청으로 분리
되었다.

그러나 1608년(광해군 즉위년)에 선혜청이 설치되자, 진휼청은 이
에 이속되면서 그 업무를 다시 상평청과 합치게 되었다. 그러나
인구의 증가와 흉황의 빈발에 따른 구휼·진대 업무의 증대로 1661년
(현종 2)에 진휼청이 다시 분리·독립되었고, 비변사의 관리 아래 두게
되었다. 그러다가 1686년(숙종 12)에 다시금 선혜청의 관리 아래로
이첩되었다. 이때부터 갑오경장 때 폐지되기까지 진휼청은 담당
낭청郎廳의 주관 하에 계사計士·서리·고직庫直 등의 직원들이 선혜청
당상의 지휘를 받으며 구휼 업무를 수행했던 것으로 나타난다.

그러나 숙종은 1677년(숙종 3) 다시 진휼청을 선혜청에 통합했다.
진휼청이 완전히 폐지된 것은 1894년(고종 31)이었다. 선혜청은 진
휼기능을 겸직해서 흉년이 들어 백성들이 굶주릴 때는 정승이나
대신을 진휼사賑恤使로 임명하여 지방으로 파견, 기민飢民 구제사업
을 지휘하도록 하였다. 진휼청은 가장 오랫동안 조선시대 굶주린
백성들을 구제하는 일을 담당했던 임시관서로 줄곧 기능한 셈이
다.3726) 세종의 구황청에서 진화하여 흉황을 극복하기 위해 설치된

3725) 『仁祖實錄』, 인조 16년(1638) 1월 29일 "진휼청을 설치하다"는 기사. 또 『인조실
록』, 인조 17년(1639) 2월 2일(경인): "진휼청을 선혜청에다 설치하고 여이징(呂爾徵)
을 진휼사로 삼았다", 또 『인조실록』, 인조 26년(1648) 5월 25일: "진휼청이 진휼하고
남은 미조(米租)의 숫자를 서계하니, 상이 비국에 내렸다. 비국이 아뢰기를,"이미
진휼을 파한 뒤인데 청호(廳號)를 그대로 두는 것은 미편한 듯합니다. '상평청'이라고
일컫고서 쓰고 남은 미포는 수시로 전환하여 한편으로는 지금 백성들을 이롭게
하는 데 쓰고 한편으로는 뒷날 구황할 때 쓰게 하는 것이 마땅하겠습니다. 관원은
선혜청의 당상과 낭청을 겸직하게 하겠습니다". 이에 상이 따랐다. 진휼청은 인조
시기에도 별청(임시기관)으로 계속 존속한 것처럼 나타난다.

3726) 참조: 崔昌茂, 「朝鮮王朝後期의 救貧制度에 關한 考察」, 『福祉行政論叢』第2
輯 (1992), 3-4쪽.

진휼청은 중종이 1511년(중종 6)에 구황청을 개칭해 설치한 뒤 370년 동안 약간의 변경을 거치며 존속했다가 1894년 갑오왜란기 친일 괴뢰내각의 사이비 경장으로 폐지된 것이다.

『실록』에 의하면 숙종 때 중앙정부는 1695년(숙종 21) '수양법收養法'을 제정하여 진휼청에 기아棄兒구호도 맡겼다. "진휼청의 계사啓辭(임금에 올리는 글)로 인해 유기아遺棄兒의 수양법修養法을 정해 팔로八路에 반포했다. 수양법은 나이를 12세 이하로 한정하고 월일은 병자년(1696) 정월 초1일에서 5월 30일에 이르기까지를 기한으로 했다. 그 내력을 알지 못하는 자는 관아에 정고呈告해 입안立案(증명서)을 만들게 했다."3727)

-선혜청

선혜청宣惠廳은 1608년(광해군 즉위년)에 실시되어 1895년에 폐지될 때까지 기능했던 국가의 대동법 관련 세무기구이자 복지기구다. 이것은 1608년 대동법이 '선혜지법宣惠之法'이란 이름으로 경기도에 처음으로 시행되면서 이를 관리하기 위해 설치한 관서다. 뒤에 대동법이 강원도·충청도·전라도·함경도·경상도·황해도의 순으로 실시되면서, 이들을 관리하기 위해 설치한 각도道의 대동청大同廳들은 모두 선혜청의 산하에 귀속되었다. 이후 선혜청은 물가조절과 진휼모곡賑恤耗穀(곤궁한 백성을 구제하기 위한 환곡제도로 춘궁기에 곡식을 빌려주고 추수기에 일정한 부가세를 붙여 거둬들이던 기능)을 겸했던 상평청, 진재기구 진휼청, 균역청(균역법상의 군관포軍官布와 결작미結作

3727) 『肅宗實錄』, 숙종 21년(1695) 12월 19일: "因賑恤廳啓辭 定遺棄兒收養法 頒布八路. 年歲則以十二歲以下爲限 月日則以丙子正月初一日至五月三十日爲限 其不知來歷者 使呈官成立案."

＊ 및 어·염·선세魚鹽船稅 등을 관리한 기관) 등을 순차로 이속받아 호조를 능가하는 국가의 최대 재정기관으로 발전했다.

선혜청은 조선말까지 존속하다가 1894년의 소위 '갑오개혁' 난동 때 대동법의 폐지와 함께 폐지되었다. 당초 선혜청이 설치될 때에는 국초부터 있었던 상평청을 병합했는데 경기도의 선혜지법과 종래의 상평청의 업무를 관장하는 기관에 지나지 않았다. 그리고 선혜법에 이어서 이를 보완한 대동법이 1624년(인조 2)에 강원도·충청도·전라도에 확대·실시될 때만 해도 선혜청의 관리는 따로 설치된 '삼도대동청三道大同廳'이 맡았다. 그리고 이듬해에 충청도·전라도의 대동법이 폐지되고 강원도의 대동법만이 계속 시행되었을 때에도 대동청이 호조 산하로 이속되어 대동법은 호조가 주관했다. 그러나 이때에도 상평常平 업무와 경기도의 대동법은 선혜청에서 관장하고 있었다.

그러다가 1652년(효종 3) 김육에 의해 크게 수정, 정비된 대동법이 충청도에 다시 실시되면서 그 관리기관인 호서대동청湖西大同廳이 선혜청 산하에 귀속되게 되었다. 이를 계기로 호조 산하의 대동청, 즉 강원대동청도 선혜청으로 이속되었다. 이로부터 대동법과 상평 업무를 관장하고 집행하는 새로운 재정기관으로서의 선혜청의 지위가 확립되었다. 따라서 이후부터는 전라도·경상도·황해도의 각 대동청도 선혜청 산하로 들어가게 되었고, 나아가 종래 비변사에서 관장하는 진휼청과 균역청마저도 그리로 이속되었다.

한편, 소속관원은 설치 당초에는 영의정이 예겸例兼하는(전례에 따라 관직을 겸직하는) 도제조都提調 1인과 호조판서가 예겸하는 제조 1인, 그리고 선혜법과 상평의 업무를 각기 담당한 낭청 2인을 두는 데 그쳤다. 그러나 1652년에 국가의 중심적 재정기관으로서의 위치가 확고해지면서 도제조가 3인(영의정·좌의정·우의정 예겸), 제조가 3인(1인은 호조판서 예겸, 나머지 2인은 2품 이상의 관원 겸임)으로 각기 늘어났다. 그리고 낭청 휘하에 계사計士·서리書吏·사령使令·고직庫直(창고지기)을 각기 증설·배치했다.

또한 선혜청은 여러 청을 수용하면서 각 청의 남은 경비를 모아 선혜청 직원에게 삭료朔料(월급)를 지급하고, 소요경비를 보조하는 공잉색公剩色(경기청·강원청·서호청·호남청·영남청 등 선혜오청에서 남아도는 공미貢米를 모아 맡아보던 관청)을 설치했다. 그리고 선혜청의 업무 전체를 지휘, 감독하는 당상(堂上)도 두었다.

이처럼 선혜청은 조선 후기에 세입의 대부분을 관장, 관리하면서 호조의 기능과 업무를 훨씬 능가했다. 이 때문에, 의정부를 유명무실하게 했던 비변사의 경우와 마찬가지로 그 존재와 기능에 대해 비판이 적잖았다. 그러나 선혜청은 물가조절·진휼·세원확장의 업무까지 다 포함하고 있었던 관계로 기능 면에서 그 중요성이 너무 막중했기 때문에 폐지되지 않았고, 1894년까지 순항하며 조선의 국세와 세무·곡가조절·진재·복지기능을 종합적으로 다 수행했다.

-상평창제도

조선의 상평창은 중국의 그것처럼 풍년에 곡물이 흔하면 값을 올려 사들이고, 흉년에 곡물이 귀하면 값을 내려 팔아 곡가를 조절하는 기관이었다. 이 정책은 곡가의 변동에 따라 생활을 위협받는 일반농민을 보호하고, 반대로 그에게서 부당한 이윤을 취하는 상인의 매점매석과 폭리활동을 억제하려고 하는 양민복지를 지향했다.

우리나라에서는 993(성종 12) 고려 성종이 양경兩京(개경·서경)과 12목牧(양주廣·황주·해주·충주·청주·공주·전주·나주·승주昇州·상주·진주)에 상평창을 처음 설치했다. "흉년에는 백성들을 다치지 않게 하고(구휼하고), 풍년에는 농민들을 손해 보지 않게 한다(饑不傷民 豊不損農)"는 취지를 구현한 것이다. 고려 정부의 12목 관서들은 풍년에 곡가가 떨어지면 시가보다 비싼 값으로 곡물을 사들여 비축했다가, 흉년에 곡가가 오르면 시가보다 싼값으로 방출함으로써 곡가를 조절하여 백성들의 생활을 안정시켰다. 고려 성종 때 미곡 6만4000석을 기금으로 마련하였다. 그중 5000석은 개경의 경시서京市署에 비축했다. 감독기관은 대부시大府寺와 사헌대司憲臺였다. 나머지 5만9000석은 서경과 주군州郡의 창고 15곳에 나눠 비축했다. 그리고 서경은 사헌대의 분사分司가, 주군은 계수관界首官이 관리했다. 이후 언제부터인가 유명무실해져 공민왕은 1371년(공민 20) 다시 설치하라는 조처를 내렸지만, 이 조처는 제대로 시행되지 않았다. 고려의 쇠망이 시작된 것이다.

조선에서는 1409년(태종 9) 전라도관찰사 윤향尹向이 상평창 설치를 건의했다. 그리고 1436년(세종 18)에 충청도관찰사 정인지鄭麟趾가 다시 그 설치를 건의했다. 그러나 조선 조정은 재정 부족과 시행과정상의 폐단을 거론하며 이 건의를 채택하지 않았다. 하지만 1458년(세조 4) 세조는 하삼도도순문진휼사下三道都巡問賑恤使 한명회韓明澮의 건의를 받아들여 마침내 상평창을 설치했다. 세조는 일단 각 도 관찰사가 주관하여 한두 읍邑에서 시험적으로 운영해보도록 했다.3728)

그러나 상평창의 운영에 필요한 막대한 분량의 곡식이 제대로 갖추어지지 않아 시험운영은 활발하게 시행되지 못했다. 이에 중종

3728) 참조: 金鍾贊, 「朝鮮朝의 救貧制度에 관한 硏究」, 『韓國行政史學誌』, 第3號 (1994), 128쪽.

은 상술한 대로 1511년(중종 6) 진휼청賑恤廳을 설치하고 많은 자곡資穀을 비축했고, 상평청도 진휼청과 같은 건물을 사용하도록 했다. 그리고 관원도 두 관청의 임무를 겸무하게 함으로써 상평창의 기능을 강화시켰다. 그러다가 선조대에서 이르러 선조는 1608년(선조 41) 상평청의 명칭을 선혜청宣惠廳으로 변경했고 진휼청도 이에 이속移屬시켰다. 그런데 선혜청은 명칭만 개칭된 것이 아니라 상평청과 달리 대동법에 따른 포布와 전錢의 출납도 맡아보았다. 정조 9년(1785)에 편찬된 『대전통편』의 「이전」과 『대전회통』「병전」의 선혜청條에는 "상평청은 국초에 창설했고, 진휼청은 처음에 비국備局(비변사)에서 관리하다가 병인년(1626)에 본청(선혜청)에 이속되었다"라고 기록되어 있고,[3729] 『대전통편』「이전」은 "상평창은 이제 폐지한다"고 규정하고 있다.[3730] 따라서 상평창이 선조 41년 이후에도 선혜청의 한 분과로 계속 존속했고 실제 완전히 없어진 것은 정조 때라고 봐야 할 것이다.

-의창제도

의창義倉제도는 국가에서 농민들이 경제적으로 어려울 때 식량과 곡식 종자를 나누어 주어서 빈민들이 굶어 죽는 것을 막거나 농민들의 농업재생산을 돕기 위해서 만든 고려와 조선의 가장 기본적인 구휼제도였다. 고려 6대 임금 성종은 986년(성종 5) 국초부터 개경에 있던 흑창黑倉에 쌀 1만 석을 더해 의창을 설치했다. 그 뒤 제8대 임금 현종은 '의창조수취규정義倉租收取規定'을 제정하고 지방 군현에도 의창을 설치하도록 해서 의창제도를 전국으로 완성

3729) 『大典通編』「吏典」, 宣惠廳條; 『大典會通』「兵典」, 宣惠廳條.
3730) 『大典通編』「戶典」, 食庫條.

했다.

개경의 의창곡은 대창大倉에 비축 보관되었고, 그 실무는 '대창서大倉署'에서 보았다. 반면, 지방 군현의 의창곡은 군현의 세곡창고에 다른 관곡官穀과 함께 비축 보관되었고, 그 실무는 각 군현의 수령과 향리들이 맡아보았다. 하지만 의창곡을 관리하던 담당 관리나 수령이 마음대로 의창곡을 지급할 독자적 권한이 없었고, 그 권한은 중앙정부에 전속되었다. 의창곡은 중앙정부의 허락과 명령에 따라 일정한 절차로 지급되었다. 이 원칙은 송대 중국의 의창제도의 운영규칙과 같았고, 조선 초기 의창운영에서도 마찬가지였다.

의창곡의 분급分給방법은 아무 대가없이 무상으로 나누어 주는 진제賑濟와, 가을에 갚을 것을 전제로 분급하는 진대賑貸(=還上)로 구분되었다. 무상분급은 교통 중심지에 진제장賑濟場을 설치해 죽이나 밥 등 음식을 나누어주었고, 진대는 이자 없이 원곡元穀만 되돌려 받았다.

그러나 고려 중기 이후 국가 재정이 나빠지면서 의창곡 확보가 어려워졌고, 의창곡의 관리와 운영에도 문제점이 생겨나면서 의창은 제25대 충렬왕대(1274-1308) 이전에 이미 기록에서 찾을 수 없게 되었다. 물론 고려 중기 이후 의창이 없어진 뒤에도 국가 차원의 구휼 사업은 이어졌지만 항몽전쟁 이후 계속 악화되는 국가재정 때문에 산발적이었다. 그래도 국가는 지속적으로 정규적 구휼제도의 부활을 추구했다. 그 결과 제26대 충선왕(1308-1325)은 구휼기관으로 개경에 유비창有備倉을 설치하고 관리기관으로 전농사典農司를 두었지만 이 유비창 제도도 곧 저곡貯穀부족으로 부실해졌다.

그러나 제31대 공민왕(1351-1374) 이후 지방관으로 파견된 과거 출신의 유교적 관리들이 몇몇 지방에서 독자적으로 의창을 설치했다. 그러한 흐름이 점차 중앙으로 파급되어 1391년(공양왕 3) 4월에 개경 5부에 의창이 설치되면서 의창체제가 전국적으로 재건되었다.

고려 말기에 부활된 이 의창은 조선 건국 후 조선 초기 의창제도의 기틀이 되었다. 조선건국 후에도 국가의 근본인 자영농민의 생활 안정책으로 구휼제도가 필요했고, 이런 상황에서 조선정부의 도평의사사都評議使司에서 1392년(태조 1) 9월 의창운영규정을 마련하고 구휼제도 정비에 관심을 기울였다. 그러나 건국 초기의 재정 부족 속에서 의창곡을 확보하는 것은 쉽지 않았다. 태종은 집권 후기에 가서야 어느 정도의 의창곡을 확보해 구휼기관으로서의 의창을 확립했다. 이어서 세종은 1423년(세종 5) 군자곡軍資穀을 한꺼번에 의창에 옮겨 100만석 이상의 의창곡을 확보했다. 조선 의창의 기틀이 확립된 것은 이때부터였다.

조선 초기에도 의창곡의 분급은 고려시기와 마찬가지로 무상으로 분급하는 진제와 이자 없는 진대의 두 가지 방법으로 이루어졌는데, 후자가 훨씬 많았다. 진대제도에 의해 농민들은 고려 때와 마찬가지로 농번기에 식량과 곡식 종자로 대여받고 가을에 이자 없이 상환했다. 조선 초기에 계속된 극심한 흉년에는 수백만 명의 굶주린 사람들이 국가의 구휼로 연명했고, 반 이상의 농민이 진대 종자로 농사를 지은 적도 많았다. 조선 초기에 의창제도가 본래 기능을 제대로 수행한 것이다.

그러나 조선 초기 의창제도 운영에는 여러 문제가 있었는데, 그중 가장 큰 문제는 진대의 경우 상환이 제대로 이루어지지 못하는 경우가 많아지면서 의창곡이 축소될 수밖에 없는 것이었다. 의창으로부터 대여받은 곡물을 반드시 환곡해야 하나 환곡을 하지 못한 채 도망가는 농민도 있고, 농민이 환곡기 전에 사망하는 일도 있었다. 그리하여 환곡량은 종종 탕감되어야 했다. 또한 의창에 비축된 곡물은 보관 도중에 인위적이든 자연적이든 손실되는 경우가 많았고, 운송 출납과정에서도 손실분이 발생했다. 이래저래 의창곡은 여러 가지 원인으로 줄어들 수밖에 없었다. 이 때문에 중앙정부에서는 그러한 손실을 보충해야만 구빈사업을 계속할 수 있었다.3731) 이에 따라 다양한 의창곡 보충정책이 제시되었다. 그리하여 태종은 1406년(태종 6) 의창곡을 보충하기 위해 연호미수검법煙戶米收斂法을 제정해 의창의 기본곡물의 손실분을 채웠다. 그러나 이 법은 집권층의 거듭된 반대로 5년 뒤인 1411년(태종 11) 폐지되고 말았다.3732) 이런 지경이 되자 세종은 1448년(세종 30) 과감하게 군자곡을 대규모로 이관하여 의창곡을 보충했다. 하지만 이것 역시 세조 초기에 이르러서는 의창곡이 다시 축소되어 세종조의 보충 효과가 사라졌다. 세조는 의창제도의 문제점을 해결하기 위해 상평창제常平倉制나 사창제社倉制에 관심을 가졌다. 세조는 의창곡으로 사창의 원본元本을 마련하여 (문종이 도입한) 사창제를 현실화했다. 그러나 별 효과를 거두지 못했다. 사창제의 실패로 의창곡은 더욱 감소되었다. 이후 의창은 독립성을 잃고 군자창軍資倉에 속하는 진대기구로 축소되었고, 명칭도 '별창別倉'으로 바뀌게 되었다. 환정還政에서 환곡還穀 미수, 부실운영, 장부불일치, 부패 등은 두고두고 조선의 가장 큰 골칫거리가 된다.

-사창제도

조선의 '사창社倉'은 민간의 주도로 지방 군현의 촌락에 설치되

3731) 金鍾贊, 「朝鮮朝의 救貧制度에 관한 硏究」, 129쪽.
3732) 『太宗實錄』, 태종 11년(1411) 7월 신미조.

어 민간이 운영하며 해당 촌락 농민들에게 곡식 1석石당 이자 2두를 받고 곡물을 대여하는 민영의창제도民營義倉制度다. 이것은 향촌 자체의 민간 진재賑災·양민기관인 셈이다. 민간이 운영하는 사창으로 정의되는 이 '사창'은 주희가 제창한 민간 주도·민간운영의 "백호일사일창제도百戶一社一倉制度"에서 유래했다.

우리나라에서 사창은 의창 원곡의 손실분을 군자곡으로 메우다가 군자곡마저 감소하자 이 연쇄적 창곡부족의 폐단을 막기 위해 설치되었다. 의창곡이 부족해지는데 진휼 대상자는 오히려 증가하는 상황에서 사창 설치에 대한 논의가 분분해졌다. 1418년(세종 10) 정월 호조에서는 처음 사창 설치 여부를 논의했다. 호조에서 사창을 촌락에 설치해 정부에서 원곡을 대부할 것을 거론한 것을 시발로 충청감사 정인지鄭麟趾가 사창을 설치해 의창의 폐단을 극복하자고 제언했다. 또 1439년 공조참판 이진李蓁이 한당 및 송원의 의창제도를 모방해 의창을 향촌에 설치해 사창으로 만들고 추수기에 25가家를 단위로 곡식을 내도록 해 흉년에 대비하자고 주장했다. 이러한 사창론은 사창의 이자를 농민 스스로를 위하는 것으로 이해하고, 이자로 원곡과 군자곡의 감소를 막을 수 있다고 판단한 데서 나온 것이다. 마침내 1444년 의정부가 사창법을 건의해 집현전에서 연구하게 했다. 또한 1445년 세종은 직접 집현전직제학 이계전李季甸을 시켜 사창설치에 대한 문제를 계속 검토하게 했다. 이에 이계전은 옛 제도에 의거해 6개항의 '사창사목'을 진언했다.

이렇듯 사창에 대한 논의와 연구가 계속되는 가운데 1448년 세종은 지대구군사知大丘郡事 이보흠李甫欽에게 대구 지방에 사창을 설치하여 시험하도록 명했다. 이보흠은 어명에 따라 정부에서 보내준 집현전의 각종 의견을 참고해 대구의 한 읍을 대상으로 실시하기에 이르렀다. 이것을 시초로 여러 차례 사창의 확대 설치 논의가 있었지만 반론에 부딪쳤다. 찬성 측은 사창곡을 민간에서 스스로 저축한 곡물을 이용하므로 애착을 느끼게 되며 무절제하게 남용하지 않는다는 것이다. 반대 측에서는 의창이 설치되어 있는데 다시 사창을 설치하는 것은 역할의 중복과 번거로움 뿐만 아니라 의창은 관속인 수령이 직접 감독하는 데도 폐단이 발생하는데 사창은 민간인으로 '사장社長'이 청렴한 자라면 몰라도 그렇지 않을 경우에는 높은 이자를 거두어 들여 민폐를 야기할 수도 있다는 것이다.

이러한 갑론을박의 논의 끝에 문종과 의정부는 1451년(문종 1) 경상도 각 고을에 사창을 설치하는 규정을 마련하고 먼저 경상도에서부터 실시했다. 이때 사창운영 규칙은 지방 수령의 감독 하에 민선으로 뽑는 '사장社長'을 두고 이 사장에게 사창을 관장하게 함으로써 서리의 접근을 원천적으로 차단했다. 병조에서는 향촌 사람들이 뽑은 '사장'에게 '구품 산관'의 관품官品을 부여했다. 사장의 근무 태도는 수령이 평가해 감사에 보고했다. 또한 대출한 곡식에 대한 장부는 사창과 관청에 각각 1부씩 비치하게 해 서리의 농간을 막았다. 사창곡의 이식은 20%를 원칙으로 했고, 풍흉에 따라 10%, 대大기근 시에는 면제했으며, 복리로 식리殖利할 수 없었다. 당시 항간의 이자율이 50%였던 것을 감안하면 사창의 이자는 매우 낮았다고 할 수 있다. 따라서 고리를 일삼던 지방의 부호들은 사창 설치로 피해를 보았다. 그러자 어떤 군현에서는 지방부호들이 사창을 설치하지 못하게 지방 수령에게 압력을 넣기도 했다.

그리고 상론한 대로 세조는 1461년(세조 7) 의창제도의 문제점을 해결하기 위해 사창제에 관심을 갖고 의창곡의 일부를 사창의 원본元本으로 전환시켜 사창제를 전국적으로 확대·시행했다. 이 사창

설치는 궁핍한 백성에 대한 진휼을 계속하려는 강력한 국가 의지의 표현이었다. 이렇게 실시된 사창은 원곡을 대여해 이식을 취함으로써 처음은 어느 정도 원곡의 감소를 막을 수 있었으나, 이자취득에 관심을 둠으로써 점차 진휼기관이 아닌 국가적 고리대 기관으로 전락해 갔다. 또한 사창 원곡이 점차 감소하자 사창 반대론이 다시금 제기되었다. 그리하여 성종은 1470년(성종 1) 호조의 제의로 사창을 시행한 지 20여 년 만에 불가피하게 혁파했다.

사창제가 폐지된 이후에 사창에 대응할만한 대민對民 구휼기관이 없어 16세기 이후 사창제의 부활 논의가 다시금 제기되었다. 즉, 토지겸병에 따른 농민의 농촌 이탈과 기근 현상의 심화로 농민에 대한 진휼 정책이 다시 강구되지 않으면 안 되었기 때문이다. 이러한 배경아래 사창제의 부활 논의가 다시 튀어나왔다. 1510년(중종 5) 함경도관찰사 고형산高荊山은 구황방략救荒方略을 제기함으로써 논의의 물꼬를 텄다. 그리고 당시 사창은 공식적으로 혁파되었을 뿐이고, 지방의 사족들은 간헐적으로 사창을 실시하기도 했다. 더구나 향약이 실시된 16세기 이후에는 향약의 4덕목 가운데 특히 "환난상휼患難相恤"을 강조하면서 향촌에서 소농민에 대한 부호들의 불법 침탈을 억압하고 사창을 통해 구휼책을 실시하려고 했다. 이것은 사창을 향약과 연결시켜 향촌질서 유지의 방편으로 삼으려 한 것으로 일종의 자치적 향촌 진대제였다. 향약과 연결된 사족들의 이 사창은 향민의 기근을 막아 향촌 공동체를 안정시키려는 데 목적을 두고 있었다. 이런 흐름 속에서 좌참찬 송준길宋浚吉은 1660년(현종 1) 수당대의 제도를 본받아 기민飢民을 구제할 것을 제시했다. 이어 부호군 이유태李惟泰, 공조좌랑 이상李翔도 풍속을 교정하고 저축을 늘릴 방법으로 사창 실시를 역설했다. 이러한 사창제 재실시에 대한 논의가 계속되는 가운데 숙종은 1682년 11월 예조판서 이단하李端夏가 사창 재건을 상소하자3733) 1684년(숙종 10년) 3월 사창을 부활하는 조치를 단행했다. 의정부는 임금의 허락을 얻어 호조와 선혜청에 사창절목을 제정하게 했다. 그러나 어찌된 일인지 사창절목은 이단하가 기획했고, 임금은 이것을 바로 윤허했다.3734)

3733) 『肅宗實錄』, 숙종 8년(1682, 강희 21) 11월 19일 임술 4번째 기사. 대사헌 이단하의 상소: "『예기』에 '3년을 농사 지으면 반드시 1년분의 비축이 있다'고 했습니다. 올해부터 시작하여 1년에 걸치는 세금을 사등분하되, 국가 경비는 대략 삼등분 중에서 계획을 세워, 부족하게 되면, 위로는 제향과 어공(御供)에서부터 먼저 절약하고 줄여야 할 것입니다. (...) 전하부터 절약하고 검소하심을 먼저 실행하시고, 또 이를 조정에 노력하도록 명하시어, 중외가 그 기풍을 이어받아 사람마다 모두 검소하고 절약한다면 백성들의 힘을 덜어지게 될 것이고, 국가의 저축은 저절로 여유가 생길 것입니다. 그러면 공사(公私)에 반드시 모두 비축한 곡식이 있게 되어, 비록 흉년을 만나더라도 국가의 재용을 이어나갈 수 있고, 백성들 또한 살아나갈 수 있게 될 것입니다. 신이 일찍이 부유한 백성들에게 권장해 사창을 널리 세우기를 건백(建白)한 것도 이를 두고 한 말이었습니다." 임금의 비답: "그 밖의 변통할 일들은 묘당에서 품의하여 처결하게 하겠다." 그 뒤 묘당에서 다시 아뢰어, 세금을 거두어들이는 일은 호조와 선혜청으로 하여금 절목을 논정하게 했다.

3734) 『肅宗實錄』, 숙종 10년(1684) 3월 13일 기묘 1번째 기사. 이단하가 사창절목을 바치다. "임금이 대신과 비국(備局)의 신하들을 인견했다. 예조판서 이단하가 사창에 관한 절목을 바쳤는데, 그 첫째는 '대여하는 관곡(官穀)은 그 인구수를 헤아려 고르게 나누어 주되 치우치게 받는 호족이 있으면 그 유사(有司)를 죄주고 호족도 아울러 다스릴 것'이라 하고, 그 둘째는 '6년 동안 준수실행해 참으로 보람을 이룬 사창의 유사가 있으면 각 고을에서 진휼청에 알려서 낭계(郎階)로 상줄 것'이라 하고, 그 셋째는 '각 고을에서 향임(鄕任) 한 사람을 시켜 사창의 문서를 맡아보게 하되 그 근만(勤慢)을 살펴보아 혹 부지런히 봉행하지 않거든 경하면 향임을 죄주고 중하면 수령을 죄줄 것'이라 했다. 이러한 것이 모두 일곱 조목이었고, 또 나아가 말하기를, "갑인년(1674)의 사목(事目)은 백성이 사창에 곡식을 모아들이게 하였으므로 백성의 뜻이 바라지 않아서 마침내 폐기되고 시행되지 않았으니, 이제는 진휼청의 곡식을 덜어내어 사창에 대여하고 모곡을 10분의 2로 정해야 하겠습니다. 그러면 6년 동안 모곡을 받아서 원곡을 채울 수 있을 것입니다. 올 가을부터 각리(各里)에 사창을 두고 봄에 곡식을 내어 주었다가 가을에 거두어들이되, 반드시 그 고을에서 진휼청에 보고하고 그 염산(斂散)을 통제하고 그 출입을 살피게 하면, 관조(官糶)보다 운송에 소비하는 폐단을 덜 수 있으므로 10분의 2를 받더라도 관조의 10분의 1보다 손익이

그 후 한동안 사창제는 순항했다. 그러나 다시 사창과 의창의 원곡이 둘 다 감소하는 폐단이 생겨나면서 사창제가 다시 흐지부지 되어갔고, 이정책釐整策이 논의되었다. 영·정조 때 대신들은 환곡의 폐단을 시정하기 위해 평적제平糴制와 사창제의 강화실시를 이정책 으로 제시했다. 전자는 환곡제를 폐지해 상평창 제도로 개편하되, 환모수입還耗收入(환곡의 대여 곡식을 거둬들일 때 운반 시 유출되는 양과 동물이 먹는 소모량을 계산해 더 거둬들이는 것)에 대한 급대給代 방안으로 모곡을 구전口錢이나 호포 등을 대납케 하는 특별 조치를 취하자는 것이다. 그리고 후자는 환곡제를 혁파해 사창제로 개편한 뒤 급대 방안으로 정부에서 출자해 아문둔전衙門屯田이나 영문둔전營門屯田 등을 설치함으로써 이 공전의 지대 수입으로 환모 수입을 대신하자는 방안이었다. 이것은 환곡을 구휼·진대 기능과 영리·부세 기능으로 분리시켜 소농경제의 안정 도모를 위한 방편들이었다.

순조 때도 환곡의 이정책 문제는 계속 논의되었으며, 정부의 대책도 두 가지로 제시되었다. 하나는 사창제의 강화·확대·재실시 방안이고, 다른 하나는 환곡제 보완 방안이었다. 전자는 1804년(순조 4) 우의정 이경일李敬―이 제안한 것으로 사창법과 우리 고유의 환곡제를 병행해 취모하자는 것이고, 후자는 이듬해 좌의정 서매수

절로 판별될 것이니, 백성의 뜻이 누구인들 즐거워하지 않겠습니까? 주자가 말하기를, '사창은 주나라의 의창의 유제인데 수나라가 가멸진 것은 참으로 이 때문이었다'고 하였는데, 이제 나라에는 한 해의 저축이 없고 백성 중에는 사사로 축적한 집이 없으므로 사람들에게 모두 굳은 뜻이 없으니, '공사(公私)가 서로 저축이 있어야 한다'는 정자(程子)의 말은 참으로 오늘날 급히 힘쓸 일입니다. 양서(兩西)에는 진휼 청의 곡식이 없으므로 신이 황해감사 이세백(李世白)과 이 일을 의논했더니, 해서의 각 고을에는 관향곡(管餉穀: 군량)이 있는데 마찬가지로 백성을 위해 설치한 것이니 이것을 대여하도록 허가해도 안 될 것이 없을 것이라 했는데, 그 말이 참으로 옳습니다." 이에 임금이 윤허했다.

徐邁修가 환곡의 불균형과 운영의 불합리를 보완하자고 주장한 것이다. 이렇듯 사창제의 부활 논의가 끊임없이 계속 거론되었는데도 시행을 보지 못한 것은 지방 관리들과 토착 서리들의 복지부동과 방해 때문이었다. 문제를 해결하려는 중앙관료들은 다수가 사창제에 찬성하는 입장이었으나, 지방 관아에서는 감영·군현을 막론하고 그 재정의 대부분을 환곡에 의존했으므로 사창제의 강화·실시를 백안시했다. 또 환모 수입을 빙자한 수탈로 부를 누리는 지방 이서들도 사창이 실행되면 그만큼 수입이 감소될 뿐 아니라, 생활기반마저박탈당하기 십상이기 때문에 음양으로 반대했던 것이다.

이러한 이유로 사창제가 재실시되지 못하자 환곡 문제가 심화되어 철종 때에 이르렀다. 철종 때 주지하다시피 삼정의 문란으로 민란의 시대가 개막되었다. 정부에서는 삼정이정청을 설치해, 환곡제의 대변통을 도모하기에 이르렀다. 환곡제를 폐지해 모耗를 징수하는 새로운 상평·사창제를 실시하자는 것과, 환곡제를 폐지하는 대신 호戸·결結·이里 단위로 새로운 세를 만들자는 두 대안이 제시되었다. 좌의정 조두순趙斗淳은 사창제 실시보다는 전결에 나머지 여러 세를 부과하는 파환귀결법罷還歸結法을 제안했다. 이것은 환곡제의 모곡 수입만큼을 현재 경작하고 있는 토지(時起田)에다 일정액의 세를 부과하자는 것으로서 삼정이정책의 하나로 반포되기에 이르렀다.

이 정책은 정부와 농민의 입장에서도 큰 의미가 있었으며, 환곡 분급의 불균형을 시정할 수 있는 것이었으나, 지방 이서들의 반대와 지역·계층 간의 불균형 때문에 완전한 해결책은 되지 못했다. 이 문제는 흥선대원군 집권기에도 계속되었고, 환곡의 이정책과 정부재정의 확보 방법과 함께 국정의 최우선 과제로 등장했다.

1866년(고종 3) 대원군은 환곡 복구를 지시해 다음해는 전국적으로 실시하게 하면서 이를 사창제로 운영하게 만들었다. 이어서 대원군은 1867년에는 조두순이 마련한 '사창절목社倉節目'을 정부안으로 경기·삼남·해서 등 5도에 실시했다.[3735] 그리고 이를 '사환제社還制'라고도 불렀다. 고종의 '사창절목'은 다음과 같다.

1. 사창은 움(土窟)으로 각 면面에서 큰 동네 가운데 인가가 가장 많은 곳에 둔다. 1. 본 사창에 관할하는 사람이 없을 수 없으니, 반드시 본 면 가운데에서 근실하고 조금 넉넉하게 사는 사람을 택한다.

1. 면에서 모아 추천한 다음 관청에 보고하면 임명하되 또한 관청에서

3735) 『高宗實錄』, 고종 4년(1867) 6월 11일 계사 1번째 기사: 경기·삼남·황해도에 사창을 설치하다. "의정부에서 아뢰기를, 호조판서의 상소문 내용을 가지고 묘당에 나아가 의논하고 절목을 강정(講定)해 속히 행회(行會)하라는 명이 있었습니다. 숭안(崇安) 사창의 옛 규례를 모방하고 우리나라 지방 고을의 시의(時宜)를 서로 참작해 특별히 절목을 만들어 드립니다. 이번의 이 처분은 홍수와 가뭄을 구제할 것을 같이 생각하고 환곡의 출납으로 생기는 폐단을 특별히 걱정해, 원대한 계책으로 밑에까지 혜택이 미치게 하는 대책을 실시함으로써 공사 간에 서로 의뢰하고 백성과 나라가 영원히 힘을 입도록 한 것입니다. 이는 진실로 미리 대책을 세워서 근본을 공고하게 하는 성덕(盛德)이고 인정(仁政)으로서, 성상의 전지(傳旨)가 내리자마자 기뻐서 칭송해 마지않고 있습니다. 절목이 임금의 재가를 받기를 기다려서 경기·삼남·해서의 5도 도신에게 행회해 각 고을에 반포하게 하고, 그들로 하여금 각각 한문과 언문으로 번역·복사해 마을과 시장에 일일이 두루 게시하게 하여 한 사람의 백성이라도 알지 못했다는 한탄이 없도록 할 것이니, 이것이 그 대략입니다. 이어서 수령들로 하여금 백성들이 이롭게 여기는지 병통으로 여기는지를 널리 묻고 형편이 타당한지의 여부를 깊이 헤아리게 하여, 만약 부득이 변통해 증손(增損)해야 하는데 진영이나 고을로서는 마음대로 하기 어려운 것이 있는 경우에는 의견을 갖추어서 순영(巡營)에 보고하고 본부에 전달하여 품처하도록 하소서. 만일 나누어 배정하는 것을 고르게 하지 못하거나 조치를 취해 처리하는 데에서 적당하지 못하게 하는 것이 있을 경우에는 백성들에게 편리하도록 하려던 것이 도리어 백성들을 병들게 하기에 충분하니, 해당 수령을 중하게 논죄하고 단속하지 못한 도신도 중한 추궁을 면하기 어려울 것입니다. 이렇게 엄하고 분명하게 알려서 각기 마음을 다하여 봉행하도록 하는 것이 어떻겠습니까? 이에 윤허했다."

억지로 정하여서도 안 되는데, 그 사람을 '사수社首'라고 부르며 환곡을 출납하는 절차를 단속한다. 또한 각 동네에서 따로 부지런하고 성실한 사람을 택해 '동장洞長'으로 삼는다.

1. 사수의 지휘를 받아 본 동네에서 나누어주고 거두어들이는 것을 감독하고 단속하게 한다. 창고지기(庫直) 1명을 사수로 하여금 본성이 근면성실한 사람으로 잘 선택하게 해서 그로 하여금 수직守直하게 하고 출납할 때 말을 되는 일을 시행하게 한 다음 일체 해당 환민還民에게 주도록 한다.

1. 환곡을 나눠주는 규례는, 해당 면에서 각 동네의 크기와 빈부의 정도를 보고 차등을 정한 다음 양반과 상민을 막론하고 수량을 참작해 동洞마다 나눠주어서 치우치게 많거나 치우치게 적게 되는 근심이 없게 하며, 만약 떠돌다가 죽어서 지적해 징수할 곳이 없는 자가 있을 경우에는 해당 동네에서 균등하게 나누어 보충해서 바치게 하되 사수와 해당 동장을 다같이 잘 단속하지 못한 죄로 다스리도록 한다.

1. 배정해 나눠주는 것은 한결같이 백성들의 실정이 급한가, 급하지 않은가 하는 데 따라서 편리한 대로 시행한다.

1. 절반은 남겨두고 절반을 가지고 나눠주면서 해마다 햇것과 묵은 것을 바꾸되 환곡을 바칠 때에는 매석마다 각기 이름을 패에 써서 표식을 하고 새로 바친 것과 남아 있던 곡식을 각기 나누어서 저장했다가 환곡을 나눠 줄 때에 가서 남아 있던 곡식을 가지고 패에 따라 내주도록 한다. 1. 모조耗條는 올해만 특별명령으로 감면시켜 주었으니 내년부터 바치되 절반의 모조를 받으며 한결같이 원래의 규정에 준해서 매석에 1두5승으로 정한다. 그리고 돈으로 대신 본 관청에 바치면 순영에서는 그것을 모두 모아서 진성陳省(물품 명세서)을 갖춰 올려 보내며 호조에서는 운반한 값만을 제하고 정비情費(비공식적으로 아전들에게 주는 잡비)에 대해서는 일체 거론하지 않는다.

1. 가을에 들여올 때에는 쌀로 갖춰서 바치되 만일 혹 쌀이 귀한 곳이면 벼나 조를 적당히 쳐서 바치도록 하고 단독으로 대신 바치는 것은 허용하지 않는다.

1. 가을에 바칠 때에는 1석당 색미色米 1승씩을 사수에게 넘겨주어 창고의 비용으로 쓰게 하고 낙정미落庭米(땅에 떨어진 곡식)는 2승 가운데 1승은 창고지기에게 넘겨주고 1승은 이청吏廳에 넘겨주어 문서를 마감하는 것과 돈으로 대납할 때 문서의 종이와 기름 값으로 쓰게 한다.

1. 작년에 나누어준 내탕전內帑錢으로 환곡을 만든 것은 올해부터 합쳐서 사창에 바치도록 한다.

1. 가을에 받아들일 때에는 창고를 여는 날짜를 기일에 앞서 관청에 보고하고 10월 안으로 모두 바치게 하되 만약 바치기를 거부하는 사람이 있을 경우에는 사수가 보고한 다음 관청에서 기한을 정하여 바치도록 독촉하고 다 바친 뒤에는 본 관청에서 창고들을 순찰하면서 조사한다. 열쇠는 본 관청에 봉하여 바치고 환곡을 나누어줄 때에는 창고의 보고를 기다려서 내어준다. 순찰할 때마다 몇 석씩 나눠주었는지를 또한 관청에 보고한다.

1. 봄가을에 환곡을 출납할 때 나누어준 것과 남겨두고 있는 것에 대한 실지 수량의 장부는 동리에서 관청에 보고하고 관청에서 순영에 보고하면 순영에서 그것을 모두 모아 본부에서 마감하는데 마감할 때에는 정비를 일체 막을 것이며 적발되는 대로 따라 각별히 엄하게 다스리도록 한다.

1. 올해부터 시작해 설혹 경사京司에서 별도로 만드는 것이 있다고 하더라도 일체 사창에 대해서는 절대 거론하지 못한다.

1. 사창을 짓는 일은 도신들이 특별히 의논해 좋은 쪽으로 계획하게 하되, 도의 거리와 호구를 보아 몇 개 면에서 사창을 함께 이용할 만한 곳이 있을 경우에는 백성들이 원하는 바에 따라 시행하도록 허락한다.

1. 수령이 모두 바치기를 기다려서 매년 창고를 순찰할 때에는 반드시

거느리고 다니는 사람들을 단출하게 하고 자신이 밥을 싸가지고 다니게 하여 털끝만치도 사창의 백성들에게 폐를 끼치지 못하게 하고, 만일 관례官隷가 강제로 빼앗은 폐단이 적발되는 경우에는 형장을 쳐서 귀양을 보내는 동시에 해당 수령도 파출罷黜시킨다.

1. 아무 읍邑 아무 면 아무 동에 사창을 설치하였는데 몇 개 동네에 몇 개호이고 거두어들이고 나누어준 쌀은 몇 석인가 하는 것을 자세히 기록하여 순영에 보고하면 순영에서는 그것을 모두 성책成冊하여 본부에 보고해서 찌를 뽑아 적간摘奸하는 데 빙고憑考한다.

1. 이번의 이 여러 조항들은 곧 원대한 계책이고 안정되게 보존하기 위한 대책이다.

1. 혹 위반하는 일이 있는 경우에는 어떤 죄를 범했든지 물론하고 아전들과 백성들을 형장을 쳐서 귀양보낼 것이며 잘 단속하지 못한 수령들도 응당 파출한다.

1. 곡斛·두승은 한결같이 호조의 유곡鍮斛·자되를 기준으로 만들어 쓰도록 한다.[3736)

의정부는 고종 4년(1867) 6월 11일 이 사창절목을 시해함과 동시에 같은 날 다음해 가을에 상환하는 넉넉한 조건으로 각 시·도에 구제곡救濟穀을 내려주었다.[3737) 사창절목이 각 시·도에서 원활하게 시

3736) 『高宗實錄』, 고종 4년(1867) 6월 11일 계사 1번째 기사. 또 참조 『承政院日記』, 高宗 4年 6月 6日·11日: "사창절목(社倉節目)을 정하기 위하여 경기·삼남·해서 도신(道臣)들에게 명해 열읍(列邑)의 민정을 널리 물어·보고하게 했다.

3737) 『高宗實錄』, 고종 4년(1867) 6월 11일 계사 2번째 기사(의정부에서 사도에 구제곡을 내려주도록 아뢰다): "아뢰기를, 일전에 네 도(道)의 작곡(作穀)에 대해 그 해의 모조(耗條)를 특별히 탕감시켜 주었으니, 이는 참으로 큰 은전입니다. 교서의 내용이 간곡하고 고마운 뜻이 지극하여 크게 상서로운 운수를 맞아 이어나가도록 했으니, 실로 흠앙하고 칭송해 마지않는 바입니다. 다만 생각건대, 지금 분표(分俵)했다가

행되어 확립되기를 바라는 뜻에서 내려진 '구제곡'이었다. 이 사창
절목은 마침내 환정還政문란을 완전히 원천적으로 봉쇄하고 환정과
황정荒政의 새로운 지평을 열었다. 이 절목은 대한제국이 왜적에게
멸망당하는 1910년을 넘어서도 일제가 철폐할 때까지 한동안 시행
됨으로써 1867년부터 반세기 이상 법적 효력을 유지했다.

1894년에 탁지부 대신 어윤중魚允中이 이 사창사목을 바탕으로
이 탁지부령 제3호로 '사환조례社還條例'를 만드는 일도 있었다.
이 사환조례는 종래 환곡제도의 취모보용取耗補用 기능을 없애고
환곡제도의 기능을 진대賑貸로 단일화했다. 고종대의 사창제의 재
확립과 '사환조례'는 그 뒤 근대적 면제面制와 금융조합제를 실시하
는 데 적잖이 기여했다. 결론적으로 문종 때 도입된 사창제는 조선
에서 중단된 적도 있었지만 고종대에 재확립됨으로써 조선왕조와
대한제국이 끝날 때까지 줄곧 백성을 위한 진재기구로 기능했던
것이다.

■ 정부의 진재賑災활동

조선정부의 진재황정은 진급賑給·시식施食·세역감면稅役減免이
분류된다. '진급'은 현물곡식을 무상 분여하거나 상환조건으로 진
대하는 것이고, '시식'은 기민飢民에게 음식을 제공하는 것이고,
'세역감면'은 세금과 부역을 감면하는 것이다.

가을에 도로 바치게 한다면 그 동안이 불과 몇 달밖에 안 되는 만큼 백성들의 곤란한
형편을 또한 구제해 주지 않을 수 없는 것이 남아 있게 됩니다. 그러니 이번에
내려 보내는 돈을 즉시 나눠주게 한 다음 내년 가을에 가서 바치게 한다면 농사꾼의
힘도 조금 펼 수 있고 조정의 힘도 아래에까지 미치게 될 것입니다. 먼저 이런
뜻을 각 해당 도신에게 행회(行會)하여 여러 고을들에 알려주게 하고 한문과 언문으
로 옮겨 베껴서 방방곡곡에 게시해 조정에서 돌보아주는 뜻을 보이도록 하는 것이
어떻겠습니까? 하니, 윤허했다."

-진급賑給

진급賑給은 무상 현물 시여施與를 말한다. 진급은 삼국시대 이후 자주 실시되어 온 것으로서, 진급물給與物은 식량이 주이고 그 외에 미역·장醬·소금·소채蔬菜 및 면포 등도 급여했다. 진급사업은 조선 시대에 와서는 각종 구빈사업과 함께 한층 더 발달했다. 진급은 조선 초인 태종5년(1405년)부터 호조에서 겸당兼當하다가, 세종조에는 구황청에서 취급했으나 중종6년(1511)부터는 진휼청을 별설別設해 이 진급사무를 담당하게 했다.

진급사례는 첫째 태조7년(1398)에 경상도 관찰사가 기민飢民을 진휼할 것을 청했는데 좌정승左政丞 조준趙浚이 각도의 기근飢饉 사정이 모두 같은데 창름을 열어 모두 진휼하면 나라에 여축餘蓄이 없어질 것을 두려워한다고 말하니 임금은 경상도에 곡식이 있는데 어떻게 진급하지 않겠느냐고 하여 진급했다.[3738]

둘째, 정종 원년(1399)에 호서에 기근이 들었으므로 본도의 군자軍資를 가지고 진급했다.[3739]

셋째, 태종 7년(1407)에는 7월 의정부에서 주청한 구빈책 중에서 ①서울의 오부五部 및 외방 각관各官의 환과고독과 노쇠한 사람과 빈핍貧乏으로 자활할 수 없는 자를 방문·진휼했고, ②궁민窮民이 대물貸物을 갚지 못해 자녀를 전당典當한 자는 그 기간(일월)을 헤아려 품삯일로 충당하면 모두 방면시켰고, ③양반 여자가 30세가 넘도록 궁핍하여 출가하지 못한 자는 혼수를 관급官給해 출가시켰다.[3740]

3738) 『增補文獻備考』, 卷169, 市銷考7, 賑恤 1條. 崔昌茂, 「朝鮮王朝前期의 救貧制度에 關한 考察」, 17쪽에서 재인용. (이하 한동안 사료인용은 최창무의 이 논문에서 재인용하고 재인용 표시를 생략함.)

3739) 『增補文獻備考』, 卷169, 市銷考7, 賑恤 1條.

넷째, 세종 5년(1423) 정월에 호조가 '지금 역농力農 시에 기민飢民을 진제하는 기준을 전례에 따라 장년남녀는 1인 1일 쌀 4홉, 콩 3홉, 장醬 1홉, 11세부터 15歲까지 남녀는 쌀 2홉, 콩 2홉, 장 반홉, 10세부터 5세까지 남녀는 쌀 2홉, 장 반홉을 주고, 1세 이상까지 진제할 것입니다"라고 계문啓聞해 임금은 이를 윤허해 시행하게 했다.3741) 이것으로 역농 시의 진제기준은 오늘날의 생계보호 수준보다 더 높은 것을 알 수 있다. 또 세종 8년(1426) 2월에 한성부의 실화失火한 각호 중에서 가산이 다 불타버려서 절식絶食하는 자들에게 양식을 지급하고, 화상을 입은 자는 의원을 시켜 치료해주고, 사망자 1구당 쌀 한 섬(石), 종이와 거적자리(苫)를 지급해 매장하도록 했고, 친족이 없는 장구葬具를 관청에서 지급하고 한성부에서 사람을 차출해 장례하도록 명했고, 화재를 당한 집은 다시 건출하도록 고송목古松木을 지급했고, 내자시內資寺에 명해 실화절식인失火絶食人들에게 진장陳醬 300석을 나눠주었다.3742)

다섯째, 세조조에는 세조 6년(1460) 정월에 경군자京軍資 진미陳米 7000석을 경기에, 5000석을 강원도에 내려 주었다.3743)

여섯째, 성종 2년(1471)에는 정월에 호조의 계문에 의하여 경상도 상주 등 16관官이 실농失農이 심하여 군자곡 6만 석을 진급하고, 초식草食·소금·장을 준비하게 했고, 수령이 구휼을 잘못 시행할 것을 염려하여 관찰사가 직접 촌항村巷에 출입해 진심으로 구휼하도록 했고, 기민 수數와 진급된 곡물의 수량을 매월 상세히 기록해

3740) 『太宗實錄』, 태종 7년(1407) 7월 癸丑條.

3741) 『世宗實錄』, 세종 5년(1423) 정월 庚戌條.

3742) 『世宗實錄』, 세종 8년(1426) 2월 경진·계미·갑신조.

3743) 『世祖實錄』, 세조 6년(1460) 정월 을사조.

보고하도록 했다.3744)

일곱째, 연산군 9년(1503) 5월에 경기도 관찰사의 계문으로 경창미京倉米 4만 석을 내서 기민을 진제했으나 부족하여, 다시 4만 석을 추가로 냈고,3745) 중종 8년(1513) 5월에 경창곡 7000-8000 석을 급히 내어 진급했다.3746)

여덟째, 명종 2년(1547) 5월에 경창곡 2만 석으로 경기의 기민을 진구賑救했다.3747)

아홉째, 선조 19년(1586) 5월에 황해감사의 계문에 따라 호조에 명해 경창미를 지원해 진제하게 했다.3748)

조선왕조 전기前期의 진급사례를 연도별, 사유별 및 지역별로 정리하여 보면 다음과 같다.

[조선왕조 전기의 진급사례]3749)

	연도	사유	지역
1.	태조 7(1398)	기근	경상도
2.	정종 1(1399)	기근	호서
3.	태종 1(1401)	기근	전라도 .6(*) 繆 江原道
4.	태종 4(1404)	수재	경기·풍해도(황해도)·동북면
5.	태종 6(1406)	기근	동북면

3744) 『成宗實錄』, 성종 2년(1471) 정월 庚辰條.

3745) 『燕山君日記』, 燕山君 9년 5월 丁卯條.

3746) 『中宗實錄』, 중종 8년(1513) 5월 丁丑條.

3747) 『明宗實錄』, 명종 2년(1547) 5월 甲寅條.

3748) 『宣祖實錄』, 선조 19년(1586) 5월 戊戌條.

3749) 崔昌茂,「朝鮮王朝前期의 救貧制度에 關한 考察」, 127-128쪽 〈表 Ⅲ: 朝鮮王朝 前期의 賑給事例〉.

6.	태종 6(1406)	기근	경기도
7.	태종 6(1406)	기근	경상도
8.	태종 9(1409)	기근	강원도
9.	태종 9(1409)	실농	강원도(종자지급)
10.	태종 9(1409)	기근	동북면
11.	태종 9(1409)	기근	경기도
12.	태종 9(1409)	기근	경기도
13.	태종 9(1409)	기근	한성부·경기도
14.	태종 9(1409)	기근	서북면
15.	태종 9(1409)	기근	풍해도·서북면
16.	태종 12(1412)	풍해	전라·충청도
17.	태종 15(1415)	한해旱害	개성·풍해·덕수·송림
18.	태종 16(1416)	기근	경기도
19.	태종 15(1415)	기근	경기도
20.	태종 15(1415)	기근	경기도
21.	세종 1(1419)	기근	강원도
22.	세종 2(1420)	기근	평안도
23.	세종 3(1421)	수해·한해	전국
24.	세종 4(1422)	기근	전국
25.	세종 4(1422)	기근	전국
26.	세종 5(1423)	기근	전국
27.	세종 5(1423)	기근	전국
28.	세종 5(1423)	기근	경중오부
29.	세종 5(1423)	기근	한성부
30.	세종 5(1423)	기근	함길도

31. 세종 5(1423)　　기근　　경외京外·전국

32. 세종 5(1423)　　기근　　평안도

33. 세종 5(1423)　　기근　　강원도

34. 세종 5(1423)　　기근　　황해도

35. 세종 6(1424)　　기근　　강원도

36. 세종 6(1424)　　기근　　평안도

37. 세종 6(1424)　　기근　　전라도

38. 세종 6(1424)　　기근　　충청도

39. 세종 6(1424)　　기근　　강원도

40. 세종 6(1424)　　기근　　경산도

41. 세종 8(1426)　　화재　　한성부

42. 세종 8(1426)　　기근　　한성부

43. 세종 18(1436)　　기근　　경기도

44. 세종 19(1437)　　기근　　충청도

45. 세종 21(1439)　　한해　　전국

46. 세종 21(1439)　　기근　　경기도

47. 세종 25(1443)　　한해　　전국

48. 세종 28(1446)　　기근　　강원도

49. 세종 29(1447)　　기근　　황해도

50. 세종 29(1447)　　실농　　전국

51. 세조 6(1406)　　기근　　경기·강원도

52. 성종 2(1471)　　실농　　경상도

53. 성종 5(1474)　　기근　　영안도永安道(함경도)

54. 성종 2(1471)　　실농　　경산도

55. 성종 12(1481)　　기근　　관서·황해도

56. 성종 13(1482)	기근	경기도
57. 성종 23(1492)	기근	경기도
58. 성종 25(1494)	화재	한성부
59. 연산군 8(1501)	기근	함경도咸鏡道
60. 연산군 9(1503)	기근	경기도
61. 중종 8(1510)	기근	길주 이남
62. 중종 10(1515)	화재	서부용산
63. 중종 16(1521)	실농	경기도
64. 중종 17(1522)	수해	평안도
65. 중종 22(1527)	한해	평안·황해·경기도
66. 중종 25(1530)	기근	충청도
67. 명종 2(1547)	기근	경기도
68. 명종 3(1548)	기근	한성부
69. 명종 4(1549)	기근	함경도
70. 명종 9(1554)	기근	제주
71. 명종 10(1555)	한해	경상도
72. 명종 10(1555)	실농	경상도
73. 명종 14(1559)	수해	함경도
74. 명종 18(1563)	기근	함경도
75. 선조 19(1586)	흉황	황해도
76. 선조 19(1586)	흉년	전라도

이 표를 보면 대체로 지역적으로 재해가 닥쳤지만, 재해가 전국을 덮친 경우도 여러 해가 된다. 그리고 재해의 종류는 기근이 가장 많고, 한해·수해·화재·실농(씨앗이 없어 농사를 작파한 경우) 등이

간간이 끼어있다. 1398년부터 1568년까지 170년 조선 전반기 동안 76건의 재해가 발생했으니 약 2년 3개월마다 1건씩 재해가 터진 것이다. 하지만 조선정부는 76건의 재해에 대해 일일이 진급을 실시한 것이다.

조선 후기는 복잡한 재난들이 골고루 닥친 관계로 재해지역을 빼고 대신 재해의 수와 종류와 이에 대한 진재 회수를 표시하여 다른 방식으로 정리해 보면 다음과 같다.

[조선후기의 진급사유와 사례]

군주	재해 종류와 횟수	진재횟수
선조(1592-1608)	기14 실3 전3 혹1	21
인조(1623-1649)	기2 흉1 역1	4
효종(1650-1659)	기1	1
현종(1660-1674)	기17 수1 흉1 화1 풍1 역1 실1 타1	24
숙종(1675-1720)	기19 수4 흉5 화3 풍1 역1 익2 실2 호2 혹1	40
영조(1725-1776)	기10 수2 화3 풍1 역1 실2 전1 호2 혹1	22
정조(1777-1800)	기45 수2 흉1 화1 익1 호1	51
순조(1801-1834)	기23 수30 흉(메뚜기)1 화5 익4 해1 타1	65
헌종(1835-1849)	기14 수4 화5 익5	28
철종(1850-1863)	기3 수19 풍5	27
고종(1864-갑오왜란)	기4 수17 화2 익1 전1	25

총계		308

※범례: 기-기근, 수-수해, 흉-흉년, 화-화재, 풍-풍해, 역-역병, 익-익사. 실-실농(종

자곡 소모), 전-전란, 호-호환虎患, 해-해일, 혹-혹한, 타-기타

조선 후기 302년 동안에는 총308건의 각종 재해가 닥쳤는데 조선정부는 이 재해로 피해를 입은 이재민들을 건건히 진재賑災했다. 재위기간에 비해 재해를 가장 적게 만난 군주는 영조이고, 가장 많이 만난 군주는 아이러니컬하게도 정조다.

진재賑災 조치의 시기별 특징을 보면, 태조에서 태종까지의 제1기는 새로운 조선왕조의 통치권의 확립시기로서 새로운 민심수습이 필요했던 만큼 진급의 내용이 빈곤 등 기타 이재민의 구제를 통하여 민심을 얻으려는 노력의 일환으로 환과고독 및 자활불능자에 대해서 진급을 하고, 궁핍으로 출가하지 못한 과년의 양반여성은 혼수를 관급官給해 출가시켰으며, 궁민이 대물貸物을 갚지 못해 자녀를 전당 잡힌 사람은 품삯일로 그 대가代價를 충당하여 모두 방면시키도록 하는 등 사회안정에 중점을 둔 황정을 폈다.

세종부터 성종까지의 제2기는 새로운 정부제도의 확립기로서 역농力農 시의 기민을 진제하는 기준을 정하여 농가의 생산성 향상을 도모했고, 화재를 당한 각호各戶에는 식량을 지급하고 화상을 입은 자를 의원에 의해 치료해주고, 화재를 당한 집은 다시 건축하도록 목재도 지급하는 등의 적극적 황정책을 실시했을 뿐만 아니라, 관찰사가 직접 촌락에 가서 구휼 실태를 감독하며, 기민 수와 진급된 곡물의 수량을 상세히 기록해 매월 보고하도록 함으로써 진급의 실질화에 힘을 기울였다.

연산군부터 선조까지의 제3기는 동시에 성리학의 전성기였던 까닭에 성리학자들의 사색당쟁과 상호박해로 인해 당쟁에 패배한 성리학 파벌들이 지방으로 내려가 서원과 향약을 중심으로 우글대면

서 구황제도를 비판하기 시작했다. 이에 명종조의 중앙정부는 1554년(명종 9) 언문으로『구황촬요救荒撮要』라는 구황방책의 책을 인쇄해 중외에 반포했다. "진휼청이 아뢰기를, 곡식을 저장해 기민들을 구제하는 것이 비록 구황의 근본이기는 하나, 곡식이 모자란다고 하여 백성들이 굶주리고 있는데도 대책을 마련하지 않고 앉아서 보기만 해서는 안 됩니다. 우리 세종대왕께서는 이미『구황벽곡방救荒辟穀方』을 저술하고, 또 흉년에 대비하는 물건들을『경제대전經濟大典』에 실어 놓아 만세토록 창생을 구제하게 했으니 지극하다 하겠습니다. 근래에는 해마다 큰 흉년이 들었는데 영·호남 두 도가 더욱 심합니다. 국가에서는 사신을 보내 진구하게 하고, 또 구황에 가장 요긴한 것들을 뽑아 모아서 하나의 방문方文으로 만들어서, 언문으로 번역하여 이름을『구황촬요救荒撮要』라 하고 중외에 인쇄·반포해 집집마다 알게 했습니다. 이는 실로 구민救民의 좋은 방책입니다. 요사이는 관리들이 태만하고 백성들이 모질어 구황에 관한 정책을 강구하지 않아서 한 해만 잘 여물지 않아도 사람들이 그만 아우성치며 먹여주기 바라다가 마침내는 도랑에 뒹굴게 됩니다. 그리고 서울은 풍습이 사치를 숭상하고 더욱이 죽 먹는 것을 수치로 여겨 아침에 좋은 밥을 먹고 나서 저녁에는 취사炊事를 끊습니다. 지금의 이 좋은 방책도 만일 엄격하게 신칙하지 않는다면 또 다시 버려두고 행하지 않을 것이니 바라건대 두루 중외에 효유曉諭하여 누구나 알고 있게 하소서, 하니 상이 그대로 따랐다."3750) 하지만 명종조에는 당쟁으로 인한 중앙정부의 소란으로 인해 지방의 감사監司가 진곡賑穀을 요청하면 호조로 하여금 조치하도록 했을 뿐이고 이런 진급賑給 외에

3750)『明宗實錄』, 명종 9년(1554) 11월 25일 임술 2번째 기사. "『구황촬요』를 널리 알려 실천하도록 할 것을 진휼청이 아뢰다."

적극적 정책을 시행하지 못했고, 이런 당쟁의 소란을 틈타 탐관오리
들은 진급실시 과정에서도 심하게 부정부패를 저질렀다.

조선 후기의 재해들의 특이한 점은 300여년 동안 황충해蝗蟲害(메
뚜기 떼 피해)가 1건밖에 없었던 점, 호환이 5건이나 되고, 순조·철종·
고종조에는 수해가 집중된 점이다. 또한 화재와 익사가 많이 발생
한 것도 특이한 점이다. 나아가 이 특이한 재해에 대해서도 조선정
부가 일일이 진재했다는 것은 더욱 특이하다고 할 것이다.

-시식施食

시식施食은 기근자들에게 직접 죽이나 밥의 음식을 요리해서
주는 진제振濟 업무였다. 시식장施食場에는 진제장賑濟場과 진제소
賑濟所가 있었다. 진제장은 상설기관에 준하여 기민飢民·유민流民이
발생할 때마다 자주 설치했고, 진제소는 흉년 또는 궁절기窮節期에
수시로 설치·운영했다. 진제장과 진제소의 명칭은 숙종 때(1696)
모두 '설죽소設粥所'로 바뀌었다.[3751]

진제장과 진제소는 흉년과 궁절기窮節期에 빈민·행려인의 기민
들에게 사원·역원驛院 등의 적당한 장소에 취사장炊事場과 식탁을
갖추어서 음식을 급식하는 특별 구급기관이다. 고려시대에는 개성
의 개국사開國寺와 임진현의 보통원普通院 등에 관곡官穀을 내려주
어 궁민窮民·행려걸인行旅乞人·굶주린 병자(飢饉疾疫人)들에게 급식했
다. 조선 초에도 고려에서와 같이 한성부의 서대문 밖의 홍제원洪濟
院, 동대문 밖 보제원普濟院, 남대문 밖 이태원利泰院 등에서는 기·유

3751)『肅宗實錄』, 숙종 22년(1696) 정월 丙子條: "賑恤廳以飢民多聚, 謂加設設粥所
於東大門外 允之.";『增補文獻備』, 숙종22년(1696): "敎曰 頃送別監持來飢民喫之
粥, 若此不已殊非設粥本意, 東西設粥所各別申飭."

민이 발생할 때마다 마치 상설기관처럼 역대에 걸쳐 시식했다.

가령 세종 조에 정부는 1422년(세종 4) 성중城中에 소재한 흥복사興福寺에 진제소를 설치하고 굶주리는 자들을 모아 구휼했고, 동년 12월에는 농사를 그르친 주군州郡에 명해 모두 진제소를 설치하게 하고 시식을 하게 했다.[3752] 그리고 1423년(세종 5)에는 전국 각도에 모두 진제소를 설치했고, 1437년(세종 19)에는 경상·충청 양도兩道에 각각 3개소와 경기·전라·강원도에 각각 2개소에 진제장을 설치했고, 1447년(세종 29)에는 실농失農한 제도諸道의 기민·유리자들을 위해 중외의 관진關津 양안兩岸에 진제장을 설치했다.[3753] 그리고 세조 시기 1459년(세조 5)에는 한성부윤 김순金淳을 진휼사賑恤使로 삼아 진제장을 보제원·이태원·홍제원에 설치했고[3754] 성종조에는 1471년(성종 2) 「주서註書 윤석尹晳을 파견해 교외 진제장을 검찰檢察했다.[3755] 또 중종조 1512년(중종 7)에는 진휼청이 동서에 진제장을 설치했고[3756] 1525년(중종 20)에는 기민들을 홍제·보제 양원兩院에서 분진分賑하고 부녀婦女들에게는 오부五部로 하여금 수를 세워 쌀을 하사하게 했다.[3757] 명종조 1548년(명종 3)에는 동편과 서편에 진제장을 설치하고 상평창을 열어 사족士族 과부들 중 자활불능자를 진기賑饑하고 그 집에 쌀을 지급했다.[3758] 이것을 보면 진제장이나 진제소에 나와 施食을 받아먹는 자들은 대개 상·천민이었다. 사민士民 중에서도 굶주

3752) 『世宗實錄』, 세종 4년(1422) 8월 정해조; 12월 갑신조

3753) 崔益翰, 『朝鮮社舍政策史』(서울: 博文出版社, 1947), 113-114쪽. 崔昌茂, 「朝鮮王朝前期의 救貧制度에 關한 考察」, 122쪽에서 재인용.

3754) 『世祖實錄』, 세조 5년(1459) 12월 乙丑條.

3755) 『成宗實錄』, 성종2년(1471) 2월 癸亥條.

3756) 『中宗實錄』, 중종 7년(1512) 2월 丁丑條.

3757) 『增補文獻備考』, 卷69, 市糴考, 賑血條.

3758) 『增補文獻備考』, 卷69, 市糴考, 賑血條.

림이 극에 달하면 이곳에 나와 시식의 혜택을 받았던 것이다.

그리고 진제장과 진제소에 분급되는 시식량은 시대에 따라 조금씩 달랐다. 선조 당시의 시식은 '진장제규식賑濟場規式'에 의하면 장정 남자 1명의 한 끼니를 쌀 2홉으로 죽을 끓여 먹었다.[3759] 그런데 영조 조 1762년(영조 38)에는 곡식으로 무상 지급하는 건량식乾糧式과 죽을 쑤어 주는 설미식設粥式은 남자 장정에게 1인당 2홉5작勺을 지급하고, 건강한 여자와 남자 노인, 여자 노인에게는 1인당 매끼 2홉을 지급하고, 남녀 허약자에는 1인당 매끼 1홉5작을 지급하고 했다. (흉년으로 인해 미가米價가 등귀한 경우에 창적倉積 미곡을 시가보다 싸게 판매하는) 발매식發賣式의 경우는 큰 가정에 쌀 5두, 중간 정도의 가정에 쌀 4두, 작은 가정에 쌀 3두, 독호獨戶와 잔호殘戶에는 쌀 2두씩을 발매했다.[3760]

이와 같이 조선시대에 1인당 매끼마다 평균 320g의 미곡을 건량乾糧으로 지급하거나 죽을 쑤어 주었다. 그러나 1975년도까지 대한민국의 생계보호 수준이 거택居宅보호대상자 1인 1일 기준으로 300g의 밀가루를 지급했으니, 복지 수준에 있어서 300년 전의 조선시대가 대한민국보다 아주 높았던 것이다.[3761]

제1기(태조·태종)의 시식주관 국가기관은 태조 1년부터 삼사三司였다가 태종 원년(1401)부터는 사평부司平府였고, 태종 5년부터는 호조였다. 국초에는 진제장을 한성부관내에만 설치했고, 나중에 홍제원·보제원·이태원으로 정해졌다. 제2기(세종-성종)의 주관기관

3759) 『宣祖實錄』, 선조 26년(1593) 10월 丙戌(6일)條.

3760) 『增補文獻備考』, 卷170, 市糶考8, 賑恤2條: "賑恤乾植及設粥式, 男壯每口每時米二合五勺, 女壯男老女老每口每時二合, 男女弱每口每時一合五勺, 發賣式 大戶米五斗, 中戶米四斗, 小戶米三斗, 独戶残戶米二斗."

3761) 崔昌茂, 「朝鮮王朝前期의 救貧制度에 關한 考察」, 124쪽.

은 계속 호조였다가 세종 22년(1440) 구황청으로 바뀌었다. 진제장은 한성부 관내에 설치하고, 각도(1421)와 복흥사(1422)에 진제소를 설치했고, 각지방에 진제장을 설치했다(1422). 그리고 1447년(세종 29) 중외의 관진 양안에 진제장을 설치했다. 그리고 제3기(연산군·선조)의 주관기관은 구황청이었다가 중중 6년(1511)부터는 진황청으로 바뀌었다. 제3기에도 한성부 관내에 진제장을 설치하고, 1520년에는 제주의 3개 읍에 진제장을 설치하고, 1525년(중종 20)에는 오부가 굶는 부녀들에게 쌀을 지급했다.3762)

시식 기록에서 특히 세종조와 중종조에 시식이 많이 나타나고 있는데, 이는 세종과 중종의 애민정책이 한 표현이었다. 진제장과 진제소가 한성부 관내만이 아니라 전국 각지에 설치되었고, 중종조에는 제주에까지 진제장과 진제소가 설치되었다. 그리고 정부는 진휼의 효과를 높이고 실질화하기 위해 구휼업무의 잘잘못을 관리의 상벌의 자료를 활용했다. 태조는 1395년 7월 구휼에 힘쓰는 수령은 포상하고, 힘쓰지 않는 자는 논죄하도록 하고, 수령으로 하여금 사방에 있는 동리洞里의 거리와 마을 수를 참작하여 진제소를 분설하고, 한량이나 품관 중에 자상하고 청렴결백한 사람을 골라 감고監考로 정하며, 수령으로서 여기에 마음을 써서 그 경내에 굶어죽은 사람이 없게 한 자는 직명職名과 살려낸 사람의 수를 보고하면 발탁해 쓰도록 하고, 만일에 마음을 쓰지 않아서 경내에 아사자를 있게 한 수령과 감고가 있다면 함께 결장決杖하되, 수령은 파직하고 감고는 수군水軍에 보충하며, 직명을 보고하게 했다.3763)

진제소의 설치는 태조조에 시작되어 세종조와 세조조를 거쳐

3762) 崔昌茂, 「朝鮮王朝前期의 救貧制度에 關한 考察」, 124쪽 〈표 II〉.
3763) 『太祖實錄』, 태조 4년(1395) 2월 丁丑條.

성종조에 완전히 관행화되었다. 즉 태조가 1395년(태조 4) 7월 진제소를 두도록 교지敎旨한 이래 세종 1422년(세종 4년) 윤12월에 평안·함길·강원·황해 등 각도에 기근이 심하여, 이들 서북지방 백성들이 전라·경상도로 옮겨감에 감사와 수령이 이를 금지시킬 것을 청했으나, 임금이 듣지 아니하고 여러 도로 하여금 모두 진제소를 설치해서 그들을 진휼케 했다.3764) 또 1459년(세조 5) 12월에도 한성부의 보제원·이태원·홍제원에 진제장을 설치해 경기의 기민을 살렸다.3765) 또 1473년(성종 4) 12월에도 보제원은 동부·북부에 속하게 하며, 이태원은 남부에 속하게 하고, 홍제원은 서부에 속하게 하여 진제장을 설치하고 소금과 장醬을 지급하고, 각기 동·서·남·북부의 관원들은 항상 윤번으로 근무하여 기민을 구휼했다.3766) 1520년(중종 15) 윤8월에는 제주濟州의 세 고을이 굶주리므로 즉시 진제장을 설치하고 군자창의 곡식을 풀어서 진휼했다.3767)

그 당시의 구휼에서도 오늘날의 공적부조 수급자의 불명예 문제(Stigma 문제)가 있었다. 명종 시대에 "사족士族으로서 진휼해야 할 사람은 각부에서 한성부에 보고하여야 하는데, 이 보고 계달啓達하는 사이에 사망자가 생기므로 곧 보통 사람들처럼 곧 賑恤廳에 보고하게 하여 때맞춰 구조해 주고, 또 전에 진제장에서는 혹 중앙관서서 잘못이 없나 살피는 경우가 있어서 관원들이 죄책을 당할까 두려워, 밥을 먹으려고 모여든 백성들을 드나들지 못하게 하여 마치 죄 지어 잡혀온 사람처럼 취급했기 때문에 굶어죽어 가면서도

3764) 『世宗實錄』, 세종 4년(1422) 윤12월 신사조.
3765) 『世祖實錄』, 세조 5년(1459) 12월 을축조.
3766) 『成宗實錄』, 성종 4년(1473) 12월 갑신조.
3767) 『成宗實錄』, 중종 15년(1520) 윤8월 임자조.

밥을 먹으러 나오려고 하지 않기 때문에 편의대로 구제하게 했다.[3768) 또 영조조에는 이런 스티그마 낌새가 더 분명해진다. 영조 8년 "설죽設粥의 폐단이 논의되었는데, 첫째, 설죽소에 가서 먹고 와도 금방 배가 고프고, 둘째, 처자들과 골고루 나눠 먹을 수 없고 출두한 자만 먹을 수 있으며, 셋째, 선비는 양식이 떨어져도 취죽就 粥하지 않고, 넷째, 양반 부녀자들은 양식이 떨어져도 설죽소에 가지 않는다는 폐단이 지적되어, 그 결과 첫째, 설죽소를 설치하고 건량乾糧도 주고, 둘째 기황飢荒이 절박한 때에만 설죽소를 차리며, 셋째, 건량을 그냥 나눠주면 (다급하지 않은 사람들까지 포함한) 모든 백성이 다 무상 진급을 받으려고 동요할 테니 진휼청에서 사대부·상민·환과고독 중 지극히 빈한한 자들을 뽑아서 소문을 내지 말고 조금씩 급여給與하기로 했다."[3769) 이 기록들에서 시식을 수혜하는 자가 느끼는 스티그마를 알 수 있다. 또한 스티그마 징후를 가급적 줄이려는 정부의 세심한 복지정책이 엿보인다.

조선 전기의 대표적 시식사례들을 도표로 정리해보면 다음과 같다.

3768) 『明宗實錄』, 명종 2년(1547) 5월 乙亥條.

3769) 『增補文獻備考』 卷170, 市糴考8, 賑恤2, 英祖 8年條: "下敎曰 常談云就遠 而食歸時復飢粥雖多任來 而食不能救肌且其妻孥雖R飢不得均分以食豈不則傷 乎若給乾糧則無此幣矣, 且녀好之士雖絶食必不就粥兩班婦女亦然此不可不慮, 若欲一遝設粥一邊給乾糧則國用難繼尤有難便之端矣, 前聞設粥多傷人있, 若如 兵判之言 机荒迫急則他不可顧不可不設粥救急 然則乾糧好矣. 雖然若聲言給 乾糧則民情必動殊非安集之意 自賑廳無論 士夫常漢抄出鰥寡孤獨及貧殘之尤其 者不必聲言 而稍稍給之可也." 본문의 국역문 속의 괄호내용은 인용자.

연도	사유	지역	시식기관
세종 4(1422)	기근	성중城中	진제소
세종 4(1422)	기근	성중	진제소
세종 4(1422)	실농	주·군州郡	진제소
세종 4(1422)	기근	평안·함길·강원·황해	진제소
세종 19(1437)	기근	경외京外	진제장
세종 19(1437)	기근	한성부	진제장
세종 19(1437)	기근	한성부	진제장
세조 5(1459)	기근	한성부	진제장
성종 1(1470)	기근	도성 4대문 밖	진제장
성종 4(1473)	기근	경기	진제장
연산군 9(1503)	기근	한성부	진제장
중종 6(1511)	기근	한성부	진제장
중종 7(1512)	기근	한성부	진제장
중종 8(1513)	기근	한성부	진제장
중종 15(1520)	기근	제주	진제장
명종 2(1547)	기근	한성부	진제장
명종 3(1548)	기근	한성부	진제장
명종 3(1548)	기근	개성부	진제장

조선후기에 설죽소는 더 발전했다. 이와 함께 이를 악용하는 무뢰배들의 비리도 나타났다. 1733년(영조 9) 진휼청 당상 송인명宋寅明이 아뢰었다. "죽을 받아먹으러 가는 기민들 중에는 무뢰배도 있어 한편으로는 발매發賣를 받기도 하고, 다른 한편으로는 건량을

받기도 하는데, 그러고도 또 죽을 받아먹습니다. 이러니 많은 기민들이 서울에 두루 돌아다니면서 구걸을 하고 있으므로, 주객이 다 곤란을 겪고 있습니다. 그리고 이 일로 인해 전염병이 점점 크게 번지고 있습니다. 그러니 적籍의 유무를 막론하고 죽을 받아먹으러 가는 자들을 모두 규합하여 해부該部에서 그 대상자를 뽑아 책으로 만들어 (동서의) 두 진제소에 보고하고 10명 단위로 패장牌將을 정해 그가 인솔하고 죽을 받아먹게 합니다. 그리고 설죽소는 별도로 두 진제소에 설치해 남부·서부의 두 부部는 제1의 장소에 배속시키고 동부·중부·북부의 세 부部는 제2의 장소에 배속시켜, 해당 부部의 관원이 매일 같이 부部에 다니면서, 사방의 유민流民이 들어오게 되면 해당 마을의 이임里任으로 하여금 진제소에 데려다 주게 하고, 그 부部의 관원이 만약 부지런하게 거행하지 않으면 진휼청에서 낭청을 보내어 부정한 사실을 적발해 논죄하게 하며, 양반과 상민을 막론하고 기민飢民으로서 죽을 받으러 가면 당연히 진휼소의 뜻을 봉행하도록 분부하되, 만약에 혹시 떼를 지어 소란스런 짓을 한다면 추조秋曹에 이송시켜 엄중한 형벌로 정배定配하게 하소서."3770) 이에 임금이 윤허했다. 이 보고를 통해 설죽소와 관련된 무뢰배들이 활개쳤다는 것과 조선후기 설죽소가 더 많이 설치된 것을 알 수 있다. 더 활발해진 조선후기 시식복지사업은 다음과 같이 도표화할 수 있다.

3770) 『英祖實錄』, 영조 9년(1733) 1월 13일 乙未 5번째 기사 "진휼청 당상 송인명이 기민들을 잘 통제하여 진휼할 방도를 아뢰다".

[조선후기의 시식사례]3771)

군주	지역	시식처
선조 26(1593)	경중京中	진제장
선조 27(1593)	경성	오부(중·동·서·남·북부)
진제장		
선조 26(1593)	경성	남부 진제장
선조 26(1593)	경성	진제장
선조 26(1593)	경성	진제장
선조 26(1593)	도성	진제장
선조 26(1593)	한성부	오부 진제장
선조 26(1593)	경성	오부 진제장
선조 26(1593)	경성	오부 진제장
광해군 12(1621)	경성	진휼청
효종 10(1659)	경성	상평청
현종 1(1660)	한성부	진제소
현종 2(1661)	경성	상평청
현종 5(1664)	경상도	진제소
현종 7(1666)	한성부	진제장
현종 9(1668)	한성·경기	오부 진제장·진제소
현종 9(1668)	경기도	진제소
현종 12(1671)	경중	선혜청·한성부·훈련원
현종 12(1671)	원양도(강원도)	진제소

3771) 崔昌茂, 「朝鮮王朝後期의 救貧制度에 關한 研究」, 『福祉行政論叢』 第2輯 (1992), 94쪽 〈표 III〉.

현종 12(1671)	경기도	진제소
현종 12(1671)	경중·경상·전라도	진제장·진제소
현종 12(1671)	경상도	진제소
현종 13(1672)	경중	동부 진제장·조지서造紙署
현종 13(1672)	경중	동·북부 진제장
숙종 22(1696)	서대문밖	홍제원 진죽소賑粥所3772)
숙종 22(1696)	경중	동서 활인서活人署
숙종 22(1696)	경중	홍제원
숙종 22(1696)	동대문밖	설죽소
숙종 22(1696)	경중	동서 진제소
숙종 22(1696)	경중·팔도	진제장·진제소
숙종 23(1697)	안주·평양	설죽소
숙종 23(1697)	경중	율도(걸식자 수용소)
숙종 29(1703)	경중	구창舊倉
숙종 29(1703)	경중	진제소
숙종 30(1704)	경중·강원·함경	강창江倉·설죽소
숙종 31(1705)	경상도	진제소
영조 9(1733)	경성	설죽소·진제소
영조 9(1733)	경성	진죽소賑粥所
영조 9(1733)	경성	동서 양진소兩賑所
영조 9(1733)	경기·경상도	설죽소
영조 10(1734)	경기·충청·강원·평안	설죽소
영조 17(1733)	경성	설죽소

3772) 『肅宗實錄』, 숙종 22년(1696) 1월 8일 을축 2번째 기사. "활인서의 돌림병의
기운이 전염된다 하여 진죽소를 홍제원으로 옮겨 설치하다".

영조 32(1756)	경성	설죽소
영조 36(1760)	경성	홍화문
순조 14(1814)	경성	설죽소

이 도표 정리는 대강 뽑은 사례들을 모은 것이다. 조선후기에는 시식활동이 더 활발했으므로 이외에도 더 많은 설죽소·진제소·진제장 사례들이 있었을 것이지만, 사례열거는 이것으로 그친다.

-세역감면

조선 전기의 견면鐲免, 즉 세역감면減免稅役은 나라에 경사가 있거나 백성을 격려하는 뜻에서 은혜로 세역을 감면해주는 '은면恩免'보다 재난을 당해 백성의 짐을 덜어주기 위해 세역을 감면해주는 재민災免이 주를 이루었다. 흉년 또는 재해를 당했을 때 정부는 재해지역 궁민窮民들에게 조용조租庸調, 즉 지세地稅·호세戶稅·요역徭役 등을 전면 면제해주거나 감해주거나 대부貸付된 환곡의 상환을 면제하거 감해 주어는 구제조치를 취했다. 세제稅制는 조선시대에도 고려시대와 마찬가지로 당의나라 조용조제를 답습했다. 조租는 토지土地를 부과대상으로 하는 조세이고, 용庸은 사람을 대상으로 하는 신역身役이고, 조調는 호戶를 대상으로 하는 공물貢物이다. 원래 조租는 지대地代(소작료)이고, 세稅는 지세地稅를 지칭했으나, 진전세職田稅 실시 이후부터는 그 구별이 없어져서, 조세租稅는 세稅로 통하게 되었다. 세역감면은 은면恩免·재면災免·복호復戶·면역免役으로 구분된다.

①은면: 개국·즉위·지방순행·국가경사·임금승하·전후戰後·기타 적절한 기회에 임금의 은혜로서 조용조 등 각종 형태의 세금과

요역 및 환곡납부를 면제해 주는 것이었다.

②재면: 흉년 또는 재해를 당했을 때, 지세·호세·요역 등의 전부나 일부를 면제하거나 정상情狀에 따라 감하고 환곡還穀의 상환을 연기하거나 감면하는 것이다.

③복호復戶: 노령자나 빈자 등과 같은 특정 대상자에 대하여 요역과 전세田稅이외의 잡부금을 면제하는 것이다. 내금위와 별시위의 군인은 솔정率丁(거느린 가족의 장정) 10인이면서 전田10결 이하의 소유자와, 제종諸種의 군인 중 솔정 5인 이하가 있거나 또는 전田 5결 이하의 소유자는 복호復戶되었고, 양반 내지 소리민小吏民의 연령 80세 이상 된 자로서 솔정 10인 이하이거나 또는 전田 10결 이하를 경작하는 자는 모두 복호했다. 일반상민이나 공사公私의 천민으로서 솔정 5인 이하이거나 또는 전 5결 이하를 경작하는 자도 모두 복호하고, 90세 이상 된 자는 그 전田과 솔정의 다소를 막론하고 복호하며, 전사자의 경우는 5년에 한해 복호하고, 귀화하여 새로이 내부來付한 자는 10년에 한해 복호했다.[3773)]

④면역: 면역은 병역면제 제도다. 군사로서 연령이 만 60세에 달한 자, 그리고 독질자篤疾者(악성질병자·나환자·두 눈 맹인·이지二肢절단자)와 폐질자廢疾者(백치·벙어리·난쟁이·꼽추·일지一肢를 못 쓰는 자)는 모두 신역을 면제했으며(군인뿐 아니라 다른 신역이 있는 자의 경우도 이와 같음), 독질·폐질자, 혹은 70세 이상 된 아비와 어미를 가진 자의 한 아들과 90세 이상이 된 자의 모든 아들은 신역身役을 면제했다. (아들이 사망한 경우에는 손자 1인을, 친손이 없을 경우에는 외손의 신역을 면제해 주었다.) 1가내家內에 다수인이 신역에 복무하거나 1인이 양역兩役을 거듭 복무할 경우에는 그 신역을 감면했다. (속오군束伍軍

3773) 『經國大典』, 兵典, 復戶條; 『大典會通』, 卷之4, 兵典, 復戶條.

중에 부자 3인이 편입되었을 때에는 그 아비를 면제하고 형제 4인이 편입되었을 때에는 그 형을 면제한 뒤에 관청에서 그 대신을 보충하며, 4부자 이상이 양역良役에 복무할 때에는 그 동거同居 여부를 막론하고 그들이 원하는 대로 1인을 감면하고 스스로 대충代充케 하며, 1신身으로 양역兩役에 복무하는 자는 뒤에 들어간 신역을 감면한다.[3774]

태조는 1399년(태조 7) 5월에 대풍大風으로 가회방嘉會坊의 인가人家에서 불이나서 143가家를 태우고 욕물고料物庫도 불탔을 때 이것을 자신의 죄책으로 느끼고 궁궐의 역사役事를 가벼이 하거나 중지해 백성을 괴롭히는 데 이르게 하지 말도록 명했고, 이때 부역赴役에 나오는 백성들에게 각기 그 부모와 처자를 돌보도록 돌려보내고 궁궐조성부감을 폐하고 그 사무를 선공감繕工監에 귀속시킬 것을 주청한 간관諫官의 상언上言에 따라, 도승逃僧의 대위자代位者와 처자가 있는 승려 27명과 기술이 능숙하지 못한 공장工匠 543명을 놓아 보내도록 명했다.[3775]

태종은 1411년(태종 11) 9월 한해旱害를 당해 민심수습을 위해 풍해도豊海道의 호급둔전戶給純田의 조세를 감해주었고, 세종 즉위년(1418)에는 전사한 병사의 자손들에게 수령이 그 호戶의 요역을 면제하고 그들에 대해 특별 救恤을 시행했다.[3776] 그리고 세종은 1419년 강원도 행감찰行臺監察 전종서全宗端의 상계上啓에 따라 원주·영월·홍천·인제·양양·금성·평양·춘천·낭천狼川·이천·회양准陽·횡성 등지의 기민飢民 729명에게 조세를 면제해주었고, 1423년(세종

3774)『大典會通』, 卷之4, 兵典, 免役條.

3775)『太祖實錄』, 태조 7년 5월 己酉條.

3776)『太宗實錄』, 태종 11년 9월 壬申條;『世宗實錄』, 세종즉위년 11월 己酉條.

5)에 평안도 백성에게 대여한 환곡을 매호每戶당 각각 2석씩을 감하게 하고, 그 교환하는 말을 끌고 간 자와 호송군으로 요동을 왕복한 자는 매호당 3석씩을 감해주게 했다. 또한 1421년(세종 6) 3월에는 평안도에서 감면減免한 환곡 미두米豆 잡곡은 모두 5만9707석이나 되었다.3777) 명종은 1546년(원년) 4월 각도의 미납된 관채官債가 50년 묵은 것이 있는데도 수령 된 자들이 해유解由하기에3778) 바빠서 원족遠族들에게까지 분담시켜 징수하므로 백성들의 곤고困苦가 커서 1520년(중종 15) 그 관채를 모두 감면해 주고, 또 북경을 오가는 조선 사신이 왕래하는 길목이라서 요역이 타도에 비해 갑절이나 많은 평안·황해 양도兩道에 대해서는 1525년) 그 요역을 면제했다.3779)

조선후기의 세역감면은 은면보다 재면이 주를 이루었다. 흉년 또는 재난을 당했을 때 정부는 재해지역 백성들에게 지세·호세·요역 등을 전면 면제하거나 감하거나, 대부貸付된 환곡까지 면제하거나 감해 주어서 궁민을 구제했다.

1645년(인조 23) 10월에 황해감사 정유성鄭維城의 치계馳啓에 의하면, 강음江陰·백천白川·연안延安·해주·강령康翎·옹진瓮津·장연·채화松禾·풍천豊川·은율·장련長連·안악安岳·재령載寧·신천信川·문화文化·황주 등+ 16개읍, 재해피해가 우심尤甚하여 해조該曹에 전세田稅 황두를 특별히 전부 감면할 것을 명했다.3780) 또 1658년(효종 9년)에는 충흥도忠洪道(충청도) 서천·한산·부여·이산尼山·은진·석성石城·임천林

3777) 『世宗實錄』, 세종 원년 1월 辛亥條; 세종 5년 10월 辛未條; 세종 6년 3월 庚辰條.
3778) 해유(解由): 관아의 물품을 맡아 관리하는 관원이 갈릴 때에 후임자에게 그 사무를 인계하고 호조에 보고하여 책임을 면하는 것.
3779) 『明宗實錄』, 명종 15년 4월 丁亥條.
3780) 『仁祖實錄』, 인조 23년(1645) 10월 壬寅條.

川 등 7읍의 피해가 가장 참혹해서 감사 이태연李泰淵이 치계馳啓하여 7읍의 전세를 감명해줄 것을 청했는데 전남도 능안能安 등 7읍도 마찬가지라서 주상이 묘당에 이에 대해 논하라고 명하니 비변사가 "조정에서 특별히 관심을 가지고 전세 미두米豆 3000석을 이미 견감蠲減케 했으니, 호남 해읍海邑과 똑같이 견감한다는 결정을 내리고 시행했다.3781) 또 1668년(현종 9)에는 북관北關의 재해를 입은 각읍에 명해서, 해마다 올리는 공물貢物의 가포價布와 공물의 작미作米, 내노비·궁노비·각아문노비·사노비의 공미貢米 및 전세로 내는 쌀과 콩을 재해 등급에 따라 반감半減하기도 하고 전감全減하기도 했다.3782) 그리고 1798년(숙종 34)에는 제도諸道에서 더욱 심하게 재해를 입은 고을만은 당년조當年條의 제반 신역을 특별히 3분의 1 감하여 주고, 병술년(17069) 이상의 신포身布(신역대납 포)도 잠정 수봉收捧을 중지하며, 경기의 대동미는 특별히 2두斗 감해주고, 인천은 더욱 흉년이 들었으니 3두를 특감特減해주었다.3783) 또 1725년(영조 1년) 9월에는 삼남과 강원도에 전곡田穀이 참혹하게 흉작이라서 전세에서 결마다 1두를 감하고, 양주는 서울에 가까워 여러 능침陵寢을 받들게 되어 민역民役이 치우치게 고달프므로 대동미를 결마다 3두씩 감해 주라고 명하고, 기역畿驛도 잔폐殘廢했으므로 받아들이지 못한 환자곡을 감해주었다.3784) 1791년(정조 15)에는

3781) 『孝宗實錄』, 효종 9년(1658) 12월 5일(정묘조) "충홍도 서천 등 7개 읍의 전세를 감해줄 것을 감사 이태연이 청하다".

3782) 『顯宗改修實錄』, 현종 9년(1668) 10월 8일 계유 3번째 기사 "북관의 재해를 입은 각읍에 명하여 공물의 가포 등을 감하도록 하다".

3783) 『肅宗實錄』, 숙종 34년(1708) 9월 29일 임인 2번째 기사 "심하게 재해를 입은 고을의 신역·신포 등을 줄이도록 하다".

3784) 『英祖實錄』, 영조 1년(1725) 9월 5일 己亥 4번째 기사 "삼남과 강원도에 흉년이 들었으므로 전세를 감해주다".

경기·호남·영남·호서의 묵은 환곡을 수납하는 것을 중지시키고, 수재를 당한 영남과 호남의 여러 고을의 밭곡식에 대한 조세를 면제하고 환곡과 신포를 모두 감해주었다.3785) 또 1805년(순조 5)에는 화재를 당한 한성부 전민廛民들에게 휼전恤典을 시행했다. 4월 5일 새벽 경조京兆(한성부)에서 입전立廛에 화재가 발생해서 병조에 있는 포목을 1백 동同을 한정해 발매發賣하는 예例에 의거해 출급出給하고 10년까지를 기한으로 하여 이자 없이 환납還納하게 하고, 호조에서 받아들일 은銀은 1천 냥까지를 탕감시키고 만일 요역徭役이 있으면 금년까지를 기한으로 견감시켜주었다.3786) 19세기 중반인 1842년(헌종 8)에는 경기의 한전환기조(旱田還起條) 6백 4결에 대해 5년 한정으로 감세토록 했고,3787) 1856년(철종 7)에는 경상도의 실농失農한 백성들에 대해 환곡을 정퇴停退·탕감하고, 재결災結(재해 입은 전지)을 영원한 탈하頉下해주었다, 즉 사고로 처리해주었다.3788)

이와 같이 조선전기·후기를 가릴 것 없이 진급·시식·세역감면의 실시를 통해 유교의 인의仁義 철학에 입각해서 국가에서 다양한 구민救民복지정책을 실시했다. 조선은 이런 공적 구민·진재활동을 적극적으로 벌임으로써 최소 15만 명, 최대 85만 명의 인명을 앗아간 현종조의 경신庚申대기근(1670-1671)도 극복하고, 영조 초까지 200-400년 이상 지속된 소빙기의 갖은 재난을 뚫고 왕조로서 살아남

3785) 『正祖實錄』, 정조 15년(1791) 9월 8일 경진 3번째 기사 "경기·호남 등의 묵은 환곡 수납을 중지시키다"

3786) 『純祖實錄』, 순조 5년(1805) 4월 6일 기미 1번째 기사 "화재를 당한 전민들에게 휼전을 시행하다".

3787) 『憲宗實錄』, 헌종 8년(1842) 3월 25일 갑술 1번째 기사 "경기의 한전 환기조에 대해 5년 동안 감세토록 하다".

3788) 『哲宗實錄』, 철종 7년(1856) 9월 19일 계유 1번째 기사 "경상도 위유사 신석희를 소견하여 위유한 상황을 묻다".

을 수 있었다.

세종조의 역농力農 시 진제기준은 대한민국의 생계보호 수준보다 훨씬 높았다. 조선정부는 흉년과 춘궁기 및 각종 재해 시에 각종 창고를 열어 곡식을 무상 분배하고 환자를 공여하고, 빈민·유민·행려걸인 등 기민의 구호를 위해 중외에 진제장과 진제소를 설치해서 기민을 급식했고, 필요에 따라 발매發賣를 시행했다. 독질·폐질자나 70세 이상 노인을 부모로 모신 자의 아들 한 명과, 90세 이상 노인을 부모로 가진 모든 아들에 대해서는 신역을 면제하고 아들이 사망한 경우에는 손자 1명의 신역을, 친손이 없을 때는 외손의 신역을 면제하고, 그들을 양호하도록 하는 정성을 베풀었다. 이러한 세심한 구민·양민 복지정책은 모두 다 주대周代 이래의 복지제도와 공자의 인仁철학에서 나온 것이었다.

■ 구빈 · 제생제도: 활인서 · 혜민서 · 제생원 · 제중원

환과고독과 폐질·독질자(중병자와 각종 장애자), 그리고 노인과 영아에 대한 유교국가의 복지시혜는 주지하다시피 "노인에게는 (생을) 마칠 곳이 있게 하고 아기들에게 키워줄 곳이 있게 하고, 환과고독과 폐질자들에게는 먹여줄 곳이 있게 하는" 대동이념에 따라 '당연시'되었고, 따라서 유교국가 조선은 중국만큼이나 환과고독과 폐질·독질자·노인·기아棄兒들에 대해 각별히 신경 썼다. 또한 각 지방의 요호부민들도 유교이념에 따라 지방수령이 청하는 '권분勸分'(재부와 고통을 나누는 뜻의 구빈 권고)을 혼쾌히 받아들였고 각종 선행에 적극 가담하거나 지방관청의 자치의정自治議政 기구로 기능했던 향회의 자치규약(특히 환난상휼患難相恤 강목)에 의해 구민救民·구휼활동을 이끌었다. 그러나 조선과 명·청대 중국의 복지제도에서의 유일한 차이는 중국에 수많은 민간 자선단체들이 높이 발달한 반면, 조선에서는 이런 민간 자선기구들이 거의 생겨나지 않았다는 점이다.3789) 조선에서는 민간의 모든 자선과 선행이 관변과 (중국보다 더 보편적으로 향촌마다 조직된) 향약의 범위를 벗어나지 않은 차원에서 언제나 지방수령이나 향약과 연계해 활동을 전개했기 때문이다.

조선정부는 환과고독과 폐질·독질자·노인·기아棄兒들을 부양하는 상술된 여러 정책을 썼지만 특별한 치료·요양·부양시설에 수용하여 부양하거나 특별한 의료기관을 설치해 서민들을 치료해주는 정책도 국초부터 시행했다. 활인서活人署·제생원濟生院·진휼청·혜민서惠民署가 그런 시설들이었다.

-활인서

활인서活人署는 조선시대 도성내의 병자를 구활救活하는 업무를 관장하였던 관서였다(掌救活都城病人).3790) 태조는 건국과 동시에 1392년(태조 1) 7월 고려의 제도에 따라서 동서 대비원大悲院을 설치하고 관원으로 부사副使 1인, 녹사錄事 2인을 두어 병자와 무의탁 환자들을 수용해 구활救活했다. 태종은 1414년(태종 14) 9월 불교식 명칭 '대비원'을 버리고 '활인원活人院'으로 개칭하고 '동·서활인원'으로 확대·설치했다. 동활인원은 동소문밖에 있었고, 서활인원은 서소문밖에 있었다.3791) 동서활인원은 도성내의 병자와 오갈 데 없는

3789) 민간 자선단체로는 민간인 16명에 의해 1898년 서울에서 설립된 구빈기구인 "진민소(賑民所)"가 유일한 것으로 보인다. 참조 양옥경, 「구한말 민간 빈민구제시설 진민소(賑民所)에 관한 연구」, 『한국사회복지학』(Korean Journal of Social Welfare) Vol. 66, No. 4 (2014. 11), [257-280쪽]

3790) 『大典通編』「吏典·京官職·從六品衙門」, "活人署 總論".

3791) 『世宗實錄』「地理志」漢城府條.

환자들을 치료하고 의식衣食을 지급했다.

　　세조는 1466년(세조 12) 1월 동활인원과 서활인원을 통합해 '활인서活人署'로 고치고 참봉 1인을 추가했다. 활인서의 최종 관제는 성종조까지 몇 차례의 개정을 거쳐 확정되었다. 관원은 제조提調 1인, 별제別提 2인(종6품), 참봉 2인(종9품), 서리 4인이다. 참봉은 의원에게 주는 체아직(교대근무직)이며 1년에 두 번 도목都目을 행했다.[3792] 그리고 『육전조례』는 제조 1인(종2품), 별제 2인(종6품), 참봉 2인(종9품)이고, 혜민서 의관은 체아직이며, 이례吏隷로 서원書員 2인, 고직庫直 1인, 사령 5인, 구종驅從 1인이 있었다고 더 상세히 적고 있다.[3793] 병자를 구료하는 데 있어서는 고직이 병자의 유모와 다소에 대해 혜민서에 보고하고 매월 삭망에 한성부에도 보고하고, 한성부는 병자와 약물을 예조에 보고하고, 예조는 양의사兩醫司(전의감과 혜민서)에 일정량의 약제가 들어오고 위로 바칠 것을 알려주었다.[3794] 활인서는 조선말까지 존속하다가 1822년 폐지되었다. 혜민서와 업무가 부분적으로 겹쳤기 때문이다.

　-혜민서

　　조선시대 혜민서惠民署는 의약의 조달과 서민의 구활을 맡아본 국가관청이다(掌醫藥救活民庶).[3795] 이 혜민서惠民署의 전신은 고려의 혜민국惠民局이다. 고려 예종은 1112년(예종 7)에 혜민국을 설치했다. 이 혜민국은 충선왕 때 '사의서司醫署'로 이속移屬되었다가, 1391년(공

3792) 『大典通編』「吏典·京官職·從六品衙門」, "活人署".

3793) 『六典條例』「卷之六 禮典 活人署」, "救療".

3794) 『六典條例』「卷之六 禮典 活人署」, "救療": "救療病人有無多少 庫直 報于本署 每月朔望 轉報漢城府 病人藥物 報禮曹 知委兩醫司 量入進排."

3795) 『大典通編』「吏典 京官職 從六品衙門」, "惠民署".

2299

양왕 3) '혜민전약국惠民典藥局'으로 개칭되었다. 관원으로 판관判官 4명이 있었고, 본업 의관醫官과 산직散職이 업무를 교대로 담당했다.

태조 이성계는 1392년(태조 1년) 고려시대의 이 혜민국을 답습해 '혜민고국惠民庫局'이라는 명칭으로 설치하고 판관·영令·승丞·주부·녹사를 두었다. 그러다가 태종은 이 혜민고국을 1414년(태종 14) '혜민국惠民局'으로 개칭했다. 그렇게 운영되던 혜민국은 1466년(세조 12) 관제를 개정할 때 다시 '혜민서'로 개칭되었다. 혜민서는 새로이 제조 2인이 배치되었는데 취재取才시험에서의 고득점자取才分數多者를 뽑아 썼다. 그리고 직장職長 이상의 관원은 1인인데 구임久任으로 배치했다. 이 구임 관원 이외는 체아직이고 영도목兩都目을3796) 치러야 했다. 그리고 취재시험 차점자는 사람은 외임外任으로 차출差出했다. 그리고 주부 1인(종6품), 의학교수 1인(종6품), 2인일 경우에는 문관이 겸직했다. 여기에다 직장(종7품)·봉사(종8품)·의학훈도(정9품) 각 1인, 참봉(종9품) 4인을 추가 배치했다.3797) 위의 관원 이외에 산관으로 치종治腫교수 1인, 위직衛職 2인, 형조월령刑曹月令 1인, 사헌부월령司憲府月令 1인(겸직), 내국월령內局月令 2인, 침의鍼醫 1인, 이례吏隷는 서원書員 1인, 고직庫直 1인, 사령 5인, 구종驅從 2인, 군사軍士 1인, 의녀醫女 31인을 두었다.3798) 혜민서의

3796) '양도목'은 조선시대에 1년에 두 번 실시한 관리들의 인사 방법이었다. 조선시대에는 문무 양반에 대해 원칙적으로 6월과 12월에 인사행정을 실시했다. 6월에 행하는 인사를 '소정(小政)'이라 하고, 12월에 행하는 인사를 '대정(大政)'이라고 했다. 토관(土官)·녹사서리(書吏)도 이 방법으로 인사이동을 했다. 그러나 인사행정의 규모가 커지고 복잡해지면서 문무양반은 양도목을 고수했으나, 잡직은 1년에 4번 이동하는 사도목(四都目)으로 바뀌었고, 특히 군대의 직책은 단도목單都目에서 육도목(六都目)까지 다양하게 이동했다.

3797) 『大典通編』「吏典 京官職 從六品衙門」, "惠民署".

3798) 『六典條例』「卷之六 禮典」, "惠民署 總論": "提調二員從二品. 主簿一員從六品. 教授一員從六品. 直長一員從七品, 奉事一員從八品, 訓導一員正九品, 參奉四

업무는 서민의 구활과 의약醫藥 조달이었다(掌醫藥·救活民庶).3799) 따라서 활인서의 업무와 부분적으로 겹쳤다.

-제생원

제생원濟生院은 서민의료기관으로서 빈민 치료와 기아·미아 보호를 관장한 국가기관이다. 태조는 1397년(태조 6) 조준趙浚의 건의에 따라 설치했다.3800) 조선의 제생원은 고려의 '제위보濟危寶(濟危鋪)'(공양왕 3년 폐지)와 같은 서민구료 기능을 수행했다.

고려의 제위보는 원래 구빈원이었는데3801) 1127년(인종 5)부터는 서민 병자를 구료하는 기능을 더했다.3802) 그러나 1391년(공양왕 3)에 이르러 모든 제도를 축소할 때 이 제위보도 없어지고 말았다. 따라서 조선의 제생원은 고려의 제위보를 재건한 것이다. 제생원은 빈민·행려자의 치료와 고아·기아·미아의 수용·양호 및 약제구입·제약·의녀육성 등을 겸장兼掌했다. 제생원은 1460년 혜민서에 이속병합되었다. 제생원은 혜민서에 이속된 뒤에도 이전과 다름없이 제생원의 명의로 빈민치료와 고아·기아 수양收養기능을 계속했다.

제생원의 활동을 보면 태종은 태종 5년(1405) "무고한 백성들을

員從九品. 散員, 治腫教授一員, 衛職二員, 刑曹月令一員, 司憲府月令一員 掌務官兼,, 內局月令二員, 鍼醫一員. 吏隷書員一人. 庫直一名, 使令五名, 驅從二名, 軍士一名, 醫女三十一名.

3799) 『六典條例』「卷之六 禮典」, "惠民署 總論. 掌醫藥·救活民庶."

3800) 『太祖實錄』, 태조 6년(1397) 8월 23일 임인 2번째 기사 "제생원을 설치하다": "제생원을 설치하고 각도로 하여금 혜민국의 예(例)와 같이 매년 향약재(鄕藥材)를 실어다 바치게 했다."

3801) 『高麗史』, 1101년(고려 숙종 6): "백성이 가난하여 능히 자존할 수 없는 사람은 제위보로 하여금 보리가 익을 때까지 진휼하고, 또 임진면(臨津面) 보통원(普通院)에서 행인에게 3개월 동안 밥을 주라."

3802) 『高麗史』, 1127년(인종 5): "제위보·대비원에 축적을 많이 하여 질병을 구하라."

제생원에 모아 양민할 것"을 명했다. 그리고 의정부에 하교下敎했
다. "환과고독·독질篤疾·폐질·실업의 백성 중에 얼고 주려서 비명非
命에 죽는 자가 어찌 없겠느냐? 내가 심히 불쌍히 여기노니, 한성부
와 유후사留後司·오부五部로 하여금 빠짐없이 널리 알려서 모아 기
르게 하라"고 명했다.3803)

　제생원은 서울에서 특히 동활인서東活人署에 수용된 빈한한 환자
의 치료를 맡았으며, 창고궁사倉庫宮司(왕실 사장고私藏庫)의 동녀童女
수십 명을 뽑아 맥경脈經·침구법鍼灸法을 가르쳐 부인들의 질병을
치료하는 의녀醫女로 양성했다. 그리고 동시에 각 도에서 향약재鄕
藥材를 수납輸納하여 비치하는 일도 맡아보았다.3804)

3803) 『太宗實錄』, 태종 5년(1405) 12월 2일: "命聚無告之民於濟生院以養之. 敎議政
府曰: "鰥寡孤獨·篤疾廢疾·失業之民 豈無凍餒 以非命而亡者歟? 予甚閔焉. 令漢
城府及留後司·五部 無遺通曉 聚而養之."

3804) 『太宗實錄』, 태종 6년(1406) 3월 16일: "제생원에 명하여 동녀(童女)에게 의약을
가르치게 하였다. 검교(檢校) 한성윤(漢城尹) 지제생원사(知濟生院事) 허도(許衜)가
상언했다. '가만히 생각건대, 부인이 병이 있는데 남자 의원으로 하여금 진맥하여
치료하게 하면, 혹 부끄러움을 머금고 나와서 그 질환을 보이고 싶어 하지 아니하여
사망에 이르게 됩니다. 원하건대, 창고궁사의 동녀 수십명을 골라서, 맥경과 침구법
을 가르쳐서, 이들로 하여금 치료하게 하면, 거의 전하의 호생지덕(好生之德)을
더할 것입니다.' 임금이 그대로 따라 제생원으로 하여금 그 일을 맡아보게 하였다.
또 『太宗實錄』, 태종 9년(1409) 2월 7일 "의학에 뜻을 둔 사람들을 제생원·혜민국
등에서 공부하게 하면서 백성들을 치료하게 할 것을 건의하다": "의정부에서 의약활
인(醫藥活人)의 법을 아뢰니, 그대로 따랐다." 또: "현임 의관이 그 수가 많지 아니하
고, 각 녹관으로서 맡은 바가 한가하지 못해 대소 환자를 일일이 치료할 수 없어서,
병이 깊어져 치료하기 어렵게 되어 일찍 죽는 자가 없지 아니합니다. 원컨대, 의업
출신으로서 한산한 인원들을 전의감에서 품계에 따라 권지(權知)로 삼고, 제생원과
혜민국에서 '별좌'라고 일컬어 구전(口傳, 구두임명)으로 시행하고, 매일 관에 출사
시켜 일을 익히게 하여, 존비구별이 없이 병든 집에서 부르거나 청하면, 곧 가서
치료하게 할 것입니다. 이 중에 병의 진찰이 정밀하고 익숙하며 약리(藥理)에 자세하
고 밝아서 사람을 살린 것이 가장 많은 자는 제조관으로 하여금 사실을 징험하여
신문(申聞)하게 하여서 인재를 뽑아 쓰는 데 빙거(憑據)되게 하소서." 이것도 그대로
시행되었다.

-고종의 제중원

고종은 혜민서·활인서 대신 1885년 '광혜원廣惠院'을 설치했다 가3805) 곧 '제중원濟衆院'으로 개칭했다. '광혜원(House of Extended Grace)'은 한양에 세워진 최초의 근대 의료 기관이다. 고종은 미국인 선교사 호러스 알렌의 건의를 가납하여 광혜원을 세웠다. 그러나 광혜원은 문을 연 지 13일 만에 대중을 구제한다는 뜻에서 '제중원 (House of Universal Helpfulness)'으로 개칭했다.3806)

호러스 알렌은 미국의 북장로회 의료 선교사로서 상하이에서 활동하다가 1884년에 조선에 들어왔다. 당시 조선의 개신교는 선교 에만 치중하던 천주교와는 달리, 교육과 의료 활동을 통해 얻은 신뢰를 바탕으로 선교 활동을 하는 정책을 펴고 있었다. 알렌도 개신교의 이런 선교방침에 따라 미국 공사관의 소속 의사로 일하면 서 선교활동을 했다. 알렌은 1884년에 갑신정변이 일어났을 때 부상을 당한 민영익을 치료해 고종의 신임을 얻었다. 그러고는 왕실의 의사이자 고종의 정치 고문으로 활동했다. 1885년 그는 고종에게 근대식 병원을 세울 것을 제안했고, 이에 고종은 조선의 서민치료기관이었던 혜민서와 활인서의 대체물로 광혜원을 세웠 다. 광혜원은 병원이자 근대 의료교육 기관으로 운영되었다. 1886 년 3월에 16명의 학생을 뽑아 가르치기 시작했고, 알렌은 광혜원의

3805) 『高宗實錄』, 고종 22년(1885) 2월 29일 기해 1번째 기사: "의정부에서 '혜민서와 활인서를 이미 혁파했는데 이는 조정에서 널리 구휼하는 본의로 놓고 볼 때 아주 결함이 됩니다. 별도로 원(院)을 하나 설치하여 광혜원(廣惠院)이라고 이름 부르고 외서(外署)에서 전적으로 관할하게 하는 동시에 인사업무와 사무 처리는 모두 해당 아문(衙門)에서 초기(草記)하여 품처하게 하는 것이 어떻겠습니까?' 아뢰었다. 이에 윤허하다."

3806) 『高宗實錄』, 고종 22년(1885) 3월 12일 신해 1번째 기사: "통리교섭통상사무아문 에서 '광혜원을 제중원濟衆院으로 개칭했다'고 아뢰었다."

의사이면서 교수로 활동했다.

1904년에 미국의 사업가 세브란스(L. H. Severance)의 기부금으로 새롭게 병원을 만들면서 광혜원은 '세브란스 병원'으로 개칭되었다. 8·15 광복 후에는 세브란스 의과 대학이 되었다가, 다시 연희대학교와 통합되면서 연세대학교 의과대학 부속 병원이 되었다.

알렌의 명성은 날로 높아져 하루에 최고 260여 명의 환자를 보게 된 때도 있었다고 하는데, 그 뒤 환자의 수가 늘어나서 진료업무가 복잡하게 되자 알렌은 한때 미국 감리교회 선교의 스크랜턴(W. B. Scranton)의 도움을 받기도 하다가, 곧 추가로 파견된 선교의 헤론(J. H. Heron)과 함께 진료에 종사했다. 1886년에는 다시 미국으로부터 여의女醫 엘러스(A. J. Elless)가 파견되어 제중원에 부인부婦人部를 신설하고 왕실 여인들의 진료에 종사했다. 이렇게 제중원의 진료업무가 더욱 번창하자 1886년 10-11월경 조선정부는 한성 남부 동현의 왕실 소유 부지(지금의 을지로 입구와 2가의 중간, 구 외환은행 본점 자리)로 제중원을 옮겼다. 그러나 1887년 가을 알렌이 미국특파전권대사 박정양朴定陽의 수행원으로 떠나게 되자 제중원의 진료업무는 헤론이 전담하게 되었고, 부인부의 여의는 엘러스가 혼인하게 됨에 따라 호턴(L. S. Horton)으로 교체되었다. 그 뒤 알렌이 돌아왔으나 미국 공사관 서기관이 되었으므로 병원진료는 하지 않았고, 1890년 여름 헤론이 병사하자 캐나다에서 다시 파견된 빈턴(C. C. Vinton)이 의료업무를 이어 맡다가 1893년 다시 추가로 파견된 에비슨(O. R. Avison, 魚丕信)에게 인계되었다.

제중원은 1885년 국립병원으로 개원하여 진료활동을 한 이래, 1894년 6월 갑오개혁의 행정관제개혁 때 내무아문 아래 위생국을 설치해 종두 및 의약·전염병예방업무 등을 맡게 하면서 7월 18일

내무아문으로 폐합되었다. 이후 제중원은 선교사업기관으로 분리되어 나와 의료업무를 계속했는데, 병원운영을 맡은 관리들의 부패로 업무를 수행할 수 없어 정부에 쇄신을 건의했다. 고종은 이 건의를 받아들여 모든 권리를 에비슨에게 맡겨 설립한 지 9년 만에 경영권도 완전히 미국 북장로교 선교부로 이관되었다. 그리고 미국인 실업가 세브란스의 재정지원으로 1904년에 남대문 밖 복숭아골(桃洞)로 현대식 병원을 지어 옮기고 세브란스병원이라 하였다. 에비슨에 의하여 1899년 제중원학교가 설립되었다가 1904년 세브란스병원으로 개편되면서 '제중원'이라는 이름은 자취를 감추게 되었다.

한편, 1886년 3월 29일, 서양의학을 교육하고 양의(洋醫)를 양성하기 위한 국립 제중원의학당이 개교했다. 아울러 고종은 1886년 5월 미국 의사들의 공로에 대한 보상으로 알렌에게 당상관의 벼슬을 하사했다. 조선정부는 건물과 예산을 제공하고 학생들을 선발했으며, 제중원 의사 알렌은 교수들을 섭외하고 교육에 필요한 의학 도구 등을 준비했다. 본과 학생은 12명이었으며, 영어·화학·해부약 조제법 등을 가르쳤다. 그러나 정식 졸업생은 단 한 명도 배출되지 않은 것으로 보아 1890년경 제중원의학당의 의학교육은 중단된 듯하다.

-광제원

광제원廣濟院은 1899년 4월 24일 '내부內府병원'으로 개원했다가, 1900년 6월 30일 '보시원普施院'으로, 1900년 7월 다시 '광제원'으로 개칭된 내부內府산하의 근대적 국립병원이다. 그러나 을사늑약 뒤인 1907년 3월 10일 폐원하고 업무는 '대한병원'으로 이관되었다.

광제원은 1900년 서울에 설치된 내부 직할의 국립병원이다. 1899년 4월 24일 칙령 제14호「병원관제」에 의하여 설립된 '내부병원'이 1900년 6월 30일 칙령 제24호「병원관제 중 개정건」에 따라 '보시원'으로 발족되었다가 며칠 뒤 '광제원'으로 개칭되었다. 주요업무는 내부병원의 업무를 계승하여 일반 환자를 구료하는 이외에 전염병을 취급하는 피병원避病院의 별도시설 및 진료와 5일 간격으로 감옥의 죄수들의 진료를 맡았고, 1906년 4월부터 창녀들의 검진도 실시했다. 정부는 찬성비와 확장비를 마련해 1906년 광제원을 크게 확장했다.3807)

'내부병원' 단계에서 종두업무를 취급하기 위하여 15명의 의사 중 10명의 종두의를 두었으나 '광제원'으로 개칭되면서 한성종두사漢城種痘司가 독립되어 종두업무는 분리되었다. 직제는 원장 1명, 기사 1명 등 2명의 주임관(奏任官)과 의사 7명, 제약사 1명, 서기 1명 등 9명의 판임관을 두었는데, 의사는 대방의大方醫 3명, 외과의 2명, 소아의 1명, 침의針醫 1명으로 구성되었다.

기사는 의사와 제약사의 업무 및 매약을 관리하는 직책이었고, 제약사는 각종 약료의 검사뿐만 아니라 학생 수명을 두어 제약법과 화약법化藥法을 학습시키는 기능도 가지고 있었다.

의료비는 국고보조를 받았고, 환자가 직접 부담한 약값은 시중 약값에 비해 싼 값이었다. 그러나 1882년에 폐지된 혜민서의 전통을 이어 무의탁자와 죄수에 대한 가료는 무상이었다. 또, 오전 8시부터 12시까지는 외래환자의 진료, 오후 2시부터 4시까지는 환자의

3807)『高宗實錄』, 고종 43년(1906), 대한 광무 10년 5월 31일 양력 3번째 기사 "1906년 탁지부에서 제기한 여러 가지 비용을 지출할 것을 비준하다": "의정부에서 (...) 제중원 찬성금(贊成金) 3,000원, 샌프란시스코에 거류하는 본국 백성들의 재해 구휼금 4,000원, 광제원 확장비 2만 7,805원을 재가했다."

집에 왕진하는 시간으로 정하여 일과를 운영했다. 1907년 3월 10일 칙령 제9호로 의정부 직할의 '대한병원'으로 이관되었다.

조선정부도 청국정부처럼 '기아棄兒', 즉 버려진 아기들에 대한 수양收養을 게을리하지 않았다. 상술한대로 숙종조 1695년부터는 각 지방관청이 기아들을 거두는 '기아수양법'이 시행되었다.[3808] 약 40년 뒤인 영조조 1732년에는 호남과 충청도에 기아수양절목(시행령)을 만들어 내려 보냈다.[3809]

세종은 1418년(세정 1년) 즉위하자마자 환과고독과 피융疲癃(노쇠 피로질환)·폐질자에 대해 특별한 측은지심을 토로하고 이에 합당한 조치를 내렸다. "환과고독과 피융疲癃·잔질殘疾(폐질)은 왕정王政이 마땅히 불쌍히 여겨야 될 바이니, 안으로는 한성부의 5부가, 밖으로는 감사와 수령이 상세히 심문을 가하여, 환자와 진제를 우선 분급해 처소를 잃는 사태에 이르지 않게 하라. (...)각 기관의 수령들이 만약 진휼할 때를 놓쳐 필부匹夫·필부匹婦가 굶어서 구렁텅이에 굶주려죽어 있다면, 정히 책벌을 행할 것이다. 가난하여 아무 것도 없는 집에서 시집보낼 나이가 이미 지났는데도 시집보내지 못한 사람과, 장사지낼 날짜가 이미 지났는데도 매장하지 못한 사람은 진실로 애처로우니, 감사와 수령이 관늠에서 자량資糧을 주어 비용을 보조하여 때를 놓치는 사태에 이르지 않게 하라. 혹시 부모가 다 죽었는데, 동복형제同腹兄弟와 일족一族이 노비와 재산을 다 차지

3808) 『肅宗實錄』, 숙종 21년(1695) 12월 19일 정미 3번째 기사 "진휼청의 계사로 기아의 수양법을 정하여 반포하다": "진휼청의 계사로 인해 기아의 수양법(修養法)을 정해 8로(路)에 반포했으니, 나이는 12세 이하로 한정하고 월일月日은 병자년(1696) 정월 초1일에서 5월 30일에 이르기까지를 기한으로 했다. 그 내력을 알지 못하는 자는 관아에 정고(呈告)하여 입안(立案, 관청에서 발급하던 증명서)을 이루게 했다."

3809) 『英祖實錄』, 영조 8년(1732) 4월 3일 경인.

할 욕심으로 혼가婚嫁를 시키지 않는 자는 통절하게 논죄를 행할 것이다."3810) 또 세종은 25년 흐른 뒤인 1444년(세종 26)에도 환과고독과 폐질자들을 특별히 배려했다. "속전續典에 각도의 감사가 부역을 나누어 배정할 때에는, 토지의 넓고 좁음과 인구의 많고 적음에 따라 차등을 두고, 그 중에 환과 고독과 피륭잔질疲癃殘疾한 자로서 집에 다른 장정에 없는 자에게는 전면全免하라"고 명했다.3811)

노인보호사업은 음식을 제공하는 '공궤供饋', 옷감과 옷, 의약품을 공급하는 '노인사물賜物', 작위를 주는 '노인사직賜職'이 있었다. 이런 양로와 환과고독의 양호·우양收養의 일은 주로 한성부와 지방 관아에서 담당했다. 조선왕조의 군주들은 국가에 중대사가 있을 때, 또는 천재지변으로 인해 환난을 당했을 때 관곡을 지급해 환과고독과 노인들을 보호·진휼했으며, 국가에 경사가 있을 때에는 궁정에서 양로의 향연을 베풀었다. 그리고 국왕의 순행 시에는 그 지방의 환과고독을 불러 의식衣食을 하사하고 향연을 베풀어 위로했다.

대조선국 유교국가에서 노인에 대한 국가의 공경과 봉양은 여러 단계로 법제화되어 갔다. 노인에 대한 공경우대에 대한 최초의 법규는 『경국대전』에 명문화되었다. "나이 80 이상의 노인은 양인과 천인을 막론하고 1품계를 주고 원래 품계가 있는 자에게도 또 1품계를 더해준다. 그러나 당상관은 교지를 받아 준다."3812) 노인봉양을

3810) 『世宗實錄』, 세종 즉위년(1418) 11월 3일 기유 12번째 기사.
3811) 『世宗實錄』, 세종 26년(1444) 윤7월 6일 계미 3번째 기사 "호조에 전지하여 각 도의 감사가 부역을 나누어 배정할 때 육전의 규정에 따라 시행하게 하다"
3812) 『經國大典』「吏典 老人職」, "年八十以上".

위한 관리들의 휴가도 법규화했다. "70세 이상 부모(七十歲以上親者)가 있는 자는 아들 1인, 80세 이상 부모가 있는 자는 아들 2인, 90세 이상 부모가 있는 자는 여러 아들이 다 돌아가 봉양한다."[3813] 또 "매년 늦가을에 양로연養老宴을 행한다. 대소大小관원으로서 나이 80 이상 자들이 연회에 나아간다. 부인들을 위해서는 왕비가 내전에서 연회를 연다. 외방에서는 수령이 내·외청을 별도로 설치하고 연회를 행한다."[3814] 그리고 요역도 감면한다. "대인이나 소인이나 나이 80 이상으로서 장정 10명을 거느리거나 밭이 10결 이하인 자는 복호하고(요역을 감면하고), 평민과 공사천은 장정 5명을 거느리거나 밭이 5결 이하인 자는 역시 복호한다. 90세 이상이면 밭이나 장정의 많고적음을 막론하고 복호한다."[3815] 당상관 출신 노인들도 80세가 넘으면 가자加資한다(품계를 높여준다). "동·서반에서 일찍이 4품 실직 이상을 지낸 사람으로서 나이 80인 자는 해조該曹에 명해 연초에 가자해준다."[3816] 또 "변방의 장졸로서 부모가 나이 75 이상인 자는 벼슬을 갈아주고 독자이면서 형제가 없는 자는 부모가 나이 70이면 그리한다."[3817] 또 "2품의 실직을 지내고 70세 이상으로서 벼슬에서 물러나 시골에서 지내는 사람에게는 복호를 준다."[3818] 노인공경·봉양 혜택, 그리고 여성에 대한 배려는 노비에게도 주어졌다. "노비 가운데 나이 15세 이하이거나 60세 이상인 경우, 독질篤疾·폐질廢疾인 경우, 낳은 자식 3명 이상이 신공身貢을

3813) 『經國大典』「吏典 給假」, "凡有故者".

3814) 『經國大典』「禮典 宴享」, "每歲季秋…".

3815) 『經國大典』「兵典 復戶」, "年八十以上".

3816) 『續大典』「吏典 老人職」, "[兩班四品實職以上".

3817) 『典錄通考』「兵典 上 外官職 受教輯錄」, "父母年七十五歲以上者".

3818) 『大典通編』「兵典 復戶」, "實行二品職事".

바치거나 신역身役을 진 경우에는 이 신공과 신역을 면제한다. 낳은 자식 5명 이상이 신공을 바치거나 신역을 진 경우와, 나이 70세 이상으로서 낳은 자식 3명 이상이 신공을 바치거나 신역을 진 경우에는 모두 1명의 신공이나 신역을 면제한다. 나이 80세 이상의 노비에게는 또 시정侍丁 1명을 더 준다. 나이 90세 이상의 노비에게는 시정을 모두 준다. 부모가 비록 공천公賤이 아니더라도 준다. 서울의 노비는 나이 50세가 차면 악적樂籍에서 삭제해 신공이나 신역을 면제한다. 봉족奉足과 시정侍丁은 신공과 신역이 면제된다. (...)입역立役하는 여종은 출산일을 앞두고 1개월, 출산한 뒤에 50일의 휴가를 주며, 그 남편에게는 출산 이후에 15일의 휴가를 준다."3819)

또 태조 때부터 노관老官에 대한 공경예우를 목적으로 기로소耆老所를 설치해 문관 정2품 이상의 실직에 있던 자들 중에서 70세 이상이 되면 입소하게 하고, 임금도 연로하면 여기에 입소하여 이름을 적었다. 숙종은 1719년(숙종 45) 나이 60에 기로소(기사耆社)에 들어갔고, 영조는 1744년(영조 20) 나이 51세에 기사에 들어갔고, 국왕이 노인들과 매년 춘추에 연락宴樂을 같이 했다.3820)

선조는 1603년(선조 36) 왜란으로 끊어진 기로소 연회를 복원했다. 판중추부사 구사맹具思孟 등이 아뢰기를, "우리나라가 건국 초기부터 기로소를 설립해 특별히 장획臧獲과 어전魚箭 등의 물품을 하사한 것은, 대체로 연로한 재상들로 하여금 해마다 연회를 하며 여년餘年을 즐길 수 있게 하려 한 것이니, 진실로 200년 이래 전해오는 훌륭한 전통입니다. 그런데 병란 이후로는 오래도록 폐지되어 시행하지 못했습니다. 이번에 다행히도 11일에 그전의 준례대로 삼공을

3819) 『大典通編』「刑典 公賤」, "奴婢免貢役".
3820) 『大典通編』「吏典 京官職, 耆老所」.

초청해 고사故事를 간략하게 시행함으로써 조종조에서 설립한 본 뜻을 잊지 않게 하려 합니다." 이에 선조가 전교했다. "매우 좋은 일이다. 기로소의 연회장에 일등급 술을 내리라."3821) 또 현종은 1667년(현종 8) 도내에 80세 이상 된 노인들의 품계를 올려주고 옷감과 음식물을 차등 있게 하사했다.3822) 숙종은 1693년(숙종 19) 9월 순시 중에 남문루南門樓에 나가서 부로父老들을 불러다 남문루 아래에 서도록 하고 승지에게 명하여 위로하고 유시하게 하였다. 이어서 본부本府의 구적곡舊糴穀을 바치지 못한 것과 칙사勅使 지공하기위하여 각 아문各衙門에 빚을 낸 것으로 민간에서 떠맡아야 할 쌀·콩·벼 1200여 석과 은전銀錢 9000냥, 대미大米(쌀), 소미(좁쌀) 3000석, 면포 30동同, 유철鍮鐵 1000근을 감면해 주었다.3823)

영조는 1766년(영조 42) 8월 팔도에 명하여 사족士族 나이 80세, 서민 나이 90세 이상에게 가자加資하고, 부녀는 그 나이에 따라 고례古例에 의거해 식물食物을 제급題給하며, 기신耆臣·종친·문무반 70세 이상인 자들에게는 식물을 제급했다.3824) 정조는 1784년(정조 8) 정월 환과고독은 그 연한을 정하여 80이나 70에 집이 없고 적籍이 없어서 발매發賣하는 데에 들지 못한 자를 찾아서 수록收錄하고 머릿수를 셈해 나누어 먹이기를 청한 정언 정익조鄭益祚의 상소를 받아들여 묘당의 의견을 구해 상소문대로 집행했다. 그리고 도민都

3821) 『宣祖實錄』, 선조 36년(1603) 5월 10일 을축 3번째 기사 "구사맹이 기로소를 설치하여 연로한 재상을 위로할 것을 청하다".

3822) 『顯宗改修實錄』, 현종 8년(1667) 4월 22일 병인 3번째 기사 "80세 이상 노인에게 품계와 옷감 등을 하사하다".

3823) 『肅宗實錄』, 숙종 19년(1693) 9월 1일 임인 1번째 기사 "송도의 남문루에 나가서 부로들을 불러다 위로하고 유시하게 하다".

3824) 『英祖實錄』, 영조 42년(1766) 8월 17일 갑인 2번째 기사 "팔도에 명하여 가장 오래 된 구 환곡의 석수를 계산하여 고르게 감하다".

民에게 값을 줄여서 발매하고 가난하고 의지할 데 없는 무리에게 순미巡米를 백급白給(무상급여)하자는 진휼청의 청원보고를 듣고 "쌀의 품질을 각별히 가리고 두량斗量을 반드시 맞추어 조정에서 가난을 돌보는 본의가 반드시 고루 미치게 하라"고 명했다. 그리고 "양반 가호家戶의 수는 적어졌거니와 과부의 집이 태반이니, 아! 저 쇠약하고 외로운 자가 더욱이 매우 불쌍하다"고 애처로워하면서 "길에서 빌어먹기 어렵거니와 품 파는 데에 의지할 수도 없으니, 오직 이 두어 말의 곡물이 어찌 한 달의 양식을 돕겠는가? 소호小戶·독호獨戶를 물론하고 민호民戶보다 대미와 소미를 각각 한 말을 더하여 배급하라"고 명했다.3825) 순조는 1804년(순조 4) 화성의 1795년(정조 19) 양로연養老宴에 참연參宴했던 노인들(90 이상 노인 9명, 80 이상이 2명, 70 이상이 99명)에게 본부에서 쌀과 고기를 내려 주었다.3826)

이와 같이 역대 조선군주들과 법전들은 환과鰥寡와 고령노인들에 대해 공경예우와 물질적 복지 지원을 아끼지 않았다. 그들을 위해 연회를 베풀어주는 것은 구민·양민을 넘어 '안민安民'에 속했다. 조선의 군주들은 기아와 고아들에 대해서 끊임없이 복지혜택을 배려했다.

■ 정조의 「자휼전칙」과 기아·고아보육의 법제화

조선왕조에서 고아·기아棄兒의 보육保育은 태조 때부터 이미 시작된다. 태조는 1497년(태조 6) 자식이 없는 사람이 전적으로 후사를

3825) 『正祖實錄』, 정조 8년(1784) 1월 19일 을사 2번째 기사 "백급 대상을 가려 뽑게 하다".

3826) 『純祖實錄』, 순조 4년(1804) 8월 30일 병술 4번째 기사 "화성의 을묘년 양로연에 참여했던 노인에게 본부에서 쌀과 고기를 내려 주라 명하다".

잇기 위해 세 살 전에 절부節付했거나 기아를 수양收養한 자의 경우 수양아들은 곧 그의 자식과 같다고 보고, 비록 전계傳繼의 명문明文이 없더라도 그 노비들을 수양아들에게 전부 주게 하고, 시양侍養된 자(3세가 넘어서 수양된 아들)는 만일 전해진 명문이 있으면 명문에 따라 결급決給(판결로 지급)하되, 명문이 없는 자도 반을 결급하게 했다.3827) 대를 잇는 수양아들로 길러진 기아도 친자처럼 상속을 온전히 받게 하여 기아입양을 촉진한 것이다. 세종은 1448년(세종 30) 이것을 다시 확인한다.3828)

1436년(세종 18년) 기근으로 인하여 유이流移하는 백성이 그 어린 아이를 버리고 가버리매, 마을 사람도 또한 보호해서 기르지 않으므로, 의탁할 데가 없어서 굶주려 죽는 아이들이 나오게 되었다. 이에 세종은 이 기아들을 구휼할 것을 청하는 의정부의 건의를 받아들여 "소재 고을의 이정里正으로 하여금 수령에게 달려가 알려서, 일정한 재산이 있고 자상慈祥한 사람에게 이 아이들을 주어서 보호·양육하도록 하고, 관청에서 의복과 양식을 주어서 얼고 굶주림을 면하게 했다".3829)

그리고 세종은 그로부터 8년 뒤인 1444년(세종 26) 황해도에 흉년이 들자 다시 기아들을 챙긴다. 세종은 황해도 관찰사에게 이렇게 유시했다. "이번에 평안도 전향별감傳香別監 오경충吳敬忠이 아뢰기를, '서흥군瑞興郡에 한 아이가 길가 산골짜기에 버려져 있었다'고

3827) 『太祖實錄』, 태조 6년(1397) 7월 25일 갑술 1번째 기사 "노비변정도감에서 올린 노비 쟁송 판결에 관한 사의(事宜) 19조목".

3828) 『世宗實錄』, 세종 30년 4월 9일 갑자 1번째 기사 "수양아비의 재산 상속을 둘러싼 분쟁에 대한 부지돈녕부사 권총의 상서".

3829) 『世宗實錄』, 세종 18년(1436) 10월 10일 임신 2번째 기사 "기근으로 인해 기아들을 구휼할 것을 의정부에서 건의하다".

말했는데, 나는 이 말을 듣고 깊이 진려軫慮했다. 황해도가 지난해에 실농失農함이 더욱 심했으니 기근이 극심해 사람이 서로 보전하지 못할 것은 필연한 이치다. 또 경충敬忠이 길가 근처에서 아이를 보았다 하니 유벽幽僻한 산골에는 노인과 영아들을 버린 것이 반드시 많을 것이다. 도내의 기근과 구황救荒 상황을 빨리 세밀하게 갖추어 계달하고, 또 기아들에게 옷과 양식을 주어 구호해 살리도록 하되, 아기를 버린 그 근본 이유를 끝까지 추궁해 아뢰라."3830) 그리고 세종은 유시가 추상과 같았으므로 얼마 후 보고를 받은 뒤 합당한 조치를 취했을 것으로 추정된다.

단종 때는 기아들 제생원에서 맡아 기르게 했다.3831) 세조 때도 기아의 구휼여부에 대한 단속령이 내렸다.3832) 때는 아기를 버린 어미 눌던訥德을 처벌해서3833) 기아 논죄를 표준으로 삼았다. 성종은 1481년(성종 12) "올해는 흉년이 들어서 중외中外 백성들이 기한飢寒에 핍박받아 자식을 보양(保養)할 수가 없어서 버려두고 흩어져 떠나는 자들이 반드시 있을 것이라고 생각한다. 그들을 거두어 휼양恤養한 사람을 논상論賞할 절목節目을 의논해서 아뢰라"고 전교했다. 이에 호조는 이 전교를 받들어 "두 사람을 휼양한 자는 양천良賤을 막론하고 자기가 원하는 데 따라 한 사람은 종으로

3830) 『世宗實錄』, 세종 26년(1444) 2월 19일 기해 1번째 기사 "황해도 도관찰사에게 도내의 기근상황을 갖추어 보고하고 기아를 구호하여 살릴 것과 버린 이유를 추궁하여 아뢸 것을 유시하다".

3831) 『端宗實錄』, 단종 즉위년(1452) 8월 6일 병인 2번째 기사 " 미사리에서 발견한 유기한 어린이의 일을 한성부에서 국문하도록 하다".

3832) 『世祖實錄』, 세조 3년(1457) 1월 28일 계사 3번째 기사 "사헌부와 한성부에 금령 중에서 지켜야 할 내용을 전지하다".

3833) 『成宗實錄』, 성종 4년(1473) 1월 28일 기미 5번째 기사 "한성부에서 어린아이를 유기한 양녀 눌덕을 추국할 것을 청하다".

삼도록 허락하고, 한 사람은 부모·족친과 본주인 중에서 의료衣料의
값을 배로 바치면 돌려주도록 하되, 만약 상납償納하지 못하면 양육
한 사람이 역사役使시키도록 허락할 것이며, 공천公賤은 3년을 한정
해 복호復戶하는 것이 어떠하겠습니까?"라고 물었다. 성종은 호조
의 이 방책을 채택했다.3834) 또 성종은 1486년(성종 17) 민간의 기근
이 심해서 소아를 유기하는 것이 104명에 이르는 사태를 당해 수년
數年 기한을 정해 해도該道의 관찰사로 하여금 해마다 기아의 존망
을 뽑아 갖추어서 보고하게 했다.3835)

중종은 1533년(중종 28) 하삼도(삼난지방)의 진구책과 관련하여 기
아를 걱정하며 방책을 찾는다. "심연원沈連源이 '외방에는 기아가
많으니 거두어 기르는 자에게 영원히 키우도록 허락해야지 연한年
限을 둔다면 누가 거둬 키우려 하겠는가?' 하였는데, 이 일은 어떻게
해야 하겠는가?"라고 하문했다.3836) 이에 삼공이 의논해 기아 양육
은 『대명률』에 따르게 하는 것이 좋을 것이라고 보고 했다. 『대명률
』의 '입적자위법立嫡子違法'조에 기아를 양육하는 일은 "기아가 세
살 이하이면 비록 성이 다르더라도 거두어 기르는 것을 허락하고
곧 그의 성을 따르게 한다"고 했고 『경국대전』 '혜휼조惠恤條'에는
"기아는 한성부나 본읍本邑에서 기르기 원하는 자에게 주고 관에서
의료衣料를 지급해 (입양할 때) 세 살 이하였던 아이는 양육한 사람이
그 아이를 부리게 한다"라고 되어 있다. 중종은 삼공의 이 보고를

3834) 『成宗實錄』, 성종 12년(1481) 9월 11일 임오 4번째 기사 "호조에서 기아들의
    휼양책을 아뢰다".
3835) 『成宗實錄』, 성종 17년(1486) 5월 2일 병오 5번째 기사 "이극돈이 복명하고
    안동의 토속과 사민의 실시를 청하니 이를 따르다".
3836) 『中宗實錄』, 중종 28년(1533) 6월 24일 을미 1번째 기사 "하삼도의 진구책과
    어염에 대해 논의하다".

받고 "이 율대로 하라"고 전교했다.3837)

명종은 1548년(명종 3) 3월 전교했다. "기민 중에 자식이 있으나 기르지 못해 버리거나 나무에 매어 놓고 가버리는데도 거두어 기르는 사람이 없다. 거두어 기르거든 영원히 그 사람에게 주는 법이 예전에는 있었는데, 지금은 그렇게 하지 않은 까닭에 기아가 있어도 거두어 기르려 하지 않으니 의당 옛법을 거듭 밝혀서 거두어 기르는 사람에게 그 아이를 영원히 준다면, 그들을 살릴 방도가 있을 것이다."3838) 15년도 지나지 않아 중종의 기아해법은 유실되어서 명종이 다시 이 옛법을 살리라고 하고 있다.

인조도 기껏 옛법의 복구를 방책으로 삼았다.3839) 1670년 현종은 심지어 기아를 입양한 자가 아기를 길러 노비로 삼도록 하는 방안까지 비준한다.3840) 그리고 1671년 이를 원칙으로 수양사목(시행령)을 만들었다.3841) 현종조까지 어떤 군주도 중국정부처럼 기아와

3837) 『中宗實錄』, 중종 28년(1533) 6월 24일 을미 3번째 기사 "기아 양육은 대명률에 따르게 하다".

3838) 『明宗實錄』, 명종 3년(1548) 3월 21일 병신 4번째 기사 "수령들에게 떠돌다 죽은 자를 묻어주고 신상을 자세히 기록토록 하다".

3839) 『仁祖實錄』, 인조 15년(1637) 2월 12일 임오 3번째기사 1637년 "한성부의 고아 문제에 건의를 따르다": "한성부가 아뢰기를, 기아를 데려다 기르는 자는 자기의 아들과 같이 해야 한다는 것이 법전에 기재되어 있는데, 더구나 이런 병란을 치른 뒤이겠습니까. 중앙과 지방에 게시하여 본주(本主) 및 그 부모로 하여금 도로 찾아가지 못하게 하고 영을 어긴 자는 중하게 다스려 용서하지 못하게 하소서 하니, 상이 따랐다."

3840) 『顯宗實錄』, 현종 4년 11월(1663) 27일 신묘 1번째 기사. "대사성 민정중(閔鼎重)이 아뢰기를, 지난번 몹시 춥던 날 기아 하나가 거적에 싸여 길거리에 내버려져 있기에 바로 옷을 입히고 밥을 먹여 살렸는데, 들으니 이런 경우가 매우 많다 합니다. 만약 양자로 거두어들이는 자가 있을 경우 노비로 삼는 것을 허락해 준다면 기아들 가운데 살아나는 애들이 많을 것입니다. 경조京兆로 하여금 공문을 발급하게 하소서 하니 상이 허락했다." 또 참조: 현종 11년(1670) 8월 17일 신축 2번째 기사 "기아를 노비로 삼게 하다".

2316

고아를 국가기관이나 공공시설에 수용하여 양육하는 것에 대해 생각하지 못하고 있다. 이것은 숙종도 마찬가지였다.[3842]

마침내 영조는 1723년(영조 8) 기아를 관청이 수용하여 양육하는 방안을 채택했다. 영조는 옛날에 진제하던 뜻을 준수하기 위해 기아를 거두어 기르도록 청한 충청감사 이형좌李衡佐의 요청을 받아들여 호남의 예와 같이 수양절목節目을 만들어 내려 보내주었다.[3843] 또한 영조조에 와서 입양해 기른 아이를 노비로 삼을 수 있게 한 법의 문제점을 희미하게 깨닫게 된다.[3844]

드디어 정조는 1783년(정조 7) 11월 3일 청대 중국의 육영당처럼 기아와 고아를 일정한 주거 시설에 수용하고 유모를 고용해 젖을 먹여 양육하는 상설제도를 「자휼전칙字恤典則」으로 수립한다. 정

3841) 『顯宗實錄』, 현종 12년(1671) 5월 17일 정묘 1번째 기사 "기아를 수양하게 하다": "다시 백성으로 하여금 기아를 수양하게 하였는데 사목을 만들어 서울과 지방에 반포하였다." 또 참조: 『顯宗改修實錄』, 현종 4년 12월(1663) 3일 병신 2번째 기사: "민정중이 또 아뢰기를, 며칠 전에, 기아를 거두어 기르는 자는 노비로 삼는 걸 이미 허락하도록 했습니다만, 이 같은 경우에 단지 본인에만 국한하고 자손에 대해서는 그대로 노비를 삼을 수 없는 것으로 옛 법규가 되어 있습니다. 지금도 이 규례대로 해야 합니다 하니, 상이 따랐다." 또 참조: 현종 12년(1671) 3월 18일 기사 4번째 기사 "기아를 거두어 기르는 법을 마련하다".

3842) 『肅宗實錄』, 숙종 21년(1695) 12월 19일 정미 "진휼청의 계사로 기아의 수양법을 정하여 반포하다"; 숙종 29년(1703) 12월 25일 병신 1번째 기사: 기아를 거두어 기르고 살린 사람에게도 또한 정축년의 예에 의거해, 진휼청에서 입안을 해 보내어서 그들을 영원히 노비로 삼게 하든지, 아니면 수양자(收養子)나 고공으로 삼게 하도록 했다.

3843) 『英祖實錄』, 영조 8년(1732) 4월 3일 경인 "진휼청에서 기아를 거두자는 충청백 이형좌에게 절목을 보내자 하다".

3844) 『英祖實錄』, 영조 8년(1732) 10월 6일 경신: "기아를 거두면 부릴 수 있게 한다는 명을 각부에 신칙하게 하다": 호조 판서 김재로(金在魯)가 아뢰기를, "기아를 구해 살려줄 경우 그 아이를 부릴 수 있도록 허락한다는 명이 있어 외방에는 알린 적이 있는데, 서울에는 반포한 적이 없습니다. 지금 각별히 각부에 신칙해 집집마다 데려다 기르게 한다면 길거리에서 죽어 넘어지는 참혹한 일은 없게 될 것입니다"라고 했다. 여기에 이미 기아를 입양한 사람의 노예로 삼는다는 말이 빠져있다.

조는 제신들에게 신칙한다. "요사이에 듣건대 길가에 더러는 버려진 아이들(遺孩)이 있다고 하니 이는 매우 비참하고 측은한 일이다. 이는 곧 진휼청의 소관이 아니겠는가? (...) 흉년이 들어 굶주리는 해에 말할 데가 없는 우리 민생은 어느 누가 차마 그대로 둘 수 없는 사람이 아니겠는가마는, 그 중에도 가장 가긍(可矜)한 것은 아이들(童稚)이다. 저 장정인 사람들은 그래도 남의 용보(傭保)(고용인)라도 되어 입에 풀칠을 할 수 있게 되지마는, 길가에 유기된 무리들과 흉년이 들어 걸식행각을 하는 아이들은 만일에 조정이 구제해 살리지 않는다면 누구에게 가서 호소하겠는가? 이는 진실로 인인(仁人)들이 측은하게 여겨 온 바이니, 만일에 사목(司牧)이 된 사람들이 근심할 것이 없다고 여겨 돌보지 않는다면, 백성의 부모가 되는 의리가 어디에 있게 되겠는가?" 그리고 바로 이어서 정조는 송대 중국의 공공 영아양육시설 '광제원'과 '육영사'를 언급한다. "송나라에는 광제원이 있었고 명나라에는 육영사(育嬰社)가 있었으니, 이는 이런 사람들을 위해 설치했던 것이 아닐 수 없고, 우리 조정의 활인서와 혜민서 두 서(署)도 대개는 또한 비슷한 것이다. 그러나 구중궁궐에 깊이 있기에 어떻게 직접 볼 수가 없으니, 이는 바로 이른바 '어떻게 사람마다 구제해 줄 수가 있는가?'라고 한 말과 같은 일이다. 오직 유사(有司)들이 거듭 밝히어 검찰하고 신칙하기에 달렸다." 그리고 이어서 정조는 기아양호절목을 만들라고 명령한다. "유사들로 하여금 난숙하게 상의해서 절목을 만들어 중외에 반포해 각기 영구히 준행하게 하라."3845) 이렇게 하여 '자휼전칙'의 제정을 예고했다.

3845) 『正祖實錄』, 정조 7년(1783) 11월 3일 경인 2번째 기사 "대신들과 구휼과 봉진의 견감을 의논하다".

이틀 뒤인 11월 5월 사목事目(절목)이 「자휼전칙字恤典則」으로 완성되었다. 그러자 정보는 이것을 중외에 반포하여 법제화하면서 이런 길고 긴 윤음을 내린다.

흉년이 들어 굶주리는 해에 우리 민생들 중에 부황이 들어 전련顚連하게 되는 사람들이 어느 누가 왕정王政이 구제해 주어야 할 사람이 아니겠는가마는, 그 중에도 가장 말을 할 데가 없고 가장 가련한 사람은 어린 아이들이다. 저 장정인 사람들은 남의 용보傭保가 되어 물 길러 주고 나무 해 주면서라도 살아갈 수가 있지만, 어린 아이들은 이와 달라 몸을 가리기와 입에 풀칠을 제힘으로 할 수 없으므로 훌쩍거리며 살려 주기를 바라며 의지할 데가 없게 된다. 길가에 유기된 부류에 있어서는 그 동안에 무슨 사고가 있어선지 알 수 없지마는 요컨대 부모가 없어서 그 지경이 되었을 것이고, 설사 부모가 있다손 치더라도 몸에 기한飢寒이 절박해지자 둘 다 보존하게 되지 못할 것을 헤아리고서 인정도 없고 사정도 없이 길거리에 내다 놓으며 누군가가 애처롭게 여겨 구출해 주기 바랐을 것이다. 혹시라도 인인仁人이 있다가 그 자리에서 거두어 기른다면 진실로 천행이겠지마는, 그렇게 되지 않아 어느덧 시일이 지나버리면 그만 아무 죄도 없이 죽어가게 될 것이다.

아! 천지가 만물을 낸 뜻이 어찌 단순한 것이겠는가? 국가에서 활인서와 혜민서 두 서를 설치했음은 곧 의약으로 죽게 된 사람들을 구제하려는 뜻이 있는 것이다. 질병이 있는 민생에 있어서도 또한 오히려 관원을 두고서 구제하게 했는데, 하물며 이런 아이들이 더러는 구걸하게 되거나 더러는 유기된 것은 질병이 있는 사람에 비해 더 다급할 뿐만이 아닌 것이겠는가? 광제원와 육영사의 좋은 법이나 아름다운 제도는 그전과 지금의 사정이 달라져 하루아침에 두루 시행하게 되기는 어렵거니와, 경사京師는 곧 팔방八方의 표준이 되는 터이니, 대강이라도 남아 있는 규정을 모방해 우선 여기에서부터 시작해 차차로 취택해서 사용해 가는 기초가 되게 하는 것이 진실로 인정仁政의 권여權興가 될 수 있을 것이다. 내가 며칠 전에 우연히 생각이 나기에 대신들과 의논했더니 첨원僉員의 의논이 이미 같았다. 어찌 꼭 의심을 품을 것이 있겠는가? 유사有司로 하여금 난숙爛熟하게 강구해 시행하기에 합당한 갖가지 사의事宜들을 절목으로 만들도록 했고, 따라서 즉시 중외에 반시頒示해 각자가 영구히 준행하도록 하게 한 것이다. 풍흉에 따라 달라지는 사례와 연월年月을 작정하는 법제에 있어서는 자세하게 재량을 더해 차등을 구별하지 않을 수 없거니와, 친척이 있는 자와 주가主家가 있는 자는 찾아내어 기탁하는 방도와 자녀가 없는 자 및 동복僮僕이 없는 자는 수양收養을 허급許給하는 법에 있어서는 또한 모름지기 되도록 섬실纖悉하게 거행해 처음에서 끝까지 혜택이 있게 되도록 해야 한다.3846)

다음은 1783년(정조 7) 11월 5일 정조에 의해 반포되고『대전통편』 (1785)에 실려3847) 법전화된「자휼전칙字恤典則」의 전체 사목事目이다.

[자휼전칙 사목事目]

1. 흉년에 걸식아동은 10세로 한도를 하고, 길가에 유기된 기아는 3세를 한도로 하여, 오부五部에서 듣게 되거나 보게 되는대로 진휼청에 첩보牒報 하면 진휼청에서 걸식아동은 흉년에만 보릿가을 때까지 유양留養하고, 기아는 풍년과 흉년을 구애하지 말고 절목대로 시행해야 한다.

3846)『正祖實錄』16권, 정조 7년(1783) 11월 5일 임진 "자휼전칙을 중외에 반포하고 윤음을 내리다".
3847)『大典通編』(1785)「禮典 惠恤」"小兒收養節目".

2. 걸식아동은 반드시 부모와 친척도 없고 주인도 없고 의탁할 데도 없는 부류를 기준으로 삼고, 해부該部의 이례吏隷나 해리該里의 임장任掌들이 혹 시라도 부동符同해(그른 일에 어울려 한통속이 되어) 속여서 고하는 일이 있으면 무거운 죄로 다스리고 물시勿施해야(무효로 해야) 한다. 비록 유양留養하게 된 뒤이지마는, 부모와 친척 및 주인집 중에 추심推尋해 내지 못했을 경우에는, 그 가까운 이웃에게서라도 공초供招를 받아 그의 내력을 자세하게 사핵査覈해 보아 명백하게 의심이 없어진 다음에야, 해당부서에서 월일을 적기籍記해 고음侤音(다짐)을 받고서 내주어야 한다. 만일에 친척 및 주인집의 형세가 조금 접제接濟해 갈 만 한데도 전연 돌보지 않고서 고의로 구걸하게 한 자의 경우에는 별다르게 수방搜訪하여 준엄하게 신칙해서 돌려주며, 다시는 유리·이산하는 폐단을 가져오는 수가 없게 되도록 해야 한다.

3. 걸식아동들의 유양은, 진휼청 외창外倉 문밖 공터에 따로 토우土宇(흙집)을 설치해 유접留接하는 장소로 해야 한다. 양식 지급은 진휼청 식례式例를 참조해, 10세에서 7세까지는 하루 한 사람에게 쌀 7홉 장醬 2홉 미역[藿] 2입立씩으로 하고, 6세에서 4세까지는 하루 한 사람에게 쌀 5홉 장 1홉 미역 1입씩을 준다.

4. 기아(遺棄兒)는 마땅히 해부該部에서 발견하게 되는 대로 첩보牒報해 오게 되지마는, 궁벽한 항간이나 깊은 벽지 및 교외의 조금 먼 곳에 있어서는, 비록 부관部官이 목도하지는 못하더라도 듣게 되는 것이 있을 경우에는 심험審驗해 보고 수습해 진휼청에 이송移送해야 한다. 대저 강보襁褓의 아이를 길 가에 유기하게 됨은 별다른 사고가 있은 것 이외에는 곧 부모가 만부득이해 인정을 끊어버린 것이지만 진실로 매우 차마 못할 짓이다. 아무것도 모르는 어린 아기가 또한 유독 무슨 죄이겠는가? 측은한 인정에 있어서 마땅히 다급하게 구제해 살리는 방도가 있어야 할 것이니, 오직

부관部官만 탐문할 것이 아니라 비록 지나가는 사람이라 하더라도 만일에 목격하게 되는 일이 있으면 즉시 이임里任에게 부치어 우선 진휼청으로 보내고 따라서 해부該部에 통고하게 되어야 한다.

5. 기아를 유양留養하는 일에 있어서는 유리걸식하는 여인들 중에서 젖이 나오는 사람을 가리어, 한 사람에게 두 아이씩을 나누어 맡겨야 한다. 유녀乳女에게는 하루 쌀 1되 4홉, 장 3홉, 미역 잎 3입씩을 주어야 한다. 비록 유리걸식하는 여인이 아니더라도 혹시 수양收養하기를 자원하는 사람이 있으면서도 가난해 잘 먹지 못하기에 젖을 주기가 어려운 자에게는 아기 하나만을 맡기고 매일 쌀 1되 장 2홉 미역 2입씩을 주어야 한다.

6. 걸식아동나 기아를 막론하고 만일에 수양하기를 자원하는 사람이 있으면, 한결같이 『속대전』의 사목事目에 의거해 진휼청에서 입안立案을 만들어 주고, 자녀가 되기 원하거나 노비가 되기 원하는 자가 있으면 각각 그 소원에 따라 시행하되, 양인良人과 공사천을 헤아리지 않고 몰아서 수양을 허락한 자와, 맡은(執持) 지 60일이 되지 못해 시작만 있고 결말이 없게 된 자는 물시해야(그만두어야) 한다. 부모나 친족 중에서 석 달이 되기 전에 아기를 추심해 찾아가는 자에 있어서는 수양收養에 쓰인 곡물을 배상해야 추심해 가기를 허락하고, 구제해 살린 뒤에 염피厭避하는 자는 반주叛主로 논죄하고, 위세를 부려 도로 빼앗아간 자는 왕법枉法(법을 왜곡한 죄)으로 논죄해야 한다.

7. 걸식아동과 기아들에게 죽을 먹이고 젖을 먹이는 절차를 만일 관에서 검찰하고 신칙하지 않으면 유명무실하게 되기 쉬우니, 월말 때마다 해청該廳의 낭관郎官이 비척肥瘠도 살펴보고 근만勤慢도 살펴보아, 죽을 잘 먹이지 못한 고직庫直과 젖을 잘 먹이지 못한 여인은 하나하나 경책警責해야 한다. 해부該部의 관원이 혹시 수습해 첩보하기에 소홀했고, 해청該廳의 낭청이 유양留養을 부지런히 아니한 것이 염탐廉探할 때 드러나게 되면

진휼청에서 초기草記해 논죄해야 한다.

8. 걸식아동과 기아 중에 옷이 없는 부류에 대해서는 진휼청의 전례대로 합당하게 요량해 만들어 주어야 하고, 유녀幼女 중에 혹시 옷이 없는 사람이 있으면 발견하게 되는 대로 일체로 만들어 주어야 하고, 질병 등에 있어서도 해청에서 혜민서에 분부하여 간심看審하고 구료救療하게 해야 한다.

9. 외방에서는 각 면임과 이임이 발견하게 되는 대로 본관에 첩보하면, 본관에서는 허실을 잘 살펴보아 걸식아동은 단지 진제장을 차린 고을에서 유양하게 하고, 기아(돌봄)는 진제장 설치 여부를 막론하고 어디에서나 거행해야 한다. 죽 먹이고 젖 먹이는 절차와 유접하고 수양하는 방법은 한결같이 경절목京節目에 의거해 시행해야 한다. 곡물은 상진곡常賑穀(상평곡+진휼곡)으로 회감會減하고 장과 미역은 본관에서 담당하되, 월말 때마다 사람 수와 곡식 수를 감영에 신보申報하고, 감영에서는 고을마다 조목조목 열거해 기록한 다음 장문狀聞하고(장계를 올려 아뢰고), 책을 만들어 진휼청에 올려 보내 빙고憑考하는 자료가 되게 해야 한다. 각 고을 수령들이 만일에 혹시라도 사목을 위반해 잘 거행하지 않았으면, 경청京廳의 사례대로 도신이 장문하고 논죄해야 하고, 수의繡衣(암행어사)가 염탐할 적에도 일체로 적발해 되도록 무겁게 감처해야 한다.3848)

3848)『正祖實錄』, 정조 7년(1783) 11월 5일 임진 "자휼전칙을 중외에 반포하고 윤음을 내리다". 사목의 항목은 본래 "1. 1. 1. ..."로 되어있으나 논의의 편의를 위해 "1. 2. 3. ..."으로 바꿨다. 한문원문: 【事目曰: 一, 荒歲行乞之兒, 以十歲爲限. 道傍遺棄之兒, 以三歲爲限. 五部隨聞見牒報賑恤廳, 自賑恤廳留養, 而行乞之兒, 只荒年限麥秋留養, 遺棄之兒勿拘豐歉, 依節目施行. 一, 行乞兒, 必以無父母親戚無主無依之類爲準, 而該部吏隷·該里任掌輩, 或有符同瞞告之事, 重治勿施. 雖在留養之後, 父母親戚主家中, 如有來推者, 則取招於切隣, 詳査其來歷明白無疑, 然後自該部籍記月日, 捧侤音出給. 其親戚及主家之形勢, 稍可接濟, 而全不顧恤, 故令行乞者, 另加搜訪嚴飭還付, 俾無更致流散之弊. 一, 行乞兒留養, 賑廳外倉門外, 空別設土宇, 以爲留接之所. 給糧則參照賑廳式例, 自十歲至七歲, 一日每口米七合·醬二合·

2323

이 「자휼전칙」 사목은 한글번역본도 같이 반포되었다. 이 사목에서 첫째로 눈에 띄는 것은 일단 3항에 규정된 걸식아동의 보육시설 "진휼청 외창 문밖 공터에 따로 설치된 토우土宇"다. 이것은 걸식아동의 주거로 말하고 있지만 가아도 이곳에 수용했을 것이다. 이렇게 하여 조선도 기아와 걸식아동을 길러서 자식이나 노비를 삼고자 하는 자원수양자에게 고아기아문제를 떠맡기기만 하는 것에서 탈피해 국가가 직접 이들에 대한 책임을 떠안게 되었다. 둘째로 눈에 띄는 것은 제5항 기아를 젖먹이기 위한 유모의 고용이다. 이것도 중국의 선례를 따른 것이다. 셋째는 철저한 감독과 엄한 처벌 조항들이다.

정조는 「자휼전칙」을 반포한 지 6일 뒤 이 법제를 지수祗受했음

藿二立, 自六歲至四歲, 一日每口米五合·醬一合·藿一立計給. 一, 遺棄兒, 常自設部, 隨所見報來, 而窮巷·僻之處·郊外稱遠之所, 則部官雖未睹有所見聞, 審驗收取, 移送賑廳, 而大抵褓裸兒遺棄道傍, 除非別有事故, 卽是萬不獲已割情之父母, 誠甚不忍. 無知之幼稚亦獨何辜? 其在惻隱之情, 宜急濟活之方, 不惟部官採問而已, 雖是過去之人, 如有目見之事, 卽付里任先送賑廳, 仍爲通至於該部. 一遺棄兒留養事, 流丐女人中, 擇其有乳者, 每一人分授兩兒. 乳女一日每口, 米一升四合·醬三合·藿三立計給. 雖非流丐, 如有自願收養之人, 而貪不自食, 難於飼乳者, 只授一兒, 每一日米一升·醬二合·藿二立計給. 一, 毋論行乞兒遺棄兒, 如有自願收養者, 一依《續典》事目, 自賑廳成給立案, 而願爲子女, 願爲奴婢者, 各從其所願施行, 而不計良人·公私賤竝許收養者, 執持未滿六十日, 有始無終者, 勿施. 其父母 、族屬中, 三朔前推尋者, 倍償收養穀物, 許令遷推, 救活後厭避者, 以叛主論, 威勢還奪者, 以枉法論. 一, 行乞及遺棄兒饋粥飼乳之節, 若不自官檢飭, 則易致有名無實, 每月終該廳郞官, 審其肥瘠, 察其勤慢, 不善饋粥庫直·不善飼乳之女人, 每每警責. 該部官員或忽收報, 該廳郞廳不勤留養, 有所現發於廉探之時, 則自賑廳草記論罪. 一, 行乞及遺棄兒中, 無依之類, 依賑廳前例, 量宜造給, 乳女中, 或有無衣者, 隨所見一體造給. 疾病之類, 自該廳分付惠民署, 使之看審救療. 一, 外方則各其面里任, 隨所見報於本官, 自本官審察其虛實, 行乞兒只設賑邑留養, 遺棄兒毋論設賑與否, 通同擧行. 饋粥飼乳之節, 留按收養之法, 一依京節目施行. 穀物以常賑穀會減, 醬藿自本官擔當, 而每月終, 口數 、穀數報於監營, 自監營逐邑條列後錄狀聞, 修成冊上送賑恤廳, 以爲憑考之地. 各邑守令, 如或違越事目, 不善擧行, 則依京廳例, 道臣狀聞論罪, 繡衣廉探時, 一體摘發, 從重勘處.】

2324

(공경히 받았음)을 아뢰는 강화유수 정지검鄭志儉에게 다시 이렇게 간절하게 당부한다.

경은 내각에서 나간 사람이니 무릇 조정의 명령을 봉행해 가고 덕의德意를 선포해 가는 절차에 있어서 부지런히 힘쓰기를 반드시 다른 사람들보다도 배나 해야 할 것이다. 하물며 이번에 반하頒下한 윤음은 진실로 측은하게 여기는 지극한 뜻에서 나온 것이니, 경이 모름지기 십분 척념惕念해서 갖가지의 길로 염탐하고 검찰해 비록 아기하나가 유기된 경우라도, 월말에 장계狀啓하는 형식에 구애할 것 없이 수양한 상황을 내각에 첩보해 전문轉聞해 가는 터전이 되게 하라.3849)

정조는 한 달 뒤인 1774년(정조 8) 1월 11일 각도에 다시 「자휼전칙」의 철저한 이행을 엄히 신칙한다. "기아를 수양하는 것으로 말하면 명령을 내린 지 얼마 안 되는데 경중(京中)의 각부(各部)에서 찾아 들이는 것이 처음 명령한 때만 못하다. 어제 옥당이 연중筵中에서 아뢴 바에 말미암아 또한 이미 신칙했으나, 외읍의 거행도 처음과 같으리라는 것을 보증하기 어려우니, 마찬가지로 엄히 신칙해 실효가 있게 하라."3850) 「자휼전칙」 반포 1년 뒤 1784년 이 법제에 따라 중외의 기아를 수양한 수가 총436명(서울 71명)에 이른다는 보고가 있었다.3851) 1년 동안 전국에서 기아가 436명 정도가 발생한다면 매년

3849) 『正祖實錄』, 정조 7년(1783) 11월 11일 무술 2번째 기사 "강화 유수 정지검이 자휼전칙을 지수하고 아뢰니 하교하다".

3850) 『正祖實錄』, 정조 8년(1784) 1월 11일 정유 4번째 기사 "제도(諸道)에 진정(賑政)을 신칙하다".

3851) 『正祖實錄』, 정조 8년(1784) 윤3월 29일 갑신 2번째 기사 "한성부에서 오부의 기민에게 백급한 수와 발매한 수를 아뢰다".

이만한 숫자의 아기들이 유기되어 죽어갔다는 것인 바, 이제 「자휼전칙」 덕택으로 이제 매년 이만한 수의 기아들이 생명을 구할 수 있게 된 것이다.

「자휼전칙」 반포 5년 뒤인 1788년(정조 12) 11월 정조는 특별히 북관北關에다 대고 기아들과 걸식아동을 성심으로 구제하도록 신칙했다.[3852] 또 4년 뒤인 1792년(정조 16) 4월에도 정조는 각도와 각부에 기아를 찾아내라고 명했다.[3853] 2년 뒤 호서 위유사慰諭使 홍대협洪大協에게 내린 봉서에서도 기아문제를 다시 환기시킨다.[3854]

그리고 이런 일들을 전후로 정조는 각지로 암행어사를 파견했다. 그는 「자휼전칙」 반포 7년 뒤인 1790년(정조 14) 함경남도에 암행어사를 내려 보냈다. 암행어사 서영보徐榮輔는 돌아와 올린 별단에서 「자휼전칙」과 기아양육에 대해 이렇게 보고한다. "「자휼전칙」은 곧 우리 성상께서 내 아이를 생각해 남의 아이에게까지 미치게 한 성대한 은덕인 것입니다. 작년 이래 유랑민이 기아들이 대부분 읍 소재지의 주막에 얹혀 있었는데, 큰 마을과 부유한 집들로서 의식이 약간 넉넉한 사람들이 선뜻 거두어 기르기 때문에 들판에 버려지는 신세를 면하였습니다. 지난달에 감사가 각별히 신칙함으로써 모두 측은한 생각으로 거행하고 있습니다."[3855] 또 정조는

3852) 『正祖實錄』, 정조 12년(1778) 11월 4일 임술 1번째 기사 "북관에 기아들과 빌어먹는 아이들을 구제하도록 신칙하다".

3853) 『正祖實錄』, 정조 16년(1782) 4월 18일 병진 6번째기사 "각지의 기아를 찾으라 명하다".

3854) 『正祖實錄』, 정조 18년(1782) 11월 4일 무자 3번째 기사 "호서 위유사 홍대협을 불러 보고 봉서를 내리다": "(…) 1. 당하관의 수령으로서 높은 수레를 타는 것과 길가에 기아를 거두어 키우는 문제에 대해 과연 법을 어긴다는 탄식이 없는지 일체 자세히 살피도록 하라. (…)"

1794년(정조 18) 11월에도 「자휼전칙」의 이행 정도와 여부를 염탐하기 위해 암행어사를 내려 보낸다.3856) 정조는 사망하는 해인 1800년 10월과 11월에도 날씨가 추워지자 호남과 오부에 기아 색출을 연방 신칙했다.3857)

그런데 「자휼전칙」에는 걸식아동의 경우에는 부양기간이 12세 한정 규정이 있었으나 기아의 경우는 기한제한이 없었다. 그리하여 정조는 1794년(정조 18) 3월 진휼청 당사 정민시鄭民始와 좌의정 김이소金履素의 건의를 받아들여 부양기한을 7세로 정했다.3858)

정조는 「자휼전칙」을 반포한 지 15년이 지난 1789년에도 「자휼전칙」의 신명申明을 명령한다. 정조는 "진당賑堂(진휼청)으로 하여금 쌀과 가마니 자리와 솜옷을 지급하게 하고, 삼남에 행회行會해 (...) 기력이 쇠진한 노약자들을 한양의 예에 따라 각별히 거두어

3855) 『正祖實錄』, 정조 14년(1790) 4월 30일 경진 1번째기사 1790년 "함경남도에 나갔던 암행어사 서영보가 경과보고를 하다".

3856) 『正祖實錄』, 정조 18년(1794) 11월 16일 경자 "경기 각읍의 암행어사와 적간 사관에게 별도로 내린 유시. 여러 어사와 사관의 결과 보고": "(...) 1. 지난번 진휼청의 초기草記에 따라 기아를 거두어 키우는 일을 경외에 엄히 신칙한 명이 있었다. 수령 된 자가 과연 마음을 다해 실행하고 있는지, 그리고 관가에서 보내준 곡식이 또한 중간에서 소모되고 있지나 않은지에 대해서도 각별히 염문하도록 하라.

3857) 『正祖實錄』, 정조 20년(1800) 10월 18일 경인 4번째 기사 "호남 관찰사로 하여금 기아들을 찾아내게 하다"; 정조 20년(1800) 11월 15일 병진 1번째 기사 "오부에 신칙해 기아들을 찾아낼 것을 거듭 명하다": "오부에 신칙해 기아들을 찾아내게 했는데, 날이 춥기 때문에 거듭 명한 것이다."

3858) 『正祖實錄』, 정조 18년(1794) 3월 18일 을사 3번째 기사 "진휼청 당상 정민시가 기아에게 7살까지 요식을 줄 것을 아뢰다": "진휼청 당상 정민시가 아뢰기를, '근래 각도의 감사들이 올린 보고를 보면 버린 어린이에게 요식(料食)을 주는 데 대하여 「자휼전칙」에 그 연한을 정하지 않았으므로 어린이가 성장한 뒤에는 의당 제한이 있어야 되겠다고 합니다. 대체로 7-8세의 나이가 되면 제발로 뛰어다니면서 스스로 먹을 수가 있으니 7살로 한정하여 요식을 주고 8살 이후에는 요식 주는 일을 중지하는 것이 타당할 듯합니다' 하니, 상이 대신들에게 물었다. 좌의정 김이소가 7살로 한정하기를 청하자, 따랐다.

진휼하게 하라"고 하면서 "「자휼전칙」 법령도 올해와 같은 때에
는 거듭 신명해야 할 것"이므로 이것도 똑같이 엄히 신칙하게
했다.[3859]

정조의 거듭된 채근과 신칙에 관한 위 기록을 보면 그가 걸식아
동과 기아들을 얼마나 진심으로 보살피려고 했는지를 알 수 있고,
또한 고아와 기아에 대한 국가의 자휼字恤을 청국에 비견되는 조선
의 국격國格으로 여겼다는 것도 알 수 있다. 어려서 즉위한 정조의
아들 순조는 20여년 뒤 버려진 아이들에 대한 아비의 자휼 정책을
두고 "도로에 버려진 기아들을 불쌍하게 여겨 옛날 광제원과 육영
사의 법을 모방해 「자휼전칙」을 제정하시어 안팎에 반포한 다음
거두어 기른 아이들의 수를 매월 보고하게 하고 관아에서 사람의
수에 따라 식량을 공급하셨다"고 회상했다.[3860]

이후 순조로부터 고종 때까지 정조의 「자휼전칙」은 고아와 기아
를 휼양恤養하는 전범으로 통용되었다. 따라서 1783년 이래 조선은
청국과 같은 수준의 유교적 복지국가로 올라선 것이다. 조선의
이 복지수준은 오늘날 아무런 국립 기아보호소도, 국립 고아원도
없는 대한민국이 아직도 도달하지 못한 수준이다. 조선은 이미
이런 수준의 복지제도를 갖췄기 때문에 비로소 영조 초반에야 끝난
소빙기와 그 이후의 잦은 흉황과 기근을 견뎌내고 탕평시대의 국가
중흥을 맞을 수 있었던 것이다.

17-19세기 당시 청국과 조선은 이 복지제도의 수준면에서 서양
제국을 완전히 앞지르고 있었다. 그러나 당시 조선은 서양에 잘

3859) 『正祖實錄』, 정조 22년(1798) 10월 21일 신해 3번 째기사 "도성 내외에서 유리걸
  식하는 이들을 진휼케 하다".
3860) 『純祖實錄』, 순조 21년(1820) 8월 7일 갑신 4번째 기사 "효의왕후의 천릉 지문".

알려지지 않았고, 청국은 이미 잘 알려져 있었다. 따라서 명·청대 중국의 복지제도만이 14세기부터 서양제국에 무한한 경탄 속에서 줄기차게 전해지게 된다.

제8장

중국 복지제도에 대한
서구인들의 보고

원·명·청대에 중국의 복지제도는 공맹의 복지철학에 따라 고도로, 또는 복잡다단할 정도로 조밀하게 짜여졌다. 국가가 직접 베푸는 도덕·문화수준을 높이는 교화정책과, 초급학교에서 대학교에까지 이르는 무상교육과 무상숙식의 교육·문화복지 정책은 앞서 이미 상론했다. 또한 농민의 농사와 상인의 상업을 지원하는 왕안석의 청묘법(환곡제도)과 시역법은 일정의 적극적·예방적 복지제도라고 할 수 있다. 또 국가가 흉년과 돌림병이 돌때 대민對民 구휼수단으로 면세·감세를 실시하고 국가창고(상평창)를 열어 식량과 의복을 배급하는 것은 중국에서 고래로부터 전통이었다. 또한 명·청대에 국비로 운영되는 구빈원과 고아원, 기타 요양복지서설들은 전국적으로 발전되어 있었다. 또한 관리와 군인의 연금제도는 복잡하게 발전되어 있었다.

송·원·명·청대 중국의 이 모든 복지제도를 여기서 취급하는 것은 불가능할 것이다. 또한 중국의 역사연구를 통해 이것을 파악하는 것도 사실상 불가능하다. 중국사 전문가들 역대 중국의 복지제도를 탐구한 연구서들이 사실상 전무하기 때문이다. 중국내 학자들의 중국 복지제도 연구는 16-18세기에 중국의 복지제도에 대한 상세한 정보·지식을 서구에 전한 서구 여행가·선교사들의 중국기中國記 수준과 양에도 미치지 못하다. 따라서 여기서 중국의 복지제도에 대한 논의는 서양 여행가들과 선교사들의 보고와 통합해 다룬다.

제1절
원대 복지정책에 대한
마르코 폴로의 보고

원대 중국을 방문하여 중국의 복지제도에 대해 서양에 보고한 최초의 서양인은 베니스상인 마르코 폴로(Marco Polo da S. Felice, 1254-1324)였다. 폴로는 르네상스시대 초기에 중국의 풍요와 문물에 대해 상세하게 보고했다. 그의 보고는 중국의 생산물과 물건들, 제조기술, 건축물, 도시, 가로, 풍물과 풍요, 사치와 화려함 등 주로 물질적 문물에 대한 소개로 치우쳐 있다. 하지만 어쩌다가 군주의 정통성과 관련된 중국의 정치철학을 살짝 건드리기도 하고, 지폐제도나 황제의 민본주의와 국가의 복지제도 등 경제·복지 제도와 정책들에 대해서 상술하는 경우도 있다.

마르코 폴로는 중국에서 17년을 살았고, 1292년 그의 아버지와 삼촌과 함께 중국을 떠나 1295년 누더기 몽고인 복장으로 베네치아로 귀국했다. 고향을 떠난 지 24년 만의 귀향이었다. 그는 누더기 옷에 누벼 가지고 온 금은보화와 진기한 물건들을 팔아 "*La Corte del Millioni*(백만장자)"의 칭호로 불리며 베네치아의 대부호이자 지역 명사로 살았다.3861) 그러나 곧 중무장을 하고 베네치아를 침공한

제노아 군대와 맞서 베네치아 병사들을 이끌고 싸우다 포로가 되고
말았다. 『동방견문록』은 제노아 군의 전쟁포로로 잡혀 포로수용소
에 잡혀 있는 동안(1298-1299) 같이 수용된 피사 사람 루스티첼로
(Rustichello)에게 구술해 집필한 것이었다. 『동방견문록』 발표연도는
대략 1300년으로 추정된다. 당시 중국에는 폴로 외에도 여러 유럽
인들이 활동하고 있었고, 14세기 중반까지도 이탈리아 상인들이
중국에 남아 있었다. 그러나 이 중국방문자들 가운데 오직 마르코
폴로만이 중국견문록을 남겼다.

1.1. 원대 중국의 풍물과 생활상에 대한 기록(1300)

마르코 폴로는 『동방견문록』을 중국과 중국문명에 대한 찬사로
가득 채우고 있다. 폴로는 중국의 부와 번영에 매료되었다. 그는
번창하는 중국의 상업과 행성行省 간의 전국적 광역무역에 놀랐고,
중국의 유학적 통치철학을 익힌 몽고황제의 덕치·복지정책에 깊은
감명을 받았다. 폴로는 항주와 그 주변의 부유한 삶에 경악했다.

■ 항주와 중국도시에 대한 폴로의 극찬과 경탄

그는 항주를 "분명히 세상에서 가장 당당한 최고의 도시"로 칭송
했다.3862) 항주의 서호西湖에 대해서는 이렇게 감탄한다. "그 주위
에 귀인과 귀족 소유의 수많은 아름다운 누각과 저택들이 세워져
있는데, 얼마나 멋있는지 그보다 더 훌륭하게 설계하고 더 화려하
게 치장해서 만들 수 없을 정도다. (…) 호수 한가운데에는 2개의

3861) Major, "Introduction", xvii쪽.
3862) 마르코 폴로(김호동 역주), 『동방견문록』(파주: 사계절, 2000·2017), 375쪽.

섬이 있고 그 각각에 아주 멋있는 누각이 서 있다. 어쩌나 잘 지어지고 장식이 잘되어 있는지 마치 황제의 궁전처럼 보일 정도다."[3863] 또한 폴로의 눈에 항주는 상품이 풍부한 수많은 시장들을 가진 매우 번영하는 도시였다.[3864]

중국의 광활한 도로는 일직선이었고, 교통하는 인구는 많았지만 잘 통제되었다. "시내의 모든 도로는 돌과 구운 벽돌로 포장되어 있다. 만지蠻子(남송 땅)의 모든 지방에 있는 도로와 둑길도 역시 말을 타거나 걸어서 갈 때 깨끗이 지날 수 있도록 포장되어 있다. (…) 도시 한쪽에서 다른 쪽 끝까지 달리는 주요 도로의 양쪽이 10보씩 돌이나 벽돌로 포장되어 있고, 그 중앙부는 작고 고운 자갈로 채워져 있으며, 거기에 빗물이 근처 운하로 빠질 수 있도록 움푹 팬 도랑을 만들어 놓아 길은 언제나 마른 상태를 유지할 수 있다."[3865]

■ 석탄사용과 1주 3회 목욕 관행에 대한 경탄

마르코 폴로는 또 중국인들의 석탄 사용에 대해서도 놀랐다. 당시 유럽은 석탄 땔감을 몰랐다. 중국 전역에서 일상적으로 땔감으로 사용되던 석탄은 풍부한 목재땔감보다 더 좋고 더 저렴했다. 또한 목욕탕에 대해서도 감탄 속에서 자세히 기술하고 있다.

여러분에게 또 하나 얘기해줄 것은 이 도시 안에 무려 3,000개의 욕탕, 즉 증기탕이 있다는 사실이다. 사람들은 목욕을 매우 즐기는데 한 달에 여러 차례 그곳으로 간다. 그들은 몸을 아주 청결하게 유지한다. 여러분에

3863) 마르코 폴로, 『동방견문록』, 381쪽.
3864) 마르코 폴로, 『동방견문록』, 377-379쪽.
3865) 마르코 폴로, 『동방견문록』, 385-386쪽.

3863) 마르코 폴로, 『동방견문록』, 381쪽.
3864) 마르코 폴로, 『동방견문록』, 377-379쪽.
3865) 마르코 폴로, 『동방견문록』, 385-386쪽.

게 말해두지만 그 욕탕들은 세상에서 가장 아름답고 멋지고 큰 것들이다. 얼마나 큰지 100명의 남자 혹은 여자들이 동시에 목욕할 수 있을 정도다.[3866)

또 마르코 폴로는 중국인들이 적어도 일주일에 세 번 목욕탕에 가고 여유 있는 사람들은 자기 집에 욕실이 있다고 말한다.

중국인들은 땔감나무가 많다는 것은 사실이다. 그러나 인구가 엄청나고 목욕탕과 목욕물이 아주 많이 지속적으로 데워져야 해서 땔감목재가 도저히 충분할 수 없을 것이다. 적어도 1주일에 세 번 목욕탕에 가서 목욕하지 않는 사람은 아무도 없고, 겨울에는 가급적 매일 목욕을 하지 않는 사람은 아무도 없기 때문이다. 그리고 지위나 재산이 있는 모든 사람은 자기 집 안에 자기 욕실을 가지고 있다.[3867)

이 기술을 과장으로 보지 않으려면 1주일에 세 번 목욕탕에 가고 매일 목욕하거나 자기 집에 욕실이 있는 사람들을 "지위나 재산이 있는 사람들"이거나 적어도 가난하지 않은 북경 사람들로 풀이해야 할 것이다. 당대에 출판된 아랍인들의 원고에 당대唐代 중국인들이 "청결 면에서 매우 신중하지 않다"는 구절이[3868) 들어 있듯이 원대 중국에서 중국 빈민들은 불결한 동네에서 살았을 것으로 보이기 때문이다.

3866) 마르코 폴로, 『동방견문록』, 386쪽.
3867) 마르코 폴로, 『동방견문록』, 284-285쪽. Marco Polo (Ronald Latham, trans.), *The Travels of Marco Polo* (London: Penguin Books, 1958), 156쪽.
3868) Major, "Introduction", v쪽.

마르코 폴로는 중국의 이 많은 목욕탕과 백성들의 빈번한 목욕습관을 땔감 문제와 연결시키면서 모자라는 목재땔감을 보충대체하는 "불타는 검은 돌"을 언급한다. "불타는 검은 돌"은 석탄을 말한다. "이러한 큰 불을 유지하기에 충분한 목재가 존재할 수 없다는 것은 명백하다. 그리하여 이 돌들은 아주 다량이고 아주 싸기에 상당히 많은 목재를 절약할 수 있다."3869) 그는 중국의 석탄과 석탄사용을 이렇게 설명한다.

> 통나무처럼 불타는 돌에 대해 당신에게 말해주련다. 중국 전역에서 산비탈의 암맥에서 캐내지고 통나무처럼 불타는 일종의 검은 돌이 존재한다는 것은 사실이다. 이 돌은 목재보다 더 잘 가도록 불을 지킨다. 나는 당신이 이 돌들을 저녁에 불에 넣고 나서 잘 불타고 있는 것을 본다면 이 돌들이 밤새 계속 불탈 것이고 그리하여 당신이 아침에도 여전히 이글거리고 있는 것을 발견할 것이라고 확언한다. 이 돌들은 처음에 꼭 숯처럼 불을 붙일 때 조금밖에 불꽃을 주지 않다가 일단 불이 붙으면 굉장한 열을 낸다.3870)

여기서 우리는 중요한 문명사적 사실을 확인할 수 있다. 유럽은, 아니 유럽에서 가장 앞선 지역이었던 이탈리아 베네치아도 14세기까지 석탄의 존재를 알지 못해서 '석탄(mine coal)'이라는 명칭조차 없었고, 이런 까닭에 마르코 폴로는 어쩔 수 없이 석탄을 "불타는 검은 돌"이라고 표현하고 있다는 것이다. 아마 서양인들은 14세기

3869) 마르코 폴로, 『동방견문록』, 285쪽. Marco Polo, *The Travels of Marco Polo*, 156-157쪽.
3870) 마르코 폴로, 『동방견문록』, 284-285쪽. Marco Polo, *The Travels of Marco Polo*, 156쪽.

가 흐르면서 마르코 폴로의 『동방견문록』을 읽고서야 겨우 반신반
의하며 서서히 석탄의 존재를 알기 시작했을 것이다. 이만큼 중세
유럽은 송대 이후 근대로 들어간 중국에 비해 형편없이 뒤떨어져
있었던 것이다.

1.2. 중국 복지제도에 대한 최초의 보고

마르코 폴로는 중국인들의 정치철학이나 정치제도에 대해서 아
무것도 기록하지 않고 있다. 그는 어디까지나 '상인'에 불과했던
것이다.3871) 그러나 마르코 폴로는 유럽에서 듣도 보도 못한 중국의
복지제도에 대해서 경탄 속에서 상당히 자세하게 설명하고 있다.

■ 원나라의 황정에 대한 보고

마르코 폴로는 황제의 황정荒政과 재해에 대응하는 진재賑災정책
에 대해 이렇게 기술한다.

대칸이 자기의 신민들에게 하사하는 은덕에 대해 얼마간 얘기해보도록
하자. 왜냐하면 그의 모든 생각은 그에게 복속된 백성들이 살며 노동하고

3871) 그럼에도 그는 지배의 정통성과 관련해서 이런 말을 적고 있다. "당신들은 대大칸
이 중국인들 위에 몽고인 치자, 대부분 사라센 치자들을 올려놓았기 때문에 모든
중국인이 대칸의 통치를 증오했다는 것을 이해해야 한다. 중국인들은 이 통치를
견딜 수 없었다. 왜냐하면 그것은 중국인들의 처지가 노예보다 낫지 않다고 느끼게
했기 때문이다. 더구나 대칸은 중국지방을 다스릴 정당한 권리가 없었고, 무력에
의해 그것을 획득했다." 마르코 폴로, 『동방견문록』, 246쪽. 위 인용문은 영어본에
비추어 손질했다. Marco Polo, *The Travels of Marco Polo*, 133쪽. 마르코 폴로는 "정당한
권리"를 언급하고 있지만 어떤 것이 '정당한 권리'인지는 한 마디도 남겨놓지 않고
있다. 20여 년을 중국에서 산 사람이 쓴 묘사치고는 그야말로 '맹물' 같은 기술이다.
그것도 통치권사상에 대해 그가 언급한 유일한 구절이다.

그들의 부를 늘리는 것을 도우려는 데 쏠려 있기 때문이다. 당신은 대칸이 백성 가운데 누군가 날씨나 메뚜기 떼나 다른 괴질로 작물수확의 실패를 겪었는지를 알고자 사신과 감독관들을 영토와 왕국들 및 성쌀들 전역에 파견한다는 것을 사실로 여겨도 된다. 그리고 그가 어떤 백성들이 수확을 상실했다는 것을 안다면, 그는 그들에게 그해분의 부세를 면제해주고 심지어 그들에게 씨 뿌리고 먹도록 황제 자신의 곡물을 하사하기까지 한다. 황제의 굉장한 시혜행위다. 그는 이것을 여름에 행한다. 그리고 겨울에는 가축의 문제에서도 마찬가지로 그렇게 행한다. 그는 역병의 발생으로 가축들이 죽은 사람을 보면 다른 지방의 10분의 1 부세로부터 나온 그 자신의 곡물의 일부를 그에게 하사하고 나아가 그를 도와 그해의 부세를 면제해준다. 다시, 벼락이 양 떼나 다른 짐승 떼를 내리치는 일이 발생한다면 그 떼가 한 사람에 속하든 그 이상에 속하든, 그리고 그것이 아무리 크더라도 대칸은 3년 동안 10분의 1세를 걷지 않는다. 그리고 유사하게, 벼락이 짐 실은 선박을 내리치는 일이 일어난다면 대칸은 그 선박의 화물에 붙은 세금이나 몫을 전혀 받지 않을 것이다. 대칸은 벼락이 어떤 사람의 소유물에 내리쳤을 때 그것을 나쁜 징조로 여기기 때문이다. 그는 "신이 이 사람에게 천둥번개를 발진시켰기 때문에 이 사람에 대해 화가 났을 것이다"라고 추리한다. 그러므로 그는 신의 분노를 맞은 이 소유물들이 그의 재정 속으로 들어오는 것을 바라지 않는다.[3872]

마르코 폴로는 원대에 실시되는 중국 전통의 황정荒政·진재賑災정책을 묘사하고 있다. 그런데 소유물이 벼락 맞는 것을 "나쁜 징조"로 여기는 것은 몽고의 미신이다. 이것만 빼면, 위에서 말한 재난구

[3872] 마르코 폴로, 『동방견문록』, 281-282쪽. 위 인용문은 영어본에 비추어 손질했다. Marco Polo, *The Travels of Marco Polo*, 155쪽.

제 목적의 모든 면세·감세조치는 '대칸의 정책'이라기보다 대칸이 중국의 전통적 균세均稅정책을 답습한 조치일 뿐이다.

■ 원나라의 상평창 제도

원대 정부는 한 대漢代 중국의 상평창常平倉 정책을 이어받아 곡가를 안정시키는 상평창제도를 1269년(지원 6년)에 설치해 운영했다. 마르코 폴로는 이것을 놓치지 않고 기록하고 있다.

> 곡물의 준비로 되돌아가면, 당신은 대칸이 수확이 많고 곡물이 싼 것을 알 때 방대한 양의 곡물을 축적하고 3-4년 동안 썩지 않고 유지될 정도로 주도면밀하게 보존되는 거대한 곡식창고 안에 그것을 넣어둔다는 것을 사실로 받아들여도 된다. 그리하여 대칸은 온갖 곡물 – 밀, 보리, 쌀, 기장, 기장류(panic), 기타 – 의 비축을 크게 풍부한 상태로 해둔다. 어떤 곡식들이 실패하고 곡식의 부족 현상이 발생할 때는 이 비축에 의존한다. 밀 한 포대의 가격이 1베잔트에 달하면, 대칸은 동일 가격에 4포대를 공급한다. 그러면 대칸이 모두에게 충분한 양을 방출해 모두가 필요를 충족시키기에 풍족한 곡식을 가지게 된다. 이런 식으로 대칸은 그의 신민들 중 아무도 부족하지 않게 유의한다. 그리고 그는 이것을 그의 제국의 전 지역에 걸쳐 시행하고 있다.3873)

상평창 제도에 대한 설명 바로 다음에 마르코 폴로는 중국의 전통적 구빈·장애인·폐질자 복지정책에 대해서도 자세히 소개한다.

> 이제 당신에게 대칸이 북경시의 빈민들에게 어떻게 자선을 베푸는지를

3873) Marco Polo, *The Travels of Marco Polo*, 157쪽. 마르코 폴로, 『동방견문록』, 285-286쪽.

말해주련다. 대칸은 어떤 정직한 가족과 존경받는 사람들이 불운에 의해 궁핍해졌거나 병으로 인해 일을 할 수 없을 정도로 불구가 되어 일용할 빵을 벌 수단이 없게 되었을 때 (6명에서 10명 또는 그 이상의 사람들로 구성된) 이러한 가족들이 한 해 전체에 대한 지출을 충족시키기에 충분한 양을 주도록 신경 쓴다. 이 가족들은 지정된 때에 대칸의 지출을 관장하는 것을 임무로 삼고 해당 관직에 할당된 황궁 전각 안에 거주하는 관리들에게로 간다. 그리고 각인은 전해에 그의 생계를 위해 그에게 지불된 액수의 증명서를 내는데, 그러면 올해에도 동일한 비율로 그들에게 식량이 공급된다. 이런 공급은 대칸이 의복에 쓰이는 모든 양모, 비단, 마의 10분의 1세를 수납하는 만큼 의복도 포함한다. 대칸은 이 재료들을 특별히 지정된 재료 비축 건물에서 옷감으로 짜게 한다. 모든 장인이 1주일 중 하루 대칸을 위해 일할 의무를 지고 있기 때문에 대칸은 이 옷감들로 의복을 만들게 하고, 겨울과 여름의 필요에 맞춰 빈민가족들에게 하사한다.3874)

그리고 원대 중국정부는 굶주리는 사람들에게 일용日用할 식량을 공급하는 구휼정책도 시행했다.

빵을 구하러 대칸의 황궁으로 가려고 마음먹은 사람은 아무도 빈손으로 돌아오는 경우가 없다. 모두가 한몫을 받는다. 그리고 지정된 관리들이 2-3만 사발의 쌀·기장·기장류를 나눠 주지 않고 지나가는 날은 하루도 없다. 또 이것은 연중 내내 시행된다. 대칸이 빈민을 향해 발휘하는 이 경이롭고 엄청난 베풂 때문에 모든 백성은 신으로 숭배할 정도로 그를 존경한다.3875)

3874) Marco Polo, *The Travels of Marco Polo*, 157-158쪽. 마르코 폴로, 『동방견문록』, 286쪽.

마르코 폴로는 이런 구빈정책이 몽고에서 온 것이 아니라 중국 고유의 전통적 정책임도 밝히고 있지만, 이 복지정책을 소위 "우상 숭배"(불교)로부터 유래한 것으로 잘못 짚는다.

당신은 타타르인들이 우상숭배(불교)의 독트린에 익숙해지기 전 고대 관습에 따라 살 때 어떤 보시普施도 한 적이 없다는 것을 알아야 한다. 실로, 그들은 빈자가 타타르인에게 왔을 때 "신의 저주가 네놈에게 떨어질진저! 신이 나를 사랑하듯이 너를 사랑한다면 너를 번영으로 축복했을 것이다" 라는 저주와 함께 그를 내쫓았을 것이다. 그러나 불교도(우상숭배자)들의 현자들, 특히 내가 위에서 말한 박시(Bakhshi, 마법사)들이 대칸에게 빈자들을 부양하는 것이 좋은 일이고 그들의 불상(우상)들이 그것을 아주 기뻐할 것이라고 설교했기 때문에, 대칸은 내가 묘사한 식량공급을 하도록 유도되었다.3876)

공자철학과 중국 복지정책의 역사에 대해 까막눈인 '장사치' 마르코 폴로는 구빈정책의 기원을 잘못 짚어도 한참 잘못 짚고 있다. 그는 불교가 '보시'를 말하지만 그것은 국가정책이나 정치와 무관하고 어디까지나 사인私人들 간의 사안일 뿐이라는 사실, 즉 불교는 현세와 정치를 둘 다 초월하는 종교라는 사실을 모르고 있다. 하지만 아무튼 그는 구빈정책이 몽고의 풍습과 무관한 중국 고유의 정책임을 밝힌 셈이다.

마르코 폴로는 중국의 "경이롭고 엄청난" 복지정책에 대해 놀라면서 이 정책들을 비교적 자세하게 기록한 셈이다. 이것도 먹고사

3875) Marco Polo, *The Travels of Marco Polo*, 158쪽. 마르코 폴로, 『동방견문록』, 287쪽.
3876) Marco Polo, *The Travels of Marco Polo*, 158쪽. 마르코 폴로, 『동방견문록』, 287쪽.

는 물질적 생활의 문제이기 때문에 상인의 눈에 대수롭게 비쳤던 것으로 보인다.

제2절
명·청대 복지제도에 대한
보고와 기록들

명대 중국의 복지제도에 대한 보고와 특별한 기록들은 모두 포르투갈사람들과 스페인사람들의 것이다. 그들은 핀토·페레이라크루즈·멘도자다. 청대 복지제도에 대한 기록으로는 1735년 뒤알드의 종합보고가 있다.

2.1. 명대 요양·복지제도에 대한 핀토의 기록(1556)

16세기 최초의 중국 전문서적은 1556년 포르투갈 출신 모험가 페르남 멘데스 핀토(Fernão Mendes Pinto, 1509-1583)의 서신을 편찬한 책이다. 페르남 핀토의 이 중국서신과 기록을 담은 이 서간집은 그간 출간된 책들 중에 가장 정확한 목격자 진술과 가장 양심적인 판단을 담고 있고, 또 명대 중국의 평등주의 정치문화와 정치·복지 제도에 관한 가장 새로운 정보를 담고 있다. 그가 귀국하기 전 1555년 11월 20일에 쓴 여러 통의 서신들 중 한 통은 포르투갈에 도착하자마자 바로 포르투갈 예수회에 의해 출판되었다. 이로 인해 핀토는 귀국 전에 이미 유명해져 있었다. 그때 출판되지 못한 그의 나머지 장문의 서신들도 당시에 중국보고들이 아주 드물었기 때문에 예수회 신부들과 가톨릭 신학자들 사이에 두루 회람되고 복사되어 널리 읽힌 것으로 보인다.

핀토는 1569년부터 중국을 포괄적으로 다루는 저서를 집필하기 시작해서 유고로 남겼다. 이 유고는 1614년에 리스본에서 『페르남 멘데즈 핀토의 편력(Peregrination of Fernam Mendez Pinto)』이라는 제목으로 출판되었다.3877) 핀토는 이 책에서 그가 중국에서 견문한 신기한 물건들과 사건들을 상세하게 기록하고 있다.

■ 북경과 대도시의 요양·복지원에 대한 경탄

핀토는 500개소가 넘는 북경의 구빈원·요양원·육영사 등 각종 복지원에 관해 경탄 속에서 기술한다.3878) 북경의 이 요양복지원들은 "천자의 집"이라고 불리는데 노인·환자·상이군경·장애인·아동을 위한 복지원이다. 매월 수당을 받는 이들은 한 개소에 200명씩 수용되어 있다. 따라서 북경에만 도합 1만 명이 수용되어 있다.3879) 그리고 북경과 대도시에는 빈민들을 위한 학교들이 있다.

3877) Fernão Mendes Pinto, *Peregrinação de Fernão Mendes Pinto* (Lisbon: Pedro Crasbeeck, 1614). 이 책은 1625년 새뮤얼 퍼채스 신부의 『하클류투스 포스트후무스 또는 퍼채스 그의 순례자들』저작(1625)에 영역되어 제12권 제2장에 「페르남 멘데즈 핀토의 편력으로부터 뽑은 중국과 세계의 다른 동방지역들에 대한 관찰의견들」이라는 제목 아래 실렸다. Fernam Mendez Pinto, "Observation of China and other Easterne Parts of the World, taken from Fernam Mendez Pinto his Peregrination", 103-104쪽. Samuel Purchas, *Hakluytus Posthumus, or Purchas his Pilgrimes*, Vol. 12 [1625], Reprint [1906], 20 volumes (Glasgow: Printed at the University of Glasgow Press, 1906), Chapter 2 (59-141쪽).

3878) Pinto, "Observation of China and other Easterne Parts of the World", 103-104쪽.

3879) Pinto, "Observation of China and other Easterne Parts of the World", 114-115쪽.

북경에는 빈민학교가 있어 아버지가 없는 고아들에게 읽고 쓰고 생계를
벌 기능적 직업을 가르친다. 이 학교에 딸린 고아 집마다 200명의 어린이
가 있고 그만큼 많은 가난한 보모들이 부모들에 의해 유기되거나 버려진
아기들에게 젖을 준다. (유아유기나 방기는 발각되면 처벌된다.) 이들이 젖을
떼면 고아학교 복지원에 위탁된다.3880)

또한 중국정부는 장애인들에게도 그 형편에 따라 일자리를 주어
야 한다는 공자의 장애인 복지 지침대로3881) 모든 장애인에게 가능
한 일감을 찾아 일자리를 제공했다.

누군가 자연적 지체결함으로 직업을 배울 수 없으면 그들은 이 아이를 가
능한 일에 투입하는데, 가령 장님인 아이들은 방앗간의 경우 둘은 가는
데에, 하나는 채로 거르는 데에 보낸다. 다른 경우도 이렇게 한다. 게다가
어떤 장인도 이 빈민 어린이들의 약간 명을 할당받아야만 교부받을 수 있
는 허가증 없이 점포를 운영할 수 없다. 방앗간 주인은 이 장님들에게 고기
와 마실 것, 옷가지와 매년 15실링을 주어야 한다. 이 돈은 아미타불의
제4지침에 따라 빈자들이 죽지 않도록 방앗간 주인이 사후의 자신의 영혼
에 주는 돈이다. 걸을 수 없는 절름발이들은 골풀바구니·대바구니나 그
밖의 제작자들에게 배정하고, 손을 쓸 수 없는 사람들은 큰 광주리와 대바
구니를 주어 시장에서 산 물건들을 집으로 수송하는 수레꾼들을 위해 봉
사하도록 한다. 손도 발도 쓸 수 없는 사람들은 많은 고용 여성들이 사자

3880) Pinto, "Observation of China and other Easterne Parts of the World", 124쪽.
3881) 상론했듯이 공자는 모든 장애인에게도 일자리를 마련해주는 것을 '왕도王道'로
삼았다. "벙어리, 귀머거리, 절름발이, 앉은뱅이, 외발이, 난쟁이는 그 기량에 따라
각각에게 백공의 일을 맡겨 먹고 살게 한다.(瘖聾跛躃斷者侏儒 百工各以其器食
之)"

死者를 위해 기도하는 수도원 같은 큰 집에 배정하고, 제사음식의 절반은 그들에게, 나머지는 사제에게 준다. 벙어리는 요양복지원 같은 집에 배치하고, 매점자나 아이를 꾸짖고 학대하는 여성(scolding women)에게 부과된 벌금으로 생계를 충당하도록 한다. 병든 일반여성들은 매월 요금을 납부하는 다른 일반여성들의 비용으로 치료받고 부양되는 집으로 보낸다.[3882)

따라서 유학적 정치철학을 실천하려는 유교국가 중국제국에서 정부가 모든 범주의 정상인들과 모든 범주의 장애인들에게 합당한 일자리를 마련해 주고 정상적 생계를 보장하는 것은 이와 같이 정치적 상식이자 당연지사였던 것이다.

■ 구호재정 조달에 대한 기술
여자 고아와 빈자들의 복지를 위한 재정은 간통녀와 뇌물판사소송꾼에 대한 벌금에 의해 조달되었다.

유죄판결을 받은 간통녀의 지참금과 도구들은 여자 고아의 요양복지원에 보내져서 정절은 부정不貞이 잃는 것으로부터 이득을 얻게 된다. 다른 정직한 빈자들은 부정한 소송을 계속하는 사무변호사와 법조인, 그리고 부분적으로 뇌물을 받은 판사의 부담으로 다른 가도街道에서 부양된다.[3883)

그리고 핀토는 중국 정부가 일상적으로 시행하는 구빈救貧복지제도에 대해서도 경악과 경외감 속에서 기술한다.

3882) Pinto, "Observation of China and other Easterne Parts of the World", 124-125쪽.
3883) Pinto, "Observation of China and other Easterne Parts of the World", 125쪽.

구빈에 관해서 나는 그들의 역사기록으로부터 새로 재임하는 황제의 증조할아버지 찬시란 푸바고르(Chansiran Pubagor?)가 (그가 병을 앓은 후에 눈이 멀었기 때문에) 좋은 봉사를 하려는 바람에서 모든 도시에 기근이 발생하면 1년 식량이 있어 빈민들이 굶주려 죽지 않도록 밀과 쌀 창고를 갖추라고 명했다고 들었다. 그는 이런 목적에 왕의 관세의 10분의 1을 돌렸다. 그들은 신이 그의 이 자선을 그의 시력의 복원으로 보상했고 이 자선은 그의 죽음 뒤에까지도 14년 동안 계속되었다고 말한다. 이것은 지금도 지켜지고 있다. 이 창고의 수는 1,400개소라고 얘기된다. 가을 추수기에 옛 곡식은 주민들에게 필요로 하는 만큼 분배되고, 이것은 그만큼 많은 새 곡식으로 비축되는데, 창고가 줄지 않도록 100분의 6을 더 비축한다. 그러나 해가 흉년으로 드러나면, 그것은 주민들에게 비축의무 없이 분배된다. 그리고 충족시킬 것이 없는 빈민에게 주어진 것은 황궁의 내탕금으로부터 황제의 보시로 지불된다.3884)

핀토는 이런 설명 끝에 서양인들이 이 보고를 믿지 않을까봐 이런 염려를 덧붙이고 있다.

나는 독자들이 진기한 것을 의심하거나 투덜대고 그들이 보아온 작은 것에 의해 저런 일들을 잣대질하고 그들 자신의 짧은 생각에 의해 내 눈으로 목격한 저런 일들의 진실들을 판단할까 봐 염려해서 나는 이 도시에서 본 모든 것을 실로 열거하듯이 상술하고 있다. 그러나 눈앞의 비참함과 저열성에 의해 다른 나라들을 판단하지 않는 고도의 역량, 고고한 정신, 그리고 커다란 인식들은 아마 기꺼이 이토록 진기한 것들을 들을 것이다. 나는 저 점잖은 황제의 찬탄할 자산 속에서, 사법 관련 감찰(Chaens)과 정

3884) Pinto, "Observation of China and other Easterne Parts of the World", 125-126쪽.

부의 안찰사들(Anchacys)의 영광 속에서, 그들의 관리들에 의해 마음에서 일어나는 공포와 두려움 속에서, 그들의 주택과 사찰들, 그리고 그 안의 모든 나머지 것들의 호화스러움 속에서 내가 북경의 위대성을 나 홀로 개진할 때, 그것들을 내 눈으로 직접 본 나 자신이 종종 놀랐다는 것을 진실로 털어놓고 있기 때문에 의심하는 타인들에게서 이것을 그만큼 더 용납받을 수 있다고 여긴다.3885)

핀토의 이 말은 '사족' 같지만 당시로서 유럽인들이 명대 중국의 복지제도를 믿을 수 없을 것 같아 굳이 덧붙여진 것이다. 아무튼 핀토는 마르코 폴로에 이어 두 번째 중국의 구빈·요양복지제도에 대해서 자세하게 밝히고 있다.

2.2. 페레이라와 크루즈의 명대 복지정책

중국을 직접 체험한 페레이라(Galeotte Pereira)와 크루즈(Gaspar da Cruz)도 명대 중국의 복지제도를 보고하고 있다. 두 보고서는 상호보완적으로 중국의 복지실태를 잘 보여준다.

■ 명대 중국의 복지정책에 대한 페레이라의 보고(1564)

중국에서 밀수범죄로 체포되어 복건성에 죄수로 수감되어 있다가 탈옥해 돌아온 포르투갈 군인 갈레오테 페레이라(Galeotte Pereira)의 중국보고서(1565)도 명대 중국의 복지제도를 언급하고 있다. "중

3885) Pinto, "Observation of China and other Easterne Parts of the World", 126-127쪽. '첸(Chaen)'은 감찰을 뜻하는 것 같고, '안차시'(Anchacy)는 안찰사(按察使)를 음역한 것으로 보인다.

국에 관해 알려진 몇 가지 것들"이라는 제목이 달린 이 보고서의
원본은 출판되기 전에 아주 광범하게 복사되고 회람됨으로써 이미
유명세를 얻었던 것이다.[3886] 이 페레이라 보고서는 1565년 약간
축약되어 이탈리아어로 번역되어 베니스에서 공간되었다. 1577년
에는 영역되어 리처드 윌리스(Richard Willis)의 『동서인도 여행기
(History of Travayle in the West and East Indies)』 속에[3887] 「수감된 포르투갈
사람들을 통해, 주로 그 나라에 여러 해 죄수로 살았던 좋은 신용의
신사 갈레오티 페레이라에 의해 습득된 중국지역의 보고들(Reportes
of the Province of China)」 이라는 제하의 글로 실려 나왔다.

페레이라는 중국인들의 풍요와 빈곤에 대하고 약술하고 중국정
부의 복지정책을 기술하고 있다. 페레이라는 중국의 인구와 풍요와
빈곤에 대해 이렇게 보고한다. "이 나라는 바다 가까이에 주민들이
아주 잘 들어 살고 있어서 도시와 주현州縣 사람들이 문명적으로
살 정도로 만물이 준비되어 있는 군·현·부府와 숙소를 1마일도
못 가서 보게 된다. 그럼에도 불구하고 문밖에서 거주하는 사람들
은 아주 가난하다. 이 문밖 거주자들의 수가 아주 많아서 아무
나무나 올라가서 거기로부터 둘러보면 수많은 어린이들이 아무도
없다고 생각하는 그런 곳에 떼 지어 있는 것이 보일 정도다."[3888]
이어서 페레이라는 중국정부가 시행해온 복지제도에 대한 간단
한 설명을 덧붙인다.
더구나 그들은 한 가지 아주 좋은 것을 가지고 있는데, 이것은 우리 모두

3886) Boxer, "Introduction", lv-lvi쪽.

3887) Richard Willis, History of Travayle in the West and East Indies (London: By Richarde Lugge, 1577).

3888) Pereira, Certain Reports of China, 7쪽.

를 그들이 이교異敎라는 것에 깜짝 놀라게 만든 사실, 즉 모든 도시에 언제나 사람들로 가득 찬 요양복지원(hospitals)이 존재한다는 사실이다. 우리는 가난한 사람이 걸식하는 것을 본 적이 없다. 우리는 그 이유를 물었다. 그러자 모든 도시에서 빈자들, 맹인, 절름발이, 노령으로 인해 일할 수도 없고 어떠한 생활방도도 없는 노인층 등을 위한 집들이 많이 존재한다는 대답이 돌아왔다. 이 사람들은 사는 동안 상술한 집들 안에서 많은 쌀을 가지고 있지만 그 밖의 다른 것은 없다. 누군가 환자이거나 맹인이거나 절름발이이면 그는 포정사(Ponchiassi; Puchengshih의 오기)에게 탄원서를 제출하고 그가 쓴 것이 사실이라는 것을 입증하면 상술한 큰 숙소에 평생 머물 수 있게 된다. 그밖에 그들은 이곳에서 돼지와 닭을 기르고, 이로써 빈자들은 구휼되어 걸식하지 않는다.[3889]

이 요양복지원 제도는 마르코 폴로의 원대 중국의 복지정책 보고와 핀토의 명대 복지제도 묘사에 이어 세 번째로 소개되는 명대 중국의 요양복지에 대한 설명이다. '중국에는 요양원 시설이 있어 걸인이 없다'는 페레이라의 이 중국보고는 목격담이고 경험담이라서 이전의 여러 중국기中國記에 신빙성을 크게 더해주었다.

■ 크루즈의 보고(1569-1570)

포르투갈 도미니크파 탁발승 가스파르 다 크루즈(Gaspar da Cruz, 1520-1570)는 1569년부터 네 권으로 된 방대한 중국보고서 『중국풍물론(Tratado das Cousas da China; Treatise on Things Chinese)』(전 4권)을 출판하기 시작해서 1570년 완간했다. 1556년부터 중국 광주의 주강珠江 삼각주에 위치한 광주만의 람파카오(Lampacao), 즉 낭백오浪白澳 섬

3889) Pereira, Certain Reports of China, 30-31쪽.

에 1년여 동안 체류했다. 당시 낭백오 섬은 중국과의 무역항이었다. 그는 1557년 말라카로 돌아갔다가 1560년 인도를 거쳐 1565년 포르투갈로 귀국해 1569년 리스본에 돌아왔다. 크루즈는 "때로 나이브할지라도 예외적으로 정직한 사람"이라는 것을 알 수 있다. 그는 페레이라를 단순히 베껴 쓰지 않고 자신의 경험으로부터 얻은 많은 정보들, 특히 그를 분명히 매료시킨 것으로 보이는 광동 중국인들의 사회생활에 관한 경험을 보태고 있다. 그는 농업과 항해의 중국적 관행들을 유럽의 그것들보다 더 우월한 것으로 느꼈다. 그는 중국인들의 생활과 노동의 여러 측면을 기탄없이 찬미하고 있다.3890)

크루즈는 마치 '일하지 않는 자는 먹지도 말라'는 식으로 중국인들이 매우 근면하고 게으른 자들을 혐오한다고 말한다. 따라서 중국인들은 걸식행위를 경멸하고 걸인들에게 보시하지 않는다. 동냥승도 멸시받는다.3891) 크루즈는 그렇다면 장애인들을 어찌하는지 물었다. 이를 통해 그는 중국의 장애인 복지정책을 엿본다.

나는 위에서 중국인들이 이 나라의 가난뱅이들에게 보시를 하지 않는다

3890) Donald F. Lach, *Asia in the Making of Europe*, Vol. I, Bk. Two (Chicago: The University of Chicago Press, 1965), 742쪽. 이 책은 크루즈의 『중국풍물론』도 새뮤얼 퍼채스 (Samuel Purchas, 1577-1626) 신부의 『하클류투스 포스트후무스 또는 퍼채스 그의 순례자들』(1625)에 압축·영역되어 실려 있다. Samuel Purchas, *Hakluytus Posthumus, or Purchas his Pilgrimes*, 20 volumes [1625] (Reprint; Glasgow: Printed at the University of Glasgow Press, 1906).

3891) Gaspar da Cruz, *Treatise in which the things of China are related at great length* [1569], 118-119쪽. 151-152쪽. Charles R. Boxer (ed), *South China in the sixteenth century: being the narratives of Galeote Pereira, Fr. Gaspar da Cruz, O.P. {and} Fr. Martín de Rada, O.E.S.A. (1550-1575)*, Issue 106 of Works issued by the Hakluyt Society (Printed for the Hakluyt Society, 1953·2017).

고 말했다. 어떤 독자들이 불구가 되고 신체가 부자유스럽고 눈이 멀어 빵을 벌 수 없는 빈민은 어떤 처방을 받는지를 묻기 때문에 나는 그들을 만족시키는 것이 좋다고 생각했다. 장님이 음식을 구하도록 그들에게 배정된 일을 갖는다는 것은 주목할 가치가 있다. 말이 곡식을 빻는 말 방앗 간에서 일하는 것 등이 그런 일이다. 보통 이런 곳에는 2명이 배치된다. 왜냐하면 방앗간에 2명의 장님이 들어가면 그들은 서로 담소를 하면서 레크리에이션을 하기 때문이다. 이것은 내가 그들이 자기들의 손으로 쥔 날개를 가지고 수레바퀴를 밟고 돌리며 아주 우애롭게 담소를 하는 것을 본 바대로다. 눈 먼 여성이 천한 여성(창기 – 인용자)이면 그녀들을 옷 입히고 주홍색과 백분으로 화장해주는 보모가 있다. 이 여성들은 그녀들의 좋지 않은 사용에 대한 임금을 받는다. 일정한 촌수 내의 어떤 친척도 없거나, 있더라도 친척이 그들을 필요한 만큼 부양하지 못하거나 도울 능력이 없는 절름발이와 신체불구자는 국가재정관(포정사)에게 청원을 한다. 그러면 관리들이 그들의 친척을 정밀조사한 뒤 그들을 부양할 수 있는 친척이 존재하면 가장 가까운 친척들에게 그들을 떠맡아 부양할 의무를 지운다. 그리고 그 친척들이 그들을 부양할 능력이 없으면 또는 나라 안에서 아무 친척도 없으면 국가재정관은 그들을 국가요양원에 받아들이도록 명한다. 왕은 모든 도시에 많은 숙식시설이 있는 커다란 복지요양원들을 가지고 있기 때문이다. 요양원 관리들은 몸져누운 사람들에게 필요한 모든 것을 제공할 의무가 있는데, 이것에 대해서는 왕의 재정에서 할당된 충분한 대금이 있다.[3892)

눈먼 창기(倡妓)들도 요양원에서 관리하고 매춘을 통해 임금을 벌도록 배려했다는 것은 믿기지 않으나, 그녀들을 화장해주는 보모들까

3892) Cruz, *Treatise in which the things of China are related at great length* [1569], 122-123쪽.

지 있었다고 말하고 있는 까닭에 이 기록을 전면 부인할 수는 없다. 눈먼 창녀들에게도 스스로 부양할 자활기회를 제공했다는 것은 실로 '특이한' 복지시혜 조치다.

이것은 창기에 대한 크루즈의 기록을 읽어야만 완전히 이해될 수 있다. 크루즈의 보고에 의하면, 창기들은 성시城市 안에 거주하는 것이 허락되지 않았다. 창녀들이 사는 본래적 거리는 교외 바깥에 있었다. 그들은 이곳 바깥에서 살 수 없다. 이것은 "우리의 비위에 거슬리는 것"이다. 모든 창기는 노예이고 어린 시절부터 이 목적을 위해 길러진다. 주인들은 그녀들을 그녀들의 어미로부터 매입하고 그녀들에게 비파와 다른 악기들을 연주하는 것을 가르친다. 가장 잘하는 기녀들은 가장 많이 벌기 때문에 더 가치가 나간다. 이것을 할 수 없는 기녀들은 가치가 더 낮다. 주인들은 그녀들을 데리고 살든지 판다. 그녀들이 기녀들의 가로에 앉혀지면 그녀들은 국가관리에 의해 명부에 기입되고 주인은 매년 일정한 요금을 이 관리에게 낼 의무가 있다. 기녀들이 늙으면 주홍색과 연지곤지를 가지고 처녀처럼 보이게 만든다. 그리고 이 업종에 맞지 않게 된 뒤에는 그녀들은 주인에 대한 아무런 의무 없이 완전히 자유로워진다. 그녀들은 그녀들이 그간 번 것으로 먹고 산다.3893)

크루즈는 아프지 않은 절름발이 장애인들을 돕는 장애인복지원의 '더 특별한' 복지시혜 방식도 기술한다.

몸져눕지 않은 절름발이들은 매달 일정한 양의 쌀을 받고, 이것과 함께 그들이 요양원 안에서 기르는 병아리나 새끼돼지로 스스로를 충분히 부양한다. 이 모든 것은 실수 없이 아주 잘 지불되고 있다. 그리고 보통 국가

3893) Cruz, *Treatise in which the things of China are related at great length* [1569], 150-151쪽.

재정관의 명에 의해 이 요양원으로 받아들여지는 모든 사람은 등록되고 매년 요양원 관리들이 지출내역서와 빈민병자에 대한 보고서를 작성한다. 그리고 그들이 의무적으로 해야 하는 일에서 잘못이나 태만이 발견되면, 그들은 가차 없이 호되게 처벌받는다.3894)

요양복지원에서 장애인들과 노인빈민들이 가축을 길러 생계를 보충하도록 배려하는 이 특별한 복지시혜 방법은 이후 다른 중국 관련 서적에서도 반복되어 기술된다.

당시 유럽에서 국가복지제도를 경험해보지 못한 포르투갈·스페인 사람들은 중국제국의 이 국가적 복지제도에 실로 경악하고 있다. 이 복지정책 기조는 이미 마르코 폴로와 핀토·페레이라 등이 소개한 바가 있었지만, 이것이 크루즈의 직접 목격으로 다시 확인되고 있다.

2.3. 명대 복지제도에 대한 멘도자의 종합 보고(1585)

16세기 말엽 중국의 사상과 예술에 대한 유럽인들의 포괄적 관심을 일깨운 것은 그간에 쌓인 모든 선교사와 상인들의 중국보고들을 거의 집대성한 후앙 곤잘레스 데 멘도자의 저작이었다. 그는 마카오에 체류하면서, 그리고 필리핀 마닐라, 멕시코를 오가면서 중국 무역상들과 선교사들로부터 전해들은 중국에 관한 이야기들을 수집했다. 이렇게 하여 그가 스페인어로 쓴 책이 1585년 로마에서 첫 출판된 『중국제국의 역사』(1-2권, Roma, 1585)였다.3895) 스페인국

3894) Cruz, *Treatise in which the things of China are related at great length* [1569], 123쪽.

3895) Juan Gonzáles de Mendoza, *Historia de las cosas mas notables, ritos y costumbres del*

왕 필립 2세의 출판 명령으로 출판된 이 저작은 중국만을 다룬 서적이다.3896) 멘도자의 이『중국제국의 역사』는 1585년부터 260여 년 동안 롱런 베스트·스테디셀러였다.

청대 정부의 복지제도는 명대 중국의 복지제도를 거의 그대로 계승해 발전시켰다. 따라서 멘도자의『중국제국의 역사』는 청대 중국의 복지제도에 대한 설명으로 읽혀도 무방했다. 이 책은 유스티의 복지국가(양호국가)론에도 다대한 영향을 끼쳤다.

『중국제국의 역사』에서 멘도자는 공자철학을 다루지 않고 있지만 중국제국의 역사·정치·행정·사회··복지·지리·물산 등 다양한 측면들을 예찬하며 나름대로 성실하게 소개하고 있다. 이 책은 이 정도의 소개만으로도 당시 유럽인들의 편협한 세계관을 뒤흔들기에 충분한 충격을 가했다.

---

gran Reyno de la China (1-2권, Roma, 1585; Madrid & Bercelona, 1586; Medina del Campo, 1595; Antwerp, 1596).

3896) 이 책은 1585년 스페인어로 로마에서 나왔고, 1586년에는 마드리드와 바르셀로나, 1595년에는 메디나 델 캄포, 그리고 1596년에는 안트워프에서 다시 출판되었다. 1588년에는 영역판이 나왔다. Juan Gonzalez de Mendoza, *The Historie of the Great and Mightie Kingdom of China and The Situation Thereof* (London: Printed by I. Wolfe for Edward White, 1588). 1614년경『중국제국의 역사』는 이미 28판이 찍혀나갔고, 유럽의 7개 주요 언어로 번역되었다. Blue, "China and Western Social Thought in the Modern Period", 60쪽 각주8. 가령 1586년에는 이탈리아어로 번역되어 로마와 베니스에서 출판되었고, 1587년과 1588년, 그리고 1590년에는 다시 베니스에서 출간되었다. 1588년에는 영역본과 불역본이 각각 런던과 파리에서 출판되었다. 불역본은 1589년과 1600년에도 중판되었고, 1604년에는 루앙, 1606년에는 제네바와 리용에서 리프린트되었다. 1589년에는 라틴어 번역본도 나왔는데, 출판장소는 프랑크푸르트였다. 그리고 1655년에는 다른 사람에 의한 라틴어 번역본이 안트워프에서 나왔다. 이것을 보면 멘도자의 이 책이 퍼채스와 마테오리치·트리고, 그리고 마르티니 등의 책들이 나온 뒤에도 여전히 계속해서 중요한 책으로 읽혔다는 것을 알 수 있다. 독역본은 1589년 프랑크푸르트에서 나왔다. R. H. Major, "Introduction", lxxxii-lxxxiii쪽. . 1853년에는 '1588년 영역판'이 리프린트되어 나왔다. 이 번역본은 하클류트협회 (the Hakluyt Society)에 의해 1853년 리프린트되었다.

■ 거지 없는 중국과 빈민복지원

멘도자는 "이 위력적 왕국 전역에서 길거리를 배회하는 가난한 사람들이 없게 하고 사원에서 구걸하는 사람들이 없게 하는 방법과, 왕이 일할 수 없는 이들을 부양하려고 내린 칙령"이라는 소제목을 붙인 제10절에서 이렇게 말한다.

위대한 통치의 많은 것들이 이 역사 안에서 중히 여길 만한 것으로 천명되어왔고 또 앞으로도 천명되어야 할 것이다. 내 생각에 중요하게 여길 만한 것은 이 절에 담긴 막중한 국가제도다. 그것은 왕과 그의 내각이 내린, "가난뱅이들은 길거리에서도, 불상 앞에서 설법을 하는 사원에서도 구걸을 하지 말라"는 명령이다. 구걸을 막기 위해 왕은 앞서 말한 가난뱅이들이 길거리에서 구걸하거나 간원한다면 그들에게 집행될 무겁고 가혹한 형벌과, 걸인들에게 동냥을 주는 시민들과 읍민들에게 내리는 더 무거운 형벌에 관한 칙령을 제정했다. 시민들은 지체 없이 구걸하는 사람들을 치안판사에게 고발해야 한다. 이 판사는 '빈민판사'라고 부르는 국가 관리인데, 그는 법률을 어기는 자들을 처벌하라는 명을 받았다. 그는 도시와 읍면의 수령들 중 1인으로서 이 일 외에 다른 책임이 없다. 읍면들이 크고 많고 사람들로 가득하고 무한히 많은 마을들이 있기 때문에 거기에는 많은 태생적 절름발이와 기타 사고를 당한 자들이 있기 마련이다. 따라서 빈민판사는 한가한 것이 아니라, 언제나 법을 위반하지 않은 빈민들의 필수품들을 보조하는 영슈을 내리는 데 눈코 뜰 새 없다. 판사는 직무에 들어가는 첫날 어떤 어린이든 사지 중 어떤 것이 불구가 되어 태어났든 병 또는 다른 사고로 절름거리게 되었든 그 부모는 지체 없이 판사에게 신고하고, 그러면 판사는 왕과 내각의 명령과 의지에 따라 필요한 모든 것을 제공한다. 남아나 여아를 판사 앞에 데려와 그가 가진 결손이나 결함을 보이고, 그것이 어떤 직업을 가질 수 있는 정도라면 판사가 명한 직업을 어린이에게 가르칠 시간을 부모에게 준다. (…) 그러나 절름거림의 정도가 아무런 직업도 배우거나 행할 수 없는 정도라면 이 빈민판사는 그 부모가 돈이 있다면 부모에게 그를 평생 매일 부양하라고 명한다. 부모가 돈이 없다면, 또는 그가 아비가 없다면, 그다음 친족 중 부유한 친척이 그를 부양해야 한다. 이런 부유한 친척도 없다면, 그의 부모와 모든 친족이 기부해서 그들의 몫을 지불하거나 집에 가진 것들을 내준다. 그가 부모가 없다면, 또는 부모가 아주 가난해서 기부하거나 이 일부도 낼 수 없다면, 국왕이 제국 전역에 걸쳐 각 도시에 동일한 취지와 목적을 가지고 있는 아주 호화로운 요양원에서 왕의 풍부한 내탕금으로 그들을 부양한다.[3897]

이 장애인요양복지원은 빈자와 늙은 재향군인들의 부양을 위한 구빈원으로도 겸용된다.

같은 요양원에서는 전쟁터에서 젊음을 보내 자신을 부양할 수 없게 된 모든 가난하고 늙은 사람들도 마찬가지로 부양한다. 그리하여 가난하고 궁핍한 모든 사람이 이 요양원 저 요양원에 수용되어 아주 부지런히, 그리고 정성스레 보살핌을 받는다. 그리고 같은 일을 더 잘 수행하기 위해서 판사는 정연한 질서를 세우고, 시와 읍면의 수령들 중 1인을 요양원 관리자로 임명한다. 이 관리자의 허가가 없으면 요양원으로부터 경계 밖으로 한 명도 나갈 수 없다. 이 허가는 어느 누구에게도 주어지지 않고 또 그들은 그것을 요구하지 않는다. 왜냐하면 그들은 그들이 사는 동안 필요한 모든 것을, 양식이며 옷가지까지도 다 공급받기 때문이다. 그밖에 요양원

3897) Mendoza, *The History of the Great and Mighty Kingdom of China*, Part 1, 66-67쪽.

내의 늙은이들과 빈자들은 즐거움을 얻는 레크리에이션과 돈벌이를 위해 닭과 병아리, 그리고 돼지를 기른다.3898)

이와 같이 장애인과 더불어 빈자와 늙은 재향군인들은 국비("왕의 풍부한 내탕금")로 운영되는 요양복지원에서 각각 부양의 기회를 누린다.

■ 각종 복지원에 대한 철저한 감찰과 감독
요양복지원 관리실태는 지방의 빈민판사와 중앙정부에 의해 이중으로 철저히 감찰된다.

판사는 종종 그가 임명한 관리자를 감찰한다. 마찬가지로 그도 같은 취지로 국왕과 내각의 임명에 의해 조정으로부터 내려오는 다른 판사에 의해 감찰을 받는다. 그리하여 이 조정파견 판사는 그의 임무에 배정된 행성들에 설치되어 있는 요양원들을 시찰한다. 자신의 직무를 바르고 정당하게 수행하지 않은 자를 발견하면, 그를 교체하고 아주 엄격하게 처벌한다. 이런 이유에서 모든 관리는 자기의 맡은 바 임무를 정성들여 보살피고 바른 생활을 하고, 안전眼前에 정직한 보고서를 늘 염두에 두었다가 제출해야 하고, 어긋나면 혹독한 대가를 치른다. 장님들은 이 나라에서 친족이나 국왕에 의해 반드시 부양되어야 하는 사람들의 범주로 계산하지 않는다. 왜냐하면 장님들은 방아로 밀이나 쌀을 갈거나 대장간 풀무를 돌리는 일, 또는 보는 기능을 필요로 하지 않는 직종의 일을 하도록 요구되기 때문이다. 그리고 장님 여성은 성년이 되면 '사랑의 여성 사무실(the office of women of love)'을 이용한다. 이런 목적으로 이 절節에서 천명되는 바와

3898) Mendoza, *The History of the Great and Mighty Kingdom of China*, Part 1, 67-68쪽.

같이 이러한 종류의 공공장소는 아주 많다. 이 장소들은 이곳을 보살피고 페인트칠하고 정리하는 여성들이 있고, 이 여성들은 순수한 나이에 이 사무소를 떠났던 여성들이다. 그리하여 이 나라가 광대하고 사람들이 무한히 많을지라도, 맨발의 탁발승들과 이들과 함께 이 나라로 들어간 나머지 사람들의 눈에 명백하게 비쳤던 바와 같이, 이 제도에 의해 이 왕국 전역에서는 굶어 죽는 가난뱅이도, 길거리에서 구걸하는 가난뱅이도 없는 것이다.[3899]

멘도자는 "왕국 전역에서는 굶어 죽는 가난뱅이도, 길거리에서 구걸하는 가난뱅이도 없게" 만든 중국의 이 복지제도에 놀라고, 또 이 복지제도를 만든 백성이 '이교도'라는 데 다시 놀란다.

명대 중국의 복지제도에 대한 멘도자의 경탄은 끝이 없다. 다만 중국인들이 기독교인이 아니라 이교도라는 것만이 안타까울 따름이다. 멘도자의 『중국제국의 역사』는 중국의 복지제도에 대한 이전의 보고들을 거의 다 망라하고 있다.

2.4. 청초 복지제도에 관한 마젤란과 뒤알드의 보고

청대 중국의 복지제도에 대한 17-18세기 언급은 드문 편이다. 플라톤의 야경국가론에 매몰된 서양 선교사들, 또는 1853년까지 인기를 누린 장기 베스트셀러였던 멘도자의 『중국제국의 역사』의 복지제도 기록으로 만족한 선교사들은 명대의 복지제도를 그대로 승계한 청대 중국의 복지제도에 별도의 관심을 보이지 않았기 때문이다. 그럼에도 예수회 선교사 가브리엘 마젤란과 장-밥티스트 뒤

3899) Mendoza, *The History of the Great and Mighty Kingdom of China*, Part 1, 68쪽.

알드는 청대 복지정책에 대해 개략적 기록을 남기고 있다.

■ 마젤란의 보고(1688)

가브리엘 마젤란은 1649년부터 1677년까지 28년간 북경에 살면서 북경과 그 주변 도시에서 중국 상공업과 그 생산과정 및 복지정책을 면밀히 관찰했다. 그는 1668년에 탈고하여 1688년에 출판된 『신중국기新中國記』에서 이렇게 말한다. 이것은

중국인들은 모든 종류의 기계작업을 훨씬 적은 수의 도구들로써 우리가 하는 것보다 더 용이하게 해낸다. 왜냐하면 여기 이 나라에서는 헛되이 버려진 한 치의 땅도 없는 것처럼, 생계를 벌 길이 없거나 모종의 직업이나 일자리가 없는 어떤 남자나 여자도, 어떤 젊은이나 늙은이도, 어떤 절름발이나 귀머거리 또는 장님도 없다. "중국에서는 버려지는 것이 없다"는 속담이 있다.3900)

마젤란은 장애인들도 일반인처럼 차별 없이, 또는 빠짐없이 고용하는 장애인 복지를 말하고 있다. 절름발이·귀머거리·장님에게도 일거리를 주는 장애인 복지는 상론했듯이 공자의 복지지침을 그대로 시행하는 것이다. 18세기 초반에 존 트렝커드와 토마스 고든은 이런 보고서들을 읽고 중국의 복지제도를 알고 나서 어떤 사람도 버리지 않는 중국을 단연 가장 위력적인 국가, 가장 위대하고 가장 부유하고 가장 인정어린 국가로 묘사한다.3901)

3900) Magaillans, *A New History of China*, 121쪽.

3901) Trenchard and Gordon, "The Sense of the People concerning the present State of Affairs, with Remarks upon some Passages of our own and the Roman History. In a Letter to a Member of Parliament" [1721], 88쪽.

　뒤알드는 『중국통사』(1735)에서 중국의 가난과 유아유기, 가난한 부모에 의한 자식의 판매 등에 대해 길게 기술하지만3902) 그런데 청대 복지제도에 대해서 그는 이 복지제도를 마치 서양인들이 다 알고 있는 사항이라도 되는 듯이 간략하게 지나치듯 언급할 뿐이다.

　뒤알드는 먼저 중국인들이 국가를 "큰 가족"으로 간주하고 군주를 신민들 부모처럼 보살펴야 하는 "신민들에게 공통된 아버지"로 간주하는 국가관을 소개하면서3903) '민복民福', 즉 '백성의 복지'를 가족적 유대보다 더 중시했던 요순임금의 역사적 본보기를 기술한다.

> 자기 아들들 중에서 자기의 승계자로 삼아야 할 어떤 아들을 선택하는 것은 황제다. 그가 그의 가족 중 선정善政을 할 만한 자가 아무도 없다고 생각한다면 그는 그가 자기의 신하들 중 자기를 계승하기에 가장 적합한 한 신하를 지명한다. 옛날에 이 성격의 본보기들, 즉 자기의 신민의 복지 (the Welfare of their Subjects)를 자기 가족의 영광과 영화榮華보다 더 중시하는 데 특기할 만했던 군주들이 있었다.3904)

　중국에서는 "신민의 복지"를 더 중시하는 군왕이 역대 임금의 본보기가 되는 '성군聖君'인 것이다.

　그리고 뒤알드는 여기에 이어서 청대 정부가 시행하는 세제혜택의 복지정책을 기술한다.

3902) Du Hald, *The General History of China*, Vol.2, 126-128, 250쪽.

3903) Du Hald, *The General History of China*, Vol.2, 17쪽.

3904) Du Hald, *The General History of China*, Vol.2, 16쪽.

황제는 국가의 기회가 요구한다면 새로운 세금을 걷어도 되지만, 매년의 공납이 국가 비용을 지불하기에 충분히 상당하므로 이 권한을 사용하는 경우가 드물다. 모某 행성에 어떤 식의 재앙이라도 덮치는 일이 발생한다면 이 행성에 대해 모든 공납을 몽땅 감해주지 않는 해가 거의 없다.[3905]

그리고 뒤알드는 지나가는 식으로나마 저 이베리아 여행가들과 선교사들이 수차 언급한 요양복지에 대해 슬쩍 언급한다.

토지가 측량되고 가구 수가 파악되어 있는 만큼, 또한 황제에게 바쳐져야 할 것이 파악되는 만큼, 각 타인의 관리들은 황제의 세금을 쉽사리 모은다. 그리고 세금을 내는 데 태만한 자들은 만다린들에 의해 곧장 처벌을 받거나 감옥으로 보내지만, 결코 그들의 재화를 빼앗지는 않는다. 아니면, 황제가 박애의 일환으로 각 타운에서 부양하고 있는 빈자와 노인들을 그들의 집에다 할당하여 숙식케 한다. 이 빈자와 노인들은 황제에게 주어져야 할 만큼 소비할 때까지 그 집에 남아 있다.[3906]

뒤알드는 납세에 태만한 자들을 처벌하는 한 방법으로 "빈자와 노인들"을 이 자들의 집에 할당해 숙식케 하는 것을 언급하면서 "황제가 박애의 일환으로 각 타운에서 빈자와 노인들을 부양하고 있는" 복지제도를 지나치듯 언급하고 있다.

그리고 뒤알드는 세출 항목에서 관리들에 대한 생계비와 기타 비용을 다 대주는 것을 언급하면서 곁다리로 빈민구휼제도에 대해

3905) Du Hald, *The General History of China*, Vol.2, 21쪽.
3906) Du Hald, *The General History of China*, Vol.2, 21쪽.

언급한다.

중국은 황제가 제국 안에서 관리들의 모든 생필품을 다 대주는 대가장大家長으로 존재하는 점에서 유일무이하다. 황제에게 귀속되는 공납과 조세의 더 큰 부분은 아주 수많은 빈민의 부양, 특히 나이든 사람들, 병자들의 부양을 위해, 만다린들의 봉급을 위해, 군사력의 유지를 위해, 공공건물 등을 위해 지출된다. 그리고 잉여는 북경으로 보내져 황제가 16만 명의 정규군의 현금지급 임금 외에 이 정규군을 유지하는 궁궐과 메트로폴리스의 비용으로 쓰인다.3907)

뒤알드는 세수의 지출 항목들을 언급하면서 겨우 "아주 수많은 빈민, 나이든 사람들, 병자들의 부양"을 언급하고 있다. 그리고는 구체적 복지제도와 그 시행, 장애인 복지정책과 그 시행방법 등에 대해서는 언급하지 않고 있다. 나아가 그는 다른 곳에서 중국의 복지정책에 대해 확인하지도, 더 상론하지도 않는다.

뒤알드는 청대 중국의 복지제도에 대해 별도항목으로 본격적인 설명을 하지 않고 이런 정도의 곁다리 언급으로 그치고 중국의 빈곤에 대해서만 과장되게 상론하고 있다. 이런 의미에서 뒤알드의 『중국통사』는 일부 서양학자들이 생각하듯이 결코 중국에 대해 균형 있게 보고하는 저술이 아닌 것이다. 그럼에도 불구하고 라이프니츠, 크리스티안 볼프, 요한 유스티 등은 뒤알드나 마젤란의 보고를 바탕으로 18세기 말까지 계속 재再간행된 멘도자·크루즈·페레이라·핀토 등의 중국 복지제도 보고를 추적해 올라감으로써 파악한 명·청대 중국의 복지제도로부터 서구의 근대적 민복·복지국가론

3907) Du Hald, *The General History of China*, Vol.2, 21쪽.

을 발전시켰다.

2.5. 청말 복지제도에 관한 스톤턴과 데이비스의 공식기록

서구에서 가장 먼저 사회복지제도를 도입한 독일과 북구제국이 복지국가로 재탄생하는 데에 정작 크게 기여한 것은 18세기 말과 19세기 초의 생생한 기록들이었다. 19세기 중국경제는 1780-90년대부터 1870-80년대까지 약100여 년간 지속된 이른바 '가경·도광 장기불황'에 빠져 있었다. 이에 따라 19세기 청국의 복지제도도 점차 쇠락할 수밖에 없었다. 그러나 17-18세기에 구축된 청대 양민·복지제도의 골간은 그대로 유지되었다. 이 사실을 보고한 저서들 중에서 대표적인 것은 앞서 소개한 조지 스톤턴의 1797년 저서 『대對중국 영국특사단의 공신력 있는 보고』(1-3권)와 존 데이비스의 1836년 저서 『중국인들: 중국제국의 일반적 서술』(1-2권)이다.3908)

■ 거지 없는 청국의 복지정책에 대한 스톤턴의 보고(1797)

앞서 소개했듯이 스톤턴은 매카트니 특사단의 공식서기였다. 그리고 데이비스는 1832년 영국동인도회사 광동廣東재외상관의 관장을 지냈고 1833-1835년 대對중국 영국무역 제1·2 감독관을 차례로 역임하고, 그 사이에 북경·남경·광동 사이의 중국 내륙을 4개월간 여행을 하고 1844-1845년간 제2대 홍콩총독을 지낸 영국정부의 공식 인사였다. 따라서 공식보고서나 다름없는 스톤턴과 데이비스의 이 방대한 보고서적들은 선교사나 여행가, 그리고 상인들의

3908) John Francis Davis, *The Chinese: A General Description of the Empire of China and Its Inhabitants*, Vol. I-II. (London: Charles Knight, 1836).

보고와 비할 데 없는 공신력을 가진다.

조지 스톤턴은 공식 특사단의 부副단장이자 공식서기로서 열하와 북경, 그리고 만주를 오가는 긴 여정에서 불가피하게 중국의 복지제도를 접하고 『대對중국 영국특사단의 공신력 있는 보고』(1797)에 이에 관해 간략하게 기록해 두고 있다. 일단 그는 중국에서 걸인들이 눈에 띄지 않았다고 쓰고 있다.

> 동추수(Tong-choo-soo, 북경 근처의 지명)에 가까운 곳에 모인 모든 군중들 속에서나 다른 곳들에서 특사단의 접근에 끌리어 모인 군중들 속에서 특사단이 중국에 입국한 이래 걸인 습관을 가진 사람은 한 사람도 보이지 않았고, 또는 자선을 조르는 어떤 사람도 관찰되지 않았다. 어떤 소규모의 사람들도 빈곤에 근접하는 상태에 처한 것으로 보이지 않았는데, 이것은 사실이었다. 아무도 궁경으로 내몰려 있거나 낯선 사람들로부터 도움을 간구하는 습관에 익숙해져 있지 않았다.3909)

스톤턴은 이렇게 중국에서 걸인을 보지 못했다고 보고하고 있는데, 이 보고는 200여 년 전 멘도자의 보고와 일치한다. 그러나 40년 뒤인 1836년에 존 데이비스는 중국 대도시의 걸인이 유럽 대도시보다 많지 않지만 그래도 아주 많은 편이라고 쓰고 있다. 이 두 보고를 비교하면, 가경-도광 불황(1790-1880)이 세월이 흐를수록 심각해져 19세기 중반에는 결국 대도시에 많은 걸인들이 나타난 것을 알수 있다.

스톤턴은 걸인이 없는 현상과 관련하여 천재天災에 맞서는 중국

3909) Staunton, *An Authentic Account of an Embassy from the King of Great Britain to the Emperor of China*, Vol. 2, 257-258쪽.

의 복지정책을 들고 있다.

현재는 정말로 저 재해의 계절이 아니었다. 재해의 계절은 농부의 일용물자를 파괴하거나 감소시켜 생계 조달을 위해 농부를 범죄의 극단에까지 내몬다. 그러나 이런 때에 중국황제는 언제나 먼저 나서서 국가 곡식창고를 열도록 명령한다. 불행을 당한 사람들에 대해 세금을 감면해준다. 황제는 자기의 신민들에게 이들을 위해 섭리를 대신하는 존재로 보인다.3910)

그러나 스톤턴은 재해를 당한 백성을 구제하는 황제의 이런 복지정책의 의미를 궁극적으로 '정치적' 권력유지의 정치목적으로 환원시킨다.

황제는 그가 처벌의 무서움이 제공하는 것보다 얼마나 더 강력한 사슬에 의해 자기의 절대적 지배권을 이렇게 하여 유지하는지를 완벽하게 알고 있다. 황제는 자기의 신민들에 대한 인애 시혜의 배타적 특권을 보유하려고 몹시 마음을 쓴다는 것을 보여주었다. 황제는 몇몇 상당히 부유한 상인들이 제시한, 재해를 당한 지방의 구제에 이바지하겠다는 제안을 배척했을 뿐만 아니라, 이 제안을 기분 나빠했다. 그는 동시에 티벳 전쟁의 비용에 쓰라고 텐싱(Tien-sing)의 한 부유한 미망인이 내놓은 기부금은 받아들였다. 그러나 모든 현명한 정부가 치유하거나 경감시키려고 부심하는 어떤 일반적 재앙과 독립적으로, 고충의 우연적 원인이나 생계조달 수단의 개인적 부족은 모든 시기에 대부분의 나라에서, 인간들이 우연히 만날

3910) Staunton, *An Authentic Account of an Embassy from the King of Great Britain to the Emperor of China*, Vol. 2, 258쪽.

수 있는, (불행을) 저지할 힘을 가진 사람들의 위태로운 원조에 생존 면에서 의존하는 인간들의 애처로운 광경을 불러일으킨다.3911)

스톤턴은 중국정부의 복지정책을 이렇게 묘사하고 있다. 그러나 그는 인간의 본성적 측은지심에 바탕을 둔 '인정仁政', 즉 양민·교민정치를 국가의 존재이유로 보는 공맹의 인정국가(양민·교민국가) 개념을 모르기 때문에 황제의 복지시정을 전적으로 권력유지의 관점에서만 바라보고 있다.

스톤턴은 다른 곳에서야 타인을 도우려는 중국인들의 '마음씨 (inclination)'를 거론한다. 그는 친족들의 부양의무를 통한 구빈救貧복지 관습과 국가의 구빈복지제도를 기술한다.

공동조상으로부터 나온 후손들은 앞서 진술한 날에 조상의 묘지를 함께 방문한다. 이 공동 돌봄, 그리고 정말로 다른 기회들은 가장 먼 친척들도 모으고 단합시킨다. 그들은 서로를 시야에서 놓칠 수 없고, 거의 좀처럼 그들 각자의 걱정거리를 무관심해 하지 않는다. 자식은 자기 부모의 부양과 위안을 위해 노동하고 책임져야 한다. 형제는 극빈에 처한 형제와 자매를 부양해야 한다. 이 의무의 불이행은 실정법으로 그것을 강제할 필요가 없을 정도의 미움을 살 것이다. 가장 먼 친족도 사고나 건강악화로 궁핍에 처하면 그의 친족에게 구제를 요구할 권리가 있다. 법보다 강한 예절, 그리고 정작 교제와 친밀감에 의해 산출되고 함양된 마음씨는 그에 대한 지원을 보장해준다. 이 습관과 예절은 유럽들에게 불행히도 특별하게 보이는, 이미 언급된 사실, 즉 연민을 불러일으키며 개인들의 우연적 자선을

3911) Staunton, *An Authentic Account of an Embassy from the King of Great Britain to the Emperor of China*, Vol. 2, 258쪽.

애원하는 어떤 고층의 광경도 보이지 않는다는 사실을 완전히 설명해준다. 이런 상황이 공적 인애 시설의 수 때문이 아니라는 것이 덧붙여져야 한다. 진정으로, 아무도 요양원·구호소(hospitals)에서 베풀어지는 구호를 결하지 않아야 한다는 페르시아 군주의 소원은 중국에서 실현되지 않았다. 그러나 이런 시설들은 한 가문의 모든 지절들을 통합시키는 연결이 가문의 고통받는 일부 사람들에게 지체 없이, 그리고 치욕감 없이 원조를 제공하는 곳에서 이런 공적 부조扶助시설들은 적게 필요해진다.3912)

스톤턴은 중국의 두텁고 탄탄한 친족관계를 1차 복지제도로 설명하고 국가의 요양·구호시설을 2차 복지제도로 간주하면서 전자의 덕택으로 공적 복지시설이 생각보다 적게 필요하다고 쓰고 있다. 그러나 스톤턴은 아무 자식도 친족도 없는 사고무친의 빈민들, 고령자, 고아, 유기된 유아, 길 잃은 아이들, 아무도 맡으려고 하지 않거나 아무나 맡기에 위험한 나환자, 전염병 폐질자들, 상이군경 등에 대한 국가복지의 기능을 너무 경시하고 있다.

스톤턴은 거지가 없는 중국에서도 빈자들은 "도처에서 큰 수를 구성한다"고 확인한다.3913) 그리고 만주에서 본 걸인 같은 사람들을 기록한다. "만주지역 사람들의 보다 느슨한 예절의 영향으로 유럽의 길에서처럼 이 길에서 이미 거인들로 보이는 사람들이 나타났다. 이 사람들은 누추한 모습과 어떤 자연적이거나 사고로 인한 육체결함의 노출로 행인들의 측은지심과 자선을 말없이 요구하고 있다."3914) 스톤턴은 중국 본토에서 보지 못한 걸인을 만주의 변경

3912) Staunton, *An Authentic Account of an Embassy from the King of Great Britain to the Emperor of China*, Vol. 2, 281-282쪽.

3913) Staunton, *An Authentic Account of an Embassy from the King of Great Britain to the Emperor of China*, Vol. 2, 337쪽.

지대에서 본 것이다. 그러나 이 걸인들도 칭얼대는 말로 구걸하지는 않고 있었다. 그러나 40년 뒤 데이비스는 칭얼대며 가게나 집 앞에서 좀처럼 떠나지 않은 걸인들을 묘사한다. 경제적 사정이 갈수록 악화되어 간 것이다.

■ 여女영아살해 풍문에 대한 데이비스의 부인(1836)

1836년 조지 데이비스는 『중국인들: 중국제국의 일반적 서술』에서 먼저 중국 대도시에서 대대적으로 자행된다는 여아女兒살해 (female infanticide)에 관한 서구의 풍문을 부정한다.

이 백성을 당연히 가혹한 비난을 받기 쉽게 만들어온 하나의 중요한 사항, 즉 여아에 대한 유아살해에 대한 논평할 일이 남아 있다. 사람들은 중국에서의 부모애의 지배를 부정하는 논증으로 이 관행의 추정된 규모를 끌어댔다. 의심할 바 없이, 그러나 여아 출산의 순간에 유아살해는 존재한다. 그러나 이 경우들은 확실히 인구가 밀집되어 생계의 어려움이 극빈층으로부터 그들의 새끼들을 기를 수 있는 모든 희망을 앗아가는 대도시들에서만 발생할 뿐이다. 일반적으로 중국인들은 자기 자식들을 특히 사랑하고, 애착은 상호적인 것으로 보인다. 어린이들의 몸뚱이가 떠다니는 광동 (아주 밀집되고 인구 많은 지역)에서의 사례들은 빈번하지 않고, 상당한 경우들에서 합당하게 이토록 수많은 사람들이 날 때부터 작은 배에서 길러지는 곳에서의 사고 탓으로 돌려져도 된다. 유아들이 그들의 인체 둘레에 빈 조롱박을 묶고 떠다니는 저 사례들을 마치 조롱박이 유아유기 체계의 일부인 양 유아살해죄로 모는 것보다 더 황당무계한 대大실수는 결

3914) Staunton, *An Authentic Account of an Embassy from the King of Great Britain to the Emperor of China*, Vol. 2, 352쪽.

코 없을 것이다! 왜냐하면 배에서 사는 어린이들의 몸에다 이 조롱박을 부착하는 바로 그 목적은 익사당할 위험으로부터 그들을 구하기 위한 것이고, 그들을 물에서 건져낼 때까지 물 위에 떠다니게 하기 위한 것이다. 어린이들이 이런 예방조치에도 불구하고 가끔 익사당하는 것은 충분히 가능하다. 그러나 조롱박을 그들의 운명의 본질적인 부분으로 여기는 것이 합당하고 옳다면 그것은 거의 영국의 모든 익사를 다 투신자구조협회의 활동으로 돌리는 것만큼 합당하고 거의 그만큼 옳은 것일 게다.3915)

데이비스는 아마 프란체스코파나 도미니크파에 속했을 악독한 가톨릭 선교사들이 서양에 퍼트리고 뒤알드 등을 통해 확산되고 아담 스미스 등에 의해 과장된 '중국의 유아살해와 유아유기'라는 악성 소문을 조롱하듯이 신랄하게 비판하고 있다. 나아가 데이비스는 이 집 저 집을 돌아다니며 강에 익사시킬 유아를 수거하여 영아들을 유기하거나 익사시키는 "끔찍한 직무"가 "상당수의 사람들"에게 "생계를 버는 공인된 사업"이 되었다는 뒤알드와 아담 스미스의 사악한 과장의 진상을 이렇게 폭로한다.

중국에 대한 온갖 완전하고 내밀한 지식을 갖춘 로마가톨릭 신부들은 어떤 식으로든 선교의 영예와 영광과 관련되는 일들에다 그들의 편견을 입히는 트릭을 가졌다. 우리는 이 신부들이 때때로 기적(miracles)을 장사하는 것을 보았다. 그러므로 유아살해 관행의 단순한 과장은 목적과 연계될 때 충분히 자연스럽다. 그리고 뒤알드는 선교노력의 성과를 화려하게 보고한다. 하지만 공덕은 특유하고 모호한 종류다. 왜냐하면 익사할 비운을

3915) Davis, *The Chinese*, 120-121쪽.

가진 어린이들의 생명을 구할 대부분의 기회를 활용하는 대신에 신부들과 개종자(전도사)들은 이 집 저 집 돌아다니면서 죽음을 앞둔 신생아들에게 세례를 베풀었다. 이것은 싸고 빠르고 쉬운 자선사업이다.[3916]

아담 스미스는 뒤알드의 "화려한 보고"를 오독해 신부와 전도사들이 "죽음을 앞둔 신생아들에게" 세례를 주러 "이 집 저 집 돌아다니는" 가톨릭 선교활동을 "이 집 저 집을 돌아다니며 강에 익사시킬 유아를 수거하는" 중국인들의 직업적 유기대행으로 오해하여 왜곡·와전시켰다. 스미스의 이 왜곡은 실로 범죄 수준이다.

데이비스는 청대 중국의 제2수도 남경南京을 기술하면서 다시 한번 여아살해의 악성 소문을 '과장'으로 부정한다.

사업이나 유락을 위해 광동 강을 항해하거나 노젓는 데 매일 익숙해진 유럽거주자들의 오랜 경험은 여아살해 관행의 알려진 빈도수를 부정하는, 앞의 한 장절章節에서 도입된 관찰들을 확증해주었다. 이 여아살해가 제한 정도로 실존한다는 것은 아무도 부정하는 체하지 않는다. 중국인들 자신이 이 관행을 용납지 않는 것은 중국 내의 한 작품에서 뽑은 다음 발췌문에 의해 입증된다. 이것이 동시에 부분적으로 합법적 축첩의 악덕한 제도에서 생겨나는 질투의 결과라는 것을 증명해준다.[3917]

존 데이비스가 중국인이 쓴 그 작품에서 뽑은 해당 발췌문의 내용은 다음과 같다.

3916) Davis, *The Chinese*, 121쪽.
3917) Davis, *The Chinese*, 195-196쪽.

유아를 익사시키는 것이 잔인한 여자들의 소행일지라도 남편의 의지로부터 나온 것이다. 남편이 유아를 익사시키는 것에 반대하는 마음을 먹는다면, 여자는 이에 대해 아무런 권한이 없다. 자식이 하녀로부터 태어난다면, 그리고 아내가 그것을 참지 못한다면, 당신은 한 달 뒤 이 자식을 다른 가정에 넘기고 그 자식에게 자기의 성과 다른 성을 줄 수도 있다. 이 방법이라면 이 자식의 생명은 다행히 보존될 것이다. 호랑이의 본성은 가장 잔인하지만, 부모와 새끼 간의 관계를 안다. 만물의 가장 우월한 영장인 인간이 호랑이에게 져서야 되겠는가? 나는 여아가 살해될 때 가해지는 고통이 비할 데 없다고 들었다. 여아는 죽기 전에 오래 고통받는다. 아, 슬프다! 이것을 견딜 수 있는 부모의 마음은! 딸들의 마음씨는 지극히 사랑스럽다. 딸들은 부모를 아들보다 더 사랑한다. 많은 아들은 집에서 나간다. 딸들은 부모에게 찰싹 달라붙어있다. 많은 아들들은 부모에게 불복한다. 딸들은 순종한다. 아들은 거의 공감이 없다. 딸들은 언제나 부모를 위해 슬퍼한다. 딸들은 자기들의 덕스런 남편을 사랑하고, 많은 경우에 부모의 영예를 높인다. 치자들은 때로 딸들을 칭찬하는 현판을 썼다. 그리고 황제는 은혜롭게도 딸들에게 선물을 하사했다. 어떤 딸들은 황제궁의 궁녀가 되고, 다른 딸들은 위대한 인물들의 아내가 되기도 했다. 당신이 당신의 딸의 생명을 보존한다면 확실한 보상이 뒤따를 것이다.[3918]

이 발췌문을 통해 알 수 있는 것은 데이비스의 말대로 "중국인들 자신이 이 (여아살해) 관행을 용납지 않는 것"과, 이 짓이 "부분적으로 합법적 축첩제에서 생겨나는 질투의 결과라는 것"이다.

그리하여 데이비스는 이 유아살해의 원인들 중 가장 자연스런 원인을 도덕적 타락과 풍기문란으로 규정하고, 이 관행을 풍기가

3918) Davis, *The Chinese*, 196쪽.

문란한 대도시, 그것도 서방을 향해 문호를 개방한 광동의 "가장 문란한" 개항장 탓으로 돌린다.

일반적 풍기문란(모든 원인들 중 가장 자연스런 원인)이 유아살해 관행을 촉진하는 경향이 있을 수 있는 한에서 광동은 중국인들 자신이 대외무역으로 생긴 부의 방대한 회전과 광동지방 기후 간의 동시적 영향작용 때문에 전 제국 안에서 가장 방종적 도시로 간주한다. 그곳에서 관리 임용에 지명되는 것은 힘주어 "광동으로 영전했다"고 부른다. 여러 가지 방법으로 치부할 기회가 그만큼 우월한 것이다. 할 일 없이 쏘다니고 게으른 부랑자들의 수는 이 성도省都의 상대적 사악성을 증명한다.[3919]

따라서 간혹 나타나는 유아살해의 원인을 데이비스는 대도시에 사는 부모의 극빈이라기보다 개항한 대도시의 도덕적 문란과 여첩들의 질투 탓으로 돌리고 있다. 상술했듯이 거의 100년이 지난 20세기 초에 북경에서 의사로서 일했던 스코틀랜드사람 존 더전(John Dudgeon)도 "유아살해는 우리들끼리 믿어지듯이 그렇게 일반적으로 지배적이지 않고, 중국 북부에는 전혀 존재하지 않는다"고 단언함으로써 선교사들이 지어내고 케네·스미스 등 서양 철학자들이 거듭거듭 과장했던 중국의 영아유기·살해 풍문을 강력 부인했다.

■ 청대 말 거지의 출현과 복지제도에 대한 데이비스의 관찰

데이비스는 중국의 빈곤을 입에 담지 않는다. 그 대신이 그는 중국에 걸인이 많다고 말한다. "중국에 거지가 없다고 잘못 주장되어 왔지만, 사실 '친족의 권리요구'에 부여하는 종교적 관심에도

3919) Davis, *The Chinese*, 196쪽.

불구하고 거지가 아주 많다."3920) 그렇지만 그는 중국의 부랑자와 걸인이 서양보다 수적으로 적다고 말한다. "광동에 부랑자와 걸인이 아주 많지만, 유럽의 여러 대도시보다 수적으로 많지 않다."3921) 걸인들이 보이는 중국 대도시의 이 거리 풍경은 40년 전 중국본토에서 걸인을 보지 못했다고 보고한 스톤턴의 공식기록과 달라진 풍경이다. 중국사회는 점차 가경-도광 불황 속으로 그만큼 깊이 빠져들고 있었던 것이다.

이어서 데이비스는 그럼에도 불구하고 수많은 걸인들에 대한 고갈되지 않은 중국인들의 일반적 박애정신과 측은지심을 언급한다.

중국인들은 불교와 별개로 박애·자비행동과 자선 공덕의 관념이 강하다. 그들은 말한다. "아버지의 언행과 악행은 자식과 손자들에게 미칠 것이다." 황제 자신은 가뭄과 공공연한 재앙 때, 또는 황족의 누군가 아플 때 일반사면을 내린다. 동일한 아이디어들은 동물의 살생에 대한 금지령이 내려지고 어떤 고기도 판매할 수 없을 때의 공식적 단식에도 달라붙어 있다. 이것은 물난리가 난 1834년 광동의 경우에 그랬다.3922)

이때 보통 보시공덕이 베풀어지는데, 데이비스는 경박하게도 악덕상인이자 삼류소설가인 다니엘 디포처럼 이 자선행위를 걸인행각(구걸)의 조장으로 비판한다.

무분별한 자선시혜 제도는 구걸을 부추기는 단 하나의 주요원인이다(*The*

3920) Davis, *The Chinese*, 220쪽.
3921) Davis, *The Chinese*, 189쪽.
3922) Davis, *The Chinese*, 219-220쪽.

데이비스는 디포나 칸트 같은 '사악한' 서양인들처럼 자선과 구걸 간의 인과관계를 거꾸로 뒤집고 있다. 당시 중국의 수많은 거지들은 '빈곤' 때문에 생겼고, 또 자선제도는 이 수많은 거지들에 대한 구빈 필요 때문에 생겨난 것이다. 그러나 데이비스는 거꾸로 이 수많은 거지들이 마치 "무분별하게 자선을 베푸는 제도" 때문에 발생한 것인 양 말하고 있다.

데이비스는 걸인의 수적 규모와 구걸행위에 대한 자선사업의 영향에 대해 이런저런 이야기를 개진한 뒤 중국의 구빈·복지제도에 대해 언급한다.

온갖 탈구·골절이나 병든 몸뚱이에도 해부에 대한 무지와 사지절단에 대한 혐오감으로 인해 장애인들 중의 어떤 자들은 아주 불쌍한 꼬락서니와 역겨운 모양을 띠고 있다. 그들은 (유럽처럼) 빈민들에 대한 지방세 징세기관이 아니라, (유럽과 달리) 이들을 위한 모종의 작은 자선시설(복지시설)들이 있다. 광동에서 발간된, 광동 시에 대한 최근 인쇄된 글에 실린 필자의 평가에 따르면, 이 자선시설들은 "수적으로 소수이고, 크기가 작다". 이 자선시설들에 대한 다음 평가는 같은 소책자에서 인용하는 것이다. 1. "업둥이(주어온 젖먹이) 구호소"는 도시의 성벽 바깥 동쪽에 서 있다. 이 구호소는 200-399명의 아이들을 위한 숙박시설을 가졌는데, 연2522냥, 즉 약 840리터의 비용으로 유지된다. 2. 양자원養子院(Yangtse-yuen)은 자신을 부양해줄 친척도 친구도 없는 가난한 노인과 병약자 또는 눈먼 사람들을 위한 요양원이다. 이 양자원은 업둥이 구호소와 가까운 곳에 있고, 이 구

3923) Davis, *The Chinese*, 220쪽.

호소처럼 제국의 후원을 향유하며 연5100냥을 받는다. 이 금액은 광동에 쌀을 실어다 주는 외국선박으로부터 주로 나온다. 3. 마풍원麻瘋院 (Mafoong-yuen), 즉 나환자를 위한 요양원도 광동 시의 동면에 있다. 그 안에 수용된 환자의 수는 300명을 넘고, 이들은 연300냥으로 유지된다! 중국에서 나환자의 상황은 그들이 사회로부터, 그리고 가족에게서도 병변病變이 나타난 최초 시점부터 버려지는 만큼 특히 비참하다. 목적은 아마 이 병의 전파를 막는 것일 것이다.3924)

1830년경 극심한 가경-도광 불황 한복판에서도 청국정부는 유기된 유아들을 구호하는 "업둥이(주어온 젖먹이)구호소"와 "노인·병약자·맹인요양원"('양자원'), 그리고 "마풍원"이라는 나환자요양병원을 운영하고 있었다는 것이 데이비스의 이 기록으로 분명해진다. 데이비드가 "무분별하다"고 비판할 정도로 만연된 저 자선제도와 이 복지시설들을 보면, 청대 후기에도 유학적 양민·복지정신은 펄펄 살아있었다는 것을 알 수 있다.

데이비스는 중국에서 강한 친족의식과 복지의 관계를 논하며 스코틀랜드의 비교적 강한 친족의식과 비교한다.

빈민에 대한 최선의 부양과 부富의 적정분배를 위한 최선의 규정은 법률과 관습이 그들 사이에 친족의 권리요구를 집행하는 방법이다. 여론은 그들과 피로 연결된 빈자들을 부양하거나 지원하는 것을 잘사는 친척의 의무로 생각하고, 국가는 자활능력이 있거나 구빈 능력을 가진 친구가 있는 빈자들을 부양하는 것을 거부한다고 생각한다. 중국인들이 그들의 작고한 조상에 부여하는 관심과 친족의식의 만연, 또는 공동조상을 주장

3924) Davis, *The Chinese*, 189쪽. 괄호 속의 한글은 인용자.

하는 광범한 종씨단체들은 하층신분들에게 영국에서 가족 식구들에게만 속하는 그 상당한 감정을 준다. 그러나 이런 친족감정은 스코틀랜드 사람들의 일반적 특징이었다.3925)

데이비스는 친족의식에 강한 중국사회에서 자활능력이 없는 빈자들에 대한 구빈복지의 일차적 책임은 친족들에게 있고, 국가는 친족들이 가난하여 이 구빈을 감당할 수 없거나 빈자들을 구재해줄 친족이 아예 없는 경우에만 구빈복지의무를 진다는 것이 '중국의 여론'이라고 기록하고 있다. 이것은 역으로 영국에서처럼 친족의식이 약한 사회에서는 구빈의무가 모조리 다 국가에 전가된다는 것을 뜻한다. 그러나 1830-40년대 영국에는 1601년 엘리자베스의 빈민법(Poor Law) 이래 허술하고 잔악한 구빈법은 있었지만 노인·병약자·불구자양호법도, 나환자구호법도 없었다. 그리고 구빈법이라는 것도 자활능력이 없는 빈자들에 대한 구빈복지법이 아니라, 자활능력이 있는 부랑자들을 붙잡아 강제노동을 시켜 가혹하게 착취하는 '노역소법'이었다.

따라서 청나라 말기의 쇠락한 복지상태도 당시 헐벗은 '복지황무지' 유럽에 비하면 '낙원'으로 느껴졌다. 이런 까닭에 중국을 방문하거나 중국에 살아본 서양의 선교사들과 관리들은 앞 다투어 편지와 책을 써서 중국의 복지제도와 자선시설들을 서양에 전했다. 이런 경로로 중국의 복지제도는 하나씩 하나씩 서양에 전파되었던 것이다. 중국의 복지제도에 대해 전해진 이 정보지식은 18-19세기에 서양 학자들과 정책가들을 자극하여 이 중국제도를 리메이크하는 서양식 복지제도를 심도 있게 논의하고 기획하고 입법화하게 만들

3925) Davis, *The Chinese*, 189쪽. 괄호 속의 한글은 인용자.

기에 족했다.

제9장

중국 복지제도의 서천과
서구 복지국가의 탄생

17세기 말엽부터 서구 철학자들과 정치이데올로그들은 플라톤의 야경국가론을 뛰어넘어 구빈·복지정책론을 펴기 시작한다. 이 복지정책 논의는 당연히 유럽의 사상적 전통이나 국가제도적 전통에서 나온 것이 아니라, 16세기 중반부터 19세기 초반까지 줄기차게 전해지기 시작한 중국 복지제도의 지식정보로부터 온 것이다. 최초의 논자는 '최대다수의 최대의 행복' 명제를 전개한 초기 계몽철학자 고트프리트 라이프니츠였다. 그리고 독일 계몽철학계에서 크리스티안 볼프가 라이프니츠의 복지국가론을 계승해 발전시켰다. 영국에서는 유력한 휘그 이데올로그 트렝커드와 고든이 중국 복지제도를 간단히 논하고 프랑수와 케네도 중국 구빈제도를 언급했다.

　　영국에서 이와 별도로 새프츠베리의 도덕감정론과 도덕감각론을 잇는 모럴리스트 프란시스 허치슨은 라이프니츠의 '최대다수의 최대 행복' 명제를 이어받아 '최대다수의 최대 행복론'을 전개했다. 허치슨의 이 '최대다수의 최대 행복론'은 미국 국부들에게 영향을 미쳐 최초의 근대국가 미국에서 사상초유의 '행복론적 헌법(*eudaemonistic constitution*)'을 탄생시켰다.

독일에서는 라이프니츠와 볼프의 중국식 복지국가 이념을 계승하여 영·불의 이런 간략한 논의를 완전히 능가하는 본격적 복지국가론을 전개했다. 유력한 논자는 요한 유스티였고, 유스티를 계승해 복지제도를 자신의 일반국가론에 편입시킨 게오르크 헤겔이었다. 오토 비스마르크는 유스티와 헤겔의 복지국가론을 바탕으로 혁명적 노동운동을 제압하기 위해 일련의 사회보장제도를 유럽 역사상 최초로 도입했다. 이로써 '사회복지국가'를 근대국가의 새로운 기둥으로 수립했다. 중국의 양민·복지국가가 서천西遷하여 서양에서 '사회복지국가'로 리메이크된 것이다.

제1절
서방세계에서의 중국(식)
복지국가 논의

고트프리트 라이프니츠는 중국식 복지국가를 최초로 논한 초기 계몽철학자다. 그리고 이 논의를 크리스티안 볼프가 이어 발전시켰고, 요한 유스티가 '양호국가'로 이론화했다. 헤겔은 유스티의 이 '양호국가'라는 개념을 넘겨받아 자신의 일반국가론에 집어넣었다. 이와 같이 중국의 양민복지제도는 독일에서 주로 논의되고, 이런 연유에서 사상초유로 독일에서 구현된다. 이 논의를 하기에 앞서 중국의 복지사상과 제도가 전해지기 전의 유럽의 사회정책과 사회제도를 살펴보는 것은 이전과 이후를 비교하는 데 필수적인 것이다.

1.1. 19세기 말까지 유럽의 '복지 황무지'

유럽은 독일과 북구제국이 19세기 말엽 일련의 사회보장제도를 도입하기까지 국가의 공적 양민복지제도가 전무한 '복지 황무지' 상태에 처해 있었다. 유럽의 주도국가 영국과 프랑스는 독일과 북구제국보다 훨씬 더한 복지 황무지였다. 따라서 19세기 후반까지 봉건제후들이 300여 소국으로 사분오열된 채 할거하던 독일은 더욱 볼 것도 없었다.

■ '복지황무지' 영국과 '빈민감옥'으로서의 노역소

영국은 중세부터 줄곧 빈자들을 종교적 '죄악'의 인간으로 취급했고 18세기 계몽주의 시대에는 빈자들을 범죄적 '게으름뱅이'로 보았다. 교구의 성직들과 신학자들은 기독교적 원죄에서 기인하는 종교적 죄악(영성 또는 성령의 결핍)과 범죄적 게으름은 모든 빈곤의 원인으로 관념했고, 빈자들의 이 죄악을 교정하고 그들을 엄혹한 기율과 노동단련으로 잘 교도하면 빈자들이 빈곤을 스스로 탈피할 것으로 생각했다. 따라서 그들은 '자선(charity)'을 '사회악'인 빈자들의 교정·교도 기간에만, 또는 도시 안에서 구걸행각을 하다가 체포된 빈자의 추방대기 구류기간 동안에만 목숨을 부지할 정도로 베풀었고, 자선 비용의 일부를 '당연히' 노동가능한 빈자들의 혹사와 노동착취로부터 나오는 이윤으로 충당했다. 말하자면 영국 성직자들은 '자선'을 연민과 인간사랑에서 베푼 것이 아니라, 원죄적 죄악과 나태범죄를 사회로부터 추방하거나 걸인을 시야에서 제거하기 위한 치안수단으로 베푼 것이다. 한마디로, 기독교이데올로기에는 보편적 인간사랑에 기초한 양민복지철학이 일절 존재하지 않았고, 또 양민복지를 국가의 의무로 보는 국가개념도 전무했던 것이다. 이런 공공 복지관념이 조금이라도 선보인 것은 중국 복지제도의 영향 아래 복지를 국가정책으로 논하고 실행하려고 했던 라이프니츠·볼프·트렝커드·유스티·튀르고 등 계몽주의자들에 의해서였다.3926)

3926) 이런 역사적 사실을 전혀 모르고 서구추종주의적 열등의식 속에서 '개념 없는'

따라서 영국 성공회(국교회)의 교구 목사들과 영국정부는 이 '가난한 죄인들'을 단속·감금하고 엄격한 기율로 교도하려는 17-18세기의 기독교적 관념에서 빈민시설을 세웠다. 따라서 '교정소(house of correction)'나 '노역소(workhouse)'를 비롯한 각종 빈민시설은 항상 교도소나 다름없었다. 이 때문에 마르크스는 노역소를 "빈곤의 형무소(Strafanstalt des Elends)"라고 불렀다.3927) 따라서 14세기까지 거슬러 올라간다는 영국의 '빈민법(the Poor Law)'이란 본질적으로 걸인과 빈자들을 측은지심에서 도와주려는 인애仁愛의 구빈법救貧法이 아니었다. 그것은 유리걸식하는 부랑자들을 종교적으로 부도덕한 '죄인(sinner)'이나 범죄적 '게으름뱅이(the idle or lazy)'로 규정하고 그들을 추방하여 시야에서 제거하거나, 그들을 체포하여 '노역소'에 가두고 엄격한 규율 아래 최장시간의 중노동으로 혹사시키는 '빈민착취법'이었다.3928) '노역소들'은 기독교적 '자선(카리타스)' 개념으로 교묘하게 위장된 각종 '구민법'에 입각해 세워진, 감옥과 구조적·제도적으로 유사한 교도소였다. 이런 '노역소들'은 영국과 프랑스를 비롯한 서양제국의 각지에 널려 있었다.

중세 초 영국에서 최초의 빈민법은 1349년 7월 18일 발령되고 1351년 개정된 '노동자 칙령(Ordinance of Labours)'이었다.3929) 이 칙령

일본학자들의 영국구빈법 연구에 의존해 조선과 영국의 구빈제도 및 구빈사상을 잘못 비교하고 있는 논문들로는 참조: 오세근, 「전전자본제사회에서 동양과 서양의 복지 사상 특성에 관한 고찰 - 한국과 영국의 구빈救貧정책을 중심으로」, 『동양사회사상』 제7집 (2003). 임승빈, 「조선시대 사회복지정책의 제도화 과정의 실패와 교훈 - 조선의 還政과 영국의 救貧정책의 비교분석」, 『한국적 가버넌스 패러다임의 모색 한국행정학회 동계학술발표논문집』, 권9호(2005).

3927) Marx, Das Kapital I, 683쪽.

3928) 참조: Gaston V. Rimlinger, Welfare Policy and Industrialization in Europe, America, and Russia (New York: Wiley & Son, 1971).

3929) Frederick F. Cartwright, Disease and History (New York: Barnes & Noble, 1991),

은 1348-1350년 인구의 30-49%가 사망한 흑사병의 발발에 대한 대응조치로 발령된 법령이었다.3930) 인구의 감소는 영국의 농업에서의 노동자 문제를 야기했다.3931) 지주들은 노동자들을 구하기 위해 경쟁적으로 노임을 인상하든가 농지를 휴경시키든가 해야 하는 선택에 내몰렸다. 노임은 급등했고, 이것은 농산물가격을 따라 오르게 한 까닭에 농산물 물가등귀의 파장은 전 경제를 덮쳤다. 가격등귀를 억제하려는 시도로 이 노동자칙령이 나온 것인데, 1351 년 '노동자장정章程(the Statute of Labourers)'으로 개정된 이 칙령은 노동할 수 있는 모든 사람은 노동할 것을 명했다.3932) 노동자들은 이 궁경을 지주로부터 도망쳐 자유민이 되는 기회로 보았다. 이에 에드워드 3세가 '도망 농노들'을 처벌하는 추가법률을 발령했다.3933) 1388년의 케임브리지장정(the Statute of Cambridge)은 농노와 걸인들의 이동에 제한을 가했다.3934) 이 시대 빈민법들은 구빈救貧 (relief of the poor) 목적의 법이 아니라, 모조리 재난·흑사병·인클로저로 인해 먹고 살 수 없어 장원주의 영지와 자기 농지를 떠나 유리부랑流離浮浪하는 농노와 예속농민의 토지 재再구속과 유민流民 부랑자·걸인 단속 및 감금과 관련된 추방·재구속·감금·노동착취 법령들

32-46쪽.

3930) "What was the Economy Like After the Black Death?" (검색: 2021-12-31). *The Plague and England*, Cardiff University (검색: 2021-12-31).

3931) Cartwright, *Disease and History*, 32-46쪽.

3932) *BBC - History - British History*: "Black Death: Political and Social Changes".(Updated: 2011. 2. 17.)

3933) Sidney & Beatrice Webb, *English Local Government: English Poor Law History*, Part 1, *The Old Poor Law* (London/New York: Longmans, Grenn and Company), 1-2쪽, 24-25쪽.

3934) Joseph Patrick Byrne, *The Black Death*, (Westport, Connecticut/London: Greenwood Publishing, 2004), 66쪽; "Timeline - Poor Laws, Workhouses, and Social Support". Kingsnorton.info. Archived from the original on 2012-07-13 (검색: 2021-12-31).

이었다.

영국 빈민법체계의 기원은 이렇게 유민·걸인·부랑자를 단속하는 중세 법규들로 거슬러 올라간다. 그러나 빈민법 체계가 법전화된 것은 튜더왕조 치세에서다. 튜더개혁으로 '수도원 해체' 조치가 발령되기 전, 자발적 기부금에 모이는 수도원은 빈민구호의 일차적 재원이었지만, 이제 수도원의 해체로 인해 빈민정책의 재원은 자발적 기부금이 아니라, 국가의 조세강권으로 징수되는 세금으로 바뀔 수밖에 없었다.3935) 초기의 빈민입법은 모조리 흑사병 이후 노동공급이 부족한 시기에 떠도는 유민流民들을 단속하여 노동능력 있는 자들을 강제로 일시키는 법령들이었다.

튜더조정은 헨리 7세 치세 때 생긴 문제들을 해결하려고 시도했다. 1495년 의회는 "부랑자들, 게으르고 의심스런 사람들은 사흘, 세 밤 사이 안에 정착해야하고 그렇지 않으면 빵과 물 외에 어떤 다른 식량도 지니지 못한 채 타운으로부터 추방할 것"을 명하는 부랑자·걸인법(the Vagabonds and Beggars Act)을 통과시켰다. 일하기에 알맞은 모든 걸인은 그가 마지막에 거주한, 또는 가장 잘 알려진, 또는 태어난 헌드레드단위 촌락(the Hundred)에서 의지할 데를 찾아야 하고 거기에서 앞서 말한 수고를 하여 먹고 살아야 한다".3936) 일자리가 없어 떠나온 원래의 촌락으로 실업자와 부랑자를 다시 되돌려 보내려는 이 미련한 법령은 빈민문제를 해결하는 효과가 아니라, 다만 걸인과 부랑자들을 시야에서 청소하는 효과만을 가져왔다. 더구나 이 법은 실업자와 부랑자를 구별하지 않았다. 둘 다

3935) Marjie Bloy, "The 1601 Elizabethan Poor Law". *Victorian Web*. Victorianweb.org. 2002-11-12 (검색: 2021-12-31).

3936) "Poor Law Origins". *Witheridge* "The Centuries in Words and Pictures. "Witheridge-historical-archive.com (검색: 2021-12-31).

간단히 처벌받으며 계속 돌아다녀야 할 "완강한 거지들"로 범주화되었다.[3937]

설상가상으로 1530년에는 헨리 8세 치세에서 게으름을 "만악의 모태이고 뿌리"라고 선언하고 부랑자 처벌로서 곤장을 채찍으로 대체한 윤음이 나왔다.[3938] 이 윤음에 따라 노인과 노동능력 없는 걸인들은 걸식면허증을 받았다. 명백한 부랑자는 채찍질과 감금을 당했다. 부랑자는 짐마차 뒤에 묶어 몸에서 피가 쏟아질 때까지 채찍으로 후려쳤다. 그러고 나서 부랑자는 태어난 마을이나 최근 3년 동안 거주한 곳으로 돌아가 "노동에 헌신할" 것이라는 선서를 했다. 부랑 중에 두 번째 체포되면 채찍질을 반복하고 귀 한 짝을 자르지만, 세 번째 걸리면 공동체의 적이자 중범죄자로 처형했다.[3939] 이 윤음은 다음해인 1531년에는 '부랑자법(Vagabonds Act)'으로 법제화했다. 하나의 중요한 변화는 이 법이 자활능력이 없는 빈자들에게 구걸할 구역을 할당하도록 '평화의 법관들'(사회적 평화를 지킬 목적으로 임명된 하급법원의 사법관리, 즉 치안판사)에게 지령한 점이다. 그리고 자활능력이 없는 빈자들을 위한 구걸 면허증을 장애인, 병자, 고령자에게 한정해서 발급했다.[3940] 영국국왕의 이런 걸인윤음과 법령이 만들어진 시점은 조선시대로 치면 세종대왕이 환과고독과 병자들에 대한 구빈법령을[3941] 내린 조선왕조 초기

3937) "Sturdy Beggars". *Probert Encyclopaedia*. Probertencyclopaedia.com. Archived from the original on 2008-06-16 (검색: 2021-12-31).

3938) John Hamilton Baker, *The Oxford History of the Laws of England: 1483-1558* (Oxford: Oxford University Press, 2003), 97쪽.

3939) Marx, *Das Kapital I*, 762-763쪽.

3940) Lewis C. Vollmar, Jr., "The Effect of Epidemics on the Development of English Law from the Black Death Through the Industrial Revolution", *Journal of Legal Medicine*, Vol. 15 (1994), 385쪽.

(1418-1444)보다 1세기 뒤인 1530-31년이었다. 그러나 영국의 사회 정액 또는 구빈·기아보호정책은 차라리 없었다고 말하거나, 조선 초기의 복지제도에 비해 '형편없다'고 평할 수 있다.3942) 그런데 이때 발령된 영국국왕의 이 걸인윤음과 법령은 구빈복지법이 아니라, 실로 모두 다 살인적인 유민·걸인 탄압법이었던 것이다. 자기 구역 바깥에서 구걸하는 걸인들과 부랑자들, 그리고 실업자들은 빵과 물만 먹이며 이틀 밤낮 우리 속에서 감금했고, 구걸하도록 허가된 지역으로 돌아갈 것을 맹세하게 한 뒤 풀어주는 법이었기3943) 때문이다. 강건한 몸을 가진 걸인은 채찍으로 두들겨 팬 뒤 그의 고향 마을이나 그가 3년 이상 거주한 마을로 돌려보내 '노동에 헌신하는' 노동형에 처해졌다. 하지만 건강한 걸인에게는 아무런 식량도 주지 않았다. 모든 강건한 실업자들도 동일한 범주로 취급되었다. 일자리를 찾을 수 없는 실업자들은 굶어죽든가 법을 어겨야 했다.

1535년 소득과 자본에 과세하여 형성된 기금으로 실업문제를 다루는 공공노역체제(system of public works)의 창출을 요청하는 법안에 기안되고 1년 뒤에 통과되었다. 이 법도 부랑자를 채찍으로 때리는 것을 허용하는 법조항을 포함했다.3944) 말하자면 이 법은

3941) 가령 『世宗實錄』, 세종 즉위년(1418) 11월 3일 기유 12번째 기사; 세종 26년(1444) 윤7월 6일 계미 3번째 기사.

3942) 최창무(崔昌茂)도 벌써 40-50년 전에 "고려시대의 제도를 더욱 향상·발전"시킨 "조선왕조 초기의 구빈제도"는 "그 당시의 구미제국이나 동양의 다른 어떤 국가보다 제도가 잘 구비되었다고 볼 수 있었다"고 평가한 바 있다. 崔昌茂, 「朝鮮王朝 初期의 救貧制度에 관한 考察」, 『社會科學』 제3집 (1984), 13쪽. 최창무의 이 평가에서 "동양의 다른 어떤 국가보다", 가령 15세기 명대 중국보다 더 잘 구비되었다는 말은 문제가 있지만 구미제국과의 비교평가는 그대로 맞는 말이다.

3943) Mark Rathbone, "Vagabond!", *History Review*, Issue 51 (March 2005), 8-13쪽.

3944) Tim Lambert, "Poor Tudors". *Local Histories: Tim's History of British Towns, Cities*

부랑자를 아무나 붙잡아 노예로 부릴 수 있는 법이었다. 에드워드 6세 즉위년(1547)의 부랑자 장정章程은 노동을 거부하는 자는 그를 게으름뱅이로 고발한 사람의 노예로 판정하고 고발한 자에게 배정해주었다. 수공업 직장職長은 그의 노예에게 빵과 물, 그리고 가벼운 음료와 노예에게 알맞다고 생각되는 고기조각을 먹여야 한다. 직장은 노예를 쇠사슬로 묶고 아주 구역질나는 노역에 채찍질로 내몰 권리가 있다. 노예가 14일 동안 주인으로부터 도망쳐 있으면 종신 노예신분으로 전락시키고, 이마나 뺨에 S자를 낙인찍어야 하고, 세 번째 도망가면 국가반역자로 처형한다. 직장은 그를 매각하고 유증하고 다른 움직이는 재산과 가축처럼 노예로 임대할 수 있다. 노예가 주인에 대해 반역을 꾀하면 처형한다. 치안판사는 노예에 대한 정보를 탐문해야 한다. 3일간 하는 일 없이 돌아다닌 사실이 드러난 부랑자는 그의 탄생지로 끌고 가 빨갛게 달은 쇠로 가슴에 V자를 낙인찍고 거기 거리에서 사슬로 묶어두거나 다른 사역에 쓴다. 부랑자가 고향을 거짓으로 대면, 이곳, 또는 주민이나 직업단체의 노예로 처벌받고 S자 낙인을 찍는다. 모든 사람들은 부랑자에게서 자식을 빼앗아 청소년은 24세까지, 소녀는 20세까지 도제로 묶어둘 권리가 있다. 여기서 도망치는 자는 이 연령대까지 직장의 노예가 되어야 하고, 이 직장은 마음대로 그들을 쇠사슬로 묶고 채찍질할 수 있다. 모든 직장은 자기 노예의 목이나 발, 또는 팔에 쇠고랑을 채워 그를 더 잘 식별하고 그를 더 확실히 해도 된다. 이 장정의 마지막 장은 일정한 빈자들을 그곳에서 고용하거나 그들에게 먹고 마실 것을 주고 그들에게 일감을 주는 개인들이 그들을 고용해야 한다고 규정하고 있다. 영국에서 이런 종류의

---

and So Much More. Localhistories.org (검색: 2021-12-31).

교구노예들(Pfarreisklaven)은 19세기 깊숙이까지 roundsmen(떠돌이)이라는 이름으로 남아있었다.3945)

1770년 어떤 익명의 필자는 『무역과 상업에 관한 에세이(*An Essay on Trade and Commerce*)』에서 이렇게 단정한다. "에드워드 6세의 치세에서 영국인들은 사실 완전히 진지하게 매뉴팩처의 진작과 빈자들의 취업에 전념한 것으로 보인다. 이것을 우리는 모든 부랑자들에게 낙인을 찍어야 한다고 규정한 이상한 장정章程으로부터 탐지할 수 있다."3946)

당시 런던에는 빈민들이 떼 지어 모여들고 있었는데, 종교개혁은 이전에 빈민을 위해 쓰이던 모든 제도적 장치마저도 제거해버렸다. 결과적으로 헨리 8세는 런던시민들이 그 운영·유지에 자금을 대는 것을 조건으로 1544년에 세인트 바르톨로뮤 빈민원과 1552년 세인트 토마스 빈민원에 기부금을 재再교부하는 데 동의했다.3947) 하지만 런던 시는 자발적 기부로부터 충분한 돈을 거둘 수 없었고, 1547년 빈민을 위한 위탁적 모금으로 교회의 선데이 모금을 대체한 최초의 의무적 빈민세(Poor Rate)를 법제화했다.3948) 1555년 런던은 점점 일할 수 있으나 일자리를 찾지 못하는 빈자들의 수에 관심을 가지게 되었다. 그리하여 모자를 만들고 닭털침대를 만들고 철사를 뽑는 일에서 의지처依支處와 일감을 받을 수 있는, 노역소의 전신에

3945) Marx, *Das Kapital I*, 763쪽.

3946) 익명의 필자, *An Essay on Trade and Commerce*, l.c. 5쪽. Marx, *Das Kapital I*, 763쪽에서 재인용.

3947) Webb, *English Local Government: English Poor Law History*, Part 1, *The Old Poor Law*, 47쪽.

3948) Webb, *English Local Government: English Poor Law History*, Part 1, *The Old Poor Law*, 47쪽.

해당하는 최초의 강제노동수용소 '교정소(House of Correction)'를 브리지웰(Bridewell)의 왕궁 안에 설치했다.3949) 이후 런던의 '브릿지웰'은 교도소를 뜻하는 일반명사가 된다. 이 '교정소'는 청조 중국에서 순치제 10년(1653)에 설치된, 무의탁 유랑걸식자들(난민·유민)과 거리의 와병자(臥病者)들을 받아들여 무상으로 유숙시킨 청대 복지 전문기관 '서류소(棲流所)'와 그 성격이 완전히 달랐다. 그 목적이 궁민(窮民)에 대한 복지 시혜가 아니라, 감금과 착취에 있었기 때문이다. 그리고 에드워드 6세 치세에서는 건강한 육체를 가진 사람들의 삶이 더 험난해졌다. 마르크스의 보고를 통해 기술했듯이 에드워드 6세 때인 1547년 영국정부는 부랑자들을 형법전의 보다 극단적인 법조항으로 처벌하는 부랑자법(Vagabonds Act)을 제정한 것이다. 그러나 평화의 재판관(치안판사)들은 에드워드 6세의 이 부랑자법에 규정된 형벌이 너무 가혹해서 이 형법을 온전히 적용하는 것을 꺼렸다.3950) 1552년 에드워드 6세는 각 교구 안에 "적선금 모금인(Collector of Alms)"를 두고 면허받은 빈자(licensed poor)를 등록하는 빈민법(Poor Act)을 통과시켰다. 이제 교구 모금인이 모든 빈자들을 다 구제할 것이라는 가정 아래 구걸행각을 완전히 금지했다.3951) 에드워드 6세를 이은 엘리자베스 1세의 조정도 가혹한 행각으로 기울어졌다. 1572년 통과된 법률은 1차 불법을 범한 부랑자는 그 귀를 불로 태우고, 계속 위반한 걸인은 교수하도록 명했다. 그러나

3949) Webb, *English Local Government: English Poor Law History*, Part 1, *The Old Poor Law*, 50쪽.

3950) Robert Bucholz & Newton Key, *Early modern England 1485-1714* (Malden/Oxford: Wiley-Blackwell, 2003), 176쪽.

3951) Paul Slack, *The English Poor Law 1531-1782* (Cambridge: Cambridge University Press, 1995), 59-60쪽.

이 법률은 "직업적 걸인"과 자기귀책성이 없는 "실업자"를 처음으로 구분했다. 엘리자베스 1세는 처음에 빈자구빈을 직접 겨냥한 법률들도 제정했다. 가령 1563년 '구빈법(Act for the Relief of the Poor)'은 능력 있는 모든 교구 거주자들에게 구빈자금 모금에 기부할 것을 요구했다.3952) "향후의 자의적 마음에서 자기의 능력에 따라 빈자들의 구제에 매주 기부하기를 고집스럽게 거부하는" 자들은 치안판사(평화의 재판관)들에게 넘겨지고 10파운드의 벌금을 내야 한다. 추가로 엘리자베스의 1572년 부랑자법은 치안판사들에게 자활능력이 없는 빈자들을 조사하고 등록시키고 소요경비를 판단하고 매주 거주민들에게 적절한 금액을 할당할 권능도 부여했다.3953) 그리고 구걸면허가 없는 14세 이상의 걸인은 가혹하게 채찍질을 하고, 그를 2년 동안 고용할 사람이 아무도 없다면 왼쪽 뺨에 낙인을 찍었다. 재범 시에는 18세 이상일 때 2년 동안 그를 고용할 사람이 아무도 없다면 처형하고, 삼범 시에는 국가반역자로 무관용으로 처형했다.3954) (유사한 장정은 1597년에도 발령되었다.)3955)

그리고 제이컵 1세(Jacob I, 1566-1625)는 배회하며 구걸하는 사람을 유랑자와 부랑자로 선고하게 했다. 그리고 치안판사에게 그를 채찍질해 내쫓게 하고 첫 번째 붙잡히면 6개월 간 수감하고 두 번째 잡히면 2년간 수감할 전권을 부여했다. 수감 중에 부랑자들은 치안판사가 좋다고 여길 만큼 종종, 그리고 그만큼 많이 채찍질한다.

3952) Webb, *English Local Government: English Poor Law History*, Part 1, *The Old Poor Law*, 51쪽.

3953) Webb, *English Local Government: English Poor Law History*, Part 1, *The Old Poor Law*, 52쪽.

3954) Marx, *Das Kapital I*, 764쪽.

3955) Marx, *Das Kapital I*, 764쪽.

개선이 불가능하고 위험한 유랑자는 왼쪽 어깨에 R자 낙인을 찍고, 강제노동, 즉 '징역'에 처한다. 다시 구걸하다가 붙잡히면 무관용으로 처형한다. 제이컵 1세의 이 칙령은 18세기 초까지 법률로 유효했다.[3956)

1575년 빈민법은 타운들에 대해 빈자들이 작업할 "완전한 비축량의 양모·대마·아마·주철과 기타 재료들"을 내놓고, 이 가공작업을 거부하는 자들과 반항적이고 건성으로 일하는 일꾼들을 가두어 일하도록 강요하고 적당히 처벌하는 '교정소'를 세울 것을 요구했다. 이 빈민법은 기부자들에게 기부금강탈법이었고, 부랑자들에게는 강제노동수용소법이었다.

최초의 완전한 구빈법전은 1597년의 구빈법(Act for the Relief of the Poor)이었고, "쓸 만한 빈자들"을 위한 모종의 규정規程은 1601년의 구빈법으로 제도화되었다. 엘리자베스의 빈민법체계가 생겨난 보다 직접적인 원인은 16세기의 악화되는 잉글랜드 경제사정이었다. 잉글랜드는 이 시기에 인구증가와 금전의 평가절하, 그리고 미국 은銀의 유입에 의해 야기된 급격한 인플레이션을 겪고 있었다.[3957) 1595년과 1598년의 흉년으로 인해 빈민 수는 증가한 반면, 자선적 기부는 수도원과 종교적 길드들을 해체한 뒤부터 감소했다.[3958)

식민지 이주정책도 구걸하는 빈민들 부랑민을 도시의 시야에서 제거하는 용도로 제시되었다. 1580년대 초 처음에 아일랜드로 옮겨

3956) Marx, *Das Kapital I*, 764-765쪽.

3957) George Boyer, "Encyclopedia: English Poor Laws". EH.net. Archived from the original on 2010-01-05 (검색: 2021-12-31).

3958) 참조: Paul Slack, *The English Poor Law 1531-1782* (London: Macmillan, 1990).

2395

살게 하다가 북미로 이주하게 한 잉글랜드의 식민계획의 발전과 더불어 빈민의 상황을 경감시키는 새로운 방법이 제시되고 시간이 흐르면서 상당히 활용되었다. 상인이자 식민정책 옹호자였던 조지 페컴(George Peckham)은 당시의 국내상황을 이렇게 기술했다. "오늘날은 자기들의 생명을 걸고 임금 없이 고기와 술과 장신구만을 위해 자기의 신분을 고칠 것이라는 희망을 안고 1년간 봉사하는 데 만족하는 대규모의 사람들이 존재한다." 이 말로써 그는 '머슴살이 사역(indentured service)' 제도를 제안한 최초의 인물이 되었다.[3959] 동시에 리처드 하클류크는 *Divers Voyages*의 서문에서 잉글랜드 플란테이숀 업자들을 "대장에 의해 이끌려 밖으로 우글대며 날아가는 벌 떼"에 비유한다. 그는 빈자들을 왕국에서 "공제할" 것을 권한다. 하클류크는 영역의 범위를 넓히고 영국의 감옥을 비워 신세계로 내던져 버릴 것도 권고한다.[3960] 1619년 버지니아 머슴사역 제도는 완전히 발전했고 그 뒤의 식민지들도 약간의 수정을 거쳐 이 방법을 채택했다.[3961] 잉글랜드의 죄수이송은 곧 이후에도 시행되고, 1717년의 이송법(Transportation Act)으로 발전한다. 그러나 잉글랜드·웨일즈 본토의 빈민문제는 조금도 해결할 수 없었다.

교구들이 얼마나 신속하게 빈민법을 집행했는지를 오늘날 파악하는 것은 거의 불가능하다. 최근의 일설에 의하면, 왕정이 복고된 1660년 교구의 3분의 1 이상이 정례적으로 빈민세를 강제 모금하고

3959) Karl Frederick Geiser, "Redemptioners and indentured servants in the colony and commonwealth of Pennsylvania", Supplement to the *Yale Review*, Vol.X, No.2 (August 1901), 5쪽.

3960) Philip J. Stern, & Carl Wennerlind (Eds.), *Mercantilism Reimagined: Political Economy in Early Modern Britain and Its Empire* (Oxford: Oxford University Press, 2013), 166쪽.

3961) Geiser, "Redemptioners and indentured servants in the colony and commonwealth of Pennsylvania", 5쪽.

있었으나 1700년경에는 빈민세가 보편적이 되었다고 한다. 왕정이 복고된 1660년, 또는 명예혁명 직후인 1700년 즈음은 이미 청대 중국의 복지제도가 영국에 일반적으로 알려진 상황이었다. 따라서 이런 역사적 상황에서 영국인들도 조금이나마 중국의 복지제도를 모두 다 의식하고 있었다. 따라서 빈민세 납세가 보편적이 된 것은 이러한 역사적 상황에 기인한 것으로 볼 수 있다.

영국 무역국은 1696년 구빈지출금은 국민소득의 1%에 조금 못 미치는 총40만 파운드로 추산했다. 이 기간 동안 구제된 사람들의 수나 구제된 사람들의 인구론적 특징에 관한 어떤 공식통계도 존재하지 않지만, "극빈자 떼거리(pauper host)"의 구성에 관한 약간의 정보를 향토사 연구로부터 얻을 수 있다. 이 연구들에 의하면, 17세기 동안 구제수령자들은 고령자·고아·어린이들을 부양해야 하는 과부 등이었다. (유리걸식하는 장기실업자, 자활능력 없는 극빈자, 장애인이나 폐질병자, 유기된 업둥이 아기 등에 대한 구제의 흔적은 없다.) 17세기 초반에는 구제자 명부에 고아와 한부모 어린이들이 특별히 많았으나, 후반에는 많은 교구에서 정규적 주간 숙식을 제공받는 사람들의 대부분은 60세 이상의 노인들이었다. 여성 기식자들은 3 대 1로 남성보다 많았다. 평균적으로, 17세기 후반과 18세기 초 주간 기식요금의 지불액수는 전체 구조금액의 3분의 2를 차지했다. 나머지 금액은 예비비였고, 이 비용은 병환이나 실업으로 인해 단기적 구조를 요하는 자활능력 있는 남자들에게 종종 쓰였다.[3962] 숙식을 제공받는 대가로 여자 노인들과 실업자들은 하루 종일 고된 노동을 해야 했다.

구빈행정에서 생겨난 문제들 중 하나는 구호를 받을 자격을 얻는

3962) Boyer, "Encyclopedia: English Poor Laws". EH.net. 2021-10-9.

것이었다. 잉글랜드 의회는 이 문제를 '1662년 구빈법(Poor Relief Act 1662)'으로 알려진 '1662년 정주법(Settlement Act of 1662)'으로 대응하고자 했다. 이 법은 사람은 각자 정주定住 교구를 가져야 한다는 개념을 공식화하고 하고, 교구에 "떠안아야 할 것 같이" 보이는 새 도착자와 주거부정의 구조요청자들을 체류 40일 안에 제거할 권리를 주었다. 정주법은 빈민복지의 취지가 전무하고 빈민을 다만 시야에서 제거하는 데에만 혈안이 된 법이었다. 그래서 아담 스미스와 기타 역사가들은 정주법이 '노동 이동'에 심각한 제동을 걸고 노동의욕을 저감시켰다고 주장했다. 한편, 사료적 증거들은 교구의 교회들이 늙은 노동자, 애기 딸린 홀어미, 대가족이 딸린 남자 등 경제적으로 이용가치가 없는 이주자들을 배제하는 식으로 이 정주법을 선택적으로 적용했다는 것을 입증해준다.3963) 경제적 이용가치가 없는 모든 사람들은 들녘과 하수구에 버려진 것이다.

그리고 1691년에는 기존 구빈법(1661)을 조금 수정·보완하는 새로운 구빈법이 제정되었다. 이 법은 모든 교구에 구호를 받는 모든 사람들의 이름과 이유를 기록한 등록부가 보관되어야 한다고 명령했다. 그리고 이 법은 (질병과 역병 또는 천연두의 경우를 제외하고) 교구 안에 또는 교구 가까운 곳에 살거나 연 4회 순회재판 기일에 교구를 방문하는 치안판사의 권위에 의해서만 구호를 받을 것이 허용된다고 규정했다.

18세기 초에는 이 노역소를 발전시키려는 이론적·제도적 노력이 일어났고, 이에 따라 새로운 노역소법이 제정되었다. 1714년 버킹햄셔의 올니(Olney) 교구에서 수십 곳의 작은 타운과 교구에서 특별한 법적 권위를 얻지 않은 채 독자적 시설을 만들었다. 이 시설들은

3963) Boyer, "Encyclopedia: English Poor Laws". EH.net. 2021-10-9.

남부 미들랜드와 에섹스 카운티에 집중되었다. 1710년대부터 기독교지식진흥협회(Society for the Promotion of Christian Knowledge)는 새로운 노역소 개념을 발전시키기 시작했다. 이런 의미에서 '노역소'는 17세기말 브리스톨에서 기원했을지라도 18세기의 자식이었다. 이 협회는 이 주제에 관한 여러 편의 팸플릿을 발간하고, 1722년 구빈법(Poor Relief Act)과 1723년 노역소심사율(Workhouse Test Act)을 통과시키는 것을 지원했다.[3964] 여기서 천사의 탈을 쓴 기독교인들의 악마성이 다시 드러난다.

1722년 제정된 구빈법의 원명은 "정주·고용·구빈과 관련된 법률을 수정하는 법률(An Act for Amending the Laws relating to the Settlement, Employment, and Relief of the Poor)"이다. 이 법은 1691년의 구빈법의 조항들을 반복하고 있다. 그리고 이 법은 "많은 사람들이 교수의 어떤 관리도 알지 못한 채 치안판사들에게 의뢰하여 거짓된 제안, 때로는 거짓되고 변덕스런 구실로 구호자격을 획득하는데 이로 인해 교구세가 크게 증가한다"고 주장하면서, 이것을 시정하기 위해 어떤 치안판사도 구호수령자가 구호를 요구해야 하는 이유에 대해 선서할 때까지 구빈 자격을 부여하지 말라고 명령했다. 이것은 감독관이나 교구회가 아무개에게 구호를 거부한 경우에도 적용될 수 있는바, 이 법은 치안판사가 먼저 감독관을 소환해 구호거부 이유를 알아보라고 명했다. 또 이 법은 치안판사가 이 구호를 기록할 필요를 반복하고 이러한 구호를 그 원인이 계속되는 동안에만 계속 부여하라고 규정했다. 나아가 긴급의 경우를 제외하고 그것을 등록하지 않은 채 구호자격을 부여한 감독관이나 교구 관리는 교구의 빈자를 위해 쓰일 5파운드를 몰수하는 것으로 처벌받도

3964) "Edward Reynolds". Freepages.genealogy.rootsweb.ancestry.com (검색: 2021-12-31).

록 했다. 그리고 이 법은 또한 교구위원과 감독관에게 "어떤 주택이든 구입하거나 임대하고, 각각의 교구 안에서 구호를 받고 싶어할 모든 빈자들을 숙식시키고 가두고 부양하고 고용하기 위해 어떤 사람과도 계약을 맺고, 이런 가난한 사람들을 가두고 고용하고 이들의 사역, 노동, 그리고 부역으로부터 교구의 이익을 취할" 권한을 부여했다. 이 법은 교구위원과 치안판사가 허용하는 한 교구가 자력으로 노역소를 유지할 여유가 없는 곳에서 교구에게 다른 교구와 합작하여 이 목적을 위해 건물을 구입하는 것을 허용했다. 그리고 이 법은 빈자가 노역소에 숙식하는 것을 거부하는 경우에 마땅히 구호를 받아야 하는 사람들의 이름이 등재된 등록부로부터 이름을 삭제하고 교구위원과 감독관으로부터 구호를 요청하거나 받을 권리를 박탈하라고 명했다.3965) 구호를 미끼로 빈자와 부랑자를 착취하는 것을 허용한 1722년의 이 빈민법은 사료에 의거하면 노역소를 최초로 법적으로 제도화한 법이다.

나아가 빈민의 일부를 구호신청에서 배제하려는 의도로 채택된 1723년의 노역소심사율은 노역소에 들어가는 것을 거부하는 어떤 신청자에게도 구조를 주는 것을 부정할 권한을 교구에 부여했다. 마침내 모든 빈민을 역사적으로 악명 높은 그 노역소에서 가두고 가혹하게 착취할 수 있는 이중 중의 법률들이 제정된 것이다. 수많은 교구들은 172년의 빈민법과 1723년의 노역소심사율에 따라 노역소를 세웠다. 그러나 이 노역소들은 종종 단명했고, 방대한 수의 극빈자들은 계속 노역소 바깥에서 구조를 받았다.3966)

3965) George Nicholls, *A History of the English Poor Law in Connection with the State of the Country and the Condition of the People*, Volume II: *A.D. 1714 to 1853* (New York: G. P. Putnam's Sons, 1898), 12-14쪽.

3966) Boyer, "Encyclopedia: English Poor Laws". EH.net. 2021-10-9.

교구의 노역소의 설치에 법적 권위를 부여해준 이 법들과 관련하여 더욱 중요한 것은 1723년의 노역소심사율이 노역소설치론을 전국적 청중에게 공개하는 것을 도운 것이다. 1776년 역 1912개소의 교구와 회사 노역소들이 잉글랜드와 웨일즈에 설치되고, 1만 명의 극빈자를 수용했다. 세기말까지 '복지시정'인지 '착취'인지 모를 형태로 모종의 교구 빈민구조를 받았을 인구는 약 100만 명으로 추정된다.3967)

18세기 초반에 구호비용은 급증했다. 명목상의 비용은 물가가 하락하고 인구증가가 더디었음에도 1696년부터 1748-50년까지 54-56년 동안 72% 급증했기 때문이다. 1인당 실질적 비용증가는 84%에 달했다. 이 급증은 대부분 특히 노령자들에 대한 숙식혜택의 증가 때문이었다. 어떤 지역들은 노동능력이 있지만 구호되어야 할 건강한 극빈실업자들의 수가 증가했다.

1750년에서 1834년에 걸친 빈민법은 더 참혹한 감옥 상황을 연출했다. 1750년부터 1820년까지 시기에는 구호비용이 폭발적으로 치솟았다. 실질적 1인당 지출비용은 1748년부터 1803년까지 시기보다 2배를 상회했고, 1834년 빈민법이 개정되기까지 줄곧 아주 컸다. 구호비용은 1748-50년 GDP의 1%에서 1818-20년 2.7%로 증가했다. 극빈자 떼거리의 인구론적 특징은 18세기 후반과 19세기 초에 상당히 변했다. 정례적 주간 숙식을 받는 사람들과 구분되는 일시적 혜택을 받는 자들의 수가 급증했다. 그리고 구호를 받는 사람들의 연령이 더 젊어졌다. 20-59세의 빈민들이 현저하게 증가한 반면, 60세 이상의 빈민들은 하락했다. 최종적으로, 남성

3967) Edward P. Thompson, *The Making of the English Working Class* (London: Victor Gollancz Ltd, 1963, revised 1968), 147쪽.

들인 남부와 동부의 구호수혜자들의 비율은 1760년 약 3분의 1에서 1820년에 거의 3분의 2로 증가했다. 북부와 서부에서도 청장년 남성과 일시적 구호 쪽으로 변동이 있었으나, 이 변화의 폭은 다른 지역보다 훨씬 적었다.3968) 이후 구빈복지대책은 독일의 비스마르크 사회보장입법을 추종해서 발전했다.

구빈원의 외양으로 위장된 빈민착취 목적의 강제노동수용소 '노역소'에 대해서 좀 더 추적할 필요가 있다. 노역소 운동은 17세기 말에 1696년에 설치된 '브리스톨 빈민회사(Bristol Corporation of the Poor)'와 더불어 시작되었다.3969) 이 브리스톨 회사는 주거 제공 및 빈민구호 기능을 작은 비행 청소년·청장년들(부랑자·행려병자·주정뱅이·좀도둑 등)의 교정소 또는 교도소(house of correction)와 결합시킨 노역소를 설치했다. 브리스톨의 이 본보기에 따라 20년 안에 약 12개 도시에서도 유사한 회사를 세웠다.

많은 교구와 팸플릿 집필자들은 노역소 빈민들의 노동으로부터 돈벌이를 기대했다. 그러나 노역소에서 숙소를 얻어야 하는 사람들의 방대한 다수는 이윤증식에 도움이 많이 될 수 없는 병자·고령자·아동들이었다. 빈자들은 당연히 노역소가 탁아소·숙소·노인병동·고아원의 기능을 통합하는 일반적 사회정책 시설의 성격을 가지게 되기를 요구하고 기대했다. 1782년 토마스 길버트는 마침내 고령자와 병약자만을 위한 빈민원을 설치하고 건강한 사람들을 위한 노역사 바깥의 구제 제도를 도입하는 법령을 통과시키는 데 성공했다. 이것이 저임금 노동자들의 생계 지원을 위한 스핀햄랜드 시스템(노역소 밖 구호제도[재가구호제도])의 발전을 위한 토대가 되었다. 정주법

3968) Boyer, "Encyclopedia: English Poor Laws".

3969) "History of St Peter's Hospital, Bristol". Buildinghistory.org (검색: 2021-12-31).

은 1795년의 '제거법(Removal Act)'에 의해 수정되었다. 이 '제거법'은 주거부정자들에게 구호 신청 없이 유리걸식하는 것을 금지했다.3970)

■ 영국에서의 영아유기와 영아살해 풍조

물론 여기서 서술된 영국의 17-18세기 빈민정책에는 유기된 유아들과 아동들에 대한 복지정책은 전무하다. 17-18세기 영국에서는 무수한 유아와 아동들이 살해되거나 죽도록 유기되었다.3971) 특히 기아棄兒(foundlings)는 18세기 영국사회의 한 "통상적 현상(a *common* feature)"이었다.3972) (그러나 아담 스미스가 마치 영아살해와 유아유기가 영국에는 존재하지 않는 현상인 양 전제하고 어리석게도 이런 현상이 중국에만 특유한 현상인 것으로 간주했을 뿐만 아니라, 역대 중국정부가 영아유기를 엄금해왔고 이 현상이 기근상황에서 야기되는 한계현상이었음에도 이 현상을 중국의 '일상'으로 왜곡·과장한 것은 상론한 바대로다.) 기아육영원(foundling hospital)은 1739년에야 최초로 토마스 코람이라는 사람에 의해 런던에 1개소가 설립되고, 국영 육영원은 1756년에 가서야 겨우 1개소가 나타났다. 이 외에 국비로 설립·운영되는 공공 보육시설은 19세기가 다 가도록 끝내 설립되지 않았다. 유아살해 금지법도 19세기까지 제정되지 않았다. 영국에서 영아생명보호법이 1897년에 제정되었으나, 유아살해금지법(Infanticide Act)은 1922년에야 제

3970) Thompson, *The Making of the English Working Class*, 147쪽.

3971) Laura Growing, "Secret Births and Infanticide in Seventeenth-Century England", *Past & Present*, No.156(Aug., 1997); Hannah Newton, "The Dying Child in Seventeenth Century England", *Pediatrics* (July 2015); Clairie Philips, "Child Abandonment in England 1744-1834: The Case of the London Foundling Hospital", *Genealogy* 3: 3, 35(2019).

3972) Rhian Harris, "The Foundling Hospital", *BBC* – British History. Last updated 2021-10-10 (검색: 2021-12-31).

정되었다.

　상론했듯이 중국에서 까마득한 옛날부터 유아살해는 법으로 엄벌되고, 유기된 영아를 보살피는 자유국慈幼局이 이미 1249년에 전국적으로 설치되었고, 조선에서 정조의 자휼전칙이 1783년 공포되어 전국적으로 실시된 것을 상기하면, 영국의 영아유기·살해 금지조치는 중국과 조선에 비해 수백 년, 수천 년이나 때늦은 것이었다. 중국에서는 유아유기·살해가 기원전인 진·한시대에 법적으로 금지되었으나, 동로마제국은 4세기에야 유아유기·살해를 금지했고, 유럽 전역에서는 서기 1000년대에 들어서서야 금지했다. 그러나 고대 로마에서 유아살해와 유기는 창궐했다. 따라서 174년에야 로마에서 유아살해는 극형을 받을 중범죄로 선언되었으나 이런 범죄자를 소추한 적이 거의 없었다.3973) 신학자들과 성직자들은 유아 생명의 구제를 설교했으나 신생아의 유기는 중세에도 계속되었다.3974) 중세 초 가난한 부모에 의한 아기의 유기는 유아살해의 한 형태로서 거대한 스케일로 자행되었으나, 기꺼이 용납할 수 있는 행위로서 절대적 면죄를 받았다.3975) 기아와 사생아 출산이 급증하면서 유럽에서 최초의 기아 수양소收養所가 787년 밀라노에 세워졌다. 그리고 교황 이노센트 3세(1161-1216)는 로마 여성들이 티베르강에 아기들을 너무 많이 버리기 때문에 '로마 성령육영원育嬰院'을 세웠다.3976) 하지만 이런 시도들의 효과는 미미했다. 게다

3973) Samuel X. Radbill, "A history of child abuse and infanticide". Suzanne K. Steinmetz and Murray A. Straus (ed.), *Violence in the Family* (New York: Dodd, Mead & Co., 1974), 173-179쪽.

3974) John Eastburn Boswell, "Exposition and oblation: the abandonment of children and the ancient and medieval family", *American Historical Review* 89-1 (1984): [10-33쪽].

3975) William L. Langer, "Infanticide: a historical survey", *History of Childhood Quarterly*. 1-3 (1974): [353-366쪽].

가 중세 때 독일 산모는 신생아를 유기할 권리를 가졌다.3977) 중세 중반에 마침내 영아유기가 유아의 직접살해를 압도했다. 원치 않는 아기들은 교회나 수도원의 대문 앞에서 유기되었다. 이 때문에 교회와 수도원은 고아원 기능을 하지 않을 수 없었다. 주로 여아들이 버려졌다.3978)

빅토리아 영국에서 범죄로서의 유아살해는 대중적 의미와 관료 행정적 의미를 얻었다. 유아살해는 범죄였지만 19세기 중반에도 산모에 의한 영아살해는 '미친 짓'으로 여겨져 면죄되거나 극형에서 면해졌다. 1834년의 신新구빈법은 미혼모에 대한 교구의 구제를 종식시키고 사생아의 생부에게 "자녀 부양"을 위한 부양비용을 지급하는 것을 피하는 것을 허용했다.3979) 이때부터 미혼모들은 지원이 끊겼고 빈민들은 노역소, 매음, 유아살해나 낙태의 선택에 던져졌다. 19세기 중반 유아의 유기와 살해는 사생아라는 이유 등 사회적 이유에서 흔한 일이 되었다. 게다가 영아생명보험이 도입되고부터 보험금을 노리고 여성들이 자기 자식이나 자기가 거둬들인 영아들을 죽이는 범죄가 추가로 부추겨졌다. 1870년에는 한 여성이 세 명의 남자로부터 15명을 낳아 살해했고, 1899년에는 400명의 아기를 살해한 여성도 있었다. 당시 신문보도에 의하면

3976) Richard Trexler, "Infanticide in Florence: new sources and first result", *History of Childhood Quarterly* 1-1 (1973), 99쪽.

3977) C. W. Westrup, *Introduction to Roman Law* (London: Oxford University Press, 1944), 249쪽.

3978) Josiah Cox Russell, *Late Ancient and Medieval Population* (The American Philosophical Society: Philadelphia, 1958), 13-17쪽.

3979) Dorothy L. Haller, "Bastardy and Baby Farming in Victorian England" (1989). This paper selected by the Department of History as the Outstanding Paper for the 1989-1990 academic year at the Loyola University New Orleans.

런던에서만 1861년에 467명의 신생아가 살해되었다.[3980) 그리고
사산死産된 것으로 기록된 영아들도 대부분 살해된 것이었다.[3981)
영국 정부는 1897년 영아생명보호법에 의해서야 지방관청에 7세
이하의 아이들의 보호관리나 사망을 48시간 내에 통지하도록 요청
했고, 1908년의 아동법에 의해서야 어떤 영아도 부적절하거나 너무
북적되는 숙소에 두는 것을 금지하고 방치와 학대에 의해 영아의
보살핌과 부양을 위협하는 부적합한 보모가 아이를 데리고 있는
것을 금지했다.

18세기 영국에서는 자기 자식을 기를 능력이 없는 여성들에게
지원이 있었다. 1756년 설립된 육영원(The Foundling Hospital)은 사상
아들을 수용할 수 있었지만, 육영원 내부의 시설조건이 너무 열악
해서 의회와 도지사들은 재정지원을 중단하고 자립하도록 방치했
다. 이로 인해 입소정책이 엄격해졌다. 이 육영원은 한 살 이상의
아기를 수용하지도 않고 집안하인의 아기도, 생부에게 부양이 강요
될 수 있는 아기도 수용하지 않았고, 한번 자식을 육영원에 맡긴
생모가 아기를 다시 보는 것을 허용치 않았다.

아기의 생모는 그들의 교구로부터 적절한 지원을 받지 못했다.
그리고 노역소 입소는 극구 회피되었다. 노역소 육아방의 조건은
참담했고, 젊은 산모들과 아기들이 우글거렸기[3982) 때문이다. 그리
고 영아살해로 피소된 자들은 아주 많은 수가 하녀들이었다.[3983)

3980) *The Times*, 29 April 1862, 8쪽, "Infanticide in London". *The Times Digital Archive*
(검색: 20121. 12. 18).

3981) *Leicester Daily Post*, 1 February 1895, 6쪽, "Trafficking in Babies. An Interview with
Coroner Braxton Hicks". *British Newspaper Archive* (검색: 2021. 12. 18).

3982) Lionel Rose, *Massacre of the Innocents: Infanticide in Great Britain 1800~1939* (London,
UK: Routledge and Kegan, 1986), 31-33쪽.

하녀 처지의 불리함은 주인의 요구에 따르든지 해고되든지 해야
하는 것이었다. 18-19세기 영국에서 기본적 사회복지가 결여된
관계로 여성범죄자는 대부분 자기 아기를 살해한 하녀들이었
다.3984)

계몽주의 사상운동이 절정에 달한 18세기는 중국의 유학적 복지
철학과 공공 복지체제의 사상적·제도적 영향이 유럽 기독교인들과
위정자의 자존심을 건들고 종교적 '양심의 가책'을 자극하는 시대
였다. 1782년 길버트법과 1795년 제거법은 부분적으로 이 계몽주
의 정신에서 제정된 법들이다. 이 길버트법과 제거법 이전에 모든
빈민법과 노역소 관련 법률들은 빈민을 연민의 대상으로 대하는
구빈법이 아니라, 빈민을 '죄악'과 '게으름'의 소산으로 보는 기독
교의 원죄적 관념과 기독교적 자선·구빈의 허울이 뒤섞인 관점에서
부랑농민을 영주의 토지로 되돌려 재再구속하고 도시 안에서 떠도
는 걸인과 부랑자들을 시야에서 제거하고 부랑자들을 붙잡아 노예
로 사역시켜 그들의 노동을 착취할 목적의 악법들이었다. 이 악법
의 전형은 '1662년 구빈법'으로 알려진 '1662년 정주법'과 '1723년
의 노역소심사율'이었다. 어느 정도의 인도주의에 기초한 것으로
보이는 길버트법과 제거법조차도 국가가 주도하여 국가시설로 구
빈원과 탁아소·고아원을 설치는 법들이 아니었고, 겨우 교구의 교
회에 위임·위탁하는 법들이었다. 노역소 관련 법 외에도 부랑자들
을 아무나 붙잡아 몸에 'S'자의 낙인을 찍어 채찍질로 노예로 부려
먹는 것을 허용하는 각종 "그로테스크하고 테러리스트적인" 부랑

3983) Frank McLynn, *Crime and Punishment in 18th Century England* (London: Routledge,
   1989), 111쪽.

3984) 참고: Tim Hitchcock & Robert Shoemaker, *The Proceedings of the Old Bailey* (University
   of Sheffield and University of Hertfordshire, 2006).

자단속법들이 있었다.[3985] 한 마디로, 길버트법과 제거법이 제정되는 18세기 말까지 영국은 국가의 양민·복지제도가 전무했다고 결론 지을 수 있다. 국가시설에서 빈민·병자·장애인들을 거두고 실업자의 생계와 노령자의 연금을 보장하는 제도는 전무했다.

■ 빈자를 죄인 취급한 프랑스 - 파리의 '거지왕국'

빈자를 처음에 죄인으로 취급하다가 그 다음에 게으름뱅이로 보고 이들을 단속·교도하려는 17-18세기의 기독교적 관념은 중세와 근세 프랑스에서도 영국과 마찬가지였다.[3986] 구빈에서 '죄인'에서 '게으름뱅이'로 보는 관념의 변화는 법률과 이데올로기에 잘 나타나 있다. 17세기에 빈자는 도덕적 개조가 필요한 존재로 이해되었다. 그들은 죄악의 삶을 영위하고, 이런 삶이 빈곤을 초래했다는 것이다. 이런 고정관념은 불가피하게 그들의 도덕을 영성靈性으로 개조하는 동안 내내 자선을 베풀 것을 요청했다. 빈자들은 죄악으로부터 청소되면 서로 도울 수 있었다. 중국의 영향 아래 일어난 18세기 계몽주의는 이 믿음을 변화시켰다. 빈자의 죄는 이제 종교적 '죄악'이 아니라 '게으름'으로 관념되었다. 훈련과 부양이 빈자들을 게으름으로부터 탈피시켜 자활하게 만들어줄 것이라고 믿어졌다. 그들은 자기 노동으로 스스로를 부양할 수 없다면 게으른 것이다. 따라서 그들을 감금하고 노동을 강제했다. 자선은 노동할 수 없는 사람들을 위해 유보되었다. 빈자 관념과 구빈기능의 극적 변동은 17세기와 18세기 동안 일어났다.[3987]

3985) Marx, *Das Kapital I*, 765쪽.

3986) Teresa Cribelar, "From Sin to Laziness: Early Modern Views of the Poor and Poor Relief", 1쪽. This paper written for Dr. David Smith's graduate seminar in fall of 2001 at Eastern Illinois University.

17-18세기 프랑스의 구빈 역사는 종종 1614년 앙시엥레짐 치세에서 개시된 일반구휼원(hopitaux generaux)으로 시작한다. 비밀결사체들은 이 구휼원을 무질서하고 어쩌면 위험한 것으로 여겨지는 걸인과 빈자들을 가두기 위해 설치했다. 중국의 국가제도를 동경한 루이 14세는 이 구휼원에 열띤 관심을 갖고 여러 칙령을 발령했다. 그러나 루이 14세가 죽자 이 모든 칙령은 빈자를 죄인으로 보고 감금·착취하는 법령으로 모조리 변질되었다. 1724년 국가는 모든 걸인들을 감금할 것을 명하는 칙령을 발령하기 시작했다. 걸인들은 구휼원에 던져 넣어지기 전에 2주 동안 일자리를 찾아야 했다. 국가의 입법조치와 더불어 구휼원의 수는 증가했고, 정부는 구휼원의 유지를 위해 재정을 지원했다. 게으름뱅이로 인식되는 사람을 위해 재정을 지원하는 이 대목에서 중국식 복지관심이 조금 엿보였지만, 1733년을 기점으로 루이 14세의 칙령은 흔적 없이 사라졌다.3988)

부랑자들은 17세기 중반부터 거듭 누적되었다. 그리하여 18세기에 들어서자 파리에는 소위 "거지왕국(royaume des truands)"이 수립될 정도가 되었다. 이 때문에 걸인·부랑자 탄압은 18세기 중반부터 이미 시작되었었다. 마침내 루이 16세는 1777년 7월 13일 살벌한 칙령을 발령했다. 이 칙령은 16세에서 60세까지의 모든 건강하고 건장한 사람은 생계수단이 직업활동이 없다면 노예노동의 갤리선으로 보내도록 명령했다.3989) 유사한 법령들은 이전에 네덜란드에

3987) Cribelar, "From Sin to Laziness: Early Modern Views of the Poor and Poor Relief", 1쪽.

3988) 참조: Dirk Van Damme, "The Confinement of Beggars in Eighteenth-Century France: The Population of Some 'Hopitaux Generaux' and 'Depots De Mendicite0'", *Paedagogica Historica* 26 (1990), 102-103쪽.

서도 발령되었다. 1537년의 칼 5세의 장정章程, 1614년 홀란드의
주와 도시들의 첫 법령, 1649년 네덜란드통합주의 방榜 등이 그것
들이었다.3990)

농민들의 프롤레타리아화와 농촌의 궁핍화 및 이농으로 인해
이농농민들의 유리걸식과 전국적 유랑, 그리고 부랑자들과 걸인들
의 도시 유입과 도시내 걸식행각은 정부와 귀족의 관점에서 심각한
치안문제로 인식되었다. 프랑스정부는 1764년과 1767년 법률을
제정해 영국의 '노역소'와 본질적으로 유사한 '걸인수용소(depots
de mendicite)'에 걸인들을 국가경찰의 투입에 의해 공세적으로 감금
하기 시작했다. '걸인수용소'는 여러 가지 점에서 '구휼원'과 달랐
다. 걸인수용소는 걸인을 가두기 위한 억압적 수감·기율·사역 장치
였다. 국가는 구휼원보다 훨씬 더 많이 걸인수용소를 재정적으로
후원하고 감독했다. 전반적으로 수용소는 아주 불결했고, 불결한
걸인들조차도 이를 불평했다.3991)

그로노블 시를 보면, 근대화와 함께 사회적 관계가 변하는 만큼,
빈자의 취급은 인격적·가부장적 관계에서 사무적 구빈으로 변하는
과정을 반영했다.3992) 1720년대에 프랑스정부는 지방적 시행이
효과가 없다는 것을 깨닫고 더 많은 법률을 제정하여 국가재원을
빈민탄압에 썼다. 1724년 9월의 윤음은 걸인들을 구휼원 안에서나
공공사업장에서 또는 임금노동자로 일하도록 강요함으로써 노동

3989) Marx, *Das Kapital I*, 765쪽.

3990) Marx, *Das Kapital I*, 765쪽.

3991) Cribelar, "From Sin to Laziness: Early Modern Views of the Poor and Poor Relief",
1쪽.

3992) Kathryn Norberg, *Rich and Poor in Grenoble 1600-1814* (Berkeley: University of
California Press, 1985), 20-104쪽.

력 착취를 지원하는 것을 겨냥했다. 걸인들과 극빈자들을 지방 구휼원 안에 수감했다. 이로 인해 구휼원의 탄압 업무가 늘어났다. 그러자 구휼원이 수가 너무 늘어서 잘 작동하지 않았다. 몇몇 선택받은 구휼원들은 국가의 재정지원도 받아 잘 돌아갔다. 구휼원의 인구학적 분포는 노동능력이 없는 병약자·고령자·아동으로부터 일할 능력이 있는 건강한 남녀로 이루어졌다.3993) 푸코가 "대大감금시대"이라고 부른 1724-1733년부터의 시간에는 전대미문으로 엄청난 수의 사람들이 경찰들에 의해 체포되어 구휼원에 수감되었다. 대체로 약간의 구호가 구걸 때문에 궁경에 처한 도시들에 대해 제공되었다. 정부는 시민들을 더 강력하게 통제하기 시작했다. 통제는 국가재정을 써서 빈자들을 규제하고 단속하는 형태로 이루어졌다.

나중에 1760년대에는 더 많은 사람들이 부랑자의 범주 아래 포착되고 체포령의 집행이 더 광범해졌다. 도시화가 궁핍화와 더불어 진행되는 만큼, 부랑자와 걸인을 통제할 필요성은 더 커졌다. 이에 따라 1769년 모든 부랑자와 걸인들은 다 체포되었다. 정부는 지방에서 재산과 사람들에 대한 공격에 놀라서 정부가 온갖 형태의 탄압을 자행하는 걸인수용소를 설치한 것이다.3994) 정부는 공안강화의 필요를 느낀 만큼 기존의 제도를 사용하기보다 보다 많은 체포와 공적 재정지원 제도의 활용을 통해 수용소를 제공했다. 프랑스혁명 직전까지 프랑스 정부의 정책방향은 대부분 모든 걸인을 체계적 형태로 가두는 새로운 포괄적 사회정책의 구성과 집행에

3993) Robert M. Schwartz, *Policing the Poor in Eighteenth-Century France* (Chapel Hill: The University of North Carolina Press, 1988), 34-47쪽.

3994) Schwartz, *Policing the Poor in Eighteenth-Century France*, 249쪽.

초점을 맞췄다.3995)

1764년 감독관들은 걸인과 부랑자들에 대한 관할권을 얻어 지방
당국의 책무를 넘겨받았다. 영국의 '노역소'를 닮은 걸인수용소를
세워 구휼원을 대체하고 온갖 형태의 구걸행각을 탄압하려는 기도
에서 체포되는 걸인들을 다양한 등급으로 분류했다. 조직된 떼거리
거지는 1등석이었던 반면, 제대로 된 배고프고 가난한 거지의 체포
는 말석이었다. 시간이 흐르면서 병약자와 전과자들이 결코 이
제도 안에서 제자리를 찾지 못함에 따라 이 등급화에 대한 논쟁이
일어났다. 그리하여 곧 모든 걸인들을 체포하게 되었다.3996) 훈련
과 기율이 수용소 일과의 핵심이었다. 1770년대에 사람들은 방랑생
활을 선택한 사람과 뜻밖에 또는 불가피하게 방랑생활에 들어간
사람 간에 차이가 있다는 것을 깨닫기 시작했다. 수용소들은 점차
부패해갔고, 사람들로 들끓었고, 형편없어졌다.3997) 그리고 지방도
시들을 걸인과 부랑자들로부터 해방시키려는 열정적 사회정책으
로 시작된 일은 불행한 빈자들에 대한 공적 동정이 일어남에 따라
더 악화된 거대한 사업 부담이 되고 말았다. 빈민의 인구적 구성은
18세기 내내 줄곧 변했다. 신체 건강한 빈자들은 개조되어야 다시
거리로 나가 일해야 했다. 구휼원은 병자·아동·노인·여성들을 위한
장소가 되었다. 여성들은 문맹으로 인해 곤경에 처해 있었다. 남자
들은 임신한 여자들을 버려두고 달아났다. 따라서 프랑스 여성들은
영국여성들만큼 유아들을 많이 유기했다. 기아들은 싸늘한 야밤에

3995) Thomas McStay Adams, *Bureaucrats and Beggars: French Social Policy in the Age of Enlightenment* (Oxford: Oxford University Press, 1990), 26-68쪽.

3996) Adams, *Bureaucrats and Beggars*, 75-79쪽.

3997) Adams, *Bureaucrats and Beggars*, 118-122쪽.

길거리와 들녘에서 죽어갔다. 고아들도 막다른 골목에 직면했고, 일할 능력이 없는 고령자들도 종종 갈 곳이 없었다. 이들은 병이 들면 거리에서 죽었다.3998) 빵을 받아먹는 극빈자들은 전체적으로 더 고령화되고 더 병약해지고 여성의 수가 더 우세해졌다. 극빈자들이 사는 지역은 도시 안에서 하나의 구역으로 분리되었다. 큰 가족이 딸린 남자들은 보조를 받았지만, 다른 남자들은 겨우 제 앞가림을 했다. 그러나 극빈자 처우에도 변화가 있었다. 보조를 필요로 하는 사람들은 그것을 제대로 된 사람들에게서 요구해야 한다. 그러나 자선적 기부는 행정적 자선제도가 나타나자 사라졌다. 극빈자들은 보조를 결정하는 행정당국에 청원을 넣었다. 자선은 일할 능력이 없는 사람들에게 유보되었고, 일할 능력이 있는 사람들은 강제노동에 시달려야 했다. 여기에 변화가 찾아들었다. 임금노동이 증가함에 따라 사람들 간에 개인적·인격적 유대는 감소했다. 고용주는 고용인을 그저 임금을 받는 일꾼으로 보았다.3999)

이 대목에서 1770년대 중반 빈민처우를 개혁하려는 튀르고의 중국식 노력이 돋보인다. 중국의 국가제도와 시장경제를 동경하던 튀르고와 그의 정부는 조사·발견한 사실들과 해법들을 보고했다. 튀르고 정부는 체포된 많은 사람들이 불운에 의해 빈곤으로 영락한 상황의 희생자들이이고 그러므로 범죄자로 취급해서는 아니 된다고 생각했다. 그들의 해법의 열쇠는 탄압보다는 예방이었다. 체포는 중지되고 걸인들은 석방되어야 한다는 것이다.4000) 그들은 진정

3998) 참조: Noberg, *Rich and Poor in Gronoble 1600-1814*, 177-181쪽.

3999) Cribelar, "From Sin to Laziness: Early Modern Views of the Poor and Poor Relief", 3쪽.

4000) Adams, *Bureaucrats and Beggars*, 135-158쪽.

한 의미의 '구빈'이 사회정책의 초점이 되어야 한다고 생각하여 걸인수용소를 여러 개 폐쇄했다.4001) 튀르고는 그의 개혁이 제도화되기 전에 1776년 권력을 잃었고, 새로운 정부는 재빨리 구걸을 처리하는 옛날 방식으로 돌아갔다. 그러나 튀르고의 개혁 작업은 전부 헛된 것은 아니었다. 계몽사상이 확산되어 가면서 수용소들이 약간 깨끗해졌다. 1785년의 규정은 보다 나은 유지와 보다 나은 의료수준과 생활조건을 명령했다.4002) 걸인들은 보다 종종 재활과정을 시작했고, 보다 일반적으로 노동훈련을 수료했다.4003) 하지만 혁명 즈음에 걸인수용소는 전제왕정의 또 다른 표시로 보였다. 18세기 말경 중국산 계몽사상이 구빈과 감금 정책에 스며들어왔다. 프랑스의 점증하는 경찰적 감독은 국가의 억압성의 확장을 반영했다. 대중의 가속화되는 궁핍화는 빈민, 특히 약간 위협적인 빈자들에 대한 강경한 자세를 낳았다. 감독의 증가는 농촌에서 관리들의 수를 늘렸고, 따라서 농촌사람들은 왕의 관리들을 적대했다. 그러나 이 관리들은 빈자의 보호를 위해 중요해졌고, 궁정적 관점을 취했다. 그리하여 국가는 빈민을 도왔고, 빈민은 국가관리들과 함께 일하는 것을 배웠다.4004)

1770년대 중반 관리들은 그토록 많은 걸인과 부랑자들의 통제가 어려워짐에 따라 이들의 체포에 보다 신중하게 되었다. 튀르고의 느낌은 중앙정부와 행정의 사유 속으로도 침투하기 시작했다. 체포의 숫자는 줄어들었고, 구속된 사람들은 종종 공갈협박·좀도둑·강

4001) Schwartz, *Policing the Poor in Eighteenth-Century France*, 249-250쪽.
4002) Adams, *Bureaucrats and Beggars*, 168-175쪽.
4003) Adams, *Bureaucrats and Beggars*, 240-245쪽.
4004) 참조: Schwartz, *Policing the Poor in Eighteenth-Century France*, 250-251쪽.

도 등과 연관된 상당히 심각한 범죄로 한정되어 갔다. 탄압은 적어지고 보다 목적지향적이 되었다.[4005]

■ **중국의 영향과 빈곤관의 변화**

18세기 프랑스에서 빈민에 대한 태도는 상이한 의미를 띠었다. 영향력으로서 계몽주의는 긍정적이었다. 중국산 계몽주의의 영향이 삼투하기 전에 18세기 프랑스는 빈민을 인간적 애정으로 대하지 않았다. 대개 빈민을 사회에 대한 위협이나 기생충으로 간주하고 보살핌이나 도움이 아니라 개조와 기율이 필요한 존재들로 낙인찍었다. 17세기 개조목표는 도덕적·영적 개선이었다. 18세기 개조목표는 강제노동으로 빈자들을 훈련시키는 것이었다.[4006]

결론적으로, 프랑스와 영국에서의 구빈은 17세기와 18세기에 상호 유사한 노선을 따라 전개되었다. 그것은 복지정책이 아니라 방어·감금·탄압의 사회정책이었다. '죄악'의 관념에서 '게으름'의 관념으로의 변화된 빈민관은 17세기에서 18세기로의 변화를 반영했다. 방어·감금·탄압의 사회정책에서 인간적 면모가 조금이라도 있다면 그것은 계몽주의를 타고 스며든 중국적 풍미였다. 17세기에 자선은 빈자들의 도덕적·영적 상태를 개조하는 동안 모든 빈자들에게 고취되었다. 당시 기독교인들은 빈민의 죄악이 줄어든다면 빈자들은 스스로 빈곤으로부터 빼져나올 것이라고 가정했다. 이 기독교적 관념은 18세기에 입법이 능력 있는 건강한 빈자들을 노동하도록 강제함에 따라 변화되었다. 빈자들은 단순히 게으른 자들이었고

4005) Schwartz, *Policing the Poor in Eighteenth-Century France*, 250쪽.

4006) Cribelar, "From Sin to Laziness: Early Modern Views of the Poor and Poor Relief", 4쪽.

이제 반드시 죄가 있는 존재가 아니었다. 이 게으름을 교정하는 것이 걸인수용소의 목표가 되고, 자선은 진정 자기의 노동으로 자신을 부양할 수 없는 사람들에게 유보되었다. 빈민관의 이런 변화는 영성靈性이 아니라 계몽주의를 반영했다.[4007] 그러나 빈자를 범죄적 '게으름뱅이'로 보는 것은 아직 충분히 '중국화'되지 못한, 또는 같은 말이지만 '근대화'되지 못한 결정적 측면이었다. 이런 까닭에 17세기와 18세기 영국과 프랑스에서 빈자와 구빈에 관한 태도와 사상이 이렇게 얼마간 변화한 것은 사실이지만, 영불의 복지제도는 아직 근대적 복지개념에 도달하지 못한 낙후 상태에 처해있었다. 따라서 18세기말과 19세기 동안에도 중국의 복지제도는 여전히 족탈불급의 높은 경지에 있었다. 반면, 영국과 프랑스를 비롯한 유럽제국은 사실상 근대적 복지의 황무지였다.

19세기 이전 유럽에서 기독교 이데올로기는 사랑과 자선으로 복지제도를 발전시킨 것이 아니라, 거꾸로 복지제도의 출현을 가로막고 빈곤을 원죄적 죄악과 범죄적 게으름의 결과로 단죄함으로써 국가의 모든 빈민정책을 추방·제거·감금·혹사정책으로 주조해냈다. 따라서 비스마르크가 일련의 사회보장제도를 입법화한 19세기말 이전 유럽에는 국가의 공공 복지정책이라는 것이 없었다. 17-18세기 유럽에도 자활능력이 없는 빈자들에 대한 자선적 구호가 없지 않았고, 튀르고의 중국적 복지 시도가 없지 않았다. 하지만 이런 자선은 미미했을 뿐만 아니라 인격모독적이었고, 튀르고의 시도는 실패했다. 따라서 유럽제국은 기독교 이데올로기에 갇혀 19세기 말까지 끝내 이 '복지 황무지' 상태를 극복하지 못했다고 결론지을

4007) Cribelar, "From Sin to Laziness: Early Modern Views of the Poor and Poor Relief", 8쪽.

수 있다. 유럽의 이 '복지 황무지'에서 중국의 국가제도를 동경하고 찬미하며 유럽의 '복지 황무지'를 비판하고 원망했던 라이프니츠·볼프·트렝커드·허치슨·유스티 등 유럽의 대표적 계몽철학자들은 중국의 공공 복지제도에 근거해서 양민·복지를 근대국가의 고차적 과업으로 논했다. 이것은 19세기 말 독일과 스칸디나비아 복지국가의 탄생에 밑거름이 된다.

■ '복지황무지' 유럽에서 기근의 빈발과 집단아사

유럽에서도 극동에서만큼 자연재해와 곡가등귀·공황·전쟁 등으로 인한 기근이 빈발했고, 특히 소빙기에 더욱 심했다. 흉작이 닥치고 곡가가 급등하여 기근상황이 벌어졌을 때 중국과 한국은 국가차원에서 예비된 여러 곡물창고를 열어 황정을 펴서 전국적으로 이 재해의 확산과 장기화를 제한했으나, '복지황무지'인 유럽제국의 정부들은 대민對民황정의 사상도 없었고 이런 황정을 위한 곡물창고의 대비도 없어서 재해가 닥칠 때마다 반복적으로 천문학적 규모의 인구가 집단아사를 당했다. 그래서 유럽 인구는 19세기까지, 20세기 초까지도 줄곧 감소하거나 정체되어 있었다. 유럽을 기근으로부터 구해준 것은 국가의 황정이 아니라 신대륙으로의 이주기회였다.

그러나 릴리언 리(Lillian M. Lee)와 제니퍼 다운스(Jennifer E. Downs)는 당시 유럽에 흉황凶荒과 기근에 대처하는 복지제도과 황정법제가 존재했던 것인 양 그때 유럽상황을 안이하게 기술하고 또 기근과 집단아사도 조기에 종식된 것으로 묘사하면서 '감히' 명·청대 중국과 비교했다. 먼저 1982년 리는 유럽의 상황을 이렇게 요약한다. 중국과 대조적으로 유럽역사에서 중국과 비교될 만한 "대량사망위기(large-scale mortality crises)"는 "14세기 흑사병 이후 발견되지 않았고, 1740년대의 생계위기 이후 더 이상 "주요 집단사망의 절정(major mortality peaks)"에 있지 않았다는 것이다. 리는 존 포스트(John D. Post)의 그럴싸한 연구에4008) 근거해 1816-1817년의 생계위기는 유럽 전역에 충격을 가한 "최후의 전前산업적 위기"였다고 결론짓고, 유럽에서 기근이 소멸한 주요인을 "보다 온화한 기후, 농업생산성 증대, 수로운송과 나중에는 철도에 의해 용이해진, 보다 통합된 국내·유럽국제 곡물시장의 발달"로 보는 찰스 틸리(Charles Tilly)의 주장을4009) 수용한다. 이 시장들이 증가일로의 도시와 농촌 소비자들을 먹여 살릴 수 있을 만큼 발달했다는 것이다. 1500-1800년 유럽국가의 형성과정 동안 유럽제국은 특히 군대와 행정관료와 같은 특권집단들과 공중에 대해 생계를 보장하기 위해 이전보다 더 직접적으로 식량분배에 개입했다는 것이다.4010)

다운스는 영국을 명대 중국처럼 공식적으로 기근상황에서의 국가책임을 인정하고 세부정책들을 발전시킨 근세초 국가로 제시한다. 초기근대 영국정부는 백성에 대한 가부장적 관심과, 공적 개입정책이 식량부족과 기근을 방지하거나 교정할 수 있을 것이라는 믿음을 명국과 공유했다는 것이다. 영국정부는 평민들에게 공정가격의 식량을 보장하기 위해 상인, 시장, 곡물유통을 통제하려고 시도했다. 튜더시절 곡물교역 관리정책은 1587년 최초로 발령되고

4008) John D. Post, *The Last Great Subsistence Crisis in the Western World* (Baltimore: Johns Hopkins University Press, 1977).

4009) Charles Tilly, "Food Supply and Public Order in Modern Europe", 380-455쪽. Charles Tilly (ed.), *The Formation of National States in Western Europe* (Princeton, N.J.: Princeton University Press, 1975).

4010) Lee, "Introduction: Food, famine, and the chinese State", 702쪽.

1594년에 다시 발령된 것이 『칙령집(*The Book of Orders*)』에 확고한 자리를 잡았다. 유사한 법규들은 더 일찍이 시행되었었다. 이 『칙령집』의 법규들은 곡물교역이 지방 안에 머물고 지방 백성들이 곡물을 투기꾼·상인·양조업자와의 경쟁 없이 자유롭게 구입할 수 있도록 보장하려고 애를 썼다. 법령들은 농민과 소비자의 직거래를 규정하고 있다. 농민들은 지방시장에서 내다팔아야 하고 밭떼기로 팔거나 가격등귀를 기다리며 농산물을 저장해두는 것을 금지했다. 또 시장은 통제되었다. 판매는 특별한 시간에 시작했다. 평민들이 곡물·밀가루·식사를 구입한 뒤에만 대상인들의 곡물구입이 허용되었다. 부가법규들이 방앗간과 빵집에 허용되는 이윤을 제한했다. 『칙령집』의 정착 전후에는 식량부족 시에 국왕이 곡물교역을 규제하고 부자들에게 자선을 권고하는 수많은 훈령을 내려 보냈다. 기근 동안에는 각 카운티의 판사들이 카운티 경계 밖으로 식량을 반출하는 것을 금지할 권한을 가졌다. 중앙정부 차원에서는 식자재의 해외수출을 금지하고 수입을 장려했다. 1597년의 기근 때에는 추밀원이 도버와 플러싱의 해군제독들에게 해협을 통과하는 모든 곡물선박을 정선시켜 잉글랜드로 데려오도록 명령했다. 또 기근 시에는 관행적으로 부자들에게 식사를 줄이고 빈민에 대한 자선을 늘리라고 권장했다. 부유한 시민들은 곡물을 대량 구입했다가 공급을 늘려 가격을 안정시키기 위해 시장에 천천히 방매함으로써 구제에 이바지했다. 1597년의 기근 동안에는 모든 "튼튼한 남자들"에게 매일 식사 한 끼를 빈자에게 주라고 요청했다. 그러나 영국정부는 왕에게 납부되어야 할 돈을 면제하는 데 관대하지 않았다. 세금이 아니라 지대는 영국 신민의 주요 책무였다. 가령 1594-1597년의 연속적 흉년 뒤에 웨스트 마치의 총독 스크로우프(Scrope) 경은 컴벌랜드의 바로니 오부 버러에 소재한 여왕의 소작인들로부터 지대를 걷는 것이 어렵다고 보고했다. 많은 소작인들이 지대를 낼 형편이 못 되었다. 어떤 사람들은 몰수할 재산이라도 있었지만, 다른 사람들은 몰수할 만한 가치가 있는 것이 아무것도 없을 정도로 가난했다. 스크로프는 이 가난뱅이들을 지대를 낼 때까지 감옥에 처넣거나 소작권을 박탈했다. 1629-31년 에섹스 기근 동안 취해진 조치들은 영국정부가 취한 곡물이송과 통제조치들의 범위를 보여준다. 1630년 6월 추밀원은 판사들에게 곡자穀子업자를 규제하고 맥주집을 억압하라고 명령했다. 기근 기간에 영국에서는 보리수요을 줄이기 위해 곡자업·양조업·선술집의 활동을 규제했다. 이 제조·판매업의 영업을 금지하든가 맥주의 알코올 도수를 낮췄다. 에섹스의 판사들도 곡물의 대외반출도 금지하고 매점매석을 통제하고 비상상황을 방지하기 위해 필요한 모든 수단을 다 사용해야 했다. 그리고 구제용 곡물을 노포크와 켄트로부터 반입했다. 판사들은 곡물의 저가판매를 감독했다. 빵을 굽지 못하는 굶주린 사람들에게 현금을 나눠주기도 했다. 꼭 중국에서처럼 특정 목적의 식자재들을 기근구제용으로 전용하기도 했다. 가령 1650년 1월에는 남부 랭커셔의 기근 때문에 에이레의 군량을 랭커셔에서 인하된 가격에 판매했다.[4011)

리의 기술은 집단아사의 종식을 너무 일찍 잡은 것이고, 다운스의 인식은 영국의 소소한 지방적 기근사태와 사소한 정책들에 국한되고 곡물창고와 같은 본격적 구민救民복지제도의 존부를 말하지 않고 있고, 또 시기적으로 17세기 중반에 멈춰있다. 따라서 전 유럽을 강타한 수많은 대규모 기근사태가 빠져 있고, 이럴 때마다 구민

4011) Downs, *Famine Policy and Discourses on famine in Ming China*, 1368-1644, 102-105쪽.

복지제도의 부제로 인한 천문학적 규모의 집단아사 사건들, 그리고 19-20세기 초에 반복된 대공황과 전국적 집단 기아사태 및 '기아행진(Hunger Marches)' 등을 모조리 놓치고 있다. 이 때문에 리와 다운스의 기술은 서구중심주의에 사로잡힌 '서구예찬'이나 '영국예찬'처럼 읽힌다. 그러나 유럽 전역에서 집단아사가 줄을 잇고 기민구제를 반대하는 이론과 이념이 판을 친 유럽의 실상은 이들의 기술과 완전히 딴판이었다. 유럽에는 상평창과 같은 가격안정화 곡물창고 제도를 운영한 적도 없었고, 진황용 곡식창고를 수립한 적도 없었다. 리와 다운스도 인정하듯이 다만 악적상인들의 매점매석자에 대한 영국정부의 강제개입과 자선기부의 강제가 있었을 뿐이다.4012)

■ 11-19세기 대기근의 잦은 유린

일단 11세기부터 19세기 말까지 계속 빈발한 서양의 대기근들로부터 살펴보자. 중국의 송대 초기에 속한 1016년 유럽은 전역을 휩쓴 대기근을 겪었고4013) 수백만 명의 인명을 잃었다. 1069-1070년에는 영국의 해링 오브 노쓰(Harrying of the North) 지방에 10만 명의 인명을 앗아간 대기근이 닥쳤고, 1097년 프랑스에서도 전역에 기근과 역병이 덮쳐 10만 명의 인명을 앗아갔다.4014) 그리고 1124-1126년, 1143-1147년, 1150-1151년, 1196-1197년, 1224-1226

4012) Randall Nielsen, "Storage and English Government Intervention in Early Modern Grain Markets", *The Journal of Economic History*, Vol. 57, No. 1 (Mar., 1997): [1-33쪽].

4013) Hugh Chisholm, "Famine", *Encyclopædia Britannica*, 10, 11th ed. (Cambridge: Cambridge University Press, 1911), 167쪽.

4014) Eduardo Ferreyra, "Fearfull Famines of the Past", *Ecology: Myths & Frauds*, (July 09, 2019).

년 등 5회에 걸쳐 대기근이 유럽 전역을 강타했다. 희생자 수는 추산이 불가능할 정도였다. 그리고 1235년 영국 전역을 휩쓴 대기근으로 런던에서만 2만 명이 대량 아사했다. 그리고 1256-1258년에는 대기근이 영국·이탈리아·스페인·포르투갈을 덮쳤다. 또한 1275-1303년 사이에는 3회의 대기근이 이탈리아 전역을 강타하고, 1302-1303년 대기근은 스페인도 덮쳤다.[4015] 그리고 1304-1310년에는 세 번의 대기근이 프랑스를 휩쓸었다. 1315년부터 1317년까지 3년에 걸쳐 유럽 전역을 덮친 대기근은 75만 명의 인명을 앗아갔다.[4016] 1321년에는 대기근이 영국을 덮치고, 1328-1330년에는 이탈리아·스페인·에이레를 덮쳤다.[4017] 그리고 바로 이어서 1330년부터 1333년까지 4년간 또 다른 대기근이 프랑스를 강타했다. 1339-1391년까지 60여 년간 대기근이 프랑스, 영국, 이탈리아, 스페인, 에이레를 10회 이상 번갈아 강타했다.[4018] 대기근은 이후 30여 년간 뜸하다가 15세기로 세기가 전환되고 1432년부터 1434년까지 3년간 체코지방에 대기근이 들더니 1437년부터 1438년까지 2년간 프랑스·독일·영국을 강타했다. 그리고는 1472-1518년 사이에 이탈리아(마지막은 베니스)에 여섯 번의 대기근이 닥쳤고,[4019] 1504년에는 스페인도 덮쳤다.[4020] 1521년부터 1523년까지는 3년 장기

4015) Guido Alfani, Luca Mocarelli, and Donatella Strangio, "Italian Famines: An overview (ca. 1250-1810)", *Dondena Centre* (Bocconi University, January 2016).

4016) *Lectures in Medieval History*, "The Great Famine(1315-1317) and the Black Death(1346-1351)". Vlib.us (검색: 2021-12-19.)

4017) Alfani, Mocarelli, and Strangio, "Italian Famines: An overview (ca. 1250-1810)".

4018) Alfani, Mocarelli, and Strangio, "Italian Famines: An overview (ca. 1250-1810)".

4019) Alfani, Mocarelli, and Strangio, "Italian Famines: An overview (ca. 1250-1810)".

4020) David Vassberg, "Land and Society in Golden Age Castile". Libro.uca.edu. (검색: 2021-12-19).

대기근이 네덜란드·에이레·북구제국을 번갈아 휩쓸었고,[4021] 1527-1530년의 장기 대기근은 프랑스를 강타했다.[4022] 그리고 1533년부터는 대기근이 이탈리아를 5회에 걸쳐 덮쳤고 이것은 1560년까지 지속되었다.[4023] 그리고 1569-1574년, 1585-1587년, 1590-1598년 세 번에 걸쳐 한번에 3-8년 동안 대기근이 러시아를 포함한 유럽 전역을 강타했다. 1569년부터 1598년까지 30여년 중 17년 동안 유럽은 기근상황에 처해있었던 것이다. 집단아사자의 규모는 헤아릴 수도 없다. 그러나 이탈리아에는 2년 뒤(1600-1601)에 또 대기근이 닥쳤다.[4024] 그리고 1601-1603년간 러시아에는 역사상 최악의 대기근이 닥쳤다.[4025] 모스크바 시내에서만 10만 명이 집단 아사했고, 국민 중 최대 3분의 1(200만 명)이 굶어죽었다. 그리고 에스토니아 인구는 절반이 사라졌다.

그리고 17세기로 세기가 전환되면서 1607-1649년간 한번에 3-5년간 지속되는 기근이 이탈리아 전역을 다시 강타했다.[4026] 그리고 1618년부터 1648년까지 30여 년간은 30년종교전쟁으로 인해 유럽 전역이 대기근에 빠져있었다. 1648-1660년간 폴란드는 전쟁으로 인한 기근과 역병으로 인구의 3분의 1을 잃었다. 1649년에는 대기근이 영국의 잉글랜드 북부지역을 강타했고,[4027] 1650-1652년간은

4021) Alfani, Mocarelli, and Strangio, "Italian Famines: An overview (ca. 1250-1810)".

4022) Alan Macfarlane, "The Dimension of Famine", http://www.alanmacfarlane.com/savage/A-FAM.PDF, (검색: 2021-12-19).

4023) Alfani, Mocarelli, and Strangio, "Italian Famines: An overview (ca. 1250-1810)".

4024) Alfani, Mocarelli, and Strangio, "Italian Famines: An overview (ca. 1250-1810)".

4025) "Boris Feodorovich Godunov". Answers.com. 검색일: 2021-12-19; "Russia before Peter the Great". Fsmitha.com. (검색: 2021-12-19).

4026) Alfani, Mocarelli, and Strangio, "Italian Famines: An overview (ca. 1250-1810)".

4027) Robert I. Rotberg & Theodore K. Rabb, *Climate and History: Studies in Interdisciplinary*

프랑스 동부지역을 강타했다.4028) 1651-1653년간 에이레는 크롬웰이 정복한 기간에 대부분의 지역에서 기근을 겪었다.4029) 스페인은 1670년대와 1680년대 내내 흑사병과 기근을 겪었다. 그 사이 (1672-1680)에 이탈리아도 대기근을 겪고, 인구 20-30만의 작은 왕국 사르디니아에서만 무참하게 무려 8만 명의 인명손실을 당했다.

영국 명예혁명 직후 시대인 1690년대에는 7년 대기근이 스코틀랜드를 강타해 스코틀랜드는 인구의 5-15%에 해당하는 6만-18만 명의 인명손실을 입었다.4030) 프랑스도 2년 동안 이른바 "1693-1694년의 라 그랑 패민(La Grande Famine de 1693-1694)"에 강타당해 참담하게도 무려 130-150만 명의 인명손실을 입었다.4031) 또 6-7년 뒤인 1710년에도 대기근이 프랑스를 덮쳤다. 이 두 기근은 200만 명 이상을 죽였다. 두 경우가 다 천재에 전쟁이라는 인재가 중첩되어 인명피해가 커졌다. 흉작의 충격이 전시 군량수요에 의해 악화되었기 때문이다.4032) 프랑스는 1680년에서 1719년까지 40년 동안 프랑스에서 1693-1694년, 1709-1710, 1719년 등 5개년은 매년 아사자가 총사망자의 10%를 넘은 해들이었다. 이 10%를 상회하는

History (Princeton: Princeton University Press, 2014).

4028) Armando Ang, *Overpopulated Philippines* (Armando Ang, 2014).

4029) BBC, "Northern Ireland - A Short History". bbc.co.uk (검색: 2021-12-30).

4030) Richard J. Sima, "How the Cold Climate Shaped Scotland's Political Climate", *Eos* (4 February 2020); Rosanne D'Arrigo, Patrick Klinger, Timothy Newfield, Miloš Rydvald and Rob Wilson, "Complexity in crisis: The volcanic cold pulse of the 1690s and the consequences of Scotland's failure to cope", *Journal of Volcanology and Geothermal Research*, Volume 389 (1 January 2020).

4031) Andrew B. Appleby, "Epidemics and Famine in the Little Ice Age", *Journal of Interdisciplinary History*, 10-4(1980), 643-663쪽; Cormac Ó Gráda and Jean-Michel Chevet, "Famine And Market in Ancient Régime France", *The Journal of Economic History*, 62-3(2002): [706-733쪽].

4032) Gráda and Chevet, "Famine And Market in Ancient Régime France", 706쪽.

2424

해들의 아사 사망률만을 산입算入해도 1680-1719년간 아사자는 프랑스의 총사망자의 6.4%를 차지했다. 그리고 영국은 같은 방식으로 계산할 때 1675-1725년 약 50년간 2.9%였다.4033)

"1709년의 라 그랑 패민"이라고 불리는 대기근은 1709년에서 1710년까지 2년 동안 프랑스를 유린해서 60만 명의 인명손실을 냈다.4034) 이 1709-1710년의 기근은 심각한 경제위기와 계속되는 전화戰禍에 처해 있던 프랑스를 강타했다. 아사자와 병사자는 1709년 여름부터 증가하여 역병이 겹친 1710년 첫 몇 개월 동안 계속 나왔다. 이로 인해 신생아와 혼인의 수도 격감했다.4035)

가장 빈번하게 천재와 기근에 시달려온 이탈리아는 1693-1695년간에도 대기근을 또 겪었다.4036) 1695-1697년간에는 에스토니아와 스웨덴을 덮친 대기근이 에스토니아의 인구 5분의 1(7-7만5000명)을 굶겨 죽이고, 스웨덴의 총 인구 15-17만5000명에서 8-10만 명을 굶겨 죽였다. 2년 뒤인 1696-1697년 핀란드와 스웨덴을 강타한 대기근은 인구의 5/1(약15만 명)의 인명을 앗아갔다.4037) 1701-1711년 동프로이센을 덮친 대기근은 인구의 41%(25만 명)을 굶겨 죽였다.4038) 그리고 이탈리아는 1709년부터 1767년까지 다섯 번의 대기근을 당했다.4039) 영국은 1727-1728년 중부지방에서 대기근을 당

4033) Gráda and Chevet, "Famine And Market in Ancient Régime France", 710-711쪽.

4034) "The Little Ice Age in Europe". sunysuffolk.edu. Archived from the original on 2008-08-22. 검색일: 2021-12-19.

4035) Gráda and Chevet, "Famine And Market in Ancient Régime France", 710쪽 도표.

4036) Alfani, Mocarelli, and Strangio, "Italian Famines: An overview (ca. 1250-1810)", 4쪽.

4037) "Finland timeline". Worldatlas.com. (검색: 2021-12-19).

4038) Macfarlane, "The Dimension of Famine".

4039) Alfani, Mocarelli, and Strangio, "Italian Famines: An overview (ca. 1250-1810)",

했고,4040) 에이레는 1740-1741년 대기근으로 30-38만 명의 인명을 잃었다. 1770-1772년에는 체코에 대기근이 덮쳐 10만여 명을 앗아 갔고, 독일의 작센과 남부독일이 대기근에 강타당했다. 그리고 1773년에는 스웨덴이 대기근을 겪었다.

프랑스대혁명(1789) 직전 2년 동안은 엘니뇨 사이클과 아이슬란 드의 화산폭발(1783)로 인해 연속 흉년과 혹한이 이어졌다.4041) 1801년 이탈리아는 다시 대기근을 겪었고,4042) 1804년부터 1872년 까지 69년간, 그리고 1913년 한 해를 합해 오스트리아 갈리시아(지 금은 폴란드와 우크라이나에 분할된 땅)는 여러 차례의 기근을 겪고 도합 40-55만 명의 인명을 잃었다. 1811-1812년 스페인은 대기근에 강타당해 마드리드에서만 2만 명의 인명손실을 당했다.4043) 1816-1817년 이태 동안 유럽 전역은 여름이 없는 세월을 보내면서 냉해로 인한 흉작을 당해 유럽 산업제국의 한복판에서 6만5000명 이 아사했다. 1845-1857년 스코틀랜드는 하일랜드 감자 기근으로 인해 수많은 인명을 잃었고, 에이레는 1845-1849년 대기근으로 100만 명 이상의 인명손실을 당했고, 150-200만 명이 해외로 이민 을 떠났고,4044) 이 에이레 기근과 연계된 캐나다의 뉴펀들랜드에서 감자 기근(1846-1848)이 발생했다. 1846년에는 포르투갈 북부를 휩

4쪽.

4040) Appleby, "Epidemics and Famine in the Little Ice Age", 643-663쪽.

4041) Richard H. Grove, "Global Impact of the 1789-93 El Niño", *Nature*, 393 (6683)(1998): [318-319쪽].

4042) Alfani, Mocarelli, and Strangio, "Italian Famines: An overview (ca. 1250-1810)", 4쪽.

4043) Raymond Carr, *Spain: A History* (Oxford: Oxford University Press, 2001), 203쪽; John Reader, *Cities* (Atlantic Monthly Press, 2005), 243쪽.

4044) "The Great Famine in Ireland, 1845-1849". Ego4u.com. (검색: 2021-12-19).

쓴 대기근으로 농민폭동이 일어났다. 핀란드는 1866년부터 1868년까지 3년간의 대기근을 겪으면서 인구의 15%(15만 명)의 손실을 입었다. 1867-1869년에는 이 기근이 스웨덴에 파급되었다. 1878-1880년에는 세계 최강국으로 올라선 미국의 알라스카 주 세인트 로렌스 아일랜드에 기근이 닥쳐 무려 1000명이 굶어죽었다. 1879년에는 기근이 또 에이레에 닥쳤고 이민 물결이 다시 잃었다. 1891-1892년에는 대기근이 러시아를 강타했다. 볼가강을 따라 시작하여 우랄과 흑해에까지 환산된 이 대기근은 약 40-50만 명의 인명을 앗아갔다.[4045]

이후 20세기에 들어서는 산업공황으로 인해 산업지대에서 기근이 발생하고 도시 한복판에서 아사자가 나왔다. 그리고 이 '산업기근'은 주기적으로 발생하고, 마찬가지로 유럽의 각 도시에서 '기아행진'도 주기적으로 일어난다. 이에 대해서는 뒤에서 다루고 위에서 목록식으로 보여준 대기근들 중에서 대표적 기근을 그 참담한 여파와 함께 좀 더 구체적으로 살펴보자.

러시아까지 포함한 전 유럽을 강타한 1315-1317년간의 대기근은 그 여파가 1322년까지 미쳐 사실상 8년간 지속되었다. 이 대기근은 14세기 초에 유럽을 휩쓴 일련의 대규모 위기 중 첫 신호탄이었다.[4046] 이 대기근은 여러 해에 걸쳐 많은 인명을 앗아갔고, 13-14세기에 일어난 성장과 번영의 시기, 11세기 중반부터 시작된 전대미문의 인구증가의 시기에 확실한 종말을 고하게 했다. 이 대기근은 1315년 봄 악천후로 시작되었다. 흉작은 1317년 여름 추수기까지

4045) "The History of International Humanitarian Assistance". Iupui.edu. (검색: 2021-12-19).

4046) Henry S. Lucas, "The great European Famine of 1315, 1316, 1317", *Speculum*, 5-4(October 1930): [343-377쪽].

지속되었고, 유럽은 1322년에 가서야 겨우 회복되었다. 흉작이 유일한 문제가 아니었다. 가축병이 돌아 양과 우마의 수가 80% 선까지 감소되었다. 이 대기근 시기에는 대량아사·질병·범죄·식인·영아살해 등이 극단적 수준으로 만연했다. 이 대기근은 14세기의 대재앙인 흑사병의 창궐을 불러왔다.[4047]

1690년대 스코틀랜드의 전국적 기근인 "7년 흉년(seven ill years)"과 동시에 벌어진 1695-1697년 북구의 대기근은 스웨덴·노르웨이·핀란드·에스토니아·라트비아를 덮쳤다. 스웨덴은 1688년부터 줄곧 이른 서리와 흉작을 겪었는데, 이것은 1695년의 겨울에 정점에 도달했다. 이로 인해 밀이 7월 전에 패지 못했다. 이 때문에 1695년의 대기근은 "대흑년大黑年(The Great Black Year)"이라고도 불린다. 1696년의 수확은 농장이 한 덩어리 호밀 빵을 산출할 정도로 심각한 흉작이었다. 당시 스웨덴의 지배를 받던 핀란드에서는 이 기근이 단 2년 만에 인구의 3/1(15만 명)을 아사시켰다.[4048] 핀란드 바깥의 북쪽 지방이 가장 혹독한 기근을 겪었다. 농촌에서 유리된 유랑민들이 대도시로 먹을 것을 찾아 몰려들었고, 스톡홀름 길거리는 1697년 봄 죽은 시체가 즐비하고, 아사하는 사람들로 그득했다. 이 대기근의 원인은 1690년대에 최저점에 도달한 소빙기였다.[4049] 이 소빙기는 농작이 가능한 고도를 낮추고 성장가능한 계절을 최대 2개월까지 단축시켰다.[4050] 아이슬란드의 헤클라 화산대(1693), 인

4047) Teofilo F. Ruiz, *Medieval Europe: Crisis and Renewal* (Chantilly, Virginia: The Teaching Company, 1997), "An Age of Crisis: Hunger".

4048) J. Neumann & S. Lindgrén, "Great Historical Events That Were Significantly Affected by the Weather: 4, The Great Famines in Finland and Estonia, 1695-97", *Bulletin of the American Meteorological Society*, 60-7((1979): [775-787쪽].

4049) I. D. White, "Rural Settlement 1500-1770", M. Lynch (ed.), *Oxford Companion to Scottish History* (Oxford: Oxford University Press, 2011), 542-543쪽 .

도네시아의 세루아(1693)와 아보이아(1694) 등지의 대규모 화산폭발도 대기를 오염시켜 햇빛의 투과를 가로막았다.[4051]

19세기도 유럽에서 기근은 수그러들지 않았고, '복지황무지' 유럽에서 천문학적 규모로 인명을 앗아갔다. 1840년대의 '아일랜드(에이레) 대기근', 또는 '유럽감자흉작'은 북구와 서구를 강타한 감자줄기마름병에 의해 야기된 식량위기다. 이 시기는 보통 '굶주린 40년대(The Hungry Forties)'라고도 알려졌다. 이 식량위기는 특히 스코틀랜드의 하일랜드와 에이레를 혹독하게 덮쳤고 여기서 극단아사자들 낳았다. 특히 에이레가 가장 극심했다. 에이레에서 대기근이 1845년부터 1852년까지 8년간 지속되었다.[4052] 영국의 지식인들과 성직자들은 자유주의적·기독교적 '반反복지 이데올로기'에 사로잡혀 에이레 기민飢民들에 대한 진휼을 거부했다. 이로 인해 수많은 사람들이 번창하기 시작한 산업사회의 한복판에서 식자재에 접근할 수 없어 굶어죽었다. 아일랜드에서는 100만 명이 아사했고,[4053] 200-210만 명이 신대륙으로 탈주했다. 1841년과 1851년 사이에 에이레 인구는 20-25%가 줄고, 도시에서는 무려 67%가 줄었다.[4054] 따라서 이 에이레 대기근은 종종 "기억의 지점(lieu de mémoire)"이라고 불린다.[4055] 에이레 지역을 뺀 기타 유럽제국

4050) T. C. Smout, "Land and sea: the environment". T. M. Devine and J. Wormald (eds), *The Oxford Handbook of Modern Scottish History* (Oxford: Oxford University Press, 2012), 22-23쪽.

4051) I. Morrison, "Climate". M. Lynch (ed.), *Oxford Companion to Scottish History* (Oxford: Oxford University Press, 2011), 99-101쪽.

4052) Christine Kinealy, *This Great Calamity* (Dublin: Gill & Macmillan, 1994), xv쪽.

4053) "Irish potato famine pathogen identified" (Helen Briggs). *BBC News*, 21 May 2013 (검색: 2021-12- 20).

4054) Kinealy, *This Great Calamity*, 357쪽; James S. Donnelly Jr., *The Great Irish Potato Famine* (Thrupp, Stroud: Sutton Publishing, 2001), 181쪽.

에서 아사자는 10만 명 정도에 불과했다. 이 10만 명의 대부분은 벨기에(4-5만 명)와 프로이센 독일인(4만2000명)이었고, 나머지는 프랑스인(1만)이었다.[4056] 그리고 이 식량위기의 결과 출산율이 급락했다. 에이레는 출산율이 약33%(50만 명)이 줄었고, 플랜더스는 20-30%, 네덜란드는 10-20%, 프로이센은 12%가 줄었다.[4057] 대기근을 피해 탈주한 해외이민은 주로 에이레와 스코틀랜드에 집중되었다. 스코틀랜드는 기근을 겪던 20만 명 중 1만6500명이 주로 북미와 호주로 이주해서 두 번째 "하일랜드청야淸野(The Highland Clearances)"를 야기했다.[4058] 에이레와 스코틀랜드의 대재앙은 복지제도 없는 '복지황무지' 영국의 참극이었다.

아일랜드 대기근에 이어진 '1867-1869년 스웨덴 대기근'도 또 하나의 생지옥이었다. 이 스웨덴 대기근은 1866-1868년 핀란드 대기근과 연계되어 벌어졌다. 이 대기근으로 스웨덴사람들이 미국으로 대거 이주했다.[4059] 1860년대 내내 스웨덴은 여러 가지 이유

4055) Grace Neville, "Remembering and Forgetting the Great Famine in France and Ireland", *New Hibernia Review*, Vol.16-4 (2012), 80쪽.

4056) Cormac Ó Gráda, Eric Vanhaute, Richard Paping, "The European subsistence crisis of 1845-1850: a comparative perspective". XIV International Economic History Congress of the International Economic History Association, Session 123. August 2006, Helsinki (검색: 2021-12-19).

4057) Gráda, Vanhaute, Paping, "The European subsistence crisis of 1845-1850: a comparative perspective".

4058) T. M. Devine, *The Scottish Nation: a Modern History* (London: Penguin Books Ltd., 1999·2006); T. M. Devine, *The Scottish Clearances: A History of the Dispossessed, 1600-1900* (London: Allen Lane, 2018).

4059) Olle Häger, Carl Torell & Hans Villius, *Ett satans år: Norrland 1867* (Stockholm: Sveriges Radio, 1978). "Swedish famine of 1867-1869", https://en.wikipedia.org/wiki/Swedish_famine_of_1867-1869[검색: 2021-12-18]에서 재인용.

로 흉작이 계속되었다. 1867년 봄과 여름은 극단적 혹한이 스웨덴 전역을 뒤덮어서, 중하中夏 전 파종이 불가능했다. 눈이 6월까지 남아있었다. 늦은 봄을 이어 아주 짧은 여름과 이른 가을이 뒤따라 왔다. 이로 인해 흉작이 닥치고 목축이 어려워졌다. 각종 식량가격은 치솟았다. 이로 인해 기근사태가 전국을 덮쳤다. 정부가 이에 대응조치를 취했으나 소용없었다. 이른 빙하와 폭설은 수송과 비상 식량의 배급을 어렵게 했다. 1868년은 전년에 비해 춥지 않았으나 가뭄이 전국을 강타했다. 그해에도 많은 사람과 가축이 둘 다 굶어 죽었다. 1867년 여름 스웨덴 정부는 부랴부랴 기근이 가장 심한 북부지역 주민들에게 비상대여를 허용했고, 카운티 지사들에게는 자원자와 박애자들로부터 구호기금을 모금하기 위한 비상위원회를 설치할 권한을 부여하고 모금을 장려했다.4060) 스톡홀름과 고텐부르크에도 중앙의 비상위원회가 설치되었다. 언론은 구호기금 모금, 자선콘서트, 자선연극 등을 광고했다. 구호기금은 외국에서도 왔다. 국내외 모금액이 비슷했다. 1847년에 제정된 빈민보호장전(The Poor Care Regulation of 1847)은 구호시혜의 조건이 너무 엄격해서 무용지물이었다. 게다가 비상원조는 이 장전에 반대하는 관청과 권력엘리트들이 부과한 규제 때문에 심각하게 제한당했다. 1871년 이 장전은 이에 불만을 품은 자들에 의해 더 엄격하게 개정되었다. 게다가 이끼를 섞은 밀가루로 구운 배급 빵은 가슴 통증과 구토를 초래했다. 급조된 배급시스템도 엉망진창이었다.4061) 스웨덴 국민은 정부의 구호행정에 대한 불신과 불만 때문에도 더 많이 미국으로 이민을 떠나는 길을 택했다. 신대륙 이민은 굶주리는 복지황무

4060) Häger, Torell & Villius, *Ett satans år: Norrland 1867.*
4061) Häger, Torell & Villius, *Ett satans år: Norrland 1867.*

지에서 탈출하는 유일한 출구였던 것이다. 이것을 유럽 차원으로 일반화한다면, 신대륙이 없었더라면 복지황무지 유럽에서는 19세기 대기근 시기에 필경 마르크스가 예견한 '사회주의 세계혁명'이 터졌을 것이다.

■ 20세기 초 산업사회에서의 집단아사와 대거이민

이제 19세기와 20세기 초 영국의 기아사태를 통해 '복지황무지' 유럽의 산업사회 한복판에서 벌어진 자본주의적 기아사태와 기근 구호 반대론을 살펴보자. 영국에는 식량이 상대적으로 풍부하다는 전통적 견해는 사실적 근거가 없었고, 19세기에도 근거 없는 빈말이었다. 굶주림이 인구성장을 저지하는 효과는 영국이나 유럽 대륙이나 대략 유사했다.4062) 유일하게 18세기 후반에만은 세계 최초의 산업국가로서의 영국이 기근위험을 극복할 뚜렷한 능력을 갖췄을 뿐이다. 그러나 이 능력은 영국 본토에 한정된 것이고, 때때로 본토에서도 이 능력은 발휘되지 못했다. 20세기 초반까지도 줄곧 굶주림은 하층 인구집단을 괴롭혔다.4063) 유럽 전역을 강타한 "굶주린 1840년대" 앞에서는 영국도 예외가 아니었다. 빈민을 돕는 것이 불법화된 이때 영국의 잉글랜드·스코틀랜드·웨일즈에서 수천 명의 노동자들이 아사했다.4064) 당시 영국은 이들을 도울 제도도, 이들을 도울 사상도 없었다. 오히려 이들을 아사시켜야 정신을 차려

4062) Charles Creighton, *History of Epidemics in Britain* [1891] (Cambridge: Cambridge University Press, 2010 republished). "Chapter 1".

4063) James Vernon, *Hunger: A Modern History* (Cambridge, MA: Harvard University Press, 2007), "Chapters 1-3".

4064) Vernon, *Hunger: A Modern History*, "Chapters. 1-3"; Karl Polanyi, *The Great Transformation* (Beacon Press, 2002), "Chapters 1-12", 특히 "chapters 8".

고분고분 노동할 것이라는 기독교적·자유주의적 '악마의 이론들'만이 횡행했다.

아일랜드 대기근 이후 1850년대부터 상황은 호전되었으나 1920년대와 1930년대는 다시 궁핍상황이 닥쳤다. 이번에는 재해의 기근이 아니라, 영국의 여러 지역의 대량실업이 아사의 원인이 되었다. 마르크스는 이 아사를 산업혁명적 아사로 파악했다. "지난 기십 년 동안 런던 한복판에서 벌어진 소름끼치는 아사의 증가는 기계재봉의 확장과 나란히 진행되었다."[4065] 가령 1864년 2월 26일 *The Register General*은 주간週間 사망률을 5명 아사로 보고했고, 같은 날 *The Times*는 아사자 1건을 보도했다. 1주일에 런던에서 6명이 사망한 것이다.[4066] 이 아사 빈도는 전국의 산업도시들을 망라해 추산한다면 연간 5만 명 이상 아사자가 나온다는 것을 뜻할 것이다. *Standard*지는 1867년 4월 5일자에서 풍요가 가득한 여러 메트로폴리탄의 한복판에서 4만 명이 아사하는 중이라고 보도했다.[4067] 그리고 영국인들은 1769년과 1770년 사이에 인도에서 모든 쌀의 매점매석으로 기아상태를 유발했다. 이런 매점매석의 반복으로 1866년에는 인도의 오릿사(Orissa)라는 한 지방에서만 100만 명 이상의 인구가 아사했다. 그럼에도 인도의 국영신용금고는 아사하는 사람들에게 생필품을 높은 가격에 팔아서 치부하려고 애썼다.[4068]

영국 본토에서도 노동계급 하층은 여전히 먹고 살기가 힘들었다.

4065) Marx, *Das Kapital I*, 496쪽.
4066) Marx, *Das Kapital I*, 496쪽 각주 267.
4067) Marx, *Das Kapital I*, 699쪽 인용문.
4068) Marx, *Das Kapital I*, 781쪽 및 각주 243

1920년대와 1930년대 영국에서 수많은 '기아행진'이 벌어졌다. 가장 큰 행진은 1932년의 '전국 기아행진'이었고, 가장 유명한 것은 '재로우 십자군(Jarrow crusade)'이었다.[4069]

당시 기아구조와 복지정책을 반대하는 사상과 이론이 무대를 휩쓸었는데, 그 태도는 여러 갈래였다. 영국의 이 반反복지론은 당시 전全세계로 퍼져서 위력을 떨쳤다. 아담 스미스를 따르는 자유주의 경제학자들은 정부의 복지정책적 개입이 반反생산적이라는 견해를 대변했다. 장기적으로 오직 자유시장만이 만인에게 지속가능한 풍요를 가져다 줄 수 있다는 것이었다.[4070] 아닌 게 아니라 아담 스미스가 기근은 요호부민과 곡물상들의 매점매석에 의해서가 아니라 천재지변에 의해 야기된 재앙이고 곡물상과 곡물의 자유교역은 이 기근을 해소시켜주는 "가장 좋은 처방약"이라고 주장했기 때문이다. 그는 논변한다.

누가 현재의 시기나 지난 2세기 동안의 유럽의 어떤 지역을 타격한 결핍과 기근의 역사를 주의 깊게 조사해보든 그는 기근이 결코 내국 곡물상들 간의 어떤 공모로 발생하지 않고 다만 아마 때때로, 그리고 특별한 장소에서 물 부족에 의해, 하지만 훨씬 수많은 경우에 계절 탓으로 야기된 실재적 부족현상이라고 나는 믿는다. 그리고 기근이 결코 결핍의 불상사를 부적절한 방법으로 해결하려는 정부의 폭력으로부터 발생하는 것 외의 다른 이유에서 결코 발생하지 않는다고 나는 생각한다. 상이한 지역들 간에 자유상업과 자유수송이 존재하는 광대한 곡창 지대에서는 가장 불순한 계절에 의해 야기되는 궁핍사태가 결코 기근을 야기할 정도로 대단

4069) Vernon, *Hunger: A Modern History*, "Chapters. 1-3".
4070) Vernon, *Hunger: A Modern History*, "Chapters. 1-3".

할 수 없다. 가장 부족한 곡물수확도 검약으로 관리된다면 1년 내내 중간 정보의 풍작에 보다 풍요로운 방식으로 통상적으로 먹여지는 것과 같은 수의 백성들을 부양할 것이다.[4071]

아담 스미스의 사고 속에는 천재지변의 재해도 단순히 한발("물 부족"), 불순한 계절 등 자연적 요인들만이 아니라, 치수시설·도로·운하 등의 사회간접시설의 철저한 마련, 곡물비축 등 정부 행정의 적극성의 부족이라는 요인은 아예 존재하지 않는다. 중국과 조선의 백성은 바로 이렇게 사고했고, 따라서 자연재해에 대해서도 정부의 책임을 물었던 것이다. 그리고 스미스의 사고 속에는 지난 2세기 동안 전 세계를 유린했던 '소빙기'가 들어 있지 않다. 따라서 그는 안이하게도 천재지변天災地變 현상을 "물 부족"이나 수해,[4072] "불순한 계절" 등으로만 축소·이해한 채, 메뚜기 떼 피해나 역병·대형화재(산불·도농전소)·냉해·우박·지진 등의 천재지변과 인재는 완전히 몰각하고 있다. 기근에 대한 그의 대책은 더욱 안이하고 더욱 가관이다. 그는 비축곡물식량배급·시죽施粥·기아보육 및 전염병자 요양치료, 그리고 비축곡물의 수매·방매를 통해 곡가평준화를 가속화시키는 물가안정정책 등 각종 진황정책을 배제하고, 한갓 '자유상업'만을 되뇐다.

그러므로 에드워드 6세의 법규는 곡물재배자와 소비자 사이에 끼어드는 중간인들을 가급적 많이 금지함으로써 교역을 철폐하려고 노력했다. 그

4071) Smith, *Wealth of Nations*, Vol. I, IV. v. b. 5(526쪽).
4072) 스미스는 다음 구절에서 "too wet", "rain which is hurtful" 등을 언급하고 있다. Smith, *Wealth of Nations*, Vol. I, IV. v. b. 6(526-527쪽).

런데 교역의 자유로운 실행은 기근의 불상사에 대한 가장 좋은 치료제일 뿐만 아니라 재앙의 가장 좋은 예방제다. 농부의 교역 다음으로 곡물상인의 교역만큼 많이 곡물재배에 기여하는 교역은 없다.[4073]

스미스는 중국과 조선의 온갖 진황책을 몰각하고 온갖 기근에 대한 "가장 좋은 치료제"이자 "가장 좋은 예방제"로 교역의 자유를 내세우고 있다. 그러나 자유교역이 생산지로부터 소비자에게로 곡물을 이동시키는 데 장기적으로 유효한 기제임이 틀림없지만 풍·흉작기와 춘궁·추수기에 단기적·중기적으로 급·등락을 반복하는 곡가는 상인들의 자유교역만으로 쉽사리 평준화시킬 수 없다. 기아 대중을 구제하기 위해 초超고가나 초저가의 곡물가격을 평준화(안정화)하는 황정정책에서 가장 중요한 것은 가격 평준화의 '속도'다. 곡가안정의 속도가 빠를수록 그만큼 많은 수의 기민飢民을 구할 수 있다. 기민 구조의 효과를 낼 수 있는 곡가평준화는 오로지 곡물을 비리 비축해 두었다가 이 저곡貯穀을 적시적소에 신속하게 수매·방매하는 식의 강력한 시장개입으로써만 가능하다. 극단적 곡가등락의 '신속한' 평준화와 안정화를 위한 국가의 이런 시장개입은 필수적인 것이다. 상론했듯이 유스티를 통해 물가안정화정책을 잘 알고 있던 헤겔도 이런 유형의 시장개입의 필요성을 인정했다.[4074] 이런 까닭에 비상대책으로 보든, 일반적 시장조절책으로 보든 곡물상의 자유교역을 기근사태에 대한 "가장 좋은" 치료책·예방책으로 언급하는 것은 지나친 안이함을 넘어 국가의 범죄적 태만 또는 직무유기인 것이다. 나아가 스미스의 이 안이한 자유상업론에

4073) Smith, *Wealth of Nations*, Vol. I, IV. v. b. 21(532쪽).

4074) Hegel, *Grundlinien der Philosophie des Rechts*, §236.

따라 기근 시의 복지시혜 조치를 '해로운 것'으로 몰아 금지하기까지 하는 것은 '대죄大罪 중의 대죄'일 것이다. 모든 사실을 다 고려할 때, 아담 스미스는 케네처럼 시장정책 면에서 '공자의 계승자'이면서도 복지정책 면에서는 '공자의 적'이었다.

스미스나 스미스식 자유교역론자들과 다르지만 그래도 이들과 동맹하는 다른 18세기 반反복지 이론들 중에는 암암리에 아사가 기하급수적 인구성장을 저지하는 가장 신뢰할 만한 방법이라고 논변하는 맬더스의 인구론이 대표적이다.4075) 맬더스는 성공회신부였다. 그런데 스펜서는 인간의 동정심의 진화 수준이 적자생존적 이기심의 강도强度를 넘지 않았다는 진화론적 이유에서 모든 복지입법을 격렬하게 비판했다.4076) 그리고 성공회 신학자들만이 아니라 영국의 청교도 신학자들도 여전히 "굶주림은 죄악에 대한 처벌의 증거이고 굶주림은 자기 자신의 고된 노동을 통해 스스로 면죄받도록 남겨진 최선의 방법"이라고 주장했다.4077) 이로써 개신교는 스미스·맬더스·스펜서의 반복지론을 신학적으로 뒷받침해주었다. 그리고 개신교도들은 스펜서와 더불어 모든 복지입법에 대한 최후의 극렬한 반대자로 남았다.

그리하여 1843년 영국정부는 지식인계급으로부터 거의 만장일치의 지지를 받아 대부분의 빈민구호법을 폐지했다. 이로써 측은지심이 있는 귀족이나 성직자들이 베푸는 수프 시죽소施粥所와 식량 배급까지 포함한 모든 빈민구호형태들이 "불법화"되었다. 아! 이

4075) Vernon, *Hunger: A Modern History,* "Chapters. 1-3".

4076) 스펜서의 반복지론과 이에 대한 필자의 비판에 대해서는 참조: 황태연, 『감정과 공감의 해석학(1)』(파주: 청계, 2014-2915), 520, 527-531쪽.

4077) Polanyi, *The Great Transformation,* "Chapters 1-12".

얼마나 무지몽매하고 흉악한 짓인가!

이제 합법적으로 구호할 수 있는 장소는 노역소밖에 없었다. 그리하여 노역소는 전국적으로 더 늘었다. 하지만 조건이 더욱 가혹해져 노역소는 '빈민아사감옥'으로 전락했다. 영국정부가 소위 "열등처우 원칙"을4078) 도입한 것이다. 이에 따라 노역소는 입소자들에게 바깥에서 버는 가장 낮은 노동임금보다 더 적은 양을 배식했다. 이것은 실제로 '아사'를 의미했다.4079) 이 때문에 *The Times*는 신빈민법을 "아사법(starvation law)"으로 풍자하면서 이 법 때문에 선량한 빈민들이 노역소 안팎에서 아사하는 생생한 장면을 보여주는 기사를 계속 내보냈다. 기민飢民들조차 노역소에 입소하느니 차라리 길거리에서 굶어죽는 것을 택하기도 했다. 마르크스는 자본론을 집필하며 런던에 살았던 동시대인으로서 이렇게 증언한다. "그러나 지난 기십 년 동안 런던에서 아사자의 가공스런 급증은 노역소, 즉 이 '빈곤의 형무소'의 노예상태에 대한 노동자들의 비등하는 혐오감을 무조건적·절대적으로 입증해준다."4080)

대중신문들은 "굶주림은 도덕적 결함의 증좌(hunger is a sign of moral failing)"라는 기독교 신학을 추방하고, "도덕적으로 결백한 사람들이 개인으로서 제어할 수 없는 힘들에 희생되고 있다"는 관념을 주입하기 시작했다.4081) 신문들은 공자철학과 중국 유교국가에 열광하던 17세기 중반부터 18세기 중반까지의 계몽주의 절정기에 소개된 국민복지 사상을 소생시키려고 노력했다. 그러나 이 소생한 유교적

4078) "열등처우 원칙(The principle of less eligibility)"은 복지서비스 수혜자의 의존심을 없애기 위해 엄격한 제한 아래 처우하는 원칙을 말한다.

4079) Polanyi, *The Great Transformation*, "Chapters 1-12".

4080) Marx, *Das Kapital I*, 683쪽.

4081) Vernon, *Hunger: A Modern History,* "Chapters. 1-3".

복지관은 19세기 말 또는 20세기 초에야 겨우 영국 엘리트들에게 받아들여졌다. 20세기 초 영국에서 굶주림은 추방된 듯 보였고, 대중은 구빈활동에 보다 동조적이 되었다. 1905년 처음으로 영국에서 기아행진이 일어났을 때 영국 사회는 일반적으로 이에 동조 반응을 보였다.

한마디로, 영국과 유럽은 19세기와 20세기 초까지도 빈민과 병자를 구제할 '제도'도 없고, 이 사회적 약자들을 도울 '사상'도 없는 '복지황무지'였다. 되레 구민救民과 양민의 복지정책을 반대하고 가로막는 자유주의적 반反복지론만이 난무했다. 기독교는 복지에 도움이 되기는커녕 대중의 상식적 복지관념도 파괴하는 '사탄' 노릇을 했다. 오직 극동으로부터 전해진 구민·양민·안민 복지제도와 복지철학만이 언론인과 노동운동가들이 이 기독교적·자유주의적 반복지론을 분쇄하는 데 버팀목이 되어주었을 뿐이다. 중국의 유교적 양민·교민·민복民福사상과 중국 복지제도를 받아들이는 관심과 의지 면에서 영국과 프랑스보다 앞섰던 독일과 스칸디나비아 제국은 19세기 말과 20세기 초에 마침내 중국 복지제도를 버팀목으로 삼아 일련의 근대적 사회복지제도를 도입함으로써 근대 복지국가의 신호탄을 쏘아 올렸다.

1.2. 고트프리트 라이프니츠의 중국식 복지국가론

유럽에서 최초로 중국식 복지국가론을 모색한 철학자는 고트프리트 라이프니츠(Gottfried W. Leibniz, 1646-1716)였다. 주지하다시피 라이프니츠는 중국 열광자였고, 강희제 흠모자였다. 그는 홉스의 안보·야경국가론에 대한 비판과 연계해서, 또는 이와 별개로 중국식 복지·행복국가를 구상한다. 앞서 밝혔듯이 17-18세기에는 '복지'라는 말과 '행복'이라는 말을 구별 없이 뒤섞어 썼다.

■ 정의국가론의 비판과 민복국가의 구상

라이프니츠는 백성의 복지를 고려치 않는 홉스의 협의적狹義的 정의국가 개념, 또는 안보만 챙기는 절대주의적 최소국가(야경국가) 개념을 비판하고, 공맹처럼 민생복지를 국가의 본질적 과업으로 강조했다. 홉스에서 로크로, 흄과 아담 스미스로 이어지는 영국의 계몽주의가 국가를 생명과 재산을 보호하는 안보권력체로 한정해 이해한 반면, 라이프니츠는 사회적 복지와 행복에 관심을 가졌던 것이다.

라이프니츠는 수많은 군주들에게 촉구한 수십 개의 프로젝트 중에서 제조업과 농업뿐만 아니라 공중보건과 교육을 감독할 경제위원회의 설치를 권장했고, '범죄의 온상'인 가난과 불행을 예방하는 것이 이 가난과 불행이 발생한 뒤에 이를 구제하는 것보다 더 좋다는 주장을 반복했다.4082) 라이프니츠는 국가의 주요책무를 신민의 행복 보장으로 보는 점에서 국가의 책무를 '안보'로만 생각한 홉스를 넘어섰다. 1705년의 한 편지에서 라이프니츠는 말한다.

국가에 대한 나의 정의定義, 또는 라틴 사람들이 *republica*라고 부르는 것에 대한 나의 정의는 그것이 공동안전을 목적으로 삼는 큰 사회라는 것이다. 따라서 안전은 적어도 본질적이고, 이것이 없다면 모든 복지(*well-being*)는 끝난다. 하지만 나는 우리가 안전 이상의 것, 즉 행복(*happiness*)을 인간들에

4082) 참조: Patrick Riley, "Introduction", 26쪽. Gottfried W. Leibniz, *Political Writings* (Cambridge: Cambridge University Press, 1972·2006).

게 달성해줄 수 있고 이 목적에 전념할 것을 희망한다.[4083]

홉스가 인민의 '안전'을 보장하는 플라톤적 야경국가에 만족한 반면, 라이프니츠는 공자처럼 '안전이라는 국가의 초급목적 이상의 것', 즉 민생복지의 박애주의적 보장에 관심을 집중한 것이다. 이런 의미에서 라이프니츠의 국가관은 크리스티안 볼프와 요한 유스티에 앞서 이미 공맹적·중국적 국가관을 대변하기 시작한 것이다.

군주가 "인애·박애(charity)" 정치의 일환으로 경제·산업정책을 통해 민생경제를 일으키고, 복지정책으로 빈민과 장애인을 구휼하고, 백성의 질병을 다스리는 중국제국은 라이프니츠에게 철두철미 "비非홉스적인(un-Hobbesian) 국가"였고, 실로 '반反홉스적 국가'였던 것이다. 따라서 라이프니츠는 유럽과 아시아에서의 절대권력의 생존가능성을 주장한 피에르 벨과 달리 중국 군주를 절대군주정의 법칙을 부정하는 예외적 군주로 간주한 것이다.[4084]

중국제국의 정치제도와 정치문화는 1690년대까지 쏟아져 나온 퍼채스·마테오리치·세메도·마르티니·니우호프·나바레테·마젤란·르콩트·쿠플레 등의 공자·중국 관련 서적들을 통해 이미 충분히 알려진 상태였다. 라이프니츠는 1690년대부터 이미 일반복리를 위한 '구체적' 조치와 개혁방침들을 언급하기 시작한다. 그는 1690년대 중반에 작성한 『선의의 계몽된 인간들을 위한 메모(Memoir for Enlightened Persons of Good Intention)』에서 이렇게 주장한다.

4083) Leibniz, "Letter to Falaideau"[1705], Onno Klopp, *Die Werke von Leibniz*, Vol. IX (Hanover: 1864-1884), 143쪽. Riley, "Introduction", 29쪽에서 재인용.

4084) Simon Kow, *China in Early Enlightenment Political Thought* (Oxford[Oxon]: Routledge, 2017), 120쪽.

나는 인간들이 기꺼이 행복을 그들이 해야 하는 것으로 공략한다면 인간들이 현재보다 비할 데 없이 더 행복할 수 있고, 또 짧은 시간 안에 인간들의 행복을 증가시키는 데서 커다란 진보를 이룩할 수 있을 것이라고 주장한다.[4085]

그리고 라이프니츠는 개인의 영원한 행복과 일반복리의 증진 간의 연결관계를 강조하면서 교육복지·건강증진정책 등을 제안한다.

(...) 모든 계몽된 인사들은 자신의 개인적 행복을 영원히 보장하는 참된 수단이 일반복리를 지향하는 직업에서 그의 만족을 추구하는 것이라고 판단해야 한다. 왜냐하면 무엇보다도 신의 사랑과 필수적 계몽은 신이 결코 선한 마음으로 은총을 구하는 사람들에게 은총을 거부하지 않기에 이런 식으로 활성화된 마음에 대해 거부되지 않기 때문이다. 이제 이 일반복리는, 우리가 그것에 기여할 수 있는 한, 주권적 실체의 기적을 알 수 있을 정도로 인간들을 계몽시킴으로써만 아니라 그들을 도와 우리의 계몽의 진보를 중단시키는 장애물들을 제거함으로써 인간들의 향상과 완벽화다. 진정으로 인간들의 행복에 기여하기 위해서 우리는 인간들의 지성을 계몽해야 한다. 우리는 덕행에서, 즉 이성에 입각해 행동하는 습관에서 인간의 의지를 강화해야 한다. 그리고 최종적으로, 우리는 인간들이 진리를 발견하고 참된 선을 따르는 것을 가로막는 장애물들을 제거하려고 노력해야 한다. (...) 인간들의 의지를 향상시키기 위해 우리는 좋은 준칙들을 제시할 수 있다. 그러나 공적 권위의 후원 아래서만 우리는 이 준칙을

4085) Gottfried W. Leibniz, *Memoir for Enlightened Persons of Good Intention* [1690년대 중반], 104쪽(§5). Gottfried W. Leibniz, *Political Writings*, translated and edited with an Introduction and Notes by Patrick Riley (Cambridge: Cambridge University Press, 1972, reprint 2006).

실행할 수 있다. 큰 항목은 교육개혁이고, 이 개혁은 덕성을 기분 좋게 만들고 제2의 본성으로 만드는 데 있다. 그러나 누군가 이것을 그의 청년기에 결했다면, 그는 좋은 동반자와 본보기에 의뢰하고, 이 사람을 사랑하고 저 사람을 미워하기 위해 선악의 생생한 표현에 의뢰하고, 종종 자기 자신에게 말하는 자기의 양심의 시험과 빈번한 성찰에 의뢰해야 한다. (...) 마음으로부터만 생겨나는 우리의 행복(이성과 덕성)에 대한 장애물들은 이미 언급한 처방의 사용에 의해 종식된다. 그러나 우리 마음 바깥에 있는 방해물들은 우리의 육체나 운運으로부터 생긴다. 인간들을 가급적 행복하게 만들기 위해 그들의 건강을 보존하고 인간들에게 삶의 편의를 주는 수단을 찾아줘야 한다.[4086)

그리하여 라이프니츠는 이런 논리의 연장선상에서 안보를 넘어가는 백성의 일반복리와 행복을 강조하는 맥락에서 백성의 복리를 치자들의 의무로 규정한다.

교사, 사회단체 지도자, 일정한 치자들과 같이 타인의 행동거지를 책임진 사람들은 단지 해악(evil)을 방지할 의무만이 아니라 복리를 증진시킬 의무도 있다는 데 사람들이 동의할 것이라고 나는 믿는다.[4087)

그리하여 라이프니츠는 사람들을 보다 나은 상태에 있게 만드는 '덕성'과 '풍요'를 국가목적으로 꼽는다.

정치의 목적은 덕성 다음에 풍요의 유지다. 그러면 인간들은 주권적 조물

4086) Leibniz, *Memoir for Enlightened Persons of Good Intention*, 105-106쪽(§11, 12, 14, 15).
4087) Leibniz, *Meditation on the Common Concept of Justice* [1702-1703], 54쪽.

주가 찬미되고 사랑받도록 만드는 지식의 저 확고한 [대상]들을 위해 공동의 협주 속에서 일하는 보다 나은 처지에 있게 될 것이다.[4088]

라이프니츠는 의식주의 풍요 다음에 교민이라고 생각한 공맹과 반대로 "덕성 다음에 풍요의 유지"라고 말하고 있다.

이런 전제에서 라이프니츠는 백성의 일반복리와 행복을 외면하는 '무적의 리바이어던'을 염두에 둔 홉스는 이것을 부정할 것이라고 비판하면서 무적의 막강한 존재자도 '자기완벽화의 기쁨'을 위해 안보 이상의 다른 것들, 즉 백성의 복리와 행복을 확보하기 노력해야 할 것이라고 말한다.

사물의 본성 속으로 더 잘 파고들기 위해서는 가공의 이야기를 사용하는 것이 가하다. 있을 법한 타인들로부터 두려워해야 할 것이 없는 어떤 사람, 인간들과의 관계에서 우월적 권력, 모종의 더 높은 권력, 이교도들이 '신'이라고 불렀을 모종의 실체를 가진 사람, 모종의 범접할 수 없는 불멸적 '무적의 인간', 요는 우리들로부터 아무것도 바라거나 두려워하지 않는 사람을 상상해보자. 이 사람이 그럼에도 불구하고 우리에게 해악을 끼쳐서는 아니 되고 우리에게 심지어 선행과 복리까지도 주어야 할 의무가 있다고 우리는 말해야 하나? 홉스 씨는 아니라고 말할 것이다. 홉스는 이 사람이 우리를 정복한 뒤에 우리에 대해 절대적 권리를 가질 것이라고 덧붙이기까지 할 것이다. 왜냐하면 우리가 방금 적시한 이유에서 아무도 이 정복자에 대해 불평하지 못할 것이기 때문이다. 그리고 우리에 대한

4088) Gottfried W. Leibniz, "Excerpt from Three Letters to Thomas Burnett", §1, 191쪽. Leibniz, *Political Writings* (Cambridge: Cambridge University Press, 1st ed. 1972, 2th ed. 1988, reprint 2006).

모든 고려를 그로부터 면해주는 또 다른 조건이 존재하기 때문이다."4089)

라이프니츠는 이렇게 홉스를 비꼰 뒤에 "모종의 범접할 수 없는 불멸적 '무적의 인간'"을 이보다 더 강하고 더 현실적인 '무적의 존재자'인 하느님으로 대체하고 이 신도 자기의 기쁨을 위해 인간들의 행복을 보장하려고 애쓸 것임을 논증한다. 라이프니츠는 리바이어던과 같은 가장 막강한 치자도 자기의 완벽화와 이에 따른 기쁨을 위해서 백성들의 생명과 재산의 '안전'을 뛰어넘는 백성의 '복리와 행복'을 국사國事로 챙기고 추구할 수밖에 없다고 주장한다.

우리는 하느님에게서 완벽화의 동기 외에, 즉, 당신이 원한다면, '하느님의 기쁨' 외의 어떤 다른 동기도 직시할 수 없다. (정의에 따라) 기쁨이 완벽의 느낌(feeling of perfection) 외에 다른 것이 아니라고 상정하면, 하느님은 그 자신의 바깥에 고려할 아무것도 없다. 반대로, 만물만사는 신에 의지해 있다. 그러나 하느님이 가급적 선과 완벽을 목표로 하지 않는다면 하느님의 선善은 최고가 아닐 것이다. 그러나 인간본성이 신성神性을 모방할 수 있는 한에서 신성을 모방하는 것을 자신의 최고단계로 삼는, 참으로 덕스럽고 관대한 인간들에게서 이 동일한 동기가 자리 잡고 있다는 것을 내가 입증한다면 무슨 말을 할 것인가?"4090)

라이프니츠가 주장하는 말의 요지는 하느님도 자기완벽화를 위해 "우리에게 해악을 끼쳐서는 아니 되고 우리에게 심지어 선행과 복리까지도 주어야 할 의무가 있기" 때문에 "신성을 모방하는 것을

4089) Leibniz, *Meditation on the Common Concept of Justice* [1702-1703], 57쪽.
4090) Leibniz, *Meditation on the Common Concept of Justice* [1702-1703], 57-58쪽.

자신의 최고단계로 삼는" 치자로서의 덕자德者는 비록 자신이 "모종의 범접할 수 없는 불멸적 무적의 인간"이더라도 인간들에게 선덕과 복지를 보장해주는 것을 자기의 의무로 인정하게 된다는 것이다.

■ 강희제의 찬양과 "최대 다수의 최대의 행복"의 이론

라이프니츠는 그리하여 홉스의 안보국가를 넘어 공맹이 국가의 '존재이유'로 강조한 '민복'과 '여민동락'을 고차적 국가목적으로 규정했다. 이런 관점에서 그는 유럽의 역대 군주들을 버리고 강희제에 주목한 것이다. 1697년 이미 그는 강희제를 "백성의 행복"을 바라는 "덕성과 지혜의 군주"로 찬양했었다.[4091] 그의 눈에 강희제는 세계에서 가장 문명화된 나라들 중 하나를 주재하면서 덕성과 지혜를 혼합하는 점에서 '지혜로운 인애(caritas sapientis)'를 실증한 '영웅군주'였다. 그는 강희제의 과학지식과 인애를 그가 계시종교를 결했음에도 불구하고 루이 14세보다 더 훌륭한 기독교인임을 입증해주는 것으로 보았던 것이다.[4092]

나아가 고차적 국가목적의 견지에서 라이프니츠는 (40년 가까이 그가 필자임이 알려지지 않았던) 1700년의 한 익명 서평에서 강희제의 중국제국을 떠올리며 지나치듯 '백성의 행복'과 관련된 다른 공식을 제시한다. "최고의 이성에 합치되게 행동하는 것은 가용한 최대의 복리가 가능한 최대 다수에게 획득되고 사물의 이치가 낳을

4091) Leibniz, *Novissima Sinica - Das Neueste von China* [1697], übersetzt und erläutert von Heinz-Günther Neseelrath u. Hermann Reinbothe (Köln: Deutsche China-Gesellschaft e. V., 1979)), "Preface", §§8-9.

4092) Patrick Riley, "Leibniz's Political and Moral Philosophy in the *Novissima Sinica*, 1699-1999", *Journal of the History of Ideas*, Vol.60, No.2 (April, 1999), 219, 227쪽.

수 있는 만큼 많은 행복(felicity)이 널리 확산되는 방식으로 행동하는 것이다."4093) 라이프니츠의 이 서평은 광범하게 읽히고 리프린트되고, 또 수많은 책과 논문에서 인용되었고, 따라서 이 공식도 유명해졌다.4094) 라이프니츠의 이 공식이 영국에서도 잘 알려진 가운데 영국의 프란시스 허치슨은 1726년 이 공식의 저자가 누구인지 모른 상태에서 이 공식을 활용했다.4095) 그리고 라이프니츠는 비슷한 시기에 쓴 또 다른 소小논고에서 이렇게 갈파했다.

인간행복은 가능한 한 광범하게 확산되어야 한다.([id agitur, quantum potest,] ut felicitas quam latissime diffundatur) 가능한 한 많은 백성이 행복하고 만족스럽게 만들어져야 한다(ut quam plurimi sint laeti). 백성의 행복은 가능한 한 오래 지속되어야 하고, 백성들의 평화를 어지럽히는 모든 것들은 배제되어야 한다. 이런 이유에서 행복하게 만들어질 다중의 수는 그들이 서로에

4093) Gottfried W. Leibniz, "Observationes de Principio Juris"(익명의 서평), *Monathlicher Auszug; Ausallerhand neu-herausgegebenen/nültzlichen und artigen Büchern* (Hannover: 1700) [371쪽 이하], 378쪽. Joachim Hruschka, "The Greatest Happiness Principle and Other Early German Anticipations of Utilitarian Theory", *Utilitas* 3 (1991), 1669쪽에서 재인용. 인용문의 라틴어 원문: "Supremae autem rationes est id agere, ut boni quamtum plurimum potest, & in quam plurimus obintineatu, & tantum diffundatur felicitas, quantum ration rerum ferre potest." 필자의 국역문은 요하힘 호루슈카(Joachim Hruschka)가 영역한 것을 중역(重譯)한 것이다. 라이프니츠의 익명 서평 "Observationes de Principio Juris"는 Heinrich Cocceji와 Samuel Coccejui 부자(父子)가 공동논문 *De Principio Juris Naturalis Unico, Vero, et Adaequato* (1699)에서 천명한 "신의 의지가 자연법의 첫 번째 원리다"는 테제를 비판하는 논고다. 위 라틴어 원문은 요한 그로닝(Johann Gröning)이라는 독일 학자가 라이프니츠의 이 익명 서평에서 인용한 것이다. 참조: Hruschka, "The Greatest Happiness Principle and (...)", 166-168쪽.

4094) Hruschka, "The Greatest Happiness Principle (...), 168쪽.

4095) Hruschka, "The Greatest Happiness Principle (...), 169쪽. Francis Hutcheson, *An Inquiry into the Original of Our Ideas of Beauty and Virtue; In Two Treatises* (London: Printed for J. and J. Knapton et al., 1726·1729), 125쪽.

대해 어떤 진정한 방해도 야기하지 않을 정도까지 증대되어야 한다 (multitudo eorum, qui felices reddi possunt, augeatur). 그 귀결로서 인류를 유지할 뿐만 아니라 증식하는 것이 필연적이다. 4096)

37년 뒤 하이네치우스(Johann Gottlieb Heineccius)라는 독일학자는 『자연법과 만민법의 기초(Elementa Iuris Naturae et Gentium)』(1737)라는 책에서 라이프니츠의 '최대다수의 최대행복' 공식을 이렇게 공리주의적으로 변질시켜 활용했다. "인류의 공리功利(utilitas humani generis)는 유명한 라이프니츠에 의해, 그리고 토마시우스와 발맞춰 다음 명제를 근본적인 것으로 칭송하는 사람들에 의해 자연법의 제1원리로 천명되었다. '인간의 삶을 더 행복하게 그리고 더 지속되게 만드는 경향이 있는 모든 것들이 행해져야 하고, 인간의 삶을 불행하게 만들거나 죽음을 가속화시키는 경향이 있는 모든 것이 회피되어야 한다."4097) 많은 사람들은 이렇듯 '행복'을 정신적·문화적 행복을 배제한 '물질적 쾌락'(공리)으로만 단순화해 이해함으로써 라이프니츠의 '최대다수의 최대행복' 공식은 공리주의적으로 오해하고 천박화한다. 주지하다시피 이런 공리주의적 오해와 천박화는 라이프니츠의 이 공식을 허치슨에게서 취한 제레미 벤덤에 이르려면 정점에 달한다. 그러나 라이프니츠의 '최대다수의 최대행복' 공식을 각색해 사용한 허치슨도 "최대행복"을 물질적 쾌락으로 제시한 것이 아니라 "인애(benevolence)"로 제시했었다.4098) 이쯤

4096) Georg Mollat, *Rechtsphilosophisches aus Leibnizens ungedruckten Schriften* (Leipzig: 1885), 4쪽. Hruschka, "The Greatest Happiness Principle (...), 169쪽에서 재인용.

4097) Johann Gottlieb Heineccius, *Elementa Iuris Naturae et Gentium* (1737), Lib.I, §LXXVI Scholium(58쪽). Hruschka, "The Greatest Happiness Principle (...), 173-174쪽에서 재인용.

이면 공리성에 근거한 '소덕'을 인의예의의 '대덕'으로까지 과장한 벤덤의 '도덕철학적 천박성' 수준을 알만 할 것이다.

아무튼 라이프니츠는 민복民福을 궁극의 국가목적으로 제시함으로써 안보·정의국가를 넘어섰다. 따라서 라이프니츠는 홉스와 로버트 필머의 '협의적狹義的 정의' 개념과 협의적 정의국가론을 비판할 수밖에 없었던 것이다. 그는 갈파한다.

> 홉스와 필머는 *ius strictum*(협의적 정의)만을 고려한 것으로 보인다. 로마법학자들도 때로 이 등급의 권리만을 고수한다.[4099]

이쯤에서 뒤돌아보면, 협의적 정의만 아니라 백성의 복리와 행복까지도 보장하는 광의의 인애적 정의도 챙기는 라이프니츠의 정치이론은 '아주 유학적인' 정치철학이다. 라이프니츠는 이 유학적 정치철학으로 플라톤·아리스토텔레스·홉스의 '안보·야경국가'를 비판적으로 뛰어넘은 것이다.

1.3. 크리스티안 볼프의 중국식 민복국가론

라이프니츠를 사숙私淑한 크리스티안 볼프(Christian Wolff von Freiherr, 1679-1754)는 1721년 프로이센 할레대학에서 가진 『중국인의 실천철학에 관한 연설』로 인해 1723년 프로이센 고국으로부터 추방당했었다. 그러나 그는 1740년 할레대학으로 복귀하기 전에

4098) 허치슨은 "인애가 우리의 최대 행복이다"라고 천명한다. Hutcheson, *An Inquiry into the Original of Our Ideas of Beauty and Virtue*, 82, 134쪽.

4099) Leibniz, *Meditation on the Common Concept of Justice* [1702-1703], 60쪽.

이미 그간 위축되었던 중국열광과 공작숭배의 열정을 되살려 중국 연구를 더 심화시켰다. 그리고 새로 터 잡은 헤센-카셀백작국의 마르부르크대학에서 1730년 가을 학기에 "철인-왕과 왕-철인에 관하여(De rege phosophante et philosopho regnante)"라는 제목으로 긴 강좌를 개설했다. 이 강좌에서 그는 요순과 우임금을 철인치자로 간주하고 이들의 양민정책에 따라 '민복국가론'을 전개한다.

■ 공자철학 찬양으로 인한 볼프의 삶의 굴곡

볼프는 『중국인의 실천철학에 관한 연설』의 출판본에서 자신을 공자와 다름없는 무신론자로 모는 프랑케·랑에·토마시우스 등 경건주의 루터파 성직자들의 공격에 얼마간 사상적으로 위축되어 공자의 도덕·정치철학에 대한 자신의 철학체계의 독립성과 (심지어) 우월성을 강조하는 입장으로 선회한다. "중국의 발명들이 내게 대부분 미지의 것이었기에 나의 발명에 전혀 기여할 수 없었을지라도 내가 내 자신의 숙고를 통해 산출했던 나의 발명들은 내가 중국인들의 발명들을 더욱 정밀하게 통찰하는 데 기여했다."4100) 이 말은 "대부분", "더욱 정밀하게" 등의 표현으로 작은 유보들을 두긴 했어도 전체적으로 보면 완전히 위장용 허언이다. 상술했듯이 1711-1712년, 그의 나이 32-33세에 볼프는 『학자공보』에 노엘 신부의 저서 『1684년부터 1708년까지 인도와 중국의 수학과 물리학의 관찰』

4100) Wolff, *Rede von der Sittenlehre der Sineser* [1721/1740]. J. École (ed.), Christian Wolff, *Gesammelte Werke*, I. Abt., Bd.21/6, 223-224쪽. 알브레히트 독역본에는 이 구절을 찾을 수 없다. Walter Demel, "China in the Political Thought of Western and Central Europe, 1570-1750", 63쪽 각주39에서 재인용. Thomas H. C. Lee, *China and Europe: Images and Influence in Sixteenth to Eighteenth Centuries* (Hong Kong: The Chinese University of Hong Kong Press, 1991).

(1710)과 그의 공자경전 번역서 『중국제국의 경전 6서』(1711)에 대한 장문의 서평을 이태 연속 게재했었기 때문이다. 따라서 그는 30대 이전에 이미 남들과 비교할 수 없이 엄청난 중국철학 지식을 축적 했었던 것이 틀림없다. 중국철학에 대한 이런 정도의 사전 지식 없이는 32-33세의 나이에 그 방대한 두 저서를 읽고 이에 대한 장문의 서평을 쓸 수 없었을 것이기 때문이다. 따라서 "중국의 발명들이 내게 대부분 미지의 것이었기에 나의 발명에 전혀 기여할 수 없었다"는 저 말은 발터 데멜(Walter Demel)이 주장하듯이 결단코 "중국이 유럽 정치사상가들의 이상을 형성하는 데 거의 영향을 미치지 않았다는 확증을 한 번 더 예증하는 볼프 사례(the case of Wolff)"가[4101) 아니다. 그것은 "그의 철학을 중국적 원리에 따라 발전 시켰고, 그래서 그것은 오류이고 가증스런 철학"이라는 랑에의 공격에 궁지에 몰린 볼프의 자위적·자기위장적 변명일 뿐이다.

오히려 볼프는 나이가 들수록 공자철학에 대한 의존, 또는 공자 철학에의 볼프의 사상적 전향이 더욱 강화되었다. 1910년대 구스타 브 폰 슈몰러(Gustav von Schmoller)는 근대경제학에 대한 볼프의 중요성 을 강조하면서 이렇게 말한다.

크리스티안 볼프는 1786년까지 (철학계를) 지배한 세대의 스승이 되었다. 그는 위용 있는 정부와 만다린을 가진 중국을 본보기 국가로 유보 없이 찬양한다. 그는 정부에 일반적 행복을 보살필 의무를 배당한다. 정부는 모든 백성의 적절한 임금과 고용, 그리고 중간적 가격, 일반과 각 직업부 문에서의 인간들의 적절한 수, 자녀·주부·시민·관리의 덕성과 훌륭한 도덕 을 보장해야 한다."[4102)

4101) Demel, "China in the Political Thought of Western and Central Europe", 54쪽.

슈몰러는 볼프가 그의 민복국가론을 중국을 본보기 국가로 삼아 수립했다고 논변하고 있다. 슈몰러의 이 논지에 따르면, "볼프의 사례"가 "중국이 유럽 정치사상가들의 이상을 형성하는 데 거의 영향을 미치지 않았다는 확증을 한 번 더 예증한다"는 데멜의 주장 은 일고의 가치도 없는 것이다.

■ 『철인왕 아래서의 진짜 민복』과 유교적 민복국가론

지천명의 나이(1730)에 볼프는 중국에 대한 우호적 태도의 강도를 높여 중국정치를 더욱 열렬히 찬양한다. 그는 공자의 군자치국론 또는 덕치론을 플라톤 식의 철인치자론으로 오해하면서 중국의 신사정치를 '철인정치'로 한껏 치켜세운다. 앞서 시사했듯이 그는 1730년 가을 학기에 "철인-왕과 왕-철인에 관하여"라는 강의를 한다.4103)

이 강의원고는 사보이의 전 장관 데샹(des Champs)이 1740년 불역 해서 프리드리히 2세에게 헌정했다. 데샹은 프리드리히 2세의 황태 자 시절에 가정교사로서 프리드리히를 가르쳤던 왕사였다.4104) 강 의영역본은 1750년 『철인왕 아래서의 진짜 민복(The Real Happiness of a People under a Philosophical King)』이라는 제목으로 런던에서 출판되었

4102) Gustav von Schmoller, *Grundriß der allgemeinen Volkswirtschaftslehre I* (München: Dunker & Humblot, 1919·1923), 88쪽. Jürgen G. Backhaus, "Christian Wolff on Subsidiarity, the Division of Labor, and Social Welfare", *European Journal of Law and Economics*, 4 (1997), 131-132쪽에서 재인용.

4103) 이것이 독일에서는 1932년에야 *Horae subsecivae Marburgeneses, quibus philosophia ad publicam privatamque utilitatem aptatur* (Farnkfurt und Leipzig, 1932)에 실려 출판되었다. 그러나 영국에서는 이미 1750년에 영역되어 런던에서 공간되었었다.

4104) Anonym, "To the Reader", vi쪽. Christian Wolff, *The Real Happiness of a People under a Philosophical King* (London: Printed for M. Cooper, 1750).

다. 이 영역본은 의미심장하게도 "사물의 본성으로부터만이 아니라 최초의 중국건국자 복희와 그의 저명한 계승자 황제黃帝와 신농 치하의 중국인들의 의심할 여지 없는 경험으로부터 증명된(Not only from the nature of Things, but from the undoubted Experience of the Chinese under their first Founder Fohi and his Illustrious Successors, Hoam Ti, and Xin Num)"이라는 부제를 달고 있다.4105) 이 부제에서 알 수 있듯이 볼프는 중국철학을 소개하다가 한 차례 철퇴를 맞았음에도 중국테마를 견지하고 그것도 국가목적으로서의 "진짜 민복"을 중국의 신화시대 황제皇帝들의 역할과 가르침으로부터 도출하며 논증한다.

이 책『철인왕 아래서의 진짜 민복』에서 볼프는 대체로『대학』이 설파하는 정치철학의 범위 안에서 논의를 전개하고 있다. 그는 그의 수강생들에게 치자가 철학자가 되어야 한다는 것이 보편적 진리라는 것을 확신시키기 위해 중국의 철학적 기초가 어떻게 발전되었고 수천 년 동안 어떻게 순기능적으로 유지되었는지를 보여준다. 그리고 볼프의 나이 50세(1730)에 쓰이고 60-70대(1740-1750)에 국제적으로 알려진『철인왕 아래서의 진짜 민복』은 볼프의 나이 40대에 쓰인『중국인의 실천철학에 대한 연설』(1721)에 붙인 위축된 타협적 주해들(1726)을 무력화시키는 논지 면에서나 분량 면에서 이『연설』과 맞먹는 또 하나의 중국철학 저술이다.

볼프는『철인왕 아래서의 진짜 민복』에서 서두를 민복을 전혀 모르는 야경국가론자 플라톤과 연결시켜 이렇게 연다.

4105) Christian Wolff, *The Real Happiness of a People under a Philosophical King. Demonstrated; Not only from the nature of Things, but from the undoubted Experience of the Chinese under their first Founder Fohi and his Illustrious Successors, Hoam Ti, and Xin Num* (London: Printed for M. Cooper, 1750). 여기서는 영역본을 인용한다.

철학자들이 다스리거나 다스리는 자들이 철학자일 때 공동체는 행복할
것이라는 플라톤의 격언은 잘 알려져 있다.4106)

볼프는 "행복"이라는 술어를 끼어 넣어 플라톤의 말을 변조하고
있다. 플라톤은 철인치자가 다스리면 "공동체가 행복할 것"이라고
말한 것이 아니다. 그는 기껏해야 철인이 다스리지 않으면 "나라에
도 (...) 인류에게도 악惡의 종식은 없을 것이다",4107) 또는 "폴리스
도, 헌정체제도, 개인도 결코 완전해지지 못한다"고만4108) 말했을
뿐이고, '민복' 또는 "공동체의 행복"에 대해서는 일언반구도 없다.
볼프는 여기서 공자철학에서 '나랏일'로서 거론되는 '행복' 이념을
플라톤의 말로 변조하고 있다. 아리스토텔레스는 플라톤과 달리
'행복'을 논하지만 그것은 '개인사'로 논할 뿐이고 '나랏일'로 논하
는 것이 아니다. '백성의 행복' 문제를 논하는 국가철학은 복지국가
론을 동반하지 않을 수 없지만, 플라톤·아리스토텔레스의 정치철학
은 그렇지 않기 때문에 백성의 행복을 '나랏일'로 보지 않는다.
이 때문에 그들의 국가론은 백성의 복지를 외면한 야경국가론으로
그치고 말았던 것이다.

그러나 공맹의 경전과 유자들의 책은 국민의 '화복禍福', '오복五
福', '지복祉福', '다복', '백복百福', '개복介福', '만복萬福', '경복慶福',
'복록', '구복求福', '국리민복'의 '민복' 등을 '나랏일'로 무수히 논
한다. 볼프는 자기 논의에 대한 독자들의 거부감을 줄이고 수용성
을 높이기 위해 라이프니츠처럼 공맹의 국민행복 이념을 슬쩍 서양

4106) Wolff, *The Real Happiness of a People under a Philosophical King*, 1쪽.
4107) Platon, *Politeia*, 473c-d.
4108) Platon, *Politeia*, 499b-d.

철학의 본류이념으로 둔갑시켜 이 본류 속으로 '밀반입'하고 싶었던 것으로 보인다. 볼프는 이 공자철학적 민복 이념을 바탕으로 관방학에 기반을 둔 국가복지론의 맹아를 싹틔워 유스티에게 전수하게 된다.

아무튼 볼프는 "철학자들이 다스리거나 다스리는 자들이 철학자일 때 공동체는 행복할 것"이라는 것은 "사변 속에서만이 아니라 사실과 경험 속에서 분명히 나타난다"고 말한다. 그가 열거하는 중국의 신화시대 황제들의 업적은 '사실과 경험'이다.

> 나는 다른 곳(「중국인의 실천철학에 관한 연설」)에서 중국의 고대 황제들과 왕들이 철학능력을 지닌 사람들이었다는 점을 암시했다. 그들 중에서 나는 중국인들 사이의 과학과 제국의 창건자 복희와 그의 직접적 계승자들을 언급했다.4109)

이어서 볼프는 중국의 정부형태와 국민이 최선·최고인 것을 신화적 황제들의 덕택으로 돌린다.

> 중국인들의 통치형태가 다른 모든 정부형태들 사이에서 최선의 것이라는 것, 그리고 이 국민이 유구성 측면에서만큼 통치술에서도 언제나 다른 모든 국민을 예외 없이 능가해온 것은 그들의 보살핌 덕택이다.4110)

볼프는 고대황제의 보살핌 덕택에 발전된 중국의 통치형태와 통치술을 세계 최고·최선의 것으로 인정하고 있다.

4109) Wolff, *The Real Happiness of a People under a Philosophical King*, 1쪽.
4110) Wolff, *The Real Happiness of a People under a Philosophical King*, 1쪽.

그리고 볼프는 "백성은 언제 행복하다고 얘기될 수 있는가?"라고 자문하고 '민복'과 '철인치자'의 상관관계에 대해 더 상론한다.

그렇다면 우리가 철학의 원칙들로부터 선험적으로 도출해야 하는 것은 철학자가 다스리거나 치자가 철학자일 때 공동체가 행복할 것이라는 것이다. 그러므로 우리는 우리가 우리 독자들에게 유토피언적 또는 상상적 행복상태를 말하는 것으로 보이지 않도록 백성이 언제 행복하다고 말해도 되는지를 설명하는 것을 우리의 목적에 낯선 것이라고 생각지 않는다. 사람들이 공동의 힘으로 공동선을 증진하고 적의 침공에 대항해 자신들을 수호할 상황에 있기 위한 것 외에 어떤 다른 목적에서 모여 사회를 형성하지 않았다는 것은 쉽사리 인정되지 않을 수 없다. 이것으로부터 인간행복이 더 큰 수준의 완벽화를 향한 부단한 진보에 있다는 것을 알면서 통합된 힘으로 공동선을 증진하는 일정수의 사람들인 사회의 행복은 사람들이 자신을 꼴 지어 사회를 형성하는 목적을 획득하는 중에 방해받지 않는 데에 있다. 그러므로 공동의 힘으로 공동선을 증진하고 경우에 따라 공동의 적을 몰아낼 수 있는 그런 백성은 행복하다고 생각된다.[4111]

국가의 목적은 "백성이 행복한 것"이다. 볼프는 서양철학자답게 공맹의 민복 개념을 즉각 목적론적 개념으로 변질시키고 있다. 여기에는 행복감의 본질에 대한 무지가 개재되어 있다. 행복감은 2인 이상 사이의 공감 상태에서 느끼는 공감감정으로서의 '즐거움(樂; *enjoyment*)'이다. 이것은 단독으로도 느낄 수 있는 단순감정 '기쁨(쾌감)'과 다르다. '기쁨' 또는 '쾌락'(*pleasure*)은 타인과의 공감의 필요 없이 어떤 욕망이 충족될 때 개인적으로 느끼는 만족감이다. 목적

4111) Wolff, *The Real Happiness of a People under a Philosophical King*, 2-3쪽.

을 실현하려는 의욕은 일종의 욕망이다. 따라서 목적충족에서 느끼는 것은 '행복', 즉 '즐거움'이 아니라 '기쁨'이다.

반면, '즐거움'은 ①공감감정인 '도덕감정'(동정심·정의감·공경심·미안함 등)에서 다른 사람이나 동물에 대한 도덕행위를 할 때, 즉 덕행德行을 할 때, ②애인·벗·동료·동포 간에 공감적으로 사랑(연대·단결·합심)하고 사이좋게 어울릴 때, ③내가 남의 욕망을 충족시켜주면서 남의 기쁨(쾌감)을 공감적으로 느낄 때만 감지되는 것이다. '즐거움'(행복)의 반대말은 '괴로움'(불행)이다. 참고로, '기쁨'(쾌락)의 반대말은 '아픔'(고통, 불쾌감)이다. 어떤 목적(공동선)을 '공동의 힘'으로 달성하면 '기쁨'을 느낄 것이다. 물론 공동의 힘을 형성하는 연대 또는 합심 속에서 그리고 공동선의 달성이라는 도덕행위 속에서 동시에 '즐거움'도 느낄 것이다. 그러나 '사회의 행복'을 공동선의 공동적 달성이라는 목적론적 관점에서 정의하거나 '인간행복'을 "더 큰 수준의 완벽화를 향한 부단한 진보"로 보는 목적론으로 정의하면, 이렇게 정의된 행복 개념의 초점은 '즐거움'에 있는 것이 아니라 '기쁨'에 있는 것이다. 그러나 이 정의에는 부차적으로 부지불식간에 저 즐거움도 개재되기 때문에 무의식적 심리상태에서 기쁨과 즐거움이 뒤섞인다. 따라서 이런 식의 행복개념은 서양 공리주의자들에게서 최악의 형태로 드러나는 기쁨과 즐거움의 혼동 또는 (아예) 동일시를 면치 못한다. 그러나 '즐거움'으로서의 '행복'은 목적이 행위 밖에 있는 것이 아니라 사회행위 자체가 목적인 그런 종류의 '자기목적적(self-purposive)' 사회행위, 즉 ①덕행, ②연대(사랑) 및 ③타인의 기쁨에 대한 공감적·연대적 향유에서 느끼는 것이다. 따라서 중국의 '오복'은 수壽·부富·강녕康寧과 유호덕 攸好德·고종명考終命으로서4112) 행복의 수단인 '부'와 '강녕'을 제외하면 다 덕행 및 인애·연대의 즐거움과 관련된 것이다. 요절하지 않고 오래 사는 것으로서의 '수壽'와, 천수를 누리다 편안히 죽은 것으로서의 '고종명'은 인애적 즐거움과 무관한 것 같지만, 이것도 실은 인애의 즐거움과 긴밀히 관련되어 있다. '수'와 '고종명'은 '인자仁者'만의 특징이기4113) 때문이다.

국가는 국민에게 직접 행복을 만들어 줄 수 없다. 국가는 다만 국민 개개인이 행복을 추구할 수 있도록 물질적·사회적·정치적·사법적 여건을 조성해 주고 백성의 괴로움과 불행을 야기하는 사회적 고충·병폐·위해를 제거하는 정책을 시행할 수 있을 뿐이다. 라이프니츠가 단언했듯이, "마음으로부터만 생겨나는 우리의 행복(이성과 덕성)에 대한 장애물들"을 교육에 의해 종식시키고, "우리 마음 바깥에 있는 방해물들"은 "우리의 육체나 운運으로부터 생겨나는 것"이므로 "인간들을 가급적 행복하게 만들기 위해 그들의 건강을 보존하고 인간들에게 삶의 편의를 주는 수단을 찾아줘야 하는 것"이다.

볼프는 공맹의 자기목적적 행복 또는 민복 개념을 (목적론적으로 뒤틀어) 도입하고 있다.

공동선에 필수적인 것이 무엇인지는 우리가 우리의 정치철학에서 가르쳐 왔다. 여기서는 간략히 암시하는 것으로 족하다. 공동선은 각 개인이 그가 처한 상이한 상태에 맞게 이 세상에서 획득할 수 있는 최고선을 포괄한다. 그러나 큰 고백을 하자면 민복(civil Happiness)의 본성에 관한 모든 논란을

4112) 『書經』「周書·洪範」.
4113) 『論語』「雍也」(6-23): "子曰 知者樂水 仁者樂山. 知者動 仁者靜. 知者樂 仁者壽."

일축하자, 그리고 간단히 인간들이 연합하게 된 목적이 달성되었다면 그 것이 달성되었다고 가정하자. 왜냐하면 이것에, 즉 사회 자체가 염두에 둔 어떤 목적이 존재한다는 것, 그리고 사회와 관계된 모든 것이 이 목적에 집중되어야 한다는 것, 그리고 사회는 그것과 관련된 모든 것이 이 목적을 향하는 경향을 가지고 있는 것 이상으로 행복하지 않다는 것에 우리 모두는 동의해야 하기 때문이다. 너무 일반적인 것으로 보일지라도 우리의 현재의 목적 위해 이 원칙은 거기로부터 민복과 철학자의 통치의 연결을 도출하기에 충분하다.4114)

볼프는 '민복'을 사회의 목적으로 설정으로써 마치 '민복'의 자기목적적 성격을 말살해 버리려는 듯이 사고하고 있다. 그러면서도 볼프는 "사회와 관계된 모든 것"을 민복에 "집중해야 한다"고 말하고 있다.

이어서 볼프는 "통치에 필요한 정신의 자질(endowment)"을 "일정한 지적 자질과 도덕적 자질"로 규정하고, 이 자질의 수준을 다시 "세속적(vulgar)" 자질과 "고귀한(royal)" 자질로 차별하고 이 '고귀한 자질'을 '통치에 필요한 자질'로 규정한다. 그리고 "지혜(wisdom)"를 "지적 자질들(intellectual virtues)" 중의 하나로 설명한다.4115) 여기서 '세속적 자질'은 공자의 '소덕小德'을, '고귀한 자질'은 '대덕大德'을 말하는 것으로 보인다. 공자의 경우에 '소덕'은 직접 자기에게만 좋고 우리와는 별 상관없는 근면·인내심·검소·절약·자기청결 등을 가리키는 반면, '대덕'은 때로 자기에게는 희생을 요구하기도 하지만 우리는 확실히 기분좋게 만들어주는 인·의·예·지를 가리킨다.

4114) Wolff, *The Real Happiness of a People under a Philosophical King*, 3-4쪽.
4115) Wolff, *The Real Happiness of a People under a Philosophical King*, 5-6쪽.

볼프는 지적 자질을 도덕 자질에 앞세우고 있는데, 이것은 공자의 대덕(인·의·예·지)의 열거순서와 상반된 것으로서 플라톤의 4덕 (cardinal virtues)의 열거순서(지혜·용기·정심·정의)를 따른 것이다.

그리고 고대황제들은 볼프에게 철인치자의 본보기들이다. 그는 중국의 고대황제들을 이런 자질들을 갖춘 철인치자로 소개한다.

> (...) 당신은 철인이기도 했던 고대중국 황제들이 훌륭한 통치에 관해 추론할 뿐만 아니라, 다른 신민들로 하여금 유력한 간파력도 쉽게 피해갈 훌륭한 통치의 난해한 부분들에 대한 통찰을 얻을 수 있게 하기 위해 신민들에 대해 그들의 재능을 발휘한 것을 관찰할 것이다. 이와 같이 중국국가의 건국자 복희는 하늘과 지상의 사물들에 대한 정관靜觀으로부터, 오늘날 그것을 이해하기 위해 중국적 지혜를 크게 발동시키는, 보통 역경 또는 '변화의 서書'라로 불리는 64괘의 표를 만들었다. 그러나 그 지혜를 여는 열쇠는 지금 잃어버렸다. 이것을 설명하는 데 많은 노력을 기울이고 그것에서 가장 많이 성공한 것으로 생각되는 공자는 사물들의 자연적 형상, 사물들의 질서, 변동, 그리고 사물들의 작용력으로부터 개인생활과 가정생활, 그리고 주로 도읍·지방·전全제국의 공적 통치를 규제하는 가장 탁월한 가르침이 도출될 수 있다고 주장한다.4116)

중국에서 보통 복희가 8괘를 만들었고 문왕이 64괘를 만들었다고 얘기하는데 볼프는 여기서 복희가 "64괘의 표"를 다 "만든 것"으로 잘못 말하고 있다. 그래도 이 글은 볼프가 『역경』을 긍정적으로 언급하는 점에서 『역경』을 적대한 갈리아니·링게·볼링브루크 등 다른 계몽철학자들과 다르다.

4116) Wolff, *The Real Happiness of a People under a Philosophical King*, 12-13쪽.

볼프는 이어서 복희伏羲와 신농神農을 고대의 뛰어난 음악·농업 발명가로 소개한다.

복희는 악기를 발명했고, 발명사업에 많이 노력을 쏟고 자연의 정관에 전력투구해 국가를 조직하고 형성할 능력을 갖추기 위해 더 큰 수준의 통찰력을 얻었다. 제국을 계승한 그의 계승자 신농은 농업에 필요한 도구들의 발명에 못지않게 유용하게 전념했고, 식물들의 약효를 탐구했다. 그는 이미 형성된 국가를 완벽화하는 데 기여할 수 있는 그 사물들에 대한 더 큰 통찰력을 얻기 위한 더 나은 전망으로 갖고 전임자의 발걸음을 따라 걸었다.4117)

그리고 볼프는 오제五帝(황제헌원·전욱고양·제곡고신·당요방훈·우순중화)의 첫 번째 제왕인 '황제黃帝'의 업적에 대해서도 논한다.

다시 그의 계승자 황제의 치하에서 중국제국의 영광이 흥기했는데, 황제는 오늘날 중국인들의 아직도 그들의 연도를 계산하는 데 쓰고 있는 60갑자를 완성했다. 그는 천문학을 과학으로 형성하는 데 착수했다. 그는 일종의 산술 테이블, 또는 주판을 만들었다. 그는 악기·무기·그물·마차·전차·대장간·도자기·도량형의 발명가였다. 그리고 여러 논문으로 그는 오늘날도 중국인들 사이에 쓰이는 맥박의 신체적 원리를 설명했다. 그러므로 황제는 발명사업에 종사하고, 중국 통치형태를 완성할 능력을 갖추기 위해 기술과 본성의 연구에 전념했다. 그리고 어떤 이도 마치 중국황제들의 정부형태가 세계의 다른 왕들과 군주들의 정부와 비교하면 패할 것처럼 주제넘게 중국황제들을 경시해 판단하면 아니 된다. 중국 제국이 아주

4117) Wolff, *The Real Happiness of a People under a Philosophical King*, 13쪽.

큰 15개의 성으로 분할된 방대한 영역이라는 것은 잘 알려진 사실이다. 각 성은 지방이라기보다 큰 왕국의 이름을 받아야 마땅하다는 데 중국 안쪽으로 들어가 여행한 모든 여행자들이 만장일치로 동의한다.4118)

볼프는 쿠플레 등의 『중국철학자 공자』에 붙인 쿠플레의 「예비 논의」와 「중국연대기」를 인용하고 있다.

그리고 볼프는 당시까지 계승되어 온 복희·신농·황제의 통치모델을 극찬하며 그들이 나라를 다스렸던 기원전 연대를 타산해 보여준다.

3명의 첫 황제들인 복희, 신농, 그리고 황제는 지금 세상의 다른 모든 모델을 능가하는, 그리고 다른 군주국들과 왕국들이 종말을 고하든가 해체된 반면, 그토록 많은 천년 동안 번영했고 오늘날도 여전히 계속 번영하고 있는 그 통치모델을 확립했다. 그들의 마지막 건국자 황제는 기원전 2697년에 다스리기 시작했다. 누군가 치자가 방대한 제국의 정사를 소홀히 하지 않으면서 발명사업에 필요한 시간과 기회의 달인이라고 도저히 생각할 수 없다고 반론을 제기한다면, 치자의 사업과 거의 관련이 없는 어떤 일에서도 실패해서 고생한 적이 없는 이 위인들의 사례는 충분할 반박이다. 그들이 그들 자신의 경험으로부터 짜낸 것이 아닌 다른 방식으로는 지금까지 등장한 다른 모든 모델을 능가하는 통치모델을 짜는 것도 가능하지 않았다.4119)

이어서 볼프는 복희·신농·황제를 명확하게 철인치자의 전형으로

4118) Wolff, *The Real Happiness of a People under a Philosophical King*, 14-15쪽.
4119) Wolff, *The Real Happiness of a People under a Philosophical King*, 15-16쪽.

규정한다.

치자들이 통치형태를 구성하거나 이미 구성된 것을 완벽화한다면, 치자들은 특히 복제할 다른 통치모델도 없는 곳에서라면 철학적 능력을 갖춘 사람일 필요가 있다. 이것은 위에서 암시했듯이 군왕이 철인이고 철인이 군왕인 중국인들의 경우다. 왜냐하면 복희가 그렇게 방대한 제국을 명령하기에 이르렀을 때 제국의 형태는 구성된 대로 남아 있었고, 더구나 중국인들이 다른 국민들과 교류를 가지지 않아서 세계의 나머지가 그들에게 이방인들인 것처럼 그들 자신의 제국의 경계 밖에서 통하는 것에 대해 완전한 이방인들인 만큼 복희는 복제할 어떤 다른 통치형태도 알지 못했다. 그러나 신농과 황제가 그 존엄의 지위에 등극했을 때 복희가 확립한 통치형태는 보다 더 높은 완벽화 수준에서 운영되어야 했다. 그러므로 그들은 자신들에게 제시한 목적으로부터 이 목적을 달성하는 데 적절한 수단을 반드시 강구했다.[4120]

인덕仁德을 최고로 치고 지혜를 인·의·예·지의 말석에 두는 공자의 군자는 덕성주의적 철인이다. '군자'는 지혜(소피아)를 제일로 치고 지혜·용기·정심·정의를 4덕으로 추구하는 소크라테스·플라톤의 지성주의적 철인과 본질적으로 다른 철인이다. 그럼에도 불구하고 볼프는 공맹의 '군자치자'를 플라톤 식의 '철인치자'로 계속 변조하고 있다. 그러나 나중에 볼프도 훗날 플라톤 식의 '지성주의적 철인' 개념을 버리고 '덕성주의적 군자' 쪽으로 방향을 선회한다.

볼프에 의하면, 군주는 방대한 국가의 통치를 위해 판명하고 정밀하게 설명하고 사고해야 하고 이 때문에 철학자이어야 한다. 이에

4120) Wolff, *The Real Happiness of a People under a Philosophical King*, 16-17쪽.

잇대서 그는 수신·제가·치국·평천하의 '환원 원리'를 상론한다.

이제, 판명한 추론의 목적에 유용한 명제들에 응답하는 확정적이고 보편적인 개념들은 정확하게 철학적이다. 그러므로 중국제국의 창건자들인 중국황제들은 일정량의 철학을 갖췄고 철학으로써 그들의 통치를 모델링했다. 그들은 복제할 어떤 통치모델도, 적용할 어떤 공공철학 또는 정치철학도 없이 천재적 재능에 의해 모든 발명가들에게 가리지 않고 친숙한 환원의 원리(*principle of reduction*)로 이끌어졌다. 왜냐하면 그들은 일정한 비유에 의해 자기관리(*self-direction*; 修身 - 인용자)로부터 가족의 경영(齊家)으로 나아가는 식으로 논변해서 졸렬하지 않게 한 가족 또는 한 가정의 관리나 행동을 자기관리(修身)로 환원하듯이, 마침내 국가의 개념을 가정 또는 가족의 개념으로 환원하고 가장家長의 인물 아래 그들 스스로에게 치자 또는 통치자를 표현했고, 이로써 일정한 비유에 의해 가족으로부터 시민사회로 나아가는 식으로 논변했기 때문이다. 더구나 중국제국이 어떤 시기 상조의 조치나 조급히 구는 경솔한 조치에 의해 그 형식이 구성되고 완성되었다고 우리는 상상할 수 없다. 그들은 그렇게 힘든 일을 생각하기 전에 먼저 그들 자신의 품행과 행동을 형성하고 어떻게 그 자신을, 특히 그 자신의 몸을 질서 잡고 조절해야 하는지를 보여주기 위해 어지간히 전념했다. 그 다음 그들은 몸의 형상 아래 가족의 상像을 자신에게 떠올리고 영혼의 형상 아래 가장家長을 떠올리고 이 비유에 의해 가정을 다스리고 경영하는 데 필요한 빛은 어떤 빛이든 모았다. 여기로부터 느긋한 발걸음으로 그들은 더 나아갔다. 그러나 그들은 이해한 것에 철저히 익숙해지고 그 진리성을 완전히 확신하고 더 개량하고 그것에 대한 새로운 접근법을 만들기 위해 더 어려운 성질의 다른 일을 시도하기 전에 이해한 것을 유의해서 시행했다. 그들은 제가에서 자기들이 취한 조치의 다행스런 성공을 경험했을 때 마침내 가족의 개념 아래 한 성省 또는 한 왕국의 형상을 떠올리고, 군왕을 가족의 장으로서 떠올렸다. 아니, 마침내 그들은 동일한 형상 아래 여러 왕국들로 구성된 전 제국의 상을 떠올리고 이 비유에 의해 훌륭한 통치의 개념들을 자신들에게 형성했다.4121)

볼프는 수신·제가·치국·평천하라는 환원논법의 비유적 합리성과 여기에 내포된 '시행'의 실험정신만을 강조하는 것이 아니라 이 환원논법을 뒷받침하는 '경험'의 중요성도 강조한다.

그들은 이 사실들을 그들 자신의 경험에 의해 확인하고 확정하기 전에 이 사실들을 모든 예외 저편에 있는 것으로 인정하지 않았다. 복희는 자신의 정신을 많은 사람들의 통찰력에 의해 발견되고 세상의 오랜 사용과 실행에 의해 확인된 이 진짜 장엄하고 존엄한 개념들로 채우고, 그토록 광범한 제국의 지속적 형태를 결정하고 확립하는 만큼 어려운 과업을 헛된 노력 없이 떠맡았다. 하지만 그 자신은 그가 수많은 경험에 의해 그의 일상적 통치과정에서 확인한 것 외의 어떤 것도 절대적으로 결정하지 않은 만큼 일을 완전히 완결하지 못했다.4122)

오랜 경험을 통한 계속적 확인의 필요성 때문에 이 일은 후계자들에게 넘겨질 수밖에 없었다.

그리하여 복희는 그의 후계자를 지명했고 그 자신이 아주 행복하게 개시한 것을 완성할 임무에 대한 그의 능력을 확신할 정도로 그를 제국의 동

4121) Wolff, *The Real Happiness of a People under a Philosophical King*, 21-24쪽.
4122) Wolff, *The Real Happiness of a People under a Philosophical King*, 24쪽.

반자로 여겼다. 그러므로 복희의 계승자들은 그가 아직 감히 구성하고 확정짓지 못했던 모든 것을 더하고, 어떤 것도 경솔하게 확정되지 않도록 그들 이전에 복희가 그토록 행복하게 밟았던 동일한 길로 나아갔다. 그리하여 오직 몇 시대가 흐른 뒤에야 복희 자신이 완전히 끝마치고 완성하지 못한 것이 성취되었다. 그리하여 의심할 바 없이 국가의 형태를 결정하는 데서 철학적으로 추리하는 사람들과, 다른 장소에서 관찰한 것을 충직하게 모방하며 업무에서 경험적인 사람들 간에 커다란 차이가 아주 많이 나타날 것이다. 그리고 나는 건국자가 철학자이거나 철학자가 건국자라면 그것이 국가를 잘 구성하는 데 아주 많이 이바지할 것이라는 것을 문제 삼을 사람은 없을 것이라고 생각한다. 그토록 중요한 일에서 적절하게 그리고 철학적으로 추리하는 사람들이 누구인지는 중국인들의 사례가 풍부하게 증명하고 있다.[4123]

이것을 보면, 볼프는 공자철학을 접한 이래 단순한 합리론을 버리고 경험론을 중시하는 방향으로 많이 바뀌었음을 알 수 있다. 따라서 훗날 칸트가 볼프를 라이프니츠와 묶어 '교조적 합리론자'로 본 것은 실로 허무맹랑한 것이다.

볼프는 1726년에 출판한 『중국인의 실천철학에 관한 연설』의 주해(§73)에서 이미 "이성의 완성을 위해 나는 이성 자체만으로 충분치 않은 곳에서 이성 대신에 경험이 상황을 책임져야 하는 경우도 고려하는데", 이것은 "자기 자신에게 먼저 여러 번 실험을 행하고 남들의 경우를 주목함으로써 자신의 이성을 완성했던 공자에게도 정확히 들어맞는다"고 말했었다. 그리고 다른 주해(§136)에서는 "공자가 자기 제자들과 후험적으로 통찰한 많은 것을 나처럼

4123) Wolff, *The Real Happiness of a People under a Philosophical King*, 25-26쪽.

판명한 개념을 위해 힘쓰는 사람은 일반적 개념들과 정신의 성상으로부터 선험적으로 도출함"에도 불구하고 "개념들을 확증하기 위해서만이 아니라 이 개념들을 확장하기 위해서도, 그리고 기본 개념들을 찾기 위해서도 공자의 실험적 방법이 이 선험적 도출과 결합되지 않으면 아니 된다"고도 말했었다.

그리하여 볼프는 자신의 경험주의적 관심을 선험 명제와 후험後驗 명제를 차별하지 않고 최종 명제를 확정하는 데 있어 역사적 경험의 결정적 중요성에 대한 인정으로 귀착시킨다. 이런 관점에서 그는 사관史官들이 엄격하게 역사를 기록하는 중국의 실록實錄제도의 중요성을 강조한다.

이제 확정적 명제들은 후험적이든 선험적이든 모두 철학적이다. 그러므로 당신이 판단의 확실성으로 어떤 주어진 경우든 행해진 것에 도달하기 위해서라면 철학이 필요하다. 이렇게 하여 국가건국에 못지않게 통치에서도 철학의 불가피한 필요성이 등장하는 것이다. 중국인들은 신선한 본보기다. 중국인들은, (...) 실록을 읽는 것으로부터 모든 의사록과 사건들의 일정한 지식을 얻을 수 있고 근면한 독자의 정신이라면 우리가 통치에 필수적이라고 가르친 철학적 개념들에 그 정신이 물들 수 있는 만큼, 그들의 실록을 적는다. 그러므로 이 실록은 철학자라는 영예를 중히 여기는 사람들이나 지자들의 고전적 서적으로 간주된다. 그리고 공자는 스스로 중국인이 그들의 모든 학습을 훌륭한 통치의 일에 집중하는 만큼 언제나 중국인들의 주된 관심을 끈 실천철학의 달인이 되기 위해 그의 나이 15세부터 이 연대기를 면밀하게 읽은 실록독서가였다. 그리하여 공자는 그의 개념들을 확정적이게(determinate) 만들고 이 개념들의 달인임을 확신하고 실제 생활의 일들에 관한 그의 추론에서 실수하지 않기 위해 우리가 (...)

제국창건자들이 확정적 개념들을 발견하면서 활용한 순서로 만물만사를 그 자신의 경험으로 소급시켜 환원했다. 다시, 중국인들은 공자와 맹자의 저작에서 드러나듯이 힘든 성격의 일들에서 적절하게 해야 하는 것에 관해 어찌할 바를 모를 때면 어떤 경우든 작은 군주들과 황제 자신의 자문관들인 철학자들에게 자문을 구하는 관습이 있었다. 왜냐하면 철학자들은 정치지식에서 탁월하고 모든 타인들을 단연 능가하기 때문이다. 우리는 중국인들이 철학의 유용성, 아니 불가피한 필요성을 인정했고 또 그들이 철학의 사용에서 실패하지 않았다는 것을 보여주는 데 기여할 수 있을 다른 모든 것을 생략한다. 우리가 본보기 사례에 호소하는 이유는 우리가 경험에 반하는, 완전히 키메라 같은 이상적 사실들을 전달하는 것처럼 보여서는 아니 되기 때문이다.[4124]

상론했듯이 볼프는 여기서 『중용』에서 말한 공자의 경험주의적 실천철학 원칙을 활용하고 있다. 여기서 공자는 "천하에 왕 노릇을 하는 데 세 가지를 중시해야 그 과오를 줄이는 바, (...) 군자의 도는 제 자신에 근본하고 뭇 백성에게서 이를 증명하고 삼왕(湯·文·武王)에게 비추어 이를 고찰해 오류를 없애고, 천지에 이를 세워 어긋남을 없애고, 귀신에게 이를 물어 의심을 없애고, 백세百世 동안 성인을 기다리며 의혹하지 않는다"라고[4125] 말하고 있기 때문이다. "귀신에게 물어 의심을 없애는 것"은 "지천知天"이고, "백세 동안 성인을 기다리며 의혹하지 않는 것"은 "지인知人"이다.[4126] 따라서 공자가 강조하는바, "천하에 왕 노릇을 하는 데 중시해야 하는

4124) Wolff, *The Real Happiness of a People under a Philosophical King*, 30-32쪽.

4125) 『禮記』「中庸」 제28·29장.

4126) 『禮記』「中庸」 제29장.

세 가지 것"은 ①현재의 자기에게 근본을 두고 백성에게 시행해 징험하고 삼왕의 역사적 전범과 천지에 비추어 실증하는 것, ②지인, ③지천이다. "백세 동안 성인을 기다리며 의혹하지 않는다"는 구절은 백세(3000년) 만에 한 번 나타나는 성인이 다시 와서 세 가지 방법으로 의심을 없앤 지인과 지천의 참된 지식을 칭찬할 것을 믿어 의심치 않기에 성인의 도래를 손꼽아 기다린다는 말이다.

이런 논의에 잇대어 볼프는 그가 견지한 중국인들의 본보기를 아무도 "중국인들이 국가를 건국하고 다스리는 가운데 모든 범위에서의 철학의 용법을 플라톤이 폴리스적 행복을 구상하는 기초였던 바로 그것으로 삼았다는 것이 마치 우리의 의견인 양" 오해하지 않도록 하기 위해 "통치에 관해 철학적으로 추론하는 중국적 방법에 관해 주목해야 할 몇 가지 사항들"을 논한다.4127)

볼프는 "보다 훌륭한 본보기가 어느 곳에선가 발견될 수 있지나 않을까 하는 의심에 정당한 근거를 제공할 정도로 중국인들의 행동이 탁월할지라도 그들의 본보기는 우리가 민복과 철인통치의 연관을 알기 위해 주목해서 봐야 할 그런 완벽성에 아직 미달한다"고4128) 생각한다.

중국철학은 우리가 다른 곳에서 그들이 철인통치의 고상성과 심오성을 완전히 지각하지 못한 이유로 암시한 불완전성에 시달리고 있다. 중국인들의 개념들은 진정으로 확정적이지만 충분히 판명하지 않고, 그래서 이 개념들을 확정적 명제들로 만들어 논증되면 '체계'로 직조할 수 없는 그들의 불능이 생기는 것이다. 그리고 진정, 철학의 모든 분야에서의 주요과

4127) Wolff, *The Real Happiness of a People under a Philosophical King*, 33쪽.
4128) Wolff, *The Real Happiness of a People under a Philosophical King*, 33-34쪽.

업은 정교한 정의들과 확정 명제들을 산출함으로써 이런 확정 명제들과 정교한 정의들로 체계를 구성해 공사公私의 용도와 공동체의 봉사에 적합하게 만드는 것이다. 그러므로 중국인들은 이 결함을 치유하기 위해 실험(Experiment)에 의해 확인된 것 외의 어떤 것도 완전히 명백한 것으로 인정치 않았던 것이다. 그들은 실험을 자기들 자신에게 하는 만큼 확정적 개념을 구성하는 여러 부분들을 판명하게 나눠 열거할 능력이 없을지라도 이 여러 부분들에다 관심을 집중시키는 데 익숙해졌다. 그리하여 그들은 노고의 세계(a World of Labour)에 의해 그들의 관념들 속에서 이 사물들을 꿰뚫어보는 통찰력에 도달했다. 하지만 이 관념들로부터 어떤 개념을 추상하기 위해 이 관념들은 그것들을 구분하고 부분별로 열거할 수 없을지라도 정신 작용을 통해 분리시켜야 할 것들이다. 이 통찰력의 영역에 이르는 길은 고되고 오래 걸린다. 그러나 훌륭한 통치의 개념에 도달하는 훨씬 더 쉽고 더 짧은 첩경은 우리의 방법에 따라 산출된 철학의 체계에 의한 것이다.4129)

볼프는 공자철학 또는 중국철학을 체계가 없고 지나치게 경험과 실험에만 의거해 있다고 생각한다. 그러나 볼프는 공자의 체계적 서술의 정치철학서인 『예기』를 − 온전하게 전하지 않았을지라도 − 읽지 못했고, 또 다른 논리적 체계의 저서인 『맹자』를 정독하지 않았고, 또 완전한 체계로 서술된 『주례』는 아예 들어본 적도 없다. 게다가 주지하다시피 공자는 공감(서恕=감응)에 의한 '충서忠恕'의 '일이관지一以貫之'라는 방법을 지식들을 체계로 묶는 방법으로 제시했다. 따라서 볼프는 '중국철학이 체계가 없다'는 경솔한 판단을 삼갔어야 했다. 그리고 그는 순수한 정신작용(이성적 사유)을 감성적

4129) Wolff, *The Real Happiness of a People under a Philosophical King*, 34-35쪽.

'경험과 실험'보다 더 중시해서 오만하게 합리주의적 추론체계를 내세우지 않았어야 했다. 공자가 '순수경험'은 학문적으로 공허할지라도 적어도 실생활에 쓸모 있지만, '순수사고'는 "위태로울" 뿐만 아니라 "무익하다"고[4130] 하지 않았던가! 그러나 그는 되레 중국인들의 경험적 방법을 위태롭다고 개탄한다.

더욱이 스스로 체계에 의해 판명한 관념들을 마련할지라도 확정적 개념들을 혼돈된 관념들로부터 떼어낼 통찰력을 획득하려는 시도를 방해하는 난관들을 극복할 능력은 아무에게나 있는 것이 아니다. 게다가 중국인들이 택한 길은 위태롭다. 하지만 시대의 조건은 다른 길을 허용치 않았다. 사물들의 혼돈된 관념들 안에서 확정적 개념들을 발견하는 통찰력은 때로 실패하지 않을 만한 것으로까지 그 완벽성에 이를 수 없었기 때문이다. 반면, 일단 선험적으로 논증되거나 확고하게 확립된 확정적 명제들은 결코 실패하지 않는다. 아니, 누구든 그의 정신을 판명한 개념들로 채운다면 그런 사람은 중국인들의 실험적 방법에만 만족하고 앉아있는 것보다 더 쉽게, 그리고 더 큰 정도로 자신의 통찰력을 완벽화할 것이다.[4131]

서양의 모든 철학사조가 스콜라철학의 합리주의적 교조로부터

4130) 공자는 "경험에서 배우고 생각하지 않으면 공허하고, 생각하고 경험에서 배우지 않으면 위태롭다(學而不思 則罔 思而不學 則殆)"고 갈파했다. 『論語』「爲政」(2-15). 공자는 이처럼 '생각'과 '경험'을 둘 다 중시했을지라도 "학이불사(學而不思)"를 그래도 유익한 데가 있다고 여긴 반면, "사이불학(思而不學)"은 위태로울 뿐만 아니라 무익하다고 생각했다. 그는 "내가 일찍이 종일 먹지 않고 밤새 자지 않고 생각해 봤으나 무익해서 경험에서 배움만 못했다(吾嘗終日不食 終夜不寢 以思無益 不如 學也)"라고 천명했기 때문이다. 『論語』「衛靈公」(15-31). '생각'과 '경험'의 비중관계에 대한 상론은 참조 황태연, 『공자의 인식론과 역학』 (파주: 청계, 2018), 171-181쪽.

4131) Wolff, *The Real Happiness of a People under a Philosophical King*, 35-36쪽.

완전히 자유롭지 못한 18세기 초, 볼프는 훗날 '비판주의'의 가면을 쓰고 나타난 칸트철학을 포함한 모든 형이상학이 실험과학 또는 경험과학에 의해 완전히 해체되고 말 것을 전혀 생각할 수 없었을 것이다. 그리고 "선험적으로 논증되거나 확고하게 확립된 확정적 명제들"이 얼마나 인류의 실존을 위태롭게 만들고 칸트·헤겔·마르크스·니체주의적 공산주의·나치즘 홀로코스트를 야기하게 될지는 아예 상상조차 하지 못했을 것이다.

볼프는 중국인들의 경험주의적 방법에 불만이 있을지라도 철학의 진리사랑이 정치에 미치는 영향의 전형적 사례를 다시 중국에서 찾는다.

중국 요순임금은 철학 자체가 고취하는 진리사랑이 치자들에게서 일으키는 효과에 대한 함축성 있는 예증이다. 그들은 자신들의 선제들에 의해 창설된 제국을 더 완벽한 수준으로 끌어올리려고 했을지라도 아무것도 성급하게 시도하지 않고 아들을 건너뛰어 제국의 동업자들을 계승자로 발탁해 그들이 그토록 위대한 과업을 감당할 것으로 판단한 계승자로 만들었다. 왜냐하면 그의 저작을 보면 천문학과 철학에 아주 능한 것으로 나타는 요임금은 아홉 명의 아들이 있을지라도 순舜에게 그의 계승자가 되라고 명했기 때문이다. 요임금은 순의 순종의 명성에 감동받아 처음에 장관으로 시용試用하고 나중에는 28년 동안 제국의 동업자로 썼다. 그리고 순임금 자신은 요임금의 발걸음을 따라 자기 아들을 건너뛰어 나중에 '대왕'이라는 칭호를 얻은 우禹에게 계승하라고 명했다. 그리고 그는 18년 동안 제국에서 기꺼이 우를 그의 동료로 삼았다. 그러나 중국인들이 패턴으로서 모든 계승하는 군주들로 인정하는 그 황제들이 어떤 일에서든 감정에 굴복하지 않고 만사를 진리에 따라 결정한 것으로 보이게 하는 다른 논변도 있다. 왜냐하면 요임금은 자신의 전 관심을 백성의 잘못과 공적 재앙에 돌리고 거대한 통찰력에 의해 양자의 이유를 탐구하고 전적으로 통치형태를 완결하는 데 열중해서 현명한 법률과 그 자신의 본보기에 의해 신민들의 어떤 나쁜 품행이든 막을 수 있지 않을지, 그리고 보다 나은 통치방법에 의해 공적 재앙을 일소할 수 있을지에 주로 자신의 관심을 썼기 때문이다. 그러므로 그가 이 법률에서 그의 백성들의 악행과 공공재앙의 이유를 보았을 때 그는 보통 자기 백성들의 악행 못지않게 이 공적 재앙을 오직 자기 탓으로만 돌렸다.[4132]

볼프는 분명 철학적 진리사랑이 순舜임금의 경우에도 마찬가지였다고 생각한다.

그의 계승자 순임금은 아주 위대한 진리사랑의 주인공으로서 그 자신의 능력을 불신하며 그 자신과 그의 행동에 대한 타인들의 의견을 알고자 했다. 그러므로 그는 누군가에게 그의 어떤 잘못이든 적게 하는 게시판을 공중이 보도록 세우고 어떤 시험에서든 공동체에 해로운 것으로 입증될 것을 시기적절하게 고칠 것이라고 논평했다. 더욱이 그는 정당하게 비난받을 수 있고 결과적으로 공공에 해가 되는 경향이 있는 어떤 헌정憲政도 만들고 싶어 한 적이 없어서, 황제들이 몸소 본보기로 신민들을 의무를 가르치고 동시에 그들을 이 의무에 묶어야 한다고 생각하는 중국인들의 방식에 따라 순임금은 이성과 공공복리가 요구한 것에 따라 행동할 의무를 지울 수 있었다. 여기서 당신은 철학적 치자들에게서 철학의 효과를 보고 통치하는 철학자에게서 동일한 것이 타당하다는 것을 보고 있다.[4133]

4132) Wolff, *The Real Happiness of a People under a Philosophical King*, 67-69쪽.

그리고 볼프는 바로 이에 잇대서 동일한 논변을 공자에게 확대·적용한다.

위대한 중국철학자 공자는 그 자신의 본보기로 보여준다. 왜냐하면 그는 그 자신의 개념들 속에 아직 남아 있는 어떤 애매모호함이든 알게 된다면 통치의 더 명백한 개념을 얻기 위해 종종 한 성省(나라)의 치자와 국가의 장관 역할을 했고, 훌륭한 조치가 승인되는, 아니 칭찬받으면서도 진리에 대한 감정의 우세로 인해 나쁜 조치가 실행되는 일이 일어났을 때는 언제라도 영예나 부귀를 가벼이 여기고 궁을 떠나 진리가 아니라 감정을 행동의 규칙으로 삼는 장소에서 계속 잇는 것을 신경 쓰지 않았다. 이로써 나는 통치하는 철학자들과 철학적 통치자들이 어떤 것에서도 굴복하지 않고 모든 것에서 진리에 굴복한다는 것을 증명했다.4134)

볼프는 서양철학자적 오만과 경솔을 문득문득 드러내지만 그래도 다시 중국철학의 일관된 예찬자로 돌아왔다. 볼프는 암암리에 중국의 철인통치 전통과 당시 유럽 치자들을 비교하면서 중국인들이 가장 열성적인 기독교인들도 낯붉히게 만들기에 적합한 덕성의 사례들을 남겨 놓았다고 생각한다. 이것은 그가 다른 모든 군주정과 왕국들이 몰락과 해체를 겪은 반면, 중국의 통치모델은 그토록 많은 수천 년이 흐른 뒤에도 세상에서 다른 모든 모델을 능가하고 계속 번영하고 있다고 한 말이 함의하고 있는 것이다. 공자의 정치철학과 중국의 통치전통에 대한 볼프의 찬양은 유럽지식계층에게

4133) Wolff, *The Real Happiness of a People under a Philosophical King*, 69-70쪽.
4134) Wolff, *The Real Happiness of a People under a Philosophical King*, 70-71쪽.

유럽에서 당시 존재하는 모델들보다 우월한 어떤 새로운 군주정, 즉 근대화를 위한 '계몽철학'을 갖춘 군주의 계몽군주정을 구상할 책무를 맡기는 함의를 담고 있다.[4135]

종합하면, 볼프는 논리적 원리와 합치되고 민복을 극대화하는 국가모델을 수립하려고 노력했다. 그는 중국통치체제에 관한 예수회 신부들의 보고들과 경전번역에 기초해 요령껏 중국 군주정의 보편적 정당성을 옹호하고 그 장점들에 관한 이론을 전개하고 궁극적으로 이 정부를 유럽제국을 위한 모델로서 바랄만한 것으로 만들었다. 볼프는 도덕과 통치에 관한 중국인들의 여러 가르침 안에서 그가 이전에 철학적으로 도출했던 '아주 합리적인 원리들'을 발견했다고 믿었다.[4136] 그리하여 오늘날 볼프철학의 기본요소와 기본개념들이 공맹철학과 중국통치술로부터 도출되었다는 사실에 거의 주목하지 않는 위르겐 바크하우스(Jürgen G. Backhaus)와 같은 학자조차도 볼프가 중국제국의 통치를 심오하고 유구한 철학적 전통과 연결시킴으로써 국가이성의 합리주의적·인도주의적 버전을 "자연법과 합치되는 과학"으로 정식화하는 데 성공했다고 평가한다.[4137]

따라서 우리는 공자철학과 중국정치이론이 볼프철학과 볼프에 빚진 유럽의 모든 현대 정치철학과 사회과학의 '본질구성적' 요소가 되었다고 말할 수 있을 것이다. 중국의 정치철학에 대한 자신의 뜨거운 찬양에도 불구하고 볼프는 '계몽된 합리적 통치체제에 의한 민복의 증진'에 대한 자신의 믿음이 중국에서도 완전히 실현되지

4135) Jacobsen, "Limits to Despotism", 362쪽.

4136) Jacobsen, "Limits to Despotism", 363쪽.

4137) Backhaus, "Christian Wolff on Subsidiarity, the Division of Labor, and Social Welfare", 129쪽; Peter Senn, "What is the Place of Christian Wolff in the History of the Social Sciences?", *European Journal of Law and Economics*, 4 (1997), 147쪽.

않았다고 생각했지만, 동시에 '철학에 의한 통치'를 실증하는 빛나는 사례들이 오직 중국에서만 발견된다는 사실을 솔직히 인정했기 때문이다.

그러나 지천명의 나이에도 볼프는 '진리사랑'만을 철학(愛智)의 사명으로 보고 감정에 대한 진리의 우위를 주장하는 고대그리스의 '지성주의(intellectualism)' 유산에 전적으로 사로잡혀 있었다. 즉, '덕성사랑', 즉 '덕성주의(virtue-ism)'와 감정(가령 도덕감정)의 원칙적 중요성은 전적으로 몰각한 것이다. 그러나 노경에 볼프는 공자를 유보 없이 수용함으로써 지성주의(진리사랑)에서 덕성주의(덕성사랑)로 완전히 선회해서 '덕성을 위한 감정'의 중요성을 전면적으로 인정한다. 볼프는 1750년과 1753년 사이에 집필한 『도덕철학 또는 윤리학』에서 중국에서 '덕성에 대한 사랑(Liebe zur Tugend)'을 더 크게 치는 반면, 서구에서는 '지식에 대한 사랑(Liebe zur Wissenschaft)'을 더 크게 친다고 밝히면서 서구의 사상과 문화를 비판한다.4138) 노경의 볼프는 이렇게 서구 지성주의의 문제점을 중국의 덕성주의와의 대비 속에서 일반화해 기독교적 유럽에 대한 오만한 자부심을 접고 유럽을 문명비판적 맥락에서 바라봤던 것이다. 그는 세상을 떠나기(1754) 직전의 나이에야 유럽에 대한 문명비판의 경지에 도달함으로써 마침내 계몽주의의 대문을 활짝 열어젖혔다.

1.4. 트렝커드·허치슨의 복지행복론과 케네의 반反복지론

주지하다시피 공자는 환·과·고·독 폐질자 등 자활능력이 없는 사

4138) 참조: Wolff, *Philosophia moralis sive Ethica* (1750-53), §54(75쪽 이하). Wolff, *Gesammelte Werke*, II.Abt., Bd.12.1. Albrecht, "Einleitung", LXXXI에서 재인용.

람들에게는 국가가 생계를 보장하는 전통적 민생복지를 서술했다. 그리고 완전고용을 실현하고 각종 장애인들에게 제각기 알맞은 일감을 주어 자활을 돕는 복지제도를 기획했다. 그리하여 공자는 나라 안에서 한 사람도 버림받는 일이 없는 완벽한 복지국가를 '대동사회'로 그렸다. 유자들의 이런 꿈은 명·청대에 완전하지 않을지라도 근사치적으로 실현되었다.

■ 트렝커드와 고든의 중국복지제도 예찬

그리하여 1721년 휘그당의 공화주의 이데올로그 존 트렝커드 (John Trenchard)와 토마스 고든(Thomas Gordon)은 어떤 사람도 버리지 않는 이런 중국 복지국가를 단연 가장 위력적인 국가, 가장 위대하고 가장 부유하고 가장 인정어린 국가로 칭송한다.

중국왕국, 중국제국은 영국보다 열배 크지만, 그 광대한 나라에서도 버려진 땅은 하나도 없다. (일반적으로 얘기되듯이) 중국인들은 세계에서 가장 부유한 백성이다. 그들이 우리보다 20배 더 많은 주민을 가지고 있을지라도 가난한 사람도 거기에서는 잘살며 버젓한 복장을 갖추고 있고, 모두다 고용되어 있다. 중국인들은 절름발이, 장님, 귀머거리에게도 적절한 일을 제공하기 때문이다.4139)

트렝커드와 고든은 중국이 당대 가장 부유한 나라일 뿐만 아니라

4139) John Trenchard and Thomas Gordon, "The Sense of the People concerning the present State of Affairs, with Remarks upon some Passages of our own and the Roman History. In a Letter to a Member of Parliament" [1721], 88쪽. John Trenchard, Esq; and Thomas Gordon, *A Collection of Tracts*, Vol. II (London: Printed for F. Cogan and T. Harris, 1751).

장애인의 고용을 포함한 완전고용을 추구한다고 말하고 있다. 휘그 정치지도자 트렝커드와 고든의 이 중국식 복지국가동경론은 그들의 정파 내 위상 때문에 계급갈등이 막 시작된 당시에 휘그들 사이에 널리 퍼졌을 것이다.

■ 허치슨의 "최대 행복" 원칙과 행복론적 헌정론

한편, 섀프츠베리의 맹자적 도덕감각론을 계승한 프란시스 허치슨(Francis Hutcheson)은 1726년 라이프니츠로부터 "최대 다수의 최대 행복" 원리를 받아들여 행복론적 헌정개념으로 설정했다. 그는 『미와 덕성의 관념의 기원에 대한 탐구』에서 "우리의 최대행복의 기초"를 "덕성, 즉 행위의 아름다움"으로 규정하고, "인애가 우리의 최대 행복"이라고 천명한다.4140) 그리고 허치슨은 이 최대행복 명제를 이렇게 부연한다.

행동으로부터 생겨날 것으로 기대되는 동일한 정도의 행복에서 덕성은 행복이 확대되어야 하는 사람들의 수에 비례하고, (여기서 사람들의 지위나 도덕적 중요성은 수를 상쇄할 수 있다) 동수인 경우에 덕성은 행복의 양, 또는 비도덕적 복리의 양과 같다. 또는 덕성은 복리의 양 또는 향유자의 수에 복비례한다. 같은 방식으로 도덕적 악 또는 악덕은 불행의 정도와 고통받는 자들의 수와 같다. 그리하여 최대다수를 위해 최대 행복을 마련하는 행동이 최선이고, 유사한 방식으로 불행을 야기하는 행동이 최악이다.4141)

4140) Hutcheson, *An Inquiry into the Original of Our Ideas of Beauty and Virtue*, 82, 134쪽.
4141) Hutcheson, *An Inquiry into the Original of Our Ideas of Beauty and Virtue*, 125쪽.

여기서 "최대다수를 위해 최대 행복을 마련하는 행동"이 "최선"의 행동이라는 허치슨의 이 정식은 궁극적으로 라이프니츠로 소급하고,[4142] 그리고 라이프니츠의 복지국가는 궁극적으로 유학적 민복국가 또는 복지국가 정식으로 소급하는 것으로 확인된다. 라이프니츠의 이 유교적 복지국가론의 핵심논지가 바로 상술한 "최대다수를 위해 최대 행복을 마련하는" 행복국가 정책의 추구였다. 라이프니츠의 '최대다수의 최대 행복' 테제는 훗날 허치슨을 애독하고 "최대다수를 위해 최대 행복을 마련하는 행동"이 "최선"의 행동이라는 허치슨의 정식을 신봉한 토마스 제퍼슨을 통해 미국의 행복론적 헌법과 제퍼슨의 취임연설 속으로 유입한다.

■ 복지정책에 대한 케네의 거부

반면, 프랑수와 케네는 중국의 복지제도의 존재를 인지했으나 이 제도를 중시하지 않았다. 국가의 복지도 자선의 일종이고 자선을 '경제질서로부터 이탈하는 것'으로 착각하는 그릇된 지출-소득 연계론에 빠져 있었기 때문이다. 케네는 아담 스미스처럼 자선과 중국정부의 복지·자선활동을 경제이론적으로 부정한다. 일단 케네는 부의 증가를 넘어가는 중국의 과잉인구를 설명한다.

(...) 중국백성의 근면성과 절제정신, 땅의 비옥, 그리고 풍요의 지배에도 불구하고 하층계급에서 그렇게 심한 빈민층을 가진 나라는 거의 없다. 그 제국이 아무리 방대하더라도 그곳에 거주하는 다중이 너무 우글댄다.

4142) Joachim Hruschka, "The Greatest Happiness Principle and Other Early German Anticipations of Utilitarian Theory", *Utilitas* Vol. 3, Issue 2 (November 1991), 165-177쪽. Published online by Cambridge University Press (26 January 2009).

전 유럽을 다 합쳐도 그렇게 많은 가구 수에 못 미칠 것이다. 백성의 이 경이로운 증가는 유럽제국에서라면 아주 유용하고 바랄만한 것으로 간주 될지라도(또는 사람들은 큰 인구가 풍요의 원천이라고 믿는다. 하지만 도처에서 인구가 풍요를 초과하기 때문에 이것은 결과를 원인으로 착각하는 것이다. 부富와 사람을 둘 다 배가시키는 것이 부다. 그러나 [중국에서] 사람의 확산이 언제나 부의 확산을 뛰어넘는다) 때로 경악할 결과를 낳는다. 백성들은 그들의 유아들에게 음식을 댈 수 없을 때 거리에 유기할 정도로 아주 가난해 보일 수 있다.4143)

그러나 케네는 중국의 과잉인구로 인한 빈민의 출현을 자선·복지 활동으로 대처하는 것에 대해 경제원칙상 비판적인 입장을 취한다.

우리는 자선(aumône)이 정부에 의해 충분히 고취되지 않는다고 생각할 수 있다. 그러나 자선은 이것을 적절하게 막을 수 없다. 왜냐하면 생필품의 분배체계 안에서 노동을 대가로 사람들에게 지불되는 임금이 그들을 살게 할 수 있기 때문이다. 자선으로 분배되는 것은 사람들이 재산 없이 사는 것을 가능케 하는 임금으로서, 지출 금액으로부터 빼낸 것이다. 소득을 가진 사람들은 아무런 소득이 없는 사람들의 노동과 서비스의 도움으로만 그 소득을 소비할 수 있다. 이 사람(소득을 가진 사람)의 지출은 (노동과 서비스를 제공하는) 저 사람의 소득이다. 고가의 생산물들의 소비로부터 나오는 매상수입은 그것을 산출한 사람들에게 주어져, 지출을 그것을 재생산하는 데 필요하게 만들 수 있도록 그것들을 변제한다. 지출이 부를 배가하고 영구화하는 것은 이와 같은 것이다. 자선은 자기를 부양할 수 없는

4143) Quesnay, *Despotism in China*, 168쪽. 이 인용문은 매버릭의 영역문을 불어원문과 대조해 정밀하게 수정했다.

빈자들의 긴급한 필요에 대비하기 위해 필수적이다. 하지만 자선은 인간들의 생계에 필요한 부를 재생산하게 하는 노동의 질서와 부의 분배로부터 아무튼 벗어나는 셈이다(*toujours autant de détourné*). 그리하여 인구가 부를 초과할 때 자선은 인구의 과잉으로 인한 불가피한 빈곤(*l'indigence inévitable par l'excès de population*)에 대비할 수 없다.4144)

케네는 자선을 '경제적 일탈'로 보고 있다. 이 때문에 그는 중국의 복지제도도 경시하고 중국경제의 자유시장만을 예찬하는 외곬으로 빠져버렸던 것이다. 자유시장만을 중시하고 복지를 경시하는 케네의 노선은 라이프니츠와 볼프를 계승하여 중국의 복지제도를 적극적으로 수용하여 양호국가론을 전개한 동시대인 요한 유스티의 길과 완전히 상반되는 노선이었다.

자선활동에 의해서는 과잉인구로 인해 생겨나는 빈민층에 대처할 수 없다는 케네의 분석은 일견 그럴싸하다. 스테판 야콥센은 "노동의 질서와 부의 분배로부터 아무튼 벗어나는 셈이다"는 구절을 "it is always a great disturbance to the order of labour and wealth distribution"로 영역하고 케네가 "백성을 위한 자선이나 어떤 보조금 지급을 통한 부양이든 가치의 생산적 흐름을 파괴하고 중국에서의 이런 실행을 비판했다"고 해석하고, "중국에서의 빈민에 대한 보조금 지급의 전통을 재화의 자연적 가격과 회전의 차원을 교란하는 것으로 비판했다"고 평한다.4145)

케네는 정부 예산을 바탕으로 공적 복지를 '금전으로' 베푸는

4144) Quesnay, *Despotism in China*, 168-169쪽. 이 인용문도 매버릭의 영역문을 불어원문과 대조해 정밀하게 수정했다.

4145) Jacobsen, "Physiocracy and the Chinese Model", 25, 28쪽.

경우에 결과가 완전히 달라진다는 것을 알지 못했던 것이다. 이 '금전적' 생계지원은 노동의 질서와 부의 분배로부터 벗어나는" 것이 아니다. 반대로 이런 현금지원은 '노동의 질서와 부의 분배' 기제에 알맞게 이 기제에 적극적으로 '개입'하는 것이다. 왜냐하면 생계보조금을 자활능력 없는 빈민층에게 무상으로 제공하거나 공공사업을 열어 이곳에서 자활능력 있는 빈민을 고용해 노동을 매개로 이들에게 임금을 제공하는 것은 빈민층의 구매력 제고로 내수시장을 확대함으로써 상업·상품작물생산농업·제조업에 활로를 개척해주고 조만간 조업이 확대될 기업들이 빈민들에게 일자리를 만들어낼 수 있기 때문이다. 이것은 정부가 시장에 극소 개입 조치를 통해 경제를 '선순환'시키는 방책이다. 유럽 최초의 자유시장론자 케네는 여기까지 알고 있지 못했다.

아무튼 과잉인구와 자선복지에 대한 케네의 이 분석은 본질적으로 그릇된 것이라서 중국을 '자연질서의 경제' 또는 자유시장의 본보기나 근거로 삼고 중농주의 경제이론을 구축하려는 그의 노력과 "충돌"한다.4146) 왜냐하면 자유시장의 가격기제는 국가의 적절한 개입과 조절이 없다면 자주 고장을 일으키고 결국 독과점을 낳고 빈부양극화 현상을 가속화시켜 결국 자유경쟁기제를 붕괴시켜 버리기 때문이다.

시장과 복지, 이 두 측면을 고려할 때, 케네는 말하자면 아담 스미스처럼 '공자의 계승자'이면서 '공자의 적'이었던 것이다. 그도 스미스처럼 공자의 자유시장을 수용했지만, 공자의 양민복지를 반대했기 때문이다.

4146) Jacobsen, "Physiocracy and the Chinese Model", 25쪽.

1.5. 요한 유스티의 중국식 양호국가(복지국가론)

요한 유스티는 케네와 반대로 중국의 복지제도를 높이 평가하고, 라이프니츠와 볼프의 유학적 복지·민복국가론을 계승하여 오늘날 '복지국가'로 불리는 '양호국가론(Polizeistaatslehre)'을 발전시켰다. 1909년 앨비언 스몰(Albion Small)은 1656년에 『독일군주국(*Teutscher Fürsten Stat*)』을 써서 독일 관방학을 개창한 제켄도르프(Veit Ludwig von Seckendorff)를 "관방학의 기반"으로 지칭하는 한편, 유스티를 "관방학의 종석宗石"으로 칭했다. 그리고 그는 제켄도르프를 "관방학의 아담 스미스"로 추켜세우고, 유스티를 '관방기술'을 '관방학 이론'으로 발전시킨 "움직이는 존 스튜어트 밀"로 찬양했다. 그는 유스티를 "정수精髓 관방학자", "관방학 일반의 전형"으로 평가했다.4147) 스몰의 이 사상사적 유스티 평가는 오늘날도 여전히 타당하다. 유스티는 거의 도처에서 "독일 관방학의 본질적·전형적 대표자"로 대접받고 있다.4148)

■ 유교적 양민국가론으로서의 양호국가론

유스티는 1756년 『양호학의 원리(*Grundsätze der Policeywissenscht*)』에서 공맹과 역대 중국정부의 양민·교민정책과 전통적 구빈·장애인복지제도에 따라 양호국가론(복지국가론)을 처음 수립하고 그 서술체계에서 공자의 부민과 교민, 또는 맹자 인정론의 양민·교민·사법정

4147) Albion Small, *The Cameralists: The Pioneers of German Social Polity* (Chicago: University of Chicago Press, 1909), 60-69쪽과 285쪽. Alfred Wakefield, *The Disordered Police State. German Cameralism as Science and Practice* (Chicago·London: The University of Chicago Press, 2009), 20쪽에서 재인용.

4148) 참조: Alfred Wakefield, *The Disordered Police State. German Cameralism as Science and Practice* (Chicago·London: The University of Chicago Press, 2009), 20쪽.

의·반전反戰 사상과 순서를 거의 그대로 따르고 있다. 유스티의 '양호국가론', 또는 "양호학養護學(Polizei-Wissenschaft)"은 학문적으로 라이프니츠와 볼프의 유학적 복지·민복국가론을 계승한 것이다. 하지만 그의 양호학은 계몽군주 프리드리히 2세의 민복民福국가론을 계승하는 것이기도 했다. 주지하다시피 프리드리히는 1740년 『반反마키아벨리론(Anti-Machiavel)』에서 군왕의 진정한 이익을 백성의 행복으로 주장함으로써 마키아벨리의 음모적·비도덕적 국가론을 배격했다. "마키아벨리가 말하듯이 군주가 *di ordinaria industra* (상당히 근면한 것)로는 충분치 않다. 군주는 자기 백성을 행복하게 만들기 위해 모든 노력을 다해야 한다. 진정, 백성들은 불만족하지 않다면, 결코 반란을 일으킬 생각을 하지 않을 것이다. 그러나 군주가 자기의 백성들을 행복하게 만들 때, 군주가 일부 권력을 잃는 것을 두려워하는 것보다 백성들은 언제나 자기의 군주를 잃는 것을 더 두려워할 것이다."4149) 프리드리히가 이렇게 추리하는 근본적 이유는 "인간의 첫 번째 관심이 자기의 보존이고 다음 관심이 자기의 행복이다"는 생각하기4150) 때문이다. 따라서 군주의 주요관심이 '민복民福'이라는 것을 믿지 않는 자들은 자기의 보존 여부가 민복에 달려 있는 군주가 자기보존의 안보를 생각지 않는다고 믿는 마리아 마키아벨리(Maria Machiaveli) 같은 냉소적 멍텅구리들뿐일 것이다.4151)

하지만 이미 유학적 상식과 중국지식이 만연된 당시의 서구 궁정

4149) King of Prussia Frederick II, *Anti-Machiavel* [1740], Published by Mr. de Voltaire (London: printed for T. Woodward, 1741), 7쪽.

4150) Frederick II, *Anti-Machiavel*, 141-142쪽.

4151) 참조: Wakefield, *The Disordered Police State*, 11쪽.

세계에서 볼테르를 통해 중국으로부터 양민국가를 배운 프리드리히의 이런 민복국가론은 그만의 독특한 국가관도 아니고, 서구 최초의 국가관도 아니었다. 1717년 4월 7일 작센-고타 공국의 프리드리히 2세에게 보낸 한 재무관리의 서신은 이렇게 시작하고 있다. "평온하신 공작님, 은혜롭게 군림하는 군주이자 주군님, 자기의 모든 신민들을 자기의 자식처럼 사랑하고 신민들의 항구적 복지와 복지 증진을 위해 기쁘게 일하는, 신을 경외하고 정직하고 완벽한 군주를 보기를 원한다면, 분명 평온한 전하이십니다."4152) 이것은 비록 군주에 대한 격식을 차린 아부적 인사말일지라도 백성을 "자기의 자식"처럼 사랑하고 백성의 "항구적 복지"의 증진을 군주의 임무로 지적하고 있는 것은 그대로 유학적 양민국가론이다. 전반적으로 유학적 세례를 받은 이런 18세기 분위기 속에서 유스티는 관방학자가 백성을 행복하게 만드는 이론을 가르치면, 군주는 이것을 실천한다고 단단히 확신할 수 있었다.4153) 따라서 유스티의 "양호학"은 프리드리히의 저 계몽주의 국가관과도 맞닿아있는 것이다.

유스티는 1760년 마침내 그가 꿈에 그리던 프리드리히 2세의 정부에서 일할 수 있게 되었다. 이때 그는 프리드리히 국왕을 알현할 기회를 얻었고, 동시에 국왕의 신임을 얻었다.4154) 그는 프리드리히의 명에 따라 작센 선제후 프리드리히 아우구스트 1세(강건왕)의 재상 하인리히 폰 브륄(Heinrich von Brühl) 백작을 맹박하는 비판서 『브륄(Brühl)』을 썼다.4155) 독일에서 가장 풍요로운 나라 작센을 파

4152) 참조: Wakefield, *The Disordered Police State*, 13쪽.

4153) 참조: Wakefield, *The Disordered Police State*, 10쪽.

4154) Reinert, "Johann Heinrich Gottlob von Justi (1717-1771) - The Life and Times of an Economist Adventurer", 5-12쪽.

4155) 참조: Ferdinand Frensdorff, "Über das Leben und die Schriften des Nationalökonomen

산시킨 브륄 재상을 백성의 "흡혈귀"와 "공금횡령자"로 탄핵하는
이 책은 아주 성공적이었다. 이 책은 그의 생존 시에 영역되어
런던에서 출판되기도 했다.4156) 1755년에 쓴 소책자『국가경제
(*Staatswirtschaft*)』의 서문에서 관리의 정직성과 부정직한 관리들의 위
험성을 경계했었는데, 이『브륄』은 사실상 1755년의 이『국가경제
』와 자매편으로 나온 책자인 셈이었다.4157)

서양에서 그리스어 '폴리스'에서 유래한 '폴리차이(*Policey; Polizei*)'
라는 말은 아주 오래되었으나, 유스티는 그 내용을 공맹의 양민론
으로 치환하여 계몽주의의 최대의 사상적 성과 중의 하나인 '양호
국가론'을 창조한다. 유스티는 단순히 도시치안유지를 의미하는
어원적 '폴리차이(*Policey*)'와 자신의 '양호' 의미의 '폴리차이' 개념
간의 차이를 이렇게 밝힌다.

> '폴리차이(*Polcey*)'라는 명칭은 그리스어 *Πολις*(폴리스), 즉 도시국가에
> 서 유래하고, 의심할 바 없이 도시와 그 시민 체제의 훌륭한 제도를 시사
> 해준다. 그리스인들과 로마인들은 이 단어를 다름 아닌 도시의 훌륭한
> 질서·안녕·단장丹粧으로 정의했다.4158)

그런데 근세 초 유럽인들은 이 말을 다시 끄집어내어 광의로

J. H. G. von Justi", *Nachrichten der Königlichen Gesellschaft der Wissenschaften zu Göttingen*,
Phil.-Hist. Klasse 4 (1903) 81쪽. Wakefield, *The Disordered Police State*, 12쪽 각주 39에서
재인용.

4156) 참조: Wakefield, *The Disordered Police State*, 12쪽.

4157) 참조: Wakefield, *The Disordered Police State*, 12쪽.

4158) Justi, *Grundsätze der Policeywissenscht in einem vernünftigen, auf den Endzweck der Policey
gegründeten, Zusammenhang*, 'Einleitung', §1.

쓰기 시작했는데, 이때 "광의의 폴리차이(Policey)"는 "전반적 국가능력을 영속적으로 정초하고 증대시키고 국력을 더 잘 사용하고 무릇 공동체의 행복을 증진할 수 있는, 대내적 국사國事에서의 모든 조치들"로 정의되었다.[4159] 그러나 유스티는 "협의의 폴리차이"를 "시민적 생활의 훌륭한 체제를 위해 요구되는 모든 것, 따라서 신민들 간의 훌륭한 기강과 질서의 유지, 생활의 편의와 영양상태의 향상을 진흥하는 조치들"로 정의하고", 대상지역을 농촌과 도시를 망라한 전 영역으로 확대해 자기의 양호학을 이 협의로 규정했다.[4160]

그리하여 유스티에 의하면, 일단 "모든 나라의 궁극목적과 본질"을 "공동체적 행복의 증진"으로 천명하고, 국가는 "전반적 국가능력"을 이 행복의 증진에 투입해야 한다고 주장한다. 이 "전반적 국가능력" 개념을 바탕으로 그는 양호학을 정치학·관방학·재정학과 구별한다. 정치학(정치술)은 "다른 자유국가들과의 관계 속에서 전반적 국가능력을 유지하고 증대하는 것"이고, 양호학은 "내부체제와 관련해 국가의 바로 이 전반적 국가능력의 유지와 증대를 대상으로 삼는다". 반면, "관방학과 재정학"은 "전반적 국가능력으로부터 이 능력의 슬기로운 사용을 통해 특별한 또는 가장 잘 마련된 능력을 끌어내" 쓰는 것을 다룬다.[4161] 한마디로 관방학이 국가능력의 슬기로운 '지출'을 탐구하는 학인 반면, 양호학은 이 국가능

4159) Justi, *Grundsätze der Policeywissenscht*, 'Einleitung', §2.

4160) Justi, *Grundsätze der Policeywissenscht*, 'Einleitung', §3.

4161) Justi, *Grundsätze der Policeywissenscht*, 'Einleitung', §4. 정치술과 관련해 유스티는 다른 곳에서 "정치술은 다름 아닌 대내외적 국가안보만을 궁극목적으로 갖는다"고 하여 대외안보만이 아니라 대내안보도 정치학의 사안으로 보고 있다. Justi, *Grundsätze der Policeywissenscht*, 'Vorrede zu der ersten Ausgabe 1756'. 3쪽.

력의 슬기로운 국내적 '산출'을 탐구하는 학이다. 따라서 "양호의 궁극목적은 훌륭한 내부체제(*innerliche Verfassung*)를 통해 전반적 국가능력의 유지와 증대를 구현하는 것이다. 전반적 국가능력이 나라 전체와 나라의 모든 구성원들에게 할당된 모든 재화만이 아니라 나라에 속한 모든 사람들의 숙련과 능력도 포괄하는 것과 꼭 마찬가지로, 양호는 이 모든 다양한 재화의 전반적 연관을 염두에 두고 이 재화의 각 종류를 공동체적 행복의 증진을 위해 점점 더 도움이 되고 더 쓸모 있게 만들려고 끊임없이 노력해야 한다."4162)

이 목적을 위해 양호론은 "국토를 개발하고(*cultivieren*), 영양상태를 향상시키고, 공동체 안에서 훌륭한 기강과 질서를 유지하려고 한다".4163) 여기서 '영양(*Nahrung*)'이라는 표현은 의미론적으로 공맹의 '양민養民' 개념과 거의 부합된다.

유스티의 국가론은 볼프의 철학에 근거했다. 그는 국가목적으로서의 '행복' 개념도, 그 '함의'도, '이론 틀'도 다 넘겨받았다. 그러나 이것은 유스티의 저작들을 봐서는 잘 드러나지 않는다. 그는 그의 저서에서 볼프의 이름이 나올 때마다 '자기 의견은 볼프와 다르다'고 말하기 때문이다.4164) 그는 『양호학의 원리』에서도 볼프에 대해 가령 이렇게 양호학(복지국가론)의 발전을 위해 비판적으로 평가한다.

사람들이 서거한 볼프 총장에게 기대한 것은 그가 양호론을 망각하지 않는 것이었을 것이다. 그러나 그는 과학의 본질 및 정의로운 경계와도 일치

4162) Justi, *Grundsätze der Policeywissenscht*, 'Einleitung', §5.

4163) Justi, *Grundsätze der Policeywissenscht*, 'Vorrede zu der ersten Ausgabe 1756', 4쪽.

4164) 참조: Jürgen G. Backhaus, "From Wolff to Justi", 8, 12쪽. Jürgen G. Backhaus (ed.), *The Beginnings of Political Economy: Johann Heinrich Gottlob von Justi* (New York: Springer Science+Business Media, 2009).

하지 않은 그의 특별한 이념에 따라 인간들의 사회생활을 주요대상으로 선택하는 것을 좋아했다. 그는 이런 책들에서 많은 유익하고 올바른 양호론의 이론들을 같이 개진했을지라도 이 이론들을 그의 특별한 궁극목적에 따라 도덕론, 자연법, 생활지혜의 수많은 원칙들과 뒤섞은 통에, 이런 책들은 양호론의 학설체계로도 간주될 수 없다.[4165)

이런 까닭에 『양호학의 원리』로써 유스티는 볼프의 관방학을 발전적으로 극복한다. 이 책에서 유스티는 자신이 처음 '양호학'을 창시했다고 천명한다.

나는 지금, 다른 학문들과 분리되어 완벽하게 현상하는 양호론, 사물의 본성에 근거한 연관 속에서 현상하는 양호론의 최초의 이론체계를 제공하는 것이라고 근거 있게 주장할 수 있다.[4166)

그러나 유스티의 양호론은 결코 '최초의 이론'이 아니라 공맹의 양민·교민론의 재탕이었던 것이다.

유스티는 『양호학의 원리』에서 일단 양호학을 3책으로 구분하고 의식주를 물과 불처럼 풍성하게 하려는 공맹의 양민·부민정신에 충실하게 제1책은 주민의 주거와 식량을 위해 농촌과 도시를 가꿔 외국인을 견인하고 내국인의 출산을 장려해 인구를 늘리고 의료복지로 인구를 병마로부터 지키는 '국토의 개발', 제2책은 "풍족한 영양상태를 진흥하는 조치들"을 다루고, 제3책에서는 "신민들의 도덕적 상태와 훌륭한 기강과 질서의 유지"를 겨냥한 '교민敎民정

4165) Justi, *Grundsätze der Policeywissenscht*, 'Vorrede zu der ersten Ausgabe 1756'. 4-5쪽.
4166) Justi, *Grundsätze der Policeywissenscht*, 'Vorrede zu der ersten Ausgabe 1756'. 3쪽.

책'과 '사법정의'를 다룬다. 이것은 공자가 '족병足兵'(강대한 군사력)
보다 '족식足食'(풍족한 의식주)을 앞세워 인구를 많게 하고 "문덕"을
닦아 "먼데 사는 사람들을 오도록 하고, 오면 편안하게 해주고"
이렇게 해서 늘어나는 인구를 부자로 만들고, 부유한 국민을 교화
한다고 말한 것이나, 맹자가 인정론의 4대 요소를 양민·교민·사법정
의·반전평화로 본 것과 그 내용만이 아니라 순서까지 대동소이하
다. 이것은 양호국가론의 종결작 『국가의 권력과 행복의 기초(Die
Grundfeste zu der Macht und Glückseligkeit der Staaten)』에서4167) 유스티가 '불필
요한 전쟁'까지 반대함으로써 더욱 공맹과 유사해진다. 양호학의
일반원리는 "공동체의 내부체제를 전반적 국가능력이 유지되고
증대되고 공동체적 행복이 점점 더 많이 증진되는 형태로 조정하
는" 것이다.4168)

■ 중국식 상평창 설치론

이 양호학에 유스티는 중국의 농본주의를 수용해 농업을 중시하
는 가운데, 중국의 상평창 또는 사창社倉을 모델로 구휼용 국가곡식
창고 설치를 제창하고 중국의 자유농민을 모델로 봉건적 부역의
폐지를 주창한다.

농업은 아주 많은 원자재와 국내생산물이 농업을 통해 산출되기 때문에

4167) Johann H. G. von Justi, *Grundsätze der Policeywissenscht in einem vernünftigen, auf den
Endzweck der Policey gegründeten, Zusammenhange* (Göttingen: Verlag der Wittwe
Vandenhoek, 1756.1759.1782); Justi, *Die Grundfeste zu der Macht und Glückseligkeit der
Staaten, oder ausführliche Vorstellung der gesamten Policey-Wissenscht*, erster Band (Königsberg
und Leipzig: Johann Heinrich Hartungs Erben, 1760), zweiter Band (Königsberg und
Leipzig: Verlag seel. Gebhard Ludewig Woltersdorfs Witwe, 1761).
4168) Justi, *Grundsätze der Policeywissenscht*, 'Einleitung', §8.

만이 아니라 국민들의 생계에 없어서는 아니 되는 곡식을 제공해야 하기 때문에도 국토 양호養護의 큰 관심을 받을 만하다. 왜냐하면 곡식이 상업으로 얻어질 수 있을지라도, 외부의 유입이 끊어지는 수백 가지 사정이 발생하기 때문이다. 자기의 주민들이 먹을 것도 불충분한 곡식을 생산하는 나라는 항상 얼마간 이웃나라에 종속적이다. 따라서 정부에 본래 알려져 있을 수밖에 없는, 나라 안에 사는 수의 백성을 위해서 충분한 곡식이 재배되어야 할 뿐만 아니라, 잉여곡식을 창고에 보관함으로써 흉년에 국가를 망치는 가격 등귀와 기근을 타개하거나 유리한 대외무역을 할 수 있기 위해 매년 잉여곡식이 생길 정도로 농업을 번창하게 만들려고 노력해야 한다.4169)

마지막에 언급하는 중국식 사창과 상평창은 그가 중국 출처 제시 없이 이미 『국가경제(*Staatswirtschaft*)』(1755)에서 주장한 것이다. 유스티는 중국제국에 대한 풍부한 지식정보를 가지고 여기저기서 활용하고 있지만 이런저런 아이디어를 중국으로부터 가져왔다는 것을 밝히지 않는다.4170) 그러나 그렇지 않아도 중국을 좋아한 프로이센 국왕 프리드리히 빌헬름 1세(재위 1713-1740)는 이 중국 사창제도를 1730년대에 이미 프로이센에 도입한 상태였다.

그의 잉여곡식 관청은 흉년에 도시 중하층계급에 혜택을 주는 시세 이하의 가격으로 처리하기 위해 풍년에 농민들이 팔 수 없는 모든 농산물을 다 일정한 고정 가격에 사들였다.4171)

4169) Justi, *Grundsätze der Policeywissenscht*, §123.

4170) Menzel, "The Sinophilism of J. H. G. Justi", 310쪽.

4171) Leonard D. White, Charles H. Bland, Walter R. Sharp and Fritz Morstein Marx,

1946년에야 이 사실을 뒤늦게 알게 된 더크 보드(Derk Bodde)는 라이프니츠(1646-1716)와 크리스티안 볼프(1679-1754)와 같은 독일 사상가들이 공유한 중국 열광이 잘 알려진 것을 근거로 프로이센의 이 곡식창고제도를 '중국산'으로 추정했다.4172)

한편, 전체적으로 볼 때 유스티는 중농주의자들보다 중국의 농업 관련 입법과 관행에 관심이 덜했다. 이것은 의심할 바 없이 부의 원천에 대한 그의 상이한 생각을 반영한 것이다. 그는 농업보다 상공업을 더 큰 국부의 원천으로 간주했다. 따라서 그의 중국애호는 케네와 강세가 달랐던 것이다.4173) 또한 중국과 스위스의 농상양본주의와 가장 근접한 농본주의와 결합된 이 선명한 '상본주의商本主義(commercialism)'로써 유스티는 아담 스미스도 넘어 섰다. 유스티는 농업정책에서 농본주의에 집착하기보다 세금과 봉건적 부역의 경감을 강조한다.4174)

이어 유스티는 맹자를 따라 농민에 대한 기술·직업교육·장려책도 언급한다. "농부들에게 탁월한 재능을 가르쳐야 한다"는 것이다.4175) 이것은 중국정부의 수천 년 전통을 그대로 옮겨 놓은 것이다. 그는 『유럽정부와 아시아정부의 비교』에서 열심히 일한 농부를 여러 가지로 포상하는 중국정부의 관행을 상론하고 이를 찬양하고 있기4176) 때문이다. 그러나 동시에 유스티는 상업의 중요성을 농업

Civil service abroad, Great Britain, Canada, France, Germany (New York & London: McGraw-Hill, 1935), 172쪽.

4172) Bodde, "Henry A. Wallace and the Ever-Normal Granary", 426쪽.

4173) Menzel, "The Sinophilism of J. H. G. Justi", 310쪽.

4174) Justi, _Grundsätze der Policeywissenscht_, §126.

4175) 참조: Justi, _Grundsätze der Policeywissenscht_, §129.

4176) Justi, _Vergleichungen der Europäischen mit den Asiatischen ... Regierungen_, 304-306쪽.

못지않게 강조한다. 상업은 '양민정책의 핵심' 또는 양민의 '가장 중요한' 기반이다.[4177] 그는 "상업과 영리활동은 모든 영양상태의 가장 주된 버팀목이고, 따라서 국가양호의 완전히 특별한 주도면밀성을 요구한다는 것을 쉽게 알게 된다"고 주장한다. "풍족한 영양상태는 바로 나라 안에서 생산되고 가공되고 비축 속에 들어있고 다시 판매되는 재화의 양에 있기 때문"이라는 것이다.[4178]

유스티가 "국가의 권력과 행복의 기초"와 동의同義로 명명한[4179] 『국가의 권력과 행복의 기초』(1760·1761)에 이르면, 중국적 내용이 새로 더해지면서 유스티의 양호국가론은 더욱 공맹의 인정론仁政論과 겹치게 된다. 일단 『국가의 권력과 행복의 기초』에서 돋보이는 것은 용어의 갱신이다. 1756년의 『양호학의 원리』에서 쓰던 '주민'이라는 범주는 '인구(Bevölkerung)로 바뀌고, "복지(Wohl, Wohlstand, Wohlfahrt)"라는 단어들이 도처에서 자주 출몰한다. 또한 "제가齊家(häuserlche Regierung)", "개별 가족의 복지", 구빈 문제 등이 새로 도입되고, 인구조사·치수·개간·땔감 문제, 우편·도로 설치, 박람회와 상설시장 설치 등이 추가되고, 상업과 상품유통 관련 내용이 대폭 확대된다.

『국가의 권력과 행복의 기초』에서는 『양호학의 원리』에서보다 더 분명하게 정부의 양민책임과 그 범위를 규정한다. "정부는 첫째, 만인이 자기 생계를 버는 기회를 얻도록 식량과 영리활동이 나라 안에서 풍성하도록 배려하고, 둘째, 생필품이 나라 안에 언제나

4177) Justi, *Grundsätze der Policeywissenscht*, §191.

4178) Justi, *Grundsätze der Policeywissenscht*, §193.

4179) Justi, *Die Grundfeste zu der Macht und Glückseligkeit der Staaten, oder ausführliche Vorstellung der gesamten Policey-Wissenscht*, erster Band, 'Vorrede'.

충분하게 현존하고, 적정가격에 거래되고, 어떤 가격등귀도 일어나지 않도록 주의를 기울여야 한다"는 것이다.4180) 이것과 추가된 구빈론으로써 유스티는 그의 국가론 체계의 중심을 플라톤적 철인치자의 고답적 야경국가론을 떠나 공맹의 은혜로운 인정仁政국가론으로 확실히 이동시킨 것이다.

■ 중국식 구빈론

『국가의 권력과 행복의 기초』에서 양호학에 추가된 내용 중의 하나는 복지의 본래적 핵심인 '구빈'정책이다. 걸인을 단속대상으로만 논하던 1756년의 『양호학의 원리』와 달리, 『국가의 권력과 행복의 기초』에서는 "구걸을 막고 빈민을 구휼하는 시설은 우리가 이 저작에서 특별한 주목과 상세한 논의를 바쳐야 할 정도로 아주 중요하고 아주 간절한 양호대상, 심지어 가장 좁은 의미에서의 양호의 대상이다"라고 천명한다. 왜냐하면 "개별 가족들의 복지는 공동체적 최선과 아주 긴밀히, 국가의 복지가 빈민을 거의 자기 안에 갖지 않는 것에 아주 많이 근거할 정도로 아주 긴밀히 연결되어 있기" 때문이다. "특히 빈민이 공동체의 무용한 구성원일 뿐만 아니라 과중한 구성원이기에 많은 주민들의 빈곤은 도덕적 상태에 대해서도 악영향을 미친다".4181) 이것은 공맹의 사상과 전적으로 부합한다.

유스티는 빈민 누적의 원인으로 빈번한 '사고'보다 '나태'와 '빈둥거림', 그리고 중과세 등 정부의 '부정'과 '억압'을 든다.4182) 그는

4180) Justi, *Die Grundfeste der gesamten Policey-Wissenscht*, erster Band, §314.

4181) Justi, *Die Grundfeste der gesamten Policey-Wissenscht*, zweiter Band, §306.

4182) Justi, *Die Grundfeste der gesamten Policey-Wissenscht*, zweiter Band, §307-310.

"농부와 천민은 가난해야 하고 그럴수록 그만큼 더 근면할 것이라고 한다"고 주장하는 정치학자들에 대해 중농주의자 미라보를 인용하며 "그들은 그들의 원칙에 따라 억압을 통해 가난하게 유지되어야 하는 이 천민 사이에서 존재하기를 바라는가"라고 일침을 놓는다.4183) 그런데 중과세로 국민을 궁핍화시켜도 근로의지를 꺾어 나태를 부추길 수 있지만, 세금을 거의 없애도 혁신적 근면 없이 인습 속에서 초라하게 먹고사는 나태를 부추길 수 있다. 따라서 "모종의 상황에서는 너무 적은 세금도 백성의 가난의 공동작용적 원인일 수 있다". 따라서 요는 적정수준의 과세가 필수적이라는 것이다. 그러나 이 원칙은 "두 가지" 조건을 전제한다. 첫째, "정부가 거둔 세금을 실제로 국가의 이익을 위해, 특히 영양상태의 향상을 위해 써야지, 사치나 낭비, 총신들의 치부, 불필요한 전쟁, 기타 무익한 지출에 쓰지 않는 것이다". 유스티는 당시 독일 군주들이 일삼던 '불필요한 전쟁'도 비판하고 있다.4184) 둘째, "세금 때문에 아무도 가난해지지 않을" 정도로 "세금은 언제든 적정해야 한다"는 것이다. "가혹한 세금으로 근면한 신민들을 가난하게 만드는 것은 언제나 여전히 혐오할만한 원칙이다". 세금의 "적정성"과 "정의로운 세율"은 "소득의 극소량만을 거두는" 가벼운 세금에 본질을 둔다.4185) 가벼운 세금은 공맹이 강조해 마지않던 것이다.

빈민을 시설에 수용하느냐, 가정에서 돌보도록 지원하느냐 하는 구휼방법을 둘러싼 논란은 있지만,4186) 유스티는 "국가가 연로年老,

---

4184) 이런 평화지향성 때문에 훗날 나치스와 파시스트들은 양호학을 좋아하지 않았다. 참조: Peukert, "Justi's Concept of Moral Economics and the Good Society", 117쪽.
4185) Justi, *Die Grundfeste der gesamten Policey-Wissenscht*, zweiter Band, §311.

병환, 허약성 때문에 일할 수 없는 가난하고 불행한 사람들을 구휼하는 만큼 필수적이고 정당한 것은 없을 것이다"라고 천명하고 "보편적 인간애는 우리가 시민사회 안에서 살지 않더라도 이 의무를 우리에게 부과할 것이다"라고 갈파한다. 그런데 "같은 시민사회 속에 서로 더불어 살고 있는 이들"은 "빈곤하고 허약한 구성원들을 구휼해야 할 훨씬 더 강한 의무를 지닌다". 시민들이 시민사회로 "결합해 있는" 것은 "공동체적 행복의 궁극목적을 위한" 것이기 때문이다. 따라서 정부가 짊어져야 할 의무는 시민사회보다 "더 크다". 왜냐하면 "시민사회의 각 구성원의 복지를 돌보는 것"은 국가가 궁극목적으로 추구하는 "공동체적 최선과 화해롭기 때문" 이다.4187) 『국가의 권력과 행복의 기초』에서 "늙고 병들고 허약한" 빈민에 대한 복지정책을 이렇게 대폭 보강함으로써 최초로 공맹의 양민철학 쪽으로 진일보한 선명한 복지국가론이 수립된 것이다. 공맹이 요순의 대동이념을 이어 역설하고 모든 동아시아국가들이 2000년 동안 실제로 공맹의 '인仁 정신'에 따라 시행한 환과고독과 폐질환자 및 기타 노인과 빈민.재해민에 대한 국가구휼 정책이 유스티에게서 이처럼 그대로 복원되고 있다. 이후 독일학계에서 사회적 약자의 국가구휼은 학문적 상식이 되었고, 이를 통해 노동계급 중심 복지국가론도 그 근간이 만들어진다.

유스티의 사상과 이론체계를 전체적으로 평가하자면, 그는 유럽 정치철학의 전통과 당대의 사조를 자기 사상의 바탕으로서 버리지 않았지만, 양호국가론의 체계화와 확장 등에서 전적으로 중국에 의존했다. 이런 까닭에 요하나 멘젤(Johanna M. Menzel)은 「유스티의

4186) Justi, *Die Grundfeste der gesamten Policey-Wissenscht*, zweiter Band, §317.

4187) Justi, *Die Grundfeste der gesamten Policey-Wissenscht*, zweiter Band, §315.

친중국주의」에서 "그는 중국의 정치철학과 제도 속에서 (...) 시간에 바래지 않을 정치적 지혜의 원리들에 대한 확증을 발견했다고 확신했다"고 총평한다.[4188]

유스티의 '양호국가론'의 핵심요지는 일반 백성들의 먹고사는 문제를 – 플라톤과 아담 스미스의 국가론에서처럼 – 개개인의 운명에 내던져 두는 것이 아니라, 정부가 능동적으로 나서서 산업육성·경제진흥·국민교육을 전반적으로 적극 실시하고 그럼에도 곤경에 빠진 백성에 대해서는 직접적 구휼과 민생복지의 시혜에 힘써야 하며 이를 위한 국가기능과 행정관청을 창설하고 일상적 행정서비스를 제공해야 한다는 것이다. 이로써 유스티는 유럽 최초로 복지국가론을 완성했다.

1.6. 헤겔의 양호국가론

유스티의 관방학적 복지국가론, 또는 양호국가론은 헤겔의 『법철학』(1821)에 지대한 영향을 미쳤다. 헤겔은 유스티의 양호학에 따라 아담 스미스의 야경국가적 국가과업들을 뛰어넘어 구빈·교육·복지 등의 과업들을 근대국가의 책무로 논한다.

■ 유스티 양호국가론의 계승

헤겔은 개인을 "시민사회의 자식"으로 규정하고 복지를 이 자식의 "권리"로 간주한다. 그는 『법철학』의 "양호와 동직조합(Polizei und Korporation)" 절의 "양호"라는 단락에서 일단 유스티가 공자철학

4188) Menzel, "The Sinophilism of J. H. G. Justi", 310쪽.

과 중국문명으로부터 수용한 '국가=가정 유추론'을 받아들여 '개인(das Individuum)'에게 "시민사회의 자식(Sohn der bürgerlichen Gesellschaft)"의 지위를 부여하고, "이 자식은 시민사회에 요구권을 가졌다"고 천명한다.[4189] 헤겔은 최초로 복지를 시민의 '권리'로서 주장할 법적 근거를 비로소 거론하는 점에서 유스티를 뛰어넘어 정부의 양민의무에 조응하는 양민의 인정仁政을 요구할 중국백성의 정치적 권리론 수준에 도달했다.

나아가 헤겔은 "시민사회"를 "보편적 가족(die allgemeine Familie)"이라고 부르면서 "시민사회는 교육이 사회의 구성원이 되는 능력과 관계되는 한에서, 특히 부모 자신에 의해서가 아니라 타인들에 의해 완성되어야 하는 경우에, 교육을 감독하고 개입할 의무와 권리를 부모의 자의와 우연에 반해 보유한다"고 말한다.[4190] 따라서 시민사회는 "부모를 강제해 자녀들을 학교로 보내고 그들에게 천연두 예방접종 등을 맞히게 할 권리"를 행사함으로써[4191] 시민들의 보건·교육복지도 책임지고 보장해야 한다. "특수성 속에서 현실적이 되는 권리 속에는 (...) 개인들의 생계와 복지의 보장, 즉 특수한 복지가 '권리'로서 다루어지고 실현될 것이 포함되어 있기"[4192] 때문이다. 헤겔은 일단 국가의 보건·교육복지 책무를 이렇게 추상적으로 정의한 다음, 다시 교육복지 기능을 확실하게 '의무와 권리'로 못박고 있다. "보편적 가정의 이런 성격 속에서 시민사회는 교육이 이 사회의 구성원이 될 능력과 관계되는 한에서,

---

4189) Georg W. F. Hegel, *Grundlinien der Philosophie des Rechts* [1821], §238. *G.W.F. Hegel Werke*, Bd.7 in 20 Bänden (Frankfurt am Main: Suhrkamp, 1970).

4190) Hegel, *Grundlinien der Philosophie des Rechts*, §239.

4191) Hegel, *Grundlinien der Philosophie des Rechts*, §239, Zusatz.

4192) Hegel, *Grundlinien der Philosophie des Rechts*, §230.

특히 교육이 부모 자신에 의해서가 아니라 타인들에 의해 수행되어야 하는 경우에 부모의 자의와 우연에 맞서 교육에 대해 감독하고 영향을 미칠 의무와 권리를 가진다.4193)

헤겔은 유스티의 양호국가론을 계승함으로써 부지불식간에 유교적 양민국가론을 수용한 것이다. 그런데 유교국가 중국은 그가 칸트만큼 무시하던 나라가 아니었던가! 헤겔은 유스티의 양호국가론이 중국산임을 몰랐던 것이다. 따라서 이 경우 헤겔의 무지는 베버의 무지에 육박한다. 베버는 공자의 "정자정야政者正也"를 영역한 반反청교도적 무신론자 벤저민 프랭클린의 금언 "Honest is the best policy"를 개신교 윤리로 오인하여 이것을 자본주의정신의 원천으로 선언했기 때문이다. 베버는 부지불식간에 아주 올바로 공자의 유교윤리를 자본주의정신의 원천으로 선언한 셈이다.

■ '양호권력'으로서의 근대국가

구체적 개인들의 특수한 복지가 '권리'로서 구현되기 위해서는 국가의 '양호(Polizei)' 권력으로서의 "일반자의 보장권력"이 "일반업무와 공익시설"에 대한 "감독과 관리"를 수행해야 하고,4194) 아담 스미스의 자유방임시장처럼 시장을 완전히 방치하지 않고 필수한 '시장조절' 기능도 수행해야 한다.4195) 그러나 헤겔의 양호국가는 물론 이러한 시장조절 기능을 넘어 민생복지 및 교육복지 기능도 담당한다. 헤겔의 국가는 유스티 식의 양호국가인 한에서 플라톤주의적 야경국가와 달리 공맹과 유스티의 국가처럼 구빈복지정

4193) Hegel, *Grundlinien der Philosophie des Rechts*, §239.

4194) Hegel, *Grundlinien der Philosophie des Rechts*, §231, §235.

4195) Hegel, *Grundlinien der Philosophie des Rechts*, §236.

책도 담당한다.

> 일반권력은 빈민의 직접적 궁핍과 노동기피 정서, 악의, 이러한 처지와
> 불법행위에서 생겨나는 기타 악덕에 대한 고려에서 빈민들에게 가족의
> 지위도 떠맡는다.[4196]

또한 "각 개인이 자신의 자연환경에서 처하는 빈곤과 온갖 종류의 궁핍의 주관성은 정서와 사랑으로서의 특수한 사정을 고려해 주관적 도움도 요구한다. 여기가 온갖 일반적 시설에도 불구하고 도덕이 해야 할 일이 충분히 있는 장소다. 그러나 이 도움이 그 자체로서 그리고 그 작용에서 우연에 달려 있기 때문에 사회의 노력은 궁핍과 그 방지에서 일반적인 것을 발견해내고 설치해 저 도움이 없어도 되는 것으로 만드는 데까지 나아간다."[4197] 말하자면, "자선, 시설, 성인상聖人像 옆에서의 남폿불 밝힘 등의 우연은 공공 빈민구휼시설, 공공병원, 가로조명 등에 의해 보완되어야 한다"는 것이다. 따라서 "자선활동은 해야 할 일이 충분히 남아있지만, 그것이 정서의 특수성과 그것의 심조와 앎의 우연성에만 이 궁핍 방지를 유보해두고자 한다면 이것은 그릇된 견해"라는 말이다.[4198]

따라서 헤겔의 국가는 권위주의적이고 관료주의적일망정, 적어도 플라톤과 아담 스미스의 '야경국가(Nachtwächterstaat)'는 아닌 것이다. 요약하면, 공자의 '양민' 이념을 수용한 볼프와 유스티의 양호

4196) Hegel, *Grundlinien der Philosophie des Rechts*, §241.

4197) Hegel, *Grundlinien der Philosophie des Rechts*, §242.

4198) Hegel, *Grundlinien der Philosophie des Rechts*, §242, Zusatz.

국가적 전통에 서 있는 헤겔의 국가는 애당초 시장과 사회에서 활약하는 개인들의 얽히고설킨 이기적 이익추구로 구현되는 공동선의 형성 메커니즘을 "대중의 보호와 안전을 위한 외적 질서와 공익설비"로서 "구현하고 유지하고" 촉진하기 위해 "양호적 배려(polizeiliche Vorsorge)"를 필수적으로 요구하는 것이다.[4199]

유스티의 중국식 양호국가론이 1750년대에서 1780년대까지 풍미했다면, 헤겔의 유스티식 양호국가론은 1821년 이래 1940년대까지 독일학계를 석권했다. 1883-1889년 비스마르크는 헤겔이 논한 국가의 양호권력으로서의 "일반자의 보장권력"을 발동하여 유스티와 헤겔의 이 양호국가론을 노동자계급의 혁명적 체제도전을 저지하는 데 활용한다. 비스마르크는 일련의 사회보장제도를 양호제도로 도입한다. 이로써 유럽에서 최초로 사회보장국가가 제도적으로 구현된다. 다른 한편, 유스티가 무대에서 사라지고 헤겔이 아직 무대에 오르기 전에 18세기 말 신생국가 미국은 라이프니츠의 중국식 '최대다수의 최대 행복' 명제를 발전시킨 허치슨의 최대다수최대행복론을 수용하여 사상초유로 '행복론적 헌법'을 제정한다.

4199) Hegel, *Grundlinien der Philosophie des Rechts*, §249.

제2절
행복론적 미국헌법의
탄생

　미국의 국부들은 유학적 '민복'을 백성의 행복추구권으로, 그리고 동시에 국가의 목적으로 선언한다. 이것은 미국에서 사상초유의 행복론적 헌법과 헌법적 가치를 지닌 두 개의 문건으로 구현된다. 사상초유의 행복론적 헌법은 「버지니아헌법(버지니아권리장전)」과 「미국헌법」이고, 헌법적 가치를 가지는 두 개의 문건은 「독립선언문」, 토마스 제퍼슨의 「대통령취임연설문」이다. 이 네 개 역사적 문건들을 출현순서대로 분석한다.

2.1. 사상초유의 행복론적 헌법: 「버지니아헌법」

　「버지니아권리장전(Virginia Bill of Rights)」, 또는 「버지니아헌법」은 행복추구권을 박탈될 수 없는 "생득적 권리"로 규정하고 국민의 "최대행복"의 보장을 국가의 의무로 규정한 사상초유의 서구헌법이다. 「버지니아권리장전(Virginia Bill of Rights)」, 또는 「버지니아권리선언(Virginia Declaration of Rights)」, 또는 이 권리선언을 제1조에 삽입한 「버지니아헌법」은 「독립선언문」을 발표하기 두 달 앞서 토마스 제퍼슨의 사상적 지침 아래 조지 메이슨(George Mason)과 제임스 매디슨(James Madison)에 의해 기초되어 1776년 6월 12일 버지니아 주州의회에서 수정·통과되었다.

■ 「버지니아헌법」 제1조 1섹션의 행복추구권

「버지니아권리장전(Virginia Bill of Rights)」 제1조, 또는 「버지니아헌법」 제1조 1섹션은 이렇게 규정하고 있다.

> 모든 인간은 본성에 의해 평등하게 자유롭고 독립적이고, 그들이 사회상태로 들어갈 때 어떤 계약에 의해서도 그들의 후손으로부터 박탈하거나 빼앗을 수 없는 일정한 생득적 권리들을 가지고 있다. 그 권리들은 말하자면 소유물을 획득·보유하고 행복과 안전(happiness and safety)을 추구하고 달성하는 수단들과 함께 생명과 자유의 향유다.[4200]

「버지니아헌법」은 이렇게 제1조 1섹션에서 서양세계 최초로 행복추구권을 "어떤 계약에 의해서도 그들의 후손으로부터 박탈하거나 빼앗을 수 없는 일정한 생득적 권리"로 선언하고 있다. 이것은 행복추구를 박탈불가·탈취불가의 생득적 자연권으로 규정한 최초의 헌법조문이다. 이 헌법조문은 훗날 모든 근대국가의 헌법에

4200) *Virginia Bill of Rights*. Article 1 (Constitution of Virginia. Article I. Bill of Rights Section 1). That all men are by nature equally free and independent, and have certain inherent rights, of which, when they enter into a state of society, they cannot, by any compact, deprive or divest their posterity; namely, the enjoyment of life and liberty, with the means of acquiring and possessing property, and pursuing and obtaining happiness and safety.

도입된다. 그리하여 1948년 7월 12일 제정된 대한민국 헌법도 전문에서 "우리들과 우리들의 자손의 안전과 자유와 행복을 영원히 확보할" 우리 대한국민의 "다짐"이 천명하고, 제10조에서 "모든 국민은 인간으로서의 존엄과 가치를 가지며, 행복을 추구할 권리를 가진다"고 규정하고 있다. 또 한 제34조는 "모든 국민은 인간다운 생활을 할 권리를 가진다"고 규정한 ①항에 이어 이 '국민의 인간다운 생활의 권리'를 실현하기 위해 각종 복지를 증진하고 재해의 위험으로부터 국민을 보호하기 위해 노력할 국가의 5대 의무를 ②-⑥항에 걸쳐 구체적으로 열거하고 있다.4201)

■ 제1조 3섹션의 "최대 다수의 최대 행복"의 국가목표

그리고 「버지니아헌법」은 제1조 3섹션에서 '최대 다수의 최대 행복' 개념을 도입하여 백성들에게 '최대의 행복'을 산출해줄 수 있는 정부를 최선의 정부라고 선언하고 있다.

공동이익을 위해 설치된 정부. 정부는 백성의 공동이익, 보호와 안전을 위해 설치되어 있고 또 그래야 한다. 모든 다양한 양식과 형태의 정부 중에서, 최대 수준의 행복을 산출할 수 있고 악정惡政의 위험에 대해 가장 효과적으로 안전을 확보해주는 정부가 최선의 정부다. 그리고 어떤 정부든 이 목적에 부적절하거나 이 목적과 배치되는 것으로 드러날 때는 언제든 공동체의 다수는 공공복리(public weal)에 가장 이로운 것으로 판단되는

4201) "②국가는 사회보장·사회복지의 증진에 노력할 의무를 진다. ③국가는 여자의 복지와 권익의 향상을 위하여 노력하여야 한다. ④국가는 노인과 청소년의 복지향상을 위한 정책을 실시할 의무를 진다. ⑤신체장애자 및 질병·노령 기타의 사유로 생활능력이 없는 국민은 법률이 정하는 바에 의하여 국가의 보호를 받는다. ⑥국가는 재해를 예방하고 그 위험으로부터 국민을 보호하기 위하여 노력하여야 한다."

방식으로 그런 정부를 개혁하거나 변경하거나 폐지할 의심할 수 없고 양도할 수 없고 취소될 수 없는 권리를 가지고 있다. (Government instituted for common benefit. That government is, or ought to be, instituted for the common benefit, protection, and security of the people, nation, or community; of all the various modes and forms of government, that is best which is capable of producing the greatest degree of happiness and safety, and is most effectually secured against the danger of maladministration; and, whenever any government shall be found inadequate or contrary to these purposes, a majority of the community hath an indubitable, inalienable, and indefeasible right to reform, alter, or abolish it, in such manner as shall be judged most conducive to the public weal.)[4202]

"최대 수준의 행복을 산출할 수 있는 (...) 정부가 최선의 정부다" 라는 구절은 라이프니츠와 허치슨의 '최대다수의 최대행복론'을 대변한 구절이다. 이로써 「버지니아헌법」은 이 조문으로 서양에서 사상초유로 '최대다수의 최대의 행복'을 산출하고 보장하는 것을 국가의 의무로 법제화한 것이다. 「버지니아헌법」은 이렇게 제1조의 1섹션과 3섹션에서 연달아 백성의 행복추구권과 국가의 행복보장 의무를 명문화함으로써 서양에서 사상초유로 제정된 행복론적 헌법(eudaemonistic constitution)이 되었다.

그런데 "최대 수준의 행복을 산출할 수 있는 정부가 최선의 정부다"라는 구절을 통해서 이 구절만이 아니라 저 1섹션의 행복추구권도 프란시스 허치슨으로부터 왔다는 것이 드러나고 있다. 상론했듯이 허치슨은 1726년『미와 덕성의 관념의 기원에 대한 탐구』에서

4202) *Virginia Bill of Rights*. Article 3 (Constitution of Virginia. Article I. Bill of Rights Section 3).

"최대 다수를 위해 최대행복을 마련하는 행동이 최선이고, 유사한 방식으로 불행을 야기하는 행동이 최악이다"고 논변하고 있다.4203) 이 문형은 저 3섹션의 문장구조와 거의 동일하다. 그리고 "최대 수준의 행복을 산출할 수 있고 (...) 가장 효과적으로 안전을 확보해주는 정부가 최선의 정부이고", 이런 "최선의 정부"가 아니라면 국민의 최대 행복과 안전의 가장 효과적인 확보에 태만한 정부를 "개혁하거나 변경하거나 폐지할" 백성들의 "불가양의 권리"를 명문화하는 대목에서는 이것이 궁극적으로 유학적 기원을 갖는다는 것을 알 수 있다. 왜냐하면 유학경전만이 법을 유린하며 백성을 박해하는 '폭군'만이 아니라 민생과 민복을 확보하는 데 무능하고 민복을 등져서 백성을 도탄에 빠뜨리는 '암군暗君'까지도 방벌대상으로 취급하기 때문이다. 미국의 헌법들이 로크 등 서양 고유의 정치철학을 수용했다고 주장하는 논자들은 유학적 정치철학의 영향을 받은 그로티우스·로크·라이프니츠의 군주방벌론조차도 모두 다 '폭군'방벌론에 그치고 있다는 데 유의해야 할 것이다.

그리고 여기서 허치슨이 설파하는 "최대다수를 위해 최대 행복을 마련하는 행동이 최선이다"는 정식은, 요하힘 흐루슈카(Joachim Hruschka)에 의해 밝혀진 바와 같이, 라이프니츠의 민복론에서 도출한 명제에서 나온 것이다.4204) 상론했듯이 1699년에 라이프니츠는 정확히 "최대다수를 위해 최대 행복을 마련하는 행동이 최선이다"고 말했었다.4205)

4203) Hutcheson, *An Inquiry into the Original of Our Ideas of Beauty and Virtue*, 125쪽.

4204) Joachim Hruschka, "The Greatest Happiness Principle and Other Early German Anticipations of Utilitarian Theory", *Utilitas* Vol. 3, Issue 2 (November 1991), 165-177쪽. Published online by Cambridge University Press (26 January 2009).

4205) 참조: Hruschka, "The Greatest Happiness Principle (...)", 166-169쪽.

프란시스 허치슨의 미학과 도덕감각론은 식민지시대 북미에서 잘 알려져 있었고, 또 널리 읽혔다. 제퍼슨도 16세 때 윌리엄 앤드 매리 칼리지(William and Marry College)에 진학해 스몰(William Small) 교수로부터 중국동경자인 베이컨과, 중국의 유학철학과 기술과학으로부터 본질적 영향을 받은 로크·뉴턴·섀프츠베리·허치슨·흄 등의 영국경험론을 공부했다.4206) 그리고 그는 중국과 공자를 소개한 새뮤얼 퍼채스의 저서(『퍼채스, 그의 순례여행』)와 중국열광자 윌리엄 템플의 논고들도 읽었다.4207) 그리고 이들의 경험론은 그에게 감명을 주었고 그의 뇌리에 평생 남아있었다. 제퍼슨은 훗날 이때를 "나머지 인생보다 더 상식적인 양식良識과 더 합리적이고 더 철학적인 대화를 들은" 시절이라고 회고했다. 특히 섀프츠베리와 허치슨의 도덕철학은 일평생 그의 뇌리를 사로잡는다. 섀프츠베리가 맹자로부터 수용한 "시비지심" 또는 "시비감각" 개념을4208) '도덕감각(moral sense)'의 이론으로 더 발전시킨 허치슨의 경험론적 도덕철학은 18세기 흄과 아담 스미스에게 결정적 영향을 미치고, 19세기에 찰스 다윈의 도덕감각론에까지도 영향력을 발휘한다. 제퍼슨은 딸 마르타(Martha)에게 보낸 서한(1783년 12월 11일)에서 "시비감각(a

<hr>

4206) 제퍼슨은 「독립선언문」을 기초한 직후인 1776년 10월과 12월 사이에 로크와 섀프츠베리에 관한 노트를 남겨놓고 있다. Thomas Jefferson, "Notes on Locke and Shaftesbury" (11 Oct.-9 Dec. 1776). Founders Online, National Archives [Original source: *The Papers of Thomas Jefferson*, vol. 1, 1760-1776, ed. Julian P. Boyd ((Princeton: Princeton University Press, 1950) [544-550쪽].

4207) 제퍼슨의 장서에는 사무엘 퍼채스의 『퍼채스, 그의 순례여행』과 윌리엄 템플의 전집이 들어 있다. James Gilreath and Douglas Wilson, *Thomas Jefferson's Library* (Washington: Library of Congress, 1989), 28, 102쪽.

4208) 맹자의 시비지심론이 섀프츠베리의 시비감각 또는 도덕감각 개념에 미친 영향에 대해서는 참조. 황태연, 『감정과 공감의 해석학(2)』 (파주: 청계, 2016 2쇄), 1714-1722쪽, 황태연, 『17-18세기 영국의 공자 숭배와 모럴리스트들』, 886-984쪽.

sense of right & wrong) " 또는 "도덕감각"이 이성의 아무런 투입도 없이 자연발생적으로 작동한다고 시사하고, 그의 어린 조카에게 보낸 서한(1785년 8월 10일)에서는 "신에 의해 주어진 도덕감각", "본유적이고 본능적인 도덕감각"이 시각·청각 또는 팔다리만큼이나 인간 본성의 일부라고 가르치고 있다.4209) 그리고 제퍼슨의 장서에는 섀프츠베리와 허치슨의 저서들이 둘 다 들어있다.4210)

따라서 중국의 유학적 양민(민복)국가론과 (백성의 복지·행복·안전을 파괴하거나 이것들을 확보할 능력이 없는) 폭군·암군에 대한 방벌론, 라이프니츠의 중국식 복지국가론과 최대다수-최대행복론, 최대 다수를 위해 최대행복을 마련하는 행동이 최선의 행동이라는 허치슨의

4209) Thomas Jefferson, "To Peter Carr" (August 10, 1787), 323쪽. *The Works of Thomas Jefferson*, vol. 5 in twelve volumes (Notes on Virginia II, Correspondence 1782-1786), Collected and Edited by Paul Leicester Ford} (New York and London: The Knickerbocker Press, 1904. 2019 Liberty Fund). "도덕철학. 나는 이 분야의 강좌에 참여하는 것을 시간낭비라고 생각한다. 우리를 만들 분이 우리의 도덕적 행위의 준칙들을 과학의 문제로 만들었다면 그 분은 가련한 엉터리였을 것이다. 과학자 한 명에 과학자가 아닌 사람 수천 명이 있다. 그들은 어쩌되나? 인간은 사회를 향해 운명 지어졌다. 그러므로 인간의 도덕성은 이 목적에 맞춰 형성되어 있어야 했다. 인간은 단순히 이것과만 관련된 시비감각(*a sense of right & wrong*)을 부여받았다. 이 감각은 듣고 보고 느끼는 감각만큼이나 인간본성의 일부다. 몽상적 필객들이 상상하듯이 미(τ ο χ α λ ο ν), 진리 등이 아니라 이 감각이 도덕성의 참된 기초다. 도덕감각, 즉 양심은 그의 팔다리만큼 인간의 일부다. 사지의 힘이 크든 작든 인간들에게 주어진 것처럼 이 도덕감각은 강하든 약하든 인간들에게 부여되어 있다. 도덕감각은 발휘(행사)에 강화될 수 있다. 이 감각은 정말로 어느 정도로 이성의 지도에 복종한다. 그러나 이 이성을 필요로 하는 것은 적다. 심지어 우리가 상식이라고 부르는 것보다 적다. 쟁기질하는 농부와 교수에게 도덕문제를 말해 보라. 전자는 그것을 교수만큼 잘 판정할 것이고 종종 교수보다 더 잘 판정할 것이다. 그는 인공적 규칙들에 의해 길을 잃지 않았기 때문이다. 그러므로 이 도덕철학 분야에서 양서들을 읽어라. 양서들은 너의 느낌들을 지도하면서 동시에 북돋워줄 것이기 때문이다."

4210) 제퍼슨의 장서에 있던 허치슨의 책들은 *Introduction to Moral Philosophy*와 *Ideas of Beauty and Virtue*이고, 섀프츠베리의 책은 *Characteristics*다. Gilreath and Wilson, *Thomas Jefferson's Library*, 54, 55쪽.

행복론, 제퍼슨의 행복추구권·최대행복론과 이에 부적합한 정부의 개혁·변경·철폐론이 일직선적으로 연결된 것이다. 이런 까닭에 제퍼슨은 헌법적 가치가 있는 다른 문건들에서도 행복추구권을 계속 강조한다.

2.2. 「독립선언문」의 행복추구권과 국가의 행복보장

제퍼슨이 고향후배들인 메이슨과 매디슨을 통해 자기 고향 버지니아 주의회의 헌법 기안·제정과정을 사상적으로 지휘했기 때문에 「버지니아헌법」과 「독립선언문」은 인간과 백성의 행복 및 국가목적과 관련된 조문의 내용과 문형이 서로 유사하다.

■ 「독립선언문」의 불가양의 행복추구권 규정

제퍼슨은 1776년 7월 4일 대륙회의에서 채택된 「독립선언문(*The Declaration of Independence*)」에서도 만인의 불가양의 권리로서의 행복추구권을 자명한 진리로 선언한다.

> 우리는 (...) 만인이 창조주에 의해 일정한 불가양의 권리들을 부여받았다는 것, 이 권리들에는 생명, 자유, 행복추구가 들어있다는 것을 (...) 자명한 것으로 여긴다. (We hold these truths to be self-evident, [...] that they are endowed by their Creator with certain unalienable Rights, that among these are Life, Liberty and the pursuit of Happiness [...]).

제퍼슨은 행복추구권을 「버지니아헌법」 제1조 3섹션에서처럼 "만인의 불가양의 권리"로 선언하고 이것을 다시 "자명한 진리"로 확인하고 있다.

■ 국가의 행복보장 의무와 만인의 혁명권

나아가 제퍼슨은 국가가 만인의 행복추구권을 침해하거나 방해하거나 이 권리를 보장하지 않는 것을 양민에 소홀한 국가에 대한 중국 백성의 유교적 반정권 및 혁명권처럼 의무불이행 국가를 혁명적으로 타도하고 새 국가를 세울 만인의 권리를 명문화한다. 즉, 제퍼슨 행복과 행복추구의 목적을 파괴하는 정부를 타도할 만인의 권리를 "자명한 진리"로 선언한다.

이 권리들을 확보하기 위하여 인간들 사이에 정부가 설치되었고 피통치자들의 동의로부터 그 권력을 도출한다는 것, 어떤 형태의 정부든 이 목적에 파괴적이 될 때는 언제든 이 정부를 변경하거나 철폐하고 새로운 정부를 설치하여 그들이 보기에 그들의 안전과 행복을 가장 잘 성취해줄 것 같은 원리 위에 그 기초를 놓고 그 권력을 그럴 것 같은 형태로 조직하는 것은 백성의 권리라는 이 진리들을 (...) 자명한 것으로 여긴다.(We hold these truths to be self-evident, [...] That to secure these rights, Governments are instituted among Men, deriving their just powers from the consent of the governed, -- hat whenever any Form of Government becomes destructive of these ends, it is the Right of the People to alter or to abolish it, and to institute new Government, laying its foundation on such principles and organizing its powers in such form, as to them shall seem most likely to effect their Safety and Happiness.)

이것은 혁명권의 명문화임과 동시에 간접적으로 국가의 행복보장을 국가의 의무로 천명한 것이다.

「독립선언문」 서두의 행복 및 정부타도 관련 문구는 「버지니아 권리장전」 제3조의 내용과 문형이 거의 완전히 일치한다. 이것에서도 「버지니아권리장전」이 제퍼슨의 사상적 지침으로 기초되었다는 것이 드러난다. 이로써 「독립선언문」과 「버지니아권리장전」의 행복(복지)국가론은 라이프니츠와 허치슨의 민복·행복국가론의 연장선상에 있다는 것도 알 수 있다. 그리고 이 문건들을 기초한 당사자들인 제퍼슨·메이슨·매디슨 등이 사실을 알든 모르든, 그리고 중국을 동경하고 공자를 존경했던 제퍼슨과 매디슨이 아는 것보다 라이프니츠와 허치슨의 행복(복지)론이 훨씬 더 본질적으로 유학적·중국적이라는 것을 간파할 수 있다. 행복과 관련해서 「독립선언문」와 「버지니아권리장전」의 유일한 차이점은 「버지니아헌법」 제3조에 규정된 "최대 수준의 행복" 명제가 「독립선언문」에는 포함되어 있지 않다는 것뿐이다. 이것은 '무엇은 무엇이다'(가령 "최대 행복을 보장하는 정부가 최선의 정부다")는 식으로 새로운 정의를 규정할 수 있는 '헌법'과 이런 식의 새 정의를 규정할 수 없는 '선언' 간의 성격 차이 때문이었을 것이다.

프랭클린과 제퍼슨은 볼프의 1750년에 영역된 두 책 『중국인의 실천철학 강연』과 『철인왕 아래서의 진짜 민복』, 그리고 허치슨을 통한 라이프니츠와 허치슨의 민복론과 최대다수·최대행복론을 직간접적으로 접했다. 특히 허치슨의 철학은 당대 허치슨의 사상적 제자들인 흄과 스미스, 그리고 1759년 그를 방문한 프랭클린을 비롯한 미국인들에 의해 잘 알려져 있었다.[4211) 라이프니츠·볼프·

4211) Wolfgang Leidhold, "Introduction", x쪽. Francis Hutcheson, *An Inquiry into the Original of Our Ideas of Beauty and Virtue in Two Treatises*, ed. Wolfgang Leidhold (Indianapolis: Liberty Fund, 2004) [http://oll.libertyfund.org/title/858; 최종검색일: 2010−11−13].

허치슨의 유학적·중국적 민복국가론은 직간접적으로 제퍼슨·매디슨·메이슨과 기타 미국 국부들에게 널리 전파되었다. 그리하여 유교적 민복이념은 이 미국 국부들의 건국사상 속으로 유입하고 그 헌정적 본질로 정착할 수 있었다. 그래서 미국의 「독립선언문」과 「버지니아헌법」이 행복국가와 행복추구권을 국가의 책무와 불가양의 천부인권으로 규정하고 선언하기에 이른 것이다.

2.3. 「미국헌법」의 일반복지론과 제퍼슨의 "행복국가"

미국 제헌의회는 1787년 5월 25일 제헌논의를 시작하여 9월 17일 초안을 완성하고 9월 28일 통과시켰다. 이 헌법은 1788년 6월 21일까지 각주에 의해 비준되어 1789년 3월 4일 발효되었다.

사상초유의 행복론적 헌법이고 최초의 근대헌법인 「버지니아헌법」을 포괄하고 반영하는 미국헌법은 논의를 시작할 당시 두 개의 헌법안이 제출되었다. 하나는 제퍼슨보다 열 살 어린 고향후배로서 당시 버지니아 주지사였던 에드먼드 랜돌프(Edmund Randolph, 1753-1826)가 제안한 '버지니아안案'이고, 다른 하나는 '뉴저지안'이었다. '큰 주 안(the Large State Plan)' 또는 '랜돌프안(Randolph Plan)'이라고 불린 '버지니아안'은 국민정부의 입법부를 인구수에 따라 할당된 선출 의원들로 구성되는 양원제로 구성할 것을 제안했다. 이 안은 일반적으로 가장 인구 많은 주들의 지지를 받으며 피치자의 동의에 의거하는 정부, 권력분립, 시민자유를 강조했다. 뉴저지안은 입법부를 한 주가 한 개의 의결권을 갖는 단원제로 제안했다. 이 안은 작은 주들의 지지를 받았다. 전체위원회(Committee of the Whole)로 전환된 제헌의회는 특히 의회구성에서 두 안을 타협시켜 하원을 인구비례로, 상원은 주당州當 2표로 구성하기로 합의해 통과시켰다. 이 입법부 타협을 제외하고는 버지니아의 언어가 헌법안을 지배했다.

■ 미국헌법의 "일반 복지(general welfare)"

이렇게 제정된 「미국헌법(The Constitution of United States)」은 전문前文에서부터 "일반 복지(general welfare)"를 국가목적으로 강조한다.

우리 미국 백성은 보다 완벽한 연합을 형성하고 정의를 확립하고 국내평온을 보장하고 공동방어를 마련하고 일반 복지를 증진하고 자유의 축복을 우리 자신과 우리의 후손에게 확고히 하기 위하여 미국을 위한 이 헌법을 규정하고 제정한다. (We the People of the United States, in Order to form a more perfect Union, establish Justice, insure domestic Tranquility, provide for the common defence, promote the general Welfare, and secure the Blessings of Liberty to ourselves and our Posterity, do ordain and establish this Constitution for the United States of America.)

그리고 제1조 8섹션은 의회의 조세·관세권을 명시하면서 미국의 "일반 복지"를 다시 언급한다.

의회는 채무를 변제하고 미국의 공동방어와 일반 복지를 마련하고 세금·관세·부과금·소비세를 부과하고 수세할 권한을 가진다. (The Congress shall have Power To lay and collect Taxes, Duties, Imposts and Excises, to pay the Debts and provide for the common Defence and general Welfare of the United States.)

미국헌법은 이렇게 "일반 복지"를 국가목적으로 거듭 못박고 있다. 이것은 민생과 백성 일반의 복지를 국무國務에서 배제하는 서양전통의 플라톤주의적 야경국가론과 완전히 다른 중국식 양민 국가론을 대변하는 것이다. 미국헌법상의 "복지"는 17-18세기의 어의적 통례에 따라 '행복'이라는 말과 같은 말로 쓰이던 술어로서 '행복'으로 대체해도 상관없다. 따라서 미국헌법도 「버지니아헌법」 과 같이 '최초의 행복론적 헌법'이라고 부르는 것이다.

■ 제퍼슨의 「대통령취임연설」(1801)과 "이승의 인간행복"

제퍼슨은 공자의 양민·민복철학을 수용한 라이프니츠·허치슨을 계승하여 "생명·자유·행복추구"를 천부인권으로 선언한 「독립선 언」에 이어 다시 국민의 행복을 강조한다. 그는 1801년의 「대통령 취임연설」에서 "이승에서의 인간 행복과 사후의 더 큰 행복을 즐기 는 것(*it delights in the happiness of man here and his greater happiness hereafter*)을 자기의 모든 시여施與에 의해 입증하는 압도적 지배의 섭리를 인정 하고 찬미한다"라고 말한다.4212) 그리고 바로 이어서 그는 "이 모든 축복과 더불어 우리를 행복하고 번영하는 백성(*a happy and a prosperous people*)으로 만드는 데 더 필요한 것은 무엇인가?"라고 자문한 다.4213) 그리고 그는 더 필요한 것이 다름아닌 '슬기롭고 검약한 정부', '선정善政(good government)'이라고 자답한다.

더 필요한 것은, 동료시민 여러분, 사람들을 서로 해치는 것으로부터 자제 시키고 그렇지 않다면 사람들을 근면과 향상에 대한 그들 자신의 추구를

4212) Jefferson, "First Inaugural Address" (March 4, 1801), 문단 3.
4213) Jefferson, "First Inaugural Address" (March 4, 1801), 문단 3.

조절하도록 자유롭게 놓아두고 노동의 입으로부터 노동이 번 빵을 빼앗지 않는 지혜롭고 검약한 정부입니다. 이것은 선정의 총화이고, 이것은 우리의 지복至福의 원환(the circle of our felicities)을 완결하는 데 필요한 것입니다.4214)

제퍼슨은 "지혜롭고 검약한 정부"의 "선정(good government)"은 미국시민을 "행복하고 번영하는 백성으로 만드는 데 필요하고" 그리하여 "우리의 지극한 행복의 원환을 완결하는 데 필요한 것"이라고 말함으로써 미국 백성의 행복과 번영을 미국이라는 국가의 목적과 의무로 천명하고 있다. 여기서 제퍼슨은 버지니아헌법의 "최대 수준의 행복"이라는 구절을 "지복至福(felicities)"이라는 한 단어로 대체하고 있다.

종합하면, "최대다수를 위해 최대행복을 마련하는 행동이 최선이다"라고 갈파한 라이프니츠는 공맹이 국가의 '존재이유'로 강조한 '민복民福'과 '여민동락與民同樂'을 서구에서 처음으로 국가목적으로 긍정하고 대변했다. 허치슨은 라이프니츠로부터 국민행복 개념(최대다수에 대한 최대 행복의 보장)을 받아들여 최대다수의 최대행복을 정치적 목적개념으로 설정했다. 그는 "최대 다수를 위해 최대행복을 마련하는 행동이 최선이고, 유사한 방식으로 불행을 야기하는 행동이 최악이다"라고 못 박았다. 허치슨을 대학 때부터

4214) Jefferson, "First Inaugural Address" (March 4, 1801), 문단 3: "Still one thing more, fellow-citizens -- a wise and frugal Government, which shall restrain men from injuring one another, shall leave them otherwise free to regulate their own pursuits of industry and improvement, and shall not take from the mouth of labor the bread it has earned. This is the sum of good government, and this is necessary to close the circle of our felicities."

배운 제퍼슨은 허치슨의 이 행복론적 헌정 원칙을 수용해 허치슨의 "최대행복" 준칙을 버지니아 주의 「버지니아 권리장전」에 삽입해 명문화하고, 「미국독립선언문」에서 만인이 "행복추구"의 "불가양의 권리"를 가진 것을 "자명한 진리"로 선언했다. 그리고 제퍼슨은 에드먼드 주지사가 제안한 미국헌법초안을 통해 「미국헌법」에 "일반적 복지"를 전문과 제1조 8섹션에 '국가목적'으로 명문화했다. 그리고 그는 마침내 1801년 자신의 「대통령 취임연설문」에서 "이승의 인간행복과 사후의 더 큰 행복"을 "압도적 지배의 섭리"에 의해 증명된 것으로 확인하고, "행복하고 번영하는 백성"을 위한 "지혜롭고 검약한 정부"의 "선정"을 강조했다. 그렇지 못한 정부는 「버지니아헌법」과 「독립선언문」에 의해 타도대상으로 규정되었다. 이렇게 하여 「버지니아헌법」과 「미국헌법」, 그리고 헌법적 가치와 지위를 가진 기타 문서들은 유교적 행복권과 복지국가 이념을 명문화함으로써 '근대 행복론적 헌법'의 효시가 된 것이다.

제3절
독일과 북구
복지국가의 탄생

중국의 복지국가(양민·교민국가)는 라이프니츠·허치슨·볼프·유스티의 민복국가론과 관방학적 양호국가론을 통해 북미에 전해져 미국에서 행복론적 헌법을 낳은 한편, 독일과 북구 국가들은 중국의 복지제도를 다양하게 수용하여 리메이크한 라이프니츠·허치슨·볼프·유스티의 민복국가론과 관방학적 양호국가론을 사회보장국가 또는 사회복지국가로 재창조해냈다.

'복지국가(Wohlfahrtstaat; welfare state)' 개념 또는 슬로건은 독일에서 1932년에 처음 나타났고, 영국에서는 1941년 비버리지의 보고서와 동시에 나타났다. 영국에서 '*welfare state*'는 1941년 당초부터 긍정적 용어로 등장했다.[4215] 영국인들은 당시 나치의 '전쟁국가', 즉 '*warfare state*'에 대항해 '*welfare state*'를 대립시키고자 했기 때문이다.[4216] 그러나 독일어 '*Wohlfahrtstaat*'는 독일에서 처음부터 폄

4215) "welfare state"는 *New Times Index*에 1949년에 처음 실렸고, *Oxford English Dictionary*에는 1955년에 처음 실렸다.

4216) Maurice Bruce, *The Coming of the Welfare State* (London: Batsford, 1961), ix쪽. Peter Flora and Arnold J. Heidenheimer, "The Historical Core and Changing Boundaries of

훼적 의미로 쓰였다. 독일의 기회주의 정치인 프란츠 폰 파펜(Franz von Papen)은 히틀러의 선거 승리 전에 수상이었으나 히틀러가 집권하자 그 밑에서 부수상을 한 인물이다. 그는 나치당이 집권할 정도로 커가자 1932년 6월 마치 선수를 치듯이 바이마르공화국을 "Wohlfahrtstaat"로 지탄하고 이 "Weimar Wohlfahrtstaat"를 가차 없이 공격함으로써 나치에 대한 이데올로기적 투항을 준비했다.4217) 파펜은 그의 전임 정치가들을 국가에다 자기 능력을 뛰어넘는 과업의 부담을 주는 "일종의 복지국가를 창출함"으로써 독일 백성을 "도덕적으로 고갈시켰다"고 비방했다.4218) 'Wohlfahrtstaat'는 제2차 세계대전 후에야 중립적 학술용어로 거듭났다. 그러나 오늘날도 독일에서는 'Wohlfahrtstaat' 보다 'Sozialstaat(사회국가)'를 더 선호한다.

'복지국가'라는 술어는 영국과 독일 사이에서 이렇게 다른 뉘앙스를 띠고 뒤늦게 나타났지만, 복지국가의 시원적 원형은 19세기 말 독일과 스칸디나비아 국가들에서 이 나라들끼리 영향을 주고받으면서 형성되어 나왔다. 독일과 북구의 덴마크·노르웨이·스웨덴은 모두 게르만·독일문화권에 속하는 나라들로서 라이프니츠·볼프·유스티 등이 대표한 계몽철학과 관방학적 민복국가론 및 복지국가론

the Welfare State", 19쪽에서 재인용. Peter Flora and Arnold J. Heodenheimem (ed.), *The Development of Welfare States in Europe and America* (London and New York: Transaction Publishers, 1981; Routledge, 2017).

4217) Peter Flora and Arnold J. Heidenheimer, "The Historical Core and Changing Boundaries of the Welfare State", 19쪽. Peter Flora and Arnold J. Heodenheimem, *The Development of Welfare States in Europe and America* (London and New York: Transaction Publishers, 1981; Routledge, 2017).

4218) Ernst R. Huber, *Dokumente zur deutschen Verfassungsgeschichte*, Vol. 3 (Stuttgart: Kohlhammer, 1966), 486쪽. Flora and Heidenheimer, "The Historical Core and Changing Boundaries of the Welfare State", 19쪽에서 재인용.

(양호국가론)의 영향을 강력히 받을 수밖에 없는 나라들이었다.

그리고 덴마크·노르웨이·스웨덴 자체는 당시에 독일 이상으로 중국문화에 열광하던 나라로서 독일과 영국·프랑스를 석권한 계몽주의적 개혁사상과 중국관련 서적에 민감한 나라들이었다. 또한 이 나라들은 각기 동인도회사를 세워 독일의 한자(Hansa)도시들처럼 매년 중국 광동 항구에 무역선 1-2척을 띄워놓고 있던 나라들이었다. 그리고 당시 동군연합을 이루고 있던 덴마크-노르웨이는 유스티의 '양호국가학'에 매료되었던 국가들이었다. 덴마크 정부의 한 각료는 1757년 유스티를 코펜하겐으로 초청하여 1758년까지 2년간 그에게서 '양호부국養護富國'의 가르침을 구했다. 이것은 유스티의 관방학적 양호국가론이 덴마크와 노르웨이에도 큰 정치적 영향력을 발휘했다는 것을 뜻한다. 유스티의 양호국가론은 헤겔의 양호론과 더불어 프로이센정부에도 영향을 미쳤고, 특히 괴팅엔에서 베를린으로 이어지는 유스티의 삶의 궤적을 따라 살았던 비스마르크에게도 못지않은 영향을 미쳤다.

3.1. 비스마르크의 프로이센 사회보장국가

서구역사에서 최초로 '일반적' 사회보장제도를 도입함으로써 '사회복지국가' 또는 '사회국가(Sozialstaat)'로서의 역사적 근대국가 개념에 화룡점정을 한 인물은 오토 폰 비스마르크(Otto Eduard Leopold von Bismarck-Schönhausen, 1815-1898)였다. 그는 유럽정계가 민주주의와 공화주의로 미만해진 때에 프랑스혁명 이전 중국의 내각제적 제한군주정을 리메이크한 '입헌적·분권적 계몽군주정'이라는 - 이미 한물 간 - 계몽주의 국가관을 평생 견지했다. 왜냐하면 비스마르크 자신이 '계몽'의 개념을 "자책적 미성년성으로부터의 탈피"라는 주관적 개념으로 뒤틀고 파괴한 칸트와 피히테의 철학적 영향을 거부하고 '객관세계로서의 국가'의 개혁을 주창하는 계몽주의자 유스티와, 계몽시대를 동경하는 헤겔의 영향 속에서 성장했기 때문이다.

■ 비스마르크의 "사회보장국가" 관련 입법 투쟁(1883-1889)

그런 만큼 바스마르크는 자신이 '국가사회주의(*Staatssozialismus*)'로 표현하기도 한 '사회보장국가' 또는 '사회군주국(*Sozialmonarchie*)' 개념으로 군주정을 타도하려는 마르크스와 라쌀레의 공화주의적 사회주의에 대결하고자 했다. 말하자면, 1848년 3월혁명을 단호하게 거부했던 보수주의자 비스마르크는 그가 알았든 몰랐든 중국제국의 양민·교민국가론으로 근대 사회주의 이념을 물리치려고 기도한 것이다. 그러나 역사의 아이러니는 그의 조국 독일에서 오히려 군국주의와 나치즘의 득세로 그의 '사회군주제적' 국가개념이 완전히 청산되어 군주정이 타도되고 국가 자체가 몰락한 반면, 그와 유스티의 민복론적 사회군주국 개념을 수용한 덴마크·노르웨이·스웨덴·벨기에·룩셈부르크·네덜란드·영국 등 7개국에서는 사회복지국가가 큰 성공을 거두어 근대국가의 큰 흐름으로 확립됨으로써 군주정이 유지되었다는 것이다.

단호하지만 실용주의적인 보수주의자 비스마르크는 1862년부터 1890년까지 프로이센 총리(Ministerpräsident)였고 1867년부터 1871년까지는 동시에 북독일연방의 연방재상(Bundeskanzler des Norddeutschen Bundes)이었다. 그리고 그는 보불전쟁을 승리로 이끌어 '독일제국(Das Deutsche Reich)'을 수립한 1871년부터 1890년까지 독일제국의 '제국수상(Reichskanzler)'을 역임했다. 그리하여 그는 보통 '독일통일의 완성자'이자 '근대 사회국가의 창시자'로 간주된다.

비스마르크는 한편으로 보수적 관점을 대변했지만, 다른 한편으로는 그 어떤 이데올로기와도 거리가 먼 대국의 '권력정치'를 표방했다.

> 큰 국가를 작은 나라들과 본질적으로 구별해주는 유일한 건전한 기초는 낭만주의가 아니라 국가 이기주의이고, 자기의 이익에 속하지 않는 일을 위해 다투는 것은 대국답지 않은 것이다.[4219]

국가, 권력정치, 국익정치를 강조함으로써 비스마르크는 융커들의 전통적 보수주의를 떠났다. 이 전통적 보수주의는 수세적 자세에서 근대적 중앙집권제·관료제 국가에 대한 융커들의 적대 속에서 생겨난 것이었기 때문이다.[4220]

비스마르크의 아버지는 계몽군주 프리드리히 2세의 각료였다. 따라서 비스마르크는 스스로 융커였지만, 융커들의 수구적 보수주의를 탈피해 언어재능이 뛰어난 청년으로서 여러 나라 언어를 구사하고 계몽철학을 공부한 근대인이었다. 그는 베를린에서 초급학교를 마쳤고, 베를린 김나지움에서 공부하여 아비투어를 획득했다. 그는 16세 때 루터주의 신도로서 프리드리히 슐라이어마허의 종교 강의를 들었고, 스피노자와 헤겔의 이신론과 범신론으로부터 큰 영향을 받았다. 그는 무신론자로 보였지만, 무신론자는 (아직) 아니

4219) Volker Ullrich, *Otto von Bismarck* (Reinbek bei Hamburg: Rowohlt, 1998), 39-45쪽에서 재인용.

4220) Nipperdey, *Deutsche Geschichte 1800-1866*, 316, 673쪽.

었다. 그는 수습교사 시절 1836년 그의 형 베른하르크에게 보낸 한 서한에서 이렇게 썼다. "나는 형이 나를 무신론자로 여긴다면 형이 나를 심사숙고가 너무 적다고 생각한다고만 느낄 뿐이다." 그러나 루터주의 기독교는 실은 그의 개인적 삶을 결정적으로 파고 들어 있었다.[4221]

비스마르크는 17세 때(1832. 5. 10.) 괴팅엔대학교에 입학해서 법학 공부를 시작해서 이 공부를 베를린대학교로 전학한 뒤 1835년까지 도 이어갔다. 그의 이 학업행로는 요한 유스티의 학술적 행적과 그대로 겹쳤다. 유스티는 1755년 괴팅엔의 광산위원과 경찰서장을 지내면서, 괴팅엔대학교에서 국가경제학과 자연사 강의를 했다. 괴팅엔에서 유스티는 몽테스키외와 볼테르·케네·미라보·다르장송 등 당시 유명한 프랑스 중농주의자들의 저작들을 체계적으로 연구 했다. 또 유스티는 1755년부터 1757년까지 괴팅엔학술원의 특별회 원을 지냈다. 그리고 그는 1757년 덴마크 장관 베른스토르프 (Bernstorff)의 초청으로 코펜하겐에서 살다가 1760년 정착할 생각으 로 베를린으로 이사했다. 그는 베를린에서 1765년 프로이센 광산업 의 관리자가 되었다. 당시는 프리드리히 2세(재위 1740-1786)의 치세 였다. 따라서 그는 1760년 마침내 그가 꿈에 그리던 프리드리히 2세의 정부에서 일하기 시작한 것이다.[4222] 따라서 비스마르크는 학창시절(1732-1735)에 유스티가 괴팅엔대학과 베를린대학에 남긴 양호국가론의 영향을 받을 수밖에 없었을 것이고, 또 베를린대학교

4221) Ludwig Reiners, *Bismarcks Aufstieg 1815-64* (München: C.H. Beck, 1956).

4222) 참조: Ferdinand Frensdorff, "Über das Leben und die Schriften des Nationalökonomen J. H. G. von Justi", *Nachrichten der Königlichen Gesellschaft der Wissenschaften zu Göttingen*, Phil.-Hist. Klasse 4 (1903) 81쪽. Wakefield, *The Disordered Police State*, 12쪽 각주 39에서 재인용.

에서는 한창 철학적 명성의 절정에 올라있던 헤겔의 법철학으로부터도 유스티의 양호론을 배울 수 있었을 것이다. 또 그는 학교졸업 후 변호사 업무에 질려 볼프와 유스티를 비조로 하는 관방학적 민복국가론과 양호국가론을 공부하기도 했다. 그리고 유스티의 명성과 학문적 영향력은 독일과 영국에서 그의 인생과 저작에 대한 평론서들이 19세기말(1868)과 20세기 초(1903; 1909)까지도 계속 나올 만큼 '현재적'이었다.4223) 따라서 비스마르크는 이래저래 볼프와 유스티의 영향을 피할 수 없었던 것이다.

비스마르크의 사회복지 관련 입법과정에서 긴밀한 두 정책조언자는 헤르만 바그너(Hermann W. H. Wagener)와 테오도르 로만(Theodor Lohmann)이었다. 이들도 친親중국적 계몽주의나 정치개혁사상과 연결되어 있었다. 헤르만 바그너는 베를린대학에서 법학, 헤겔과 슈탈(Friedrich J. Stahl)의 법철학, 칼 폰 할러(Karl Ludwig von Haller)의 경제학을 공부한 프로이센 법조인이었다. 칼 폰 할러는 스위스 정치철학자로서 스위스의 유명한 친중국적 계몽주의자 알브레히트 폰 할러의 손자였다. 테오도르 로만은 괴팅엔에서 법학과 정치학을 공부한 행정법전문 법조인이자 사회복지전문 공무원이었다.

또한 사회복지의 필요성에 대한 의식에서 독일과 스칸디나비아 정책가들은 '걸인이 없는' 당시 중국제국의 복지제도가 그들의 양심을 짓누르는 압박을 많이 받고 있었다. 1797년 조지 스톤턴 경의 공식 중국보고서와 1836년 존 데이비스경의 중국보고서는 유일하게 공신력 있는 보고서로서 독일과 유럽의 각국에 잘 알려져 있었다. 따라서 이 책들을 통해 바그너든, 로만이든, 아니면 비스마

4223) Reinert, "Johann Heinrich Gottlob von Justi (1717-1771) - The Life and Times of an Economist Adventurer", 3-5쪽.

르크 자신이든 방대한 중국제국에 뒤떨어진 올망졸망한 유럽제국의 민생보장 수준을 아주 부끄러워했을 것이고, 중국 수준으로 사회복지제도를 갖추려는 마음은 그 만큼 조급했을 것이다.

비스마르크는 늘 어려운 의회상황을 보고 정당들의 정치적 비중을 축소시키려고 기도했다. 대결장은 '사회정책'이 될 수밖에 없었다. 비스마르크의 주목표인 사회정책은 더 강력한 국가결속력을 창출하여 국민을 사회주의정당들로부터 떼어놓는 것이었다. 그는 이 목적을 결코 숨기지 않았다. 그는 일단 산재보험을 계획했으나, 그 다음 건강보험(질병보험), 장애보험, 고령보험을 추가했다. 이 보험들은 국가에 의해 주도적으로 관리되어야 했다. 앞서 시사했듯이 그는 때로 "국가사회주의(Staatssozialismus)"라는 말도 사용했다. 그는 "거대한 무산대중 안에서 연금권리보장의 느낌이 가져다 줄 보수적 심조를 산출하고자" 했다고 공언했다.[4224]

비스마르크는 1881년 11월 17일 제국의회에 보내는 제국교서로 사회입법에 관한 논전論戰의 포문을 열었다. 그는 "실천적 기독교"라는 술어로 그의 사회복지 정책을 기술했다. 그는 이 사회프로그램을 "국가사회주의"라고도 불렀다.

> 우리의 모든 정책이 내가 죽을 때 무無가 되는 것은 가능하지만, 국가사회주의는 계속 맹렬히 밀어붙여질 것이다.(Der Staatssozialismus paukt sich durch)[4225]

4224) Wilfried Loth, *Das Kaiserreich. Obrigkeitsstaat und politische Mobilisierung* (München: Deutscher Taschenbuch-Verlag, 1996), 68쪽에서 재인용.

4225) Werner Richter, *Bismarck* (New York: G. P. Putnam's Sons, 1965), 275쪽.

또 비스마르크는 훗날 회상하기를, "나의 생각은 노동계급을 얻는 것, 다시 말하면, 국가를 그들을 위해 존재하고 그들의 복지를 대변할 수 있을 사회제도로 간주하도록 노동계급을 매수하는 것이었다"라고 했다.[4226]

이런 까닭에 사회보험 자체가 아니라 비스마르크의 정치적 동기 때문에 이 사회입법 과정은 좌우로부터 격렬한 저항에 부딪혔다. 그리하여 사회민주당이 이 법안에 반대표를 던지는 '역사의 아이러니'가 벌어지고 말았다. 그리고 우파는 최종적으로 산재보험법안으로부터 모든 "국가사회주의적" 요소들을 다 삭제해버렸다.[4227] 이런 격렬한 반대에 부딪혀 더 이상의 사회입법을 밀어붙이기가 어려워지자 비스마르크는 "사회왕국(sozialen Königtums)" 구호와 반反의회주의적 감정표출로 유권자들을 설복하려는 계산을 했으나 이 계산을 관철시킬 수 있는 상황이 아니었다. 1881년 10월 27일 총선은 좌측의 자유주의자들이 다수파가 되었다. 이때 그는 잠시 제국재상직에서 물러나려고 생각했으나 결심을 바꿔 쿠데타를 암시하기까지 했다.

비스마르크는 원래 계획된 산재보험 국가기관을 직장공제회식 보험법을 밀어붙였다. 그리하여 이 산재보험공제회는 정당 저편의 네오코르포라티즘적(신新동직조합적) 결사체로서 기업가들에 의해 지배되게 되었다. 그리고 원래의 취지와 반대로 이 단체 안에서 우익정

4226) "Mein Gedanke war, die arbeitenden Klassen zu gewinnen, oder soll ich sagen zu bestechen, den Staat als soziale Einrichtung anzusehen, die ihretwegen besteht und für ihr Wohl sorgen möchte." Otto von Bismarck, *Gesammelte Werke* (Friedrichsruher Ausgabe), Bd.9 (Paderborn: Schöningh, 2004), 195-196쪽.

4227) Gaston Rimlinger, *Welfare Policy and Industrialization in Europe, America and Russia* (New York: John Wiley & Sons, Inc., 1971), 194-195쪽.

당들이 발언권이 세졌다. 이에 반해 1883년 제정된 "질병보험법 (Krankenversicherungsgesetz)"은 노동자들의 자주관리에 의해 지배되었다. 사회민주주의자들은 여러 일반지역질병보험(AOK; Die Allgemeinen Ortskrankenkassen)을 지배하게 되었다. 질병보험은 처음에 겨우 8200명의 노동자만을 포함했다.

이 일련의 사회입법으로 비스마르크는 근대 사회복지국가의 한 기둥을 창조했다. 그러나 그는 자기의 권력정치적 목표는 달성하지 못했다. 사회민주주의의 "뿌리를 잘라내려는" 그의 시도는 정당들의 영향력을 축소시켜 관헌국가를 완성하려는 계획만큼 중기적으로 실패했다. 사회입법에 대한 비스마르크의 정치적 기대는 약화되었다. 그리하여 그는 1889년의 노령보험과 장애보험을 정치적 의도 없이 아주 "사무적으로" 처리했다.4228)

비스마르크는 노동자들에게 더 큰 사회적 안전을 보장함으로써 독일의 경제성장을 자극하려고 했다. 그의 두 번째 관심은 나름의 복지 프로그램도 없으면서 자기를 반대하는 사회주의자들을 마지막 수단으로 제압하는 것이었다. 그는 특히 새로운 독일제국의 법적·정치적 구조 안에서 동직조합원적 지위를 부여하도록 그를 설득한 참모들인 헤르만 바그너와 테오도르 로만에 귀를 기울였다.4229) 1884년 3월 비스마르크는 이렇게 선언했다.

노동자의 진정한 불만은 생존 불안이었다. 노동자는 그가 언제나 일할

4228) 참조: Wolfgang Ayaß, Wilfried Rudloff & Florian Tennstedt, *Sozialstaat im Werden*, Band 1. *Gründungsprozesse und Weichenstellungen im Deutschen Kaiserreich* (Stuttgart: Franz Steiner Verlag, 2021).

4229) 참조: Ernst P. Hennock, "Social Policy under the Empire - Myths and Evidence", *German History*, 1998 16(1): [58-74쪽].

것인지를 확신하지 못하고, 그가 언제나 건상할지를 확신하지 못하고, 그가 어느 날 늙고 일하기에 부적합하게 될 것이라고 예견한다. 그는 오래 아프기만 해도 빈곤에 빠진다면 완전히 절망적이고, 홀로 방치되고, 그가 어느 때든 늘 아주 성실히, 그리고 부지런히 일하고 있을지라도 사회는 빈자에 대한 통상적 도움을 넘어 그에 대한 아무런 실질적 책무도 쉽사리 인정하지 않을 것이다. 하지만 빈자에 대한 통상적 도움은 특히 상황이 농촌에서보다 훨씬 더 나쁜 대도시에서 많이 요구된다.[4230]

비스마르크의 생각은 기본적으로 사회주의적 관점 없이 보수주의자들도 수락할 수 있는 복지프로그램을 제도화하는 것이었다. 그러나 안전한 노동조건과 같은 작업현장에서의 노동자의 보호, 노동시간 단축, 여성·아동노동의 규제 등에 대해서는 꺼려했다. 그러나 질병보험, 산재(사고)보험, 장애보험, 퇴직연금은 당시 독일에서 어떤 수준으로도 존재하지 않았고, 따라서 비스마르크는 이것을 마련하는 것을 급선무로 생각했다. 제국의회는 사고·질병보험의 개념을 다루는 세 개의 법안을 제출하고, 퇴직연금과 장애보험 법안들은 당분간 제쳐두었다. 비스마르크가 1880년대에 추진한 사회입법은 미국으로 이주하는 독일이민 추이의 급감에 결정적으로 기여했다. 이민을 생각하는 청년들은 미국과 독일 간의 직접적 임금의 격차만이 아니라, 간접적 임금(후생복지)의 격차도 눈여겨보고 있었다. 그러던 중에 이런 사회입법이 나오자 청년들은 계속 독일에 살 것을 선택한 것이다. 청년들은 독일의 산업도시로 갔고 비스마르크의 사회보험시스템은 독일의 저임금을 상쇄시켜주었고 이민을 현저히 감소시켰다.[4231]

4230) Frederic B. M. Hollyday, *Bismarck* (Hoboken, New Jersey: Prentice-Hall, 1971), 65쪽.

질병보험법은 1883년에 성공적으로 통과되고 시행된 최초의 사회복지법이었다. 비스마르크는 독일 산업노동자들에 대해 질병보험을 제공하기 위한 프로그램의 제정을 중요성이 가장 적고 정치적 문제가 가장 적은 것으로 여겼다. 건강서비스는 고용주와 피용자 간의 비용분담으로 지역차원에 수립되었다. 고용주가 3분의 1을 내고 노동자는 3분의 2를 냈다. 치료에 지불되는 최소비용과 13주까지의 병가수당(sick pay)은 법적으로 고정되었다. 지역별 건강보험 사무소는 각 사무소 회원들이 선출한 위원회에 의해 관리되었고, 이 조치는 노동자들의 큰 재정적 기여 때문에 노동자들에게 다수 대표권을 확립해주는 뜻밖의 효과를 가져왔다. 이것은 중공업노동자들의 회원자격을 통해 공공행정 분야에 최초의 작은 발판을 얻은 사회민주당원들에게 유리한 결과를 가져다주었다.4232) 이 건강보험입법은 노동자 사망률을 획기적으로 낮춰주었다.4233)

1883년의 질병보험법 못지않게 중요한 사회복지법은 1884년의 산재보험법이다. 비스마르크 정부는 1884년 제국의회에 산재보험법안 등 세 개의 법안을 동시에 제출해야 했다. 비스마르크는 원래 연방정부가 산재보험료의 3분의 1을 내줄 것을 제안했었다. 그는 독일 노동자들이 사민당 등 다양한 좌파정당들로부터 '젖을 떼도록' 노동자들이 겪는 고초를 줄여주려는 독일정부의 용의를 증명하

4231) David Khoudour-Castéras, "Welfare State and Labor Mobility: The Impact of Bismarck's Social Legislation on German Emigration before World War I", *Journal of Economic History*, 2008, 68 (1): [211-243쪽].

4232) Hajo Holborn, *A History of Modern Germany – 1840-1945* (Princeton: Princeton University Press, 1969), 291-293쪽.

4233) Stefan Bauernschuster, Anastasia Driva, & Erik Hornung, "Bismarck's Health Insurance and the Mortality Decline", *Journal of the European Economic Association*, 2019, 18 (5): [2561-2607쪽].

고 싶었다. 민족자유당(Die Nationale Liberale Partei)은 이 프로그램을 국가사회주의의 표현으로 간주하고, 이 법안에 사활을 걸고 반대했다. 중앙당(Die Zentrumpartei)은 주州의 권리를 희생하여 연방권력을 확장하는 것을 두려워했다.

결과적으로, 이 프로그램이 어떻게든 통과될 수 있는 유일한 길은 사용주가 전 비용을 대는 것이었다. 이것을 쉽게 하기 위해 비스마르크는 이 프로그램의 관리를 직능단체 고용주연합(Der Arbeitgeberverband in den beruflichen Korporationen)의 손안에 두도록 조정했다. 이 연합은 연방 차원에 그리고 경우에 따라서는 주州 차원에 보험관리사무소를 설치하여 14주週의 질병보험프로그램을 대체하기 위해 이첩되는 급부 지불의 프로그램을 관리했다. 이 연합은 노동자가 완전히 장애를 당하면 치료와 번 임금의 3분의 2까지의 연금에 돈을 댔다. 이 산재보장프로그램은 1886년 농업노동들을 포함하는 방향으로 확장되었다.[4234]

1889년의 노령보험과 장애보험도 비스마르크의 획기적 업적에 속했다. 노령연금프로그램, 즉 사용주와 노동자가 동일하게 자금을 대는 보험은 70세에 도달한 근로자들에게 퇴직연금을 제공하기 위해 기획되었다. 산재·질병보험과 달리 이 노령보험프로그램은 처음부터 모든 범주의 근로자들(산업노동자, 농업노동자, 자영업근로자, 하인)을 커버했다. 다른 두 사회보험과 달리 정부가 보험료의 3분의 1을 내는 원칙은 다른 3분의 2를 근로자가 감당하는 것과 더불어 이의 없이 통과되었다. 장애보험프로그램은 영구 장애를 당한 근로자들을 위한 것이었다. 이 경우에는 주州나 지구가 이 프로그램을 직접 감독했다.[4235]

4234) Holborn, *A History of Modern Germany*, 291-293쪽.

이렇게 하여 1883년부터 1889년까지 7년간에 걸친 비스마르크의 사회입법 투쟁이 종결되었다. 건강보험(1883), 산재보험(1884), 노령보험과 장애보험(1889) 등 4대 사회보험이 법제화되어 마침내 시행되기 시작한 것이다. 비스마르크는 이 사회입법으로 비록 사민당에 대해 정치적으로 승리하지 못했어도 사회적으로 승리하여 불후의 사회적 업적을 이룩한 것이다.

■ 실업보험의 늑장입법(1927)과 구빈법(생활보장법)의 미비

그러나 근대적 복지국가를 위해서는 두 개의 복지제도가 미비했다. 하나는 실업보험이었다. 실업보험의 맹아는 1918년에야 나타났다. 궁핍에 시달리던 실업자들은 1918년 지자체의 의무과업이었던 실업보호제도의 테두리 안에서 지원을 받았다. 그러다가 1923년 11월부터 사용주와 노동자들은 실업보호를 위한 재정에 요금을 납부해야 했다. 이런 상황에서 마침내 1927년 7월 16일 실업보험제도가 '일자리소개 및 실업보험에 관한 법률(das Gesetz über Arbeitsvermittlung und Arbeitslosenversicherung)'로 도입되었고, 그 관련 업무는 자율기구 '일자리소개 및 실업보험 제국관리청(die Reichsanstalt für Arbeitsvermittlung und Arbeitslosenversicherung)'에 맡겨졌다. (그러나 1933년 나치는 권력을 장악하자마자 이 제국관리청을 '노동청 [Arbeitsamt]'으로 '관변화官邊化'시키고 자율관리와 자유로운 직업선택을 폐지했다. 그리고 "노동력의 조절"이라는 소련식 국가프로그램을 도입했다. 폴란드 침공 이후에는 노동청이 점령지역도 관할하면서 독일 전쟁경제를 위한 그곳의 모든 가용 노동력의 착취가 노동청의 주요과업이 되었다.)

비스마르크 사회입법에서 미비한 다른 하나는 구빈법救貧法이었

4235) Hennock, "Social Policy in the Bismarck Era: A Progress Report", 229-238쪽.

다. 취업해본 적 없는 사람들 중에 어떤 이유(조실부모의 고아, 무지, 독거노인, 자활능력 결여, 전과 등)에서 이 가난해진 빈자·노숙자·걸인들에게 측은지심에서 생계를 지원하는 '생활보호법'은 비스마르크 복지계획 속에 들어있지 않았다.

수혜자가 사전에 요금을 분담하는 것을 전제하는 비스마르크의 '사회보장국가(Sozialversicgerungsstaat)'는 사전에 요금을 분담할 수 없는 사회적 약자들의 생계까지 보호하는 '사회복지국가(Social Welfare State)'가 되기에는 아직 이렇듯 불충분했던 것이다. 그래도 비스마르크의 사회개혁으로 독일은 19세기 말과 20세기 초에 자유시장과 (거의 완벽한 수준의) 복지제도의 양익兩翼을 갖춘 전대미문의 세계적 근대국가로 비상飛上할 수 있었다. 이를 바탕으로 20세기 벽두부터 독일정부는 독일의 이 사회보장국가 측면을 국제적으로 홍보했다.

1904년에 개최된 「세인트루이스 세계박람회」에서 독일 내무부는 "*The German Worker Insurance as a Social Instrumentality*(사회적 수단으로서의 독일 근로자보험)"라는 제목 아래 전시회를 열었다. 보수주의자들이 이것을 "사회적·정치적 카니발"로 폄하했을 때, 독일 관리들은 그들의 선구적 노력이 전세계적 관심을 얻을 뿐만 아니라 광범한 모방을 불러일으킬 것이라는 점을 지적했다.[4236] 독일 관리들은 이렇게 주장했다. "주도적 움직임이 지배적인 사회정치적 이념에 의해, 그리고 스위스·프랑스·영국에서처럼 투표권을 얻은 대중의 태도에 대한 너무 많은 양보에 의해 지연당하지 않았다면, 모방은 훨씬 더 광범하게 확산되었을 것이다. 이것이 시사하는 것은 독일에서 정치적 근시성, 무정한 둔감성, 나태한 판박이 일과,

---

4236) Flora and Heidenheimer, "The Historical Core and Changing Boundaries of the Welfare State", 18쪽.

경제적 무모성에도 불구하고 필수적 사회개혁의 단호한 관철에 강력한 힘을 제공하는 군주제 정부의 우월한 이점이다."4237) 이처럼 독일의 자랑거리가 된 비스마르크의 사회보험시스템은 나치시대에 잠시 중단되지만 전후 1950-1960년대에 다시 복원되고 더 강화되어 오늘에 이르고 있다.

그리하여 대부분의 학자들은 복지국가의 효시, 또는 적어도 현재 형태의 복지국가의 '발단'을 비스마르크의 전국적·의무적 사회보험 기획으로 소급시킨다. 비스마르크는 보험에 의해 커버되는 인구의 관점과 무릅쓰는 위험부담의 관점에서 전대미문의 스케일의 사회입법을 국가가 후원하게 만들었다. 따라서 독일 사회보장 프로그램은 진정 역사적 어젠더 형성의 사건으로 기술될 수 있다. 그 충격은 국제적 환경에서 직접적이었다. 여러 서구 정부는 입법안을 기초하기 위한 조사위원회를 설치했다. 보험원칙을 토의하는 국제회의도 열렸다. 최초의 산재보험 국제회의는 1889년 파리에서 개최되었다. 독일의 입법조치는 좋건 나쁘건 입법자·행정가·고용주·노동자·학자들의 국제공동체에 하나의 모델을 제공한 것이다.4238)

특히 비스마르크의 이 사회복지제도들은 입법 당시에 즉각 북구 게르만 국가들에 파급되었다. 이 중 비스마르크의 사회입법의 모방적 리메이크에 앞장선 나라들은 덴마크·노르웨이·스웨덴이었다. 특히 덴마크가 가장 즉각적으로 호응했다. "독일의 사회보장법은

4237) *Die Deutsche Arbeiterversicherung* (1905), 150쪽. Flora and Heidenheimer, "The Historical Core and Changing Boundaries of the Welfare State", 18쪽에서 재인용.

4238) Stein Kuhnle, "The Growth of Social Insurance Programs in Scandinavia: Outside Influences and Internal Forces", 126-127쪽. Peter Flora and Arnold J. Heodenheimem, *The Development of Welfare States in Europe and America* (London and New York: Transaction Publishers, 1981; Routledge, 2017).

외국의 모방을 자극했는데, 가령 덴마크는 1891년과 1898년 사이의 세 가지 연금계획을 모두 복제했다."[4239] 기타 국가들, 즉 핀란드·네덜란드·벨기에·룩셈부르크는 이 북구 국가들을 뒤따랐다.

3.2. 스칸디나비아제국과 복지국가의 법제화

덴마크·노르웨이·스웨덴 등 스칸디나비아 삼국의 사회복지입법들은 대강에서 비스마르크의 사회입법에 자극받은 것이다. 그러나 이 나라들은 나름대로 중국에 열광하며 중국 상품만이 아니라 중국의 정치문화와 경제제도들을 수입해오던 나라들이었다. 또한 동군연합에 들어 있던 덴마크·노르웨이는 유스티의 관방학적 양호학의 영향을 강하게 받던 나라들이었다. 게다가 이 세 나라에서 사회복지제도 입법에 관한 '논의'는 독일보다 일렀다. 다만 입법에 성공한 경우가 없었을 뿐이다. 이런 상황에서 비스마르크의 성공적 사회입법은 이 나라들이 사회복지제도를 1-2년 사이에 완비하는 데 결정적 동력이었다.

■ 북구제국의 중국열광과 중국무역

따라서 17-18세기 덴마크·노르웨이·스웨덴 등 북구제국과 중국 간에 전개된 무역관계와 교류관계를 먼저 살펴보아야 할 것이다. 세계사학계에 잘 알려져 있지 않지만 이 국가들의 대對중국 무역·교섭관계는 남유럽의 스페인·포르투갈 및 동유럽 국가들의 그것보다

4239) Asa Briggs, "The Welfare State in Historical Perspective", *Archives Europeennes de Sociologie*. 2(1961), 147쪽. Kuhnle, "The Growth of Social Insurance Programs in Scandinavia: Outside Influences and Internal Forces", 127쪽에서 재인용.

비할 데 없이 활발해서 네덜란드와 영국 수준에 도달했었다.

덴마크와 스웨덴은 네덜란드에 못지않게 공자철학과 중국문물을 열성적으로 배워 독자적으로 '높은 근대'를 이루었다. 스웨덴과 덴마크의 극동 관심은 16세기로까지 거슬러 올라간다. 추정상 스웨덴이 가장 일찍이 받아들인 중국문물로는 중세 때 유대 비단상인들을 통해 전해진 중국 지폐은행업무 노하우와 은행제도를 들 수 있는데, 그것은 스웨덴제도로 알려진 화폐저축 바우처제도였다.4240) 그리고 이미 16세기말 덴마크 천문학자 튀코 브라헤(Tycho Brahe, 1546-1601)는 중국 천구좌표의 채택과 같은 중국의 실용천문학을 수입해 근대 천문학의 발전에 의미심장한 자극을 주었다.4241)

덴마크는 1770-1772년 사이 대대적 국가개혁을 단행하고 계몽군주정을 표방했다. 서구의 대표적 중국열광자 볼테르를 추종하던 내과의사 독일출신 요한 슈트루엔제(Johann Friedrich Struensee, 1737-1772)는 덴마크 국왕 크리스티안 7세(재위 1766-1808)의 주치의로서 왕과 왕비(캐롤라인 마틸다)의 신임을 얻어 1770년부터 내각수상을 맡아 2년 사이에 무려 1860여 건에 달하는 개혁법령을 제정·시행함으로써 덴마크의 근대화 개혁을 완수했다. 슈트루엔제는 행정개혁을 단행하고, 내각제를 도입하고, 농노를 해방하고, 소작인에 대한 태형과 죄수에 대한 고문을 폐지하고, 농본주의적 중농정책을 채택하고, 상공업에 대한 규제를 풀었다. 그리고 언론·출판을 자유화하고 출판검열제도를 폐지했고, 정교분리 원칙을 세워 성직자들의 정치개입을 금지하고, 청소인력을 대폭 늘려 도시를 청결화·위생화

4240) Robert Eisler, *Das Geld und Seine Geschichtliche Bedeutung* (München: 1924), 217쪽. Lien-sheng Yang, *Money and Credit in China*, 65쪽에서 재인용.

4241) Needham, "Science and China's Influence on the World", 237쪽.

하는 보건제도를 확립하고, 중국에서 들어온 종두법을 실시했다. 그러나 태황후 율리안느와 결탁한 봉건세력들은 1772년 1월 16일 궁정쿠데타를 일으켜 슈트루엔제를 처형한 다음, 모든 개혁입법을 폐지했다. 크리스티안 7세는 무력화되었고, 왕비는 독일의 한 지방으로 유배당했다. 그러나 1786년 왕세자 프레데릭(훗날 프레데릭 6세, 재위 1808-1839)은 부친의 은밀한 도움으로 16세에 대리청정권을 얻어 실질적 왕권을 회복하고 전광석화처럼 태황후 중심의 봉건세력을 제거해버렸다. 그는 22년의 대리청정 기간에 태황후 정부에 의해 폐지된 슈트루엔제 법제들을 거의 다 부활시켰다. 봉건세력들은 슈트루엔제의 개혁정부 아래서 이미 해방을 맛본 백성들의 지지 열기가 두려워 이 부활조치에 반대할 수 없었다. 그리고 프레데릭 6세는 32년의 공식 재위기간 동안 이 개혁법제들을 공고화해서 덴마크를 근대국가로 도약시켰다.[4242]

덴마크의 이런 근대화 개혁의 사상적 동력은 직접적으로 프랑스·영국·네덜란드·독일로부터 전해진 계몽주의였지만, 그 바탕은 유학이었다. 덴마크에도 계몽주의 서적들과 함께 공자철학과 중국문화에 관한 서적들이 대거 유입되었다. 그리고 이 중국문화와 유학의 영향으로 덴마크에서 사회적·정치적 비판의식도 높이 고조되었다. 이런 흐름 속에서 이미 1747년에 에릭 폰토피단(Erik Pontoppidan)은 중국선비를 가장한 '가짜 서간체 소설' 『메노자(Menoza)』(1747)를 써

4242) Knud J. V. Jespersen, *A History of Denmark* (New York: Palgrave Macmillan, 2004·2011), 57-58쪽; T. K. Derry, *A History of Scandinavia* (Minneapolis: University of Minnesota Press, 1979), 181-184쪽. 슈트루엔제의 집권과 개혁, 그리고 몰락 및 개혁법제의 부활에 관한 이야기는 덴마크에서 2012년 '엔 콘겔리크 아페레(En Kongelic Affære)'라는 제목으로 영화화되었고, 우리나라에서는 『로얄 어페어』제목으로 한 영화채널에서 2012년 10월 8일 개봉되었다.

서 중국군주의 시각으로 유럽의 과도기적 봉건사회를 비판적으로 스크린했다. 이 소설의 부제는 "특히 인도·스페인·이탈리아·프랑스 영국·네덜란드·독일과 덴마크에서 기독교인을 찾아 세계를 돌아다녔지만 찾는 것을 거의 발견하지 못한 아시아 군주(*Ein Asiatischer Printz, welcher die Welt umher gezogen, Christen zu suchen, besonders in Indien, Hispanien, Italien, Frankreich, England, Holland, Deutschland, und Dänemarck, aber des Gesuche wenig gefunden*)"다. 기독교사회의 위선성을 지적하는 이 부제副題부터가 매우 비판적이다. 공자의 유학과 중국의 정치윤리는 이처럼 덴마크에서도 사회의 근대성 여부를 재는 척도로 쓰였던 것이다. 『메노자』는 바로 독역되어 독일어권에서 공전의 히트를 치며 큰 영향을 미쳤다.[4243]

덴마크는 독일인 개혁가 슈트루엔제에 대한 기억 속에서 18세기 내내 독일 계몽주의자들을 개혁가로 환영했다. 1751년부터 1770년까지 20여 년간 덴마크 외무장관을 지낸 안드레아스 폰 베른스토르프(Andreas Peter Graf von Bernstorff, 1712-1772)도 독일인이었고, 역시 계몽주의적 개혁가였다. 그는 무역수지 개선을 맡은 덴마크 상무위원회 위원장도 겸직했다. 그는 1757년 독일로부터 유스티를 코펜하겐으로 초빙하여 1년간 경제사회개혁에 관한 가르침을 받았다. 이런저런 연유에서 덴마크·노르웨이 연합왕국에서 당시 유스티의 영향력은 대단했다. 유스티가 쓴 68권의 저작 중 8종의 저서는 영어·불어·네덜란드어·러시아어·스페인어로 번역되었는데, 그의 가장 중요한 저서들 중 몇 권은 코펜하겐에서 독일어로 출판되었다.[4244] 독일어권 바깥에서 그가 가장 심원한 충격과 영향을 미친

4243) 『메노자』의 내용에 대한 상론은 참조: 황태연, 『근대 독일과 스위스의 유교적 계몽주의』, 355-361쪽.

나라는 덴마크-노르웨이 연합왕국이었다. 유스티의 코펜하겐 생활은 당시의 *Danmark og Norges Oeconomiske Magazin*, 즉 『덴마크와 노르웨이 경제잡지』에서 추적할 수 있다. 그의 정책목록은 18세기에 가장 유명했던 덴마크-노르웨이 연합왕국의 저술가 루트비히 홀베르크(Ludvig Holberg)의 유고집에서 볼 수 있다. 그리고 당시 덴마크 경제와 복지정책에 대한 유스티의 강력한 영향은 1902년 코펜하겐 대학교의 한 박사학위 논문(Bisgaard 1902)에 잘 채록되어 있다. 한 마디로, 덴마크-노르웨이 연합왕국은 유스티의 영향력이 독일어권 바깥에서 가장 막강했던 지역이었다. 유스티의 삶과 저작의 이 원천들이 상대적으로 접근하기 어려운 덴마크어 속으로 들어가 갇혀 있기 때문에 이곳에서의 생활이 약1년에 불과할지라도 덴마크의 복지제도 입법의 견지에서 아주 중요한 유스티의 덴마크 생활을 자세하게 밝혀 볼 필요가 있다. 유스티는 코펜하겐에 머물면서 집필을 하며 1758년까지 관세청장을 지냈기 때문이다. 이미 1755년에 덴마크 국왕은 국민들에게 실천적 경제에 관한 논문을 쓸 것을 요청했고, 이에 덴마크 학자들은 우선 『철인왕 아래서의 진짜 민복』을 비롯한 크리스티안 볼프의 저서들을 덴마크어로 번역해 출판하기도 했다. 실천적 경제학에 대한 고조된 관심은 1757년 *Danmark og Norges Oeconomiske Magazin*의 창간으로 이어졌다. 이 잡지의 편집자는 저 유명한 『메노자』(1747)를 쓴 중국열광자 에릭 폰토피단이었다. 폰토피단은 노르웨이의 프레데릭스보르크(Fredriksborg) 왕성의 담임목사이자 베르겐 주교를 지내고 1755년 이래 코펜하겐

4244) 가령: Johann H. G. Justi, *Gesammelte politische und Finanzschriften über wichtige Gegestände der Staatskunst, der Kriegswissenschaft und des Cameral - und Finanzwesens*, Bd.1 (Koppenhagen und Leibzig: Auf Kosten der Rorhenschen Buchhandlung, 1761).

대학교의 총장을 맡고 있었다. 폰토피단은 1758년 이 잡지의 제2권에 실은 최근 경제학 문헌 리스트에 유스티가 코펜하겐에서 써서 출판한 저작('제조업과 공장에 관한 애국적 생각')을 소개했다. 핀토피단은 이 책을 소개하기를, "출생에 의해서가 아니라 선택에 의해 애국자인 저자는 매주 이 경제학 주제와 기타 주제들에 대한 강의를 열어 왔고, (그의 아이디어들에 대한) 많은 모순점들을 발견하고 이 주제들을 그가 적합하다고 느끼는 거절로 대하는 것을 잊지 않는다"고 했다.4245)

유스티의 저작들은 덴마크에서도 독일과 오스트리아에서처럼 유명했다. 코펜하겐에서 그는 "우리의 위대한 저자"나 "위대한 사람"으로 여겨졌고, "우리는 유스티로부터 한 명의 덴마크인이 생겨나는 것을 볼 것이다"는 희망까지도 표출되었다. 물론 한쪽에서는 그를 비판하기도 했으나 뤼트켄(O. D. Lütken)이라는 모진 비판가조차도 유스티의 사치금지법 반대론을 긍정했다.4246)

한편, 18세기에 중국의 유학철학에 매료되었던 덴마크 철학자들의 중국적 계몽사조의 잔재는 유스티와 별개로 19세기까지도 오래 남았다. 가령 쇠렌 키에르케고르(Søren A. Kierkegaard, 1813-1855)는 공자를 읽고 공자철학을 열광적으로 추종하면서 삶과 철학의 "새로운 길을 찾아" 선구적으로 '실존철학'을 개창했고, 이 실존철학적 견지에서 루터주의 개신교를 가장 강력하게 비판한 덴마크의 대표적 철학자였다. 19세기 덴마크 루터주의 개신교는 여전히 권력자들과 결탁해 정치개입을 일삼고 있었다. 키에르케고르의 이 공자학습

4245) Reinert, "Johann Heinrich Gottlob von Justi (1717-1771) - The Life and Times of an Economist Adventurer", 12쪽.

4246) Reinert, "Johann Heinrich Gottlob von Justi (1717-1771) - The Life and Times of an Economist Adventurer", 12-13쪽.

과 추종 사실은 1986년도에 이미 헨리 로우즈먼트(Henry Rosemont)에 의해 명확하게 규명되었다.4247) 그러나 오늘날은 키에르케고르의 이 공자추종 사실만이 아니라, 로우즈먼트에 의해 이것이 이미 규명되었다는 사실 자체도 까맣게 잊히고 있다.

한편, 스웨덴의 중국무역은 17세기에 닐스 키외핑(Nils Matsson Kiöping)에 의해 시작되었다. 키외핑 선장은 1654년 예테보리 (Götheborg) 호를 타고 남중국을 방문했고, 이 여행과 귀국 길에 관한 기행문을 남겼다. 스웨덴과 덴마크는 국력과 영토의 약소성이나 지리적 편중성을 무릅쓰고 놀라운 규모로 동방무역과 교류를 확장 했다. 따라서 이 두 나라에서 극동으로부터 받아들인 문물도 그 만큼 많았고, 시누아즈리도 융성했다. 이런 배경에서 두 나라의 학자들은 중국의 유교사상도 충심으로 받아들였다.

스웨덴과 덴마크가 극동으로부터 받은 영향의 강도는 그 무역관 계를 개관하더라도 금방 알 수 있다. 1736년 광동에서 무역에 종사 하는 12척의 선박 중에서 덴마크와 스웨덴은 각각 1척의 선박을 보유했다. 1753년에는 이 광동 항구에서 무역하는 27척의 선박 중 스웨덴은 3척, 덴마크는 2척을 보유했다.4248) 그리고 1769년부 터 1772년까지 4년간 덴마크·스웨덴 상선의 차 선적량은 프랑스·네 덜란드 상선의 선적량과 합해 도합 1200만 리브르에 달했다.4249) 그리고 17세기 초부터 18세기말까지 200년간 스웨덴과 덴마크 동 인도회사가 영국·프랑스와 합해서 수입한 중국 청백자기는 도합

4247) Henry Rosemont, Jr., "Kierkegaard and Confucius: On Finding the Way", *Philosophy East and West*, Vol.36, No.3 (Jul., 1986).

4248) Hudson, *Europe and China*, 258-259쪽.

4249) Hudson, *Europe and China*, 260쪽.

3천만 점에 달했다.4250) 덴마크와 스웨덴은 상당기간 아주 번창하는 동방무역을 활발하게 전개했다.

중국과 무역관계에서 이탈리아와 프로이센은 종종 빠졌을지라도 이 두 스칸디나비아 국가는 18세기 내내 언제나 빠짐없이 광동무역 대오에 끼어 있었던 것이다. 차의 더 큰 부분이 밀수루트로 영국으로 수입되자, 1784년 영국은 이 차 밀수를 없애기 위해 차 관세를 119%에서 12.5%로 낮춘 정류법停留法(commutation act)을 공포해 저 비밀거래를 효과적으로 중단시켰다. 이때부터 밀수는 쇠락했다. 덴마크사람들은 그래도 광동으로 2-3척의 무역선을 보냈다. 반면, 스웨덴은 이때쯤 동방무역을 완전히 접는 듯했다.4251) 그래도 스웨덴은 상관을 광동에 그대로 잔존시켰다. 벨기에의 오스텐드(Ostend), 이탈리아의 트리에스테(Trieste), 함부르크로부터 온 무역선들은 가끔 중국의 상업중심지 광동에 들렀다. 함부르크의 동방무역은 오히려 증가했다. 2-3척의 프로이센 무역선들도 여전히 광동에 들렀다.4252)

스웨덴은 1731년 프리드리히 1세의 주도로 스웨덴동인도회사를 창설했고, 이 회사는 19세기 초(1813)까지 대중국 무역을 수행했다. 이 회사는 광동에 스웨덴재외상관도 보유했다. 덴마크도 부정기적으로나마 제국상관에 덴마크 재외상관을 설치했다.4253) 이미 17세기 초부터 덴마크와 스웨덴의 선박들은 네덜란드, 영국, 프랑스

4250) Berg, "Asian Luxuries and the Making of the European Consumer Revolution", 236쪽.

4251) Charles Gutzlaff, *A Sketch of Chinese History, Ancient and Modern*, Vol. II (London: Smith Elder, 1834), 446쪽.

4252) Gutzlaff, *A Sketch of Chinese History, Ancient and Modern*, Vol. II, 446쪽.

4253) Margaret Jourdain and R. Soame Jenyns, *Chinese Export Art. In the Eighteenth Century* (Middlesex: Spring Books, 1950·1967), 11-12쪽.

프로이센의 선박과 나란히 남중국해에 자주 등장했다.4254) 덴마크와 스웨덴의 선박들은 수많은 중국제품들을 코펜하겐과 스톡홀름으로 실어 날랐다.4255)

극동과의 국제무역은 위험부담이 컸고, 상당한 자본투자를 요구했다. 선박, 선원, 화물은 많은 비용이 들었다. 시간도 한 요인이었다. 모든 항해는 느리게 진행되었고, 광동 원정은 1년 이상이 걸렸다. 무역회사들은 합자기업들이었다. 스웨덴동인도회사는 상당한 성공을 누렸다. 스코틀랜드인들도 많이 참여한 이 회사의 소유자들은 1731년과 1813년 사이에 주로 광동으로 132회 항해했다. 차는 이 항해의 주된 보상 상품이었으나, 비단과 도자기도 스웨덴의 대도시 예테보리로 가지고 왔다. 이 상품들의 상당량은 유럽의 타국으로 재수출되었고, 일부는 스웨덴에 하역되어 소비자 미감과 취향을 세련했다.4256)

중국으로부터 온 수입품들은 다른 극서제국에서와 마찬가지로 스칸디나비아에서도 모두 고급 사치품으로 교역되었고, 스칸디나비아의 모든 귀족들과 부르주아들이 갖고자 하는 사치품 중 최고급 상품이었다. 스웨덴과 덴마크 귀족의 궁택宮宅과 부르주아지 가정들은 중국 물건들로 꾸며지면서 밝고 호화로워졌다. 이런 까닭에 스웨덴 청교도들은 가령 중국에서 온 비단과 명주를 동방의 사치품과 연결시키고 나아가 '도덕의 타락'으로 비판하기도 했다.4257) 스웨덴과 덴마크의 개신교도들은 "훨씬 더 사나운" 데다 "타인들

4254) Impey, *Chinoiserie*, 40쪽.

4255) Berger, *China-Bild und China-Mode im Europa der Aufklärung*, 12쪽.

4256) Byron J. Nordstrom, *The History of Sweden* (Westport:Greenwood Press, 2002), 58-59쪽.

4257) Berg, "Asian Luxuries and the Making of the European Consumer Revolution", 236쪽.

을 극치의 격노와 무지로 대하는" 루터주의 개신교도들이었다.[4258] 그러나 스웨덴 동인도회사는 이 '사나운' 루터교 필객들의 이런 사치비판도 가볍게 따돌리고 중국상품을 계속 수입해 고수익을 올렸다.[4259] 이 대목에서도 개신교가 자본주의에 얼마나 적대적인 것인지, 그리고 베버의 '개신교 자본주의' 테제가 얼마나 괴설인지가 드러난다.

시누아즈리와 계몽주의를 추종하던 스웨덴 구스타프 3세는 그의 프로이센 삼촌 프리드리히 2세처럼 계몽주의적 해방정책을 구현했다. 농민해방, 중농주의, 종교적 관용정책을 채택하고, 고문과 여러 가지 유형의 사형을 폐지했다. 그리고 그는 1772년 헌법에서 "계몽전제정(enlightened despotism)"을 헌법용어로 채택하고 공공하게 표방했다.[4260]

한편, 시누아즈리(중국풍 예술·공예사조)는 당연히 덴마크·스웨덴에서도 극성했다. 시누아즈리는 덴마크의 수도 코펜하겐에서 페테르부르크에서만큼 거의 토착적이었다.[4261] 스웨덴에서 가장 현저한 시누아즈리 사례는 아돌프 프리드리히 국왕이 1750-60년대에 왕비 루이자 울리카(Louisa Ulrike)를 위해 지은 '중국식 궁전' 드로트닝홀름(Drottningholm) 궁이다. (울리카는 프로이센 프리드리히 2세의 누이였다.) 이 중국식 대궐의 팔각정 디자인은 국왕 자신이 직접 설계했다. 이 팔각정은 1753년에 목재로 축조되고 1763년과 1769년 사이에 석조로 재건되었다. 이 팔각정의 방들은 와토·부세·피유망의 시누

4258) Trenchard and Gordon, *The Independent Whig*, Vol. III, 100쪽.

4259) Berg, "Asian Luxuries and the Making of the European Consumer Revolution", 236쪽.

4260) Derry, *A History of Scandinavia*, 184-186쪽.

4261) Berger, *China-Bild und China-Mode im Europa der Aufklärung*, 12쪽.

아즈리 기법들로 꾸며졌다. 1781년 아돌프 프리드리히의 아들 구스타프 3세는 드로트닝홀름 궁에 파고다를 추가로 축조함으로써 시누아즈리 환희를 완성할 계획을 세웠다.[4262] 스톡홀름에서 바로 1772년 왕권을 강화한 구스타프 3세는 메타스타시오에 의해 무대에 올려진 『중국의 고아(L'Orfano della Cona)』에 나오는 칭기즈칸과 같은 역할을 맡기까지 했다.[4263]

스웨덴과 덴마크로 봇물처럼 쇄도해 들어온 이 중국문물과 극성한 시누아즈리를 배경으로 중국의 유학철학과 정치사상도 강력한 지지와 동조 속에서 확산되었다. 1710년에 올로프 셸시우스(Olof Celsius, 1670-1756)는 유학에 관한 저작들을 분석한 스웨덴 최초의 박사학위논문을 제출했다. 이것을 기점으로 곧 기독교적 가치관과 무관하고 보다 인도주의적인 접근법의 '삶의 철학'에 관한 아이디어들이 봇물을 이루었다. 나중에 동방언어학 교수가 된 셸시우스는 예수회 신부들의 유교관련 서신들에 관한 라이프니츠의 연구들(1679)을 즐겨 인용했다. 셸시우스의 저작은 중국인들에 의해 중시

4262) Honour, *Chinoiserie*, 117쪽. 울리케 왕비는 1753년 7월 그의 어머니 프로이센의 소피아 도로테아 왕비에게 아돌프 프리드리히 국왕으로부터 생일선물로 받은 중국 궁전을 자랑하는 편지를 보냈다. "나는 실재하는 동화의 나라를 보고 돌연 놀랐습니다. 폐하가 중국 팔각정을, 지금까지 본 것 중 가장 아름다운 팔각정을 지으라고 명했었기 때문입니다. 경호원은 중국옷으로 차려입고 두 명의 시종무관은 만다린 무관으로 차려입었습니다. 경호원은 중국식 훈련을 받았습니다. 나의 장남은 중국 왕자의 모습으로 차려입고 팔각정 입구에 기다리고 있었고, 만다린 무관으로 차려입은 시종이 수행했습니다. (...) 벽에 인디언 피륙을 바른 침실과 침대가 있었는데, 벽은 지극히 고운 도자기, 정자, 화병, 새의 그림으로 꾸며졌습니다. 일본 옻칠을 한 장롱 궤는 여러 가지 공동품들로 채워지고 그 중에는 중국자수도 있었습니다. 날개에 테이블이 놓여있었는데, 하나는 드레스덴 식이고 다른 하나는 중국식이었습니다. 폐하는 중국 발레를 명했습니다. (...)" Impey, *Chinoiserie*, 9쪽에서 재인용. 여기서 중국 팔각정, 만다린 무관, 중국식 훈련, 중국발레는 진짜 '중국 것'이 아니라 시누아즈리를 말한다.

4263) Berger, *China-Bild und China-Mode im Europa der Aufklärung*, 12쪽.

하는 '실용성'과 반反이형상학적 경험철학을 핵심주제로 강조했다. 실용성과 상업증진의 맥락 안에서 '사회적 경제'를 하나의 완결적 현상 자체로 해석하는 보다 큰 이론적 접근법들이 스웨덴 사회과학 안에서 형성된 것이다.[4264]

그리하여 상업원리들이 강력하게 옹호되었다. 스웨덴동인도회사와 협력해 일하는 상인들은 아시아와 그 환경에 대한 더 큰 통찰을 얻었고 스웨덴사회에 커다란 영향력을 가졌고, 국가에 의해 아시아 지식의 축적을 위해 지원받았다. 그러나 동시에 스웨덴이 중국과 같이 세계 최대의 농업국가로부터 배워야 한다는 목소리도 커졌다. 중국은 교육받은 엘리트들이 농민대중을 다스린다는 이야기도 익히 알려졌다. 그리하여 '녹색통치' 이념도 18세기 학술논의에서 자리를 잡아가고 있었다. 어떤 사람들은 스웨덴이 무역과 중상주의에 너무 많은 정력을 투입하지 말고 농업에 투자하는 것이 더 좋다고 생각하며, 너무 많은 불필요한 사치품들을 수입하는 것을 경계했다.[4265]

스웨덴왕립학술원 회원들도 직접 중국으로 가서 중국 내륙을 여행했다. 훗날 동식물 분류법으로 세계적 명성을 얻은 린네(Carl von Linné)도 스웨덴동인도회사를 통해 자기 제자들을 중국으로 파견했다. 그는 기후 때문에 성공하지 못했지만 동방으로부터 가져온 이국 식물들을 스웨덴에서 재배하려고 애를 썼다. 이런 과정에서 얻은 새로운 발견들은 나중에 스웨덴에서 실용화되었다. 린네는 중국의 동식물계, 중국의 과학, 예술과 문화를 조사하기 위해 재차

4264) Cheryl M. Cordeiro, *Gothenburg in Asia, Asia in Gothenburg* (Oklahoma City: Draft2Diugital, 2018), 2.6. "Sweden and China: Multi-levelled Contact".

4265) Cordeiro, *Gothenburg in Asia, Asia in Gothenburg*, 2.6. "Sweden and China: Multi-levelled Contact".

제자와 조교들을 중국으로 보내기도 했다. 이렇게 얻어진 모든 식물지식은 이후 다 이론적으로 체계화되고 또 상용화되었다. 중국의 식물계에 대한 지식이 없었다면 린네의 '식물분류학'은 없었을 것이다. 또 다른 식물학자 페르 오스베크(Per[Peter] Osbeck, 1723-1805)는 그가 1751년부터 2년간 체류한 중국에서 여러 식물 종자들을 가지고 와서 '자연사'를 저술했다.4266)

당연히 스웨덴 지식인들과 스웨덴왕립학술원은 일찍이 공자철학을 지지하고 있었다. 이런 까닭에 스웨덴국왕 프리드리히 1세와 스웨덴의 스톡홀름왕립학술원은 공동으로 크리스티안 볼프가 공자철학에 대한 연설로 프로이센으로부터 추방당하는 사건(1721)이 났을 때 중국철학에 대한 볼프의 주장을 공개 옹호했다.4267) 1710-20년대 스웨덴은 이미 독일 프로이센보다 훨씬 더 유교적으로 개명되어 있었던 것이다.

스웨덴이 중국의 정치사상과 정치문화를 적극적으로 평가하고 수용한 더 뚜렷한 증좌로는 스웨덴왕립학술원 회원이었던 스웨덴 선장 칼 에케베르크(Carl Gustav Eckeberg, 1716-1784)의 보고를 들 수 있다. 에케베르크는 1754년 중국에서 황제가 농사를 권려하는 것에 관한 보고서 「중국의 농업에 관한 간략한 견문일지」를 작성했는데, 스톡홀름 왕립아카데미는 이 보고서를 오스베크 등이 출판한 항해 여행 서적 『중국과 동인도로의 항해(제1-2권)』(1750)의4268) 부록으로

4266) Cordeiro, *Gothenburg in Asia, Asia in Gothenburg*, 2.6. "Sweden and China: Multi-levelled Contact".

4267) Lach, "The Sinophilism of Christian Wolff (1679-1754)", 565쪽.

4268) Charles Gustavus Eckeberg, "A Short Account of the Chinese Husbandry". Peter Osbeck, *A Voyage to China and East Indies, Together with A Voyage to Suratte, by Olofe Toren, and An Account of the Chinese Husbandry by Captain Charles Gustavus Eckeberg*, Vol. I-II [1751, 1752; 독역, 1762] (London: Benjamin White, 1771), [255-316쪽].

출간하도록 배려했다.

칼 에케베르크는 「중국의 농업에 관한 간략한 견문일지」에서 이렇게 보고한다.

중국에서 농사, 특히 벼농사가 도달한 높은 수준은 이 나라의 행복의 가장 주된 근거다. 농업은 가장 영예롭게 여겨지고, 가장 큰 권력을 받는다. 황제는 몸소 그 자신이 이 직종에 어떤 가치를 부여하는지를 보여주고 신민들에게 따라할 만한 수범을 보여주기 위해 매년 어떤 엄숙한 날에 궁궐의 고관대작들을 대동하고 들녘으로 나가 쟁기를 손에 잡고 한 뙈기 의 땅을 갈아 씨를 뿌리고 나중에 곡식을 자기 손으로 수확한다.[4269)

중국여행에서 농본주의와 중국황제의 춘경기 쟁기질 행사에 감 명을 받은 에케베르크는 이 감명을 자기의 조국 스웨덴에 충실하게 전하고 있다.

그밖에 중국을 찬미한 스웨덴 문인으로는 외교관이자 탐험가 라우렌트 랑에(Laurent Lange)가 있다. 그는 베르나르가 편찬한 『북방 항해기』에 「중국 궁정에서의 협상에 관한 랑에 씨의 보고(Journal du Sieur Lange continuant ses négotiontions à la cour de la Chine)(암스테르담, 1731)를 전재했다. 이 글은 몽테스키외도 읽었는데, 주지하다시피 몽테스키외는 중국을 비방하는 문단에서 랑에의 이 중국찬양 보고 서를 마치 중국비판 논고인 양 각주에 달아 놓음으로써 자신이 중국에 대해 잘 아는 사람인 체하는 기만적 용도로 써먹었다.[4270)

18세기 스웨덴에 대한 유학의 충격적 영향은 오랜 여진을 남긴

4269) Eckeberg, "A Short Account of the Chinese Husbandry", 275쪽.
4270) Montesquieu, *The Spirit of the Laws*, 127쪽 및 각주31.

다. 가령 스웨덴 정치가이자 1950년대에 제2대 유엔사무총장을 역임한 함마르스키욜드(Dag Hammarskjöld)는 공자에게 "유보 없는 존경"을 바쳤다. 선정善政·인생철학·지도자의 자질 등에 관한 공자와 유자들의 저작들을 그는 에즈라 파운드의 번역본 『공자, 혼들리지 않는 추축(Confucius, The Unwobbling Pivot)』을 통해 정독했다. 그는 1957년 파운드에게 보낸 편지에서 이렇게 말한다. "대부분의 정책결정이 (...) 우리의 중국 벗들에 의해 권해진 것과 뭔가 달랐던 과거 연간에 당신의 공자, 특히 『공자, 혼들리지 않는 추축』이 내가 가장 자주 되돌아본 책들 중의 하나였다는 말을 듣는다면 당신은 아주 기분 좋을 게요."4271) 여기서 "우리의 중국 벗들"은 '공자와 유자들'을 가리킨다. 공자는 이와 같이 현대 스웨덴에서도 여전히 함마르스키욜드 같은 세계적 정치인들에까지 영향을 미치고 있는 것이다.

결론적으로, 스웨덴의 국왕과 왕립아카데미, 그리고 스웨덴과 덴마크의 문인과 지식인들은 중국문화와 공자철학을 매우 긍정적으로 평가하고 적극적으로 수용했다. 이 점에서 두 나라는 네덜란드나 프랑스·영국·독일에 못지않았던 것이다. 이를 통해 스웨덴과 덴마크는 극동과의 경제적·문화적·사상적·제도적 교류에서 국력과 영토의 약소성과 지리적 변방성邊方性을 완전히 극복한 것이다. 이에 대한 역사의 보상은 실로 엄청났는데, 그것은 '높은 근대'로의 빠른 이행이었다.

이 두 나라가 비스마르크의 사회복지제도를 순식간에 리메이크

4271) Carsten Stan & Henning Melber (ed.), *Peace Diplomacy, Global Justice and international Agency, Rethinking Human Security and Ethics in the Spirit of Dag Hammarskjöld* (Cambridge: Cambridge University Press, 2014), 121-122쪽에서 재인용.

하여 독일과 거의 동시에 근대적 사회복지국가를 건설한 것도 두 국가의 오래전부터 축적된 저 계몽주의적 개혁 덕택이었다. 따라서 덴마크·노르웨이·스웨덴에서 독일의 사회보장법이 제정되기 전에 (입법에까지 이르지 못했을망정) 자체적으로 여러 번 사회입법이 논의·시도되었던 것이다. 이 북구 3국은 전통적으로 서로에 대해 언제나 눈길을 주고받으며 살아왔고, 서로의 경험으로부터 배우고, 서로를 특별한 정책의 시행이나 새로운 이념의 도입과 거부를 정당화하는 준거로 활용했다.4272)

■ 독일 사회입법의 제한적 영향

주지하다시피 비스마르크 자신은 국가적 사회보장제도의 발명자가 아니었다. 그의 사회입법 전에도 여러 가지 사회법제나 입법논의가 있었다. 첫째, 도시거주자들의 개인적 복지나 도덕성을 보호하려는 입법은 15-16세기에도 있었다.4273) 그러나 이것들은 모두 국지적이고 도시이기주의적 입법에 불과해서 '사회적'이라는 말에 담긴 '보편적' 성격을 지닌 '사회'복지법이라고 볼 수 없었다. 둘째, 유사한 이기주의적 보험원칙으로는 중세길드의 동직자공제회가 있었다. 그러나 이것은 주지하다시피 보편적 가입이 아니라 배타적이었고 또 국가가 주도하지도 않고 '사회적 보장성'도 없어서 '사회적' 복지제도로 볼 수 없었다. 셋째, "빈민법"은 16-18세기까지 거슬러 올라간다.4274) 그러나 상론했듯이 '빈민법'이란 본질적으로 구빈법

4272) Kuhnle, "The Growth of Social Insurance Programs in Scandinavia: Outside Influences and Internal Forces", 125쪽.

4273) Reinhold A. Dorwart, *Prussian Welfare State before 1740* (Cambridge: Harvard University Press, 1971).

4274) Gaston V. Rimlinger, *Welfare Policy and Industrialization in Europe, America, and Russia*

이 아니라, 구빈과 자선의 탈을 쓴 '빈민착취법'이었다.4275) 넷째, 광부·선원 등 제한된 집단을 위한 의무보험을 설치하거나 국가지원금을 상호적 수혜협회와 보험기금으로 확대하는 사회보험에 대한 이른 시기의 입법이 있었다.4276) 그러나 이것도 보편적·전국적 성격을 결한 것이었다. 다섯째, 독일 사회주의자들은 조금 전부터 의무적 국가보험을 요구해오고 있었다. 그러나 상술했듯이 독일사민당 의원들은 비스마르크가 사회입법을 시도하자 이에 반대하는 해프닝을 연출하고 말았다.

이 모든 시도들은 비스마르크의 입법 이전에 있었던 것들이고 비스마르크에게 상당한 영향을 미쳤을 것이다. 그러나 비스마르크에게 결정적 복지사상적 영향을 준 것은 중국의 복지국가 모델과 이 영향을 받는 라이프니츠·볼프·유스티·헤겔 등의 관방학적 민복양호국가론이었을 것이다. 특히 중국의 영향은 서구에 보편적이었다. 따라서 비스마르크가 광범한 의무적·전국적 사회보험을 향한 국제적 움직임을 자극하지 않았을지라도 어떤 다른 나라나 정치지도자는 조만간 이런 선례에 따라 행동했을 것이라고 결론짓는 것이 합리적이다.4277)

그런데 북구 국가들의 복지제도에는 비스마르크로부터 온 것으로 도저히 얘기될 수 없는 독특한 정책적 특징들이 발견된다. 스칸

(New York: Wiley & Son, 1971.).

4275) Peter Higginbotham, "Introduction", *The Workhouse - The Story of an Institution*. workhouse.org.uk (검색: 2021-9-4).

4276) Jens Alber, "Social Security I: Participants of Social Insurance Systems in Western Europe. *HI WED Report* No. 4 (Cologne: Forschungsinstitut für Soziologie, University of Cologne, 1976).

4277) Kuhnle, "The Growth of Social Insurance Programs in Scandinavia: Outside Influences and Internal Forces", 128쪽.

디나비아의 첫 사회보험법은 분명히 어느 정도로 독일로부터 "전파된 것"이라고 얘기될 수 있다. 그러나 문제는 이 "정도"다. 전면적 "전파(diffusion)" 개념은 스칸디나비아의 고도로 복잡한 입법에 적용되면 문제를 일으킨다. 스칸디나비아의 다양한 창의적 조작들이 이 '전파'에서 끼어들어 섞였기 때문이다. '독일로부터의 전파'에 관해 이야기하기 위해서는 나중에 법률들을 통과시킨 나라들이 적어도 최초의 산재·질병·노령연금 보험에서도 '의무' 가입원리를 채택했어야 하고 또 최초의 독일입법 후에 일정한 기간 안에, 가령 제1차 세계대전 발발 전에 자기들의 최초 법률을 채택했어야 한다. 그러나 북구국가들 나름의 창의적 아이디어와 독일의 사회입법을 모방한 법률이 뒤섞여있다.4278)

■ 덴마크와 노르웨이의 사회입법(1892-1936)

유스티가 1757년 베른스토르프 장관의 초청으로 코펜하겐에 가서 1758년까지 머물렀던 덴마크는 비스마르크의 법률이 도입되기 한참 전인 1862년, 1866년, 그리고 1857년에 질병보험 법안을 검토하는 공식위원회를 설치했고, 또 입법을 제안하기까지 했다. 이 노력은 물론 바로 입법으로 귀결되지 못했다. 1885년 7월 4일에는 새로운 사회입법검토위원회가 출범했다. 이 시점은 독일에서 첫 사회입법은 통과된 뒤였고, 또 스웨덴에서 같은 목적의 위원회가 조직된 뒤였다. 덴마크 사회입법검토위원회는 1887년 12월 하나의 법안을 작성했는데, 이 법안은 자원自願보험에 기초한 질병기금에 대한 국가지원을 명령하는 점에서 독일의 산재보험과 달랐다. 그리

4278) Kuhnle, "The Growth of Social Insurance Programs in Scandinavia: Outside Influences and Internal Forces", 128쪽.

고 이 위원회의 빠른 작업은 나중에 나온 스웨덴의 법안에 영향을 주었다. 덴마크 위원회가 제안한 법안은 1892년 입법화되었다. 이 1885년 위원회는 주로 독일법률에 기초한 산재보험 계획도 세웠으나 이 법안은 스웨덴에서처럼 1888년에 의회에 회부되어 부결되었다. 1895년에 설치된 새로운 위원회는 독일과 오스트리아의 경험을 참조하되 의무조항을 뺀 다른 산재법안을 다루었고, 1896년에 또 다시 취급했다. 이 위원회는 독일과 오스트리아에서 산재가 급증한 것을 의무보험의 원인으로 판단한 것이다. 1897년 법안은 수정되었고, 1897년의 영국법과 유사한 취지의 '의무조항 없는 법안'이 1898년 1월 통과되었다. 산재보험이 고용주의 의무가 된 것은 1916년에 가서야 가능했다.4279)

질병·산재보험의 시발은 분명 독일의 영향과 연계된 것이었다. 반면, 1891년의 노령연금법은 "덴마크 발명"이었다. 이것은 최근 10년간 구빈혜택을 받은 적이 없는 빈민노인을 부양할 목적으로 기획된 '무無요금 연금'이었다. 따라서 이 법은 진정한 의미의 구빈법이었다. 노령자 부양을 위한 법안의 최초 시도는 1875년 위원회에서 시작되었고, 다양한 방안이 1880-1885년간 매년 의회에서 논의되었다. 법률은 지자체에서 관리했지만, 비용의 절반은 국가가 부담했다. 스웨덴에서처럼 덴마크의 첫 네 개 법률의 어떤 것도 '독일로부터의 단순한 전파'의 소산이 아니라고 결론지을 만하다. 사회보험 문제에 관한 입법활동은 독일의 선례로 인해 가속화된 것은 사실이지만, 통과된 법률의 내용은 독일과 다른 나라들의 선례를 수용하거나, 기발하고 참신한 아이디어들을 담고 있었

4279) Kuhnle, "The Growth of Social Insurance Programs in Scandinavia: Outside Influences and Internal Forces", 129쪽.

다.4280)

당시 덴마크의 지배를 받던 노르웨이는 독일과 스웨덴을 참고하여 1885년 8월 19일 노동자보험연구위원회를 설치했다. 산재·질병보험 법안은 1890년 2월 의회에 회부되었고, 노령보험법안은 1892년에 회부되었다. 노르웨이의 법안들은 덴마크·스웨덴 모델보다 독일 모델에 더 가까웠다. 아주 특기할 만한 것은 위원회가 만장일치로 의무적 산재보험에 찬성한 것이다. 법안은 1894년 작은 수정을 거쳐 통과되었다. 그러나 이 법률은 한 대목에서 혁신적이었다. 고용주는 정부가 창설한 중앙집권적 보험기구 안에서 근로자들을 위해 보험을 들어주어야 했다. 노르웨이정부는 1893년 대부분의 근로자들에게 의무로 강제되는 질병보험법안을 제출했으나, 의회에서 부결당하고 말았다. 같은 일은 1894년, 1895년, 1896년에도 반복되었다. 1900년에 설치된 의회특별위원회는 1902년 다른 성격의 법안을 작성해 제출했지만 입법에 실패했다. 질병보험법은 1909년에야 통과되었다. 노령연금법은 1892년 의회에서 토의를 시작했지만 우여곡절 끝에 1923년에야 통과되었다. 그러나 재정적자로 인해 이 법의 시행은 유보되고 말았다. 1936년 동일한 노령연금법이 다시 통과되어 1937년부터 집행되었다. 노르웨이의 경우에 독일로부터의 "전파"를 분명하게 말할 수 있다. 산재보험법과 질병보험법은 독일의 법들을 복제한 셈이다.4281)

4280) 참조: Kuhnle, "The Growth of Social Insurance Programs in Scandinavia: Outside Influences and Internal Forces", 129-130쪽.

4281) 참조: Kuhnle, "The Growth of Social Insurance Programs in Scandinavia: Outside Influences and Internal Forces", 130쪽.

■ 스웨덴의 사회입법 투쟁(1891-1913)

스웨덴은 1884년의 하원에서 독일의 1883년 산재보험법을 참조한 입법 제안이 나오자 국왕은 1884년 10월 조사위원회를 설치했다. 이 위원회는 독일 프로그램을 연구하고 입법제안을 하라는 임무를 띠고 1888년 7월 산재보험 법안을, 1889년 5월 노령연금보험 법안을, 그리고 1889년 10월 질병보험 법안을 제출했다. 독일의 의무 원칙을 따른 산재보험·노령연금보험 법안은 둘 다 의회에서 부결되었다. 질병보험 법안은 자원 질병기금을 국가가 지원하는 덴마크 법안을 참조한 것이었는데 다행히 1891년 5월에 통과되었다. 스웨덴 정부는 1891년 베른에서 개최된 산재보험국제회의에 참석하고 나서 한 달 뒤에 산재보험·노령연금보험 법안을 기초하기 위해 새로운 위원회를 설치했다. 독일 모델이 아니라 영국의 「근로자보상법(*Workmen's Compensation Act*)」(1897)과 덴마크의 유사법률(1898)을 본뜬 고용주 책임법률이 1901년 마침내 통과되었다.[4282] 그러나 사실상 1884년의 독일법과 1897년의 영국법은 둘 다 보험을 작업과 관련된 상해에 국한했다.

1913년 통과된 노령연금법은 독일이나 영국의 법률보다 더 선진적이었다. 연금보험이 전 인구를 포괄할 정도로 "보편적"으로 만들어졌기 때문이다. 스웨덴의 첫 번째 입법 시안들은 분명 독일의 입법에 자극받은 것이지만, 최초의 두 법률은 독일의 모델을 따르지 않았다. 따라서 1913년의 법률을 "독일로부터의 단순전파"의 소산이라고 말하기 어렵다. 이 노령연금법률은 독일의 노령연금법 제정 전에 선보였던 1889년 법안에 기초했다. 독일법보다 훨씬

4282) Kuhnle, "The Growth of Social Insurance Programs in Scandinavia: Outside Influences and Internal Forces", 128-129쪽.

더 급진적인 "보편적 적용 원칙(the principle of universal coverage)"은 나중의 입법에 지침이 되는 최초의 법안에 포함되어 있었다. 따라서 사실 스웨덴의 최초의 법률들 중 어느 것도 "독일로부터의 전파"의 소산이라고 말하는 것은 정확하다고 할 수 없을 것이다.4283) 그러나 크게 보면, 독일의 사회입법은 핀란드를 포함한4284) 북구의 모든 국가의 사회입법을 '촉발'시켰다고 말해야 옳을 것이다.

이렇게 하여 선교사들과 여행가들의 보고서적들을 통해 알려지고 라이프니츠·볼프·유스티에 의해 민복·양호국가론으로 리메이크된 중국의 양민·교민국가와 그 국가철학은 이렇게 하여 독일과 덴마크·노르웨이·스웨덴 등 북구 국가들에서 정착했고, 이 과정에서 보험기술을 더해 더 완벽한 형태로 발전했다. 이것이 바로 근대국가의 한 본질적 요소로서의 '복지국가'의 발단發端이었다. 오늘날까지 줄곧 북구제국과 독일이 선진적 사회복지국가로서의 명성을 휘날려 온 것도 중국의 인정仁政국가론, 즉 양민·교민국가론을 가장 먼저 수용하여 입법조치하고 더욱 더 발전시킨 덕택이다.

그러나 19세기 말과 20세기 초까지의 독일과 스칸디나비아국가들의 사회보장제도도 19세기 중국제국의 사회복지제도에 못 미치는 수준이었다. 사회보험방식의 복지시정은 중국보다 '기술적으로' 나은 것이었지만, 시정의 대상이 중국보다 협소했기 때문이다. 살펴보았다시피 독일과 북구제국의 복지시정은 그 대상이 산업·농업노동자에 국한되었다. 따라서 이 나라들의 복지정책은 앞서 선교사들의 여러 보고들과 홍콩총독 존 데이비스의 공신력 있는 보고서

4283) Kuhnle, "The Growth of Social Insurance Programs in Scandinavia: Outside Influences and Internal Forces", 129쪽.

4284) Kuhnle, "The Growth of Social Insurance Programs in Scandinavia: Outside Influences and Internal Forces", 130쪽.

를 통해 밝혔듯이 19세기까지도 산업·농업노동자 여부와 무관하게 전 국민을 대상으로 삼아 노인빈자·고아·병약자·장애인들을 복지시설과 요양원에서 돌보던 중국제국의 복지제도에 미달한 수준이었다. 그러나 독일과 북구제국의 19세기 말과 20세기 초 사회보장제도는 보험료를 납부할 통로가 없거나 납부능력이 없는, 말하자면 국가와 국민의 사회적 배려를 가장 필요로 하는 노인빈자·고아·병약자·장애인 등 모든 사회적 약자들을 복지시혜의 대상에서 배제한 '차별적' 복지제도였다. 이런 의미에서 그것은 '사회적' 복지제도 아니었다. 당시 독일과 북구제국의 사회보장제도가 안고 있는 문제의 심각성은 산업·농업노동자 대중 가운데 보험수혜자의 수보다 임금노동자와 무관한 이 노인빈자·고아·병약자·장애인들의 수가 훨씬 많았다는 데 있었다. 서구에서 이 문제까지 해결하기 위해서는 다시 반세기를 기다려야 했다.

제4절
상평창 제도의
서천

중국의 상평창·의창 제도도 내각제·관료제·자유시장제도와 마찬가지로 서천했다. 상평창제도는 서천하기 전에 앞서 살펴본 바와 같이 7-14세기에 한반도로 동천東遷했고, 9-11세기경에는 중앙아시아 쪽으로 북천北遷했다. 몽고에 의해 10세기경 중앙아시아로부터 서쪽으로 내몰려 오토만터키제국을 건국하기 전에 터키민족(돌궐족)은 한대·수당대 중국의 상평창 제도를 받아들인 것으로 추정된다. 러시아도 몽고지배 아래서 중국 원나라의 황정을 수용했다.

4.1. 오토만제국과 러시아의 상평창과 진황정책

오토만제국 정부의 황정荒政이념과 황정정책들은 한·송·명대 중국의 그것들을 "극히 근사하게 닮았다". 오토만 치자들은 이슬람으로 개종했음에도 중국의 유교적 치자들처럼 신민 생계의 보호와 진휼의 책임을 아주 심각하게 받아들였다. 안정적 식량공급과 진

荒賑荒은 오토만 치자들의 중요한 직무였다.

■ 오토만제국의 상평창과 진휼제도(1299-1922)

오토만제국은 식량위기 시에 수프 설죽소設粥所(soup kitchens)를 설치했고, 빈민을 먹이기 위해 세수稅收로 항구적 기금을 설치했다.[4285) 오토만 제국의 황정에서 문제는 통상적으로 식량자원의 부족이 아니라, 적시적소로 이 자원들을 이송하는 것을 보장하는 것이었다. 오토만제국(1299-1922)이 620여 년 장기 존속한 요인은 주민의 생계를 보장하고 빈부 불균형을 조정하는 성공한 것이었다.[4286)

오토만제국은 곡물이송과 마케팅을 엄격히 통제했다. 국가선단船團이 충분히 크지 않았기 때문에 오토만 정부는 곡물운송을 위한 선박차용제도를 운용했다. 충분한 수의 선박을 빌릴 수 없을 때는 정부가 나서서 개인선박들을 임시로 징발했다. 선주들이 규정된 루트를 따르지 않거나 늦게 도착하거나 식량적재 지점에서 적게 싣고 도착하는 경우에는 선주들을 처벌했다. 정부는 진황곡賑荒穀의 비축에도 간여했다. 정부는 이스탄불과 같은 여러 주요거점 도시에 곡물창고를 짓고 추수직후에 대량의 곡식을 사들여 국가관리들이 상주하며 관리하는 정부 사일로에

4285) R. Bin Wong, "Qing Granaries and World History", 510-511쪽. Pierre-Étienne Will & R. Bin Wong, *Nourish the People: The State Civilian Granary System in China 1650-1850* (Ann Arbo, MI: Center for Chinese Studies, The University of Michigan, 1991); Jennifer E. Downs, *Famine Policy and Discourses on Famine in Ming China, 1368-1644*, A Thesis Submitted to the Faculty of the Graduation School of the University of Minnesota, July 1995, 105쪽.

4286) 참조: Rhoads Murphy, "Provisioning Istanbul: The State and Subsistance in the Early Modern Middle East", *Food and Foodways* 2 (1988), 246쪽.

비축했다. 식량비축과 식량가공의 지역 네트워크들을 제어하는 국가제도는 육로수송의 문제와 비용을 피하기 위해 식자재를 소비중심들에 근접한 곳에 보관할 수 있게 만들어주었다. 국가는 기근을 구제하고 미래의 기근 발생을 방지하고자 했다. 곡물 부족이나 곡가 인플레이션 시기에 정부는 대량의 국가 곡식을 지방시장에 방매했다. 농촌 거주자들에게는 주요 대로를 따라 설치된 군용軍用 국가곡물창고(menzil-hanes)로부터 곡물을 할인 가격에 구입할 권리를 주었다. 흉작 시에 정부는 흉작 지역에 대해 세금을 감면해 주었다. 정부는 또 곡물이송을 통제하고 번영지역들이 기근지역에 임시 대여를 해주도록 명했다.[4287)]

■ 러시아의 상평창 제도(1721-1822)

러시아도 중국처럼 조직적 황정을 발전시켰다. 진황은 표트르 1세 치세에 1721-1724년에 걸친 일련의 흉작 이래 국사國事가 되었다. 이전에 러시아 치자들은 기근에 의해 야기된 고난을 경감해주기 위해 "왕의 자선"을 분배했었지만, 이것 외에 특별한 정책이나 제도는 없었다. 표트르 1세의 황정 입법에는 전략적 거점에 정부관리가 관리하는 곡물비축창고의 설치도 포함되었다. 그리고 차르는 몰수와 강매强賣 뒤에 가용한 식량공급의 재고조사를 명했다. 그는 지방관리들에게 작황·곡가에 대한 광범한 정보를 제공하라고 명했다. 그는 관리 봉급을 깎기도 하고 가정보유 금은을 국고에 판매하도록 요청하기도 하고 곡물의 수출을 금하고 수입을 허가하기도 했다.[4288)]

4287) Downs, *Famine Policy and Discourses on famine in Ming China, 1368-1644*, 105-106쪽.
4288) Downs, *Famine Policy and Discourses on famine in Ming China, 1368-1644*, 108-109쪽.

이 정책들은 거의 실질적 효과를 거두지 못했지만 진황사업에서의 국가 직접행동의 전통을 확립했다.[4289] 18세기와 19세기 초 표트르 대제 계승자들은 러시아 황정체제를 더욱 조직화해서 운영했다. 러시아 정부는 곡물비축·공공사업·세금감면을 결합시켜 활용했다. 러시아는 이 황정체제를 1822년 새로운 법률·제도 세트로 더욱 세련했다.[4290]

4.2. 이탈리아 도시국가들과 프로이센의 상평창

이탈리아 도시국가들은 베니스상인들이 송대부터 중국을 오가면서 중국의 복지제도와 상평창 제도를 이미 잘 알았고, 마르코 폴로의 『동방견문록』이 불티나게 팔려나간 14세기부터는 이 책이 기술된 원대 중국정부의 황정과 면세제도를 익히 알고 있었다. 따라서 이탈리아 소국들은 앞서 살펴보았듯이 유럽에서 가장 빈번하게 흉작과 재해와 기근에 시달린 땅이라서 이미 16세기부터 곡물비축창고가 설치하고 진황정책을 실시했는데, 이것들은 다 중국으로부터 유래한 것으로 추정된다.

■ 이탈리아 도시들의 "몬타 델라보단자"

이탈리아 도시들은 대부분 민간 소매 식량거래를 통제했다. 종종 "아논나(annona)"라고 불린 특별관청들이 16세기의 수많은 도시들에 설치되어 도시의 식량수급 상황을 모니터링하고 감독했다. 때로

4289) 참고: Richard G. Robins, Jr., *Famine in Rissia, 1891-92: The Imperial Government Responds to a Crisis* (New York: Columbia University Press, 1975), 16-17쪽.

4290) 참조: Downs, *Famine Policy and Discourses on famine in Ming China, 1368-1644*, 109쪽.

공적 상품창고들은 공적 기금으로 구입되고 재정지출로 운영되는 곡물을 비축했다. 이탈리아 도시국가들은 도시 식량공급을 안정시키기 위해 공적 저곡貯穀을 비축하는 관행을 지극히 체계적으로 발전시킨 것으로 보인다. 토지개간과 더불어 공적 저곡은 "재발하는 기근에 대한 예방책"이었다. 도시관청은 곡가의 계절적 순환에서 보통 가장 저렴한 수확 1-2개월 후에 곡물을 구입하고, 나중에 시장에 행정비용을 충당하기에 충분한 정도의 비용을 붙인 생산원가에 발매發賣했다. 이 이탈리아 곡물창고의 운영방식은 중국 상평창과 아주 흡사했다. 이탈리아의 이 상평창제도는 요호부민의 기부금으로 저곡을 확보하는 점에서 중국의 의창·사창 등의 곡물창고와 더욱 흡사했다. 수많은 도시에서 "몬타 델라보단자(monti dell'abbondanza)"라 불린 곡물창고들이 빈자들에게 곡물을 공급하기 위해 16세기에 곳곳에 지어진 것이다. 이탈리아도시들과 중국의 곡물창고제도는 둘 다 자애와 의무의 개념에 의해 설립·운영된 점에서 같았다.4291)

이탈리아 안에서 로마사람들은 다른 도시 거주자들보다 더 잘 먹고 산 것으로 보인다. 밀·육류·기름의 국가비축시설은 1620년에 완공되어 16세기 후반에는 프로그램의 완비가 시작되었다. 17세기 초에 아논나 체제는 적어도 저렴한 식자재 공급 면에서 적량보다 더 많은 양을 로마 시에 확보해줄 수 있었다. 혹독한 기근이 이탈리아 반도 전역을 위협한 18세기에 도시 식량공급에 대한 로마 아논나의 권력은 상업적 수입과 소매 분배를 통제할 정도로 확대되었다. 로마 시민들이 다른 이탈리아 도시민보다 더 많이 향유한 이 상대적 이점들은 관련 정책들이 변해갔을지라도 이후에도 계속되었

4291) Wong, "Qing Granaries and World History", 515-516쪽.

다.[4292] 스페인은 유럽제국에서 예외적으로 이탈리아 도시국가들의 이 제도를 뒤늦게나마 수용했다. 스페인의 곡물창고들은 18세기에도 줄곧 운영되었다. 도시민의 수요에 대처하고 시장을 안정시키기 위해 쌀과 기타 상품들을 비축하는 스페인의 이 제도는 "알혼디가(alhondiga)" 체제라고 불렸다. 이 알혼디가는 18세기에 멕시코에까지 이식되어 가격안정 역할을 톡톡히 해냈다.[4293]

그러나 영국과 프랑스는 곡물창고제도를 식량공급정책에 포함시킨 적이 없다. 다만 프랑스는 비상비축체계가 투박하게 만들어진 1725년에 곡물창고제도를 확립하려는 노력은 하지 않았어도 심각하게 고려하기는 했다. 프랑스 정부가 나서서 단기 위기 동안 곡물을 매매했지만 어떤 항구적 비축물자도 유지하지 않았다.[4294]

■ 프로이센의 상평창

그러나 중국의 국가제도를 선망하던 프로이센은 이탈리아 도시국가들과 스페인처럼 1730년대에 이미 중국식 국가곡물창고를 설치했다.[4295] 유스티는 앞서 상론했듯이 『국가경제(*Staatswirtschaft*)』(1755)에서 국가곡물창고의 설치를 주장했었고,[4296] 1756년의 『양호학의 원리』에서도 다시 중국의 상평창을 모델로 양민용 국가곡식창고 설치를 제창했다. "가격 등귀와 기근상황을 타개하거나 유리한 대외무역을 하기" 위해 "잉여곡식을 보관할 창고"를 설치

4292) Wong, "Qing Granaries and World History", 516쪽.

4293) Wong, "Qing Granaries and World History", 516쪽.

4294) Wong, "Qing Granaries and World History", 517쪽.

4295) G. Corni, "The Grain Storage Policy in Eighteenth-Century Prussia", *Gast, Sigaut, and Beutler*. Wong, "Qing Granaries and World History", 522쪽에서 재인용.

4296) Menzel, "The Sinophilism of J. H. G. Justi", 310쪽.

할 필요가 있다는 것이다.[4297]

그러나 상평창 제도는 유스티만큼이나 중국을 모방하려고 애를 썼던 프로이센 국왕 프리드리히 빌헬름 1세(재위 1713-1740)에 의해 1730년대에 이미 프로이센에 도입된 상태였다. "프리드리히 빌헬름 1세의 잉여곡식 관청은 흉년에 도시 중하층계급에 혜택을 주는 시세 이하의 가격으로 처리하기 위해 풍년에 판로가 막힌 농민들의 모든 농산물을 다 일정한 고정 가격에 사들였다."[4298] 이에 대해 더크 보드는 프로이센의 이 국가곡물창고를 '중국산'으로 추정하고 있다.

피상적으로 중국 상평창과 놀랍도록 유사한 것에서 어떤 중국 영향이든 명백한 것인지를 규명하는 것은 (...) 흥미로운 과업일 것이다. 라이프니츠 (1646-1716)와 크리스티안 볼프(1679-1754)와 같은 독일 사상가들이 공유한 중국 열광이 잘 알려진 만큼, 겉으로 보기에 이러한 영향은 전혀 불가능하지 않은 것으로 보일 것이다. 더구나 프리드리히 빌헬름 1세는 일정한 기본원리에서 중국 고시제도와 '흥미로운' 유사성을 보이는 공무원제도를 프로이센에 제도화한 것으로 보인다.[4299]

보드는 프리드리히 빌헬름 1세 자신이 중국열광자였다는 사실을 몰랐던 것으로 보인다. 아무튼 프로이센은 이탈리아 도시국가들

4297) Justi, *Grundsätze der Policeywissenscht*, §123.

4298) Leonard D. White, Charles H. Bland, Walter R. Sharp and Fritz Morstein Marx, *Civil service abroad, Great Britain, Canada, France, Germany* (New York & London: McGraw-Hill, 1935), 172쪽.

4299) Derk Bodde, "Henry A. Wallace and the Ever-Normal Granary", *The Far Eastern Quarterly*, Vol.5, No.4 (Aug., 1946), 426쪽.

과 스페인에 이어 유럽에서 세 번째로 중국 상평창 제도를 받아들여 실시한 나라가 되었다.

이 나라들 외에 어떤 유럽국가도 이 구민·양민 복지제도를 받아들이지 않았다. 하지만 이 상평창 제도는 생각지도 못하게 1930년대 미국에서도 받아들여진다.

4.3. 헨리 월리스와 미국의 상평창 제도

프랭클린 루스벨트 대통령 내각에서 미국 농무장관직(1933-1940)을 맡아 수행한 헨리 월리스(Henry A. Wallace, 18888-1965)는 1920년대부터 수많은 글과 연설을 통해 상평창을 알리고 농업장관이 된 뒤 1938년 농업조정법(the Agricultural Adjustment Act)의 제정을 주도함으로써 '상평창'을 제도화했다. 월리스는 '상평창'을 "ever-normal granary"로 영역하고 1934년 이후 미국 농업정책론의 주된 사조로 만들었다.4300) "ever-normal granary"라는 영역 명칭은 이후 미국 정부의 관용어官用語가 되었다. 1934년 이후 미국에서 농업정책의 중심사조가 된 '상평창' 이론의 한 사례는 대공황 중인 1937년 *Storage and Stability*을4301) 써낸 벤저민 그레이엄(Benjamin Graham)에 의해 대표되었다. 그레이엄은 월리스의 상평창이론을 산업 일반에 적용하여 농작물 풍년과 아주 유사하게 상품 일반의 과잉생산의 해가 과소생산의 시기까지 상품을 저장함으로써 중화될 수 있다고 주장했다. 이 아이디어는 경제침체 시기에 일자리를 보존하고 가격

4300) Joseph S. Davies, "The Economics of the Ever-Normal Granary", *Journal of Farm Economics*, 20:1 (February 1938): [8-21쪽].

4301) Benjamin Graham, *Storage and Stability: A Modern Ever-normal Granary* (New York: McGraw Hill, 1937·1997).

을 안정시키는 욕망에 대응하는 것만이 아니라 재화의 과잉생산에 대처하는 것이었다.

■ 1938년 월리스의 "The Ever-Normal Granary" 입법

일반적으로 중국학 전문가 더크 보드(Derk Bodde, 1909-2003)를 비롯한 당시 미국인들도 월리스가 실시한 농업관련 조치들, 즉 "The Ever-Normal Granary"라는 타이틀 아래 들어가는 모든 조치들이 유구한 중국제도를 채택한 것이라고 "막연하게나마" 알고 있었다. 보드는 월리스가 이 "The Ever-Normal Granary"를 왕안석으로부터 배운 것으로 추정했다.4302)

그러나 월리스는 1945년 8월 24일 보드에게 보낸 답신에서 왕안석에게서 배운 것이 아니라, 진환장陳煥章(Chen Huan-chang)의 박사학위 논문에서 처음 배웠다고 밝힌다.

나는 컬럼비아대학교 중국인 학도 진환장이 쓴 박사학위 논문을 읽고 상평창을 처음 배웠다. 그의 논문 제목은 *The Economic Principles of Confucius and His School*이다. 그 결과로 나는 1920년대의 10년 동안 *Wallaces' Farmer*지에 'The Ever-Normal Granary'라는 제목의 사설을 쓰게 되었다. 나는 유진 마이어 부인이 내게 준, 월리엄스(Williams, Williamson의 오기 - 인용자)라는 이름의 영국인이 쓰고 영국출판사 Probsthain and Company가 출판한 두 권의 저작의 결과로 왕안석과 친숙해지는 1933년 또는 1934년 초까지 왕안석과 친숙해지지 않았다. 나는 왕안석의 업적에 대한 대단한 찬양자이지만 그에 대해 읽은 결과로 어떤 조치들을 실행했다고 생각하지 않는다. 'The Ever-Normal Granary'이라는 용어는 왕안석이 아니라 내가 앞서 언급한 그 학위논문으

4302) Bodde, "Henry A. Wallace and the Ever-Normal Granary", 411쪽.

로 소급한다.4303)

진환장의 학위논문은 1911년 뉴욕에서 출판된 논문을 말하고,4304) 윌리엄슨(Henry R. Williamson)의 책은 1935-1937년에 런던에서 출판된 왕안석 연구서를4305) 말한다.

진환장의 *The Economic Principles of Confucius and His School*은 분명 프로파간다 목적에서 쓰인 진기한 책이다. 1881년에 태어난 진환장은 중국의 변법자강론자 강유위康有爲(1858-1927)의 제자가 되었다. 그는 강유위의 개혁사상에 따라 유교를 느슨한 윤리체계로부터 국가에 의해 뒷받침되는 긴밀히 짜인 종교조직으로 전환시킴으로써 기독교와 서구사상 일반의 충격에 맞서 중국을 강화하기를 기원했다. 그는 컬럼비아에서 박사학위를 받은 뒤 1912년 북경으로 돌아가 그곳에서 '전국공자협회'를 창립했다. 진환장 논문의 프로파간다 동기는 이 논문의 결론에서 중국문화에 대해 그가 개진한 과장된 주장에서 명백하다.4306)

(1) 중국인들은 최선의 종교 – 유교가 있다. 물론 이 주장은 모든 백성이 동의하지는 않을 것이다. 그러나 우리는 양보하여 유교가 적어도 최선의

4303) Henry A. Wallace, "Letter to Derk Dodde"(August 24, 1945). Derk Bodde, "Henry A. Wallace and the Ever-Normal Granary", *The Far Eastern Quarterly*, Vol.5, No.4 (Aug., 1946), 412쪽에서 재인용.

4304) Chen Huan-Chang, *The Economic Principles of Confucius and His School* [1904 written] (New York: Columbia University Longmans, Green & Co., Agents; London: P. S. King & Son, 1911).

4305) Henry R. Williamson, *Wang An Shih, a Chinese Statesman and Educationalist of the Sung Dynasty*, 2 vols, (London: Probsthain, 1935-1937).

4306) Bodde, "Henry A. Wallace and the Ever-Normal Granary", 412쪽.

종교들 중 하나라고 말해도 될 것이다. (2) 중국인들은 최고의 도덕수준을 가졌다. [...] (3) 중국인들은 가장 널리 말해지는 언어를 가졌다. [...] (4) 중국인들은 온갖 종류의 최선의 문헌을 산출해왔다. [(5), (6) 생략].4307)

그리고 진환장은 논문의 마지막 쪽(730)에서 이렇게 마지막 말을 이렇게 맺고 있다.

중국의 장래는 밝다. 5000년을 넘어 면면한 부단한 역사와 함께, 지성적이고 근면하고 현명하고 활동적인 4억의 백성과 함께, 425만 평방 마일의 광범하지만 연결된 영토와 함께, 풍부한 자연자원과 함께 하나의 중앙집권화된 정부, 하나의 한결같은 언어, 고도로 발전된 종교, 하나의 국가이념 아래서 중국은 의심할 바 없이 강한 국가가 될 것이지만, 세계는 소위 황색위험을 두려워할 필요가 없다. 중국은 정말로 군국주의와 산업주의를 둘 다 책하고자 할 것이다. 그러나 중국은 서구제국諸國이 다른 백성을 이용하듯이 중국이 아닌 어떤 나라도 해치지 않을 것이다. 중국이 강력해진 뒤에 공자의 대동大同은 오고, 세계국가가 나타날 것이다. 그때 제諸국민의 형제애는 확립될 것이고, 그러면 어떤 전쟁도 없고, 오직 영구평화만이 있을 것이다.4308)

이 대목을 읽어보면 그가 미국에서 박사학위를 받은 뒤 1912년 북경으로 돌아가 '전국공자협회'를 창립한 유교적 프로파간다 의도를 훨씬 더 잘 이해할 수 있다.

4307) Chen Huan-Chang, *The Economic Principles of Confucius and His School*, 728-727쪽.
4308) Chen Huan-Chang, *The Economic Principles of Confucius and His School*, 730쪽.

이런 종교적 의도에도 불구하고 상평창에 대한 진환장의 설명은4309) 당시 영어로 나타난 기술들 중에 가장 상세하고 정확하다. 그는 기원 54년에 도입된 한漢나라 상평창의 몇몇 전신들을 밝힌다.(568-570쪽) 이회李悝는 위魏나라 문후 치세(기원전 424-387)에 재상이 되었을 때 풍작 시 일정 비율의 곡물을 농민들로부터 구입해서 기근 시에 이 곡물을 정상가격에 판매하는 평적법平糴法을 제정하고 관련제도를 설립했다. 진환장은 양혜왕에 대한 맹자의 그 유명한 비판에서 나오는 '기근 시 창름 곡식의 방출'에 관한 논변도 인용한다. 그 다음 그는 기원 54년 경수창耿壽昌이 어떻게 '상평창'이라는 명칭이 부여된 최초의 제도를 창설했는지를 『한서漢書』에 따라 설명한다. 이에 대해 상평창은 이렇게 논변한다. "이 제도는 상평창(constantly normal granary)이 설치된 때부터 (...) 오늘날까지 계속되고 있다. 이 제도가 상이한 시대의 정치적 변형에 따라 때때로 시행되었다가 폐지되었다가 했을지라도, 그 이름은 거의 모든 시대에 보통 그대로 존속했다. 후대에 이 제도가 변형되었음에도 불구하고 경수창의 기본법은 동일하게 남아 있다."4310)

진환장은 사마광과 주희의 상평창 비판도 소개한다. 사마광은 정부관리들이 종종 부패하여 지방 상인들에게 정부가 정한 곡가를 투기목적으로 이용하는 것을 허용한다고 비판했다. 그는 관리들이 정직하더라도 수도로부터 정부가 정한 곡가를 받는 데 아주 오래 걸려서 그 가격결정 소식이 도착했을 때는 지방 상황에 맞지 않는다고 말했다. 주희는 정부곡식이 먼 지방에 도달하기 어려우므로 먼 지방의 농민들은 이 제도의 혜택을 볼 수 없다고 비판했다.

4309) Chen Huan-Chang, *The Economic Principles of Confucius and His School*, 568-577쪽.
4310) Chen Huan-Chang, *The Economic Principles of Confucius and His School*, 572쪽.

또 그는 법이 복잡하여 종종 적절히 운용되지 못하고 정부창고들이 미활용으로 남는 경우가 있다고 지적했다.4311)

진환장은 상평창을 "constantly normal granary"으로 영역했다. 그런데 어떤 이는 "normally constant granary"로 영역하기도 하고,4312) "Constantly Equalizing Granaries"로 직역하고 했다.4313) 그리고 윌리엄슨은 "Emergency Granary"로 의역했다.4314) 그런데 미국 정부의 공식용어 "Ever Normal Granary"는 어떤 다른 역어보다 더 간단하고 더 좋은 것인 바, 이것은 헨리 월리스가 조어한 것으로 보인다.4315)

진환장의 상평창 논의에서 감명을 받은 월리스는 자신이 편집자로 있던 *Wallaces' farmer* 지에 상평창에 관한 세 편의 사설을 썼다. 1918년에 쓴 첫 사설은 상평창을 "Ever Normal Granary"라는 명칭으로 언급하지는 않지만 이 제도를 논하고 있다. 1926년과 1927년에 쓴 다른 사설들은 '상평창'이라는 제목을 달고 있다.

1. "Storage of Food". *Wallaces' farmer* 43:49 (December 6, 1918), 1772쪽.
달걀·버터·기타 잉여 농산물의 거래상들은 이 농산물들을 풍부할 때 사서

4311) Chen Huan-Chang, *The Economic Principles of Confucius and His School*, 576-577쪽.

4312) Mabel Ping-hua Lee, *The economic history of China, With special reference to agriculture*, Columbia

University studies in history, economics and public law, vol. 99, no. 1 (whole number 225) (New

York, 1921), 59, 168쪽. Bodde, "Henry A. Wallace and the Ever-Normal Granary", 415쪽에서 재인용.

4313) Homer H. Dubs, "Wang Mang and his economic reforms", *T'oung pao*, 35 (1939), 258쪽. Bodde, "Henry A. Wallace and the Ever-Normal Granary", 415쪽에서 재인용.

4314) Williamson, *Wang An Shih*, vol. 1, p. 145.

4315) Bodde, "Henry A. Wallace and the Ever-Normal Granary", 415쪽.

희소할 때 쓰기 위해 저장하는 경우에 생산자와 소비자 양편에 뚜렷한 이익을 준다. 의심할 바 없이 이 사람들 중 일부가 당연히 얻어야 하는 것보다 더 많은 이윤을 얻는 것이 아주 사실이지만, 분명 그들의 작용은 식량가격을 평준화하고 공급이 가장 적은 계절 동안 그 가격을 그렇지 않을 경우보다 더 저렴하게 만드는 경향이 있다. 어떤 정부가 우리의 식량 문제와 관련하여 진짜 가치 있는 일을 해야 한다면, 그것은 3000년 전 중국인들이 추진한 계획을 완벽화하는 일일 것이다.[4316]

2. "The Ever Normal Granary". *Wallaces' farmer* 51:41 (October 8, 1926), 1314쪽.

1000년 전 중국인들은 '상평창'이라고 부르는 제도를 가지고 있었다. 곡물이 일정한 가격을 넘어 일정한 지점 아래로 내려갈 때 정부가 곡물을 매입하여 정부소유 상품창고 안에 저장할 권한을 가지는 것을 규정한 법률이 제정되었다. 이 곡물은 곡가가 일정한 점 아래로 내려가는 해가 올 때까지 이 창고에 머문다. 저곡은 그 다음에 공중에게 방매한다. 중국인들은 곡물 보고체계가 오히려 부적절하고 통계가 결여되었을지라도 수많은 해 동안 이 제도로부터 아주 좋은 결과들을 얻었던 것으로 보인다. 이 제도의 원리는 미국 농업의 구조를 위해 제안된 방대한 수의 계획들에서 발견되는 것보다 더 많은 경세술을 담고 있다.

물론 "상평창"은 우리가 유럽으로 보내 처분해야할 거대한 잉여를 가지고 있는 한에서 특별히 필요하지 않다. 하지만 우리는 농업 경세술의 진짜 지혜로운 이해가 있다면 이 나라에서 중국의 상평창 개념을 우리 잉여농산물을 다루는 상식과 결합시키는 방안을 안출할 것이다. 의심할 바 없이 이것은 우리 인민이 아직 준비하지 않고 있는 일정한 정도의 정부간섭을

4316) Bodde, "Henry A. Wallace and the Ever-Normal Granary", 415-416쪽에서 재인용.

포함할 것이다. 하지만 마찬가지로 잊지 말아야 하는 것은 정부는 지속적
으로 간섭하고 있다는 것, 그리고 정부가 수행한 실험과, 농촌지원 활동을
통해 공표한 정보 때문에 현재의 잉여농산물에 크게 책임이 있다는 것이
다. 현재와 같은 시기에 정부는 농업생산을 부추기는 것을 중단하거나
앞장서서 미래의 국민복지를 보호할 목적의 농업프로그램을 안출해 내야
할 것이다. 중국인들이 부분적으로만 성공했을지언정 중국의 상평창 개
념 속에 진짜 생각해 볼만한 재료가 있다.4317)

3. "The Ever Normal Granary." *Wallaces' farmer* 52:3 (January 21, 1927]), 85쪽.
1000여 년 전에 중국 정부들 중의 한 정부는 "상평창"이라고 알려진 제도
를 안출했다. 이것은 한 동안 아주 좋은 성과를 냈으나, 그 당시의 통계는
계획을 전적으로 만족스럽게 만들 만한 수준이 아니었다. 한 캘리포니아
사람이 다음과 같이 면화에 적용하기 위해 이 제도의 변형태를 제안했다.
"연방정부로 하여금 세계의 공개시장에서 결정하는 대로 지난 5년간 면
화의 평균가격이 얼마인지를 매년 결정하게 하자. 정부로 하여금 시세가
얘기된 평균가격보다 낮도록 하기 위해 얘기된 평균가격의 매 10%로 (어
떤 해든 연간 면화 500만 꾸러미를 넘지 않는 선에서) 100만 꾸러미를 구입해서
저장하게 한다. 정부로 하여금, 시세가 5년 연속의 얘기된 평균가격보다
높도록 하기 위해 평균가격의 10%에 저장된 면화 공급량 중 100만 꾸러
미를 공급량이 바닥날 때까지 방매하게 한다. 매매의 수학 규칙은 공무원
의 재량에 맡겨지는 것이 아니라 장정章程과 작업에 의해 자동으로 결정
된다. 정부는 공공복지에 대한 정통적 기여로서 관심을 갖고 창고 책임을
져야 한다. 면화가격이 내리면 사고 가격이 오르면 파는 것만으로 행정비
용의 전부는 아니더라도 대부분이 커버될 수 있다." 이 개념에는 장점이

4317) Bodde, "Henry A. Wallace and the Ever-Normal Granary", 416쪽에서 재인용.

있다. 그것은 가격을 안정화할 것이고, 우리가 볼 수 있는 주요비판은 그 것이 1922-1926 수준의 가격을 농장 생산자들에게 정상적으로 바람직한 것으로 수락한다는 것이다. 어느 날 '상평창' 개념은 현대적 조건을 충족시키도록 만들어질 것이다.[4318]

마지막 말은 확실하게 나중의 사건의 견지에서 예언적이다. 농부로부터 소비자로의 농산물의 유통을 규제하는 문제에 대한 윌리스의 점증하는 걱정은 그가 필요해질 때까지 잉여농산물을 저장함으로써 잉여를 통제하도록 농부들에게 재촉하는 이 연간에 농산물을 *Wallaces' farmer*에 쓴 아주 수많은 사설들로 입증된다. 하지만 1920년대 미국 농업의 심화되는 일탈로 인해 이러한 개인적 자구自救조치가 그 자체로서 부적절하고 중국의 상평창 개념의 일반노선을 따르는 모종의 정부 프로그램으로 보완될 필요가 있다는 것이 점점 더 명백해졌다.[4319]

이후 정치인으로 변신한 윌리스는 농무장관으로서 1934년부터 1938년까지 7년 동안 상평창의 필요성을 줄기차게 주장한다. 1933년 5월 12일 의회에 의해 통과된 제1차 농업조정법은 이 법의 일정 부분이 대법원에 의해 무효화된 1936년 1월 6일까지 존속했다. 무효화의 이유는 농산물 가공에 부과되는 세금으로 이 법의 집행에 재정을 대는 것은 위헌이라는 것이었다. 윌리스는 제1차 농업조정법을 1938년 2월 16일 새로운 농업조정법으로 대체했다. 이 제2차 농업조정법은 이전의 법보다 더 전면적이었다. 이번에 재정은 농산물가공에 대한 세금이 아니라 재무부의 특별예산에 의해 조달했

4318) Bodde, "Henry A. Wallace and the Ever-Normal Granary", 416-417쪽에서 재인용.
4319) Bodde, "Henry A. Wallace and the Ever-Normal Granary", 417쪽.

다.4320)

이 법으로 'Ever-Normal Granary'라는 용어는 제1차 법률과 연결되어 사용되지 않은 것으로 보인다. 이유는 단순했다. 제1차 법은 수많은 지난 해 동안 미국 농부들이 밀과 기타 농산물들의 점증하는 잉여를 추적해온 상황에서 자라났기 때문이다. 그들은 가격을 크게 낮추지 않고는 나라 안팎에서 이 잉여들을 처분할 수 없었다. 그러므로 농업조정법은 일정한 정률 할당에 따라 이 농산물의 경지 면적을 자발적으로 감축하는 농민들에게 보조금을 지불함으로써 이러한 잉여를 줄이려고 기도했다. 그것은 가뭄이나 기타 재해가 잉여를 쓸어내 버리거나 현실적 부족을 야기하는 뒤집힌 상황을 위해 특별히 설계되지는 않았다. 따라서 그것은 중국의 상평창 개념과 달랐다. 중국의 이 제도는 (1) 정부에 의한 풍년 잉여생산물의 구입·저장을 통해 공급과잉과 이로 인한 곡가폭락을 방지하고, (2) 흉작 시에 정해진 가격에 저장된 잉여를 방매함으로써 결핍과 이로 인한 곡가폭등을 방지하는 이중 목적이 있었다. 중국에서 시행되는 농법 유형 때문에 이 두 번째 목적은 행정가들의 심중에 첫 번째 목적보다 더 강했다.4321)

1934년 여름의 가공할 한발로 인해 부족사태보다 잉여상황에 맞춰진 농업조정법의 보완 필요성이 드러났다. 1934년 6월 6일 이미 월리스는 이 한발의 효과를 내다보고 "풍년의 풍부한 소출을 넘겨 이와 같은 때에 보다 고르게 백성들에게 양식을 대기 위해 고대 중국에서, 그리고 다시 성서 시대에서 사용된 상평창"의 설치를 주장하는 라디오 연설을 했다.4322) "성서 시대"에 대한 언급은

4320) Bodde, "Henry A. Wallace and the Ever-Normal Granary", 417쪽.

4321) Bodde, "Henry A. Wallace and the Ever-Normal Granary", 417-418쪽.

이집트에서의 요셉의 조치들을 의미한다. 요셉의 조치들은 상평창과 같은 것은 아니고 단순한 곡식비축제도였으나 미국의 복음주의 기독교도들에게서 설득력을 높이기 위해 끼워 넣은 것으로 보인다. 이 라디오 연설 외에도 월리스는 같은 주제에 관해 많은 연설을 했다. 1934년 11월 20일 월리스는 당시 상황을 다음과 같이 간명하게 요약했다.

나는 수많은 해 동안 상평창, 즉 성서시대 요셉의 곡식창고나 고대 중국의 유자들의 곡식창고와 크게 다르지 않은 개념에 관심을 가져왔다. 우리가 수출용으로 생산하는 것이 거의 없을 경우 한해旱를로 인해 흉년이 닥치면 뒤로 기댈 것이 거의 없을 것이다. 우리가 국내수요보다 2-3억 부셸(1부셸≒2말)의 밀을 매년 더 생산할 수 있었을 때, 우연한 흉작은 우리의 국내 공급을 위태롭게 하지 않았다. 우리는 간단히 더 적게 수출했을 뿐이다. 이월 농산물이 많은 해에는 흉작도 마찬가지로 전혀 당혹스런 일이 아니다. 하지만 대규모의 수출가능한 잉여나 대규모 이월 농산물이 없다면 통제 프로그램은 실제적 식량난의 가능성을 인정해야 한다. 이것을 방지하는 것이 상평창의 목적이다.[4323]

1936년 8월 19일 연설에서 월리스는 상평창의 설득력을 높이기 위해 요셉뿐만이 아니라 모르몬교의 사례까지도 동원한다.

4322) Henry A. Wallace, *Democracy reborn*, selected from public papers and edited with introduction and notes by Russell Lord (New York: Reynal & Hitchcock, 1944), note by Mr. Lord, 81쪽.

4323) Henry A. Wallace, "A Foundation of Stability", speech delivered before the National Grange (November 20, 1934. Hartford, Conn.). Wallace, *Democracy reborn*, 87쪽. Bodde, "Henry A. Wallace and the Ever-Normal Granary", 418-419쪽에서 재인용.

요셉은 역사상 가장 이른 정치가들 중 한 명이었다. 「창세기」 47장에 의하면, 날씨가 양호한 7년 동안 그는 한발이 닥친 해가 오면 쓰기 위해 잉여농산물을 저장했다. 그 다음 그는 한해旱害에 유린당한 농부들부터 첫째, 돈을 받고, 둘째, 가축을 받고, 셋째, 그들의 땅을 저곡을 교환했다. 분명하게 그는 한발이 끝나기까지 진휼명단에 올리고 그들에게 아주 낮은 지대를 대가로 땅의 사용권을 되돌려 주었다. 그것은 요셉 뒤에 파라오가 서있었기 때문에 잘 작동한 제도였다. 고대 중국에서 공자의 추종자들은 동일한 개념의 수정본을 안출했고, 이것을 상평창이라고 불렀는데, 이것은 양호한 해에 정부가 일정 비율의 농작물을 구입하여 곡가가 일정한 지점 너머로 올라가고 농작물이 일정한 양 아래로 내려갈 때까지 저장해 두었다. 이 제도는 상당한 성공과 우연적 중단을 거치며 1400년 동안 활용되었다. 모르몬교도, 특히 모르몬 여성들은 유타 주에 살던 초창기에 보통 흉작일 때에 대비해 잉여 호밀을 저장하는 제도를 안출했다. 이 제도는 세계대전이 발발한 때에 수정된 형태로 유타 주에서 여전히 작동했었다. 연방농장국(The Federal Farm Board)의 활동은 밀과 면화의 상당한 저장을 성취했지만, 이 저장은 정치적 압박에 응해서 시작되었고, 분명히 잉여가 언제, 그리고 어떻게 방매放賣할지에 대해 생각이 거의 없었다. 결국 농장국의 경험은 농부와 농장국 자체에게 실망을 안겨주었다. 농장국이 밀과 면화의 가격을 유지하기 위해 시장에 더 많이 발을 담그면 담글수록 가격은 더 낮게 내려가는 것처럼 보였다. 그리고 가격이 낮으면 낮을수록 농부들은 도시 사람들로부터 물건을 더 적게 구입했다. 그리하여 우리는 잉여농산물의 저장량이 증가하는 것에 거의 비례하여 빵의 길이(bread lines)가 길어지는 이상한 역설을 만나게 된다. 농부들이 더 많이 생산하면 생산할수록, 도시 사람들은 더 적게 생산했다. 오늘날, 미국에는 요셉·고대중국인·농장국의 경험을 활용할 특별한 기회가 있다.4324)

조속히 상평창제도를 입법할 필요성은 1934년의 가뭄과 더불어 이전의 잉여를 바닥내버리고 몇몇 생산물의 심각한 결핍을 야기한 1936년의 가뭄에 의해 높아졌다. 하지만 1937년의 양호한 날씨의 복귀로 새로운 잉여가 생겨났고, 한발로 인한 결핍과 초超풍요 간의 교대는 이 두 종류의 곤란에 대해 보호막이 될 전천후 농장프로그램에 대한 필요에 관심을 집중시켰다. 1937년 2월 8일 전국에서 온 일단의 농장 지도자들이 상황을 논의하기 위해 워싱턴에 모였다. 그들은 상평창에 대한 월리스의 호소에 귀를 기울였다. 그리고 다음날 만장일치로 이러한 입법의 채택을 요구하는 결의를 통과시켰다. 1937년 가을 의회는 이 입법을 위해 임시회의를 열었다. 일련의 임시의회를 통해 상하양원의 결의문이 나오고, 결국 새로운 농업조정법(AAA)이 통과되었다.4325) 이 법은 1938년 2월 16일 루즈벨트 대통령의 서명으로 발효되었다. 1938년 2월 17일자『뉴욕타임즈』는 "이 법은 우리가 이전에 누려왔던 것보다 더 실질적인 풍요를 겨냥한다. 다양한 규정들이 상평창 제도를 설립하는 데 직간접적으로 도움을 줄 것이다"라는 월리스의 말을 인용해 보도했다. 그리고『뉴욕타임즈』는 같은 기사에서 이 법을 "이 국가가 시도해온 것 중 가장 야심적인 농장구조실험을 구현하는 것"으로 묘사했다.4326)

1938년 이렇게 도입된 미국의 상평창은 오늘날까지도 잘 작동해 왔다. 1938년 이래 "상평창(Ever-Normal Granary)"이라는 술어는 미국

4324) Henry A. Wallace, "Speech at the Great Lakes Exposition" (August 19, 1936, Cleveland, Ohio). Wallace, Democracy reborn, 117쪽. Bodde, "Henry A. Wallace and the Ever-Normal Granary", 419쪽에서 재인용.

4325) CQ Researcher, "Farm Legislation and the Ever-Normal Granary" (September 20, 1937).

4326) Bodde, "Henry A. Wallace and the Ever-Normal Granary", 419-420쪽.

농무성의 발간물에서 자주 등장했다. 이 술어는 이법의 특별한 조각보다 넓게 관련된 활동들의 전초 집합체를 포괄하기 위해 특별한 의미로 쓰이기보다 일반적 의미로 통용되었다. 이런 활동의 몇몇은 1938년 농어조정법에 선행하지만 이 법에 의해 포괄적이고 통합된 프로그램 속으로 재배치되었다. 농무성의 말을 직접 들어보면 이렇다. "광의의 상평창 제도는 농산물 공급과 관련된 다양한 활동을 포괄한다. 상평창은 해마다의 풍요와 미래의 풍요에 창고의 비축과 토양 속의 비축을 공급할 목적으로 설계되었다. 그것은 생산의 효율, 생산의 조정, 보존, 시장공급 흐름의 균형화, 작물소출의 보장과 관계된다."4327)

■ 농업조정법의 5대 요점과 상평창제도의 개량

더크 보드는 미국 농무성 팸플릿이 제시한 1938년 농업조정법의 이 다섯 가지 기능을 다음과 같이 요약한다.

1. 효율적 생산의 진흥: 농무성은 농장생산의 방법을 개량하려고, 의도된 작물과 가축의 선택, 시비施肥방법, 상업용 비료 등에 관한 연구를 수행하고 후원한다.

2. 생산의 조정: 면화·밀·옥수담배·쌀과 같은 이러한 주요 작물의 생산자들은 이전 계절의 생산과 이월 추산치 및 다른 요인들에 따라 농무성이 정한 할당 농지면적 안에서 자발적으로 머물기를 요청받는다. 이 프로그램 안에서 협력하는 농부들은 그들의 할당 면적 안에 머묾으로써 정부로부터 지원금을 받고, 그들이 상품에서

4327) Pamphlet the U. S. Department of Agriculture, *Achieving a balanced agriculture*, 23쪽. Bodde, "Henry A. Wallace and the Ever-Normal Granary", 420쪽에서 재인용. 아래의 이 팸플릿 인용은 다 보드의 이 논문을 재인용한 것임.

얻는 환수이익이 동률 소득(parity income) 아래로 내려간다면 동률
보상금(parity-payments)도 받을 수 있다. 여기서 "동률 또는 평형
(parity)"은 1909년 8월부터 1914년 7월까지 5년 기간 지배적이었던
가격에 따라 결정된다.

3. 공급안정자로서의 보존: 생산의 조절을 위한 프로그램은 불필
요한 양의 (옥수수밀과 같은) 토양고갈 작물의 생산이 풀·콩류와 같은
토양보존 작물의 증산을 위해 감축되는 보존 프로그램과의 조율
속에서 작동한다.

4. 시장공급 흐름의 균형화: 면화·담배·옥수수·밀의 생산자들은
이 작물들이 바로 그때 유리하게 판매될 수 있는 것 이상으로 성장
할 경우에 농산물이 시장포화를 야기하지 않고 팔릴 때까지 잉여생
산물을 저장고에 보관하려고 시도한다면 정부로부터 상품 저장
대부를 받을 수 있다. 이 대부는 잉여의 해에 시장이 넘치는 것을
방지해주고 흉작 때에도 충분한 공급을 보장한다.[4328] 이때 저장창
고는 정부창고가 아니라 대부분 농부들의 개인창고나 사설창고
다.[4329] 저장농산품에 대한 관리 책임을 담당관리들이 부패하기
쉬운 국가나 마을공동체에 맡기지 않고 개인에게 맡긴 이 새로운
방식은 농부 자신의 주도면밀하고 빈틈없는 개인적 이익타산에서
저장농산품의 손실을 극소화할 수 있다. 이 사적 비축방식은 실로
미국의 독창성이라고 일컬을 만하다. 저장농산물을 포함한 총 공급
량이 과도해질 때 농부들은 이러한 저장 대부를 받기 위해 정해진
할당량에 따라 그들의 생산물을 판매해야 한다. 하지만 이 판매
할당량은 적어도 문제에 대한 찬반투표에서 투표하는 농부들의

4328) Bodde, "Henry A. Wallace and the Ever-Normal Granary", 420-421쪽.

4329) Bodde, "Henry A. Wallace and the Ever-Normal Granary", 422쪽.

3/2가 동의하지 않는다면 적용될 수 없다. 잉여의 마케팅은 '식료품 할인구매권 제도(food stamp plan)'와 같은 방법에 의해 용이해질 수 있다.4330)

5. 작물의 보장: 정부는 1938년의 개정된 연방작물보장법에 의해 밀·면화·아마 재배업자들을 악천후·곤충·작물병 등에 의해 초래되는 손실을 방호한다. 농부들은 정부에 보험료를 밀이나 현금 등가물의 형태로 납부한다. 흉작의 경우에 농부들은 정부로부터 보상금을 지불받는다.4331)

이것은 미국에서 시행된 상평창제도가 농무성의 설명대로 "비축물자의 단순한 저장보다 훨씬 더 넓다"는 것을4332) 보여준다. 이것은 중국의 상평창을 그만큼 뛰어넘는다. 중국 상평창의 기본원리는 오직 제4항목(시장공급 흐름의 균형화)과 이 항목의 특별한 변형일 뿐인 제5항목(작물의 보장)에서만 나타나고 있다. 이것의 일차적 이유는 의심할 바 없이 중국과 미국 간 농업유형의 차이다. 중국농업은 집약적 손노동에 의한 비교적 작은 땅뙈기의 경작에 의해 특징지어진다. 따라서 경작자 당 소출은 제한되었고, 주요 위험은 과잉생산이라기보다 과소생산이었다. 중국에서 정부의 기본업무는 과잉생산의 영향을 방지하는 것이라기보다 희소성의 해로운 효과를 방지하는 것이었다. 반대로 미국농업은 고도로 기계화되어 광대한 토지에서 경영되어서 경작자 당 높은 소출을 제공한다. 그러므로 효과적이려면 입법은 주기적 희소성의 전통적 위험에 대해서 농민을 보호해야 할 뿐만 아니라, 동시에, 그리고 아마 훨씬

4330) Bodde, "Henry A. Wallace and the Ever-Normal Granary", 420-421쪽.
4331) Bodde, "Henry A. Wallace and the Ever-Normal Granary", 421쪽.
4332) *Achieving a balanced agriculture*, 31쪽.

더 자주 산업적 경제유형으로부터 생겨나는 새로운 잉여문제를 취급해야 한다.[4333]

이러한 차이에도 불구하고 중국 상평창과 미국 상평창 간에는 목적의 기본적 유사성은 존재한다. 미국 상평창 프로그램은 "과거에 아주 해롭던 유형의 과격한 동요에 대비해 농업생산과 가격을 보호하는 전全 문제에 대한 광범하고 포괄적 공격"이다.[4334] 보드는 결론짓는다. 이것은 중국 상평창의 어떤 행정가도 충심으로 동의할 설명이라는 것이다. 그리하여 미국 상평창은 "공정하게" 유구한 중국 상평창의 원형에서 "그 명칭과 관행의 일부"를 본떴을 뿐만 아니라, "그 기본철학"을 중국의 상평창과 많이 공유한다고 얘기될 수 있다.[4335]

헨리 월리스는 진주만 공습(1941. 12. 7.) 직후 1942년 1월에 발표한 논고 "Foundations of Peace"에서 이렇게 회고하고 논변한다.

농산물 원자재 생산자들이 그러한 잦은 애로에 처해있던 1920년대와 30년대 동안, 그들을 수요감소의 고통스런 현실에 적응하도록 돕는 다양한 방법들이 개발되었다. (...) 상평창은 밀·면화·옥수수의 방대한 비축을 달성함으로써 이 나라에서 어떤 다른 제도보다도 소비자의 필요를 더 많이 인정했다. 상술된 목적은 잉여생산물을 살진 풍년으로부터 마른 흉년으로 이월하여 과잉생산과 아주 낮은 가격의 해에 생산자에게 이익을 주고 공급이 달리 부족하고 가격이 높은 해야 소비자를 돕는 것이었다. 결과가 입증되면서 우리의 상평창의 옥수수 저곡은 지난해 영국으로 돼지고기와

4333) Bodde, "Henry A. Wallace and the Ever-Normal Granary", 421-422쪽.

4334) *Achieving a balanced agriculture*, 31쪽.

4335) Bodde, "Henry A. Wallace and the Ever-Normal Granary", 422쪽.

축산물을 빠르게, 그리고 육중하게 실어 보내는 것을 가능케 했다. 우리들 중 상평창 프로그램을 기안한 사람들이 염두에 둔 것은 공급이 결과적으로 전쟁의 일에서 아주 도움이 되는 것이었다. 그러나 그때 우리들 중 누구도 이 공급이 평화선언 직후의 여러 해 동안 전쟁에 찢긴 영토들에 대해 얼마나 중요할지까지는 상상하지 못했다. 평화를 쟁취하는 노력의 일환으로 나는 "상평창"이라고 불릴 수 있는 것이 범세계적 차원의 수많은 상품을 위해 설치될 수 있기를 희망하고 있다. 루즈벨트와 처칠에 의해 합의된 대서양헌장의 8개항 중 4개항이 만국이 큰 국가든 작은 국가든, 승전국이든 패전국이든 동등한 조건으로 세계의 자연자원에 대한 접근하는 권리를 향유하는 것을 언급했다. 이 고상한 이상에 보다 확실한 실질적 내용을 부여하는 것이 바로 코앞에 와 있는 달에 우리의 주요목적 중의 하나이어야 할 것이다.[4336]

고대중국의 개념을 국제평화의 도구로 불러들이는 이 호소는 진환장의 가슴을 즐겁게 했을 것이다. 왜냐하면 진환장이 그의 책의 결론부분에서 재활한 유교가 중국에 갱신된 위대성을 가져다 줄 뿐만 아니라 공자의 보편적 평화의 꿈을 실현할 것이고 논변한 것이 기억에 되살아날 것이기 때문이다.[4337] 그리고 상평창을 전후 국가들 간의 '국제적 상평창'으로 발전시킬 것을 희망하는 월리스의 꿈은 전후에 어느 정도 현실이 된다.

4336) Henry A. Wallace, "Foundations of peace", *Atlantic Monthly* (January 1942), 37; quoted in *Democracy reborn*, 183-184쪽. Bodde, "Henry A. Wallace and the Ever-Normal Granary", 423쪽에서 재인용.

4337) Bodde, "Henry A. Wallace and the Ever-Normal Granary", 423쪽.

4.4. 전후 세계와 '국제적 상평창'의 탄생

전후의 사태전개는 월리스의 꿈을 실현시키는 방향으로 흘러갔다. 전후 UN은 그가 월드비전으로 꿈꾼 상평창의 범세계적 적용이 멀지 않은 장래에 이루어질 수 있을 가능성을 전면에 부각시키기 시작했다.

■ 유엔 식량농업기구(FAO)의 국제상평창 계획과 좌초

United Press 통신사는 1946년 8월 7일 워싱턴 발 통신을 발송했는데 이 기사는 *New York Times*의 8월 8일자에 실려 보도되었다. 이 기사는 이렇게 보도하고 있다.

> 유엔 식량농업기구(The United Nations FAO: Food and Agriculture Organization)는 오늘밤 다른 국가들이 팔 수 없는 엄청난 잉여식량을 쌓아놓고 있는 동안 가난한 나라들이 굶주리는 것을 막기 위해 국제적 상평창(an international ever-normal granary)을 제안할 것이라고 발표했다. FAO는 이런 제도가 세계의 20억 명의 절반이 만성적으로 영양실조 상태에 놓여있고 더 부유한 나라들에서도 커다란 집단이 충분히 먹을 것을 얻지 못하던 전전에 존재하던 상황을 추방하는 장거리 길을 걸어갈 것이라고 말했다.[4338]

*New York Times*에 보낸 같은 날짜의 워싱턴 발 동반 통신은 FAO의 계획이 다음 목적으로 기능할 세계식량국(a World Food Board)의 설립을 요청한다고 설명했다.

4338) *New York Times*, August 8, 1946. Bodde, "Henry A. Wallace and the Ever-Normal Granary", 424쪽에서 재인용.

세계시장에서 농산품의 가격을 안정시키는 것.

세계의 어느 지역에서든 흉작으로 발생하는 어떤 비상사태에든 적합한 세계적 식량비축을 확보하는 것.

잉여농산물에 대한 필요가 가장 큰 나라들에 대해 특별한 조건으로 잉여 농산물을 처분하는 것에 재정을 지원하기 위한 기금을 조달하는 것.

국제적 신용과 농업발전에 관심을 가진 국제기구들과 협력하는 것.[4339)

하지만 바로 다음날 1946년 8월 9일 *New York Times*는 워싱턴 발로 이 제안이 트루먼내각에 의해 만장일치로 기각되었다고 보도 하면서 영국이 "9월 2일 제안된 안건을 심의할 코펜하겐 국제회담 에서 미국의 입장을 지원할 것"이라고 부연했다. 그러나 이 신문은 이렇게 첨언했다. 이 계획이 많은 나라의 관심을 끌 가능성 때문에 "미국은 이 제안을 사이드태클을 거는 가운데 쉬운 시간을 가질 것으로 예상되지 않는다. 영국의 가능한 도움도 어려움을 피해 가게 하지 못할 것이라고 얘기된다."[4340)

같은 기사는 제안된 세계식량국을 "미국에서 1930년대 헨리 A. 월리스가 농무장관으로서 제도화한 '상평창' 계획의 국제화"로 묘 사했다. 이 기사는 이 국제화의 발단을 유엔식량농업기구 사무총장 존 보이드 오르 경(Sir John Boyd Orr)에게로 돌리면서, 이렇게 덧붙였 다. 세계식량국은 "통제되는 농산품에 대해 최소와 최대의 허용 가격 범위를 정하고 이 농산품들을 최소가격 아래로 떨어질 때 사들이고 최대가격 이상으로 올라갈 때 팔 것이다. (...) 세계식량국

4339) *New York Times*, August 8, 1946.

4340) *New York Times*, August 9, 1946. Bodde, "Henry A. Wallace and the Ever-Normal Granary", 424쪽에서 재인용.

은 '잉여농산물'을 이 농산물에 대한 필요가 절박한 나라들에 대해 특별한 조건으로 처분할 것이다." 이 기사는 미국과 영국의 반대를 이 계획이 세계식량국의 재정이 어떻게 조달되는지에 대해 단지 스케치하듯이 묘사하는 사실과, 이 재정조달의 많은 부담이 자기 나라의 어깨에 떨어질 것이라는 이 나라들의 결과적 공포 탓으로 돌리고 있다. 하지만 월리스는 바로 성명을 내서 이 기사에서 주장 되는 사실의 진실성을 강력 부정했다. 1946년 8월 14일 *New York Times*에 실린, 8월 13일자 워싱턴 발 통신은 전후관계를 이렇게 보도하고 있다.

> 헨리 월리스 상무장관은 오늘 대통령의 내각이 존 오르 경이 최근 제안한 세계식량계획에 구현된 국제적 "상평창"의 일반원칙을 비준했다고 말했 다. (...) "이것과 같은 모종의 계획은 조만간 채택되어야 할 것이다. 그렇 지 않으면, 세계 농부들의 궁경이 결과적으로 1921년이나 1932년보다 더 당분간 더 악화될 것이다"라고 월리스는 성명에서 말했다. 성명은 내각이 식량기구 사무총장의 제안을 거부했다는 보도된 기사들을 부인했다. 성 명은 내각이 "이견의 목소리 없이" 원칙을 받아들이고, "이 제안과 대안 적 제안에 대해 더 이상의 연구가 이루어질 것을 요청했다"고 말했다.[4341]

헨리 월리스의 성명은 이 말로써 이 아이디어에 대한 그의 개인 적 비준을 표명했다.

나는 오랫동안 상평창의 완충비축 계획을 찬성해 왔다. 농부와 소비자

[4341] *New York Times*, August 14, 1946. Bodde, "Henry A. Wallace and the Ever-Normal Granary", 425쪽에서 재인용.

양측에 대해 공정하게 나는 상평창 아이디어의 국제화가 절대적으로 필수적이라고 느껴왔다. 나는 우리의 상평창 프로그램이 최근 전쟁 동안 인간복지에 거대하게 기여했다고 생각하고, 또 이 프로그램을 국제적으로 확대하는 것이 지속적 세계평화와 번영에 필요하다고 생각한다.[4342]

월리스는 "국제 상평창"이 원래 자기가 1938년 8월 27일 낸 아이디어였다고 밝힌 바 있다.[4343] 이 아이디어가 무르익어 오르경의 '세계식량국(WFB)' 설치 제안으로까지 발전한 것이다.

국제적 차원에서 '세계식량국' 설치 문제를 논의하기에 이른 그간의 경과를 살펴보자면, 1946년 2월 유엔총회는 식량과 농업을 담당하는 정부와 국제기구들에 대해 "특별한 노력"을 해줄 것을 요청했다. 이에 식량농업기구는 1946년 워싱턴 D.C.에서 "긴급식량문제에 관한 특별회의"를 소집했다. 이 회의는 일차적으로 즉각적 비상식량공급을 취급하는 한편, "이것과 연결된 일정한 실천적 국제문제를 다룰 중장기적 기제"의 설치를 요청하고 식량농업기구(FAO) 사무총장 오르 경에게 "(1946년 9월 덴마크 코펜하겐에서 열린) 다음 회기의 FAO 회의에 잉여축적의 위험부담을 포함한 식량과 농업생산물의 생산·분배·소비와 관련된 장기적 문제들을 다룰 목적의 기존 국제기구와 제안된 국제기구들의 조사보고서를 제출할 것을, (그리고) 기존 기구, 또는 조사보고서가 필요한 것으로 지목하는 어떤 새로운 기구의 기능 확장에 관한 제안을 회의에

4342) *New York Times*, August 14, 1946.

4343) 참조: Henry A. Wallace, "The Department as I have known it", 29쪽. Wayne D. Rasmssen (ed.), *Lecture Series in Honor of the United States Department of Agriculture Centennial Year* (Washington, D.C.: The Graduate School, U.S. Department of Agriculture, 1961)

제출할 것을" 요청했다.4344)

　보이드 오르 경은 이 요청을 그가 FAO 사무총장으로 선출된 직후 퀘벡 회의에서 가진 연설에서 그가 공개 언급한 "꿈과 기적" 과 "세계식량국(WFB)" 제안을 실현시킬 기회로 받아들였다. 북미 와 유럽에서 농산물가격과 소득의 극적 하락, 일반적 경제슬럼프, 대규모 실업의 급증이라는 삼중 충격은 광범한 경제침체와 대중빈 곤을 낳았다. 해법 모색과정에서 정치적으로 좌우로 치우치는 사태 는 미국에서 뉴딜과 고립주의로, 그리고 유럽에서는 극단적 민족주 의와 파시즘으로 귀결되었다. 이것은 결과적으로 인류역사에서 인명의 최대 상실과 물리적 파괴를 낳고 말았다. 이 가공할 경험으 로부터 1941년 대서양헌장에서 표명된 희망과 낙관주의의 정신, 1942년 유엔에 관한 선언, 그리고 유엔을 창설하고 유엔헌장을 채택한 1945년 6월 24일 샌프란시스코회담이 유래했다. 유엔헌장 은 특히 다음과 같이 선언했다. "유엔의 우리 인민들은 (...) 기본 인권, 인격의 존엄과 가치, 남녀와 대소국가의 등권에 대한 신념을 재확인하고, (...) 더 큰 자유 속에서, 그리고 이 목적들을 위하여 사회진보와 더 나은 생활수준을 증진하고, (...) 만민의 경제사회적 향상의 증진을 위한 국제적 기제를 설치하기로 결정했다." 보이드 오르는 식량이 단순히 교역할 수 있는 상품보다 훨씬 더 많은 것으 로 간주되어야 한다고 확신했다. 그는 "제국諸國이 곳곳의 백성들 의 복지에 영향을 미치는 식량 프로그램에 합의할 수 없다면, 그들 이 어떤 것에 관한 합의에 도달할 희망도 거의 없다"고도 생각했다. 그리고 문명은 굶주린 빈자들에게 의료를 제공해야 하는 것만큼

4344) D. John Shaw, *World Food Security: A History since 1945* (New York: Palgrave MacMillan, 2007), 15쪽.

그들에게 식량을 제공할 깊은 도덕적 의무가 있다고 그는 생각했다. 그는 세계식량국 제안, 또는 이와 비슷한 어떤 다른 제안이 확장된 생산과 산업발전을 활성화시켜 그가 "번영 의 상승 소용돌이"로 표현하기 좋아하는 것을 시작할 뿐만 아니라, 1930년대 경제침체의 악몽인 잉여의 문제를 해결하기 위해서도 필요하다고 믿었다.[4345]

제안된 세계식량국안은 혁명적인 아이디어도 새로운 아이디어도 아니었다. 그것은 단순히 이미 시행되고 있는 많은 국가적·국제적 조치들의 경험을 종합하고 이것들을 상호 관련시켜 적절한 세계식량정책을 수행할 조처를 취하기 위해 기제와 기금을 가진 하나의 기구로 결합시키는 것에 불과했다. 이 제안은 진정 오직 "상호이익을 위한 협력"와, 제3차 세계대전을 불러올 "경제적 갈등으로 귀결될 민족주의적 정책들로의 복귀"라는 양자택일이 존재할 뿐이라고 경고했다. 1946년 9월 코펜하겐의 FAO회의의 제2세션에 제출된 제안은 원칙이 동의을 얻으면 다음 단계는 세부사항을 안출하고 세계식량국을 세울 특별계획을 준비할 위원회의 지명이라고 시사했다. 이 위원회는 1946년 12월 말경 보고서를 제출하는 임무가 맡겨질 참이었다.[4346]

세계식량국 제안은 "여태 제출된 국제적 행동을 위한 계획들 중 가장 과감하고 가장 상상력이 풍부한 계획들 중 하나"로 평가되었다. 보이 오르는 세계의 식량과 경제 문제와 세계평화에 대한 세계식량국 식 접근에 대한 정열적이고 지칠 줄 모르는 옹호자였다. 오르는 "제국諸國이 곳곳의 백성들의 복지에 영향을 미칠 식량 프로그램에 합의하지 못한다면, 그 밖의 어떤 것에 대한 합의에

4345) Shaw, *World Food Security*, 15-16쪽.
4346) Shaw, *World Food Security*, 25쪽.

도달할 희망도 거의 없다"는 말을 여러 차례 반복했다. 다른 한편으로 제국이 과감한 조처로 협력한다면 "백성은 지구의 자원이 적절한 의식주를 제공하기 위해 개발될 것이라는 희망을 가질 것이다." 그리고 "내일의 향한 희망은 제국이 오늘의 곤경을 더 잘 견딜 수 있게 만들어줄 것이다."(보이드 오르, 1953)[4347]

회의 초장의 정서는 오르의 제안 쪽에 있는 것처럼 보였다. 수많은 각국 대표들이 일반적으로 찬성 성명을 냈다. 논쟁은 나중에 미국 농무성 차관과 (오르의 뒤를 잇는) FAO 사무총장을 맡게 되는 미국 대표단 단장 노리스 도드(Norris E. Dodd)에 의해 개시되었다. 당시 도드는 세계식량정책의 광범한 주제를 다루는 회의 위원회의 의장이었다. 그는 미국 정부가 제안과 세부계획을 짤 위원회의 설치에 일반적 동의를 부여했다고 말하면서 이렇게 덧붙였다. "나는 농부들이 일반적으로 공정한 가격을 받고 세계가 더 좋은 영양 공급을 받을 수 있다고 믿지만 이것을 가능케 하려면 더 좋은 방법을 강구해야 할 것이라고 생각한다. 이 문제에 대한 해법은 항구평화와 더 큰 강녕을 확보하는 데 필수적일 것이다. 그러므로 미국의 우리들은 존 보이드 오르 경이 기안한 일반적 목적들을 강력 지지한다." 영국 식령장관 존 스트레이치(John Strachey)는 "너무 많은 밀을 생산해서 아사한 농부 피트(Pete)의 시신이 여기 잠들어 있다"는 비문碑文을 인용했다. 그는 어떤 사람도 이런 상황이 다시 벌어지지를 원치 않지만 영국 정부가 협력할 준비가 되어 있다고 말하지 않는다고 비판했다. 오르의 제안을 실제로 고찰한 위원회 의장 (Herbert Broadly)은 지배적 의견을 종합했다. "이 회의는 제안의 일반적 목표를 받아들일 것이다. 그것은 세계식량국이 이로써 설립된다

4347) Shaw, *World Food Security*, 26쪽.

는 것을 의미하지 않는다. 그것이 의미하는 것은 이 목적을 달성할 국제적 기제가 필요하다는 것일 뿐이다."[4348] 이렇게 회의가 삐딱해질 조짐을 보이기 시작했다.

그렇게 하여 세계식량국 제안은 원칙에서 만장일치로 동의를 얻고 오르 경이 요청한 대로 위원회를 설치하기로 결의했으나, 식량농업기구의 창설 때부터 모든 중앙집권화된 세계식량안전장치에 대한 대단한 반대의 목소리가 있었다. 가격을 안정시키기 위한 상품보관 작용으로 설계된 완충용 비축의 아이디어는 핫스프링스(Hot Springs) 회의에서 등장했었으나 그곳에서는 이 아이디어를 정중하게 미뤄두었었다. 일부 생산자 집단들은 이런 접근을 강력 지지한 반면, 다른 집단들은 일반적으로 강력 반대했다. 비망록에서 오르 경은 제안된 세계식량국에 대한 "최초의 반대"가 관세를 낮춰 세계무역을 더 잘 조절할 목적으로 국제무역기구(ITO)를 조직하려고 애쓰던 미국정부의 윌 클레이턴(Will Clayton)으로부터 나왔다고 기록했다. 클레이턴은 보이드를 재촉해 그 제안을 철회하라고 요구했다. 오르는 세계식량국이 국제무역기구와 충돌하는 것이 아니라, 반대로 양자가 서로를 보완한다고 주장했다. 그는 그의 제안에 대한 가장 큰 반대자들을 미국과 영국으로 지목했다. 그는 영미가 그들이 완전한 통제력을 장악하지 못하는 기구에다 기금과 권위를 줄 준비가 되어 있지 않다고 기록했다. 그리고 영국은 싼 식량 수입의 이점을 잃고, 미국은 다른 나라들에게 대한 양국간 원조를 통해 세계강국으로서 더 잘할 수 있다고 생각했다.[4349]

회의는 문제에 대한 수락할만한 접근법의 모색을 계속하기 위해

4348) Shaw, *World Food Security*, 26쪽.

4349) Shaw, *World Food Security*, 26-27쪽.

"세계식량국에 관한 예비위원회"를 설치했다. 이 예비위원회는 보이드 오르 경의 아이디어만이 아니라 적절해 보이는 다른 아이디어들을 정밀 검토하는 임무를 맡았다. 16개국 정부가 예비위원회의 멤버로 지명되었다. 오르 경은 호주의 스탠리 브루스(Stanley Bruce)를 위원장으로 임명했다. 예비위원회는 1946년 10월 워싱턴 D.C.에서 첫 회합을 갖고 다음해 1월까지 회의를 계속했다. 그때 "정치적 분위기가 변했다." 미국정부는 자기 정부가 완전히 장악하지 못할 어떤 국제기구에도 기금이나 권위를 부여할 마음이 없었다. 미국이 협력을 거부하고 영국이 이 아이디어를 지지하지 않고, 소련이 "냉소적 의구심"을 갖게 되면서 세계식량기구안을 계속 끌어가는 것은 가능하지 않았다. 그러자 예비위원회는 세계식량국의 창설을 지지하지 않았다. 그러면서도 위원회는 두 전쟁 사이의 정신적 쇼크 경험, 농산물 가격의 붕괴, 세계의 다른 지역들에서 수백만 명이 아사하고 있는 때 과잉생산과 여러 곡물잉여로 인한 농업공동체들의 참상이 식자재의 조절되지 않은 생산과 마케팅의 전통적 방법의 취약점을 발가벗겨 보여주었다는 것을 강조했다. 예비위원회는 농가 소득과 소비자에 대한 적정가격의 식량공급을 유지하기 위해 여러 나라에서의 가격과 교역의 국가적 조절로 인해 농산품의 국제시장이 결코 전통적 '자유'시장이 아니라는 점을 유의하게 했다. 예비위원회는 "오직 정부간 협의와 협력에 의해서만 농산물 가격의 적절한 안정성이 달성될 수 있다"고 느꼈다. 예비위원회는 "많은 농산품의 경우에 가장 만족스런 방법이 정부간 상품 합의와 협정이다"고 권고하고, 나아가 농산품 합의가 진정한 다자간 숙고에 의해 동기를 얻어야 한다는 것을 강조했다. 예비위원회의 보고서에서 가장 정교한 부분은 재고와 비축(stocks and reserves)의 정의와 개념을 다루었다. 보고서는 기능성 재고(working stocks)·기근비축가 격안정화비축의 세 가지 유형을 가정했다. 예비위원회가 정의한 '기능성 재고'는 파이프라인(통상적 선적과 분배) 요구량, 작황의 동요에 대비한 비축, 수입국의 경우에는 수입공급의 동에 대비한 비축, 수출국의 경우에는 수출시장을 유지하게 만드는 비축을 포함한다. 기능성 재고의 규모에 관한 결정은 개별 국가의 책임이다. 필수적 식자재의 경우에 예비위원회는 국제적 협정에 의한 "기근비축"의 창출을 권했다. 기근비축은 가급적 현물이어야 한다. 계절적·주기적 가격변동에 대항하는 것과 관련해서 예비위원회는 가격안정화비축 또는 완충용 저장의 창출을 권했다. 예비위원회는 "제고와 비축이 국내적으로 보유되어야 하지만, 국제적으로 합의된 규칙 아래 관리되어야 한다"는 아이디어를 지지했다. "많은 중요한 정부들이 국제 가격안정화 비축에 큰 재정적 기부를 할 책무를 받아들이지 않을 것 같기" 때문에 이것은 "유일한 실천적 대안"이었다. 그러나 결국 예비위원회의 제언도 보이드 오르의 세계식량국 제안처럼 성공하지 못했다.[4350]

오를 이은 FAO 사무총장 아데케 보어마(Addeke Boerma)는 예비위원회의 제언도 토의도 되지 않은 기술적 이행가능성이나 보관의 어려움 때문에가 아니라, 정치적·이데올로기적 이유에서 기각된 것으로 정리했다. 예비위원회는 중앙집권적 세계식량국(WFB) 대신에 18개국의 "세계식량협의회(World Food Council; WFC)", 즉 "FAO협의회"를 설치할 것을 제안했다. 이 협의회 제안은 승인되었고 오늘날까지 남아있다. FAO회의의 회기들 사이에 회동하는 이 협의회는 FAO의 사무 일반을 처리하고 특히 세계의 식량상황을 지속적으로

4350) Shaw, *World Food Security*, 27-29쪽.

감시했고 필요할 때는 신속하게 비상 필요를 정부의 관심에 일깨운다.4351) 결국 WFB의 국제적 상평창은 오늘날 기능하고 있는 WFC로 대체된 것이다.

국제무역기구(ITO)는 '관세와 무역에 관한 일반협정(GATT)'로 대체되고, 이것은 다시 1995년 세계무역기구(WTO)로 대체되었는데, 상품가격 안정화의 핵심기능은 GATT나 WTO의 기능에 포함되지 않았다. 이것은 특히 개발도상국에 불리한 것이다. 보이드 오르 경처럼 예비위원회는 모든 정부간 협정의 기초는 생산의 축소가 아니라 소비의 확대이어야 한다고 강조했다. 따라서 예비위원회는 잉여를 승인된 영양공급 향상 프로그램에 따라 특별히 저렴한 가격에 궁핍한 국가들이 수납할 수 있게 만든다는 아이디어를 강력 지지했다. 또 FAO회의가 세계 식량·농업상황에 대한 보다 정교한 연간 관찰조사를 떠맡아 정부들이 정책·계획·프로그램의 수립에 협력하는 일종의 '세계식량의회(world food parliament)'처럼 기능해야 한다고 제안했다. 이에 더해 예비위원회는 농업발전을 위한 더 큰 국내외 투자를 옹호하고, 다른 유엔기구들을, 특히 유엔 경제사회이사회를 재촉하여 산업발전을 진흥하도록 했다.4352)

보이드 오르 경은 예비위원회의 권고사항들을 죄대한 잘 활용했다. 그는 제안된 WFC가 영향력 있는 동적 기구가 되기를 희망했다. 그러나 그는 그의 제안이 동의를 얻지 못한 것에 크게 실망했다. 그러므로 그는 FAO의 사무총장직을 내려놓기로 결심한 것이다. 그는 1948년 그의 후임자가 임명될 때까지만 직책을 유지하는 데 동의했다. 그는 FAO의 기술적 지원사업을 강하게 믿었고, 농부들

4351) Shaw, *World Food Security*, 29쪽.

4352) Shaw, *World Food Security*, 30쪽.

이 이미 알려진 것을 광범한 차원에서 적용하기만 한다면 세계 식량농업생산이 현저히 증대될 수 있다고 생각했다. 그러나 그는 안타까워 했다. "백성들이 빵을 요구하는데 우리는 그들에게 팸플릿을 주고 있다." 결국, 그는 "*Fiat Panis*(빵이 있게 하라)"를 FAO의 모토로 내걸었는데, 이 모토는 오늘날까지 남아 있다. 그는 잘못을 바로잡고 세계를 살기에 더 좋은 장소로 만들려는 강렬한 욕망에 의해 추동되어 세계 식량 안전 문제를 해결하려는 큰 계획, 대담한 아이디어의 견지에서 사고했다. 그는 FAO를 통해, 그리고 다른 방식으로 세계평화에 기여했다. 그는 이 기여를 인정받아 1949년 노벨평화상을 수여받고 같은 해에 영국 귀족(Lord Boyd Orr)으로 승급되었다.[4353]

■ **유엔 안에서의 국제상평창 계획의 계승**

상평창의 국제화에 관한 윌리스의 장담과 오르의 노력에도 불구하고 '국제적 상평창' 설치 계획은 1946년 9월 2일 코펜하겐에서 열린 FAO 회의에서 미국과 영국의 반대에 부딪혔고, 그리하여 오르의 '세계식량국(WFB)' 설치안 형태로는 실패하고 말았다. 하지만 그 기본개념인 '국제적 상평창' 기획은 이후에도 계속 살아남아 다른 형태로 구현된다. 1963년 세계식량회의(World Food Congress), 1974년 식량위기와 세계식량회담(World Food Conference), 이 회담에 따라 세워진 세계식량협의회(World Food Council), 그리고 1996년 세계식량정상회의(World Food Summit: WFS)는 모두 그 해법을 '국제적 상평창'이라는 기본개념에서 찾았기 때문이다.

4353) Shaw, *World Food Security*, 30-31쪽. 다음도 참조: J. G. Crawford, "Proposals for a World Food Board", *The Australian Quarterly*, Vol.18, No.4 (Dec. !946).

■ 유럽연합(EU)의 공동농업정책(CAP)과 유럽 상평창

또한 국제적 상평창 기획은 유럽연합(EU)에서 더욱 조직적인 형태로 구현된다. EU는 1994년 1월 성립과 동시에 'EU 공동농업정책(EU's Common Agricultural Policy: CAP)'을 창설했다. 이 CAP는 국제적 상평창의 보다 타이트한 사례다. 이것은 유럽의 농산품시장에 간섭하는 유럽의 현대적 대규모 '간섭 저장고(intervention storage)'를 설립하는 계기가 되었다. 시장을 안정시키고 EU회원국들을 가로질러 가격을 확립하려는 시도로 공동농업정책(CAP)은 자연적 공급-수요 곡선을 직선화하기 위해 거대한 농산물 비축분을 '간섭저장고'에 비축하는 것을 각국에 허용했다.

1980년대에 특히 영국은 일정한 농작물의 생산을 감축하기 위해 농업공동체에 대규모 현금 인센티브들을 부여했다. 우유 할당량 제도는 농가에 생산제한을 집행하는 데 쓰인 하나의 기제였다. 농산물이 시장에 과잉 출하된 1985-1986년 기간의 특별히 양호한 여름, 영국 정부는 최초로 이 잉여농산물을 간섭창고에 저장했다. "고지대 곡물 사일로(High Post Grain Silos)"에 의해 운영되는 이런 창고는 비트스웰(Bitteswell) 비행장의 18개동의 폐기된 비행기 격납고를 임대해서 25만 톤의 사료용 호밀을 저장했다. 이런 식의 저장고에 의한 잉여농산물 문제의 해법은 간단했다. 지방정부는 곡식을 농장으로부터 직접 격납고로 운송해 먼저 테스트 기준을 거쳐 저장했다. 저곡貯穀은 곡물 더미를 통해 공기를 주입함으로써 냉각시켰다. 이것은 곡물을 임시 보관하는 과정이었다. 간섭비축제도는 1980년대의 규모보다 적은 규모일지라도 EU에서 지금도 시행되고 있다.

총괄하자면, 중국의 양민·황정제도인 상평창은 12세기에서 18세기 초까지 시차를 두고 서천西遷을 거듭하여 오토만 터키제국, 이탈리아 도시국가들, 프로이센 등에 정착했다. 그리고 1930년에는 더 멀리 서천하여 상평창의 기본개념에 대한 경탄과 충격 속에서 미국에 제도적으로 확립되었다. 미국이 상평창 제도를 도입하자 유럽의 몇몇 국가로 상평창 제도를 입법해서 활용하기 시작했고, '상평창'은 보이드 오르의 1930년 논의에서 알 수 있듯이 하나의 국가정책이념으로도 서구학계에 확산되었다. 그리고 구민·양민·안민을 포괄하는 다양한 중국 복지국가 제도의 서천은 상평창까지 서구에 제도화됨으로써 완료되었고, 이를 통해 서구에서 완결적 형태의 근대 복지국가가 탄생했다. 그리고 상평창 제도는 마침내 국제화되어 줄곧 유엔의 세계 식량문제 해법을 위한 기본개념으로 활용되었고, 1994년부터는 유럽연합의 CAP 제도로까지 확립되었다.

중국의 공적 복지정책의 서천과 관련하여 일반적으로 종합하면, 서구제국은 1880년대와 19030년대 사이에야 중국의 환과고독과 폐질자에 대한 복지대책에 대응하는 고령연금·질병보험법·산재상해보험법을 겨우 제정하고 중국의 구빈법에 대응하여 실업보험법과 생계보호법을 입법했다. 중국의 영아유기살해에 대한 금법에 대응하는 영아유기·살해를 금지하는 영아생명보호·영아살해금지법은 영국의 경우에도 1897년과 1922년에야 겨우 입법되었다. 그리고 중국의 무상 교민복지(교육·문화복지)에 해당하는 무상교육제도는 유럽대륙국가들의 경우에도 전후에야 도입되었다.

그러나 중국의 장애인보호법이나 공적 기아육영원·고아원제도에 대응하는 서양의 복지제도는 뒤늦게 생기거나 지금도 미비하다. 또한 유럽대륙제국의 무상교육은 중국의 역대정부에 의해 시행된 무상숙식제도와 공적 학비學費지원·장학제도를 완전히 결하고 있다. 영미의 학교는 대학의 무상교육조차도 시행하지 못하고 있다.

더구나 빈곤을 죄악에 대한 신의 응보로 보거나 게으름의 산물로 보는 기독교적 반反복지론, 기근에 대한 구민救民조치를 자유시장에 맡기고 기민구호를 자유시장에 대한 유해한 개입으로 배격하는 아담 스미스적 반복지론이나, 인간의 동정심의 진화 수준이 이기심의 강도強度를 넘지 않았다는 이유에서 모든 복지입법에 반대하는 스펜서의 진화론적 반복지론, 또는 인구조정을 위해 빈곤과 기근을 방치해야 한다는 맬더스적 반복지론은 서양에서 복지사상의 흥기와 전개를 20세기 초까지 저지했다. 이 잔재는 오늘날도 신자유주의 경제학에서 대변되고 있다. 서구와 국제기구 차원에서 상평창제도의 일반화를 가로막고 있는 것은 이제 '미신'이 되어버린 이런 스미스주의적 경제학이다.

따라서 우리는 확고한 근거를 갖고 오늘날 서구의 어느 나라도 여전히 명·청대 중국과 조선시대 한국의 유교적 민복사상과 같이 완벽한 수준의 복지사상을 갖추지 못했고, 명·청국과 조선과 같은 복지제도와 복지수준에 도달하지 못했다고 결론지을 수 있다. 이런 의미에서 서구제국과 극동제국을 포괄하는 우리시대의 모든 국가의 궁극적 복지이념은 제국주의와 군국주의의 침략적 홀로코스트 속에서 안타깝게도 멸망한 저 옛 유교제국의 복지제도를 '현대적으로 복원하는 것'이라고 정식화할 만한 것이다.

책을 마치며

자유·평등·관용이 근대국가의 '영혼'이라면, 내각제·관료제·학교
제도는 근대국가의 '뼈대와 힘줄'이고, 자유시장과 복지제도는 근
대국가의 '두 날개'다. 이 두 날개 없이 근대국가는 비상할 수 없다.
여기서 신식군대는 근대국가에 대해 상황에 따라 필요할 수도 있고
불필요할 수도 있는 비본질적 요소다. 오늘날 이슬람제국이 최신식
상비군을 가졌어도 정치적·사회적으로 전근대국가인 것을 보고,
스위스·벨기에·룩셈부르크·코스타리카 같은 국가들은 족병은커녕
아예 상비군 자체를 두지 않았을지라도 아주 현대적인 근대국가들
인 것을 보라.

서구의 '근대적 자유·평등사회', '근대적 관용국가', 내각제·관료
제·학교제도와 자유시장·복지제도를 갖춘 '근대국가'가 '공자의 충
격', 또는 '유교국가의 충격'으로 탄생했다는 사실은 오늘날 서구인
들에 의해서도 적잖이 인정되고 있다. 지금은 "중세와 초기 근대의
어느 때 유럽이 유럽을 다른 문명들과 결정적으로 분리시키는 역사
적 행로를 택했다"는 전통적 논변을 옹호하는 완강한 서구우월주

의자조차도 "중세 또는 초기 근대의 유럽이 이미 전반적 경제적 수행능력과 기술능력, 그리고 생활수준의 견지에서 아시아보다 더 선진적이었다"는 것이 아니라, 다만 "12세기부터 줄곧 유럽이 동화·혁신·발명의 누적적 자기강화 과정에서 '대단한 학습자(*a great learner*)'인 것으로 자신으로 입증했다"고만 주장한다. "대단한 학습자"라는 "이 근대적 특징"이 "유럽에 독특한 발전 동학을 부여했다"는 것이다.[4354]

이 제1·2·3권의 책으로 필자는 '서구 근대국가의 탄생'을 '유교제국의 충격'으로 설명하는 장구한 작업을 완결함으로써 길고 긴 항해 끝에, 아니 멀고 먼 탐험의 길을 답파한 끝에 중국의 내각제·관료제·학교제도·자유시장·복지제도가 서천西遷하여 서양의 국가제도로 정착하고, 그리하여 근대국가의 "뼈대와 힘줄", 그리고 "두 날개"가 되었는지에 대한 설명을 사상초유로 완결할 수 있었다. 이 설명이 길고길 수밖에 없었던 근본적 이유는 다른 데 있지 않다. 한국인과 중국인들은 정작 중국과 한국의 역사와 철학을 '경시'하여 잘 거들떠보지 않고, 따라서 극동제국의 역사를 모르거나 제대로 알지 못한다. 극동 대중과 학자들의 이 '무지'는 실로 '무지막지'하다. 이 때문에 이 '무지막지한 무지'를 채워주기 위해 중국과 한국의 역사발전을 상세하게 밝히고 설명할 수밖에 없었다. 이런 까닭에 서구 근대국가의 탄생에 관한 규명은 불가피하게 장구한 논의를 요했던 것이다.

아무튼 필자는 서구유일주의적 근대국가 개념이 거의 전적으로 오류라는 것을 입증했다. 필자는 백성의 자유와 평등이 공자철학

4354) Ricardo Duchene, "Asia First?", *Journal of the Historical Society*, Vol.6 Issue1 (March 2006).

과 유교국가의 자유·평등제도로부터 서천하여 서양에 토착화되었다는 사상사적 사실을 『공자의 자유·평등철학과 사상초유의 민주공화국』과 『공자의 충격과 서구 근대 자유·평등사회의 탄생(1-3)』이라는 전4권의 2부작(2021)으로 규명하고 입증했다. 그리고 종교적·사상적·정치적 '관용'도 공자철학과 극동제국의 종교적 관용제도로부터 유래하여 제도화되는 과정을 『극동의 격몽과 서구 관용국가의 탄생』(2002)으로 규명했다. 그리고 이 책 『유교국가의 충격과 서구 근대국가의 탄생(1-3)』은 근대적 내각제·관료제·학교제도·시장제도·복지제도 등 서구 근대국가의 나머지 5대 요소가 중국과 극동의 유교제국으로부터 유래했음을 입증했다. 이로써 4부작 전8권의 방대한 연작집 '충격과 탄생' 시리즈가 완결되었다. 이와 동시에 20년간 공자철학과 근대이론을 깊이 천착하여 새롭게 정리하고 집대성한 15부작 전29권의 장구한 집필 작업도 모두 종결되었다. 그러나 필자의 다른 작업이 이것으로 끝나는 것이 아니다. 가령 필자가 최초로 발굴한 사료史料들을 바탕으로 구텐베르크가 고려금속활자 기술을 전해 받아 알파벳 금속활자를 만들었다는 것을 규명하는 『구텐베르크의 고려금속활자』와 같은 새로운 책들을 집필하는 작업이나, 후학들을 위해 아담 스미스의 『도덕감정의 이론』, 또는 섀프츠베리의 『덕성 또는 공덕에 관한 탐구』와 같은 고전들을 번역하여 출판하는 후속작업은 아직 무한히 많이 남아있다.★

참고문헌

1. 공맹경전

『대학』
鄭玄(注)·孔穎達(疏), 『禮記正義』「大學」(北京: 北京大學出版社, 2000).
成百曉 역주, 『大學·中庸集註』(서울: 傳統文化硏究會, 2005).

『중용』
鄭玄·孔穎達 疏, 『禮記正義』「中庸」(北京: 北京大學出版社, 2000).
成百曉 역주, 『大學·中庸集註』(서울: 傳統文化硏究會, 2005).

『논어』
何晏(注)·刑昺(疏), 『論語注疏』(北京: 北京大學出版社, 2000).
張基槿 역저, 『論語』(서울: 明文堂, 2002).
류종목, 『논어의 문법적 이해』(서울: 문학과지성사, 2000).
朱熹 集註, 林東錫 譯註, 『四書集註諺解 論語』(서울: 學古房, 2006).
김학주, 『논어』(서울: 서울대학교출판부, 2008).

『맹자』
趙岐(注)·孫奭(疏), 『孟子注疏』(北京: 北京大學出版社, 2000).
朱 熹 集註(林東錫 譯註), 『四書集註諺解 孟子』(서울: 學古房, 2006).
      , 『孟子集註』(서울: 明文堂, 2002).
范善均 譯解, 『맹자』(서울: 惠園出版社, 출판연도 미상).
우재호 역, 『孟子』(서울: 을유문화사, 2007).
洪寅杓 역주, 『孟子』(서울: 서울대학교출판부, 2002).

『서경』

車相轅 역저,『書經』(서울: 明文堂, 1993).

『시경』
金學主 역주,『詩經』(서울: 明文堂, 2002).
毛亨傳·鄭玄箋·孔穎達 疏,『毛詩正義』(北京: 北京大學出版社, 2000).

『주역』
황태연 저,『실증주역』(서울: 청계출판사, 2010 4쇄).

『의례』
鄭玄(注)·賈公彦(疏),『儀禮注疏』(北京: 北京大學校出判社, 2000).

『예기』
李相玉 역저,『禮記(上·中·下)』(서울: 明文堂, 2002).
鄭玄(注)·孔穎達(疏),『禮記正義』(北京: 北京大學出版社, 2000).

『춘추』
左丘明,『春秋左氏傳』. 文璇奎 역,『春秋左氏傳』(上·中·下) (서울: 明文堂,
　　2002).
穀梁俶,『春秋穀梁傳注疏』, 十三經注疏整理本 (北京: 北京大學出版社,
　　2000).
公羊高 父子,『春秋公羊傳注疏』(北京: 北京大學出版社, 2000).

『효경』
阮元 校勘,『孝經正義』, 十三經注疏本 (北京: 北京大學校, 2000).
金學主 譯著,『忠經·孝經』(서울: 明文堂, 1999).

『충경』
金學主 譯著,『忠經·孝經』(서울: 明文堂, 1999).

『이아』

徐朝華 注, 『爾雅今注』(天津: 南開大學出版社, 1987·1994).

『爾雅注疏』, 十三經注疏整理本 (北京: 北京大學出版社, 2000).

이충구 외 역주, 『이아주소』(1-6) (서울: 소명출판, 2004).

『주례』

『周禮今注今譯』(臺灣: 商務印書館, 출판연도 미상).

『周禮注疏』, 十三經注疏整理本 (北京: 北京大學出版社, 2000).

『공자가어』

李民樹 역, 『孔子家語』(서울: 을유문화사, 1974).

『馬王堆帛書』

『馬王堆帛書』, 續四庫全書本 (上海: 上海古籍出版社, 1995).

鄧球柏, 「白話帛書'要'」, 『白話帛書周易』(湘潭: 岳麓書社, 1994).

廖名春 釋文, 「馬王堆帛書 '二三子'」.

2. 동양문헌

葛劍雄, 『千秋興亡』(長春: 長春出版社, 2005). 거 지엔 슝 저(이성희 역), 『천
　　추흥망』(서울: 따뜻한손, 2009).

葛荣晋, 『中国实学文化导论』 (北京: 中共中央党校出版社, 2003).

丘濬, 『大學衍義補』[明 成化 23년, 1487](1792 日本 和刻本, 翻刻 京都: 中
　　文出版社, 1979).

관중, 『管子』. 김필수·고대혁·장승구·온현정 역, 『관자』 (고양: 소나무, 2016).

김대기, 「宋代 慈善機構와 醫療救濟: 安濟坊과 養濟院을 중심으로」. 『역사
　　와 경계』, 101권 101호(2016).

김도형, 『大韓帝國期의 政治思想研究』(서울: 지식산업사, 1994·2000).

金斗鉉, 「淸朝政權의 成立과 發展」. 서울대학교 東洋史學연구실 編, 『講座
　　中國史(IV)』 (서울: 지식산업사, 1989).

김문기, 「明末淸初의 荒政과 王朝交替」, 『中國史硏究』 第89輯 (2014. 4.).

金錫佑, 「漢代 荒政 체계의 형성과 郡縣制」, 『中國學報(국제중국학연구)』 第四十九輯 (2004).

김성수, 「한국 금속활자인쇄술의 시원과 관련한 주자본 『남명송증도가』의 간행연도에 관한 연구'」, 『書誌學報』 제39호(2012. 6.).

----- , 「『직지』를 통해 본 고려시대 사찰의 인쇄 문화」. 옥영정 외 지음, 『동아시아 금속활자 인쇄문화의 창안과 과학성(1)』 (성남: 한국중앙연구원출판부, 2017).

김성윤, 『朝鮮後期 蕩平政治 硏究』(서울: 지식산업사, 1997).

김영주·이범수, 「조선시대 인간인쇄 조보(朝報)의 언론사적 의의」. 『한국언론정보학보』 85(2017. 10.).

金容郁, 「조선조 정치체제의 議政府에 관한 연구」, 『한국정치학회보』 제21집 제1호(1987).

金鍾贊, 「朝鮮朝의 救貧制度에 관한 硏究」, 『韓國行政史學誌』, 第3號 (1994).

김한규, 「해제 - 염철론(鹽鐵論)과 『염철론(鹽鐵論)』」, 환관(桓寬) 원저, 김한규·이철호 역, 『염철론』(서울: 소명출판사, 2002).

-----, 『天下國家』 (서울: 소나무, 2005).

금장태, 『귀신과 제사: 유교의 종교적 세계』 (서울: 제인앤씨, 2009).

羅香林, 『羅芳伯所建婆羅洲坤甸蘭芳大統制考』 (長沙: 商務印書館, 1941).

內藤湖南, 「包括的唐宋代觀」(1922). 內藤湖南(礪波 護 編輯), 『東洋文化史』 (東京: 中央公論社, 2004).

-----, 「近代支那の文化生活」(1928). 內藤湖南(礪波 護 編輯), 『東洋文化史』 (東京: 中央公論社, 2004).

董仲舒, 『春秋繁露』.

杜乃濟, 『明代內閣制度』 (臺北: 臺灣商務印刷書館, 1967).

루이스 프로이스(정성화·양윤선 역), 『임진난의 기록: 루이스 프로이스가 본 일진왜란』 (파주: 살림출판사, 2008, 2016).

朴珪壽, 「擬黃海道觀察使答美國人照會」. 『朴珪壽全集(상)』(서울: 아세아문화사, 1978), 권7 「咨文」.

박일원, 『추관지秋官志(2)』[1781] (서울: 법제처, 1975).

柏楊, 『中國人史綱(下)』(太原: 山西人民出版社, 2008).

司馬光,『資治通鑑』. 사마광 저(권중달 역),『자치통감(1)』(서울: 푸른역사, 2002).

-----, 「왕안석에게 보낸 편지(與王介浦書)」(1070. 2. 27.), 292쪽. 이근명 편저, 『왕안석자료 역주』 (서울: 한국외국어대학 지식출판원, 2017).

司馬遷, 『史記本紀』・『史記世家』・「『史記列傳』.

山西省社會科學院 編, 『山西票號史料』(臺灣: 山西經濟出版社, 1992).

蕭公權(최명 역), 『中國政治思想史』(서울: 法文社, 1994).

孫承澤 (撰), 『春明夢餘錄』(珍本: 1883; 影印本: 香港: 龍門書店, 1965).

송미령, 『청대 정책결정기구와 정치세력』(서울: 혜안, 2005).

신채식, 『宋代政治經濟史硏究』(파주: 한국학술정보, 2008).

安震, 『大明風雲』(長春: 長春出版社, 2005). 안쩐(정근희 역), 『천추흥망(명나라)』(서울: 따뜻한 손, 2010).

楊家駱 (主編), 『明會要』(臺北: 世界書局, 中華民國四十九年).

梁更堯 (編著), 『中國社會史』(臺北: 壹大出版中心, 2014).

梁其姿, 『施善与教化: 明清的慈善组织』 (台北: 聯經出版社業有限公社, 1997).

양삼석, 「제주이트의 정치사상에 나타난 인본주의사상」. 『영남정치학회보』 제8호(1998).

梁鐘國, 『宋代士大夫社會硏究』(서울: 三知院, 1996).

呂坤(金在晟 解譯), 『呻吟語』[1593] (서울: 자유문고, 2008).

葉適, 「奏議・財總論(二)」. 葉適, 『水心集』 冊一, 卷之四 (臺北: 中華書局, 1965).

-----, 「留耕堂記」. 葉適, 『水心集』 冊一, 卷之四(臺北: 中華書局, 1965).

-----, 「財計(上)」. 葉適, 『水心集』 冊一, 卷之四(臺北: 中華書局, 1965).

-----, 『習學記言序目』(北京: 中華書局, 1977).

오금성, 「明・淸時代의 國家權力과 紳士의 存在刑態」. 『동양사학연구』 제30호(1989. 5.).

-----, 『國法과 社會慣行』 (서울: 지식산업사, 2007).

-----, 「신사」. 오금성 편저, 『명청시대 사회경제사』(서울: 이산, 2007).

吳業國, 「宋代官办慈善事业述论」, 『南阳师范学院人文社会科学学报』 25
　　권 1호 (2005).

오원경, 「漏澤園을 통해 본 北宋代 국가 葬禮支援制度」, 『역사문화연구』 57
　　권 제57호(2016).

吳緝華, 『明代制度史論叢(上)』 (臺北: 臺灣學生書局, 1970[中華民國 六十
　　年]).

왕안석, 「上仁宗皇帝言事書」(1058). 이근명, 편저, 『왕안석자료 역주』 (서울:
　　한국외국어대학 지식출판원, 2017).

-----, 「上五事箚子」(1072). 이근명 편저, 『왕안석자료 역주』 (서울: 한국외국
　　어대학 지식출판원, 2017).

-----, 「乞制置三司條例」 『臨川先生文集』 70. 이근명 편저, 『왕안석자료 역
　　주』 (서울: 한국외국어대학교 지식출판원, 2017).

-----, 「答司馬諫議書」, 309-310쪽. 이근명 편저, 『왕안석자료 역주』 (서울:
　　한국외국어대학 지식출판원, 2017).

요나하준(與那覇潤), 『중국화하는 일본』(서울: 페이퍼로드, 2013).

廖名春 釋文 (續四庫全書編纂委員會 編), 『馬王堆帛書周易經傳釋文』 「馬王
　　堆帛書 '要'」(上海: 上古籍海出版社, 1995).

廖敏淑, 「淸代商工群體中的客長」, 『國立政治大學歷史學報』 第42期 (2014
　　年 11月).

유영익, 『건국대통령 이승만』 (서울: 일조각, 2013·2015).

劉子健, 제임스 류(이범학 역), 『왕안석과 개혁정책』(서울: 지식산업사, 1991
　　·2003). Liu, James T. C., *Reform in Sung China: Wang An-shih
　　(1021-1086) and His New Policies* (Cambridge: Harvard University
　　Press, 1959·2013).

유지황, 「토마스 아퀴나스 정치사상의 분석적 이해 — 질서와 평등을 중심으
　　로」. 『철학사상』 25호(2007).

柳馨遠, 『磻溪隧錄』[1770] (서울: 명문당, 1982·1994).

윤정분, 『中國近世 經世思想 研究』 (서울: 혜안, 2002).

-----, 「宣德年間(1426-1435)의 經史講論과 그 특징 - 宣德初 현안문제와 선

덕제의 정국운영과 관련하여」.『中國史硏究』第57輯(2008.12).

-----, 「正統·天順年間의 經史講論과 정국운영」.『中國史硏究』 第61輯 (2009.8).

-----, 「洪治年間(1488-1505)의 經筵과 政局運營 - 내각제복원과 공론정치와 관련하여」.『中國史硏究』第73輯(2011.8).

이근명, 「宋代 社會救濟制度의 運用과 國家權力: 居養院制의 變遷을 中心 으로」,『東洋史學硏究』, 第57輯(1997).

-----, 「왕안석의 집권과 신법의 시행」,『역사문화연구』제35집(2010).

-----, 「전통시대 지식인들은 왜 왕안석에 반대하였는가?」,『전북사학』 38(2011).

----- (편저),『왕안석자료 역주』(서울: 한국외국어대학 지식출판원, 2017).

이민희, 「민간 인쇄 조보(朝報)의 유통 및 독서」.『열상고전연구』70(2020).

이범학, 「王安石 改革論의 形成과 性格 - 新法의 思想的 背景에 관한 一硏 究」.『동양사학연구』제18집 (1983).

이상옥 역해,『六韜三略』(서울: 명문당, 2000).

尹興燮, 「雖舊維新」,『畿湖學會月報』2 (1905).

이상룡, 「대한협회안동지회취지서」(1909), 안동독립운동기념관 편,『국역 石 洲遺稿(전2권-상)』(서울: 경인문화사, 2008).

이승만,『독립정신』(로샌쥴리쓰 대동회관, 1910), 이승만(리승만),『독립정신 』[현대어판](서울: 정동출판사, 1993).

-----, 「유교의 교훈을 지켜 예의지국 백성이 되자」(1954년 10월 1일). 구자열 편,『대통령 이승만 박사 유교담화집』(서울: 유도회총본부, 1958).

-----, 「모든 동포들이 삼각오륜을 알고 지켜라」(1957년 12월 30일). 구자열 편,『대통령 이승만 박사 유교담화집』(서울: 유도회총본부, 1958).

-----' 「내가 유교를 믿는 가정에서 태어나서 유교에서 가르치는 교육과 신앙 을 배워서」(1958년 2월 26일). 구자열 편,『대통령 이승만 박사 유교 담화집』(서울: 유도회총본부, 1958).

이익,『국역 성호사설(V)』(서울: 민족문화추진회, 1977·1985).

이태진, 「朝鮮王朝의 儒敎政治와 王權」,『東亞史上의 王權』(서울: 한울아 카데미, 1993).

李澤厚, 『中國古代思想史論』(北京: 人民出版社, 1985).

임현숙, 「王安石과 科擧制度改革에 대한 一考察」, 이화여자대학교 1982년
    석사학위논문.

錢穆, 『中國歷代政治得失』(上海: 三聯書店, 1955·재판2005), 44쪽 (인터넷
    파일 쪽수 - 검색일: 2011.11.11.).

程頤, 『二程遺書』 권2.

조동일, 『동아시아 문명론』(서울: 지식산업사, 2010).

曹永祿, 『中國近世政治史硏究』(서울: 지식산업사, 1988). 朱謙之, 『中國思
    想對於歐洲文化之影響』(上海: 商務引書館, 1940).

주겸지(전홍석 역), 『중국이 만든 유럽의 근대 - 근대유럽의 중국문화 열풍』
    (서울: 청계, 2003·2010).

朱熹, 『大學·中庸章句集註』.

-----, 『八朝名臣言行錄』「王安石」편, 352쪽. 이근명 편저, 『왕안석자료 역주
    』 (서울: 한국외국어대학 지식출판원, 2017).

중국사연구실 편역, 『중국역사』(서울: 신서원, 1993).

中國人民銀行 上海市分行 編, 『上海錢莊史料』(上海: 上海人民出版社,
    1960, reprint 1978).

차명수, 「1800년경 잉글랜드, 조선, 양자강 하류지역의 총요소생산성 수준
    비교」, 제52회 역사학대회 발표논문(2009년 5월).

崔昌茂, 「朝鮮王朝 初期의 救貧制度에 관한 考察」, 『社會科學』 제3집
    (1984).

-----, 「朝鮮王朝前期의 救貧制度에 關한 考察」, 『福祉行政論叢』 第1輯
    (1991).

-----, 「朝鮮王朝後期의 救貧制度에 關한 考察」, 『福祉行政論叢』 第2輯
    (1992).

崔鳳基, 「조선조 최고정책결정기구의 분석」, 『사회과학논총』창간호(1983).

최정연·이범학, 『明末·淸初 稅役制度改革과 紳士의 存在 形態』(서울: 歷史
    學會, 1987).

최제우, 『東經大全』「論學文」.

韓忠熙, 「조선초기 議政府 연구(상)」, 『한국사연구』 제31호(1980).

-----, 「조선 초기 議政府 연구(하)」, 『한국사연구』제32호(1981).

-----, 「조선 중·후기 의정부제의 변천연구」, 『한국학논집』 제43집(2011).

桓寬, 『鹽鐵論』(宣帝代 刊行). 환관(桓寬) 원저, 김한규·이철호 역, 『염철론』 (서울: 소명출판사, 2002).

黃鑒暉, 『山西票號史』(臺灣: 山西經濟出版社, 1992).

황매희 출판사 편집부, 『국가급 중국문화유산총람』 (도서출판 황매희, 2010).

황종희, 『명이대방록』(서울: 한길사, 2000·2003). 原本: 黃宗羲, 『明夷待訪錄』(1663; 浙江梨洲文獻館 保管 慈溪鄭氏二老閣 初刻本).

황태연, 『지배와 이성』(서울: 창작과비평, 1996). Tai-Youn Hwang, *Herrschaft und Arbeit im neueren technischen Wandel* (Frankfurt am Main·Bern·New York·Paris: Peter Lang, 1992).

-----, 『실증주역(상·하)』(파주: 청계, 2008·2012).

-----, 『공자와 세계(1-5): 서양의 지식철학 (하)』(파주: 청계, 2011).

-----, 「서구 자유시장론과 복지국가론에 대한 공맹과 사마천의 무위시장 이념과 양민철학의 영향」, 『정신문화연구』, 2012 여름호(제35권 제2호 통권 127호).

-----, 「공자의 공감적 무위·현세주의와 서구 관용사상의 동아시아적 기원(상·하)」. 『정신문화연구』, 2013 여름·가을호(제36권 제2·3호 통권 131·132호).

-----, 「공자의 분권적 제한군주정과 영국 내각제의 기원(1)」. 『정신문화연구』, 2014 여름호 제37권(통권135호).

-----, 「윌리엄 템플의 중국 내각제 분석과 영국 내각제의 기획·추진 - 공자의 분권적 제한군주정과 영국 내각제의 기원(2)」. 『정신문화연구』제38권 제2호 통권 139호(2015년 여름호).

-----, 「찰스 2세의 내각위원회와 영국 내각제의 확립 - 공자의 분권적 제한군주정과 영국 내각제의 기원(3)」. 『정신문화연구』제38권 제3호 통권 140호(2015년 가을호).

-----, 『감정과 공감의 해석학(1-2)』(파주: 청계, 2014-2015).

-----, 『패치워크문명의 이론』(파주: 청계, 2016).

-----, 「조선시대 국가공공성의 구조변동과 근대화 – '조선민국'과 대한제국

에서 '대한민국'으로」. 황태연 외, 『조선시대공공성의 구조변동』(성남: 한국학중앙연구원 출판부, 2016).

-----, 『백성의 나라 대한제국』 (파주: 청계, 2017).

-----, 『공자의 인식론과 역학』 (파주: 청계, 2018).

-----, 『한국 근대화의 정치사상』 (파주: 청계, 2018).

-----, 『공자철학과 서구 계몽주의의 기원(상·하)』 (파주: 청계, 2019).

-----, 『17-18세기 영국의 공자숭배와 모럴리스트들(상·하)』 (서울: 넥센미디어, 2020).

-----, 『근대 프랑스의 공자 열광과 계몽철학』 (서울: 넥센미디어, 2020).

-----, 『근대 독일과 스위스의 유교적 계몽주의』 (서울: 넥센미디어, 2020).

-----, 『공자와 미국의 건국: 유교적 민주공화국의 탄생(1-2)』 (서울: 넥센미디어, 2020).

-----, 『유교적 근대의 일반이론(1-2)』 (서울: 넥센미디어, 2021).

-----, 『공자의 자유·평등철학과 사상초유의 민주공화국』 (서울: 공감의 힘, 2021).

-----, 『공자의 충격과 서구 자유·평등사회의 탄생(1-3)』 (서울: 공감의 힘, 2021).

-----, 『극동의 격몽과 서구 관용국가의 탄생』 (서울: 솔과학, 2022).

3. 서양문헌

Adair, Douglass, "'That Politics may be Reduced to a Science': David Hume, James Madison, and the Tenth Federalist". *Huntington Library Quarterly*, XX (Aug. 1957).

Adam, Ulrich, *The Political Economy of J. H. G. Justi* (Oxford/ Berlin: Peter Lang, 2006).

Adams, George B., *Constitutional History of England* (New York: Henry Holt and Company, 1921).

Adams, John, "To Charles Spener" (24 March, 1784 The Hague). *The Works of John Adams*, vol. 9 (Letters and State Papers 1799-1811) in 10 vols, ed. Charles F. Adams (Boston: Little, Brown and Company, 1854).

-----, "To the Marquis de Lafayette" (The Hague, 28 March, 1784). The Works of John Adams, vol. 9 (Letters and State Papers 1799-1811) in 10 vols., ed. Charles F. Adams (Boston: Little, Brown and Company, 1854).

-----, "To Thomas Jefferson" (2 September, 1813 Quincy). The Works of John Adams, vol. 10 in ten volumes (Letters 1811-1825, Indexes), ed. by Charles Francis Adams (Boston: Little, Brown and Company, 1856). Online Library of Liberty.

-----, "To Thomas Jefferson" (25 December, 1813 Quincy). The Works of John Adams, vol. 10 (Letters 1811-1825, Indexes). Ed. by Charles Francis Adams (Boston: Little, Brown and Company, 1856). Online Library of Liberty.

Adams, Thomas McStay, Bureaucrats and Beggars: French Social Policy in the Age of Enlightenment (Oxford: Oxford University Press, 1990).

Addison, Joseph, "On the Pleasure of the Imagination". The Spectator, No. 414 (June 25 1712). The Spectator, Vol. V in six vol.s (New York: D. Appleton & Company, 1853).

Airy, Osmund, Charles II (London·New York: Longmans, Green, and Co., 1904).

Alber, Jens, "Social Security I: Participants of Social Insurance Systems in Western Europe. HI WED Report No. 4 (Cologne: Forschungsinstitut für Soziologie, University of Cologne, 1976).

Albrecht, Michael, "Einleitung", XI-XII. Christian Wolff, Rede über die

praktische Philosophie der Chinesen [1721·1726] (Hamburg: Felix
Meiner Verlag, 1985).

Aldridge, Alfred Owen, The Dragon and the Eagle: The Presence of China
in the American Enlightenment (Detroit: Wayne State University
Press, 1993).

Alfani, Guido, Luca Mocarelli, and Donatella Strangio, "Italian Famines:
An overview (ca. 1250-1810)". Dondena Centre (Bocconi University,
January 2016).

Alvis, John, "Forward". John Milton, Areopagitica and Other Political
Writings of John Milton, Foreword by John Alvis (Indianapolis:
Liberty Fund, 1999).

Allison, William T., "Introduction". John Milton, The Tenure of Kings
and Magistrates [1649], edited with Introduction anf Notes by
William Talbot Allison (New York: Henry Holt and Company,
1911).

Alvarez, Francisco, Narrative of the Portuguese embassy to Abyssinia during
the years 1520-1527 [1540] (London: Printed for Hakluyt Society,
1881).

Ames, Roger T., The Art of Rulership (Albany: State University of New
York Press, 1994).

Anderson, Perry, Lineages of the Absolutist State (1974). 앤더슨, 『절대주의
국가의 역사』 (서울: 소나무, 1993).

Ang, Armando, Overpopulated Philippines (Armando Ang, 2014).

Anonym (trans.), Prospero Intorcetta, Philippe Couplet, Christian Herdtrich,
and Francois Rougmont, The Morals of Confucius, a Chinese
Philosopher (London: Printed for Randal Taylor, 1691; second
edition, Printed for F. Fayram, 1724).

Anson, George Baron, A Voyage Round the World in the Years 1740 to 1744 (London, 1748, trans. Geneva 1750; Oxford: Oxford University Press, 1974).

Appleby, Andrew B., "Epidemics and Famine in the Little Ice Age", Journal of Interdisciplinary History, 10-4(1980).

Appleton, William W., A Cycle of Cathay: The Chinese Vogue in England in the Seventeenth and Eighteenth Centuries (New York: Colombia University Press, 1951).

Aquinas, Thomas, Summa Theologica I 및 Supplement.

Aristoteles, Politik, übersetzt von Olaf Gigon (München: Deutscher Taschenbuch Verkag, 1973·1986). 영역판: Aristototle's Politics, translated by B. Jowett (Oxford: At the Clarendon Press, 1920).

-----, Die Nikomachische Ethik. Übers. u. hg. von Olof Gigon (München: Deutsche Taschenbuch Verlag, 1986); Aristotle, Nicomachean Ethics. With an English translation by H. Rackham (Cambridge·Massachusetts·London: Harvard University Press·William Heinemann LTD, 1968).

Arrigie, Giovanni, Adam Smith in Beijing: Lineages of the Twenty-First Century (2007). 조바니 아리기(강진아 역), 『베이징의 애덤 스미스』 (서울: 길, 2009).

Arrowood, Charles F., "Introduction — George Buchanan and the De Jure Regni Apud Scotos". George Buchanan, The Powers of the Crown in Scotland, translated and introduced by Charles Flinn Arrowood (Austin: The University of Texas Press, 1949).

Axtell, James L., "Introduction". The Educational Writings of John Locke, ed. by James L. Axtell (Cambridge: Cambridge University Press, 1968).

Ayaß, Wolfgang, Wilfried Rudloff & Florian Tennstedt, Sozialstaat im Werden, Band 1. Gründungsprozesse und Weichenstellungen im

Deutschen Kaiserreich (Stuttgart: Franz Steiner Verlag, 2021).

Backhaus, Jürgen G., "Christian Wolff on Subsidiarity, the Division of Labor, and Social Welfare", European Journal of Law and Economics, 4 (1997).

----- (ed.), Johann Friedrich Gottlob von Justi: The Beginning of Political Economy (Boston: Kluwer, 2004).

-----, "From Wolff to Justi". Jürgen G. Backhaus (ed.), The Beginnings of Political Economy: Johann Heinrich Gottlob von Justi (New York: Springer Science+Business Media, 2009).

Bacon, Francis, The New Organon [1620], edited by L. Jardine & M. Silverthorne (Cambridge: Cambridge University Press, 2000).

Bailey, Paul, "Voltaire and Confucius: French Attitudes towards China in the Early Twentieth Century", History of European Ideas. Vol. 14, Issue 6 (Nov. 1992).

Bairoch, Paul A., "The Main Trends in National Economic Disparities since the Industrial Revolution". Paul A. Bairoch and M. Levy-Leboyer (ed.), Disparities in Economic Development since the Industrial Revolution (London: Macmillan, 1981).

-----, "International Industrialization Levels from 1750 to 1980". Journal of European Economic History 11 (1982).

Bagehot, Walter, The English Constitution (Oxford: Oxford University Press, 2001·2009).

Baker, David J., "The Allegory of a China Shop: Johnson's Entertainment at Britain's Burse," ELH, Vol. 72, No.1 (Spring, 2005).

Baker, John Hamilton, The Oxford History of the Laws of England: 1483-1558 (Oxford: Oxford University Press, 2003).

Balazs, Etienne, Chinese Civilization and Bureaucracy (New Heaven/London: Yale University Press, 1964).

Barclay, William, De regno et regali potestate adversus Buchananum, Brutum, Bouherrium, et reliquos monarchomachos (Paris: 1600).

Barrow, John, Travels in China (London: Printed by A. Strahan, Printers-Street, For T. Cadell and W. Davies, in the Strand, 1804).

Baudeau, Nicolas (Un Disciple de l'Ami des Hommes). Premiere Introduction a la Philosophie Economique; ou Anaylse des Etats Policeés (Paris: Didot l'aîiné Libraire- Imprimeur, Delalain & Lacombe Libraire, 1767·1771).

Baudier, Michel, Histoire de la cour du roi de la Chine (Paris, Chez Claude Cramoisy, 1626). 영역본: The History of the Court of the King of China (London: Printed by H. B. for Christopher Hussey, 1682).

Bauernschuster, Stefan, Anastasia Driva, & Erik Hornung, "Bismarck's Health Insurance and the Mortality Decline", Journal of the European Economic Association, 2019, 18 (5): [2561−2607쪽].

Baxter, Stephen B., William III (London: Longmans, 1996).

Bayle, Pierre, A Philosophical Commentary on These Words of the Gospel, Luke 14.23, "Compel Them to Come In, That My House May Be Full" (1686·1687·1688), edited, with an Introduction, by John Kilcullen and Chandran Kukathas (Indianapolis: Liberty Fund, 2005).

-----, Historical and Critical Dictionary, selected English translation by Richard H. Popkin (Indianapolis·Cambridge: Hackett Publishing Company, 1991).

-----, "Bodin" 항목. Pierre Bayle, Political Writings, Extracts from Pierre Bayle, Historical and Critical Dictionary, ed. by Sally L. Jenkinson (Cambridge: Cambridge University Press, 2000).

-----, "Japan" 항목. Pierre Bayle, Political Writings, Extracts from Pierre Bayle, Historical and Critical Dictionary, ed. by Sally L. Jenkinson

(Cambridge: Cambridge University Press, 2000).

-----, "Milton" 항목. Pierre Bayle, The Dictionary Historical ad Critical of Mr. Peter Bayle, Vol. 4 (London: Printed for D. Midwinter et al., 1737).

-----, Réponse aux Questions d'une Provincial, Troisiéme Partie ("Du Despotisme"). Oeuvres Diverrses de Mr. Pierre Bayle, Vol. 3 in 6 Volumes. (La Haye: Par La Compagnie des Libraires, 1737).

-----, Various Thoughts on the Occasion of a Comet (Albany: State University of New York Press, 2000).

Beales, Derek, Enlightenment and Reform in 18th-Century Europe (London: I. B. Tauris, 2005).

Beck, Christian August von, "Kern des Natur- und Völkerrechts". Hermann Conrad (ed.), Recht und Verfassung des Reiches in der Zeit Maria Theresias (Köln: Springer, 1964).

Beddard, Robert, A Kingdom without a King: The Journal of the Provisional Government in the Revolution of 1688 (London: Phaidon, 1988).

Bellarmine, Robert (K. E. Murphy, trans.), De Laicis or The Treatise on Civil Government (New York: Fordahm University Press, 1928).

Berg, Maxine, "Asian Luxuries and the Making of the European Consumer Revolution". Maxine Berg and Elizabeth Eger, Luxury in the Eighteenth Century (London: Pagrave Macmillan, 2003).

-----, Luxury & Pleasure in Eighteenth-Century Britain (Oxford: Oxford University Press, 2005·2008).

Berg, Maxine, and Elizabeth Eger, Luxury in the Eighteenth Century (London: Pagrave Macmillan, 2003).

Berger, Willy R., China-Bild und China-Mode im Europa der Aufklärung (Köln: Böhlau Verlag, 1990).

Bernard, George W., "The Dissolution of the Monasteries", History

96#324(2011).

Bernier, François, "Introduction à la lecture de Confucius, Extrait de diverses pièces envoyées pour étrennes par M. Bernier à Madame de la Sablières", Journal des Sçavans (7 juin 1688) [pages 25-40].

Bezemer, T. J., Beknopte Encyclopaedië van Nederlandsch Oost-Indiëe (Leiden, 1921).

Binney, Matthew, "The New Nature in the Language of Travel: Domingo Navarrete's and John Locke's Natural Law Rhetoric" (6 pages in A4, 10 Point). coolessay.org/.../index-60109.htm...(검색일: 2012. 8. 6).

Bismarck, Otto von, Gesammelte Werke (Friedrichsruher Ausgabe), Bd.9 (Paderborn: Schöningh, 2004).

Blauvelt, Mary T., The Development of Cabinet Government in England (New York & London: The MacMillan Company, 1902).

Bloy, Marjie, "The 1601 Elizabethan Poor Law". Victorian Web. Victorianweb.org. 2002-11-12. Retrieved 2021-10-110.

Blue, Gregory, "China and Western Social Thought in the Modern Period", 60쪽 각주7. Timothy Brook and Gregory Blue, China and Historical Capitalism. Genealogies of Sinological Knowledge (Cambridge: Cambridge University Press, 1999).

Bodde, Derk, "Henry A. Wallace and the Ever-Normal Granary". The Far Eastern Quarterly, Vol.5, No.4 (Aug., 1946).

Bodin, Jean, Six Books of the Commonwealth [1579], Abridged and translated by M. J. Tooley (Oxford: Basil Blackwel, 1955).

-----, On Sovereignty. Four chapters from The Six Books of the Commonwealth, [1576] (Cambridge/New York, 1992).

Boelcke, Willi A., Sozialgeschichte Baden-Württembergs 1800–1989 (Stuttgart: Kohlhammer Verlag, 1989).

Boesche, Roger, "Fearing Monarchs and Merchant: Montesqieu's Two Theories of Despotism". Western Political Quarterly (Dec. 1, 1990; Vol. 43, No.4).

Bolingbroke, Henry St John, 1st Viscount, "To Swift" (June 27. 1734). The Works of the Late Right Honorable Henry St. John, Lord Viscount Bolingbroke, vol.1 in 8 vols. (London: Printed for J. Johnson, 1809).

-----, Essay the Third containing Some Further Reflexions on the Rise and Progress of Monotheism; That First and Great Principle of natural Theology' or the First Philosophy. The Works of the Late Right Honorable Henry St. John, Lord Viscount Bolingbroke, vol.6 in 8 vols. (London: Printed for J. Johnson, 1809).

----, Fragmente, or Minutes of Essays. The Works of the Late Right Honorable Henry St. John, Lord Viscount Bolingbroke, vol.8 in 8 vols. (London: Printed for J. Johnson, 1809).

Boswell, John Eastburn, "Exposition and oblation: the abandonment of children and the ancient and medieval family". American Historical Review 89-1 (1984): [10-33쪽].

Botzenhart, Manfred, Reform, Restauration und Krise. Deutschland 1789-1847. (Frankfurt am Main: Suhrkamp, 1985).

Bourne, Frederick S. A., Report of the Mission to China of the Blackburn Chamber of Commerce, 1896-7 (Blackburn: The North-East Lancashire Press, 1898).

Bouvet, Joachim, Portrait historique de l'Empereur de la Chine, presenté au Roy (Paris: Estienne Michalet, 1697). 영역본: Joachim Bouvet, The History of Cang-Hi, the Present Emperor of China, pesented[sic] to the Most Christian King (London: Printed for F. Coggan, 1699).

Boxer, Charles R., (ed), South China in the sixteenth century: being the narratives of Galeote Pereira, Fr. Gaspar da Cruz, O.P. [and] Fr. Martín de Rada, O.E.S.A. (1550-1575), Issue 106 of Works issued by the Hakluyt Society (Printed for the Hakluyt Society, 1953·2017).

Boyd, Julian P., The Declaration of Independence: The Evolution of the Text (University Press of New England, 1945; Revised edition edited by Gerard W. Gawalt 1999).

Boyer, George, "Encyclopedia: English Poor Laws". EH.net. 2002-05-07. Archived from the original on 2010-01-05 (검색: 2021-12-31).

Brandt, Loren, "Farm Household Behavior, Factor Markets, and the Distributive Consequences of Commercialization in Early Twentieth-Century China", The Journal of Economic History 47, 3 (Sep. 1987).

-----, Commercialization and Agricultural Development: Central and Eastern China, 1870-1937 (New York: Cambridge University Press, 1990).

Brandt, Loren, and Barbara Sands, "Beyond Malthus and Ricardo: Economic Growth, Land Concentration, and Income Distribution in Early Twentieth-Century Rural China", The Journal of Economic History 50, 4 (Dec. 1990).

Brewer, Holly, "Slavery, Sovereignty and Inheritable Blood: Reconsidering John Locke and the Origines of American Slavery, American Historical Review, 122(No.4), Octover 2017.

Briggs, Asa, The Making of Modern England 1783−1867: The Age of Improvement (New York: Haoer & Row, 1959).

-----, "The Welfare State in Historical Perspective". Archives Europeennes de Sociologie. 2(1961).

Brinker, William J., "Commerce, Culture, and Horticulture: The Beginnings of Sino-American Cultural Relations". Thomas H. Etzold (ed.), Aspects of Sino-American Relations Since 1784 (New York and

London: New Viewpoints, A Division of Franklin Watt, 1978).

Brockett, Linus P., The Silk Industry in America: A History (Washington: The Silk Association of America, 1876).

Brockey, Liam Matthew, "The First Hands: The Forgotten Iberian Origins of Sinology". Christina H. Lee (ed.), Western Visions of the Far East in a Transpacific Age, 1522-1657 (London and New York: Routledge, 2012).

Brook, Timothy, and Gregory Blue, China and Historical Capitalism. Genealogies of Sinological Knowledge (Cambridge: Cambridge University Press, 1999).

Brougham, Henry, Lord, The British Constitution: its History, Structure, and Working (London and Glasgow: Richard Griffin and Company, 1861).

Brown, Gregory, Der Einfluss Chinas auf die europäische Staatslehre im 18. Jh. am Beispiel von Albrecht von Hallers Staatsroman "Usong" (München: Grin Verlag, 2010).

Brown, John, Essays on the Charackteristics of the Earl of the Shafttesbury (London: Prited for C. Davis, 1751·1764).

Brutus, Junius, Vindiciae contra Tyrannos: A Defence of Liberty against Tyrants (London: Printed for Richard Baldwin, 1648·1689).

Budgell, Eustace, A Letter to His Excellency Mr. Ulrick D'Ypres, Chief Minister to the King of Sparta (London: Printed for S. West, 1731).

-----, A Letter to Cleomenes King of Sparta (London: Printed for A. Moore near the Paul's, 1731).

-----, The Bee; or, universal weekly pamphlet (London: Collected Ed., 1737).

Buchanan, George, The Powers of the Crown in Scotland, translated and introduced by Charles Flinn Arrowood (Austin: The University of Texas Press, 1949).

Bucholz, Robert, & Newton Key, Early modern England 1485-1714 (Malden/Oxford: Wiley-Blackwell, 2003).

Burg, Peter, Karl Freiherr vom und zum Stein. Internet-Portal "Westfälische Geschichte" (검색: 2021년 8월 21일).

Burke, Aedanus, Considerations on the Society or Order of Cincinnati (Philadelphia: Printed for Robert Bell, 1783).

Burke, Edmund, The Annual Register or a View of the History, Politics and Literature for the Year 1771 (London: Printed for J. Dodsley, 1772).

-----, Reflections on the Revolution in France [1790]. Select Works of Edmund Burke, Volume 2 (Indianapolis: Liberty Fund, Inc., 1999).

Burton, Robert, The Anatomy of Melancholy [1628] (New York: Tudor Publishing Company, 1948).

Byrne, Joseph Patrick, The Black Death, (Westport, Connecticut/London: Greenwood Publishing, 2004); "Timeline − Poor Laws, Workhouses, and Social Support". Kingsnorton.info. Archived from the original on 2012-07-13 (검색: 2021-12-31).

Cambridge, Richard O., "[Advantages of Modern Gardening]", The World, No. 118 (April 3, 1755). The Works of Richard Owen Cambridge (London: Printed by Kuke Hansard, 1803).

Cambridge, Marquess of, "The March of William of Orange from Torbay to London − 1688". Journal of Society for Army Historical Research, Vol. XLIV (1966).

Campanella, Tommaso, City of the Sun [1602]. Charles M. Andrews, Ideal Empires and Republics: Rousseau's Social Contract, More's Utopia, Bacon's New Atlantis, Campanella's City of the Sun (Washington·London: M. Walter Dunne, 1901).

Campbell, James, Recovering Benjamin Franklin: An Exploration of a Life of Science and Service (Chicago and La Salle, Illinois, 1999).

Carpenter, Edward, The Protestant Bishop. Being the Life of Henry Compton, 1632−1713. Bishop of London (London: Longmans, Green and Co, 1956).

Carey, Daniel, Locke, Shaftesbury and Hutcheson (Cambridge: Cambridge University Press, 2006 · 2009).

Carlyle, E. I., "Clarendon and the Privy Council, 1660-1667", The English Historical Review, vol. xxvii (1912).

Carr, Raymond, Spain: A History (Oxford: Oxford University Press, 2001).

Carter, Thomas F., The Invention of Printing in China and its Spread Westward (New York: The Ronald Press Company, 1925·1955).

Cartwright, Frederick F., Disease and History (New York: Barnes & Noble, 1991).

Caton, Hiram, "The Preindustrial Economics of Adam Smith", The Journal of Economic History, Vol.45, No.4(Dec. 1985).

Catz, Rebecca, "Fernão Mendes Pinto and His Peregrinação", Hispania, Vol. 74, No. 3 (September 1991).

Chang Chung-li, The Chinese Gentry: Studies on Their Role in Nineteenth Century Chinese Society (University of Washington Press, 1968).

Chang, Y. Z., "China and the English Civil Service Reform", The American Historical Review, XLVII, 3 (April 1942).

Champion, Justin, "Bayle in the English Enlightenment". Wiep van Bunge and Hans Bots (ed.), Pierre Bayle (1647-1706), 'le philosophe de Rotterdam': Philosophy, Religion and Reception, Selected Papers of the Tercentenary Conference held at Rotterdam, 7-8 December 2006 (Leiden·Boston: Brill, 2008).

Chang, Y. Z., "Why did Milton Err on Two Chinas", Modern Language Review 65.3 (1970) [493-498].

Charles II, "A Declaration relating to the Establishment of the New Privy Council", Appendix, 13쪽. Sir William Temple, Memoirs, Part III (London: Printed for Benjamin Tooke, at the Middle-Temple Gate in Fleet-street, 1709).

Chen Huan-Chang(陳煥章), The Economic Principles of Confucius and His School [1904 written] (New York: Columbia University Longmans, Green & Co., Agents; London: P. S. King & Son, 1911).

Cheung, Kai-chong, "The Haoqiu zhan, the First Chinsese Novel Translated in Europe: With Special Reference to Percy's and Davis's Renditions". Leo Tak-hung Chan (ed.), One into Many. Translations and the Dissemination of Classical Chinese Literature (Amsterdam & New York: Editions Rodopi B.V., 2003).

Childs, John, The Army, James II, and the Glorious Revolution (Manchester: Manchester University Press, 1980).

Clarke, John J., Oriental Enlightenment: The Encounter between Asian and Western Thought (London·New York: Routledge, 1997).

Clark, Evert M., "Introduction". John Milton, The Ready and Easy Way to Establish a Free Commonwealth [1660]. Edited with Introduction, Notes, and Glossary by Evert Mordecai Clark (New Haven: Yale University Press, 1915).

Clarke, John J., Outlines of Central Government (London: Sir Isaac Pitman & Sons, LTD., 1919; 12th edition 1958).

Clerc, Nicolas-Gabriel (Le), Yu le Grand et Confucius, Histoire Chinoise (Soissons: L'Imprimerie de Ponce Coutois, Imprimeur du Roi, 1769).

Coffey, John, "Milton, Locke and the New History of Toleration". Modern Intellectual History, 5.3(2008).

Cohen, Martin, Philosophical Tales (Hoboken: Wiley-Blackwell, 2008).

Cohler, Anne M., "Introduction". Montesquieu, The Spirit of the Laws

(Cambridge: Cambridge University Press, 1989·2008).

Cooke, George W., China: Being "The Times" Special Correspondence from China in the Years 1857-58 (London: G. Routledge & Co., 1858).

Cordeiro, Cheryl M., Gothenburg in Asia, Asia in Gothenburg (Oklahoma City: Draft2Diugital, 2018).

Coss, Peter, The Origines of The English Gentry (Cambridge: Cambridge University Press, 2003).

Costa, Agustinus B. da, "A nation's history of discrimination". Jakarta Post, 2009-11-29.

Cox, Rosanna, "John Milton's Politics, Republicanism and the Terms of Liberty", Literature Compass 4/6 (2007).

Crawford, J. G., "Proposals for a World Food Board", The Australian Quarterly, Vol.18, No.4 (Dec. !946).

Crawford, Robert B., "The Social and Political Philosophy of the Shih-chi(『史記』)". The Journal of Asian Studies, Vol. 22, No. 4 (Aug., 1963).

Creel, Herrlee G., Confucius — The Man and the Myth (New York: The John Day Company, 1949).

-----, Confucius and the Chinese Way (New York: Harper Brothers, 1960).

-----, "The Beginnings of Bureaucracy in China: The Origin of the Hsien", The Journal of Asian Studies, Vol. 23, No.2 (Feb., 1964).

Creighton, Charles, History of Epidemics in Britain [1891] (Cambridge: Cambridge University Press, 2010 republished).

Cribelar, Teresa, "From Sin to Laziness: Early Modern Views of the Poor and Poor Relief". This paper written for Dr. David Smith's graduate seminar in fall of 2001 at Eastern Illinois University.

Crousaz, Jean Pierre de, Prüfung der Secte die an allem zweifelt (Göttingen: Verlegts Abram Vandenhoecks seel. Wittwe, 1751).

Cruz, Gaspar da, 'Treatise in which the things of China are related at great length [1569]. Donald Ferguson (ed. & trans.) Letters from Portuguese captives in Canton, written in 1534 & 1536 (Bombay: Educ. Steam Press, 1902).

Cumberland, Richard, De Legibus Naturae Disquistio Philosophica (1672). 영역본: A Philosophical Inquiry into the Laws of Nature. Richard Cumberland, A Treatise of the Laws of Nature. Translated, with Introduction and Appendix, by John Maxwell (London: K. Knapton, 1727). Republished, edited and with a Foreword by Jon Parkin (Indianapolis: Liberty Fund, 2005).

Curtin, Philip D., Cross-Cultural Trade in World History (Cambridge: Cambridge University Press, 1984).

Cunningham, T. (ed.), An Historical Account of Rights of Election of the Several Counties, Cities and Boroughs [extracted from Thomas Carew's book of the same title] (London: Printed for G. Robinson, 1783).

Dahl, Robert, On Democracy (New Haven·London: Yale University Press, 1998).

Damme, Dirk Van, "The Confinement of Beggars in Eighteenth-Century France: The Population of Some 'Hopitaux Generaux' and 'Depots De Mendicite0'", Paedagogica Historica 26 (1990).

d'Alembert, Jean Le Rond, Denis Diderot u.a., Enzyklopädie. Eine Auswahl (Frankfurt am Main: Fischer Taschenbuch Verlag, 1989).

Dapper, Olfert, Atlas Chinensis, translated by Iohn Ogilby (London: Printed by The. Iohnson for the Author, 1671).

d'Argenson, Le Marquis (Anonym), Lettres chinoises ou Correspondance philosophique, historique et critique (La Haye: Chez Pierre Paupie, 1739).

------, Considérations sur gouvernement ancien et présent de la France (Yverdon: 1764; Amsterdam: M. M. Rey, 1784).

-----, Mémoires et Journal inédit du Marquis d'Argenson, Tome IV (Paris: Chez P. Jannet, Libraire, 1858).

Darlymple, John, Memoirs of Great Britain and Ireland, Appendix to Vol.5 (London: Printed for A. Strahan et. al., 1771, 1790).

D'Arrigo, Rosanne, Patrick Klinger, Timothy Newfield, Miloš Rydvald and Rob Wilson, "Complexity in crisis: The volcanic cold pulse of the 1690s and the consequences of Scotland's failure to cope", Journal of Volcanology and Geothermal Research, Volume 389 (1 January 2020).

Darwin, Charles, The Descent of Man, and Selection in Relation to Sex, in: Charles Darwin, Evolutionary Writings, edited, with an Introduction and Notes by James A. Secord (Oxford/New York: Oxford University Press, 2010).

Davies, Joseph S., "The Economics of the Ever-Normal Granary". Journal of Farm Economics, 20:1 (February 1938): [8-21쪽].

Davis, John Francis, The Chinese: A General Description of China and its Inhabitants (London: Charles Knight, 1840).

Davis, Walter W., "China, the Confucian Ideal, and the European Age of Enlightenment", Journal of the History of Ideas (1983, Vol. 44, No. 4).

-----, Eastern and Western History, Thought and Culture, 1600-1815 (Lanham[Maryland]·London: University Press of America, 1993).

Davies, D., "James II, William of Orange and the admirals". Eveline Cruickshanks (ed.), By Force or Default? The Revolution of 1688-1689 (Edinburgh: John Donald Publishers, 1989).

de Waal, Frans, The Age of Empathy. Nature's Lessons for a Kinder Society

(New York: Three Rivers Press, 2009).

Demel, Walter, "China in the Political Thought of Western and Central Europe, 1570-1750". Thomas H. C. Lee, China and Europe: Images and Influence in Sixteenth to Eighteenth Centuries (Hong Kong: The Chinese University of Hong Kong Press, 1991).

Demiéville, Paul, "Philosophy and Religion from Han to Sui". Denis Twitchett and Michael Lowe (ed.), The Cambridge History of China, Vol. 1, The China and Han Empires (Cambridge: Cambridge University Press, 1986).

Deng, Gang, Chinese Maritime Activities and Socioeconomic Development, c. 2100 BC-1900 AD (London: Greenwood Press, 1997).

-----, The Premodern Chinese Economy: Structural Equilibrium and Capitalist Sterility (London: Routledge, 1999).

Denker, Ellen Paul, After the Chinese Taste. China's Influence in America, 1730-1930 (Salem, MA: Peabody Museum of Salem, 1985).

Dennerline, Jerry, "The Shun-chi Reign". Willard J. Peterson (ed.), The Cambridge History of China, Volume 9, Part One: The Ch'ing Empire to 1800 (Cambridge: Cambridge University Press, 2002).

Dennitt, Tyler, Americans in East Asia (New York: The MacMillan Company, 1922).

Derry, T. K., A History of Scandinavia (Minneapolis: University of Minnesota Press, 1979).

Destutt de Tracy, Antoine Louis Claude, Comte, Commentaire sur l'Esprit des lois de Montesquieu (Liege: Chez J. F. Desoer, Imprimeur-Libraire, 1817). 영역본: A Commentary and Review of Montesquieu's 'Spirit of Laws', transl. by Thomas Jefferson (Philadelphia: Printed by William Duane, 1811).

-----, A Treaty on Political Economy, ed. Thomas Jefferson (Georgetown:

Published by Joseph Milligan, 1817).

Devine, T. M., The Scottish Nation: a Modern History (London: Penguin Books Ltd., 1999·2006).

-----, The Scottish Clearances: A History of the Dispossessed, 1600-1900 (London: Allen Lane, 2018).

d'Holbach, Paul-Henry, Thiry Baron (Jean Baptiste de Mirabaud로 가명 출판), Système de la nature ou des loix du monde physique &du monde moral [1770]. 영역본: The System of Nature; or The Laws of the Moral and Physical World (London: Printed and Published by Thomas Davison, 1820).

-----, Système Social, ou Principes naturels de la morale et de la Politique, avec un examen de l'influence du gouvernement sur les mœurs (Londores: 출판사 불명, 1773).

----- (Ancien Magistrat로 가명 출판), La Politique naturelle, ou Discours sur les vrais principles du gouverement, Tome premier et second (Londres: 1773).

Dicey, Albert Venn, The Privy Council (Oxford: T. and G. Shrimpton, Broad Street, 1860).

Dijkstra, Trude, and Thijs Weststeijn, "Constructing Confucius in the Low Countries", De Zeventiende Eeuw Culture in de Nederlanden in interdisplinair perspectief, Vol. 32-Issue 2- 2016.

Donnelly, James S., Jr., The Great Irish Potato Famine (Thrupp, Stroud: Sutton Publishing, 2001).

Dorwart, Reinhold A., Prussian Welfare State before 1740 (Cambridge: Harvard University Press, 1971).

Downs, Jennifer E., Famine Policy and Discourses on Famine in Ming China, 1368-1644. A Thesis Submitted to the Faculty of the Graduation School of the University of Minnesota, July 1995.

Drucker, Peter F., Managing in the Next Society (New York: St. Martin's Press, 2002). 피터 드러커(이재규 옮김), 『Next Society』(서울: 한국경제신문, 2002).

Du Halde, Jean-Baptiste, Description géographique, historique, chronologique, politique, et physique de l'empire de la Chine et de la Tartarie chinoise, enrichie des cartes generales et particulieres de ces pays, de la carte generale et des cartes particulieres du Thibet, & de la Corée, Tome Second (Paris: A la Haye, chez Henri Scheurleer, 1735). 영역본: P. Du Halde. The General History of China - Containing A Geographical, Historical, Chronological, Political and Physical Description of the Empire of China, Chinese-Tatary, Corea and Thibet (Paris: 1735), Vol. 2 in four Volumes, translated by Brookes (London: Printed by and for John Watts at the Printing-Office in Wild Court near Lincoln's Inn Fields, 1736).

du Pont de Nemours, Pierre Samuel, De l'origine des progrès d'une science nouvelle (Londres· Paris: Chez Desaint, Libraire, 1768).

Duchene, Ricardo, "Asia First?". Journal of the Historical Society, Vol.6 Issue1 (March 2006).

Earl, George W., The Eastern Seas: or Voyages and Adventures in the Indian Archipelago, in 1832-34 (London: Wm. H. Allen and Co., 1837).

Eberhard, Wolfram, "Social Mobility and Strafication in China". Reinhard Bendix and Seymour Martin Lipset (ed.), Class, Status, and Power: Social Strafication in Comparative Perspective (New York: The Free Tress, 1966).

Eckeberg, Charles Gustavus, "A Short Account of the Chinese Husbandry". Peter Osbeck, A Voyage to China and East Indies, Together with A Voyage to Suratte, by Olofe Toren, and An Account of the

Chinese Husbandry by Captain Charles Gustavus Eckeberg, Vol. I-II [1751, 1752; 독역본, 1762] (London: Benjamin White, 1771), [255-316쪽].

Edmonds David, and John Eidinow, "Enlightened enemies", The Guardian (Saturday 29 April 2006).

Edwardes, Michael, East-West Passage: The Travel of Ideas, Arts and Interventions between Asia and the Western World (Cassell·London: The Camelot, 1971).

Edwards, Jonathan, Some Thoughts concerning the Present Revival of Religion in New-England (Boston: Printed and sold by S. Kneeland and T. Green in Queen-Street, 1742).

Elkins, Stanley, and Eric McKitrick, The Age of Federalism (New York·Oxford: Oxford University Press, 1993).

Elvin, Mark, "High-level Equilibrium Trap: The Causes of the Decline of Invention in the Traditional Chinese Textile Industries". W. E. Willmott (ed.), Economic Organization in Chinese Society (Stanford: Stanford Unuversity Press, 1972).

-----, The Pattern of the Chinese Past (Stanford: Stanford University Press, 1973).

-----, "Chinese Cities since the Sung Dynasty". P. Abrams and W. A. Wrigley (ed.), Towns in Societies (Cambridge: Cambridge University Press, 1978).

-----, "Why China Failed to Create an Endogenous Industrial Capitalism: A Critique of Max Weber's Explanation". Theory and Society, 13 (1984).

Emerson, Ralph W., "Speech at the Banquet in Honor of the Chinese Embassy"(1868, Boston). The Complete Works of Ralph Waldo Emerson, Vol. XI, ed. by Edward Waldo Emerson [Centenary Ed.]

(Boston and New York: Houghton Mifflin, 1903-1903-12).

Engels, Friedrich, Die Entwicklung des Sozialismus von der Utopie zur Wissenschaft [1880]. Marx Engels Werke (MEW), Band 19 (Berlin: Dietz Verlag, 4. Auflage 1973).

-----, Der Ursprung des Familie, des Privateigentums und des Staats. Im Anschluß an Lewis H. Morgens Forschungen [1884], Marx Engels Werke (MEW), Bd. 21 (Berlin: Dietz, 1979).

-----, "Zur Wohnungsfrage". Marx Engels Werke (MEW), Bd. 18 (Berlin: Dietz, 1979).

Escalante, Bernardino de, A Discourse of the Navigation which the Portugales doe Make to the Realmes and Provinces of the East Partes of the Worlde, and of the Knowledge that growes by them of the Great Thinges, which are in the Dominion of China [1577], translated out of Spanish into English (London: Imprinted by Thomas Dawson, 1579).

Faber, Riemer, "Martin Luther on Reformed Education", Clarion Vol. 47, No. 16 (1998). Elisabeth Fahrenbach, Vom Ancien Régime zum Wiener Kongress (München: Oldenbourg Verlag, 2001).

Fahrenbach, Elisabeth, Vom Ancien Régime zum Wiener Kongress (München: Oldenbourg Verlag, 2001).

Fairbank, John King, and Merle Goldman, China: A New History (Massachusetts: Harvard University Press, 1998). 존 킹 페어뱅크·멀 골드만(김형중·신성곤 옮김), 『新中國史』(서울: 까치, 2005).

Fairbank, John K., "A Preliminary Framework". John K. Fairbank (ed.), The Chinese World Order: Traditional China's Foreign Relations (Cambridge, Mass: Harvard University Press, 1968).

Fan Cunzhong(范存忠), "Chinese Fables and Anti-Walpole Journalism". Adrian Hsia (ed.), The Vision of China in the English Literature of the Seventeenth and Eighteenth Centuries (Hong Kong: The Chinese University of Hong Kong Press, 1998).

-----, "Dr. Johnson and Chinese Culture". Adrian Hsia (ed.), The Vision of China in the English Literature of the Seventeenth and Eighteenth Centuries (Hong Kong: The Chinese University of Hong Kong Press, 1998).

Faure, David, The Rural Economy of Pre-Liberation China, 1870 to 1937 (Oxford: Oxford University Press, 1990).

-----, China and Capitalism: A History of Business Enterprise in Modern China (Hong Kong: Hong Kong University Press, 2006).

Fénelon, François, Dialogues des Morts [1683]. Mediterranee.net[검색일: 2017년 5월 16일].

Feng Dong, "The Great Harmony: An Essay on Man and Confucianism", The Wenshan Review of Literature and Culture, Vol. 2.1 (December 2008).

Fernandez-Armesto, Felipe, Millenium (London: Black Swan, 1996).

Ferguson, Donald (ed.), Letters from Portuguese captives in Canton, written in 1534 & 1536 (Bombay: Educ. Steam Press, 1902).

-----, Ferguson, "Introduction". Donald Ferguson (ed. & trans.), Letters from Portuguese captives in Canton, written in 1534 & 1536 (Bombay: Educ. Steam Press, 1902).

Ferreyra, Eduardo, "Fearfull Famines of the Past". Ecology: Myths & Frauds, (July 09, 2019).

Fetscher, Iring, "Einleitung". Thomas Hobbes, Leviathan [1651], hg. v. I. Fetscher (Frankfurt am Main, 1984).

Feuerwerker, Albert, The Chinese Economy, 1870-1911 (Ann Arbor, Michigan: Center for Chinese Studies, 1969).

-----, "Economic Trends, 1912-49". John K. Fairbank (ed.), The Cambridge

History of China, Vol. 12: Republican China, 1912-1949, Part I (Cambridge: Cambridge University Press, 1983).

-----, "Chinese Economic History in Comparative". Paul S. Ropp (ed.), Heritage of China (Berkeley·Los Angeles: University of California Press, 1990).

Fiedler, Georg, "Luther's Views and Influence on Schools and Education". The Modern Quarterly of Language and Literature (Nov. 1898, Vol. 1, No.3).

Filmer, Robert, Patriarcha; or the Natural Power of Kings (London, Printed for Ric. Chiswell in St. Paul's Church-Yard, Matthew Gillyflower and William Henchman in Westminster Hall, 1680).

-----, Observations Concerning the Originall and Various Forms of Government: upon Mr Hobs 'Leviathan', Mr Milton 'Against Salmasius', H. Grotius 'De Jure Belli' (London: Printed for R. Royston, at the Angel in Ivie-Lane, 1652; London: Printed for R.R.C., 1696).

-----, The Anarchy of a Limited or Mixed Monarchy (출발장소, 출판사 표기 없음, 1648).

-----, The Necessity of the Absolute Power of All Kings and in Particular of the King of England (London: Printed for W. H. & T. F., 1648).

Findlay, Ronald, & Kevin H. O'Rourke, "Commodity Market Integration, 1500–2000", NBER(National Economic Research: 1 January 2003) [13–64쪽].

Fischer, Wolfram, Wirtschaft und Gesellschaft im Zeitalter der Industrialisierung (Göttingen: Vandenhoeck & Ruprecht, 1972).

Flora, Peter, and Arnold J. Heodenheimem (ed.), The Development of Welfare States in Europe and America (London and New York:

Transaction Publishers, 1981; Routledge, 2017).

Flynn, Dennis O., and Arturo Giráldez, "Cycle of Silver: Global Economic Unity through the Mid-Eighteenth Century", Journal of World History, 13 (2) [391-427쪽].

Fogel, Joshua A., Politics and Sinology: The Case of Naito Konan [1866-1934] (Cambridge: Harvard University Asia Center, 1984).

Forrest, Denys, Tea for the British: The Social and Economic History a Famous Trade (London: Chatto & Windus, 1973).

Foucault, Michel, Surveiller et punir: La naussance de la prison (Paris: Editions Gallimard, 1975). 독역본: Überwachen und Strafen: Die Gebeurt des Gefängnisses (Frankfurt am Miain: Suhrkamp, 1977· 1989).

Fowler, Thomas, and John Malcolm Mitchel, "Shaftesbury, Anthony Ashley Cooper, 3rd Earl of" (1911). Hugh Chisholm, Encyclopædia Britannica 24 (Cambridge University Press, 11th ed.).

Fox-Genevese, Elizabeth, The Origins of Physiocracy: Economic Revolution and Social Order in Eighteenth-Century France (Ithaca: Cornell University Press, 1976).

Frank, Andre G., ReOrient (Berkeley: University of California, 1998). 안드레 군더 프랑크(이희재 역), 『리오리엔트』(서울: 이산, 2003).

Franklin, Benjamin, "Autobiography". The Works of Benjamin Franklin, vol.1 in 12 volumes, edited by John Bigelow (New York and London: The Knickerbocker Press, 1904).

-----, A Dissertation on Liberty and Necessity, Pleasure and Pain (London: Printed in the Year 1725). National Archives University of Virginia Press. Archives.gov Home. Founders Online Benjamin Franklin Papers.

-----, "Memoirs of the Culture of Silk". Leonard Lafare (ed.), The Papers of Benjamin Franklin, Vol. 12 (New Haven and London: Yale University Press, 1986).

-----, "To Jane Mecom" (28 July 1743). National Archives University of Virginia Press. Archives.gov Home. Founders Online. Benjamin Franklin Papers. "From Benjamin Franklin to Jane Mecom, 28 July 1743," Founders Online, National Archives, accessed April 11,   2019, https://founders.archives.gov/documents/Franklin/01-02-02-0095. [Original source: The Papers of Benjamin Franklin, vol. 2, January 1, 1735, through December 31, 1744, ed. Leonard W. Labaree. New Haven: Yale University Press, 1961, pp. 384‒385.]

-----, "To Cadwallader Evans (London 18, 1771)", 413쪽. John Biglow (ed.), The Complete Works of Benjamin Franklin, Vol. IV (New York: Putnam's Son, 1887).

-----, "To Mrs. Sarah Bache" (26 January, 1784). The Works of Benjamin Franklin, Vol. X Letters and Misc. Writings 1782-1784. Edited by John Bigelow (New York & London: The Knickerbocker Press, 1904; Indianapolis: Liberty Fund, 2004).

---, "To George Whately: (Passy, 21 August, 1784). The Works of Benjamin Franklin, Vol. X (Letters and Misc. Writings 1782-1784).

---, "An Address to the Public from the Pennsylvania Society for Promoting the Abolition of Slavery, and the Relief of Free Negroes Unlawfully Held in Bondage". Signed by order of the Society, B. Franklin, President (Philadelphia, 9 November, 1789). The Works of Benjamin Franklin, Vol. XII in 12 volumes, edited by John Bigelow (New York & London: The Knickerbocker Press, 1904; Indianapolis: Liberty Fund, 2004).

-----, "To Ezra Stiles" (9 March, 1790). The Works of Benjamin Franklin,

Vol. XII in 12 volumes, edited by John Bigelow (New York & London: The Knickerbocker Press, 1904; Indianapolis: Liberty Fund, 2004).

Franklin, Benjamin and George Whately, Principles of Trade, 401쪽. The Works of Benjamin of Franklin, Vol. II, edited, by Jared Sparks (Boston: Hilliard, Gray, and Company, 1836).

Frazer, Gregg L., The Religious Beliefs of America's Founders: Reason, Revelation, Revolution (Lawrence: University Press of Kansas, 2012).

Friedrich II (Anonym), Anti-Machiavel ou Essai de Critique sur le Prince de Machiavel, publie' par Mr. de Voltaire (a Bruxelle, Chez R. Francois Foppens, M. DCC. XL[1740]). 1741년 암스테르담 출판본: Anonym(Friedrich II), Anti-Machiavel ou Essai de Critique dur le Prince de Machiavel, Publie' par Mr. de Voltaire (Amsterdam, Chez Jaques La Caze, M. DCC. XLI[1741]). 영역본: King of Prussia Frederick II, Anti-Machiavel: or an Examination of Machiavel's Prince, published by Mr. de Voltaire, translated from the French (London: Printed for T. Woodward, at the Half-Moon, between the Two Temple Gates, Fleet-street, MDCCLI[1741]).

-----, Relation de Phihihu, Émissaire de l'Empereur de la Chine en Europe traduit du Chinois (Cologne: Chez Pierre Marteau, 1760).

Gallagher, Luis J., China in the Sixteenth Century: The Journals of Matthew Ricci (New York: Random House, 1942·1953).

Garner, Bryan A., (ed.), Black's Law Dictionary. (St. Paul Minnesota: West Group, 1999).

Gaubil, Antoine (tans.), Joseph de Guignes (revu & corrigé), Le Chou-king, un des livres sacrés des Chinois, qui renferme les fondements de leur ancienne histoire, les principes de leur gouvernement & de leur morale; ouvrage recueilli par Confucius [The Shūjīng, one of the Sacred Books of the Chinese, which contains the Foundations of their Ancient History, the Principles of their Government and their Morality; Material collected by Confucius] (Paris: Chez N. M. Tilliard, 1770).

Gay, Peter, "Locke on the Education of Paupers". Amélie Oksenberg Rorty (ed.), Philosophers on Education: Historical Perspectives (London: Routledge, 1998).

Geiser, Karl Frederick, "Redemptioners and indentured servants in the colony and commonwealth of Pennsylvania". Supplement to the Yale Review, Vol.X, No.2 (August 1901).

Geisst, Charles R., The Political Thought of John Milton (London: The Macmillan Press LTD, 1984).

Genthe, Siegfried, Korea: Reiseschilderungen von Dr. Sigfried Genthe. Genthes Reisen, Band I, herausgegeben v. Georg Wegener (Berlin: Allgemeiner Verein für Deutsche Literatur, 1905).

Gerlach, Hans Christian, "Wu-wei(無爲) in Europe - A Study of Eurasian Economic Thought" (2004). C.Gerlach-alumni@lse.ac.uk. 최종검색일: 2010. 3. 11.

Gewirth, Alan, "Marsilius of Padua", 166쪽. The Encyclopedia of Philosophy, vol. 5 (New York: Macmillan, 1967).

Gibbon, Edward, Memoirs of Edward Gibbon. Edward Gibbon, Memoirs of the Life and Writings of Edward Gibbon, Esq., Vol.1 in Two Vols. (London: Whittaker, Treacher, and Arnot, 1825).

Gilbert, Allan H., "Milton's China", Modern Language Notes, Vol. 26, No.6 (Jun., 1911).

-----, A Geographical Dictionary of Milton (New Haven: Yale University Press, 1919).

Gilreath, James, and Douglas Wilson, Thomas Jefferson's Library

(Washington: Library of Congress, 1989).

Glahn, Richard von, "Cycles of Silver in Chinese Monetary History". Billy K. L. So (ed.), The Economy of Lower Yangzi Delta in Late Imperial China (Oxford: Routledge, 2013).

-----, The Economic History of China (Cambridge: Cambridge University Press, 2016).

Gobien, Charles Le, Histoire de l'Édit de l'Empereur de la Chine en fabeur de la Religion Christienne: Avec un Eclaircissement sur les honneurs que les Chinois rendent à Confucius & aux Morts (Paris: Chez Jean Anson, 1698).

-----, "Charles le Gobien an Leifniz"(Brief 38, 10. Mai 1700). Leibniz, Der Briefwechsel mit den Jesuiten in China (1689-1714). Edited by Rita Widmaier and Malte-Rudolf Babin (Hamburg: Felix Meiner Verlag, 2006).

Goldsmith, Oliver(Anonyme), The Citizen of the World: or Letters from a Chinese Philosopher, residing in London, to his Friends in the East, Two Volumes (London: Printed for J. Parsons 1762·1794).

Goldstein, Jonathan, Philadelphia and the China Trade, 1682-1846 (University Park: Pennsylvania State University Press, 1978).

Goody, Jack, The East in the West (New York: Cambridge University Press, 1996).

Gordon, Thomas, NO. 44 (1721), "Men not ruled by Principle, but by Passion" (Gordon)". John Trenchard and Thomas Gordon, Cato's Letters, vol. 2 in 4 vol. [1721-1723] (Indianapolis: Liberty Fund, 1995).

-----, NO. 72 (1722), "In absolute Monarchies the Monarch seldom rules, but his Creatures instead of him. That Sort of Government a Gradation of Tyrants". Trenchard and Gordon, Cato's Letters, vol. 3 in 4 vol. [1721-1723].

Görtemaker, Manfred, Deutschland im 19. Jahrhundert (Opladen: Leske+Budrich, 4. Auflage, 1994).

Gottlieb, Sidney, "Milton's Land-Ships and John Wilkins", Modern Philology (August 1986).

Goudar, Ange, L'Espion chinois, ou L'Envoyé Secret de la Cour de Péking, Tome premier (Cologne: 1764·1774).

Gráda, Cormac Ó, and Jean-Michel Chevet, "Famine And Market in Ancient Régime France". The Journal of Economic History, 62-3(2002): [706-733쪽].

Gráda, Cormac Ó, Eric Vanhaute, Richard Paping, "The European subsistence crisis of 1845-1850: a comparative perspective". XIV International Economic History Congress of the International Economic History Association, Session 123. August 2006, Helsinki (검색: 2021-12-19).

Graham, Benjamin, Storage and Stability: A Modern Ever-normal Granary (New York: McGraw Hill, 1937·1997).

Gress, David, From Plato to Nato. The Idea of the West and its Opponents (New York·London: The Free Press, 1998).

Grisworld, Charles L., Jr., Adam Smith and the Virtues of Enlightenment (Cambridge/New York: Cambridge University Press, 1999).

Gross, Jonathan (ed.), Thomas Jefferson's Scrapbook (Hanover, New hampshire: Steerforth Press, 2006).

Grotius, Hugo, De Jure Belli ac Pacis, libre tres [1625], translated by Francis W. Kelsey (Oxford: At the Clarendon Press; London: Humphrey Milford, 1925). 영역본: The Rights of War and Peace. Book I-III. Edited and with an Introduction by Richard Tuck, From the Edition by Jean Barbeyrac (London: Printed for W. Innys and R. Manby, and P. Knapton, 1738; Liberty Fund, Inc., 2005).

Grove, Richard H., "Global Impact of the 1789⁻93 El Niño". Nature, 393 (6683)(1998): [318-319쪽].

Growing, Laura, "Secret Births and Infanticide in Seventeenth-Century England", Past & Present, No.156(Aug., 1997).

Gutzlaff, Charles, A Sketch of Chinese History, Ancient and Modern, Vol. II (London: Smith Elder, 1834).

Haakonsen, Knud, "Notes". David Hume, Political Essays, edited by K. Haakonsen (Cambridge: Cambridge University Press, 1994).

-----, "Introduction". Adam Smith, The Theory of Moral Sentiments. Edited by Knud Haakonssen (Cambridge·New York: Cambridge University Press, 2000·2009).

Hallam, Henry, The Constitutional History of England From the Accession of Henry VII to the Death of George II, Vol. III in three volumes (Paris: Printed for L. Baudry, 1827).

Haller, Albrecht von (Der Verfasser des Versuches Schweizerischer Gedichte), Usong - Eine Morgenländische Geschichte (Bern: Verlag der neuen Buchhandlung, 1771).

Haller, Dorothy L., "Bastardy and Baby Farming in Victorian England" (1989). This paper selected by the Department of History as the Outstanding Paper for the 1989-1990 academic year at the Loyola University New Orleans.

Hamilton, Alexander, "Federalist Paper No. 6. Concerning Dangers from War between the States", 48-54쪽. Alexander Hamilton, James Madison, and John Jay, The Federalist Papers (New York·London: New American Library, 1961·2003).

-----, Federalist No. 9 "The Utility of the Union as a Safeguard Against Domestic Faction and Insurrection". Alexander Hamilton, James Madison, and John Jay, Federalist Papers (New York: New American

Library, 1961·2003).

-----, Federalist No. 85 "Concluding Remarks". Alexander Hamilton, James Madison, and John Jay, Federalist Papers (New York: New American Library, 1961·2003).

Hamilton, Gary G., Commerce and Capitalism in Chinese Societies (London/ New York: Routledge, 2006).

Hamowy, Ronald, "Jefferson and the Scottish Enlightenment: A Critique of Garry Wills's Inventing America: Jefferson's Declaration of Independence", The Independent Review (October 1, 1979).

Hardenberg, Friedrich Wilhelm, C. Fuerst von,Verordnung wegen verbesserter Einrichtung der Provinzial-Behörden vom 30. April 1815. Gesetz-Sammlung für die Königlich-Preußischen Staaten 1815, Nr. 9.

Hartwell, Robert, "Markets, Technology, and the Structure of Enterprise in the Development of the Eleventh Century Chinese Iron and Steel Industries", Journal of Economic History 26 (1966).

Harvey, Simon, "Introduction". Voltaire, Treatise on Tolerance and Other Writings, edited by Simon Harvey (Cambridge: Cambridge University Press, 2000).

Harwood, Lori, "Martin Luther was an Advocate for Education Reform" (April 4, 2017, Talk).

Hatstell, John, Precedents of Proceedings in the House of Commons, Vol. II in four Volumes (London: Printed by Luke Hansard and Sons, a New Edition, 1818).

Harris, Tim, Revolution: The Great Crisis of the British Monarchy, 1685‒1720 (London: Penguin 2006).

Hegel, Georg W. F., Vorlesungen über die Geschichte der Philosophie II. Hegel, Werke, Bd. 19 (Frankfurt am Main: Suhrkamp Verlag,

1986).

-----, Grundlinien der Philosophie des Rechts, §238. G.W.F. Hegel Werke, Bd.7 in 20 Bänden (Frankfurt am Main: Suhrkamp, 1970).

Heidenheimer, Arnold J., "Education and Social Security Entitlements in Europe and America". Peter Flora and Arnold J. Heidenheimer, The Development of Welfare States in Europe and America (London and New York: Transaction Publishers, 1981; Routledge, 2017).

Heidhues, Mary Somers, Golddiggers, Farmers, and Traders in the "Chinese Districts" of West Kalimantan (Ithaca, NY: Conell Southeast Asia Program Publications, 2003).

-----, "Chinese Settlements in Rural Southeast Asia: Unwritten Histories". Anthony Reid (ed.), Sojourners and Settlers: Histories of Southeast Asia and the Chinese (Honolulu: University of Hawaii Press, 2001).

Heine, Susanne, "Martin Luther(1483-1546): An die Radherrn aller Stedte deutsches lands: das sie Christliche schulen auffrichten und hallten sollen (Wittenberg 1524)". Winfried Böhm, Brigitta Fuchs, Sabine Seichter, Hauptwerke der Pädagogik (Brill: Ferdinand Schöningh, 2019).

Helvétius, Claude-Adrien (Anonym), De l'esprit (Paris: Chez Durand, Libraire, 1763). 영역본: C. A. Helvetius, De l'esprit, or On the Mind, and its Several Faculties (London: Published by M. Jones, 1807).

-----, "Letter of Helvetius to President Montesquieu". Antoine Louis Claude, Comte Destutt de Tracy, A Commentary and Review of Montesquieu's 'Spirit of Laws', translated by Thomas Jefferson (Philadelphia: Printed by William Duane, 1811).

-----, "Letter II.: Helvetius to A. M. Saurin". "Letters of Helvetius, Addressed to President Montesquieu and M. Saurin, on Perusing the Manuscript of The Spirit of Laws". Antoine Louis Claude, Comte Destutt de Tracy, A Commentary and Review of Montesquieu's 'Spirit of Laws', translated by Thomas Jefferson (Philadelphia: Printed by William Duane, 1811). 이 편지의 원출처: Claude-Adrien Helvétius, Oeuvres complètes, vol. 5 in 5 vols., edited by the abbé Louis Lefevre de La Roche (Paris: 1794).

Hennock, Ernst P., "Social Policy under the Empire - Myths and Evidence". German History, 1998 16(1): [58-74쪽].

Heyes, Kevin J., The Road to Monticello: The Life and Mind of Thomas Jefferson (Oxford and New York: Oxford University Press, 2008).

Hettling, Manfred, "Geschichtlichkeit - Zwerge auf den Schultern von Riesen". Jakob Tanner et al (Hrs.), Eine kleine Geschichte der Schweiz (Frankfurt am Main, 1998).

Heylyn, Peter, Cosmographie: Containing the Chorographie and Historie of the Whole World, and all the Principall Kingdomes, Provinces, Seas and Isles thereof (London: Printed for Henry Seile, 1652).

Higginbotham, Peter, "Introduction". The Workhouse - The Story of an Institution. workhouse.org.uk (검색: 2021-9-4).

Hiroshi Mizuda, Adam Smith's Library: A Catalogue (Oxford: Oxford University Presss, 2000·2004).

Hitchcock, Tim, & Robert Shoemaker, The Proceedings of the Old Bailey (University of Sheffield and University of Hertfordshire, 2006).

Hobbes, Thomas, Leviathan or The Matter, Form, and Power of a Commonwealth Ecclesiastical and Civil [1651]. The Collected Works of Thomas Hobbes. Vol. III. Part I and II. Collected and Edited by Sir William Molesworth (London: Routledge/Thoemmes Press, 1992).

----, De Cive [1641], XII, §8. 영역본(1651): Thomas Hobbes, Philosophical

Rudiments Concerning Government and Society (De Cive) [1651], Ch. XII, §8. The Collected Works of Thomas Hobbes, collected and edited by Sir William Molesworth, Vol II (London: Routledge/Thoemnes Press, 1992).

Hobson, John M., The Eastern Origins of Western Civilization (Cambridge·New York: Cambridge University Press, 2004·2008).

Holborn, Hajo, A History of Modern Germany — 1840-1945 (Princeton: Princeton University Press, 1969).

Hollyday, Frederic B. M., Bismarck (Hoboken, New Jersey: Prentice-Hall, 1971).

Honour, Hugh, Chinoiserie. The Vision of Cathay (New York: Harper & Row Publishers, 1961).

Hont, Istvan, "The 'Rich Country — Poor Country' Debate Revisited: The Irish Origins and French Reception of the Hume Paradox". Carl Wennerlind and Magaret Schabas (ed.), David Hume's Political Economy (London: Routledge, 2008).

Ho Ping-Ti, The Ladder of Success in Imperial China: Aspects of Social Mobility, 1368-1911 (New York: Columbia University Press, 1962). 何柄棣(조영록 외 역), 『중국과거제도의 사회사적 연구』(서울: 동국대학교출판부, 1987).

Hooker, Richard, Of the Laws of Ecclesiastical Polity [1594-1597], Vol. II of Three Volumes (Oxford, At the Clarendon Press, 1888).

Horwitz, Henry, Parliament, Policy and Politics in the Reign of William III (Manchester: Manchester University Press, 1977).

Hruschka, Joachim, "The Greatest Happiness Principle and Other Early German Anticipations of Utilitarian Theory", Utilitas 3 (1991).

Hsiao Kung-chuan(蕭公權), Rural China: Imperial Control in the Nineteenth Century (Seattle: University of Washington Press, 1960).

Huang, Pei, Autocracy at Work. A Study of Yung-cheng Period, 1723-1735 (Bloomington & London: Indiana University Press, 1974).

Huang, Philip C. C., The Peasant Economy and Social Change in North China (Stanford: Stanford University Press, 1985).

-----, "The Peasant Family and Rural Development in the Yangtzi Delta, 1350-1988: A Reply to Ramon Myers". The Journal of Asian Studies 50, 3 (Aug. 1991). The Peasant Family and Rural Development in the Yangzi Delta, 1350-1988;

Hucker, Charles O., "Ming Government". Denis Twitchett and Frederick W. Mote (ed.), The Cambridge History of China, Volume 8, The Ming Dynasty, 1368-1644, Part 2 (Cambridge: Cambridge University Press, 1998; Reprinted 2007).

Hudson, Geoffrey F., Europe and China: A Survey of their Relations from the Earliest Time to 1800 (Boston: Beacon Press, 1931·1961).

Hulsewé, Anthony F. P., "Han China ‑ A Proto 'Welfare State'? Fragments of Han Law Discovered in North-West China", T'oung Pao (通報), 1987, 2. Series, Vol.73, Livr. 4/5 (1987).

Humboldt, Wilhelm von, Sur la nature des formes grammaticales en général et sur le génie de la langue chinoise en particulier. 독역본: Brief an M. Abel-Rémusat: Über die Natur grammatischer Formen im allgemeinen und über den Geist der chinesischen Sprache im besonderen (Stuttgart-Bad Cannstadt: Frommann-Herzog, 1979).

-----, Bericht der Sektion des Kultus und Unterrichts an den König, (Dezember 1809). Wilhelm von Humboldt, Schriften zur Politik und zum Bildungwesen (Darmstadt: Wissenschaftliche Büchergesellschaft, 1964).

Hume, David, A Treatise of Human Nature [1739-40], Book 1. Of the Understanding; Book 3. Of Morals, (Oxford·New York·Melbourne:

Oxford University Press, 2001·2007).

-----, An Enquiry concerning Human Understanding [1748], ed. Tom L. Beachamp (Oxford: Oxford University, 1999·2010).

-----, An Enquiry concerning the Principles of Morals, ed. T. L. Beauchamp (Oxford: Oxford University Press, 1998·2010).

-----, "Of Self-Love". Appendix II. Hume, An Inquiry Concerning the Principles of Morals (Oxford·New York: Oxford University Press, 1998·2010).

-----, "Of Civil Liberty" [1741]. David Hume, Political Essays (Cambridge·New York: Cambridge University Press, 1994·2006).

-----, "Of Superstition and Enthusiasm" [1741]. David Hume, Political Essays (Cambridge·New York: Cambridge University Press, 1994·2006).

-----, "Of the independence of Parliament"(1741). David Hume, Political Essays (Cambridge: Cambridge University Press, 1994·2006).

-----, "Of Superstition and Enthusiasm" [1741]. David Hume, Political Essays, edited by Knud Haakonssen (Cambridge·New York· Melbourne: Cambridge University Press, first Published 1994. Fifth printing 2006).

-----, "That politics may be reduced to a science" [1741]. David Hume, Political Essays (Cambridge: Cambridge University Press, 1994·2006).

-----, "Of the first principles of government" [1741]. David Hume, Political Essays (Cambridge: Cambridge University Press, 1994·2006).

-----, "Of the Rise and Progress of the Arts and Science"[1742]. David Hume, Political Essays (Cambridge·New York·Melbourne: Cambridge University Press, 1994·2006).

-----, "Of National Characters" [1748]. David Hume, Political Essays

(Cambridge·New York·Melbourne: Cambridge University Press, 1994·2006).

-----, "Of the Original Contract" [1748]. David Hume, Political Essays (Cambridge: Cambridge University Press, 2006).

-----, "Concerning Moral Sentiment". Appendix I. Hume, An Enquiry concerning the Principles of Morals (1751). Edited by Tom L. Beauchamp (Oxford·New York: Oxford University Press, 1998· 2010).

-----, "Of Taxes" [1752]. David Hume, Political Essays (Cambridge·New York·Melbourne: Cambridge University Press, 1994·2006).

-----, "Of Money" [1752]. David Hume, Political Essays (Cambridge·New York·Melbourne: Cambridge University Press, 1994·2006).

-----, "Of the Balance of Trade" [1752]. David Hume, Political Essays (Cambridge·New York·Melbourne: Cambridge University Press, 1994·2006).

----, "Of the Immortality of the Soul". David Hume, Essays Moral, Political, and Literary, ed. by Eugine F. Miller [1889 by T. H. Green and T. H. Grose] (Indianapolis: Liberty Fund, 1985).

-----, "Of the Populousness of Ancient Nations". David Hume, Essays Moral, Political, and Literary, edited by E. F. Miller (Indiana Polis: Liberty Fund, 1985·1987).

-----, "Idea of a Perfect Commonwealth" [1752]. David Hume, Political Essays (Cambridge·New York: Cambridge University Press, 1994·2006).

-----, "The Natural History of Religion". David Hume, Four Dissertations (London: Printed for A. Millar, 1757).

-----, The Natural History of Religion [1757]. With an Introduction by John M. Robertson (London: A. and H. Bradlaugh Bonner, 1889).

-----, The History of England, vol. 5-6 [1778]. David Hume, The History of England from the Invasion of Julius Caesar to the Revolution in 1688, Foreword by William B. Todd, 6 vols (Indianapolis: Liberty Fund 1983).

-----, "Thumbnail Biographies" from History of England VI. David Hume, An Enquiry concerning Human Understanding and Other Writings, edited by Stephen Buckle (Cambridge: Cambridge University Press, 2007).

-----, Dialogues Concerning Natural Religion (London: 출판사 표기 없음, 1779).

Hünemörder, Markus, The Society of the Cincinnati: Conspiracy and Distrust in Early America (New York & Oxford: Berghahn Books, 2000).

Huntley, Frank L., "Milton, Mendoza, and the Chinese Land-Ship", Modern Language Notes (June, 1954).

Hutcheson, Francis, An Inquiry into the Original of Our Ideas of Beauty and Virtue; In Two Treatises (London: Printed for J. and J. Knapton et al., 1726·1729).

-----, An Essay on the Nature and Conduct of the Passions and Affections (Indianapolis: Liberty Fund, 2002).

Hwang, Tai-Youn, Herrschaft und Arbeit im neueren technischen Wandel (Frankfurt am Main·Bern·New York·Paris: Peter Lang, 1992).

Impey, Oliver, Chinoiserie. The Impact of Oriental Styles on Wester Art and Decoration (New York: Charles Scribner's Sons, 1977).

Inglehart, Ronald, The Silent Revolution. Changing Values and Political Styles Among Western Publics (Princeton: Princeton University Press, 1977).

Intorcetta, R. Prosperi, La Science des Chinois, ou le Livre de Cum-fu-çu (Paris: Et André Cramoisy, 1673).

Intorcetta, Prosperi, Christian Herdtrich, Rancisci Rougemont, Philiphi Couplet, Confucius Sinarum Philosophus, sive Scientia Sinensis (Parisiis: Apud Danielem Horthemels, viâ Jacobæâ, sub Mæcente, 1687).

Irwin, Douglas A., "Political Economy and Peel's Repeal of the Corn Laws". Economics & Politics 1 (1, 1 March 1989): [41‑59쪽].

Irwin, Douglas A., & Maksym G. Chepeliev, "The Economic Consequences of Sir Robert Peel: A Quantitative Assessment of the Repeal of the Corn Laws". The Economic Journal ueab029 (April 2021).

Isaacson, Walter, Benjamin Franklin: An American Life (New York: Simon & Schuster, 2003).

Israel, Jonathan I., Enlightenment Contested — Philosophy, Modernity, and the Emancipation of Man 1670-1752 (Oxford: Oxford University Press, 2006).

----- (ed.), The Anglo-Dutch Moment (Cambridge: Cambridge University Press, 1991·2003).

Jackson, James C., Chinese in the West Borneo Goldfields. A Study in Cultural Geography (London: University of Hull, 1970).

Jacobson, Nolan P., "The Possibility of Oriental Influences in the Philosophy of David Hume". Philosophy East and West (vol. 19, Issue 1, Jan. 1969).

Jacobsen, Stefan G., "Limits to Despotism: Idealizations of Chinese Governance and Legitimations of Absolutist Europe". Journal of Early Modern History, 17 (2013).

Jardine, Lisa, Going Dutch: How England Plundered Holland's Glory (New York: Harper, 2008).

Jebb, Richard, "Introduction". John Milton, Areopagitica, with a Commentary by Sir Richard C. Jebb and with Supplementary Material

(Cambridge at the University Press, 1918).

Jespersen, Knud J. V., A History of Denmark (New York: Palgrave Macmillan, 2004·2011).

Jefferson, Thomas, Autobiography. Thomas Jefferson, The Works of Thomas Jefferson, vol. 1 (Autobiography, Anas, 1760-1770) in 12 Vols. (New York and London: The Knickerbocker Press, 1904).

-----, "A Declaration by the Representatives of the united States of America, in General Congress assembled". The Works of Thomas Jefferson, vol. 1 (Autobiography, Anas, 1760-1770) [1905].

----, "To Peyton Randolph" (July 23, 1770). The Works of Thomas Jefferson, vol. 1 (Autobiography, Anas, 1760-1770), Federal Edition. Collected and Edited by Paul Leicester Ford (New York and London: The Knikerbocker Press, 1905, Online Library of Liberty 2019).

-----, "Proposed Constitution for Virginia" (June, 1776). The Works of Thomas Jefferson, vol. 2 in twelve volumes (Correspondence 1771-1779, Summary View, Declaration of Independence).

-----, "Notes on Religion" (Oct. 1776). The Works of Thomas Jefferson, vol. 2 (Correspondence 1771-1779, Summary View, Declaration of Independence) Collected and Edited by Paul Leicester Ford] (New York and London: The Knickerbocker Press, 1904. 2019 Liberty Fund).

-----, "Notes on Locke and Shaftesbury" (11 Oct.‑9 Dec. 1776). Founders Online, National Archives [Original source: The Papers of Thomas Jefferson, vol. 1, 1760‑1776, ed. Julian P. Boyd ((Princeton: Princeton University Press, 1950): [544‑550쪽].

-----, "Notes on Virginia" (Continued, II). The Works of Thomas Jefferson, vol. 4 (Notes on Virginia II, Correspondence 1782-1786).

-----, "To George Washington" (April 16. 1784. Annapolis). The Works of Thomas Jefferson, vol. 4 (Notes on Virginia II, Correspondence 1782-1786).

-----, "A Bill for Establishing Religious Freedom". The Works of Thomas Jefferson, vol. 3 (Notes on Virginia I, Correspondence 1780-1782). Collected and Edited by Paul Leicester Ford (New York and London: The Knickerbocker Press, 1904. 2019 Liberty Fund).

-----, "A Comparative View of the Quadrupeds of Europe and of America". The Works of Thomas Jefferson, vol. 3 (Notes on Virginia I, Correspondence 1780-1782).

-----, "To G. K. van Hogendorp" (13 October 1785). The Papers of Thomas Jefferson, vol. 8 (25 February–31 October 1785), ed. Julian P. Boyd (Princeton: Princeton University Press, 1953).

-----, "To Peter Carr" (August 10, 1787). The Works of Thomas Jefferson, vol. 4 in twelve volumes (Notes on Virginia II, Correspondence 1782-1786). Collected and Edited by Paul Leicester Ford (New York and London: The Knickerbocker Press, 1904; Liberty Fund: 2019).

-----, "Observations on the Article 'États-Unis' prepared for the Encycloédie" (June 22, 1786). The Works of Thomas Jefferson, vol. 5 (Correspondence 1786-1789).

-----, "To George Wythe" (August 13, 1786). The Works of Thomas Jefferson, vol. 5 (Correspondence 1786-1789).

-----, "To James Madison" (Dec. 16, 1786). The Works of Thomas Jefferson, vol. 5 (Correspondence 1786-1789), collected and edited by Paul Leicester Ford (New York and London: The Knickerbocker Press, 1904; Liberty Fund: 2019).

-----, "To William Drayton (30 July 1787). Founders Online, National Archives, accessed April 11, 2019, https://founders.archives.gov/documents/Jefferson/01-11-02-0568.

-----, "To James Madison" (Dec. 20, 1787 Paris). The Works of Thomas Jefferson, vol. 5.

-----, "To William Drayton (13 January, 1788 Paris). Founders Online, National Archives, accessed April 11, 2019, https://founders.archives.gov/documents/Jefferson/01-11-02-0568.

-----, "To Malesherbes" (11 March, 1789). Founders Online, National Archives, accessed April 11, 2019, https://founders.archives.gov/documents/Jefferson/01-11-02-0568.

-----, "To Thomas Mann Randolph" (May 30, 1790 New York). The Works of Thomas Jefferson, vol. 5 (Correspondence 1786-1789), collected and edited by Paul Leicester Ford (New York and London: The Knickerbocker Press, 1904; Liberty Fund: 2019).

-----, "To John Garland Jefferson" (New York, June 11. 1790). The Works of Thomas Jefferson, vol. 6 (Correspondence and Papers 1816-1826), ed. by P. L. Ford (1905).

-----, "To George Wythe" (13 June 1790). Founders Online, National Archives, accessed April 11, 2019, https://founders.archives.gov/documents/Jefferson/01-14-02-0450.

-----, "To Samuel Vaughan, Jr." (27 November 1790). Founders Online, National Archives, accessed April 11, 2019, https://founders.archives.gov/documents/Jefferson/01-14-02-0450.

-----, "To Benjamin Vaughan" (Philadelphia May 11. 1791). Founders Online, National Archives, accessed April 11, 2019, https://founders.archives.gov/documents/Jefferson/01-14-02-0450.

-----, "To George Washington" (March 18, 1792). Thomas Jefferson, The Works of Thomas Jefferson, vol. 6 (Correspondence 1789-1792) [Collected and Edited by Paul Leicester Ford] (New York and London:

The Knickerbocker Press, 1904. 2019 Liberty Fund).

-----, "First Inaugural Address" (March 4, 1801). 2008 Yale Law School, Lillian Goldman Law Library. The Avalon Project in Law, History and Diplomacy.

-----, "Sixth Annual Message" (December 2, 1806). The Works of Thomas Jefferson, vol. 10 (Correspondence and Papers 1803-1807).

----, "To the Secretary of the Treasury (Albert Gallatin)"(August 15, 1808). Jefferson Works, Correspondence XII.

-----, "To Dr. Benjamin Waterhouse" (Washington, December 1, 1808). The Letters of Thomas Jefferson 1743-1826. American History, From Revolution to Reconstruction and Beyond. 구글검색: 2021. 12. 30. Thomas Jefferson,

-----, "To Thomas Leiper" (January 21, 1809, Washington),. Thomas Jefferson, The Works of Thomas Jefferson, vol. 11 (Correspondence and Papers 1808-1816). Collected and Edited by Paul Leicester Ford (New York and London: The Knickerbocker Press, 1904; Liberty Fund: 2019).

-----, "To Judge John Tyler" (May 26, 1810). The Works of Thomas Jefferson, vol. 11 (Correspondence and Papers 1808-1816).

-----, "To Eppes" (November 6, 1813). Thomas Jefferson, The Works of Thomas Jefferson, vol. 11 (Correspondence and Papers 1808-1816). Collected and Edited by Paul Leicester Ford (New York and London: The Knickerbocker Press, 1904; Liberty Fund: 2019).

-----, "To John Adams" (July 5, 1814). The Works of Thomas Jefferson, vol. 12 (Correspondence and Papers 1816-1826), ed. by P. L. Ford (1905).

----, "To Kercheval" (September 5, 1816). The Works of Thomas Jefferson, vol. 11 (Correspondence and Papers 1808-1816).

-----, "To George Ticknor (November 25, 1817)", 77-78쪽. The Works of Thomas Jefferson, vol. 12 (Correspondence and Papers 1816-1826).

-----, "Monticello, October 25, 1818". Antoine L. C. Destutt de Tracy, A Treaty on Political Economy, ed. Thomas Jefferson (Georgetown: Published by Joseph Milligan, 1817).

----, "To Francis Eppes" (January 19, 1821). The Works of Thomas Jefferson, vol. 12 (Correspondence and Papers 1816-1826), ed. by P. L. Ford (1905).

----, "To Richard Rush" (Monticello, Oct. 27, 1824). The Works of Thomas Jefferson, vol. 12 (Correspondence and Papers 1816-1826).

Jefferys, William Hamilton, The Diseases of China, including Formosa and Korea (Philadelphia: P. Blakiston's son & Co., 1910).

Jenkinson, Matt, "Nathanael Vincent and Confucius's 'Great Learning' in Restauration England". Note and Record of the Royal Society of London, Vol. 60, No. 1(Jan. 22, 2006).

Jensen, Lionel M., Manufacturing Confucianism (Durham·London: Duke University Press, 1997·2003).

Johnson, Samuel (Eubulus), "Remarkable Example in a Prince and Subject". Gentleman's Magazine 8 (July, 1738; London, Printed by E. Cave).

-----, "Preface". Father Jerome Lobo, A Voyage to Abyssinia [1735], Translated from the French by Samuel Johnson (London: Printed for Elliot and Kay, 1789).

Jones, Clyve, "The Protestant Wind of 1688: Myth and Reality", European Studies Review, 3 (3) 1973.

Jones, Eric I., The European Miracle (Cambridge: Cambridge University Press, 1981·2003).

-----, Growth Recurring: Economic Change in World History (Oxford: Blackwell, 1988).

Jones, David M., The Image of China in Western Social and Political Thought (New York: Palgrave, 2001).

Jones, William, "To C. Reviczki" (July 1770). Memoires of The Life, Writings, and Correspondence of Sir William Jones ed. Lord Tegnmouth (London: Sold by John Hatchard, 1807).

-----, Poeseos Asiaticæ commentariorum libri sex [London, 1774]. The Works of Sir William Jones, with the Life of the Author, Vol. VI in 13 volumes (London: Printed for John Stockdale and John Walker, 1807).

-----, "On the Second Classical Book of the Chinese". The Works of Sir William Jones, with the Life of the Author, Vol. IV in 13 volumes (London: Printed for John Stockdale and John Walker, 1807).

-----, "The seventh Anniversary Discourse on the Philosophy of the Asiaticks". The Works of Sir William Jones, with the Life of the Author, Vol. III in 13 volumes (London: Printed for John Stockdale and John Walker, 1807).

-----, "The Eleventh Anniversary Discourse on the Philosophy of the Asiaticks" [1794], 227-228쪽. The Works of Sir William Jones, with the Life of the Author, Vol. III in 13 volumes (London: Printed for John Stockdale and John Walker, 1807).

Joseph II, "Rêveries"(translates from the original French), 169-170쪽. Derek Beales, Enlightenment and Reform in 18th-Century Europe (London: I. B. Tauris, 2005), Appendix [169-176].

Jourdain, Margaret, and R. Soame Jenyns, Chinese Export Art. In the Eighteenth Century (Middlesex: Spring Books, 1950·1967).

Jullien, François, Fonder la morale: Doalogue de Mencius avec un philosophie des Lumiéres (Paris: Grasset, 1996).

Jun Seong Ho and James B. Lewis, "Wages, Rents, and Interest Rates in Southern Korea, 1700 to 1900". Research in Economic History (Vol. 24, 2007).

Justi, Johann H. G.. "Die Notwendigkeit einer genauen Belohnung und Bestrafung der Bedienten eines Staats". Johann H. G. Justi, Gesammelte politische und Finanzschriften über wichtige Gegestände der Staatskunst, der Kriegswissenschaft und des Cameral - und Finanzwesens, Bd.1 (Koppenhagen und Leibzig: Auf Kosten der Rorhenschen Buchhandlung, 1761).

-----, "Vortreffliche Einrichtung der Sineser, in Ansehung der Belohnung und Bestrafung vor die Staatsbedienten". Johann H. G. Justi, Gesammelte politische und Finanzschriften über wichtige Gegestände der Staatskunst, der Kriegswissenschaft und des Cameral - und Finanzwesens, Bd.1 (Koppenhagen und Leibzig: Auf Kosten der Rorhenschen Buchhandlung, 1761).

-----, Abhandlung von den Mittel, die Erkenntnis in den Oeconimischen und Cameral-Wissenschten dem gemweinen Wesen recht nützlich zu machen (Göttingen: Verlag nicht angezeigt, 1755).

-----, Staatswirtschaft oder Systematische Abhandlung aller Oeconomischen und Cameral-Wissenschaften, 1. Teil von zwei Teilen (Leipzig: Verlags Bernhard Christoph Breitkopf, 1755).

-----, Grundsätze der Policeywissenscht in einem vernünftigen, auf den Endzweck der Policey gegründeten, Zusammenhange (Göttingen: Verlag der Wittwe Vandenhoek, 1756.1759.1782).

-----, Die Grundfeste zu der Macht und Glückseligkeit der Staaten, oder ausführliche Vorstellung der gesamten Policey-Wissenscht, erster Band (Königsberg und Leipzig: Johann H. Hartungs Erben, 1760),

zweiter Band (Königsberg und Leipzig: Verlag seel. Gebhard
Ludewig Woltersdorfs Witwe, 1761).

-----, Vergleichungen der Europäischen mit den Asiatischen und anderen,
vermeintlichen Barbarischen Regierungen (Berlin/Stetten/Leipzig:
Johann Heunrich Rüdiger Verlag, 1762).

-----, Natur und Wesen der Staaten als die Quelle aller
Regierungswissenschaften unf Gesetze (Mitau: Bei W. A. Steidel
und Companie, 1771).

Kant, Immanuel, Die Religion innerhalb der Grenzen der bloßen Vernunft
[1793·94]. Kant Werke, Band 7 (Darmstadt: Wissenschaftliche
Buchgesellschaft, 1983).

----, Anthropologie in pragmatischer Hinsicht {1798]. Kant Werke, Bd.
10 (Darmstadt: Wissenschaftliche Buchgesellschaft, 1983).

Karant-Nunn, Susan, and Ute Lotz-Heumann, "Pamphlets and Propaganda:
The Lutheran Reformation in Print" (April 11, 2017, Talk).

Kautsky, John H., The Politics of Aristocratic Empires (Chapel Hill:
University of North Carolina Press, 1982).

Kennedy, Paul, The Rise and Fall of the Great Powers - Economic Change
and Military Conflict from 1500 to 2000 (New York: Random
House, 1987).

Kessler, Sanford, "John Locke's Legacy of Religious Freedom"(1985). Richard
Ashcraft (ed.), John Locke. Critical Assessments. Vol. II (London·New
York: Routledge, 1991).

Keynes, John M., "The End of Laissez-Faire"(1926). Keynes, Essays in
Persuasion [1931] (New York: Palgrave Macmillan, 2010).

Khoudour-Castéras, David, "Welfare State and Labor Mobility: The Impact
of Bismarck's Social Legislation on German Emigration before World
War I", Journal of Economic History, 2008, 68 (1): [211-243쪽].

Kinealy, Christine, This Great Calamity (Dublin: Gill & Macmillan, 1994).

Kircher, Athansius, China Monumentis, qua Sacris qua Profanis, nec vanriis naturae and artis spectaculis, aliarumque rerum memorablium argumentis illustrata [China Illustrata] (Amsterdam: Apud Jacobum à Meurs, 1667). 이 책의 영역본은 1986년에야 나왔다. Athansius Kircher, China Illustrata, English Translation of China Monumentis qua Sacris qua Profanis from Original 1667, translated by Charles D. Van Tuyl (Muskogee: 1986). http://hotgate.stanford.edu/Eyes/library/kircher.pdf. 최종검색일: 2013.1.20.

Kocka, Jürgen, Die Angestellten in der deutschen Geschichte 1850-1980 (Göttingen: Vandenhoeck & Ruprecht, 1981).

-----, Arbeitsverhältnis und Arbeitsexistenzene: Grundlagen der Klassenbildung im 19. Jahrhundert (Bonn: Verlag J.H.W. Dietz Nachf., 1990).

-----, Weder Stand noch Klasse: Unterschichten um 1800 (Bonn: Verlag J.H.W. Dietz Nachf., 1990).

Koss, Nicholas, "Matteo Ricci on China via Samuel Purchas: Faithful Re-Presentation". Christina H. Lee (ed.), Western Visions of the Far East in a Transpacific Age, 1522-1657 (London and New York: Routledge, 2012).

Kow, Simon. China in Early Enlightenment Political Thought (Oxford[Oxon]: Routledge, 2017).

Kramers, Robert P., "The Development of the Confucian Schools". Denis Twitchett and Michael Lowe (ed.), The Cambridge History of China, Vol. 1, The Ch'in and Han Empires (Cambridge: Cambridge University Press, 1986).

Kuhnle, Stein, "The Growth of Social Insurance Programs in Scandinavia: Outside Influences and Internal Forces". Peter Flora and Arnold

J. Heodenheimem, The Development of Welfare States in Europe and America (London and New York: Transaction Publishers, 1981; Routledge, 2017).

La Loubère, Simon de, Du Royaume de Siam, two volumes (Paris: Chez La Veuve de Jean Baptiste Coignard; Amsterdam: Chez Abraham Wolfgang, 1691). 영역본: Monsieur de La Loubere, A New Historical Relation of the Kingdom of Siam, T. 1-2 in Two Tomes, done out of French, by A.P. Gen. R.S.S. (London: Printed by F. L. for Tho. Horne, 1693).

Labrune, Jean de, Louis Cousin & Simon Foucher (trans.), La morale de Confucius, philosophe de la Chine (Amsterdam: Chez Pierre Savouret, dans le Kalver-straat, 1688).

Lach, Donald F., "China and the Era of the Enlightenment", The Journal of Modern History, Vol. 14, no. 2 (Jun., 1942).

-----, "Leibniz and China". Journal of the History of Ideas, Vol. 6, No. 4 (Oct. 1945).

-----, The Sinophilism of Christian Wolff (1679-1754)", Journal of the History of Ideas, Vol. 14, No. 4 (Oct., 1953).

Lachm Donald F., & Edwin J. Van Kley, Asia in the Making of Europe, I-II, book 1-2 (Chicago: University of Chicago, 1965).

Laertius, Diogenes, Lives of the Eminent Philosophers, Vol.1·2 (Cambridge[MA]·London: Harvard University Press & William Heinemann LTD, 1925).

Lambert, Tim, "Poor Tudors". Local Histories: Tim's History of British Towns, Cities and So Much More. Localhistories.org. (검색: 2021-12-31).

LaMothe le Vayer, François de, De La vertu des payens (Paris: Chez François Targa, 1642).

Langer, William L., "Infanticide: a historical survey", History of Childhood Quarterly. 1-3 (1974): [353-366쪽].

Laslett, Peter, "Introduction". John Locke, Two Treatises of Government, edited with an introduction and notes by Peter Laslett (Cambridge: Cambridge University Press, 1988 student edition).

LeComte, Louis-Daniel, Nouveaux mémoires sur l'état present de la Chine (Paris, 1696). 영역본: Louis Le Compte, Memoirs and Observations made in a Late Journey through the Empire of China (London: Printed for Benj. Tooke at the Middle Temple Gate, and Sam. Buckley at the Dolphin, 1697).

Ledderose, Lothar, "Chinese Influence on European Art, Sixteenth to Eighteenth Centuries". Thomas H. C. Lee, China and Europe: Images and Influence in Sixteenth to Eighteenth Centuries (Hong Kong: The Chinese University of Hong Kong Press, 1991).

Lee, Bernice J., "Female Infanticide in China." Historical Reflections / Réflexions Historiques 8#3 (1981). Online. 검색: 2021. 12. 30.

Lee, Christina H. (ed.), Western Visions of the Far East in a Transpacific Age, 1522-1657 (London and New York: Routledge, 2012).

Lee Eun-Jeong, Anti-Europa: Die Geschichte der Rezeption des Konfuzianismus und der konfuzialnischen Gesellscjaft seit der frühen Aufklärung (Münster: Lit Verlag, 2003).

Lee, Richard Henry, National Society of the Colonial Dames of America (New York: The MacMillan Company, 1914).

Leibniz, Gottfried W., Caesarinus Fürstenerius [1677]. Gottfried W. Leibniz, Political Writings, Translated and edited with an Introduction and Notes by Patrick Riley (Cambridge: Cambridge University Press, 1972, reprint 2006).

-----, Discourse on Metaphysics. Leibniz, Discourse on Metaphysics (...), and Monadology (Chicago: The Open Court Publishing Company, 1902).

-----, Meditation on the Common Concept of Justice [1702-1703]. Leibniz, Political Writings (Cambridge: Cambridge University Press, 1972·2006).

-----, "Excepts from Letters to Landgraf Ernst of Hesse-Rheinfels" [1683-1691]. Leibniz, Political Writings, translated and edited with an Introduction and Notes by Patrick Riley (Cambridge: Cambridge University Press, 1st ed. 1972, 2th ed. 1988, reprint 2006).

-----, "Excerpt from Three Letters to Thomas Burnett". Leibniz, Political Writings (Cambridge: Cambridge University Press, 1st ed. 1972, 2th ed. 1988, reprint 2006).

-----. "Codex Iuris Gentium" [1693]. Leibniz, Political Writings (Cambridge:L Cambridge University Press, 1971·2006).

-----, Memoir for Enlightened Persons of Good Intention [1690년대 중반]. Gottfried W. Leibniz, Political Writings, translated and edited with an Introduction and Notes by Patrick Riley (Cambridge: Cambridge University Press, 1972, reprint 2006).

-----, "On Natural Law". Gottfried W. Leibniz, Political Writings, Translated and edited with an Introduction and Notes by Patrick Riley (Cambridge: Cambridge University Press, 1972, reprint 2006).

-----, "Opinion on the Principles of Pufendorf". Gottfried W. Leibniz, Political Writings, translated and edited with an Introduction and Notes by Patrick Riley (Cambridge: Cambridge University Press, 1972, reprint 2006).

-----, System of the Nature and Communications of Substances (1695). 라이프니츠, 「자연, 실체들의 교통 및 영혼과 육체 사이의 결합에 관한 새로운 체계」, 라이프니츠(윤선구 역), 『형이상학 논고』(서울:

아카넷, 2010).

-----, Novissima Sinica - Das Neueste von China (1697). Hg. von Heinz-Gü
nther Neseelrath u. Hermann Reinbothe (Köln: Köllen Druck
& Verlag GmbH, 1979).

-----, "Judgement of the Works of the Earl of Shaftesbury". Gottfried
W. Leibniz, Political Writings. Translated and edited with an
Introduction and Notes by Patrick Riley (Cambridge: Cambridge
University Press, 1972, reprint 2006).

-----, "Manifesto for the Defence of the Rights of Charles III" [1703].
Leibniz, Political Writings (Cambridge: Cambridge University Press,
1972, 2006).

-----, New Essays on Human Understanding [1705]. Translated and edited
by Peter Remnant and Jonathan Bennett (Cambridge·New
York·Sydney: Cambridge University Press, 1981).

-----, "Remarks on Chinese Rites and Religion" [1708]. Gottfried W. Leibniz,
Writings on China (Chicago·LaSalle: Open Court Publishing
Company, 1994).

-----, "Discourse on the Natural Theology of the Chinese" [1716]. Leibniz,
Writings on China. 라이프니츠, 「중국인의 자연신학론」. 라이프니
츠(이동희 역), 『라이프니츠가 만난 중국』(서울: 이학사, 2003).

-----, The Monadology [1714], English translation by Robert Latta, 1898,
PDF file (Google 검색: 2019. 5. 2.).

-----, Political Writings, translated and edited with an Introduction and
Notes by Patrick Riley (Cambridge: Cambridge University Press,
1st ed. 1972, 2th ed. 1988, reprint 2006).

Leidhold, Wolfgang, "Introduction". Francis Hutcheson, An Inquiry into
the Original of Our Ideas of Beauty and Virtue in Two Treatises,
ed. Wolfgang Leidhold (Indianapolis: Liberty Fund, 2004).

Leites, Edmund, "Confucianism in Eighteenth-century England: Natural morality and social reform", Philosophy East and West 28 (No. 2 April 1978).

Leroy, Luis, De la Vicissitude ou Variété des Choses en L'univers (1575). 영역본: Of the Interchangeable Course, or Variety of Things in the Whole World (London: Printed by Charles Yetsweirt Esq., 1594).

Les Missionaires de Peking, Mèmoires concernant l'historie, les sciences, les arts, les moeures, les usages, &c. des Chinois, Tome Premier (Paris: Chez Nyon, Libraire, 1776).

-----, Mèmoires concernant l'historie, les sciences, les arts, les moeures, les usages, &c. des Chinois, Tome Seizieme (Paris: Chez Treuttel et Würzel Libraires, 1814).

Leung, Angela Ki Che, "Medical Instruction and Popularization in Ming-Qing China". Late Imperial China, Vol.24, No.1 (June 2003): [130-152쪽].

Levathes, Luise E., When China Ruled the Seas (London: Simon and Schuster, 1994).

Levenson, Joseph R., Confucian China and Its Modern Fate (Berkeley/Los Angeles: University of California Press, 1958-1968).

Li Bozhong (李伯重), "Was there a 'Fourteen-Century Turning Point'? Population, Land, Technology, and Farm Management". Paul J. Smith and Richard von Glahn, The Song-Yuan-Ming Transition in Chinese History (Cambridge, MA. and London: Harvard University Asia Center, 2003).

-----, "An Early Modern Economy in China; A Study of the GDP of the Huating-Lou Area, 1823-1829". Billy K. L. So (ed.), The Economy of Lower Yangzi Delta in Late Imperial China (Oxford: Routledge,

2013).

Li, Bozhong, and Jan Luiten van Zanden, "Before the Great Divergence? Comparing the Yangzi Delta and the Netherlands at the Beginning of the Nineteenth Century", The Journal of Economic History, Vol. 72, No. 4 (December 2012).

Li, Gertraude Roth, "State Building before 1644". Willard J. Peterson (ed.), The Cambridge History of China, Volume 9, Part One: The Ch'ing Empire to 1800 (Cambridge: Cambridge University Press, 2002).

Li, Lillian M., China's Silk Trade: Traditional Industry in the Modern World 1842-1937 (Cambridge: Harvard University Press, 1981).

-----, "Introduction: Food, Famine, and the Chinese State". The Journal of Asian Studies, Vol. 41, No. 4 (Aug., 1982).

Lindert, Peter, "How owned Victorian England? The Debate over Landed Wealth and Inequality?", Agricultural History 61 (Fall 1987).

Liu, James T. C. (劉子健), Reform in Sung China: Wang An-shih (1021-1086) and His New Policies (Cambridge: Harvard University Press, 1959·2013). 제임스 류 (이범학 역), 『왕안석과 개혁정책』 (서울: 지식산업사, 1991·2003).

Liu, William G., The Chinese Market Economy, 1000-1500 (Albany: State University of New York Press, 2015).

Liu, Yu, Seeds of a Different Eden: Chinese Gardening Ideas and a New English Aesthetic Ideal (Columbia: The University of South Carolina Press, 2008).

Locke, John, "An Essay on Toleration" (1667). John Locke, Political Essays (Cambridge: Cambridge University Press, 1997·2006).

-----, "Second Tract on Government". John Locke, Political Essays, edited by Mark Goldie (Cambridge: Cambridge University Press,

1997·2006).

-----, "Atheism" (1676). John Locke, Locke. Political Essays (Cambridge: Cambridge University Press, 1997·2006).

-----, "Secerdos". John Locke, Political Essays, edited by Mark Goldie (Cambridge: Cambridge University Press, 1997·2006).

-----, "Of Ethic in General" (1686~8?). John Locke, Political Essays (Cambridge·New York: Cambridge University Press, 1997).

-----, An Essay concerning Human Understanding, Part 1-2 [1689]. The Works of John Locke, Vol.1-2 in Nine Volumes (London: C. and J. Rivington and Partners, 1823·1824).

-----, Two Treatises of Government [December 1689, but marked 1690, 최종개정판 1713] (Cambridge: Cambridge University Press, 1960·2009).

-----, A (First) Letter concerning Toleration [1689]. The Works of John Locke, vol. VI in ten volumes (London: 1823; Aalen, Germany: Reprinted by Scientia Verlag, 1963).

-----, The Reasonableness of Christianity (1695). The Works of John Locke, vol.6 (London: 1823; Aalen, Germany: Reprinted by Scientia Verlag, 1963).

-----, "Some Thoughts Concerning Reading and Study for a Gentleman". Political Essays, edited by Mark Goldie (Cambridge: Cambridge University Press, 1997·2006).

-----, Some Thoughts on Education. The Works of John Locke, vol. 9 (London: Printed for Thomas Tegg, 1823; Aalen, Germany: Reprinted by Scientia Verlag, 1963).

-----, "An Essay on the Poor Law". Locke, Political Essays, ed. by Mark Goldie (Cambridge: Cambridge University Press, 1997).

-----, "A Catalogue and Character of Most Books of Voyages and Travels".

The Works of John Locke, Vol.10 in 10 volumes (London: Prinred for Thomas Tegg et al., 1823; 1963, reprinted by Scientia Verlag Aalen).

Lockwood, William W., "Adam Smith and Asia", The Association for Asian Studies, Vol.23, No.3(May, 1964)

Lodge, Richard, The Political History of England, Vol. 8 (in 12 volumes). From the Restauration to the Death of William III, 1660-1702 (London: Longmans, Green and Company, 1910).

Loewe, Michael, "The Wooden and bamboo strips found at Mo-chü-tzu". Journal of the Royal Asiatic Society (April 1965) [13-26쪽],

-----, "The Religious and Intellectual Background". Denis Twitchett and Michael Lowe (ed.), The Cambridge History of China, Vol. 1, The China and Han Empires (Cambridge: Cambridge University Press, 1986).

Lopez, R. S., "European Merchants in the Medieval Indies: The Evidence of Commercial Documents". Journal of Economic History 3 (1943).

Loth, Wilfried, Das Kaiserreich. Obrigkeitsstaat und politische Mobilisierung (München: Deutscher Taschenbuch-Verlag, 1996).

Lottes, Günther, "China in European Political Thought". Thomas H. C. Lee, China and Europe: Images and Influence in Sixteenth to Eighteenth Centuries (Hong Kong: The Chinese University of Hong Kong Press, 1991).

Lovejoy, Arthur O., "The Chinese Origin of a Romanticism". Arthur O. Lovejoy, Essays in the History of Ideas (Baltimore: Johns Hopkins University Press, 1948, New York: George Braziller, 1955).

Lu, Mingjun, The Far East in Early Modern Globalization: China and the Mongols in Dunne and Milton. 2012 Doctoral Dissertation submitted to University of Toronto.

-----, The Chinese Impact upon English Renaissance: A Globalization and Liberal Cosmopolitan Approach to Donne and Milton (London: Routledge, 2015).

Lucas, Henry S., "The great European Famine of 1315, 1316, 1317", Speculum, 5-4(October 1930): [343-377쪽].

Lucas, Stephen E., "The 'Plakkaat van Verlatinge': A Neglected Model for the American Declaration of Independence". Rosemarijn Hofte and Johanna C. Kardux (ed.), Connecting Cultures: The Netherlands in Five Centuries of Transatlantic Exchange (Amsterdam: VU Press, 1994); Barbara Wolff, "Was the Declaration of Independence Inspired by the Dutch?", University of Wisconsin Madison News, June 29, 1988 (http://www.news.wisc.edu/3049 Accessed July 3, 2013).

Luther, Martin, An die Ratsherren aller Städte deutschen Landes, daß sie christliche Schulen aufrichten und halten sollen. https://www.checkluther.com uploads 1524-A s/1524. 구글검색: 2021. 12. 30.

Luxon, Thomas H., "Introduction", The Milton Reading Room Paradise Regained, Darmuth College. https://www.dartmouth.edu/~milton/reading_room/pr/book_1/text.shtml.

Ma Ying & Ma Zhixiang, "Evolution of Ancient Chinese Village Governance", Canadian Social Science, Vol. 11, No.10 (2015).

Ma Tao, "Confucian Thought on the Free Economy". Cheng Lin, Terry Pech and Wang Fang (ed.), The History of Ancient Chinese Economic Thought (London: Routledge, 2014).

Ma Ying & Ma Zhixiang, "Evolution of Ancient Chinese Village Governance", Canadian Social Science, Vol. 11, No. 10 (2015).

Mably, Gabriel Bonnet de, Doutes proposés aux philosophes economistes, sur l'ordre naturel et essentiel des société politiques (La Haye: Chez Nyon, 1768).

Macaulay, Thomas Babington, The History of England from the Accession of James the Second. Popular Edition in Two Volumes, Vol. I (London: Longmans, 1889).

Macfarlane, Alan, "The Dimension of Famine", http://www.alanmacfarlane.com/savage/A-FAM.PDF (검색: 2021-12-19).

Mack, Jesse F., "The Evolution of Milton's Political Thinking". The Sewanee Review, Vol. 30, No. 2 (Apr., 1922).

Mackerras, Colin, Western Image of China (Hongkong·Oxford·New York: Oxford University Press, 1989).

Maddison, Angus, Monitoring the World Economy (Paris: OECD, 1995).

-----, The World Economy. Historical Statistics (Paris: Development Center of the OECD, 2003).

-----, Contours of the World Economy, 1-2030 AD (Oxford: Oxford University Press, 2007).

-----, "Historical Statistics for the World Economy: 1-2008 AD." (http//www.ggdc.net/ maddison/oriindex.htm. 최종검색일: 2012. 10. 19.

-----, "New Maddison Project Database" - "GDP pet capita". http www ggdc net maddison oriindex htm. 최종검색일: 2017년 2월 20일.

Madison, James, Federalist No. 47 "The Particular Structure of the New Government and the Distribution of Power Among Its Different Parts" (February 1, 1788). Alexander Hamilton, James Madison, and John Jay, Federalist Papers (New York: New American Library, 1961·2003).

-----, "The Same Subject Continued" (Federalist Paper No. 10). Alexander Hamilton, James Madison, and John Jay, The Federalist Papers (New York·London: New American Library, 1961·2003).

Magaillans, Gabriel, A New History of China (London: Printed for Thomas Newborough, 1688).

Maitland, Frederic William, The Constitutional History of England (Cambridge: At the University Press, 1908).

Major, R. H., "Introduction". Juan Gonzalez de Mendoza, The History of the Great and Mighty Kingdom of China and The Situation Thereof [1585)], with an Introduction by R. H. Major (London: Printed for the Hakluyt Society, 1853).

Makeham, John, China: The World's Oldest Living Civilization Revealed (London & New York: Thames & Hudson, 2008).

Malebranche, Avis touchant l'Entretien d'un philosophe chrétien avec un philosophe chinois (Paris: Chez Michel David, 1708).

Malthus, Thomas Robert, An Essay on the Principle of Population (London: J. Johnson, 1798), Chapter IV. Accessed from http://oll.libertyfund.org/title/311 on 2013-04-02.

Man, John, Gutenberg: How One Man Remade the World with Words (New York: John Willey and Sons, 2002).

-----, The Gutenberg Revolution (New York: Bantam Books, 2010).

Mandeville, Bernard, The Fable of the Bees or Private Vices, Publick Benefits [1714·1723] (Oxford: Claredon Press, 1924. Republished in 1988 by Liberty Fund, Inc.).

Marandi, Seyyed Mohammad, and Hossein Pirnajmuddin, "Imaginative Geography: Orientalist Discourse in Paradise". Pazhuhesh-e Zabanha-ye Khareji, No. 56, Special Issue, English, Spring 2010 [181-196].

Marco Polo (Ronald Latham, trans.), The Travels of Marco Polo (London: Penguin Books, 1958). 마르코 폴로(김호동 역주), 『동방견문록』(파주: 사계절, 2000 · 2017).

Marburg, Clara, Sir William Temple. A Seventeenth Century 'Libertin' (New Haven: Yale University Presss, 1932).

Markley, Robert, The Far East and The English Imagination, 1600-1730 (Cambridge: Cambridge University Press, 2006 · 2009).

Marsy, François Marie de, Histoire Moderne des Chinois, des Indiens, des Persans, ds Turcs, des Russiens & des Américaims, T.1 (Paris: Chez Saillant & Nyon [...], 1754).

Martin Luther College, "Schooling for Life - Martin Luther Educator". Kenneth A, Cherney, Jr. (ed.), Heritage and Hope: Essays in Honor of the 150th Anniversary of Wisconsin Lutheran Seminary (Mequon: Wisconsin: Wisconsin Lutheran Seminary Press, 2013).

Martini, Martino(Martinus Martinius), Sinicae Historiae, Decas Prima (Amstelaedami: Apud Joannem Blaev, MDCLIX[1659]).

Marx, Karl, und Friedrich Engels, Manifesto der Kommunistischen Partei [1848]. Marx Engels Werke (MEW), Bd.21 (Berlin: Dietz, 1979).

Marx, Karl, Das Manifest der Kommunistischen Partei [1848]. Marx Engels Werke (MEW), Bd.4 (Berlin: Dietz, 1979).

-----, Der Achtzehnte Brumaire des Luis Bonaparte [1852]. Marx Engels Werke (MEW), Bd.8 (Berlin: Dietz, 1979).

-----, Der Bürgerkrieg in Frankreich [1871]. Marx Engels Werke (MEW), Bd.17 (Berlin: Dietz, 1979).

-----, Das Kapital I-III. Marx Engels Werke (MEW), Bd.25 (Berlin: Dietz, 1979).

-----, Theorien über den Mehrwert, dritter Teil, Marx Engels Werke (MEW), Bd. 26.3 (Berlin: Dietz, 1979).

-----, "An Pawel Wassiliewitsch Annenkow" (28. Dezember 1846). MEW Bd. 27.

Mason, Simon, The Good and Bad Effects of Tea Considered (London: Printed for John Walkie, 1701·1758).

Mateo Ricci (Nicolas Trigault, ed.). De Christiana expeditione apud Sinas (Augsburg, 1615). 영역본: Luis J. Gallagher, China in the Sixteenth Century: The Journals of Matthew Ricci (New York: Random House, 1942·1953).

Maverick, Lewis A., "Pierre Poivre: Eighteenth Century Explorer of Southeast Asia". Pacific Historical Review (PHR), Vol.10 No.2 (Jun, 1941).

-----, China - A Model for Europe, Vol.II (San Antonio in Texas: Paul Anderson Company, 1946).

-----, "Introduction to Volume II". Lewis A. Maverick, China: A Model for Europe (San Antonio in Texas: Paul Anderson Company, 1946).

Mazudar, Sucheta, Sugar and Society in China (Cambridge, MA/London: Harvard University Press, 1998).

McCormick, Ken, "Sima Qian and Adam Smith", Pacific Economic Review (4: 1, 1999),

McDermott, Gerald R.. Jonathan Edwards Confronts the Gods (Oxford: Oxford University Press, 2000).

McDougall, William, An Introduction to Social Psychology (London: Methuen & Co. Ltd., 14th Edition. 1919; Republished, Ontario: Batoche Books, 2001).

McLynn, Frank, Crime and Punishment in 18th Century England (London: Routledge, 1989).

McNeill, William H., The Human Conditions: An Ecological and Historical View (Princeton: Princeton University Press, 1980).

-----, The Pursuit of Power: Technology, Armed Force, and Society since

A.D. 1000 (Chicago: Chicago University Pressl, 1982).

Mead, George Herbert, "The Self and the Process of Reflection" — "Supplementary Essays" [366~367쪽]. George Herbert Mead, Mind, Self & Society (Chicago·London: The University of Chicago, 1934).

Melon, Jean François (Anonyme), Essai politique sur le commerce (장소 및 출판사 불명, 1736).

Mendis, Patrick, Peaceful War (New York: University of America, 2014).

Mendoza, Juan Gonzalez de(Juan Gonzáles de Mendoza), Historia de las cosas mas notables, ritos y costumbres del gran Reyno de la China (1-2권, Roma, 1585; Madrid & Bercelona, 1586; Medina del Campo, 1595; Antwerp, 1596). 영역본: The Historie of the Great and Mightie Kingdome of China and The Situation Thereof: Together with the great riches, huge citties, politike governement, and rare invemtions in the same, the First and the Second Part, translated by R. Parke (London: Printed by I. Wolfe for Edward White, 1588). 19세기 영역본: The History of the Great and Mighty Kingdom of China and The Situation Thereof [1585)], with an Introduction by R. H. Major (London: Printed for the Hakluyt Society, 1853).

Menzel, Johana M., "The Sinophilism of J. H. G. Justi", Journal of the History of Ideas, Vol. 17, No. 3 (June 1956).

Meslier, Jean, Le Testament de Jean Meslier, 전집 T.1-3 (Amsterdam: La Librairie Étrangère, 1864). 영역본: Testament: Memoir of the Thoughts and Sentiments of Jean Meslier, translated by Michael Shreve (Amherst, NY: Prometheus Books, 2009).

Meynard, Thierry (ed. & trans.), Confucius Sinarum Philosophus [1687]. The Fist Translation of the Confucian Classics (Roma: Institutum Historicum Soietatis Iesu, 2011).

Mieck, Ilja, "I. Preußen von 1807 bis 1850. Reformen, Restauration und Revolution". Otto Büsch, Handbuch der Preussischen Geschichte. Band II: Das 19. Jahrhundert und Große Themen der Geschichte Preußens (Berlin·New York: Wakter de Gruyter, 1992).

Millar, Moorhouse F. X., "Introduction". Robert Bellarmine (K. E. Murphy, trans.), De Laicis or The Treatise on Civil Government (New York: Fordahm University Press, 1928).

Miller, John C., Alexander Hamilton and the Growth of the New Nation (New York·London: Harper & Row, Publishers, 1959).

Milton, John, Animadversions upon the Remonstration's Defence against Smectymnuus [1641]. The Prose Works of John Milton, vol.1 in 2 vols., edited by Rufus W. Griswold (Philadelphia: John W. Moore, 1847).

-----, Moscovia, or Relations of Moscovia. The Prose Works of John Milton, vol.2 in 2 vols., edited by Rufus W. Griswold (Philadelphia: John W. Moore, 1847).

-----, "Of Education" [1644]. John Milton, The Prose Works of John Milton, vol.1 in 2 vols., edited by Rufus W. Griswold (Philadelphia: John W. Moore, 1847).

-----, Areopagitica: a Speech for the liberty of unlicensed Printing, to the Parliament of England [1644]. The Prose Works of John Milton, vol.1 in 2 vols., edited by Rufus W. Griswold (Philadelphia: John W. Moore, 1847).

-----, The Tenure of Kings and Magistrates [1649]. The Prose Works of John Milton, vol.1 in 2 vols., edited by Rufus W. Griswold (Philadelphia: John W. Moore, 1847). 다른 버전: John Milton, The Tenure of Kings and Magistrates, Edited with introduction and notes by William Talbot Allison (New York: Henry Holt and

Company, 1911); John Milton, The Tenure of Kings and Magistrates [1649, 1650] (London: Printed by Mathew Simmons, 1949).

-----, Eikonoclastes[Εικονοκλεστης], In Answer to a Book, entitled, Eikon Basilike, the Portraiture of his sacred Majesty in his Solitudes and Sufferings [1649]. The Prose Works of John Milton, vol. 1 in Two Volumes [1847] (Philadelphia: John W. Moore, 1847).

-----, "Some Early Oratorical Performances (Prolusions)". John Milton, Complete Poems and Major Works, ed. by Meritt Y. Hughes, Vol. II (Indianapolis: Hackett, 1957, Reprint 2003).

-----, A Defence of the People of England, in Answer to Salmasius's Defence of the King [1652]. The Prose Works of John Milton, vol. 2 (Philadelphia: Printed by King & Baird, 1847).

-----, The Second Defence of the People of England, against an anonymous Libel, entitled, "The royal Blood crying to Heaven for Vengeance on the English Parricides" [1654]. The Prose Works of John Milton, vol. 2 in Two Volumes [1847] (Philadelphia: John W. Moore, 1847).

-----, "To Henry Oldenburgh" (June 25, 1656). The Prose Works of John Milton, vol.2 in 2 vols., edited by Rufus W. Griswold (Philadelphia: John W. Moore, 1847).

-----, A Treatise of Civil Power in Ecclesiastical Causes [1659]. The Prose Works of John Milton, vol.2 in 2 vols., edited by Rufus W. Griswold (Philadelphia: John W. Moore, 1847).

-----, The Ready and Easy Way to Establishing a Free Commonwealth, and the Excellence thereof, compared with the Inconveniencies and Dangers of Readmitting Kingship in this Nation [1660]. John Milton, The Prose Works of John Milton, vol.2 in Two Volumes (Philadelphia: John W. Moore, 1847).

----, Paradise Lost [1667]. John Milton, The Poetical Works of John Milton. Edited after the Original Texts by H. C. Beeching (Oxford: At the Clarendon Press, 1900). 1809년 버전: John Milton, The Paradise Lost. The Poetical Works of John Milton, Vol III in seven volumes, edited and noted by Henry J. Todd (London: Printed for J. Johnson et al., 1809).

Mirabeau, Honoré Gabriel Riqueti, Comte de, Considerations sur l'ordre de Cincinnatus, ou Imitation d'un Pamphlet Anglo-Américain (Londres: Chez J. Johnson, St. Paul's Church-Yard, 1784).

Mokyr, Joel, The Lever of Riches: Technological Creativity and Economic Progress (Oxford/New York: Oxford University Press, 1990).

Montaigne, Michel de, "Of Experience". The Essays of Michael Lord of Montaigne [1571-1592] Vol. 3 in three volumes (London: Oxford University Press, 1906·1924).

Montesquieu (Anonyme), De l'espirit des loix (A Geneve: Chez Barrilot & Fils, 1748). 1757년 개정증보판: Anonyme, De l'espirit des loix, Nouvelle Édition, Revue, corrigé, & considéablement augmetée par l'auteur [신판, 저자에 의해 교열되고 수정되고 엄청나게 증보됨] (A Paris: Huarte et Moreau, 1757, sous l'adresse de A Londres: Chez Nourse, 1757). 영역판: The Spirit of the Laws, translated and edited by Anne M. Cohler·Basia-Carolyn Miller·Harold Samuel Stone (Cambridge·New York etc.: Cambridge University Press, 1989·2008).

-----, Persian Letters [1721], trans. by M. Mauldon (Oxford: Oxford University Press, 2008).

Moore, J. T., "Locke on Assent and Toleration"(1978). Richard Ashcraft (ed.), John Locke. Critical Assessments. Vol. II (London·New York: Routledge, 1991).

Morley, John, The Life of Richard Cobden, Vol.1 in 2 vols. (London: Macmillan and Co., Ltd., 1908).

Morrill, John, "The Sensible Revolution". Jonathan I. Israel (ed.), The Anglo-Dutch Moment (Cambridge: Cambridge University Press, 1991·2003).

Morrison, A. J., The Beginnings of Public Education in Virginia, 1776-1860 - Study of Secondary Schools in Relation to the State Literary Fund (Richmond: Davis Bottom, Superintendent of Public Printing, 1917).

Morrison, I., "Climate". M. Lynch (ed.), Oxford Companion to Scottish History (Oxford: Oxford University Press, 2011).

Morse, Hosea B., The Trade and Administration of the Chinese Empire (London: Longmans, Green, and Co., 1908).

-----, The Gilds of China (London: Longsman, Green and Co., 1909).

-----, The Chronicles of The East India Company Trading to China 1635-1834, 5 vols. (Oxford: Clarendon, 1926·1929).

Morse, Jedidiah, The American Universal Geography, A View of the Present State of all the Empires, Kingdoms, States and Republics in the Word, and of the United States of America in Particular, Part II(Boston: By Isaiah Thomas and Ebenezer T. Andrews, 1793, 3th Edition, 1801).

Mossner, Ernst Campbell, The Life of David Hume (Oxford: Clarendon Press, 1954·1980).

Mueller, Hans-Eberhard, Bureaucracy, Education, and Monopoly: Civil Service Reforms in Prussia and England (Berkeley: University of California Press, 1984).

Mungello, David E., Leibniz and Confucianism: The Search for Accord (Honolulu: The University Press of Hawaii, 1977).

-----, "Malebranche and Chinese Philosophy", Journal of the History of

Ideas, 41:4(Oct.-Dec., 1980).

-----, Drowning Girls in China: Female Infanticide since 1650 (Rowman & Littlefield, 2008).

Murphy, Rhoads, The Treaty Ports and China's Modernization: What weht Wrong? (Ann Arbor, Michigan: Center for Chinese Studies, 1970).

-----, "Provisioning Istanbul: The State and Subsistance in the Early Modern Middle East". Food and Foodways 2 (1988).

Myers, Ramon H., The Chinese Peasant Economy: Agricultural Development in Hopei and Shantungm 1890-1949 (Cambridge: Harvard University Press, 1970).

-----, "How Did the Modern Chinese Economy Develop?", The Journal of Asian Studies 50, 3 (Aug. 1991).

Myers, Ramon, and Yeh-chien Wang, "Economic Development, 1644-1800". Willard J. Peterson (ed.), The Cambridge History of China, vol.9, part 1, The Ch'ing Empire to 1800 (Cambridge: Cambrige University Press, 2002).

Naquin, Susan, and Evelyn S. Rawski, Chinese Society in the Eighteenth Century (New Haven·London: Yale University Press, 1987).

Nathan, Andrew J., "Imperialism's Effects on China". Bulletin of Concerned Asian Scholars 4(1972).

Navarrete, Dominick F. (Domingo F. Navarrete), Tratados Historicos, Politicos, Ethicos, y Religiosos de la Monarchia de China (Madrid, 1676). 영역본: An Account of the Empire of China [Spanish: 1676] (London: Lintot, Osborn, 1681).

Needham, Joseph, "Science and China's Influence on the World". Raymond Dawson (ed.), The Legacy of China (Oxford·London·New York: Oxford University Press, 1964·1971).

Needham, Joseph, and Tsien Tsuen-Hsuin(錢存訓, contributor), Science and Civilization in China, Vol. 5(1): Paper and Printing (Cambridge: Cambridge University Press, 1985).

Needham, Joseph, and Peter J. Golas (contributor), Science and Civilization in China, Vol. 5(13): Mining (Cambridge: Cambridge University Press, 1999).

Neumann, J., & S. Lindgrén, "Great Historical Events That Were Significantly Affected by the Weather: 4, The Great Famines in Finland and Estonia, 1695-97". Bulletin of the American Meteorological Society, 60-7((1979): [775-787쪽].

Neville, Grace, "Remembering and Forgetting the Great Famine in France and Ireland". New Hibernia Review, Vol.16-4 (2012).

Neville, N., and H. Bell, Report of the Mission to China of the Blackburn Chamber of Commerce, 1896－7 (Blackburn: The North-East Lancashire Press, 1898).

Newton, Hannah, "The Dying Child in Seventeenth Century England". Pediatrics (July 2015).

Newton, Isaac, Philosophiae Naturalis Principia Mathematica (Principia) (1687). Mathematical Principles of Natural Philosophy and System of the World (1729). Vol. I.II, trans. by A. Motte in 1729, revised, and supplied with an appendix, by F. Cajori (Berkeley.Los Angeles. London: University of California Press, 1934.1962).

Nicholls, George, A History of the English Poor Law in Connection with the State of the Country and the Condition of the People, Volume II: A.D. 1714 to 1853 (New York: G. P. Putnam's Sons, 1898).

Nielsen, Randall, "Storage and English Government Intervention in Early Modern Grain Markets", The Journal of Economic History, Vol. 57, No. 1 (Mar., 1997): [1-33쪽].

Nieuhoff, John, An Embassy from the East-Indian Company of the United

Provinces to the Grand Tatar Cham, Emperour of China (London: Printed by John Mocock, for the Author, 1669). 화란어 원본: Joan Nieuhof, Het gezantschap der Neêrlandtsche Oost-Indische Compagnie, aan den grooten Tartarischen Cham, den tegenwoordigen keizer van China (Amsterdam: Jacob van Meurs, 1655).

Niggerman, Ulrich, "Some Remarks on the Origins of the Term 'Glorious Revolution'", The Seventeenth Century, Vol. XXVII, No.4 (Dec. 2012).

Nipperdey, Thomas, Deutsche Geschichte 1800-1866; Bürgerwelt und starker Staat (München: C.H.Beck, 1983).

Norberg, Kathryn, Rich and Poor in Grenoble 1600-1814 (Berkeley: University of California Press, 1985).

Nordstrom, Byron J., The History of Sweden (Westport:Greenwood Press, 2002).

Noël, François, Sinensis imperii livre classici sex (Pragae: Typis Universitatis Carlo-Ferdinandeae, 1711).

Norton, David F., "Introduction". David Hume, A Treatise of Human Nature (Oxford: Oxford University Press, 2007).

Ogg, Frederic Austin, The Governments of Europe (New York: The MacMillan Company, 1916).

Oncken, August, Die Maxime Laissez faire et laissez passer, ihr Ursprung, ihr Werden (Bern: K. J. Wyß, 1886).

-----, Der ältere Mirabeau und die Ökonomische Gesellschaft in Bern (Bern: K.J. Wyß, 1886).

Onfray, Michel, "Preface - The War Song of an Atheist Priest". Jean Meslier, Testament: Memoir of the Thoughts and Sentiments of Jean Meslier, translated by Michael Shreve (Amherst, NY:

Prometheus Books, 2009).

Osbeck, Peter, A Voyage to China and East Indies, Together with A Voyage to Suratte, by Olof Toreen, and An Account of the Chinese Husbandry by Captain Charles Gustavus Eckeberg, Vol. II (London: Benjamin White, 1771)

Osterhammel, Jürgen, China und Weltgesellschaft: Vom 18. Jahrhundert bis in unsere Zeit (München: C. H. Bech'sche Verlagbuchhandlung, 1989).

-----, Unfabling the East: The Enlightenment's Encounter with Asia (Princeton: Princeton University Press, 2018).

Pain, Thomas, The Rights of Man(1791), part 4 0f 16. Copyright © 1999-2019 by the Independence Hall Association, a nonprofit organization in Philadelphia, Pennsylvania, founded in 1942. Publishing electronically as ushistory.org. On the Internet since July 4, 1995.

-----, "A Letter to Mr. Erskine" (Without date). The Writings of Thomas Paine, Vol. IV (1791-1804). Collected and edited by Moncure Daniel Conway (New York: G. P. Putnam's Sons, 1896·1908; London: The Knickerbocker Press, 1908).

Parker, Edward H., China: Past and Present (London: Chapman & Hall, Ld., 1903).

Passmore, John A., The Perfectibility of Man (Indianapolis: Liberty Fund, 1970·2000).

Percy, Thomas (Anonym), Hau Kiou Choaan, or The Pleasing History, Vol. 4 of Four Vols. (London: Printed for R. and J. Dodsley, 1761).

-----, "A Collection of Chinese Proverbs and Apothegms", ed. by Percy. The Supplement to Thomas Percy, Hau Kiou Choaan, or The Pleasing History, Vol. 4 of Four Vols. (London: Printed for R. and J. Dodsley,

1761).

Pereira, Galeote, Certain Reports of China, learned through the Potugals there imprisoned, and chiefly by the relation of Galeote Pereira, a gentleman of good credit, that lay prisoner in that country many years. Charles R. Boxer (ed), South China in the sixteenth century: being the narratives of Galeote Pereira, Fr. Gaspar da Cruz, O.P. [and] Fr. Martín de Rada, O.E.S.A. (1550-1575), Issue 106 of Works issued by the Hakluyt Society (Printed for the Hakluyt Society, 1953·2017).

Perkins, Dwight H., "Growth and Changing Structure of China's Twentieth-Century Economy". Dwight H. Perkins (ed.), China's Modern Economy in Historical Perspective (Stanford: Stanford University Press, 1975).

Peterson, Merrill D., Thomas Jefferson and the New Nation (Oxford and New York: Oxford University Press, 1970).

Peterson, Willard, "Learning from Heaven: the introduction of Christianity and other Western ideas into the Ming China", in: Denis Twitchett and Frederick W. Mote (ed.), The Cambridge History of China, Volume 8, The Ming Dynasty, 1368-1644, Part 2 (Cambridge: Cambridge University Press, 1998, 2007).

-----, "Confucian Learning in Late Ming Thought". Denis Twitchett and Frederick W. Mote (ed.), The Cambridge History of China, Volume 8, The Ming Dynasty, 1368-1644, Part 2 (Cambridge: Cambridge University Press, 1998·2007).

Perkins, Dwight H., Agricultural Development in China, 1368-1968 (Chicago: Aldine, 1-969).

Philips, Clairie, "Child Abandonment in England 1744-1834: The Case of the London Foundling Hospital", Genealogy 3: 3, 35(2019).

Pinto, Fernão Mendes, The Travels of Mendes Pinto [1614], edited and translate by Rebecca D. Catz (Chicago: University of Chicao, 1989).

-----, "Observation of China and other Easterne Parts of the World, taken from Fernam Mendez Pinto his Peregrination". Samuel Purchas, Hakluytus Posthumus, or Purchas his Pilgrimes, 4 volumes [1625], Reprint [1906], 20 volumes (Glasgow: Printed at the University of Glasgow Press, 1906). Chapter 2 (59-141쪽).

Platon, Gesetze. Platon Werke (Darmstadt: Wissenschaftliche Buchgesellschaft, 1977).

-----, Der Staatsmann. Platon Werke (Darmstadt: WB, 1977).

Pocock, John G. A., The Ancient Constitution and the Feudal Law. A Study of English Historical Thought in the Seventeenth Century (Cambridge·New York: Cambridge University Press, 1957, 1987).

Poivre, Pierre, Voyages d'un philosophe ou observations sur les moeurs et les arts des peuples de l'Afrique, de l'Asie et de l'Amerique (Yverdon: chez M. le Professeur de Felice, & à Paris, chez Desaint, Libraire rue du Foin Saint Jacques, 1768).

Polanyi, Karl, The Great Transformation (Beacon Press, 2002).

Polo, Marco (Ronald Latham, trans.), The Travels of Marco Polo (London: Penguin Books, 1958). 마르코 폴로, 『동방견문록』(파주: 사계절, 2000·2017).

Pomeranz, Kenneth, "'Traditional' Chinese Business Forms Revisited: Family, Firm, and Financing in the History of the Yutang Company of Jining, 1779-1956". Lated Imperial China 18:1 (June 1997).

-----, The Great Divergence: China, Europe, and the Making of the Modern World Economy (Princeton: Princeton University Press, 2000).

Pomeranz, Kenneth, and Steven Topik, The World that Trade Created (New York: M. E. Sharpe, 2013).

Ponting, Clive, World History (London: Chatto and Widus, 2000).

Popkin, Richard A. (ed.), Pierre Bayle, Historical and Critical Dictionary (Indianapolis·Cambridge: Hackett Publishing Company, 1991).

Porter, David, "Sinicizing Early Modernity: The Imperatives of Historical Cosmopolitanism". Eighteenth-Century Studies, Vol. 43, No. 3 (Spring 2010) [299-206쪽].

-----, Ideographia. The Chinese Cipher in Early Modern Europe (Stanford, CAL: Stanford University Press, 2001).

Possevini, Antonio, Bibliotheca selecta Qua agitur de Ratione Studiorum in Historia, in Disciplinis, in Salute omnium procuranda (Romae: Typographia Apostolica Vaticana, 1593).

Potter, Jack M., Capitalism and the Chinese Peasant (Berkley: University of California Press, 1968).

Power, Edward J., Educational Philosophy ⁻ A History from the Ancient World to Modern America (New York & London: Garland Publishing, 1996).

Price, Arnold H., The Evolution of the Zollverein: A Study of the Ideals and Institutions Leading to German Economic Unification between 1815 and 1833 (Ann Arbor: University of Michigan Press, 1949).

Priddat, Birger P., Le concert universel. Die Physiokrarie — Eine Transformationsphilosophie des 18. Jahrhunders (Marburg: Metropolis-Verlag, 2001).

Psarros, Nikos. "The Political Philosophy of St. Thomas Aquinas in comparison to the political Ideas of St. Augustine and al-Farbi: Three Rationalist Conceptions", Conference Paper (June 2018).

Pufendorf, Samuel von, De statu imperii Germanici [1667]. 영역본: The Present State of Germany [1696] (Indianapolis: Liberty Fund, 2007).

-----, De jure naturae et gentium [1672], 영역본: Of the Law of Nature and Nations (London: Printed for J. Walthoe et al., The Fourth Edition 1729).

-----, De officio hominis er civis juxta legem naturem [1673]. 영역본: The Whole Duty of Man According to the Law of Nature (Indianapolis: Liberty Fund, 2003).

Purchas, Samuel, Purchas, his Pilgrimage. Or Relations of the World and the Religions observed in all Ages and Places discovered from the Creation unto this Present (London: Printed by William Stansby for Henrie Fetherstone, 1613 · 1614).

-----, Hakluytus Posthumus, or Purchas his Pilgrimes, 20 volumes [1625] (Reprint; Glasgow: Printed at the University of Glasgow Press, 1906).

Qian Zhongshu(錢鐘書), "China in the English Literature of the Seventeenth Century", 60쪽. Adrian Hsia (ed.), The Vision of China in the English Literature of the Seventeenth and Eighteenth Centuries (Hong Kong: The Chinese University of Hong Kong Press, 1998).

Quesnay, François, Le Despotisme de la Chine (Paris: 1767). 영역본: Despotism in China, 168쪽. Lewis A. Maverick. China - A Model for Europe, Vol.II (San Antonio in Texas: Paul Anderson Company, 1946). 국역본: 프랑수아 케네(나정원 역), 『중국의 계몽군주정』 (서울: 앰-애드, 2014).

-----, "Extract from the Royal Economic Maxims of M. de Sully" (Third Edition), 격률 14. François Quesnay, Tableau économique, edited and introduced by Marguerite Kuczynski and Ronald L. Meek (London: MacMillan, New York: Augustus M. Kelley Publishers, 1972).

------, Tableau économique (1758), edited and introduced by Marguerite Kuczynski and Ronald L. Meek (London: MacMillan, New York:

Augustus M. Kelley Publishers, 1972). 프랑수아 케네(김재훈 역), 『경제표』(서울: 지식을만드는지식, 2010).

-----, "Fermiers — Pächter". Jean Le Rond d'Alembert, Denis Diderot u.a., Enzyklopädie (Frankfurt am Main: Fischer Verlag, 1989).

-----, "Grains — Korn". Jean Le Rond d'Alembert, Denis Diderot u.a., Enzyklopädie (Frankfurt am Main: Fischer Verlag, 1989).

Quesnay, François, & Victor de Riquetti, Le Marquis de Mirabeau (Anonyme), Philosophie Rurale, ou Économie générale et politique de l'agriculture, Tome deuxième en trois tomes (Amsterdam: Chez Les Libraires Associée, 1763·1764).

Qui Pengsheng (邱澎生), "The Discourse on Insolvency and Negligence in Eighteenth Century China", 130쪽. Robert Hegel and Katherine Carlitz (eds.), Writing and Law in Late Imperial China (Seattle: University of Washington Press, 2007).

Rada, Martin de. "Relation of the Things of China which is properly called Taybin" [1575]. Charles R. Boxer (ed), South China in the sixteenth century: being the narratives of Galeote Pereira, Fr. Gaspar da Cruz, O.P. [and] Fr. Martín de Rada, O.E.S.A. (1550-1575), Issue 106 of Works issued by the Hakluyt Society (Printed for the Hakluyt Society, 1953·2017).

-----, "Narative of the Mission to Fukien, June-October, 1575". Charles R. Boxer (ed), South China in the sixteenth century: being the narratives of Galeote Pereira, Fr. Gaspar da Cruz, O.P. [and] Fr. Martín de Rada, O.E.S.A. (1550-1575), Issue 106 of Works issued by the Hakluyt Society (Printed for the Hakluyt Society, 1953·2017).

Radbill, Samuel X., "A history of child abuse and infanticide". Suzanne K. Steinmetz and Murray A. Straus (ed.), Violence in the Family (New York: Dodd, Mead & Co., 1974).

Ramsey, Rachel, "China and the Ideal of Order in John Webb's An Historical Essay …", Journal of the History of Ideas, Vol. 62, No. 3 (Jul., 2001).

Rand, Benjamin. The Life, Unpublished Letters, and Philosophical Regimen of Anthony, Earl of Shaftesbury (London: Swan Sonnenschein & Co. Lim; New York: The MacMillan Co. 1900).

Ranke, Leopold von, History of England Principally in the Seventeenth Century, Vol. V (London: At the Clarendon, 1875).

Rathbone, Mark, "Vagabond!". History Review, Issue 51 (March 2005).

Rawski, Thomas G., Economic Growth in Prewar China (Berkeley: University of California Press, 1989).

Ray, P. Orman, Major European Governments (Boston·London: Ginn and Company, 1931).

Reader, John, Cities (Atlantic Monthly Press, 2005).

Régis, Pierre-Sylvain, (Anonym), "Confucius Sinarum philosophus, sive scientia Sinensis (…) à Paris chez Daniel Horthemels, ruë" saint Jaxques". Le Journal des Sçavans, 5. Janvier M. DC. LXXXVIII(1688).

Regis, Pere Jean-Baptiste, "Geographical Observations on the Kingdom of Corea"; "An Abridgement of the History of Corea". P. Du Halde, The General History of China. Containing a Geographical, Historucal, Chronological, Political and Physical Description of the Empire of China, Chinese-Tartary, Corea and Thibet, Vol. 4 (London: Printed by and for John Watts, 1736).

Reichwein, Adolf, China und Europa im Achtzehnten Jahrhundert (Berlin: Oesterheld Co. Verlag, 1922). 영역본: Reichwein, China and Europe — Intellectual and Artistic Contacts in the Eighteenth Century (London·New York: Kegan Paul, Trench, Turner & Co., LTD and

Alfred A. Knopf, 1925).

Reiners, Ludwig, Bismarcks Aufstieg 1815‑64 (München: C.H. Beck, 1956).

Reinert, Erik, "Johann Heinrich Gottlob von Justi (1717-1771) ‑ The Life and Times of an Economist Adventurer". https://www.researchgate.net › publication › 227129396_(검색일: 2021년 9월 7일).

Richter, Susan, "Der Monarch am Pflug ‑ Von der Erweiterung des Herrschaftsverhältnisses als erstem[sic!] Diener zum ersten Landwirt des Staates", Das Achzehnte Jahrhundert, 34, No. 1 (2010).

Richter, Werner, Bismarck (New York: G. P. Putnam's Sons, 1965).

Riley, Patrick, "Introduction". Gottfried W. Leibniz, Political Writings (Cambridge: Cambridge University Press, 1972·2006).

-----, "Leibniz's Political and Moral Philosophy in the Novissima Sinica, 1699-1999". Journal of the History of Ideas, Vol.60, No.2 (April, 1999).

Rimlinger, Gaston V., Welfare Policy and Industrialization in Europe, America, and Russia (New York: Wiley & Son, 1971).

Ringer, Fritz, Education and Society in Modern Europe (Bloomington: Indiana University Press, 1978).

Robert, Allen, "Agricultural Productivity and Rural Incomes in England and the Yangtze Delta, c. 1620-c.1820". Economic History Review 62 (2009).

Robins, Richard G., Jr., Famine in Rissia, 1891-92: The Imperial Government Responds to a Crisis (New York: Columbia University Press, 1975).

Robinson, Maxim, Islam and Capitalism (Austin: University of Texas Press, 1978).

Rodzinski, Witold, A History of China (Oxford: Pergamon Press, 1979).

Roger, N. A. M., The Command of the Ocean: A Naval History of Britain

1649-1815 (London: Penguin, 2006).

Rosemont, Henry, Jr., "Kierkegaard and Confucius: On Finding the Way", Philosophy East and West, Vol.36, No.3 (Jul., 1986).

Rotberg, Robert I., & Theodore K. Rabb, Climate and History: Studies in Interdisciplinary History (Princeton: Princeton University Press, 2014).

Rothschild, Emma, Economic Sentiments — Adam Smith, Condorcet, and the Enlightenment (Cambridge, MA: Harvard University Press, 2001).

Rousseau, Jean-Jacques, The Social Contract. Jean-Jacques Rousseau, The Social Contract and Discourses. Translated and introduced by G. D. H. Cole. Revised and augmented by J. H. Brumfitt and John C. Hall. Updated by P. D. Jimack (London.Vermont: J. M. Dent Orion Publishing Group, 1993).

-----, A Discourse on the Origin of Inequality [1755]. Jean-Jacques Rousseau, The Social Contract and Discourses (1993).

Rowe, William, "Domestic Interregional Trade in Eighteenth-Century China". Leonard Blussé and Femme Gaastra (eds.), On the Eighteenth Century as a Category of Asian History (Aldershot: Ashgate, 1998).

Rowbotham, Arnold H., "The Impact of Confucianism on Seventeenth Century Europe". The Far Eastern Quarterly, Vol. 4, No. 3 (May, 1945).

Ruiz, Teofilo F., Medieval Europe: Crisis and Renewal (Chantilly, Virginia: The Teaching Company, 1997).

Rush, Benjamin, "On Slave-Keeping" [1773]. Benjamin Rush, The Selected Writings Of Benjamin Rush, edited by Dagobert D. Runes (New York: Open Road Media, 1946·2015).

Ruskola, Taemu, Legal Orientalism - China, the United States, and Modern

Law (Cambridge: Harvard University Press, 2013).

Russell, Josiah Cox, Late Ancient and Medieval Population (The American Philosophical Society: Philadelphia, 1958).

Ryan, John A., and Moorhouse F. X. Millar, The State and the Church (New York: The MacMillan Company, 1922).

Sabor, Peter (ed.), Horace Walpole: The Critical Heritage (London/New York: 1987. Reprinted by Routledge, 1995).

Santangelo, Polo, "The Imperial Factories of Suzhou: Limits and Characteristics of State Intervention during the Ming and Qing Dynasties". S. R. Schram (ed.), The Scope of State Power in China (London·Hong Kong: School of Oriental and African Studies University of London/The Chinese University Press The Chinese University of Hong Kong, 1985).

Sargent, A. J., Anglo-Chinese Commerce and Diplomacy (Oxford: At the Clarendon Press, 1907).

Schaaf, Gregory, Franklin, Jefferson, and Madison: On Religion and the State (Santa Fe: CIAC Press, 2004).

Scheler, Max, Wesen und Formen der Sympathie (1912년 초판의 제목을 바꾼 증보판, 1922), hrg. v. Manfred S. Frings (Bern.München: Francke Verlag, 1973 [6. Aufl.]).

Schneewind, Sarah, "Thomas Jefferson's Declaration of Independence and King Wu's First Great Pronouncement", Journal of American-East Asian Relations 19 (2012).

Schönfeld, Martin, "From Socrates to Kant — The Question of Information Transfer", Journal of Chinese Philosophy 67-69 (2006).

Schopenhauer, Arthur, Die Welt als Wille und Vorstellung. Arthur Schopenhauer Sämtliche Werke, Band I (Frankfurt am Main: Suhrkamp, 1986).

-----, Preisschrift über die Grundlage der Moral (1840 · 1860). Arthur Schopenhauer Sämtliche Werke, Band III.

-----, 'Sinologie'. Über den Willen in der Natur (1836·1854). Arthur Schopenhauer Sämtliche Werke, Bd. III (Frankfurt am Main: Suhrkamp, 1986).

Schottenhammer, Angela, "Brokers and 'Guild' (huiguan) organizations in China's Maritime Trade with Japan in the High Qing". Billy K. L. So (ed.), The Economy of Lower Yangzi Delta in Late Imperial China (Oxford: Routledge, 2013).

Schuchard, Keith, Restoring the Temple of Vision: Cabalistic Freemasonry and Stuart (Leiden: Brill, 2002).

Schuster, Ingrid, Faszination Ostasien. Zur kulturellen Interaktion Europa-Japan-China (Bern·Berlin: Peter Lang, 2007).

Schwartz, Robert M., Policing the Poor in Eighteenth-Century France (Chapel Hill: The University of North Carolina Press, 1988).

Schwoerer, Lois G., "Propaganda in the Revolution of 1688-89". The American Historical Review, vol.82, no.4 (1977).

Scogin, Hugh, "Poor Relief in Northern Sung China", Oriens Extremus, 25.1 (1978).

Semedo, Alvaro (Alvarez Semedo), Imperio de la China y Cultura Evangelica en el por les Religios de la Compania de Jesus (Madrid: 1642). 영역본: The History of the Great and Renowned Monarchy of China (London: Printed by E. Taylor for John Crook, 1655).

Sen, Amartya, "Famines", World Development 8 (1980).

Senn, Peter, "What is the Place of Christian Wolff in the History of the Social Sciences?". European Journal of Law and Economics, 4 (1997).

Shackleton, Robert, Montesquieu: A Critical Biography (Oxford: Oxford University Press, 1961).

Shaftesbury, Anthony, Third Earl of, (Anthony Ashley Cooper), Sensus Communis: An Essay on the Freedom of Wit and Humour [1709]. Anthony, Third Earl of Shaftesbury, Characteristicks of Men, Manners, Opinions, Times [1711·1732], Vol. Im in 3 vols. Edited by Douglas Den Uyl (Indianapolis: Liberty Fund, 2001).

-----, "Letter to Jacques Basnage" (January 21, 1707). Shaftesbury, The Life, Unpublished Letters, and Philosophical Regimen of Anthony, Earl of Shaftesbury. Edited by Benjamin Rand (London: Swan Sonnenschein & Co. Lim; New York: The MacMillan Co. 1900).

-----, "To Mr. Darby" (Feb. 2, 1708). Shaftesbury, The Life, Unpublished Letters, and Philosophical Regimen of Anthony, Earl of Shaftesbury. Edited by Benjamin Rand (London: Swan Sonnenschein & Co. Lim; New York: The MacMillan Co. 1900).

-----, An Inquiry Concerning Virtue, or Merit [1713]. Anthony Ashley Cooper, Third Earl of Shaftesbury, Characteristicks of Men, Manners, Opinions, Times [1711·1713·1732], Vol. II in 3 vols. (Indianapolis: Liberty Fund, 2001).

-----, The Moralists, a Philosophical Rhapsody. Shaftesbury, Characteristicks of Men, Manners, Opinions, Times, Vol. II. D.

Shaw, John, World Food Security: A History since 1945 (New York: Palgrave MacMillan, 2007).

Shiue, Carol H., "Local Granaries and Central Government Disaster Relief: Moral Hazard and Intergovernmental Finance in Eighteenth- and Nineteenth-Century China", The Journal of Economic History, Vol.64, No.1 (Mar. 2004) [100-124쪽].

-----, "The Political Economy of Famine Relief in China, 1740-1820", Journal of Interdisciplinary History, XXXVI: I(Summer, 2005) [33-55쪽].

Silhouette, Etienne de (Anonyme), Idée générale du gouvernment et de la morale des Chinoise, Tirée particuliérement des Ouvrage de Confucius (Paris: Chez Quillau, 1729·1731).

-----, La balance chinoise, ou lettres d'un chinois lettré, sur l'education (Amsterdam & Leipzig: Chez J. Schreuder & P. Mortier, 1763; Londres: Chez Jean Nourse et Bruxelles, chez J. van den Berghen & Pierre Vasse, 1768).

Sima, Richard J., "How the Cold Climate Shaped Scotland's Political Climate". Eos (4 February 2020).

Simans, M. Eugene, Colonial South Carolina: A Political History, 1663-1763 (Chapel Hill: University of North Carolina Press, 1966).

Sirluck, Ernest, "Milton's Political Thought: The First Cycle", Modern Philology, Vol. 61, No.2 (Feb., 1964).

Sivin, Nathan, "Science and Medicine in Chinese History". Paul S. Ropp (ed.), Heritage of China (Berkeley·Los Angeles: University of California Press, 1990).

Skinner, Quentin, "The Ideological Context of Hobbes's Political Thought". The Historical Journal, 9:3 (1966).

Skinner, G. William, "Marketing and Social Structure in Rural China", Journal of Asian Studies XXIV: 1 (Nov. 1964).

Slack, Paul, The English Poor Law 1531-1782 (Cambridge: Cambridge University Press, 1995).

Smith, Adam, An Inquiry into the Nature and Causes of the Wealth of Nations (Wealth of Nations) [1776], two volumes. Edited by R. H. Campbell and A. B. Skinner, textually edited by W. B. Todd (Glasgow·New York·Toronto: Oxford University Press, 1976).

-----, The Theory of Moral Sentiments. Edited by Knud Haakonssen (Cambridge·New York: Cambridge University Press, 2000·2009).

-----, "History of Astronomy". Adam Smith, Essays on Philosophical Subjects (Indianapolis: Liberty Classics, 1982).

Smith, George H., "Freethought and Freedom: Jean Meslier", Libertarianism (Jul. 31st 2015).

Smith, Joanna Handlin, The Art of Doing Good: Charity in Late Ming China (Berkeley·Los Angeles·London: University of California Press, 2009).

Smout, T. C., "Land and sea: the environment". T. M. Devine and J. Wormald (eds), The Oxford Handbook of Modern Scottish History (Oxford: Oxford University Press, 2012).

So, Billy K. L. (蘇基朗), "Economic Values and Social Space in the Historical Lower Yangzi Delta Market Economy". Billy K. L. So (ed.), The Economy of Lower Yangzi Delta in Late Imperial China (Oxford: Routledge, 2013).

----- (ed.), The Economy of Lower Yangzi Delta in Late Imperial China (Oxford: Routledge, 2013).

Speck, William Arthur, Reluctant Revolutionaries. Englishmen and the Revolution of 1688 (Oxford: Oxford University Press, 1989).

Speer, William, The Oldest and the Newest Empire — China and the United States (Cincinnati: National Publishing Company; Chicargo: Jones, Junkin & Co., 1870).

Spence, Jonathan D., The Search for Modern China, Vol. 1 (New York: W. W. Norton, 1990). 국역본: 조너선 D. 스펜스 『현대중국을 찾아서(1)』(서울: 이산, 1998·2016).

Stan, Carsten, & Henning Melber (ed.), Peace Diplomacy, Global Justice and international Agency, Rethinking Human Security and Ethics in the Spirit of Dag Hammarskjöld (Cambridge: Cambridge University Press, 2014).

Staunton, George L., An Authentic Account of an Embassy from the King of Great Britain to the Emperor of China, Vol. 2 ((London: Printed for G. Nicol, Bookseller to His Majesty, 1797).

Steele, Richard, "From my own apartment, August 4." The Tatler, No. 207 (5 August 1710). Donald F. Bond (ed.), The Tatler, 3 Vols., Vol. 3 (Oxford, 1987).

Steensma, Robert C., Sir William Temple (Farmingto Hills in Machigan: Twayne Publishers, 1979).

Stephen, Leslie, History of English Thought in the Eighteenth Century, in two volumes, Vol. I-II (London: Smith, Elder & Co., 1876·1881).

Suárez, Francisco, A Treatise on Laws and God the Lawgiver [1612]. Selections from Three Works, translated by Gwladys L. Williams, Ammi Brown, and John Waldron (First published in 1944 by the Carnegie Endowment for International Peace. Indianapolis: Liberty Fund, 2014).

-----, A Defence of the Catholic and Apostolic Faith [1613]. Francisco Suárez, Selections from Three Works, ed. by Thomas Pink (Indianapolis: Liberty Fund, Inc., 2014).

Sun, Jian, 『中国经济通史』. Economic history of China, Vol 2 (1840−1949) (Beijing: China People's University Press, 2000).

Suttie, Ian Dishart, The Origins of Love and Hate (Oxford·New York: Routledge, 1935; 1999·2001 reprinted; Digital Printing 2007).

Swift, David E., "Thomas Jefferson, John Holt Rice and Education in Virginia, 1815-25", Journal of Presbyterian History, 49: 1 (Spring, 1971).

Tan Min, "The Chinese Origin of Physiocratic Economics". Cheng Lin, Terry Pech and Wang Fang (ed.), The History of Ancient Chinese Economic Thought (London: Routledge, 2014).

Tang Lixing, Merchants and Society in Modern China. From Guild to

Chamber of Commerce (London/New York: Routledge, 2018).

Tang Renwu, "A Comparison between Confucian and Daoist Economic Philosophies in the pre-Qin Era". Cheng Lin, Terry Pech and Wang Fang (ed.), The History of Ancient Chinese Economic Thought (London: Routledge, 2014).

Tanner, J. R., English Constitutional Conflicts of the Seventeenth Century 1603-1689 (Cambridge: Cambridge University Press, 1928, reprinted: 1971, digitally printed: 2008).

Tao, Ma, "Confucian Thought on the Free Economy". Cheng Lin, Terry Pech and Wang Fang (ed.), The History of Ancient Chinese Economic Thought (London: Routledge, 2014).

Tarkow, I. Naamani, "The Significance of the Act of Settlement in the Evolution of English Democracy". Political Science Quarterly, Vol. 58, No. 4 (Dec., 1943).

Tarter, Brent. "Mason, George", American National Biography (February 2000), Retrieved March, 16, 2021.

Tatián, Diego. "The Potentiality of the Archaic: Spinoza and the Chinese", The Journal of the British Society for Phenomenology, Vol. 45, No. 1 (2014).

Taylor, Romeyn, "Official Religion in the Ming", 841쪽. Denis Twitchett and Frederick W. Mote (ed.), The Cambridge History of China, Volume 8, The Ming Dynasty, 1368-1644, Part 2 (Cambridge: Cambridge University Press, 1998, 2007).

Taylor, Samuel S. B., "The Enlightenment in Switzerland". Roy Porter and Mikulas Teich (ed.), The Enlightenment in National Context (Cambridge: Cambridge University Press, 1981).

Temperley, Harold W. V., Inner and Outer Cabinet and Privy Council, 1679-1783". The English Historical Review, vol. xxvii (1912).

Temple, Robert, The Genius of China (London: Prion Books, 1999).

Temple, Sir William, "An Essay upon the Ancient and Modern Learning"(London: First printed by J. R. for Ri. and Ra. Simpson under the title Miscellanea. The second part in four essays, 1699). The Works of William Temple (London: Printed by S. Hamilton, Weybridge, 1814).

-----, "Of Heroic Virtue". The Works of William Temple, Vol.3 (London: Printed for Rivington et al. and by S. Hamilton, 1814).

-----, "Essay on the Original and Nature of Government". The Works of Sir William Temple, Vol. I (London: Printed for Rivington et al. and by S. Hamilton, 1814).

-----, "Of Popular Discontents" [1701]. The Works of Sir William Temple, Vol. III (London: Printed for Rivington et al. and by S. Hamilton, 1814).

-----, Memoirs, Part III (London: Printed for Benjamin Tooke, at the Middle-Temple Gate in Fleet-street, 1709).

Têng, Ssu-yü (鄧嗣禹), "Chinese Influence on the Western Examination System", Harvard Journal of Asiatic Studies, Vol. 7, No. 4 (Cambridge, 1943). Henry D. Thoreau, "Civil Disobedience" (Original title: "Resistance to Civil Government").

Thompson, Edward P., The Making of the English Working Class (London: Victor Gollancz Ltd, 1963, revised 1968).

Thoreau, Henry D., Civil Disobedience (Original title: "Resistance to Civil Government"). Thoreau. Walden and Civil Disobedience (San Diego: Baker & Taylor Publishing Group, 2014).

Tilly, Charles, "Food Supply and Public Order in Modern Europe". Charles Tilly (ed.), The Formation of National States in Western Europe (Princeton, N.J.: Princeton University Press, 1975).

Tindal, Matthew, Christianity as Old as the Creation, or the Gospel, a Republication of the Religion of Nature, Vol.1 (London: 1730).

Tolson, John, "The Many Faces of Benjamin Franklin", U.S. News and World Reports, Vol. 134. Issu 22 (June 23. 2003).

Toreen, Olafe, A Voyage to Suratte. Peter Osbeck, A Voyage to China and East Indies, Together with A Voyage to Suratte, by Olof Toreen, and An Account of the Chinese Husbandry by Captain Charles Gustavus Eckeberg, Vol. II (London: Benjamin White, 1771).

Trauzettel, Rolf, Ts'ai Ching (1046-1126) als Typus des illegitimen Minister (Bamberg: K. Urlaub, 1964).

Trenchard, John, and Thomas Gordon, The Independent Whig, Vol. III (London: Printed for J. Peele, 1741).

-----, "The Sense of the People concerning the present State of Affairs, with Remarks upon some Passages of our own and the Roman History. In a Letter to a Member of Parliament" [1721]. John Trenchard, Esq; and Thomas Gordon, A Collection of Tracts, Vol. II (London: Printed for F. Cogan and T. Harris, 1751).

Trevelyan, George M., England under the Stuarts (London·New York: Routledge, 1904·2002).

Trevor-Roper, Hugh, "Epilogue: The Glorious Revolution". Jonathan I. Israel, The Anglo-Dutch Moment. Essays on the Glorious Revolution and its World Impact (Cambridge: Cambridge University Press, 1991).

Trigault, Nicolas, De Christiana expeditione apud Sinas (Augsburg: 1615).

Trexler, Richard, "Infanticide in Florence: new sources and first result", History of Childhood Quarterly 1-1 (1973).

Tuck, Richard, The Sleeping Sovereign (Cambridge: Cambridge University Press, 2016). "Grotius, Hobbes and Pufendorf" (PDF File: 최종검색

일: 2019년 4월 18일).

Turgot, Anne Robert Jacques, Réflexion sur la formation et la distribution des richesses (잡지 연재: 1769-1770, 출판: 1776). 영역본: Turgot, Reflections on the Formation and the Distribution of Riches, trans. by William J. Ashley (London: Printed by E. Spragg, 1795; New York: The Macmillan Co., 1898).

Turner, Edward Raymond, "The Development of the Cabinet, 1688-1760", The English Historical Review, vol. xix (London: Macmillan & Co., 1914).

----, "Privy Council of 1679", The English Historical Review, Vol. xxx (1915).

Twitchett, Denis, and Michael Lowe (ed.), The Cambridge History of China, Vol. 1, The China and Han Empires (Cambridge: Cambridge University Press, 1986).

Ullrich, Volker, Otto von Bismarck (Reinbek bei Hamburg: Rowohlt, 1998).

Vainker, Shelagh, "Luxuries or Not? Consumption of Silk and Porcelain in Eighteenth-Century China". Maxine Berg and Elizabeth Eger, Luxury in the Eighteenth Century (London: Pagrave Macmillan, 2003).

Valignano, Alessandro, and Duarte de Sande, De Missione Legatorum Iaponesium ad Romanum Curiam [1590]. 영역본: Japanese Travellers in Sixteenth-Century Europe: A Dialogue Concerning the Mission of the Japanese Ambassador to the Roman Curia [1590], edited and annotated with introduction by Derek Massarella, translated by J. F. Moran (London: Ashgate Publishing Ltd. for The Hakluyt Society, 2012).

Vallance, Edward, "The Glorious Revolution" (2007). BBC History. Retrieved 15 August 2010.

Vassberg, David, "Land and Society in Golden Age Castile". Libro.uca.edu. (검색: 2021-12-19).

Vaughan, Benjamin, "To Thomas Jefferson" (London, Mar. 26, 1789). Founders Online, National Archives, accessed April 11, 2019, https://founders.archives.gov/documents/Jefferson/01-14-02-0450.

Vernon, James, Hunger: A Modern History (Cambridge, MA: Harvard University Press, 2007).

Vincent, Nathanael, The Right Notion of Honour: as it was delivered in a sermon before the King at Newmarket, Octob. 4. 1674, Published by His Majesties Special Command (London: Printed for Richard Chiswell, 1685).

Voitle, Robert, The third Earl of Shaftesbury (Baton Rouge & London: Louisiana State University Press, 1984).

Vollmar, Lewis C., Jr., "The Effect of Epidemics on the Development of English Law from the Black Death Through the Industrial Revolution". Journal of Legal Medicine, Vol. 15 (1994).

Voltaire, Essai sur les moeurs et l'espirit des nations [1756] (Paris: Garnier, 1963). 영역본: Ancient and Modern History, Vol. I. The Works of Voltaire, in forty three volumes, with a critique and biography by John Morley (Akron[Ohio]: The Werner Company, 1906).

-----, "Chinese Catechism". The Philosophical Dictionary for the Pocket (London: Printed for Thomas Brown, 1765).

-----, Dictionaire Philosophique (Londres, 1764). 영역본: Voltaire, A Philosophical Dictionary (London: Hunt, 1824). 미국본: Voltaire's Philosophical Dictionary (New York: Carlton House, 1900).

-----, "Religion"; "Tolerance" 항목. Voltaire, A Philosophical Dictionary (London: Hunt, 1824).

-----, Testament de Jean Meslier, nouvelle edition (Geneva: Cramer, 1762).

-----, Traité sur la Tolérance [1763]. 영역본: Treatise on Tolerance. Voltaire, Treatise on Tolerance and Other Writings, edited by Simon Harvey (Cambridge: Cambridge University Press, 2000).

-----, "An address to the public concerning the parricides imputed to the Calas and Sirven families". Voltaire, Treatise on Tolerance and Other Writings.

-----, "An account of the death of Chevalier de La Barre". Voltaire, Treatise on Tolerance and Other Writings.

-----, The Philosophy of History [1765] (London: Thomas North, 1829).

-----, "Eighth conversation. On physical serfdom". Voltaire, Political Writings (Cambridge: Cambridge University Press, 1994·2003).

-----, Rélation du banissement des Jésuites de la Chine (Amsterdam: 1768) [총28쪽].

-----, "The A B C, or Dialogues between A B C - First Conversation. On Hobbes, Grotius and Montesquieu". Voltaire, Political Writings (Cambridge: Cambridge University Press, 1994·2003).

-----, "Republic Ideas. By a member of a public body". Voltaire, Political Writings (Cambridge: Cambridge University Press, 1994·2003).

Wagner, Donald, Iron and Steel in Ancient China (Leiden: E. J. Brill, 1993).

Wakefield, Alfred, The Disordered Police State. German Cameralism as Science and Practice (Chicago·London: The University of Chicago Press, 2009).

Walbert, David, "A Little Kingdom of Carolina", Anchor. A North Carolina History Online Research.

Wallace, Henry A., Democracy reborn, selected from public papers and edited with introduction and notes by Russell Lord (New York: Reynal & Hitchcock, 1944).

------, "The Department as I have known it". Wayne D. Rasmssen (ed.), Lecture Series in Honor of the United States Department of Agriculture Centennial Year (Washington, D.C.: The Graduate School, U.S. Department of Agriculture, 1961).

Walpole, Horace (Anonyme), A Letter from Xo Ho, a Chinese Philosopher at London, to his Friend Lien Chi at Peking (London: Printed for J. Graham, 1757).

Wang, Dave, "Confucius in the American Founding". Virginia Review of Asian Studies (2014).

-----, "Benjamin Franklin and China - A Survey of Benjamin Franklin's Efforts at Drawing Positive Elements from Chinese Civilization during the Formative Age of the United States".
http://www.benfranklin300.org/_etc_pdf/franklinchina.pdf.   검색: 3021. 12. 30.

----, "The US Founders and China The Origins of Chinese Cultural Influence on the United States", 9쪽. Association for Asian Studies (Published by Guset User, 2015-10-27) 및 Education about Asia, Vol. 16, No. 2 (Fall 2011).

Wang, Dong, The United States and China (New York: Rowman & Littlefield Publishers, 2013).

Wang, Jianxun, "Village Governance in Chinese History", Y673 Mini-Conference Paper (Spring 2006).

Wang, Tai Peng, The Origins of Chinese Kongsi with special reference to West Borneo. A Thesis 1977 Presented to the Department of History in the School o f General Studies of the Australian National University for the Degree of Master of Arts.

Ward, Barbara E., "A Hakka Kongsi in Borneo", Journal of Oriental Studies, Vol. 1 (1954).

-----, "The Word 'Kongsi': A Note". Journal of the Malaysian Branch of the Royal Asiatic Society, 52, 235(1979).

Washington, George, "To Major-General Knox" (Rocky Hill 23 September, 1783). The Writings of George Washington, vol. 10 (1782-1785) in 14 vols, ed. by Worthington C. Ford (New York and London: G. P. Putnam's Sons, The Knickerbocker Press, 1891).

-----, "To Thomas Jefferson"(8 April 1784). The Writings of George Washington, vol. 10 (1782-1785).

-----, "Letter to Thomas Jefferson" (25 May, 1784). The Writings of George Washington, Vol.X, collected and edited by Worthington Chauncey Ford (New York & London: G. P. Putnam's Son, The Knickerbocker Press, 1889).

-----, "To Marquis de Lafayette" (3 June, 1790 New York). The Writings of George Washington, Vol. XI (1785-1790).

Webb, John, An [sic!] Historical Essay, Endeavoring a Probability that the Language of the Empire of China is the Primitive Language (London, 1669).

-----, The Antiquity of China, or An[sic!] Historical Essay, Endeavoring a Probability that the Language of the Empire of China is the Primitive Language (London: Printed for Obadiah Blagrave, 1678·1669).

Webb, Sidney & Beatrice Webb, English Local Government: English Poor Law History, Part 1, The Old Poor Law (London/New York: Longmans, Grenn and Company).

Webb, Stephen S., Lord Churchill's Coup: The Anglo-American Empire and the Glorious Revolution Reconsidered (New York: Syracuse University Press, 1995).

Weber, Max, "Vorbemerkung". Weber, Die Protestantische Ethik und der Geist des Kapitalismus. Max Weber, Gesammelte Aufsätze zur Religionssolziologie I (Tübingen: Mohr, 1986).

-----, Konfuzianismus und Taoismus (VIII: Resultat: Konfuzianismus und Puritanismus). Max Weber, Die Wirtschaftsethik der Weltreligion. Gesammelte Aufsätze zur Religionssolziologie I (Tübingen: Mohr, 1986).

-----, Wirtschaft und Gesellschaft (Tübingen: J. C. Mohr, 1985).

Wehler, Hans-Ulrich, Deutsche Gesellschaftsgeschichte. Erster Band: Vom Feudalismus des alten Reiches bis zur defensiven Modernisierung der Reformära. 1700‒1815 (München: C.H. Beck, 1987), 401쪽 (Auszüge der Denkschrift von Riga).

Weir, David. American Orient: Imaging the East from the Colonial Era through the Twentieth Century (Amherst and Boston: University of Massachusetts Press, 2011).

Wenzel, Christian Helmut, "Isolation and Involvement: Wilhelm von Humboldt, François Jullien, and More". Philosophy East and West (October 2010).

Westard, Odd Arne, Empire and Righteous Nation ‒ 600 Years of China-Korea Relations (Cambridge, Mass; London: The Belknap Press of Harvard University Press, 2021).

Western, John R., Monarchy and Revolution. The English State in the 1680s (London: Blandford Press, 1972).

Westrup, C. W., Introduction to Roman Law (London: Oxford University Press, 1944).

Weststeijn, Thijs, "Vossius' Chinese Utopia". Eric Jorink and Dirk van Miert, Isaac Vossius between Science and Scholarship (Leiden: Brill. 2012).

-----, "Spinoza sinicus: An Asian Paragraph in the History of the Radical

Enlightenment". Journal of the History of Ideas, Vol. 68, No. 4 (Oct. 2007).

White, Andrew Dickson, Seven Great Statesmen in the Warfare of Humanity with Unreason (New York: The Century Co., 1915).

White, I. D., "Rural Settlement 1500−1770". M. Lynch (ed.), Oxford Companion to Scottish History (Oxford: Oxford University Press, 2011).

White, Leonard D., Charles H. Bland, Walter R. Sharp and Fritz Morstein Marx, Civil service abroad, Great Britain, Canada, France, Germany (New York & London: McGraw-Hill, 1935).

Williamson, Henry R., Wang An Shih: a Chinese Statesman and Educationalist of the Sung Dynasty (London: Hyperion Press, Vol. II, 1935; Vol. II, 1937).

Williams, E. N., The Eighteenth-Century Constitution 1688−1815 (Cambridge: Cambridge University Press, 1960).

Wills, Garry. Inventing America: Jefferson's Declaration of Independence (1978; Boston·New York, Houghton Mifflin Company, 2002).

-----, "The Declaration of Jefferson and of the Congress". Garry Wills, Inventing America. Jefferson's Declaration of Independence (New York: Vintage Books, 1978·2018), Appendix.

Willis, Richard, History of Travayle in the West and East Indies (London: By Richarde Lugge, 1577).

Wilson, Edward O., Biophilia: The Human Bond with Other Species (Cambridge: Harvard University Press, 1984 · 1986).

Wittgenstein, Ludwig, Tractatus logico-philosophicus [1918]. Ludwig Wittgenstein Werkausgabe, Bd. 1 in 8 Bdn. (Frankfurt/M.: Suhrkamp, 1984).

-----, "Vermischte Bemerkungen". Ludwig Wittgenstein Werkausgabe,

Band 8 (Frankfurt am Main: Suhrkamp, 1984).

-----, "Notes on Talks with Wittgenstein" [1929]. The Philosophical Review, Vol. 74, No. 1 (Jan. 1965).

Wittfogel, Karl A., Wirtschaft und Gesellschaft Chinas ‾ Versuch der Wissenschaftlichen Analyse einer grossen asiatischen Agrargesellschaft, Erster Teil (Leipzig: Verlag von C. L. Hirschfeld, 1931).

Wolff, Christian, Oratio de Sinarum philosophia practica [1721·1726]. Rede über die praktische Philosophie der Chinesen [1721·1726], übersetzt u. eingeleitet v. Michael Albrecht (Hamburg: Felix Meiner Verlag, 1985).

-----, The Real Happiness of a People under a Philosophical King. Demonstrated; Not only from the nature of Things, but from the undoubted Experience of the Chinese under their first Founder Fohi and his Illustrious Successors, Hoam Ti, and Xin Num (London: Printed for M. Cooper, 1750).

Wong, Roy Bin (王國斌), "Food Distribution Crises: Markets, Granaries, and Food Riots in the Qing Period". Workshop paper (1980).

-----, "Chinese Traditions of Grain Storage". Pierre-Étienne Will & R. Bin Wong, Nourish the People: The State Civilian Granary System in China 1650-1850 (Ann Arbo, MI: Center for Chinese Studies, The University of Michigan, 1991).

-----, "Part I: Development and Decline". Pierre-Étienne Will & R. Bin Wong, Nourish the People: The State Civilian Granary System in China 1650-1850 (Ann Arbo, MI: Center for Chinese Studies, The University of Michigan, 1991).

-----, "Qing Granaries and World History", 510-511쪽. Pierre-Étienne Will & R. Bin Wong, Nourish the People: The State Civilian Granary

System in China 1650-1850 (Ann Arbo, MI: Center for Chinese Studies, The University of Michigan, 1991).

-----, "Chinese Economic History and Development: A Note on the Myers-Huang Exchange". The Journal of Asian Studies 51, 3 (Aug. 1992).

-----, "Benevolent and Charitable Activities in the Ming and Qing Dynasties: Perspectives on State and Society in Late Imperial and Modern Times". Revue Bibliographique de Sinologie, Nouvelle série, vol. 18 (2000), [249-258쪽].

Wood, Anthony, The Life and Times of Anthony Wood, antiquary, of Oxford, 1632-1695, Vol.III (Oxford: Printed for the Oxford Historical Society at the Clarendon Press, 1894).

Worden, Blair, "The Revolutions of 1688-9 and the English Republican Tradition". Jonathan I. Israel, The Anglo-Dutch Moment. Essays on the Glorious Revolution and its World Impact (Cambridge: Cambridge University Press, 1991).

Wu, Silas H. L.(吳秀良), Communication and Imperial Control in China. Evolution of the Palace Memorial System 1693-1735 (Cambridge of Massachusetts: Harvard University Press, 1970).

Yang, Chi-Ming, Performing China — Virtue, Commerce, and Orientalism in Eighteenth-Century England, 1660-1760 (Baltimore: The Johns Hopkins University Press, 2011).

Yang, Lien-sheng, Money and Credit in China (Cambridge, MA: Harvard University Press, 1952).

Ye Ling, "Research on Relief legal System for Lonely or Old Disabled in Ming and Qing Dynasties". Advances in Social Science, Education and Humanities Research, vol. 185 (2017). The 6th International Conference on Social Science, Educations and Humanities Research

(SSEHR 2017).

Yeh, Kung-Chia, "China's National Income, 1931-36", 116-125쪽. Chi-ming Hou and Tzong-shian Yu (eds.), Modern Chinese Economics (Taipei: Institute of Economics Academia Sinica, 1979).

Yoshinobu Shiba(斯波義信), Commerce and Society in Sung China, translated by Mark Elvin (Center for Chinese Studies, The University of Michigan, 1970·Reprint 1992), 202쪽. 斯波義信, 『宋代商業史研究』(東京: 風間書房, 1968).

-----, "Urbanization and the Development of Markets on the Lower Yangtse Valley". John W. Haeger (ed.), Crisis and Prosperity in Sung China (Tucson: University of Arizona Press, 1975).

Young, David, "Montesquieu's View of Despotism and His Use of Travel Literature". The Review of Politics, Vol.40, No.3 (July, 1978).

Young, Leslie. "The Tao of Markets: Sima Quian and the Invisible Hand." Pacific Economic Review 1 (1996).

Yu Jianfu, "The Influence and Enlightenment of Confucian Cultural Education on Modern European Civilization", Frontiers of Education in China, Vol.4, No.1 (Mar., 2009).

Yuan, Bingling, Chinese Democracies: A Study of the Kongsis of West Borneo (1776-1884) (Leiden: Research School of Asian, African, and Amerindian Studies, Universiteit Leiden, 2000).

Yunos, Roznan, "Saga of Lanfang Republic". The Brunei Times (Monday, May 23, 2011).

Zelin, Madeleine, "The Yung-cheng Reign". Willard J. Peterson (ed.), The Cambridge History of China, Volume 9, Part One: The Ch'ing Empire to 1800 (Cambridge: Cambridge University Press, 2002).

-----, "A Critique of Rights of Property in Prewar China". Madeleine Zelin, Jonathan Ocko, and Robert Cardella (eds.), Contract and Property in Early Modern China (Stanford: Stanford University Press, 2004).

Zurbuchen, Simone, "Switzerland in the Eighteenth Century", Eighteenth-Century Studies, Vol.37, No.4 (Summer, 2004).

Zurndorfer, Harriet T., "Cotton Textile Production in Jiangnan during the Ming-Qing Era and the Matter of Market-Driven Growth". Billy K. L. So (ed.), The Economy of Lower Yangzi Delta in Late Imperial China (Oxford: Routledge, 2013).

4. 자료

[한국·중국자료]

『高麗史』(한국사데이터베이스).

『高宗實錄』(한국사데이터베이스).

『端宗實錄』(한국사데이터베이스).

『明宗實錄』(한국사데이터베이스).

『宣祖實錄』(한국사데이터베이스).

『成宗實錄』(한국사데이터베이스).

『世祖實錄』(한국사데이터베이스).

『世宗實錄』(한국사데이터베이스).

『宣祖實錄』(한국사데이터베이스).

『肅宗實錄』(한국사데이터베이스).

『純祖實錄』(한국사데이터베이스).

『燕山君日記』(한국사데이터베이스).

『英祖實錄』(한국사데이터베이스).

『仁祖實錄』(한국사데이터베이스).

『正祖實錄』(한국사데이터베이스).

『中宗實錄』(한국사데이터베이스).

『太宗實錄』(한국사데이터베이스).

『哲宗實錄』(한국사데이터베이스).

『憲宗實錄』(한국사데이터베이스).

『顯宗改修實錄』(한국사데이터베이스).

『孝宗實錄』(한국사데이터베이스).

『承政院日記』(한국사데이터베이스).

『秘書院日記』(한국사데이터베이스).

「諭西北間島及附近各地民人等處」(1909년 3월 15일).

『經國大典』(성종 16년 1485년 편찬; 한국사데이터베이스).

『大典通編』(정조 9년, 1785년 편찬; 한국사데이터베이스).

『大典會通』(고종 2년 1865년 편찬; 한국사데이터베이스).

『續大典』(영조 22년 1746년 편찬; 한국사데이터베이스).

『六典條例』(고종 4년 1866년 간행; 한국사데이터베이스).

『典錄通考』(숙종 22년 1707년 편찬; 한국사데이터베이스).

『鳳棲日記·鳳南日記(부록 晦山日記)』(한국사데이터베이스).

『尹致昊日記』(한국사데이터베이스).

The Korean Repositary, "His Majesty, The King of Korea", Vol. III, No. 11,
　　　　November 1896 (Seoul: Trilingual Press, 1896).

『皇城新聞』, 1899(광무3)년 2월 22일. 논설 (한국사데이터베이스).

『문화일보』, 2021년 6월 29일자, 「'最古 한글 금속활자' 인사동에서 발굴」.

『(明朝)世宗實錄』(臺北: 中文出版社, 1961[民國五十一年]).

『宋史』(中國哲學書電子化計劃 검색일 2021. 12. 31.).

『明史』(中國哲學書電子化計劃 검색일 2021. 12. 31.).

『清史稿』(中國哲學書電子化計劃 검색일 2021. 12. 31.).

『清會典事例』(中國哲學書電子化計劃 검색일 2021. 12. 31.).

『漢書』(中國哲學錢算化計劃 검색일: 2021. 11. 2.).

『後漢書』(中國哲學錢算化計劃 검색일: 2021. 11. 2.).

陳德維 主編,『市場大辭典』(北京: 中國科學技術出版社, 1992).

『中國大百科全書』제1권『中國歷史』(北京: 中國大百科全書出版社, 1992).

[서양자료]

Virginia Bill of Rights.

Declaration of Independence of America. & Amendments.

The Constitution of the United States.

The Constitution of the Pennsylvania Society for Promoting the Abolition of Slavery and the Relief of Free Negroes Unlawfully Held in Bondage (Philadelphia: Printed by Joseph James, 1787; Printed by Francis Bailey, 1788).

Constitution de 1791 of France.

Declaration of the Rights of the Man and of the Citizen of France.

The Asiatic Annual Register, or A View of the History of Hindustan, and of the Politics, Commerce and Literature of Asia, For the Year 1802 (London: Printed for J. Debrett, Piccadilly, and T. Cadell Jun, and W. Davis, Strand, 1803).

Charles II, "A Declaration relating to the Establishment of the New Privy Council", 4-5쪽. William Temple, Memoirs, Part III, (London: Printed for Benjamin Tooke, at the Middle-Temple Gate in Fleet-street, 1709).

CQ Researcher, "Farm Legislation and the Ever-Normal Granary" (September 20, 1937).

English Historical Documents, 1660-1714, edited by Andrew Browning (London: Eyre & Spottiswoode, 1953).

leslation.gov.uk. Delivered by the National Archives. 1688 c. 2 (Regional. 1_Will_and_Mar_Sess2).

"The Names of the Lords of His Majesty's most Honourable Privy-Council". Appendix. Temple, Memoirs, Part3.

"Petition from the Pennsylvania Society for the Abolition of Slavery" (February 3, 1790). Signed by Benjamin Franklin, President of the Pennsylvania Society.

World Development Report 1980 (New York: Published for the World Bank by Oxford University Press, 1981).

Encyclopædia Britannica (1911, 11th ed.).

Probert Encyclopaedia. Probertencyclopaedia.com. Archived from the original on 2008-06-16 (Retrieved 2009-07-22).

Wörterbuch der Geschichte, 2 Bd., hg. v. H. Bartel u.a. (Berlin: Pahl-Rugenstein, 1984).

BBC - British History: "Black Death: Political and Social Changes". Updated: 2011. 2. 17 (검색: 20121-12-31).

BBC-British History: "The Foundling Hospital"(Rhian Harris), Last updated 2021-10-10 (검색: 2021-12-31).

BBC -British History: "Northern Ireland - A Short History". bbc.co.uk (검색: 2021-12-30).

The London Gazette, Dec. 17, 1688(2410호).

The Times, 29 April 1862, "Infanticide in London". The Times Digital Archive (검색: 20121. 12. 18).

Leicester Daily Post, 1 February 1895, "Trafficking in Babies. An Interview with Coroner Braxton Hicks". British Newspaper Archive (검색: 2021. 12. 18).

New York Times, August 8-9, 14, 1946.

"Poor Law Origins". Witheridge "The Centuries in Words and Pictures.

˝Witheridge-historical-archive.com. (Retrieved 2021-10-9).

"Edward Reynolds". Freepages.genealogy.rootsweb.ancestry.com (검색: 2021-12-31).

"History of St Peter's Hospital, Bristol". Buildinghistory.org (검색: 2021-12-31).

Lectures in Medieval History, "The Great Famine(1315-1317) and the Black Death(1346-1351)". Vlib.us (검색: 2021-12-19).

"Boris Feodorovich Godunov". Answers.com. 검색일: 2021-12-19; "Russia before Peter the Great". Fsmitha.com (검색: 2021-12-19).

"Finland timeline". Worldatlas.com. (검색: 2021-12-19).

"The Great Famine in Ireland, 1845‒1849". Ego4u.com. (검색: 2021-12-19).

"The History of International Humanitarian Assistance". Iupui.edu. (검색: 2021-12-19).

"Irish potato famine pathogen identified" (Helen Briggs). *BBC News*, 21 May 2013 (검색: 2021-12- 20).

"Swedish famine of 1867-1869" [구글검색: 2021-12-18].

색인

2715

색인인명

2767

유교제국의 충격과 서구 근대국가의 탄생
제3권 유교적 양민국가의 충격과 서구 복지국가의 탄생

초판 인쇄 2022년 5월 6일
초판 발행 2022년 5월 15일

지은이   황태연 동국대학교 정치외교학과 명예교수
펴낸이   김재광
펴낸곳   솔과학

편 집   다락방
영 업   최회선
인 쇄   정음사
디자인   miro1970@hotmail.com

등 록   제10–140호 1997년 2월 22일
주 소   서울특별시 마포구 독막로 295번지 302호(염리동 삼부골든타워)
전 화   02)714–8655
팩 스   02)711–4656
E–mail   solkwahak@hanmail.net

ISBN   979–11–92404–01–1 93910